KB214782

CHRISTIAN STANDARD COMMENTARY

갈 라 디 아 서
Galatians

———

티모시 조지(Timothy George) 지음

노승환 옮김

깃드는숲 ⊕ LOGOS

갈
라
디
아
서

목 차

목   차

| 저자 소개

티모시 조지 (Timothy George)

비슨 신학교(Beeson Divinity School) 교수이자, 크리스천 투데이 편집주간이다. 『종교개혁가의 신학』(Theology of the Reformers)을 포함하여 20권 이상의 책을 저술했다. 하버드 대학 신학대학부(M. Div)와 하버드 대학교(Th. D)를 졸업했다.

| 역자 소개

노 승 환

미국 칼뱅신학교에서 조직신학과 역사신학으로 박사과정(Ph. D)을 밟고 있으며, 칼뱅대학교의 헨리 미터 센터에서 학생 연구원으로 근무하고 있다. 백석대학교(B.A., M.A.), 총신대학원(M.Div) 에서 공부했다.

조지는 주해와 적용에 열정을 가진 충실한 해석가입니다. 조지는 교회 역사에서 얻은 통찰과 함께 놀라운 해설을 제공합니다. 이 주석은 한 세대 이상 설교자들에게 도움이 될 것입니다.

마이클 F. 버드(Michael F. Bird), 학술 학장 겸 신학 강사
리들리 칼리지(Ridley College)

조지는 본문의 시간과 장소를 너무 잘 이해하여 종종 1세기로 이동한 듯한 느낌을 줍니다. 또한 이레나이우스와 아우구스티누스에서 칼뱅과 루터, C. S. 루이스와 본회퍼에 이르기까지, 그리고 현재의 학자들과 주석가들의 저술을 능숙하게 끌어들입니다. 박식하면서도 접근성이 뛰어난 갈라디아서는 주석 서가에 꼭 필요한 보석이 될 것입니다.

그웬페어 월터스 아담스(Gwenfair Walters Adams), 교회사 부교수
고든-콘웰 신학교(Gordon-Conwell Theological Seminary)

아름답게 썼으며 신학적으로 풍부하게 해석한 갈라디아서 주석은 모든 목회자의 서가에 꼭 있어야 할 책입니다. 교회의 위대한 해석 전통과 최고의 현대 학자들이 조지의 주석 처음부터 끝까지 영향을 미치고 있습니다. 또한 그는 매번 갈라디아서의 강력한 교훈이 오늘날 그리스도인의 삶을 어떻게 변화시킬 수 있는지 보여줍니다.

프랭크 틸만(Frank Thielman), 신약학 교수
비슨 신학교(Beeson Divinity School)

조지는 기독교 전통에 대한 심오한 이해를 바탕으로 현대의 질문과 대화하면서 갈라디아서에 대한 사려 깊고 학구적이며 깊이 있는 주석을 제공합니다. 핵심 주제와 논쟁은 차이점을 타협하지 않고 복잡함을 타협하지 않으며 명료하게 다루고 있습니다. 통찰력 넘치는 조지의 주석은 본문의 생동감을 살리고 독자가 지금 이 순간에 '복음의 살아있는 음성'을 새롭게 들을 수 있게 해줍니다.

토드 베이츠(Todd Bates), 신학 대학 학장 및 교수
휴스턴 침례 대학교(Houston Baptist University)

이 주석은 갈라디아서뿐만 아니라 성경의 모든 책 가운데 제가 가장 좋아하는 주석 중 하나입니다. 바울 신학에 관련된 학문적 논쟁에서 신뢰할 만한 안내 역할을 할 수 있는 충분한 연구를 했으며, 동시에 일반 회중의 목회적 필요를 충족시킬 수 있을 정도로 접근성이 뛰어납니다. 아마도 이 책의 가장 큰 강점은 과거의 위대한 신학자들이 바울 서신이 담고있는 복음의 메시지를 어떻게 이해하고 적용했는지를 잘 파악하고 있다는 점일 것입니다. 이 모든 것은 이 책이 갈라디아서를 가르치고 설교하는 데 없어서는 안 될 필수 요소로 만듭니다.

필립 라이켄(Philip Ryken), 휘튼 칼리지 총장(Wheaton College)

갈라디아서 주석 초판은 이미 주석적 통찰력, 교회 해석학 역사에 대한 관심, 목회적 관점 면에서 모범적인 주석이었습니다. 이 개정판은 이러한 성격을 입증하는 동시에 최근의 학문과의 상호 작용을 통해 새로운 통찰력을 더합니다. 이 책은 갈라디아 교회에 보낸 바울의 서신을 연구하는 데 있어 '필수적'입니다.

매튜 Y. 에머슨(Matthew Y. Emerson), 종교학 학장 겸 교수
오클라호마 침례 대학교(Oklahoma Baptist University)

조지의 갈라디아서 주석은 25년 이상 목회자들에게 귀중한 자료가 되어 왔기 때문에 이 개정판은 환영할 만한 축복입니다. 조지의 훌륭한 신학적, 목회적 해설은 이번 판에서도 계속되며, 루터에 대한 조지의 전문성을 고려할 때 특히 가치 있는 새로운 관점과의 새로운 상호 작용을 포함하여 최신 문헌에 대한 새로운 참여로 더욱 강화되었습니다. 오늘날 하나님의 백성을 위한 변함없는 메시지를 담은 성경으로서 본문을 설명하는 이 책은 목회자, 학생, 갈라디아서를 공부하는 모든 이들에게 훌륭한 자료가 될 것입니다.

레이 반 네스테(Ray Van Neste), 성서학 학장 겸 교수
유니온 대학교(Union University)

신앙으로 가장 존경받는 사상가이자 지도자 중 한 명이 쓴 이 뛰어난 갈라디아서 주석은 세계 교회 및 역사적 교회와의 일관된 대화 속에서 바울의 논증, 구조, 주제, 신학, 목회적 지혜를 풀어내고 있습니다. 모든 단계에서 주석은 건전하고 신학은 정확하며 문체는 매력적입니다. 목회자, 교회 지도자, 학자 모두 이 주석을 몇 번이고 다시 보게 될 것입니다. 충실한 해석과 예리한 통찰력이 명료하게 정리되어 있어 강해, 교리, 목회적 설교에 즉각적으로 도움이 됩니다.

크리스토퍼 W. 모건(Christopher W. Morgan), 신학과 학장 겸 교수
캘리포니아 침례 대학교(California Baptist University)

지난 25년 이상 조지의 갈라디아서 주석은 목회자와 성경을 공부하는 학생들에게 신뢰할 수 있는 자료가 되어 왔습니다. 이 새로 개정된 판에서 조지는 주석적 통찰력과 그의 트레이드 마크인 신학적 명료성을 활용하여 바울 학문의 최신 동향을 다루고 오늘날 가장 잘 읽히고 유익한 주석 중 하나를 만들어 냈습니다. 이 책은 하나님께서 교회에 주신 선물입니다.

라인 퍼트먼(Rhyne Putman), 신학 및 문화 부교수
뉴올리언스 침례신학교(New Orleans Baptist Theological Seminary)

크리스천 스탠다드 주석 시리즈(CSC) 주석은 "옛-현대" 접근 방식을 구현하려고 한다. CSC 주석 시리즈는 옛 것과 새 것을 함께 가져오는 역설적으로 보이는 방식을 풀어내는 데 도움이 되는 설명을 할 것이다.

현대 주석 전통은 종교개혁 이후에 생겨나 확산되었다. 성경 주석 전통은 다음 세 가지 요인으로 성장했다. (1) 15-16세기 **고전학 연구의 회복**. 이 회복으로 성경 언어(헬라어와 히브리어)에 대한 관심이 부활했다. 성경 해석가, 설교자, 성경 교사가 라틴어 성경(The Latin Vulgate)이 아니라 원어를 기초로 성경을 해석했다. 마르틴 루터와 장 칼뱅의 주석은 원전으로 돌아가기 때문에 (**'ad fontes'**, 근원으로 돌아가자) 그 본보기가 된다. (2) **종교개혁 운동의 발흥**과 로마 가톨릭, 독일 종교개혁(마르틴 루터), 스위스 종교개혁(장 칼뱅), 영국 종교개혁(성공회), 다른 그룹들(재세례파 등)이 나누어지는 일은 주석들을 만드는 계기를 마련했다. 주석에 나타나는 각 운동의 신학적 교의와 함께 새로운 교회와 그 지도자들이 성경을 명확하고 적절하게 설교하는 데 도움을 주었다. (3) **17세기와 18세기 성경 해석의 역사적인 전환**. 이 터닝 포인트는 성경적인 책들을 만들어 내고 그 책들의 상황화를 이룬 역사적 상황을 강조했다.

이러한 요소들과 함께 크리스천 스탠다드 주석 시리즈(CSC)는 **현대 주석**들의 분명한 특징들이 있다.

- 저자는 구약과 신약 각 권을 원어로 분석한다.
- 저자는 중요한 본문 비평 문제들을 적절하게 제시하고 설명한다.
- 저자는 성경 본문 형성의 역사적 상황(저작 시기, 저자, 청중, 사회적인 위치, 지리적 및 역사적 맥락 등)을 성경 각 권에 따라 적절하게 언급하고 정의한다.
- 저자는 성경 각 권을 현재 그대로 이해하기 위해 가능한 성경 본문 발전을 파악한다(예. 어떻게 시편이 최종 형태로 되었는가 또는 소선지서가 어떻게 한 권의 "책"으로 이해될 수 있는가).

크리스천 스탠다드 주석(CSC)은 또한 지난 50년 동안 성경 해석이 어떻게 변화했는지 보여준다. 첫 번째는 문학적인 성경 해석이다. 문학적 분석은 1970년대와 1980년대 성경 해석에서 시작됐으며 이 운동은 현대 성경 주석에 큰 영향을 미쳤다. 문학적 분석은 성경 각 단락이 보여주는 구조와 형식, 각 권의 전체 형태에 관심을 기울인다. 이러한 영향으로 현대 주석은 각 권의 형식과 구조, 주요한 주제와 모티프, 그리고 그 스타일이 의미에 어떻게 영향을 미치는가를 평가한다. 문학적 해석은 성경을 수사적인 구조와 목적으로 배열되고 다듬어진 예술 작품으로 인식한다. 문학적인 해석은 각 권의 독특한 문체와 수사적인 전략을 발견한다. 크리스천 스탠다드 주석(CSC)은 성경의 문학적 차원을 탐구한다.

- 저자는 성경 각 권을 양식과 구조, 형식 및 의미가 결합된 예술 작품으로 연구한다.
- 저자는 전체 책의 구조와 그 전달하고자 하는 의도를 평가한다.
- 저자는 성경 각 권의 문학 양식, 시, 수사학적인 장치를 적절하게 이해하고 설명한다.
- 저자는 성경 각 권의 의사소통 전략을 발전시키는 문학적인 주제와 모티프를 설명한다.

옛 주석으로 크리스천 스탠다드 주석(CSC)은 신학적으로 성경을 해석하는 특징이 있다. CSC 주석이 추구하는 신학적인 경향은 성경을 역사적인 또는 문학적인 문헌일 뿐만 아니라 근본적으로 하나님의 말씀으로 인정하는 것이다. 즉, 성경을 근본적으로, 역사적으로, 그리고 신학적으로 인식한다. 하나님은 성경의 첫째 화자이며, 수신자들은 하나님을 첫째 화자로 인식해야 한다. 신학적인 해석은 비록 하나님께서 많은 저자가 성경을 쓰게 하셨지만(히 1:1), 하나님께서 신적 저자이자 성경의 주제이며 하나님의 백성인 교회에 구약과 신약을 주시는 분이심을 확인한다. 이것은 교회가 선을 위한 성장을 촉진하기 위함이다(딤후 3:16-17). 신학적 해석은 하나님께서 자기 백성에게 성경을 듣고 또 살아가게 하려고 주셨기에 성경을 하나님의 말씀으로 읽게 한다. 신학적인 강조를 약화시키는 역사적, 문학적, 또는 다른 어떤 접근들도 본문 자체의 요구보다는 부족하다.

성경에 대한 거룩한 이해는 지난 이천 년(교부, 중세, 종교개혁, 또는 현대) 기독교 성경 해석의 공통점이다. 그것은 하나님의 백성에 대한 하나님의 일하심, 진리, 연관성에 주의를 기울여서 읽게 만든다. 옛 주석 전통은 성경을 다양하며 풍성한 하나님의 역사의 산물로 해석한다. 하나님께서는 자기 백성들에게 말씀을 주셔서 하나님을 알고 사랑하며 영화롭게 하며 모든 피조물에 하나님에 대한 찬양을 선포할 수 있게 한다. 성경은 영적이며 실제적인 변화로 이끄는 하나님의 지식과 능력을 제공한다.

성경의 변화시키는 힘은 예수 그리스도의 중심성에 주의를 기울이는 옛 주석 전통에서 나타난다. 하나님께서 때가 이르러 예수님을 세상에 보내셨다. 예수님은 구약이 기대하고 확증하고 증언하는 분이시다. 더욱이 신약은 예수님을 구약에서 하나님께서 약속하셨던 분으로 제시하며, 예수님 안에서 교회는 살아 있고 움직이고 존재한다. 구약과 신약이 증거하는 예수님은 산 자와 죽은 자를 심판하기 위해 다시 오실 것이며 만물을 새롭게 하실 것이다.

옛 주석 전통은 그리스도를 성경의 중심으로 하는 성경신학을 드러낸다. 구약과 신약이 함께 그리스도를 계시한다. 따라서 옛 전통은 구약과 신약을 변증법적인 관계로 읽는 전체적인 성경신학 내에서 작동한다.

마지막으로, 옛 주석 전통은 영적인 변화에 집중한다. 하나님의 영은 읽는 사람들의 마음을 조명해서 하나님의 음성을 듣고, 영광 가운데 있는 예수 그리스도를 보고, 예수님의 능력으로 살 수 있도록 한다. 성경이 변화시키는 차원은 **옛 주석**에 등장한다. 모든 세대는 하나님의 음성을 새롭게 들을 수 있다. 하나님의 말씀은 세상을 위해서 하나님의 백성에게 구체화될 수 있다.

크리스천 스탠다드 주석(CSC)은 **옛 주석** 전통을 다음과 같은 방식으로 구현한다.

- 저자는 성경 각 권에서 하나님이 누구신가 하는 주제를 설명한다. 더 나아가 저자는 하나님께서 창조하신 세상에 어떻게 자기를 계시하시는지 연구한다.
- 저자는 전체 성경신학에 비추어서 성경 각 권에 적합한 예수님의 중심성을 설명한다.
- 저자는 성경 본문을 영적으로 해석하여 하나님의 말씀의 변화시키는 힘이 교회를 위해 나타나도록 한다.

크리스천 스탠다드 주석(CSC)에는 삼위일체적 성경 읽기가 지배적이다. 하나님 아버지는 말씀을 다양한 시대에 다양한 방법으로 자기 백성에게 주셨다(히 1:1). 이것은 이스라엘 역사와 초대 교회의 여러 저자에게서 나온 성경 각 권의 역사적, 철학적, 사회적, 지리적, 언어적, 문법적 측면에 지속적으로 관심을 필요로 한다. 성경 전체는 다양하지만 그리스도를 계시한다. 그리스도는 구약과 신약에서 하나님의 말씀으로 계시된 분(히 1:1; 요 1:1)이시며, 만물이 그리스도 안에 함께 서 있고(골 1:15-20), 만물이 그리스도를 통해서 새롭게 될 것이다(고전 15장; 계 21:5). 하나님께서는 성령을 교회에 주셨다. 따라서 교회는 성경을 영적으로 읽을 수 있다. 교회는 하나님의 음성을 듣고, 성경으로부터 나오는 생명을 주는 말씀을 받는다(딤후 3:15-17; 히 4:12). 이런 방식으로, 크리스천 스탠다드 주석(CSC)은 그리스도의 교회를 세우는 일과 모든 사람이 부르심을 받은 지상 명령에 기여한다.

| 약 어 표 |

성경 외 문헌

CD	Cairo Genizah copy of the Damascus Document
Did.	Didache
Ep.	*Alciphron, Epistles*
Fam.	Cicero, *Epistulae ad familiars*
Ign. *Eph.*	Ignatius, *To the Ephesians*
Ign. *Rom.*	Ignatius, *To the Romans*
J.W.	Josephus, *Jewish War*
1, 2, 4 Macc	1, 2, 4 Maccabees
Mor.	Plutarch, *Moralia*
1QpHab	Pesher Habakuk [Dead Sea Scroll]
1QS	Serek Hayaḥad or Rule of the Community [Dead Sea Scroll]
Sir	*Sirach/Ecclesiasticus*

신약성경을 위한 자료

AB	Anchor Bible
ABQ	*American Baptist Quarterly*
ABR	*Australian Biblical Review*
ACNT	Augsburg Commentary on the New Testament
ACCS	Ancient Christian Commentary on Scripture
AJT	*American Journal of Theology*
AJTh	*Asia Journal of Theology*
AnBib	Analecta Biblica
ANF	Ante-Nicene Fathers
ATR	*Anglican Theological Review*
ATRSup	*Anglican Theological Review Supplemental Series*
AusBR	*Australian Biblical Review*
AUSS	*Andrews University Seminary Studies*

BAGD	W. Bauer, W. F. Arndt, F. W. Gingrich, and F. Danker, *Greek-English Lexicon of the New Testament*
BARev	*Biblical Archaeology Review*
BBR	*Bulletin for Biblical Research*
BDF	F. Blass, A. Debrunner, R. W. Funk, *A Greek Grammar of the New Testament*
BECNT	Baker Exegetical Commentary on the New Testament
Bib	*Biblica*
BJRL	*Bulletin of the John Rylands Library*
BK	*Bibel und Kirche*
BR	*Biblical Research*
BSac	*Bibliotheca Sacra*
BT	*The Bible Translator*
BTB	*Biblical Theology Bulletin*
BZ	*Biblische Zeitschrift*
CBR	*Currents in Biblical Research*
CJT	*Canadian Journal of Theology*
CNTC	Calvin's New Testament Commentaries
CO	W. Baur, E. Cuntiz, and E. Reuss, *Ioannis Calvini opera quae supereunt omnia, ed.*
ConcJ	*Concord ia Journal*
CSEL	*Corpus Scriptorum Ecclesiasticorum Latinorum*
CSR	*Christian Scholars' Review*
CTM	*Concordia Theological Monthly*
CTQ	*Concordia Theological Quarterly*
CTR	*Criswell Theological Review*
Dial	Dialog
Did.	*Didache*
DNTT	*Dictionary of New Testament Theology*
DownRev	*Downside Review*
DPL	*Dictionary of Paul and His Letters,* ed. G. F. Hawthorne and R. P. Martin. IVP, 1993.
DSB	Daily Study Bible
EBC	Expositor's Bible Commentary
ETC	*Encyclopedia of the Qur'ān.* Edited by Jane Dammen McAuliffe. 6 vols. Leiden: Brill, 2001–2006.

ETL	*Ephemerides theologicae lovanienses*
EvQ	*Evangelische Theologie*
EvT	*Evangelische Theologie*
ETR	*Etudes théologiques et religieuses*
ETS	Evangelical Theological Society
Exp	*Expositor*
ExpTim	*Expository Times*
FNT	*Filologia Neotestamentaria*
GAGNT	M. Zerwick and M. Grosvenor, A Grammatical Analysis of the Greek New Testament
GNBC	Good News Bible Commentary
GTJ	*Grace Theological Journal*
HBD	*Holman Bible Dictionary*
Her	Hermeneia
HeyJ	*Heythrop Journal*
HTKNT	*Herders theologischer Kommentar zum Neuen Testament*
HTR	*Harvard Theological Review*
HTS	Harvard Theological Studies
HUCA	*Hebrew Union College Annual*
IB	*The Interpreter's Bible*
	Interpretation: A Bible Commentary for Preaching and Teaching
ITC	International Theological Commentary
IBC	*Irish Biblical Studies*
ICC	International Critical Commentary
IDB	*Interpreter's Dictionary of the Bible*
ISBE	*International Standard Bible Encyclopedia, Revised*
JAAR	*Journal of the American Academy of Religion*
JANES	*Journal of Ancient Near Eastern Studies*
JAOS	*Journal of the American Oriental Society*
JBL	*Journal of Biblical Literature*
JCBRF	*Journal of the Christian Brethren Research Fellowship*
JES	*Journal of Ecumenical Studies*
JETS	*Journal of the Evangelical Theological Society*
JJS	*Journal of Jewish Studies*
JR	*Journal of Religion*
JRH	*Journal of Religious History*

JRS	*Journal of Roman Studies*
JSNT	*Journal for the Study of the New Testament*
JSOT	*Journal for the Study of the Old Testament*
JSPL	*Journal for the Study of Paul and His Letters*
JSS	*Journal of Semitic Studies*
JTS	*Journal of Theological Studies*
LCC	*Library of Christian Classics*
LouvSt	*Louvain Studies*
LTQ	*Lexington Theological Quarterly*
LW	*Luther's Works*
LXX	Septuagint
MCNT	Meyer's Commentary on the New Testament
MDB	*Mercer Dictionary of the Bible*
MNTC	Moffatt New Testament Commentary
MQR	*Mennonite Quarterly Review*
MT	Masoretic Text
NAC	New American Commentary
NBD	*New Bible Dictionary*
NCB	New Century Bible
Neot	*Neotestamentica*
NIBC	New Interpreter's Bible
NICNT	New International Commentary on the New Testament
NIGTC	New International Greek Testament Commentary
NovT	*Novum Testamentum*
NPNF[1]	Nicene and Post-Nicene Fathers, Series 1
NPNF[2]	Nicene and Post-Nicene Fathers, Series 2
NRT	*La nouvelle revue théologique*
NTD	Das Neue Testament Deutsch
NTI	*New Testament Introduction, D. Guthrie*
NTM	*The New Testament Message*
NTS	*New Testament Studies*
PC	Proclamation Commentaries
PEQ	*Palestine Exploration Quarterly*
PG	Patrologia Graeca. Edited by Jaques-Paule Migne. 162 vols. Paris, 1857–1886
PL	Patrilogia Latina. Edited by Jaques-Paul Migne. 217 vols. Paris, 1844–1864
PNTC	Pillar New Testament Commentary
PRS	*Perspectives in Religious Studies*
RB	*Revue biblique*

RCS	Reformation Commentary on Scripture
RelSRev	*Religious Studies Review*
RevExp	*Review and Expositor*
RevQ	*Revue de Qumran*
RevThom	*Revue thomiste*
RHPR	*Revue d'histoire et de philosophie religieuses*
RSPT	*Revue des sciences philosophiques et théologiques Recherches de science religieuse*
RSR	*Recherches de science religieuse*
RTP	*Revue de théologie et de philosophie*
RTR	*Reformed Theological Review*
SBLDS	SBD Dissertation Series
SBLMS	Society of Biblical Literature Monograph Series
SEAJT	*Southeast Asia Journal of Theology*
SJT	*Scottish Journal of Theology*
SNTU	*Studien zum Neuen Testament und seiner Umwelt*
SPCK	Society for the Promotion of Christian Knowledge
ST	*Studia theologica*
SWJT	*Southwestern Journal of Theology*
TB	*Tyndale Bulletin*
TBT	*The Bible Today*
TDNT	*G. Kittel and G. Friedrich, eds., Theological Dictionary of the New Testament*
Them	*Themelios*
Theol	*Theology*
ThT	*Theology Today*
TLZ	*Theologische Literaturzeitung*
TNTC	Tyndale New Testament Commentaries
TrinJ	*Trinity Journal*
TRu	*Theologische Rundschau*
TS	*Theological Studies*
TSK	*Theologische Studien und Kritiken*
TynBul	*TynBul Tyndale Bulletin*
TZ	*Theologische Zeitschrift*
UBS	*United Bible Societies*
UBSGNT	*United Bible Societies' Greek New Testament*
USQR	*Union Seminary Quarterly Review*
VE	*Vox Evangelica*
WBC	Word Biblical Commentary
WTJ	*Westminster Theological Journal*

내가 알고 지금도 믿는 기독교 신앙 대부분은 글을 거의 읽지도 쓰지도 못했지만 성경을 살아 계신 하나님의 무오한 말씀으로 경외하고 사랑하라고 가르치신 경건한 우리 할머니로부터 배웠다. 나는 조지아 주 북쪽 작은 시골에 있는 할머니의 시골집에서 보낸 긴 여름을 기억한다. 하루의 집안일이 끝나고 저녁의 그림자가 길어지면, 할머니는 큰 글씨로 된 성경을 펴시고 떨리는 손과 더듬거리는 입술로 그 귀한 책에서 몇 쪽을 읽으려고 애쓰곤 했다.

모두가 "베시 이모"라고 불렀던 할머니는 하나부터 열까지 진정한 침례교도였다. 할머니는 머리부터 발끝까지 침례를 받았고, 전도 집회에 꼬박꼬박 출석했지만, 위대한 감리교 창시자 존 웨슬리의 말에 진심으로 동의했을 것이다. "그러므로 신구약 성경은 하나님의 진리의 가장 견고하고 귀중한 체계이다. 모든 부분은 하나님께 합당하며, 한 책으로 부족하거나 넘치지 않는다. 성경은 하늘 지혜의 샘이다. 이를 맛본 사람들은 아무리 지혜롭고 학식 있고 거룩한 사람의 모든 글보다 더 좋아한다."[1]

존 웨슬리와 할머니는 슬프게도 오늘날 많은 현대적 논의에는 부족한 성경에 대한 전제를 공유했다. 성경은 하나님의 말씀이므로 최대한 부지런히 연구해야 할 뿐만 아니라 거룩한 하나님의 살아 있는 계시로 소중히 여기고 순종하며 선포할 가치가 있다. 성경에 대한 소위 역사 비평적 연구의 대부분은 성경이 고대 세계의 모호한 텍스트의 우연한 모음이며, 성경이 우리에게 조금이라도 가치가 있다면 현대의 관심사와 가치관의 관점에서만 해석되어야 한다고 가정한다. 사실, 성경은 게으른 사람의 책이 아니며, 성경을 진지하게 연구하는 데 필요한 언어적, 주석적, 역사적 분석의 노력을 따뜻한 경건함이 대

---

1 John Wesley, Wesley's Notes on the Bible (Grand Rapids: Francis Asbury, 1987), 403.

신할 수는 없다. 그러나 성경학자의 진정한 목적은 성경이 현대 세계와 얼마나 "관련성"이 있는지를 보여주는 것이 아니다. 현대 세계와 현대 세계에 매몰된 우리 자신이 택하신 선지자들과 사도들을 통하여 말씀하셨고 지금도 말씀하시는 하나님을 거역하는 자기 중심적인 집착과 죄악된 반역에 얼마나 빠져 있는지를 보여주는 목적이 있다.

우리는 홀로 성경을 연구하지 않는다. 우리는 시간과 공간에 흩어져 있는 그리스도의 몸, 즉 하나님의 모든 백성과 함께 성경을 연구한다. 따라서 바울이 갈라디아 교인들에게 보낸 편지와 같은 문서에 접근할 때, 한 손에는 신약성경과 다른 손에는 불트만Bultmann, 케제만Käsemann, 콘첼만Conzelmann과 같은 이들의 최신 언어를 가지는 것만으로는 충분하지 않을 것이다. 이 주석에서 우리는 과거의 교부들, 스콜라주의자들, 종교개혁자들과 같은 신학자들과 "함께 읽기"라는 중요한 작업에 피상적인 관심 이상을 기울이려고 노력했다. 그들의 해석 중 어느 것도 무오하지 않으며, 우리는 성경에 담긴 하나님의 완전한 계시의 신성한 시금석에 (**더 한층 강력한 이유로** 우리 자신의 해석을 포함하여) 모든 해석을 복종시켜야 한다. 그러나 성령은 사도들이 죽은 이후에도 교회를 버리지 않으셨다. 오늘날 성령께서 교회들에게 하시는 말씀에 귀를 기울일 때, 우리는 교회 역사를 통틀어 하나님의 백성들에게 계속 말씀하신 것에 대해서도 귀를 기울여야 할 것이다.

이전 초판에 익숙한 사람이라면 이 주석이 16세기 마르틴 루터와 장 칼뱅이 쓴 이 바울 서신에 대한 권위 있는 연구에 대한 참고 문헌에 지나지 않는다는 사실이 놀랍지 않을 것이다. 종교개혁자들이 그 이전이나 이후의 다른 사람들보다 더 많이 배웠거나 더 거룩했다기보다는 그 시대의 결정적인 신학적 갈등이 사도 바울의 그것과 매우 유사했기 때문에 그들은 사도 바울의 글을 통찰력과 특별한 능력으로 해석할 수 있었던 것이다.

최근 몇 년 동안 "바울에 관한 새 관점"이라고 불리는 학자들은 종교개혁 신학체계가 본질적으로 잘못된 방향과 생각을 가지고 있다고 이의를 제기했다. 이러한 수정주의적 연구에 비추어서 16세기의 종교개혁자들을 단순히 폄하하고 가져올 것이 없는 것으로 만들 수 없다. 어쨌든 그런 식의 복각은 고대의 관심사에 불과할 뿐, **복음의 살아있는 음성**(*viva vox evangelii*)이 모든 세대에 새롭게 들려야 한다는 종교개혁자들의 최우선 관심사에 도움이 되지 않을 것이다. 그러나 종교개혁자들의 글을 현재를 지배하는 초월이 결여되고 약화된 신학과 비교할 때, 그들은 여전히 놀라운 생명력과 영적 깊이가 있다. 한스 베츠Hans Dieter Betz는 루터가 강연을 했던 당시에, 바울이 살았더라면 했을 말을 루터가 했다는 점에 주목한다. 갈라디아서는 처음부터 마지막까지 하나님의 은혜, 하나님의 주권, 하나님의 목적, 하나님의 복음, 즉 십자가에 못 박히신 구세주를 믿는 믿음으로 의롭게 된다는 기쁜 소식을 다루는 책이다. 위대한 개혁가들의 넓은 어깨보다 하나님께 취한 메시지를 들을 수 있는 더 좋은 자리는 없다. 그들의 유산을 다시 듣는 것보다 더 좋은 방법으로 기념할 수 없다. 우리는 여전히 그들의 말을 절실히 들어야 하기 때문이다.

이 주석은 주해와 교의학이라는 두 학문을 가장 밀접한 관계로 끌어들이는 것을 주된 목적으로 하는 신학적 해설 작업을 목표로 한다. 너무 오랜 기간 성경신학자들은 자신들이 선택한 전문 분야에 고립되어 믿음에 대한 조직적인 해설을 "그 신학자들"에게 맡겨 왔다. 신학자들은 믿음의 공동체를 위해 쓴 일차 문헌들을 최소한으로 참고하면서 기독교 교리에 대한 자신들만의 공상적인 해석을 개발해 왔다. 이 주석을 통해 나는 감히 "왜 바울은 갈라디아서에서 신학적으로 위태로웠을까?"라는 질문을 던졌다. 모든 사람이 제가 제시한 답변에 동의하지는 않겠지만, 다른 사람들이 이 질문의 정당성을 깨닫는 데 조금이나마 도움이 되었으리라 믿는다. 신학은 신학자에게만 맡겨서는 안 되며, 성경 연구도 길드에 속한 학자에게만 맡겨서는 안 된다. 진정한 성경신학은 모든 목회자와 모든 신자의 과제이다. 진리를 말하는 하나님의 말씀은 교회의 보물이며, 이 청중을 위해 특별히 이 작업을 진행한다.

많은 분들이 주석을 쓰는 동안 격려해 주셨다. 이 모든 분들께 감사의 빚을 지고 있다. 루터는 갈라디아서를 "나와 약혼한 내 편지, 나의 케이티 폰 보라"라고 불렀다. 이는 아내 캐서린을 얼마나 높이 평가했는지 알 수 있는 대목이다. 나의 "케이티"는 25년 전 조지아주 치카마우가의 작은 마을에서 결혼한 이래로 변함없는 사랑과 지지를 보내준 데니스이다. 아들 크리스티안과 딸 앨리스 엘리자베스는 놀랍도록 활동적인 10대 청소년으로, 가장 숭고한 신학적 사상을 지상에 가져오는 방법을 알고 있다. "아빠, 갈라디아서 아직 안 끝났어요?"라고 물어본 적이 한 두 번이 아니다. 샘포드 대학교의 토마스 코츠 총장은 행정과 학업을 병행하려는 내 노력에 강력한 격려를 아끼지 않았다. 비슨 신학교의 교수진과 직원들은 하나님 나라 사역의 동역자로서 그리스도의 교회를 세우는 데 도움이 되는 다양한 방식으로 성령의 열매를 구현하고 있다. 특히 그 중 한 분께 감사의 말로는 표현할 수 없을 만큼 큰 빚을 지고 있다. 내 훌륭한 행정 비서인 세실 글라우지어 여사는 비슨 신학교의 여러 가지 까다로운 책임들을 능숙하고 침착하게 그리고 우아하게 감당하면서도 스트레스가 많은 조건에서 오랜 시간 동안 이 원고를 준비했다.

주님께서 이 주석이 복음주의 공동체 전체에 신실한 신자들의 회중들 가운데 건전한 교리 설교와 성경에 대한 체계적인 강해 연구를 새롭게 하도록 격려하는 데 적합하다고 여기시기를 기도한다. 갈라디아서 해석과 관련하여, 누구도 내가 그리스도를 따르는 것 이상으로 나를 따르지 말 것을 요청하며, 이 위대한 책을 더 잘 이해하기 위해 성령의 지혜를 간절히 구하는 데 모든 사람이 나와 함께하기를 초대한다. 제가 쓴 글을 추천하면서 윌리엄 틴데일이 1525년에 영어로 번역한 신약성경의 서문에서 말한 감정을 되새기는 것 외에는 더 좋은 방법이 없다.

내가 번역하거나 쓴 모든 것에 관해서는, 그것을 쓴 목적, 즉 성경을 아는 지식에 이르게 하기 위해 모든 사람이 읽기를 간청합니다. 성경이 허락하는 한도 내에서 그것이 허락되어야 합니다. 하나님의 말씀이 어느 곳에서나 허용하지 않는다면, 우리 구주 그리스도와 그분의 회중 앞에서 내가 하는 것처럼 그것을 거부하십시오. 그리고 결점을 발견하고 가까이 있다면 내게 보여 주거나 멀리 있다면 내게 편지를 쓰거나 또는 공개적으로 그것에 반대하고 개선하십시오. 내가 약속하노니, 그 이유가 나를 설득한다면, 내 무지를 공개적으로 고백하겠습니다.[2]

티모시 조지, 비슨 신학교
샘포드 대학교, 1994년 부활절에

---

2 William Tyndale, "Yet Once More to the Christian Reader," *Tyndale's New Testament*, ed. D. Daniell (New Haven: Yale University Press, 1989), 16.

제2판 서문

기독교 교리의 역사는 바울 신학의 일련의 소산물로 이해할 수 있다. 지표면 밑에서 거품을 내며 흐르는 용암처럼, 바울 신학은 때때로 간헐천이 솟아나는 것처럼 교회가 하나님의 사도적 설교의 중심 주제, 즉 하나님의 값없는 은혜에 대한 근본적 교리로 다시 돌아가게 하는 부르심의 힘으로 분출되곤 한다.

바울의 사상은 항상 논란의 여지가 있었다. 그의 시대부터 오늘날까지 저항에 부딪혔다. 한때는 눈살을 찌푸리고 독단적인 바울을 다정하고 온화한 예수님과 대조하는 것이 유행했다. 어떤 학자들은 바울을 원시 영지주의자나 은사주의적 지도자, 또는 기독교의 진정한 "창시자"로 여기기도 했다. 하지만 이러한 잘못된 읽기에도 불구하고 바울이 선포한 위대한 복음은 사라지지 않을 것이다. 교회의 신앙과 삶을 형성한 가장 위대한 인물들은 시대에 따라 그 사도로부터 영감과 인도를 받았다. 몇 명만 언급해도 이레나이우스, 아우구스티누스, 아퀴나스, 루터, 칼뱅, 웨슬리, 바르트 등은 죄, 구원, 믿음, 선택, 언약, 약속, 소망, 칭의, 심판에 관한 바울의 독특한 개념에 이끌렸다.

갈라디아서는 바울의 서신 중에서 가장 초기에 기록된 서신이자 가장 열정적인 서신으로 손꼽힌다. 히에로니무스Jerome는 바울을 읽을 때 천둥소리가 들린다고 말한 적이 있다.[3] 갈라디아서의 모든 내용에 천둥소리가 들린다. 바울이 심술궂거나 성질을 부렸기 때문이 아니라 자신의 사도적 소명과 권위, 복음의 진리 등 많은 것이 위태로웠기 때문이다. 이 주석이 가정하듯 갈라디아서가 바울의 첫 번째 선교 여행 직후에 쓰여졌다면, 갈라디아서는 바울의 초기 사도적 설교의 생생한 모습을 보여준다. 갈라디아서에 대한 최고의 주

---

3 Jerome, "To Pammachius," NPNF[2] 6:73, "나는 사도 바울만 말할 것이다. 그의 말은 내가 들을 때마다 말이 아니라 우레와 같은 소리처럼 들린다"(*Paulum apostolum proferam, quem quotienscumque lego, videor mihi non verba audire, sed tonitrua*, CSEL 54:369–70).

석은 로마서인데, 로마서는 바울이 대도시 로마를 방문하기 몇 년 전에 쓰여 졌다(롬 1:10). 갈라디아서 6장 16절의 "하나님의 이스라엘"에 대한 비밀스 러운 언급은 로마서 9-11장에 비추어 읽어야 한다. 그의 칭의 교리는 로마서 1-8장에서 훨씬 더 완전하지만 덜 논쟁적인 설명을 가진다.

주석 초판이 1994년에 나온 이후 갈라디아서에 관해 많은 글이 쓰여졌 다. 나는 최근 주석에서 발견되는 현재 논쟁 중 일부를 고려하려고 노력했다. 이러한 내용은 주석과 다시 쓴 참고 문헌에 반영되어 있다. 몇 가지 주해적, 해석적 문제에 대해서 의견이 바뀌었지만, 원래 주석의 주요 논점은 그대로 유지했다.

한 세대 전에 갈라디아서를 처음 썼을 때 바울에 관한 새 관점(NPP)은 이미 중년의 나이였다. 아마도 지금은 은퇴에 가까워졌고, 이제 라이트N. T. Wright와 같은 최고의 전문가들은 "새 관점"을 복수형으로 표현하고 있을 것 이다.[4] 2004년에 나는 NPP(바울에 관한 새 관점)에 관한 에세이 "현대화된 루터, 길들여진 바울: 또 다른 관점(Modernizing Luther, Domesticating Paul: Another Perspective)"이라는 글을 발표했다. 이 글은 카슨D. A. Carson, 오브라 이언P. T. O'Brien, 사이프리드Mark Seifrid가 편집한 두 권의 책 『칭의와 다양한 율법주의』(Justification and Variegated Nomism)에 실렸다. 이 글의 일부를 이 책에 포함할 수 있도록 허락해 주신 모어-지벡(Mohr-Siebeck) 출판사에 감사 드린다.

갈라디아서에 대한 가장 영향력 있는 주석 중 하나는 앵커 바이블 주석 시 리즈 중 루이스 마틴J. Louis Martyn의 주석이다. 모든 면에서 마틴을 따라갈 수 는 없지만, 마틴은 우리 모두가 갈라디아서를 "예수 그리스도에 대한 하나님 의 종말론적 계시"의 강력한 표현으로 읽을 수 있도록 도와주었다. 마이클 고 먼Michael J. Gorman은 바울의 삶과 사상에 대한 최고의 종합적인 개요를 제공했 으며, 나는 『십자가에 못 박히신 주님의 사도』(Apostle of the Crucified Lord) 로부터 많은 것을 배웠다. 라이트풋Lightfoot, 버튼Burton, 브루스Bruce, 베츠Betz, 롱네커Longenecker의 고전적인 주석과 바렛과 에벨링의 간결하지만 뛰어난 해 석에 대한 빚진 마음은 이 책을 읽는 모든 독자에게 분명하게 드러날 것이다.

32년이 넘는 세월 동안 샘포드 대학교와 비슨 신학교는 학문적 고향이었 다. 함께 일했던 동료들에게, 이 책과 다른 학문적 프로젝트에 대해 받은 격려

---

4 N. T. Wright, "New Perspectives on Paul," in *Justification in Perspective: Historical Developments and Contemporary Challenges*, ed. B. L. McCormack (Grand Rapids: Baker Academic, 2006).

와 지원에 감사드린다. 특히 교회를 위해 진지하게 학술적으로 봉사한 앤드류 웨스트모어랜드Andrew Westmoreland 총장, 마이클 하딘J. Michael Hardin 학장, 더 글러스 스위니Douglas A. Sweeney 학과장에게 감사드린다. 비슨 신학교를 졸업한 그리고 연구 조교인 에반 머스그레이브스Evan Musgraves는 갈라디아서 개정판 출판을 준비하는 데 귀중한 도움을 주었다. 이 개정판 주석을 사랑하는 친구이자 동료이며 주님의 일을 함께 하는 동역자인 로버트 스미스 주니어 박사 Dr. Robert Smith Jr.에게 바친다.

티모시 조지, 비슨 신학교, 샘포드 대학교
2019년 11월 10일
마르틴 루터의 536번째 생일에

| 서론 개요

서론

히에로니무스Jerome는 사도 바울의 편지를 읽을 때 천둥소리가 들린다고 말한 적이 있다. 바울 서신에서 갈라디아서보다 더 폭풍 같은 불협화음이 분명하게 드러나는 곳은 없다. 빌립보서는 감옥에서 기록되었지만 기쁨을 주제로 한 사랑의 편지이다. 로마서는 은혜 교리를 탐구하는 거장 신학자의 객관성을 반영한다. 에베소서는 그리스도의 몸에 대한 고양된 주석이다. 고린도서신은 개인적인 고뇌와 고통 속에서 쓰여졌지만 믿음, 소망, 사랑이라는 위대한 삼위일체를 중심으로 전개되며, 바울의 고난과 관심은 자녀를 승리하게 하시는 모든 위로의 하나님에 대한 더 큰 신뢰에 맞물려 있다. 고린도후서 13장 12절에서 바울은 고린도에 있는 신자들에게 거룩한 입맞춤으로 서로 인사하라고 권고할 수 있었다.

갈라디아서는 다르다. 149절로 구성된 6개의 장은 처음부터 끝까지 열정, 풍자, 분노로 가득 차 있다. 물론 바울이 갈라디아서 중간중간 갈라디아 교인들을 "나의 자녀들"(4:19)이라고 언급하는 등 부드러움이 묻어나는 부분도 있긴 하다. 그러나 문맥에서 알 수 있듯이, 이 표현은 더 잘 알았어야 하는 자녀들이 영적 자살의 위험에 처해 있기 때문에 출산의 고통을 다시 한번 견뎌야 하는 슬픈 어머니의 눈물겨운 부드러움이었을 것이다. 바울은 그들이 복음의 진리에서 떠난 것에 놀라움과 당혹감을 느꼈다. 바울은 갈라디아 교인들이 "마법에 걸려"(NIV 1984) 속고 있는 것은 아닌지 두려워했다. 바울은 좌절감에 사로잡혀 갈라디아 교인들을 필립스J. B. Phillips의 번역대로 "바보들"(3:1)이라고 불렀다.

갈라디아서에서 바울이 그토록 결정적으로 위태로웠던 이유는 무엇이었을까? 이 편지가 "기독교라는 검투사들의 경기장에 풀려난 사자와 같이" 우리에게 충격을 주는 이유는 무엇일까?[1] 바울이 그렇게 격렬하게 항의한 반대자들은 누구였을까? 갈라디아의 그리스도인들은 바울의 편지에 어떻게 반응했는가? 갈라디아서는 바울의 다른 저술들, 그리고 누가가 사도행전에서 우리에게 전하는 바울의 삶과 사역에 대한 설명과 어떤 관련이 있을까? 바울부터 현재까지 기독교 해석의 역사에서 갈라디아서는 여러 시대에 걸쳐 어떻게 해석되어 왔는가? 오래 전 갈라디아서 성도들 못지않게 "이 악한 악의 시대"(1:4 NET)에 구원의 부르심을 받은 오늘날 우리 신자들에게 주는 메시지는 무엇일까? 우리는 주석을 통해 이러한 질문에 답하려고 노력할 것이다. 먼저 서론에서 저자,

---

1 R. Longenecker, *Galatians*, WBC (Dallas: Word, 1990), lvii [= 『갈라디아서』, 솔로몬, 2003].

교회, 시대적 상황, 장르, 해석의 역사에 초점을 맞출 것이다.

1. 저자: 바울과 그의 세계

갈라디아서의 역사와 해석과 관련하여 모든 학자가 거의 만장일치로 동의하는 사실은 거의 없지만 한 가지 동의하는 내용이 있다. 그것은 갈라디아서 저자에 대한 의견이다. 갈라디아서의 첫 구절이 증명하듯 갈라디아서는 사도 바울이 쓴 책이다. 19세기 바우어F. C. Baur와 제자들인 "튀빙엔 학파"는 바울 서신 대부분을 포함한 신약성경이 기록된 시기를 2세기 중반으로 미루면서 사도 저작과 역사적 신뢰성에 의문을 제기했다. 이 급진적인 비판은 초대교회 역사에 대한 가상의 재구성에 근거를 둔다. 예를 들어 골로새서와 목회서신에서 볼 수 있는 고도로 발전된 기독론을 근거로 그 편지들이 사도 시대에 쓰였다는 것을 부정한다. 바우어 자신도 갈라디아서의 진정성과 완전성을 인정하여 로마서 및 고린도 교인들에게 보낸 두 서신과 함께 갈라디아서를 "모든 면에서 다른 서신들보다 우선하는 사도의 4대 서신"이라는 핵심 서신(Hauptbriefe)에 포함시켰다.[2]

바울은 누구였는가? 갈라디아서를 기록하기 전에 무엇이 바울의 삶과 세계관을 형성하도록 영향을 미쳤는가?

1.1. 히브리 종교

갈라디아서는 바울 서신 중 가장 중요한 자서전적 성찰을 담고 있다. 여기서 바울은 자신의 "유대교에서 이전 생활 방식," "조상들의 전통"에 대한 열심, 그리스도인을 박해하던 자로서 놀라운 열심에 대해 이야기했다(1:13-14). 이러한 진술은 다른 글에서도 잘 드러난다. 빌립보 교인들에게(3:5-6) 자신이 (성경에 나오는 사울 왕과 마찬가지로) 베냐민 지파에 속해 있으며, 8일째 되

---

2 F. C. Baur, *Paul: His Life and Works* (London: Williams & Norgate, 1875), 1:246. 갈라디아서의 (바울)저작설을 부인하는 몇 안되는 학자들 중 하나인 바우어B. Bauer는, 자신의 스승인 바우어 F. C. Baur의 이론을 논리적 극단으로 이어나갔다. 갈라디아서의 바울 저작설에 대한 다양한 입장을 연구하기 위해서는 다음을 참조하라. E. deW. Burton, *Spirit, Soul and Flesh* (Chicago: University of Chicago Press, 1918), lxv–lxxi. 더 최근 저작들은 다음을 참고하라. A. A. Das, *Galatians* (St. Louis: Concordia Publishing House, 2014), 31-68; C. S. Keener, *Galatians* (Grand Rapids: Baker Academic, 2019), 2–45; J. L. Martyn, *Galatians*, AB 33A (New York: Doubleday, 1997), 13–41 [= 『앵커바이블 갈라디아서』, 기독교문서선교회, 2018]; D. Moo, *Galatians*, BECNT (Grand Rapids: Baker Academic, 2013), 1–30 [= 『BECNT 갈라디아서』, 부흥과개혁사, 2018]; M. J. Gorman, *Apostle of the Crucified Lord: A Theological Introduction to Paul and His Letters*, 2nd ed. (Grand Rapids: Eerdmans, 2017), 74–97 [= 『신학적 방법을 적용한 새로운 바울연구개론』, 대한기독교서회, 2021].

는 날에 할례를 받았고, 율법에 대해 엄격한 바리새적 입장을 견지하고 있다고 말했다.

바울은 현존하는 어떤 서신에서도 자신이 태어난 도시를 언급하지 않았다. 하지만 사도행전에서 다섯 차례(9:11, 30; 11:25; 21:39; 22:3) 로마 길리기아 지방(오늘날 터키 동부)의 주요 대도시인 다소의 본토인이라고 밝혀진다. 바울은 자신의 고향을 "중요한 도시"라고 언급하기도 했다(행 21:39). 사실 다소는 상업, 문화, 대학이 있는 교육의 중심지로 잘 알려진 도시였으며, 지리학자 스트라보Strabo는 이곳에 아테네와 같은 숨결이 흐른다고 말했다.[3]

바울은 디아스포라 유대인 가정에서 자랐다. 당시 로마 제국 전역에 흩어져 있던 유대인은 450만 명으로 추산된다. 예루살렘보다 로마에 더 많은 유대인이 있었을 수도 있다. 그러나 모든 디아스포라 유대인이 유대교의 문화 중심지이자 공식 본부인 유대에서만큼이나 유대교의 엄격한 전통에서 멀리 떨어져 있었다는 상상은 실수일 것이다. 실제로 바울의 가족은 팔레스타인 유대교와 개인적으로 강한 유대 관계를 유지했을 가능성이 높다. 히에로니무스는 기원후 492년 베들레헴에서 쓴 글에서 바울의 고향이 팔레스타인의 기스칼리스 마을이라고 주장하는 고대 전통을 기록했다.[4] 이 전통에 역사적 신빙성을 부여할 수는 없지만, 바울의 아버지가 원래 이 마을과 관련이 있다가 기원전 63년 폼페이가 예루살렘을 점령한 후 언젠가 다소로 이주했을 가능성이 있다.[5] 이것은 바울이 예루살렘에서 유대인들의 음모로 목숨을 잃을 위기에 처했을 때 조카와 (아마도 나이가 더 많은) 누이를 포함한 친척들이 예루살렘에 거주하고 있었다는 사실을 설명하는 데 도움이 될 것이다(행 23:12-22). 어쨌든 바울은 "히브리인 중의 히브리인"이라는 자기 묘사에서 알 수 있듯이 자신을 아람어를 사용하는 팔레스타인의 유대인들과 같이 여겼다.[6]

천막 만드는 기술을 배우고 다소의 지역 회당에서 기본 교육을 마친 바울은 예루살렘으로 가서 바리새파 랍비 가말리엘의 제자가 되었다. 성이 "율법의 영광"인 가말리엘은 유명한 스승이자 그보다 더 유명한 힐렐의 손자였다.

---

3 Strabo, *Geography*, XIV, 673. 다소에 대한 광범위한 연구는 다음을 참조하라. W. M. Ramsay, *The Cities of St. Paul: Their Influence on His Life and Thought* (Grand Rapids: Baker, 1960).

4 Jerome, *Lives of Illustrious Men*, 5, NPNF[2] 3:362.

5 대신 램지는 바울의 가족이 BC 171년, 셀류커스의 안티오쿠스 에피파네스가 다소로 이주시킨 식민지 유대인 정착민들의 후손이라고 주장한다(*Cities*, 185).

6 바울이 '아빠'(롬 8:15)와 '마라나타'(고전 16:22)와 같은 아람어 표현을 인용한 것과 예루살렘에서 체포된 이후 아람어로 연설한 것을(행 21:37-22:2) 참조하라. 부활하신 예수님께서 다메섹 도상에서 바울에게 아람어로 말씀하셨다는 사실이 더욱 흥미롭다(행 26:14).

바울은 가말리엘에게서 미묘하고 복잡한 성경 해석 방식을 배웠고, 갈라디아서를 비롯한 다른 책에서 이를 잘 활용했다.

회심하기 전 바울은 단순한 학자가 아니라 활동가이기도 했다. 유대교가 로마 제국 전역에 광범위하게 퍼질 수 있었던 주된 이유 중 하나는 당시 열심있는 지지자들을 이끌었던 열렬한 선교 정신 때문이었다. 바울이 몸과 마음을 바쳤던 팔레스타인의 바리새파 유대교는 특히 공격적인 전도로 유명했다. 예수님께서는 바리새인들을 책망하실 때 이 정책을 직접 언급하셨다. "화 있을진저 외식하는 서기관들과 바리새인들이여 너희는 교인 한 사람을 얻기 위하여 바다와 육지를 두루 다니다가 생기면 너희보다 배나 더 지옥 자식이 되게 하는도다"(마 23:15). 바울이 다메섹 도상에서 부활하신 주님을 만나기 전에 이미 "그의 시대의 많은 다른 이들보다"(갈 1:14) 유대교로 나아가고자 하는 열심으로 전임 선교사로 헌신했으며, 아마도 이방 세계에 대한 특별한 지향성을 가지고 있었다고 믿을 만한 이유가 있다. 그는 할례를 포함한 율법의 순종에 최대한 많은 개종자를 얻으려는 유대교 신앙의 선교사였다.

갈라디아에서 바울을 반대하는 사람들은 바울을 당황하게 하고 율법 없는 복음을 폄하하기 위해 그의 회심 전 선포를 암시했을 수 있다. 이 혐의에 대해 바울은 이렇게 대답했다. "형제들아 내가 **지금까지** 할례를 전한다면 어찌하여 **지금까지** 박해를 받으리요 그리하였으면 십자가의 걸림돌이 제거되었으리니"(갈 5:11, 강조는 추가됨). 보른캄Bornkamm은 이 구절에 대해 그럴듯한 해석을 내놓았다. "이것은 아마도 지금 유대인들이 전파하고 있지만 바울도 오래 전에 끊었던 선교적 설교를 계속했다면 유대인들이 행한 박해를 피할 수 있었을 것이다. 그러나 십자가 복음의 대가를 치렀다."[7] 이 가설이 사실이라면, 바울은 "외국인의 도시들"(행 26:11-12)에 이르기까지 예수님을 따르는 사람들을 박해하고 추적하면서 자신의 초기 선교 여정을 되짚고 있었을지도 모른다.

1.2. 헬레니즘 문화

바울은 소아시아 출신의 디아스포라 유대인이었지만, 랍비 훈련과 초기 종교 활동의 주요 배경이었던 팔레스타인에 속해 있었다는 사실을 살펴봤다. 그러나 이 사실이 바울과 모든 신약성경 저자가 자신의 부르심과 사명을 수행한 더 큰 맥락, 즉 당대에 만연했던 헬레니즘의 문화라는 사실을 가려서는 안 된다.

---

7 참조. G. Bornkamm, *Paul* (New York: Harper & Row, 1971) [= 『바울』, 이화여자대학교출판문화원, 2006]; N. T. Wright, *Paul: A Biography* (San Francisco: Harper One, 2018)[= 『바울 평전』, 비아토르, 2020].

헬레니즘 시대는 BC 323년 알렉산더 대왕이 사망한 이후부터 기독교 시대 초기에 로마 제국이 통합될 때까지 기간을 말한다. 이 시대는 지중해 세계에 공통의 지적 문화와 궁극적으로 정치적 통합을 가져온 역사적 변혁이 특징이다. 동시에 새로운 형태의 헬라어인 코이네 또는 공용어가 일반적으로 사용되기 시작했다. 플라톤, 스토아학파, 에피쿠로스학파, 신피타고라스학파 등의 가르침에서 도출된 그리스 철학적 개념은 제국 전역의 교육받은 사람들이 공유하게 되었으며, 객관적이고 합리적인 관점에서 현실을 해석할 수 있는 토대를 제공했다.

헬레니즘이 유대교 신앙에 미친 영향은 나일강 하구의 문화와 학문의 중심지였던 알렉산드리아의 발전에서 가장 분명하게 볼 수 있다. 이집트의 프톨레마이오스 왕의 후원으로 BC 3세기에 가장 영향력 있는 히브리어 성경의 헬라어 번역본이 제작되었다. 72명의 학자가 72일 만에 번역 작업을 완료했다는 전통에 따라 70인역(LXX)이라고 불린다. 바울을 비롯한 초기 기독교 저자들은 70인역을 물려받았고 70인역에서 구약 구절을 인용하는 경우가 많다. 예수님 당시 알렉산드리아의 유대인 사상가이자 뛰어난 주석가였던 필론 Philo은 구약의 알레고리 해석을 통해 그리스 철학과 히브리 종교를 놀랍게 종합했다. 필론은 "바울과 그리 멀지 않은 사촌"이라고 불렸으며, 헬레니즘 유대교의 언어와 사상적 형식을 끌어들인 바울의 능력 덕분에 두 사람의 저서에서 비슷한 구절을 많이 찾아볼 수 있다. 그러나 예를 들어, 하갈과 사라의 이야기에서 두 사람이 비유를 사용하는 다른 방식에서 볼 수 있듯이 둘은 두드러지게 대조된다.[8]

바울은 아테네의 아레오바고에서 행한 유명한 연설(행 17:16-34)처럼 이교도 청중에게 복음을 전할 때 그리스 철학의 주요 흐름을 잘 알고 있었으며, 그 교리에 호소할 수 있었다. 바울은 세 차례에 걸쳐 그리스 시인들의 시를 연설과 편지에 인용했다(메난더[Menander], 고전 15:33; 에피메니데스[Epimenides], 딛 1:12; 아라투스[Aratus], 행 27:28). 동시에 그리스인들의 학문에 대한 바울의 호소는 알렉산드리아의 클레멘트나 오리게네스와 같은 후기 기독교 작가들의 호소와는 전혀 다른 것으로, 필론이 유대교를 위해 한 일

---

8 H. Chadwick, "St. Paul and Philo of Alexandria," *BJRL* 48 (1965): 286–307. 채드윅은 필론과 바울의 여러 유사점을 지적하지만 최종적으로 "바울은 예언자의 소명을 가진 사람으로, 필론은 신비주의에 기울어진 사변적 사상가로 글을 쓴다"라고 결론을 내린다. 또한 다음 참조. J. M. G. Barclay, *Jews in the Mediterranean Diaspora: From Alexander to Trajan* (Edinburgh: T&T Clark, 1996).

과 같이, 즉 계시된 종교와 이교도 지혜의 종합을 기독교를 위해 달성했다고 말할 수 있다. 그러나 바울은 골로새 교인들에게 "철학과 헛된 속임수로" 미혹되지 않도록 조심하라고 경고한다(골 2:8). 이 말은 바울이 그리스 철학 전통을 완전히 거부했다는 것을 가리키지 않는다. "하나님의 지혜"(고전 1:24)와 "예수 그리스도로부터 받은 계시"(갈 1:12)로 인해 받은 은혜의 복음에 종속시키고 있었음을 분명히 했다.

바울이 첫 번째 선교 여행을 위해 길리기아에서 출발했을 때, 그는 구원에 대한 갈망으로 가득 찬 세상에 들어섰고 이를 충족시켜 줄 새로운 종교적 선택지가 많았다. 그중에는 동방의 헬레니즘화를 통해 제국으로 유입된 민족 종교인 다양한 신비주의 종교가 있었다. 시리아에서는 아도니스 숭배가, 이집트에서는 이시스와 오시리스 숭배가, 브루기아에서는 키벨레와 아티스 숭배가 전래되었다. 이러한 각 종교는 입문자가 구세주 신과 신비롭게 결합하는 비밀 입문 의식을 통해 영혼 구원과 불멸을 제공했다. 이 의식에서는 세례를 받고 신성한 식사에 참여함으로써 죽었다가 살아나는 신에 대한 신화가 재현되었다.

당연히 최초의 기독교 설교를 들은 많은 사람은 이 운동을 단순히 동양에서 온 또 다른 신비주의 종교로 이해했다. 따라서 바울이 예수와 부활을 설교할 때 어떤 사람들은 바울이 새로운 신, 즉 예수와 그의 여성 배우자 부활(헬라어로 여성 단어인 ἀνάστασις[아나스타시스])을 소개하고 있다고 믿었다. 현대 학계에서도 비슷한 견해가 널리 퍼져 있다. 틸리히P. Tillich는 이 신비한 신들은 그리스도교 숭배와 신학에 큰 영향을 미쳤다"라고 썼다.[9] 이러한 관점에서 바울을 가장 충실하게 다룬 학자는 바울이 예수님에게 주(χύριος, 퀴리오스)라는 칭호를 부여한 것은 원시 기독교 메시지를 헬레니즘 신비 숭배의 범주로의 변형이라고 주장한 부셋W. Bousset이다.[10]

그러나 바울이 선포한 기독교 메시지의 두 가지 중요한 측면, 즉 역사성과 배타성은 신비 종교와 화해할 수 없는 대조를 이룬다. 신비주의 신들의 복음서와 달리 예수의 죽음과 부활은 특정한 역사적 맥락에서 분리된 시대를 초월한 사건이 아니었다. 사도신경으로 고백하듯, 예수님은 "본디오 빌라도 아래서" 십자가에 못 박히셨고 "사흘 만에" 죽은 자 가운데서 살아나셨다. 또한

---

9 P. Tillich, *A History of Christian Thought* (New York: Simon & Schuster, 1967), 13 [= 『그리스도교 사상사』, 대한기독교서회, 2005].

10 W. Bossuet, *Kyrios Christos: A History of the Belief in Christ from the Beginnings of Christianity to Irenaeus*, trans. J. E. Steely (Nashville: Abingdon, 1970).

헬레니즘 종교의 혼합주의와 다원주의와는 달리 기독교는 오직 한 분 *κύριος*(퀴리오스)에게만 충성을 다할 것을 요구했다. 하나님이 한 분이신 것처럼 하나님과 인간 사이에는 오직 한 분, 즉 인간 그리스도 예수(딤전 2:5)만이 중보자이기 때문이다.[11]

1.3. 로마법

AD 410년에 서고트족 야만인들이 로마를 침략하고 약탈했다. 당시 베들레헴에 살고 있던 히에로니무스는 이 재난의 소식이 전해지자 "세상의 등불이 꺼졌고, 온 세상은 이 한 도시의 폐허에서 멸망하였다"라고 한탄했다.[12] 같은 해에 아우구스티누스는 『하나님의 도성』이라는 방대한 저술을 시작했다. 이 작업을 통해 아우구스티누스는 로마 제국의 오랜 역사를 검토하고 로마의 성공과 임박한 멸망을 역사 속에서 하나님의 섭리적 목적이라는 더 넓은 맥락 속에서 펼쳐 보였다. 아우구스티누스는 "로마 제국의 위대함의 원인은 우연도 운명도 아니었다. ... 조금도 의심할 여지 없이, 인간의 왕국은 하나님의 섭리로 세워졌다"라고 주장했다.[13] 히에로니무스, 아우구스티누스, 그리고 그들의 동시대인들에게 로마의 몰락은 팍스 로마나, 즉 메시아의 출현과 기독교 교회의 탄생을 목격했던 비교적 평화롭고 안정적인 이 시대의 종식을 의미했다. 역사를 읽는 이러한 방법은 바울이 갈라디아 교인들에게 하나님께서 "때가 차매"(4:4) 당신의 아들을 세상으로 보내셨다고 말한 데서 그 기원을 찾을 수 있다.

카이사르 아우구스투스와 그 뒤를 이은 황제들 아래 로마 제국은 단일한 언어, 중앙 집권적 군사 조직, 공유된 법률적 체계, 통일된 우편 및 교통 서비스, 단일 화폐 체계, 상호 연결된 무역 및 상업 방식을 갖춘 통합된 정치 체제로 융합되었다. 지중해의 모든 해안이 단일 정치 체제에 포함된 적은 그 이전에도, 그 이후에도 없었다. 초기 기독교 복음을 전한 이들은 로마 제국의 주요한 도로들과 잘 발달된 항로를 따라 다니며 잘 알려진 모든 도시와 상업 중심지에서 예수님에 대한 이야기를 끊임없이 "소문"(행 8:4, 필립스 성경) 내었다. 바울이 죽고 약 200년이 지난 후, 오리게네스Origen는 기독교의 확장과 발

---

11 이 논쟁의 요약은 다음을 참조하라. B. D. Smith, "What Christ Does, God Does: Surveying Recent Scholarship on Christological Monotheism," *CBR* 17/2 (2019): 184–208.

12 다음에 인용됨. H. J. Carroll et al., eds., *The Development of Civilization* (Glenview, IL: Scott, Foresman, 1961), 150.

13 Augustine, *City of God* 5.1 (New York: Penguin, 1972), 1791 [= 『신국론』, 분도출판사, 2004].

전에 **팍스 로마나**Pax Romana의 중요성에 대해 숙고했다.

> 그리스도의 탄생 시기에 시작된 풍성한 평화로 하나님께서 그리스도의 가르침을 위해 나라들을 준비시키셨다. 나라들은 한 왕자, 즉 로마인의 왕 아래에 있게 하셨다. 예수님의 사도들은 그 주인으로부터 받은 사명, 즉 "가서 모든 민족에게 전하라"라고 말씀하셨을 때, 그 일을 완수해야 할 많은 왕국들 때문에 국가들이 일치하지 않아서 생기는 큰 어려움은 없었을 것이다.[14]

로마 제국이 동방의 헬레니즘 왕국을 새로운 정치 구조로 동화시키면서, 로마 시민권은 교육, 부, 또는 특별한 공직으로 두각을 나타낸 속주의 사람들에게 점차 확대되었다. 이런 방식으로 바울의 아버지가 **로마 시민권**(civis Romanus)의 지위를 획득하여 아들에게 물려주었다고 추정할 수 있다. 이 특권은 바울의 선교 활동에서 두 개의 중요한 사실을 의미한다. 첫째, 바울이 로마의 기관에 접근할 수 있는 일종의 일반적인 여권 역할을 해서 제국의 한쪽 끝에서 다른 쪽 끝까지 많은 어려움 없이 여행할 수 있게 해 주었다. 둘째, 바울이 사형 선고를 받기 전에 가이사에게 상소할 수 있게 해 주었다. 바울은 아그립바 왕(행 25:23-25)의 재판에서 이 권리를 행사하고, 아그립바 왕은 바울을 로마로 보냈다. 고대 전승에 따르면, 바울은 네로 통치 10년인 AD 64년에 기독교인들에 대하여 일어난 첫 박해 때 참수를 당했다.

따라서 바울은 로마 제국의 시민이었고, 시민의 권위에 대한 순종을 촉구했다. 그러나 바울은 그리스도인들의 우선적인 정치적 충성(πολίτευμα, 폴리튜마. 참조. 빌 3:20)은 하늘나라, 즉 "위에 있는 예루살렘"에 대한 것이라는 사실도 알았다. 바울이 기독교를 제국의 통합과 안정을 위한 사회적, 종교적 기반, 이전 세대의 한 역사가가 말한 것처럼 "제국의 몸에 생명을 줄 수 있는 영혼"으로 생각했다는 증거는 없다.[15] 팍스 로마나(Pax Romana)는 폭력과 억압에 기반을 두고 있었다. 바울은 법적 신분에도 불구하고, 로마 관리

---

14 H. Chadwick, ed., Origen: *Contra Celsum* (Cambridge: Cambridge University Press, 1980), 92 [=『켈수스를 논박함』, 새물결, 2005].

15 Ramsay, *Cities*, 71. 1907년에 처음 출판된 램지의 저작은 제1차 세계대전 이전 수십 년 동안 서구 문명에 만연했던 문화적, 정치적 낙관주의를 반영한다. 바울의 정치 윤리에 대한 더욱 냉정한 분석은 다음을 참조하라. K. Wengst, *Pax Romana and the Peace of Jesus Christ* (Philadelphia: Fortress, 1987), 72–89. 슈테게만W. Stegemann은 바울이 로마 시민이었다는 사도행전에서 파생된 전통적 가정에 의문을 제기했다("War der Apostel Paulus ein römisches Bürger?," *ZNW* 78 [1987]: 200–229). 그러나 다음을 참조하라. M. Hengel, *The Pre-Christian Paul* (London: SCM, 1991), 101–2; Wright, *Paul*, 357–60.

들과 유대 당국의 가혹한 처우를 견뎌야 했다. 바울이 유대인과 이방인 모두에게 선포한 하나님과의 평화는 정치 구조의 변화가 아니라 예수 그리스도의 죽음, 부활, 그리고 심판과 영광으로 다시 오실 예수님에 대한 기대에 근거한 것이었다.

1.4. 회심과 부르심

사도 바울의 회심은 기독교 역사에 가장 주목할 만한 사건 중 하나이다. 어떻게 똑똑하고 도시적이며 무자비하게 그리스도인을 박해했던 그가 거의 하룻밤 사이에 자신이 온 힘을 다해 뿌리 뽑고자 했던 신앙의 헌신적 옹호자이자 주인공이 될 수 있었을까? 갈라디아서에서 바울은 이 질문에 대해 아주 간결하게 대답했다. 바울은 하나님께서 "그를 내 속에 나타내시기를 기뻐하셨다"라고 말한다(1:15-16).

실제로, 신약성경에서 바울 서신 세 구절(고전 9:1-2; 15:3-11; 갈 1:11-16), 사도행전 세 구절(9:1-7; 22:6-10; 26:12-16)은 이 역사적인 사건을 종합적으로 묘사한다. 누가는 이 회심을 스데반이 돌을 맞은 사건에 이어서 기록했다. 바울은 그 자리에 있었고 아마도 어느 정도 사법적 감독권을 행사했을 것으로 보이는데, 이는 스데반을 돌로 친 "증인들"이 자신의 옷을 바울의 발 앞에 놓았다는 사실에서 알 수 있다(행 7:58). 스데반의 순교는 바울이 "각 집에 들어가"(행 8:3) 예수님을 믿는 사람들을 쫓아다니면서 그리스도인들에 대한 새로운 핍박과 박해의 물결을 예고하는 신호탄이었다. 이러한 노력은 매우 성공적이어서 많은 그리스도인은 복음을 들고 예루살렘을 떠나 사마리아와 그 너머로 도망쳐야만 했다. 유대 교회가 흩어지자 바울은 대제사장의 허가를 받아 길 위에서 거룩한 박해 운동을 벌일 수 있었다. 바울의 새로운 목표는 다메섹이었다. 바울의 목표는 "그 도"를 따르는 자들을 찾아내 사슬에 묶어 예루살렘으로 데려오는 것이었다.

누가는 바울이 동료 여행자들과 함께 옛 도시 다메섹에 향하고 있었는데, 아마도 사냥개처럼 박해자를 따라다니는 레위인 성전 경비대원이었을 것이라고 말한다. 갑자기 한낮 수리아의 태양보다 더 밝은 하늘의 빛이 그들을 둘러싸 모두 땅에 쓰러졌다(행 26:12-14). 십자가에 못 박히신 메시아 나사렛 예수는 부활과 승천의 영광스러운 모습으로 나타나 바울에게 모국어로 말씀하셨다. "사울아(Σαούλ), 사울아(Σαούλ), 네가 어찌하여 나를 박해하느냐?" "주여 누구시니이까?" 바울은 대답하여 물었다. "나는 네가 박해하는 예수라 일어나 너의 발로 서라 내가 네게 나타난 것은 곧 네가 나를 본 일과 장차 내가 네게 나타날 일에 대하여 너로 종과 증인을 삼으려 함이니." 이후에 아그립바 왕 앞에서 바울은 "하늘에서 보이신 것을 내가 거스르지 아니하고"(행 26:19)라고 대답했던 것을 회상했다. 눈부신 빛으로 인해 눈이 먼 바울은 어둠 속에서 원래의 목적지를 향해 비틀거리며 갔다. 다른 사람들을 포로로 잡으러 다메섹으로 갔던 바울이 무력하고 눈이 먼 채로 끌려가게 된 아이러니한 상황이 벌어졌다. 사흘 동안 금식한 후 아나니아라는 신자가 바울을 방문했다. 자신이 잡으려 했던 제자 중 한 명의 인도를 받았다는 것은 심오한 역설이다. 바울은 곧바로 치유를 받고 세례를 받았으며 그의 말을 들은 모든 사람이 놀랄 정도로 즉시 회당에서 그리스도인으로서 첫 설교를 시작했다. 예수님은 하나님의 아들이시다!

　수 세기 동안 바울의 회심에 대한 진정성을 의심하는 다양한 시도가 있었다.[16] 초기 기독교 변증가 에피파니우스에 따르면 에비온파로 알려진 초기 유대 기독교의 한 분파는 바울에 대한 환상적인 비방을 퍼뜨려 그 종파에서 널리 믿게 만들었다. 이 이야기에 따르면 바울은 실제로 유대인이 아니라 헬라인 부모의 아들이었다. 바울의 아버지는 예루살렘에 와서 대제사장의 딸과 사랑에 빠졌다. 그녀를 얻기 위해, 유대교 개종자가 되어 할례를 받았다. 그러나 이 계획이 실패하자 짝사랑의 분노로 할례, 안식일, 율법 자체를 공격하며 복수를 감행했다.[17] 이 이야기는 역사적 근거가 전혀 없지만, 엄격한 바리새인 유대교의 열렬한 지지자에서 "이방인의 사도"로 변화한 바울을 설명하는 것이 얼마나 고통스러웠는지 보여준다.

　현대에는 바울의 회심에 대한 수 많은 자연주의적인 심리적 설명을 여러 학자들이 제시했다. 그 학자들은 바울이 메시아 예수와 개인적으로 만났고 실제로 사전에서 찾아볼 수 있는 단어로 말하는 것을 들었다는 바울의 주장을

---

16 바울의 회심에 대한 문헌은 방대하다. 표준적인 전기 외에 특별히 다음을 참조하라. U. Wilckens, "Die Bekehrung des Paulus als religions geschichtliches Problem," *ZTK* 56 (1959): 273–93; J. Dupont, "The Conversion of Paul and Its Influence on His Understanding of Salvation by Faith," in *Apostolic History and the Gospel: Biblical and Historical Essays Presented to F. F. Bruce on His Sixtieth Birthday*, ed. W. Gasque and R. P. Martin (Grand Rapids: Eerdmans, 1975), 176–94. 세갈A. Segal은 유대인으로 다른 관점을 제시한다(*Paul the Convert: The Apostolate and Apostasy of Saul the Pharisee* [New Haven: Yale University Press, 1988]). 최근 문헌은 다음을 참조하라. B. Corley, "Interpreting Paul's Conversion–Then and Now," in *The Road from Damascus: The Impact of Paul's Conversion on His Life, Thought, and Ministry*, ed. R. N. Longenecker (Grand Rapids: Eerdmans, 1997); Wright, *Paul*, 51–59; Moo, *Galatians*, 95–107; Gorman, *Apostle*, 56–65; Das, *Galatians*, 147–52.

17 Epiphanius, *Adversus Haereses* 30.16. 롱네커(*Galatians*, 26)는 이 이야기를 2세기 야고보 승천(the Ascension of James)을 쓴 저자에 기인한 것으로 보고 있다.

받아들이기 거부한다. 어떤 학자들은 바울이 그리스도의 음성이라고 착각한 것은 수리아의 뇌우 충돌과 번개에 지나지 않는다고 주장했다. 다른 학자들은 그 환상이 열병이나 간질 발작과 같은 심각한 신체적 질병 때문이라고 주장했다. 또 다른 학자들은 스데반의 죽음에 대한 자신의 내적 갈등과 죄책감의 프로이트식 투영일 뿐이라는 심리적 자기망상 이론을 선택했다. 1866년에 프랑스 철학자이자 회의론자인 르낭E. Renan은 이러한 여러 이론을 종합하여 바울의 회심을 가장 낭만적으로 묘사한 작품 중 하나를 썼다.

> 다메섹으로 향하는 모든 발걸음은 바울에게 쓰라린 회개를 불러일으켰다. 교수형의 수치스러운 임무는 참을 수 없었다. 바울은 마치 가시를 차는 것처럼 느꼈다. 여행의 피로가 우울증을 더했다. 악성 열병이 갑자기 그를 사로잡았다. 피가 머리로 솟구쳤다. 마음은 번개가 번쩍이면서 깨져버린 한밤의 어두움으로 가득 차 있었다. 매우 격렬한 헐몬 산의 갑작스런 폭풍 중 하나가 일어났을 가능성이 있다. 유대인에게 천둥은 하나님의 음성, 하나님의 번갯불이었다. 박해자는 무서운 일격에 쓰러져 정신을 잃은 것은 분명하다. 열기의 정신 착란 상태에서 번개를 하늘의 환상으로, 천둥소리를 하늘의 음성으로 착각했고 안과 질환의 시작인 눈의 염증이 망상을 도왔다.[18]

이전에도 르낭은 예수님을 예언자적 역할이나 기적의 능력이 없지만 매력적이고 다정한 갈릴리의 설교자로 묘사한 공상적인 예수님의 생애를 출판했다(*La Vie de Jésus*, 1863 [= 『예수의 생애』, 창, 2010].). 두 경우 모두 르낭의 재구성은 역사적 자료에 대한 진지한 참여보다는 기독교 신앙의 초자연적 요소에 대한 자신의 편파적인 거부를 반영했다.[19]

르낭과 그의 뒤를 이은 신앙이 없는 신학자들과는 대조적으로 조지 리틀턴Baron George Lyttelton 남작은 바울의 인격에 대한 철저한 연구를 발표하여 사도 바울이 사기꾼이나 열광주의자가 아니며 누군가의 사기에 속은 사람도 아니라고 결론지었다. 오히려 "회심의 원인이라고 선언한 것과 그 결과로 일어

---

18 E. Renan, *Les Apôtres* (Paris: Michel Lévy Frères, 1866), 175.

19 슈바이처는 르낭의 작업을 다른 자유주의적 "예수님의 삶"의 맥락에 두는데, 그 중 가장 주목할 만한 작업은 위대한 독일인 반대자 스트라우스의 것이다(참조. *The Quest for the Historical Jesus* [New York: Macmillan, 1968], 특별히 180–92 [= 『예수의 생애 연구사』, 대한기독교서회, 1995].). 슈바이처는 르낭을 "신약 성경을 잃어버린 어떤 이방인 … 그저 단순하고 순수한 세계에서 자유롭게 숨쉬는 것에 익숙하지 않은 사람이지만, 그 세계에서 자신의 편안함을 찾기 위해 감성적인 향수를 뿌린 [뿌려야 했던] 사람"이라고 묘사했다(192쪽).

난 일들은 모두 실제로 일어났으며, 따라서 기독교는 하나님의 계시이다"라고 말했다.[20] 바울의 삶에서 중추적인 중심에 서 있는 근본적인 사실, 즉 다메섹 도상에서 다소의 사울과 나사렛 예수가 대면했다는 사실을 떠나서 바울의 신학이나 선교를 이해할 수 있는 방법은 분명히 없다. 그 사건 이후 사울과 기독교 교회는 다시는 이전과 같지 않았다.

의심할 여지 없이 바울의 회심은 기독교 역사에 가장 유명한 사건이다. 그 이유로 그리스도께 나아오는 모든 사람을 위한 고전적인 패러다임으로 자주 제시되었다. 그러나 신약성경은 진정한 회심 경험에 대한 고정관념을 단 하나도 발전시키지 않았다. 예를 들어, 다메섹 도상에서 바울이 극적으로 회심했다는 이야기를 읽은 후 몇 쪽 지나지 않아 복음 설교를 듣다가 조용히 회심한 루디아라는 여인이 등장한다(행 16:11-15). 회심의 또 다른 유형은 교회사 전반에 걸쳐 존재한다. 4세기 아우구스티누스Augustine와 20세기 루이스C. S. Lewis는 오랜 기간 지적 투쟁과 의심 끝에 그리스도를 믿었다. 무디D. L. Moody는 보스턴의 한 신발 판매상의 증언으로 회심했다. 스탠리 존스E. Stanley Jones는 감리교 교회 제단에서 주일학교 교사 넬리 로건Miss Nellie Logan이 자신의 곁에 무릎 꿇고 요한복음 3장 16절, "하나님이 스탠리 존스를 이처럼 사랑하사 독생자를 주셨으니 이는 스탠리 존스가 그를 믿으면 멸망하지 않고 영생을 얻게 하려 하심이라"를 반복해 달라고 부탁했을 때 그리스도께 나아왔다.[21]

이러한 사례들은 더 이상 그리스도께서 오래 전 바울에게 하신 것처럼 극적인 방식으로 택함받은 사람들에게 나타나지 않으신다고 단정하지 않는다. 인도에서 가장 높은 카스트에 속하는 힌두교도였던 썬다 싱Sundar Singh은 이와 같은 체험을 한 후 그리스도인이 되었다. 싱은 다소의 사울처럼 그리스도의 일에 반대하여 광적인 열심을 가지고 있었다. 어느 날 싱은 악의를 품고 성경에 등유를 붓고 불태웠다. 이러한 신성 모독 행위는 1904년 12월 18일 이른 아침에 일어났다. 그는 즉시, 일기에 기록한 것처럼 "나는 보았다. ... 그곳이 불이 났다고 생각했다. ... 나는 주 예수 그리스도의 형상을 보았다. 그리스도는 영광과 사랑의 모습이었다."[22] 이 경험 이후 싱은 현대 아시아에서 가장 널리 읽히는 기독교 작가이자 복음 전도자가 되었다.

---

20 G. Lyttelton, *Observations on the Conversion and Apostleship of Saint Paul* (1769; repr., Philadelphia: Monarch, 1895).

21 H. T. Kerr and J. M. Mulder, *Conversions: The Christian Experience* (Grand Rapids: Eerdmans, 1983), 180–83.

22 Kerr and Mulder, *Conversions*, xvii.

각기 다른 방식으로 회심했지만, 이 모든 사람은 바울과 예수 그리스도와의 개인적인 만남을 통해 회개와 믿음으로 그분께 굴복하는 결과를 얻었다. 그러나 두 가지 중요한 측면에서 바울의 회심은 독특하다. 우선, 바울은 회심을 통해 부활의 증인 중 한 사람이 될 수 있었다. 바울은 고린도전서 15장에서 부활하신 그리스도께서 베드로, 열두 제자, 오백여 명, 야고보에게 나타나신 것을 나열한 후 "맨 나중에 만삭되지 못하여 난 자 같은 내게도 보이셨느니라"(고전 15:8)라고 덧붙였다. "맨 나중"이라는 문구는 구원 역사의 성취에 하나님께서 바울이 수행하도록 선택하신 특별한 역할을 나타낸다. 그리고 이 사실은 다메섹 도상에서 부활하신 그리스도를 만난 두 번째 독특한 특징과 밀접하게 관련이 있다. 바울의 회심은 또한 그의 소명이었다. 이방인들에게 복음을 전파하는 바울의 특별한 소명은 신적 계시를 통해 그리스도께 직접 받은 사명이었다. 이는 사도행전에 기록된 바울의 회심에 대한 세 가지 기록과 회심에 대한 강조된 진술에서 분명하게 드러난다. "내가 사도가 아니냐 예수 우리 주를 보지 못하였느냐"(고전 9:1). "어두운 데에 빛이 비치라 말씀하셨던 그 하나님께서 예수 그리스도의 얼굴에 있는 하나님의 영광을 아는 빛을 우리 마음에 비추셨느니라"(고후 4:6). "그러므로 우리가 이 직분을 받아..."(고후 4:1), "[하나님께서] ... 그 아들을 이방에 전하기 위하여 그를 내 속에 나타내기를 기뻐하실 때에..."(갈 1:15-16).

이 주제는 갈라디아의 반대자들에 대한 바울의 사도직을 변호하는 첫 논증의 핵심이므로 주해에서 다시 다룰 것이다. 바울이 죄의 어둠과 죽음에서 그리스도의 빛과 생명으로 개인적으로 구출된 것과 동시에 이방인의 사도가 되라는 특별한 소명을 받았다고 말하는 것으로 충분하다.[23]

---

23 스텐달은 개신교 경건주의의 렌즈를 통해 바울의 경험을 해석하려는 근대적 경향에 대해 올바르게 저항한다. 그러나 스탠달이 그리스도를 만난 바울의 경험을 "회심이 아닌 부르심"이라고 해석한 것은 너무 지나친 면이 있다. 명확히 이것은 회심이자 부르심 모두였다. 바울은 회심 전 삶에서 분명히 내적 성찰로 깨끗해질 수 없었던 "대단히 갸푸한 양심"을 가지고 있었다. 이것은 그가 로마인들에게 경고했던 난잡한 성행위나, 술 취함, 방탕이 자신의 "어둠의 행위"가 아니었다는 것을 의미한다(롬 13:12-13). 그럼에도 불구하고 바울은 자신을 죄인일 뿐만 아니라 많은 부분에서 최악의 죄인으로 여겼다. "비방자요 박해자요 폭행자였으나... 죽은 자... 범죄와 죄 가운데 있는 자... 불순종하는 자"(딤전 1:13-15; 엡 2:13)로서 죄악된 본성의 욕망과 생각을 따라 살았다. 바울은 자신이 설교한 사람들 못지않게 죄와 사망의 속박, 즉 자기-의라는 열심(self-righteous zeal) 속에서 한때 참된 자유라고 믿었던 노예 상태에서 벗어나야 했다. 참조. K. Stendahl, *Paul among Jews and Gentiles* (Philadelphia: Fortress, 1976), 7–23 [= 『유대인과 이방인 사이에 있는 바울』, 감은사, 2021].

1.5. 종말론과 선교

바울의 회심을 한 종교에서 다른 종교로 바꾼 것으로 해석하거나, 더 나아가 그리스 세계의 헬레니즘 철학을 선호하여 이스라엘 신앙을 버렸다는 해석은 큰 실수일 것이다. 다시 말해, 바울은 그리스도인이 되었을 때 유대인임을 그만두지 않았다. 부활하신 그리스도의 계시를 통해 받은 것은 옛 백성을 역사적으로 대하시는 하나님의 참 뜻이었다. 율법, 언약, 성전, 구약의 제사, 이스라엘의 미래, 그리고 실제로 이 세상의 미래는 약속하신 메시아 예수의 삶과 죽음, 부활을 통한 하나님의 결정적인 개입에 비추어 이제 모두 새롭게 조명되었다. 바울은 "만세와 만대로부터 감추어졌던 것"이나 "지금은 성도들에게 나타난"(골 1:26) 놀라운 비밀, "신비"를 알게 된 한 사람으로서 기록했다. 바울의 삶의 부담은 이 비밀을 모든 민족에게 알리는 것, 즉 유대인과 이방인 모두에게 하나님의 말씀을 충만하게 선포하는 것이었다(골 1:25).

따라서 바울 신학의 지평은 구원 역사에 대한 그의 이해와 유대 종말론적 사상의 구체적인 배경으로 정의된다. 바리새파 유대인으로서 바울은 에스겔과 다니엘의 묵시를 정경으로 받아들였을 것이다. 또한 제4에스라서에 제시된 두 에온(시대) 개념을 잘 알고 있었을 것이다.[24] 이 견해에 따르면 아담으로부터 시작된 현재의 죄와 사망의 시대는 심판과의 만남을 향해 빠르게 달려가고 있다. 새 시대는 영광의 구름을 타고 오시는 메시아(단 7:13-14), 죽은 자의 부활(단 12:1-4), 현재 세상을 지배하는 악한 세력의 복종, 옛 선지자들이 예언한 보편적인 평화의 통치(사 11:1-9)로 시작될 것이다. 독실한 시므온이 예루살렘 성전에서 간절히 기대하며 기다렸던 "이스라엘의 위로"는 바로 이러한 소망이었다(눅 2:25).

바울은 부활하신 그리스도를 만나면서 전통적인 종말론적 기대에 비추어 구원 역사에 대한 자신의 이해를 근본적으로 바꾸었다. 바울은 이제 핍박받던 그리스도인들이 줄곧 말했던 십자가에 못 박히신 예수님이 참으로 하나님이 택하신 메시아라는 사실을 깨달았다. 그리스도께서 죽은 자 가운데서 부활하심으로 이미 새 시대가 열렸다(바울이 증언한 고전 15:8). 이런 의미에서 그리

---

24 샌더스(*Paul and Palestinian Judaism* [Philadelphia: Fortress, 1977], 409-24 [= 『바울과 팔레스타인 유대교 (40주년 기념 한국어판)』, 알맹e, 2018])는 제4에스라서가 바울과 동시대 바리새파 유대교의 전형이 아니라고 주장한다. 이에 대한 반대 의견은 다음을 참조하라. J. C. Beker, *Paul the Apostle* (Philadelphia: Fortress, 1980), 143-81 [= 『사도 바울』, 한국신학연구소, 1998]. 또한 다음을 참조하라. U. B. Müller, "Apocalyptic Currents," in *Christian Beginnings*, ed. J. Becker (Louisville: Westminster/John Knox, 1993), 281-329; J. L. Martyn, "The Apocalyptic Gospel in Galatians," *Int* 54 (2000), 246-66.

스도인은 때가 찼음(갈 4:4)으로 알려진 역사상 중요한 시점에 살고 있는 사람들, 즉 "말세에 만난 우리"(고전 10:11)였다. 예수 그리스도 안에서 미래는 현재를 뚫고 들어왔다. "그런즉 누구든지 그리스도 안에 있으면 새로운 피조물이라 이전 것은 지나갔으니 보라 새 것이 되었도다"(고후 5:17).

그러나 이 주장은 유대인들이 2천 년 동안 그리스도인들에게 던져온 질문이면서 도덕적으로 민감한 많은 사람이 계속 던지는 질문이다. 메시아가 이미 왔다면 왜 여전히 세상에는 많은 고통, 폭력, 혼돈이 존재하는가? 그리스도인들을 포함하여 사람들은 왜 암에 걸려 죽는가? 선지자들이 메시아 시대가 도래할 것이라고 말한 보편적인 평화의 통치와 악의 세력의 억압은 어디로 사라졌을까? 이러한 질문은 단순히 현대에 다시 부상한 질문일 뿐만 아니라 기독교 메시지의 고유한 특징이며 신약 시대에도 예리하게 느껴졌다. 예를 들어, 베드로는 그 시대의 회의론자들과 비웃는 사람들이 다음과 같이 물었다고 말한다. "주께서 강림하신다는 약속이 어디 있느냐 조상들이 잔 후로부터 만물이 처음 창조될 때와 같이 그냥 있다"(벧후 3:4).

바울은 두 시대의 중첩이라는 개념과 그리스도의 완성된 사역의 "이미"와 구속의 완성이 "아직" 이루어지지 않은 것 사이의 종말론적 긴장에서 문제의 해결책을 찾았다. 바울 신학 전체는 이 두 가지 초점, 즉 한편으로는 예수님의 죽음과 부활이 가지는 구원적 의미와 다른 한 편으로는 영광스럽게 재림하실 예수님에 대한 소망을 중심으로 전개된다. 이러한 사고 구조 안에서 바울은 교회에 대한 독특한 이해를 발전시켰으며, 한편으로는 그리스도 사건의 결정성을 부인하는 사람들(율법주의자)과 다른 한편으로는 부활의 미래성을 완화하려는 사람들(방종주의자)과 두 갈래로 나뉘어 싸웠다. 바울의 우려를 다음과 같은 도식으로 설명할 수 있다.

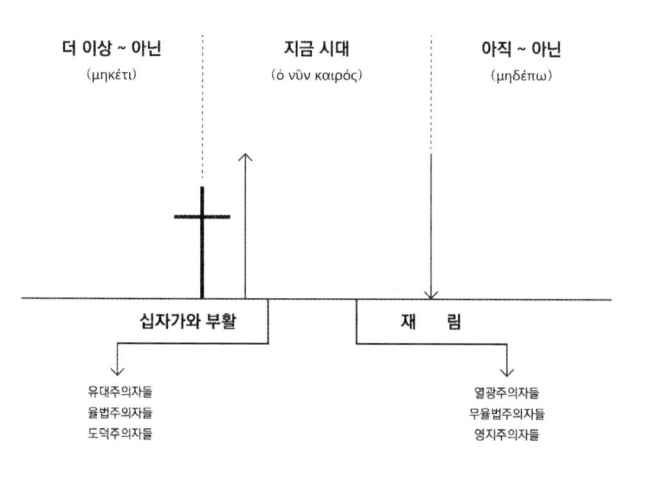

앞으로 살펴보겠지만, 갈라디아서에서 바울이 직면했던 가장 큰 싸움은 그리스도의 구원 사역의 급진적 성격을 분별하지 못한 일부 유대인 그리스도인 선교사와의 싸움이었다. 그들은 바울과 마찬가지로 예수님이 메시아라는 데 동의했다. 그들도 바울 못지않게 유대인뿐만 아니라 이방인들도 복음화되어 교회에 들어오기를 간절히 원했다. 그러나 유대인 그리스도인 선교사들은 이방인이 그리스도인이 되려면 먼저 유대인이 되어야 한다고 주장했다. 이방인들은 율법의 엄격함, 특히 할례에 복종해야 하며, 따라서 이 순종 행위로 그리스도께서 이 땅에서의 삶과 사역을 통해 시작하신 일을 완성해야 한다고 주장했다. 그들에게 예수 그리스도의 의미는 율법에서 추론할 수 있는 것이었다. 그러나 바울은 반대로 예수 그리스도와 그분의 십자가에서 완성된 사역에 비추어야만 율법과 언약의 진정한 의미, 그리고 이스라엘에 대한 하나님의 특별 계시의 모든 부담을 이해하기 시작할 수 있다고 말한다.

바울은 율법주의자들을 향해 **"더 이상 아니다!"**라고 외쳤다. 이제 그리스도께서 오셨으므로 우리는 더 이상 율법의 감독 아래 있지 않고, 더 이상 노예가 아니며 아들이며, 더 이상 죄의 본성의 정욕에 사로잡혀 있지 않고, 사랑의 법을 성취함으로써 성령과 보조를 맞추도록 자유롭게 되었다(갈 3:25; 4:7; 5:14-26). 갈라디아서에서 제시된 바울의 이신칭의 교리는 로마서에서 더 완벽하게 설명되어 있으며, 하나님의 아들의 인격과 사역이 담긴 하나님의 은혜의 결정적인 성격을 축소시켜 복음을 왜곡하려는 이들과 목숨을 건 투쟁의 맥락에서 만들어졌다.

반면에 바울은 선교 여행 중에 설립한 여러 교회 사이에서 똑같이 치명적인 위험에 직면했다. 일부 신자들은 **아직 아닌**(not yet)을 배제하기 위해 **더 이상 아닌**(no longer)을 강조했다. 그들은 이렇게 추론했다. 우리의 죄가 아무리 커도 하나님께서 오직 믿음으로만 우리를 의롭다 하신다면, 우리는 은혜를 더 누리기 위해 더 많은 죄를 지어야 하지 않겠는가? 우리가 율법에 대한 순종이 아니라 은혜에 근거하여 성령을 받았다면 왜 율법을 완전히 무시할 수 없는가? 왜 우리는 성도덕 규범을 준수하거나 신비 종교가 즐기는 광란적 황홀경 때문에 예배에서 억압받아야 하는가? 이러한 종류의 사고는 기독교 자유의 남용으로 이어졌고 과도한 열광주의와 율법폐기주의를 낳았다.

이러한 사고방식에 대해 바울은 **"아직 아니다!"**(Not yet!)라고 단호하게 말했다. 그리스도인은 사라져가는 옛 시대와 이미 시작되어 파루시아에서 완성될 새로운 창조물인 구원의 새 시대 사이의 긴장감에 사로잡혀 있지만, 아직 거기에 이르지 못했다. 바울은 고린도 그리스도인들의 지나치게 현실화된 종말론에 맞서 믿음이 보이는 것이 되고 썩을 것이 썩지 아니할 것으로 변하며 사망이 승리에 삼켜지는 부활의 미래를 강조했다(고전 15:50-57). 그동안 우리는 현재의 책임을 회피하지 말고 주님의 일에 조금도 게으르지 않고 온전히 헌신해야 한다. 부활에 대한 바울의 위대한 진술인 고린도전서 15장이 끝나고 바로 연보에 대한 가르침의 말씀이 이어진다는 것은 매우 중요하다(고전 16:1-4).

더 이상 아닌과 **아직 아닌**의 사이에는 바울이 로마서에서 **현재 시대**(ὁ νῦν καιρός, 호 뉜 카이로스, 롬 8:18)라고 부르는 것이 있다.[25] 현재 시대에 그리스도인들은 "이 악한 세대"(갈 1:4)에서 구원받은 자로서 소명을 실천해야 한다. 즉, 그들은 "이 세상의 신"(고후 4:4) 사탄의 핍박과 고난, 사나운 공격을 받으면서도 의롭다 하심을 받고 양자가 되고 성령의 인치심을 받은 자로서 삶을 살아야 한다. 이러한 종말론적 긴장 속에서 사는 것을 바울은 "탄식"이라고 불렀다. 우리는 주변 피조물이 타락으로 인해 탄식하고(롬 8:22) 우리 안에 있는 죄의 세력과 싸우며 탄식한다(롬 7장). 우리는 육신의 "장막"을 벗고 "더 좋은 일"인 그리스도와 함께 있기를 갈망하며 탄식한다(고후 2-4장; 빌 1:20-23). 이 모든 상황 속에서도 그리스도인은 금욕적 무관심이 아니라 기쁨과 확신에 찬 소망으로 삶을 마주한다. 우리는 압박을 받고, 당황하고, 핍박을 받을 때에도 우리가 짓밟히거나 버려지거나 멸망하지 않을 것을 알기 때문에 영광스럽게 다시 오실 그리스도의 재림을 "간절히 기다린다"(갈 5:5). 우리는 우리와 함께 거하시며 말할 수 없는 깊은 탄식으로 우리와 함께 탄식하시는 성령으로부터 위로를 받는다(롬 8:26).

바울은 자신이 구원받고 부름받은 구원 역사의 독특한 **카이로스**("시대," καιρός)의 관점에서 자신의 역할과 사도적 소명을 분명히 이해했다. 그는 자신을 "세상 마지막 때에 사명을 받은 시대의 사람"으로 여겼다. 바울은 자신을 그리스도의 부활과 죽은 자의 마지막 부활 사이의 시대를 아우르는 종말론적 사도라고 생각했다.[26] 이러한 종말론적 기대에 비추어볼 때에만 복음을 왜곡하는 거짓 교사들을 눈 하나 깜짝하지 않고 기꺼이 지옥으로 저주했던 바울의 열정을 이해할 수 있다(갈 1:7-9). 마찬가지로, 조상 대대로 이어진 종교 전통에 대한 극도의 열심으로 가득 찬 바리새인 출신 유대인만이 동족을 참 메시아에 대한 구원의 지식으로 인도하기 위해 기꺼이 자신이 지옥에 떨어지는

---

25 바울에 대한 이 입장은, 슈툴마허의 탁월한 연구를 참조하라. P. Stuhlmacher, "Erwägungen zum ontologischen Charakter der KAINE KTISIS bei Paulus," *EvT* (1967): 1–35.

26 Beker, *Paul the Apostle*, 144–45.

것까지도 바랄 수 있었다(롬 9:1-4). "때가 단축"(고전 7:29)되었기 때문에, 바울은 낭비할 시간이 없었다. 바울은 땅 끝까지 복음을 전파하여 모든 민족이 믿어 순종하게 하는 일로 부담을 느꼈다(롬 16:26). 바울이 처음 갈라디아 사람들에게 예수 그리스도의 복음을 전한 이유도 바로 이 부담감 때문이었다. 바울이 갈라디아 그리스도인들에게 보낸 편지에서 복음을 강력하게 변호하는 배경에는 바로 이 같은 부담이 자리 잡고 있다.

2. 갈라디아인은 누구였는가?

바울이 보낸 대부분 편지의 수신지는 신약성경을 연구하는 사람에게는 문제가 되지 않는다. 로마, 고린도, 에베소, 골로새, 빌립보, 데살로니가는 모두 지중해 지역의 전략적 요충지에 정확히 위치한 특정 도시들이다. 갈라디아서는 바울 서신 중 유일하게 특정 도시에 거주하는 개인이나 그리스도인에게만 보낸 편지가 아니다. 고대 후기에 "갈라디아"는 소아시아 중부의 변화하는 정치적 상황을 반영하는 탄력적인 용어였다. 1914년 제1차 세계대전이 발발할 당시 동유럽 또는 중동의 옛 지도를 보고 오늘날의 지도와 비교해보면 당시 상황을 짐작할 수 있다. 전쟁으로 휩쓸린 소아시아 평원에서도 침략 부족, 국가, 제국의 흥망성쇠에 따라 "갈라디아"의 지리적 경계가 확장되고 축소되면서 비슷한 현상이 발생했다. 이 모든 것이 바울이 편지를 보낸 갈라디아 교인들의 신원과 관련하여 많은 혼란과 논란을 불러일으켰다. 우리의 목적은 이 주제에 대해 광범위한 문헌을 검토하는 것이 아니라 이 주석에서 채택할 이론을 포함하여 몇 가지 주요 이론을 지적하는 것이다.[27]

---

27 모든 주요 주석은 이러한 문제를 자세히 다루고 있다. 특히 주목할 만한 주석으로는 다음이 있다. J. B. Lightfoot, *Saint Paul's Epistle to the Galatians* (1890; repr., London: Macmillan, 1986), 1–35; E. deW. Burton, *A Critical and Exegetical Commentary on the Epistle to the Galatians*, ICC (Edinburgh: T&T Clark, 1921), xxi–xliii; F. F. Bruce, *The Epistle to the Galatians*, NIGTC (Grand Rapids: Eerdmans, 1982), 3–18; H. D. Betz, *Galatians*, Her (Philadelphia: Fortress, 1979), 1–11; R. Y. Fung, *The Epistle to the Galatians*, NICNT (Grand Rapids: Eerdmans, 1988), 1–8; Longenecker, *Galatians*, lxii–lxii; D. Lührmann, *Galatians* (Minneapolis: Fortress, 1992), 1–6. 다음은 가장 최근 주석이다. Das, *Galatians*, 20–30; Moo, *Galatians*, 1–18; Keener, *Galatians*, 13–22; T. Schreiner, *Galatians*, ZECNT (Grand Rapids: Zondervan, 2010), 22–39 [= 『강해로 푸는 갈라디아서』, 디모데, 2017]. 이 주석에서 채택한 견해는 램지가 고전적으로 제시하고 브루스가 결정적으로 주장한 견해이다. 수신지와 저작 시기 문제에 관해서는 다음의 짧은 논문이 유익하다. C. J. Hemer, "Acts and Galatians Reconsidered," *Them* 2 (1976–77): 81–88. 다음 유익한 요약도 참조하라. P. Feine, J. Behm, W. G. Kümmel, *Introduction to the New Testament* (Nashville: Abingdon, 1965), 190–98 [= 『신약정경개론』, 대한기독교서회, 1988].

2.1. 바울 시대 이전 갈라디아

바울은 서두에서 "갈라디아 교회들에게"(1:2)라는 첫 인사로 편지를 쓴다. 이후에 바울은 격앙된 어조로 생각의 흐름을 깨고 갈라디아 교인들에게 직접 말한다. "어리석도다 갈라디아 사람들아"(3:1). 영어 단어 "갈라디아 사람(Galatians)"은 헬라어를 정확하게 음역한 라틴어 갈라타이(*Galatae*)에서 유래했다. 헬라어와 라틴어에서도 같은 단어가 켈트족과 갈리아족으로 번역된다.[28] 켈트족은 BC 500년경 중부 유럽 다뉴브 강 유역을 점령했을 때 역사에 처음으로 민족 또는 민족집단으로 등장했다. 켈트족은 전투에서 용맹하고 불굴의 기질로 유명했다. 켈트족은 그 근거지에서 유럽 본토의 여러 지역으로 퍼져나갔다. 켈트족 중 일부는 오늘날 프랑스에 정착하여 갈리아라는 이름을 붙였다(참조. 율리우스 카이사르의 『갈리아 전기』). 다른 일부는 영국 제도로 이주하여 아일랜드의 켈트 문화와 하이랜드 스코틀랜드의 게일어 방언에 뿌리를 내리고 삶을 형성했다. 다른 켈트족은 남동쪽으로 발칸 반도와 소아시아로 퍼져나갔다. BC 278-277년 비두니아의 니코메데스 왕은 켈트족을 초청하여 동쪽의 공격자로부터 자신의 영토를 방어하는 데 도움을 요청했다. 용병으로 머무는 데 만족하지 않은 켈트족들은 정복 작전을 벌여 중앙 소아시아의 광대한 땅을 차지했다. BC 230년경 페르가몬 왕 아탈로스 1세에게 패배한 켈트족은 현대 튀르키예의 수도인 앙카라 주변 평야의 한정된 지역에만 거주했다.

로마 제국이 동쪽으로 확장하면서 소아시아의 모든 민족은 티베르 강 유역의 새로운 초강대국의 영향력 아래 놓였다. 이 무렵 켈트족(갈라디아인이라 불림)은 고유 언어와 정부 중심지를 앙키라(앙카라의 옛 이름) 두고 독립 왕국을 이루었다. 로마는 한동안 갈라디아가 헤롯 대왕이 유대를 통치했던 것처럼 갈라디아의 왕 아민타스가 로마 군주들의 후견 아래 통치하면서 제국 내 속국으로 지위를 유지할 수 있도록 허용했다. 그러나 BC 25년 아민타스가 전투에서 전사하자 아우구스투스 황제는 갈라디아 왕국을 로마의 속주로 재편했다. 행정적 목적을 위해 이 새로운 제국 영토의 지리적 경계는 앙키라 주변의 원래 갈라디아 영토("북 갈라디아")뿐만 아니라 브리기아 및 루가오니아 남부 지역("남 갈라디아")까지 포함하여 확장되었다. 바울 시대에 로마의 갈라디아 지방은 엄밀히 말하면 흑해의 본도에서 지중해의 밤빌리아까지 소아시아의 중심부를 가로질러 뻗어 있었다. 베드로전서 1장 1절에서 갈라디아는 다른 로마 지방인 본도, 갑바도기아, 아시아, 비두니아 등과 함께 더 넓은 지리적 의미로 사용되었다.

---

28 라틴어 형태 *Celtae*와 *Galli*를 참조하라.

2.2. 북 갈라디아? 남 갈라디아?

2.2.1. 북 갈라디아

이 시기 소아시아 역사에 대해 우리가 알고 있는 것을 고려할 때, 바울이 편지를 보낸 그리스도인 공동체, "갈라디아의 교회들"이라는 문구를 해석하는 세 가지 방법이 있는 것 같다. 적어도 이론적으로는 이 문구는 로마의 확대된 갈라디아 지방에 흩어져 있던 다양한 그리스도인 그룹을 포괄할 수 있다. 이를 범갈라디아 이론이라고 부르기도 하며 실제로 19세기에 많은 성경학자가 주장했다.[29]

이 가설이 분명한 어려움 때문에 일반적으로 무시되어 온 것은 놀랍지 않다. 갈라디아서는 바울 서신 중 가장 상황적인 편지 중 하나이다. 예를 들어, 로마서와 에베소서는 특정 지역 기독교 신자들에게 보내졌지만 로마와 에베소 교회가 직면한 발전이나 문제에 대해서는 거의 알려주지 않는다. 반면에 갈라디아서는 고린도 서신과 마찬가지로 바울의 선교 활동에서 특정 장소와 시간에 발생한 특정 문제와 논쟁을 다루고 있다. 갈라디아서를 쓸 때, 바울은 자신이 잘 아는 사람들에게 아주 긴급한 문제에 대해 알리고자 했다. 또한 그는 매우 넓은 지리적 지형에 흩어져 있는 여러 교회에 편지한다고는 상상할 수 없을 정도로 구체적으로 썼다. 지난 세기 동안 성경학자들 사이에서 강력한 지지를 받은 두 가지 이론이 남아 있다.

19세기 후반까지만 해도 바울이 편지를 보낸 갈라디아 교인들은 소아시아 중북부에 정착한 고대 켈트족의 후손이라는 견해가 거의 보편적으로 받아들여졌다. 바울이 갈라디아서를 쓴 지 수 세기 후, 교부들은 이러한 견해를 당연한 것으로 받아들였다. 당시 갈라디아 지방은 변화하는 로마 제국 정책을 반영하듯 로마 제국 이전의 옛 갈라디아 왕국과 거의 비슷한 지역으로 다시 축소되었다. 또한 4세기와 5세기에 이르러 소아시아 북부 지역에서는 기독교 신앙이 번성했다. 예를 들어 AD 314년 고대 갈라디아 수도에서 교회의 중요한 회의인 앙키라 공의회가 소집되었다. 이 시기의 교부들은 당시의 교회 상황을 신약성경에 반영했을 가능성이 높다.[30] 16세기에 마르틴 루터, 장 칼뱅, 그리고 다른 종교개혁가들은 새로운 주장을 펼치지는 않았지만 북 갈라디아

---

29 롱네커(*Galatians*, lxiv)는 이 가설의 옹호자로 민스터J. P. Mynster, 코넬리R. Cornely, 자키에E. Jacquier, 잔T. Zahn을 나열한다.

30 그러나 이 시기의 반대 증언자는 본도의 아마세아 주교 아스테리우스(410년경)로, 사도행전 18장 23절의 "갈라디아와 브루기아 땅"를 "루가오니아와 브루기아의 도시들"로 해석했다 (*Homilia VIII* in *SS. Petrum et Paulum*; Migne PG 40.293 D). 램지와 브루스는 아스테리우스 주교의 발언을 남 갈라디아 전통의 흔적에 대한 증거로 인용한다.

전통을 받아들였다.

현대에 이르러 북 갈라디아 견해에 대한 고전적 진술은 라이트풋J. B. Lightfoot의 권위 있는 주석에서 제시되었다(1865년). 모팻Moffatt은 라이트풋의 주장을 요약하고 북 갈라디아 가설을 지지하는 자신의 견해를 덧붙였다.[31] 이 견해는 베츠Betz, 뤼어만Lührmann, 해링턴Harrington, 에벨링Ebeling, 최근에는 샌더스Sanders, 믹스Meeks, 라이케Reicke, 마틴Martyn, 반호그Vanhogue와 같은 주석가들이 받아들였다. 북 갈라디아 전통을 지지하는 사람들은 전통의 증언에 호소하는 것 외에도 자신의 입장을 뒷받침하는 다양한 논거를 제시한다. 다음 세 가지 제목으로 분류할 수 있다.

민족을 나타내는 갈라디아인. 라이트풋은 갈라디아인이라는 용어가 켈트족의 후손으로 독특한 민족적 특징을 지닌 사람들을 지칭한다고 믿었다. 카이사르는 서유럽에서 만난 켈트족을 사납고 활기찬 종족으로 묘사하며, 서로를 대할 때 성급하고 변덕스럽다고 말했다. 갈라디아인들이 켈트족과 같은 혈통의 후손이라면 갈라디아서에서도 켈트족과 비슷한 특징을 찾을 수 있다고 기대해야 하지 않을까? "카이사르의 발에 짓밟힌 무례하고 맹렬한 야만인들 또는 사도의 분노에 찬 책망을 불러일으킨 성급하고 변덕스러운 회심자들에게서 나타난 켈트족의 성격이 여전히 그대로 남아있기 때문이다."[32] 따라서 갈라디아 교인들의 변덕스러움은 거짓 사도들의 부패한 메시지를 받아들이기 위해 참 복음에서 너무 빨리 돌아선 데서 발견되었다(갈 1:6). 마찬가지로 갈라디아 교인들의 배신과 다툼, 미신 숭배와 방탕은 기초적인 능력들(개역개정. "초등학문")을 따르는 것, 술 취함과 방탕함, 격렬한 논쟁에 대한 바울의 언급에서 엿볼 수 있다고 주장한다(갈 4:9; 5:19-21; 6:1-5). 오늘날 이런 추론은 이 특징들에서 켈트족만의 특징이 없기 때문에 거의 의미가 없다. 실제로 바울은 다른 서신에서도 비슷하게 말하는데, 그 서신들은 켈트족이 아닌 다른 민족에게 보낸 것이 분명하다.

바울 신학의 발전. 어떤 학자들은 갈라디아서가 로마서의 이신칭의 교리를 중심으로 한 문학적, 신학적 유사성을 공유하기 때문에 갈라디아서를 로마서와 거의 같은 시기인 바울의 사도 사역 말기에 두어야 한다고 주장한다. 이러한 주장에 대한 응답으로 갈라디아서가 바울 신학의 주요 주제를 다루

---

31 J. Moffatt, *Introduction to the Literature of the New Testament* (1911).

32 Lightfoot, *Galatians*, 13. 라이트풋은 민족 의식이 강렬했던 시기에 글을 썼다. 유럽에서는 국가 그룹에 특정 성격 특성을 부여하는 것이 유행했다. 영국인은 답답하고, 프랑스인은 여성스럽고, 독일인은 의지가 강하고, 이탈리아인은 다혈질이라고 여겨졌다.

고 있는 것은 의심할 여지가 없지만, 두 서신 사이의 차이점은 유사점만큼이나 두드러진다고 말할 수 있다. 게다가 바울 서신 전체는 12년에서 15년 사이에 썼을 것인데, 이는 일부 신약학자가 전제하는 신학적 공백에 비하면 비교적 짧은 기간이다.

언어와 연대기 문제. 폴힐Polhill은 "사도행전의 성격에 대한 견해는 갈라디아 목적지에 대한 관점에 영향을 미치는 경향이 있다"라고 정확히 지적했다.[33] "갈라디아"는 사도행전에서 각각 바울의 두 번째와 세 번째 선교 여행이 시작될 때 나타난다(16:6; 18:23). 첫 번째 본문에서 바울과 디모데는 "성령이 아시아에서 말씀을 전하지 못하게 하시거늘 그들이 브루기아와 갈라디아 땅으로 다녀갔다"(행 16:6)라고 묘사되어 있다. 두 번째 본문에서 바울은 에베소서에서 선교 사역을 시작하기 위해 팔레스타인을 방문에서 돌아오는 길이었다. 이 여행에서 바울은 "갈라디아와 브루기아 땅을 차례로 다니며 모든 제자를 굳건하게" 했다(행 18:23). 이 두 본문의 헬라어 구문은 모호하고, 각각 북 갈라디아설 또는 남 갈라디아설을 뒷받침할 수 있다.[34] 이 본문은 북 갈라디아를 선호하는 학자들에게 특히 중요하다. 실제로 이 두 선교 여행에서 바울이 브루기아(남 갈라디아)와 갈라디아 본토(북 갈라디아)를 방문했다는 의미로 읽을 수 있다면, 이 두 본문은 바울이 소아시아 지역에서 복음을 전했다는 유일한 증거가 되기 때문이다.[35]

2.2.2. 남 갈라디아

남 갈라디아 가설의 인기에 누구보다 큰 역할을 한 두 학자는 램지W. M. Ramsay와 브루스F. F. Bruce이다. 한 사람은 역사 지리학 전문가였고, 다른 한 사람은 고전 문학에 정통했다. 이들의 세심한 연구와 문제를 모든 각도에서 고려한 것은 가까운 장래에 대체될 가능성이 낮다.[36] 남 갈라디아설을 주장하는 학자들은 램지와 브루스의 연구를 바탕으로 점점 더 많아지고 있다.

---

33 J. B. Polhill, "Galatia Revisited: The Life-setting of the Epistle," *RevExp* 69 (1972): 441.

34 문제의 본문은 다음과 같이 읽는다. Διῆλθον δὲ τὴν Φρυγίαν καὶ Γαλατικὴν χώραν(행 16:6), ἐξῆλθεν διερχόμενος καθεξῆς τὴν Γαλατικὴν χώραν καὶ Φρυγίαν(행 18:23). 참조. Bruce, *Galatians*, 10–13.

35 참조. C. J. Hemer's "Acts and Galatians Reconsidered," 84. 또한 북 갈라디아에서 기독교가 출현한 것에 대한 램지의 논의를 참조하라(W. M. Ramsay, *Historical Commentary on Saint Paul's Commentary to the Galatians* [Grand Rapids: Baker, 1965], 165–74).

36 참조. W. M. Ramsay, *Historical Commentary*, 그리고 Bruce, *Galatians*. 또한 다음 논의를 참조하라. Wright, *Paul*, 116–31, 353–56.

남 갈라디아 가설의 가장 큰 장점은 바울이 편지를 보낸 "갈라디아의 교회들"을 정확하게 파악할 수 있다는 점이다. 바울이 1차 선교 여행에서 설립한 더베, 루스드라, 이고니온, 비시디아 안디옥의 교회들이 바로 그 대상이다. 사도행전 13-14장에는 바울과 바나바가 남부 갈라디아 도시들에서 펼친 선교 활동이 기록되어 있는데, 이 도시들은 두 전도자가 구브로에서 선교 사역을 마치고 상륙한 지중해 연안에서 내륙으로 약 100마일 떨어진 곳에 위치해 있었다.

바울과 바나바는 지중해 항구인 앗달리아 항구에서 내륙으로 약 12마일 떨어진 작은 도시 버가에 잠시 들렀다(행 13:13-15). 버가에서는 마가 요한이 일행을 떠나 예루살렘으로 돌아가기로 결정했다. 이때가 선교 여행에 중요한 전환점이 되었다. 우리가 알다시피, 그의 이탈은 바울을 크게 화나게 했고 이후에 바울이 동역자 바나바와 갈라서는 계기가 되었다(행 15:37-38). 램지는 원래 바울이 이 선교 여행을 통해 에베소까지 서쪽으로 가려고 했으나 버가모에서 말라리아에 걸려 계획을 변경할 수밖에 없었다고 주장한다.[37] 이 질병을 치료하기 위해 바울은 밤빌리아 저지대를 떠나 로마인들이 강력한 군사력을 구축한 남 갈라디아의 주요 도시인 비시디아 안디옥을 지나 타우러스 산맥을 넘어 북쪽으로 여행하기로 결정했다고 제안한다. 이 이론은 본문의 증거를 넘어서지만, 병 때문에 바울이 갈라디아 교인들에게 처음 복음을 전했다는 바울의 진술에 대한 그럴듯한 설명을 제공한다(갈 4:13).

BC 25년부터 바울이 죽은 후 오랜 시간 동안 비시디아 안디옥, 이고니온, 더베, 루스드라가 재편된 갈라디아 지방에 속했다는 것은 의심의 여지가 없다. 램지가 관찰했듯이 "바울은 로마인이자 제국의 시민으로서 글을 썼기" 때문에, 첫 선교 여행에서 이 도시들에 설립된 교회들을 언급할 때 갈라디아라는 일반적인 지방 명칭을 사용한 것은 당연한 일이었을 것이다. 사실, 이 도시들이 비시디아, 루가오니아, 브루기아의 별도의 지방에 속해 있었기 때문에 바울이 이 다른 도시들의 주민들을 모두 아울러 사용할 수 있는 다른 이름이 있었는지 알기 어렵다. 게다가 바울은 편지에서 제국 내의 넓은 지역에 대해 말할 때 항상 로마 지방의 이름을 사용했다. 바울은 고린도전서 16장에서 마게도냐를 여행하면서 갈라디아 교회, 아가야에서 처음 개종한 사람들, 아시아의 교회들에 대해 이야기했다. 각 경우에 해당 지역에 일반적으로 통용되는 지방 이름을 사용했다. 반면에 로마 시민은 아니지만 그리스 교육을 받

---

37 W. M. Ramsay, *St. Paul the Traveller and Roman Citizen* (London: Hodder & Stoughton, 1897), 89–97.

은 엘리트였던 누가는 사도행전에서 묘사한 지역에 대해 현지의 지리적 또는 민족적 명칭을 선호하는 경우가 많았다. 누가는 사도행전 13-14장에서 "비시디아," "브루기아," "루가오니아"를 말한다. 비시디아 안디옥, 이고니온, 더베, 루스드라는 서쪽의 에베소와 동쪽의 수리아 및 길리기아 속주를 잇는 제국의 주요 고속도로인 사바스티안 도로를 따라 위치해 있었다. 이 도로는 로마와 로마 제국 동쪽 지역을 연결하는 주요 무역로였을 뿐만 아니라 비시디아 안디옥에 거점을 두고 속주를 통치하던 로마 총독에게 필수적인 교통의 동맥이기도 했다. 바울과 바나바는 이 도로를 따라 이동하면서 각 도시의 회당과 시장에서 전도하고 교회를 개척하고 교회를 이끌 장로들을 임명하고 주변 지역에 복음을 전했다.

갈라디아서의 내용과 바울이 남쪽 갈라디아 도시들을 복음화했다는 누가의 기록을 비교해 보면, "갈라디아의 교회들"이 이러한 기독교 회중과 몇 가지 놀라운 유사점을 발견할 수 있다.

첫째, 이신칭의는 갈라디아서의 핵심 주제였고 바울과 바나바가 선교 여행에서 전한 선교적 메시지의 핵심이었다. 예를 들어, 비시디아 안디옥 회당에서 바울과 바나바는 "이 사람[예수 그리스도]을 힘입어 죄 사함을 너희에게 전하는 이것이며 또 모세의 율법으로 너희가 의롭다 하심을 얻지 못하던 모든 일에도 이 사람을 힘입어 믿는 자마다 의롭다 하심을 얻는 이것이라"(행 13:38-39)라고 선포했다. 구원의 요건으로 그리스도를 믿는 믿음에 할례를 더해야 한다는 주장으로 거짓 형제들이 공격한 것은 바로 칭의 교리였다.

둘째, 갈라디아서는 주로 이방인 신자들로 구성된 회중을 대상으로 기록된 것이 분명하다. 이것은 바울과 바나바가 남쪽 갈라디아 도시에서 추구한 선교 전략으로 확인할 수 있다. 다른 곳과 마찬가지로 바울은 먼저 회당에서 유대인에게 먼저 복음을 선포하는 일반적인 관행을 따랐다. 메시지가 거부당할 때 바울은 이방인들을 향했다. 바울과 바나바는 비시디아 안디옥에 거주하는 유대인들에게 다음과 같이 선언했다. "하나님의 말씀을 마땅히 먼저 너희에게 전할 것이로되 너희가 그것을 버리고 영생을 얻기에 합당하지 않은 자로 자처하기로 우리가 이방인에게로 향하노라"(행 13:46). 누가는 이방인들이 복음을 들었을 때 "기뻐하여 하나님의 말씀을 찬송하며 영생을 주시기로 작정된 자는 다 믿더라"(행 13:48)라고 말했다. 이고니온, 루스드라, 더베에서도 비슷한 방식으로 반응이 나타났다.

셋째, 갈라디아 교회들에서 처음으로 복음이 전파될 때 표적과 기사가 수반되었다는 사실을 우리는 안다. 바울은 성령의 초자연적 역사를 언급하면서 갈라디아 교인들에게 하나님께서 그들 가운데 기적을 행하신 것이 율법 준수 때문인지 은혜의 복음을 믿었기 때문인지 물었다(갈 3:5). 이러한 기적 중 일부는 남 갈라디아의 첫 번째 선교 여행에 대한 누가의 기록에 나타난다. 예를 들어, 사도행전에서는 주님께서 바울과 바나바에게 표적과 기사를 행하게 하심으로 은혜의 메시지를 확증하셨다고 기록되어 있다(행 14:3). 비슷하게 태어날 때부터 걷지 못했던 사람이 루스드라의 도시에서 기적적으로 치유받았다(행 14:8-10).

넷째, 바울은 갈라디아 교인들에게 보낸 편지에서 갈라디아 교인들이 처음에 자신을 "하나님의 천사와 같이, 또는 그리스도 예수와 같이 영접"(갈 4:14)했던 것을 상기시켰다. 어떤 학자들은 이 서술에서 루스드라에서 걷지 못했던 사람을 고친 후 바울과 바나바에게 보여준 지나친 찬사를 발견했다.

다섯째, 갈라디아서에서 바울은 복음을 전파하는 사람으로 겪은 박해를 여러 차례 언급했다. 서신의 마지막에 바울은 갈라디아 제자들에게 자신이 여전히 예수의 흔적을 지니고 있음을 상기시켰다(갈 6:17). 사도행전을 보면 바울과 바나바가 남 갈라디아 지역 전역에서 복음을 전할 때 도시마다 괴롭힘을 당하고 쫓겨났다는 사실을 알 수 있다. 루스드라에서 바울은 돌에 맞아 도시 밖으로 끌려가 죽은 채로 버려졌다. 아마도 그가 언급했던 흔적 중 일부는 이 돌에 맞아 생긴 상처였을 것이다.

더베에 도착한 후 바울과 바나바는 다시 돌아가 복음을 전한 갈라디아 도시들을 돌아보았다. 세바스티안 도로를 따라 길리기아 관문들을 지나 동쪽으로 수리아 안디옥의 거점을 향해 계속 여행하는 것이 훨씬 쉬웠을 것이다. 바울 일행이 여정을 바꾼 이유는 분명하다. 새로운 그리스도인들을 강하게 하고 참된 믿음에 굳건히 서도록 바랐기 때문이었다. 그러나 그들의 노력에 대한 강한 반대와 방문 기간을 고려할 때, 선교사들은 새로 회심한 사람들이 그들이 받은 복음에 대한 이해에 완전히 뿌리내리고 기초를 다지기 전에 떠나야 했을 가능성이 높다. 어쨌든 새로 회심한 사람들 중 일부는 바울이 없는 동안 바울을 비방하는 사람들이 퍼뜨린 거짓 교리에 쉽게 희생양이 된 것이 분명하다. 이러한 위험에서 그들을 구하고 "복음의 진리"(갈 2:5, 14)로 그들을 다시 세우기 위해 바울은 갈라디아인 교인들에게 편지를 썼다.

갈라디아서의 수신지에 대해서 두 가지 추가 사항을 고려해야 한다. 첫째, 램지와 브루스를 따르는 보수적인 학자들은 남 갈라디아 가설을 받아들이지만, 이 문제에 대한 신학적 연관성과 역사적 결론 사이에는 반드시 상관관계가 있는 것이 아니다. 메이첸J. G. Machen, 헤리슨E. F. Harrison, 로버트 스타인R.

H. Stein과 같은 보수 학자들은 북 갈라디아설을 주장했다. 풀러R. H. Fuller와 버튼E. de W. Burton은 남 갈라디아설을 지지하면서 사도행전의 역사적 진실성에 의문을 제기했다.[38] 둘째, "갈라디아의 교회들"(갈 1:2)이 어디에 있든 그 교회들에 대한 바울의 신학적 관심의 열심과 긴급성은 동일하게 유지된다. 그러나 증거의 무게는 바울과 바나바와 함께 첫 번째 선교 여행에서 세운 남 갈라디아 교회에 편지를 썼다는 견해를 강력하게 지지한다.

2.3. 갈라디아서를 쓴 시기

바울은 사도로서 사역 기간 중 언제, 어디에서 갈라디아 교인들에게 편지를 썼는가? "갈라디아서를 쓴 시기는 바울 연구에서 가장 난해한 문제 중 하나"라고 말한다.[39] 바울의 생애와 사역의 연대기를 계산하는 다양한 방법과 관련된 당황스러울 정도로 다양한 학자들의 의견을 보여주는 이 주제에 관한 문헌을 검토하면 이 말이 사실임을 알 수 있다.[40] 이 주석의 목적상, 우리는 이 문헌에 대한 광범위한 검토를 생략하고 대신 모든 증거에 가장 적합하게 보이는 선택지에 초점을 맞출 것이다.

갈라디아의 수신지는 편지를 쓴 시기를 파악하는 일에도 반드시 영향을 미친다. 바울이 갈라디아 교인들을 적어도 한 번, 어쩌면 두 번 이상 방문한 후에 편지를 썼다는 점은 의심의 여지가 없다. 북 갈라디아 수신지를 받아들인다면, 사도행전 16장 6절이 북 갈라디아를 가리킨다고 가정할 때, 이 편지의 가장 이른 시기는 바울의 2차 선교 여행 이후가 될 것이다. 이 견해를 취하는 대부분 학자는 갈라디아서가 쓰여진 시기를 바울의 에베소 사역 기간으로 보는데, 약 2년 동안 바울은 아시아 지방에서 광범위한 전도 및 선교 활동을 수행했다(행 19:10).

라이트풋은 바울이 고린도에 머물렀던 3차 선교 여행이 끝날 무렵인 더 늦은 시기를 주장했다. 라이트풋은 갈라디아서와 다른 바울 서신들 사이의 문학적, 신학적 유사성에 대한 분석을 바탕으로 이러한 결론을 내렸다. 특히 갈라디아서와 고린도후서가 단어와 주장뿐만 아니라 어조와 느낌에서도 놀랍도록

---

38 참조. Longenecker, *Galatians*, lxviii–lxix.

39 Longenecker, *Galatians*, lxviii.

40 표준적인 주석 외에 다음 연구는 주목할 가치가 있다. J. A. T. Robinson, *Redating the New Testament* (Philadelphia: Westminster, 1976); C. H. Talbert, "Again: Paul's Visits to Jerusalem," *NovT* 9 (1967): 26–40; J. Knox, *Chapters in a Life of Paul* (New York: Abingdon, 1950); R. Jewett, *A Chronology of Paul's Life* (Philadelphia: Fortress, 1979). 또한 다음을 참조하라. Martyn, Galatians, 17–19.

유사하다는 사실을 발견했다. 라이트풋은 갈라디아서와 로마서 사이에는 더 많은 유사점이 있으며, 갈라디아서는 로마서의 초안이라고 생각했다. 라이트 풋이 제안한 순서는 고린도후서-갈라디아서-로마서였는데, 갈라디아서는 주로 개인적인 문제였던 고린도후서와 거의 교리적인 내용인 로마서를 연결하는 일종의 연결 고리 역할을 했다. 바울이 로마에 있는 신자들에게 편지를 썼을 때 아직 로마를 방문하지 않았다(롬 1:8-11).

갈라디아서에서 바울은 자신의 소명을 변호하는 것에서 칭의 교리에 대한 주해적, 신학적 변호로 넘어가면서 개인적 측면과 교리적 측면을 모두 통합한다. 라이트풋은 갈라디아서와 로마서 사이의 긴밀한 주제적 유사성을 설득력 있게 입증했다. 그러나 "우리는 갈라디아서와 로마서를 몇 달 이상의 간격을 두고 서로 분리함으로써 역사적 가능성을 약화시켜야 한다"라고 지나치게 주장한다.[41] 저작 시기가 가까운 것은 두 서신서 사이의 밀접한 유사성에 대한 최선의 설명이 아닐 수 있다. 더 그럴듯한 설명은 이신칭의가 사도로서 활동하는 기간 내내 바울의 주요 관심사였다는 견해이다. 바울은 갈라디아서의 격렬한 논쟁에서 제시된 교리를 로마서에서 더욱 공식적이고 포괄적으로 발전시켰다.

앞서 제안한 대로 바울이 바나바와 함께 첫 선교 여행 중에 설립한 교회에 갈라디아서를 보냈다면 갈라디아서를 바울 서신 가운데 현존하는 가장 이른 시기의 서신으로 보는 것이 타당할 것이다. 이 견해에 따르면 갈라디아서는 바울이 수리아 안디옥으로 돌아온 후 사도행전 15장에 기록된 예루살렘 회의가 열리기 직전에 쓰였을 것이다.

갈라디아서의 두 구절로 서신이 쓰여진 시기를 알 수 있지만, 두 구절 모두 다양하게 해석할 수 있다. 갈라디아서 1장 6절에서 바울은 "그리스도의 은혜로 너희를 부르신 이를 이같이 속히[οὕτως ταχέως, 후토스 타케오스] 떠나 다른 복음을 따르는 것을 내가 이상히 여기노라"라고 썼다. "이같이 속히"라는 표현은 갈라디아 교인들이 회심한 직후, 즉 바울이 갈라디아 교인에게 선교 활동을 한 직후에 일어난 변절을 언급한다고 보는 것이 가장 자연스럽고 분명하게 읽는 방법이다. 사실, 이 표현은 상대적인 표현이며 몇 년의 기간으로 확장될 수 있다. 그러나 갈라디아에서 처음으로 설교 사역을 시작한 직후에 일어난 논쟁을 가리키는 것일 가능성이 더 높다.

갈라디아서 후반부에서 바울은 "내가 처음에 여러분에게 복음을 전한 것

---

41 Lightfoot, *Galatians*, 48.

은 육체의 질병 때문이었다"(갈 4:13 RSV)라고 말한다. "처음에"($\pi\rho\delta\tau\epsilon\rho o\varsigma$, 프로테로스)는 헬라어에서 모호하다. NEB에 따르면 "너희도 알다시피, 내가 너희에게 복음을 전하게 된 것은 원래 신체적 질병 때문이었다"를 의미할 수 있다. 그러나 이 표현의 시간적 의미를 고집하더라도 이미 언급했듯이 바울과 바나바가 안디옥으로 돌아가는 길에 남 갈라디아 도시들을 다시 방문했다는 사실로 충분히 설명할 수 있다. 북 갈라디아설을 지지하는 학자들처럼 이 본문이 사도행전 16장 6절과 18장 23절에 언급된 갈라디아 방문을 전제로 한다고 가정할 필요는 없다.

초기 연대에 대한 증거를 고려할 때 우리는 갈라디아서 저술에 대한 다음과 같은 시나리오를 구성할 수 있다. 바울은 회심 이후 수년 동안 전도와 선교 사역에 참여했지만, 바나바와 함께 안디옥 교회에서 특정한 선교 사역을 위해 따로 선택되어 파송되었다. 바울과 바나바는 길리기아에서 구브로로, 또 그곳에서 소아시아 본토로 항해했다. 타우루스 산맥을 넘어 그 지방의 수도인 비시디아 안디옥에 도착해서 유대인과 이방인 모두에게 복음을 전했다. 유대인 박해자들에게 쫓기던 그들은 제국의 도로를 따라 이동하며 이고니온, 루스드라, 더베의 도시에서 계속 새로운 회심자들을 얻었다.

새 신자들을 잠시 확인하고 바울과 바나바는 왔던 길을 따라 수리아 안디옥으로 돌아갔다. 바울과 바나바가 떠난 지 얼마 지나지 않아 남 갈라디아의 새 교회들은 바울과 바나바가 구원의 길에 관해 선포한 내용과 모순되는 가르침을 전한 사람들, 즉 또 다른 기독교 선교사들의 도착으로 큰 혼란에 빠졌다. 이들과 같은 사람들, 또는 그들의 동역자나 동맹자들은 안디옥에 나타나 율법 준수를 강조하는 복음을 가르쳤다. "모세의 법대로 할례를 받지 아니하면 능히 구원을 받지 못하리라"(행 15:1). 안디옥에서 일어난 소동은 너무 커서 바울과 바나바는 베드로와 다른 사도들과 이 문제를 논의하기 위해 예루살렘으로 향했다.

그동안 바울은 이 거짓 형제들이나 그들의 사자들이 갈라디아에 새로 개척된 교회들 사이에 왜곡된 복음을 전파했다는 소식을 들었다. 바울이 직접 그 교회들을 방문할 수 없었기 때문에 그리스도 안에서 사랑하는 자녀들의 교리적 온전함을 재확립하고 질서를 회복하기 위해 갈라디아 교인들에게 편지를 썼다. 따라서 갈라디아서는 예루살렘 회의가 열리기 전날 보통 AD 49-50년경에 쓰여진 것으로 추정된다. 한 학자는 갈라디아서가 바울이 안디옥에서 예루살렘으로 가는 도중에 또는 "실제 회의가 열리기 전 사도행전 15장 7절

에 나오는 토론의 소용돌이 속에서" 썼을 가능성이 있다고 제안했다.[42]

갈라디아서를 쓴 시기에 대한 서론적 논의에 또 다른 문제를 언급해야 하는데, 이 문제는 주해에서 더 자세히 다룰 것이다. 간단히 말해서, 사도행전에 언급된 바울의 세 차례 예루살렘 방문(9:26; 11:30; 15:4)과 바울이 갈라디아서에서 직접 언급한 두 차례 방문(1:18; 2:1-10)을 어떻게 일치시킬 수 있느냐는 문제이다. 이 문제의 해결 방법은 사도행전의 역사적 신빙성에 따라 크게 달라진다.

몇몇 학자는 누가가 실수로 또는 고의적으로 한 번 이상의 방문을 "만들어 냈거나" 초대 교회사에서 몇몇 주제를 사도행전 15장에 기록된 예루살렘 회의와 같은 외경적인 설정으로 확대했다고 제안했다. 이 주석의 입장은 누가가 성령의 영감을 받은 신뢰할 만한 역사가라는 점이다. 누가는 항상 세세한 부분까지 정확하지 않더라도, 실제 시간과 공간에 일어난 사건만은 정확하게 기록했다. 누가와 바울 사이에 모순이 없지만, 두 사람 모두 종종 같은 사건을 다른 관점과 다양한 목적으로 묘사했다는 점은 인정해야 한다.[43]

전통적으로 갈라디아서 2장 1-10절에 기록된 바울의 예루살렘 방문은 사도행전 15장의 예루살렘 회의로 여긴다. 분명히 두 기록 사이에는 유사점이 있다. 두 기록 모두 예루살렘에서 바울과 바나바, 베드로와 야고보의 만남에 대해 이야기한다. 두 기록 모두를 보면 이방인 그리스도인의 교회 생활 참여에 관한 문제와 함께 할례에 관한 주제가 중요한 의제로 다루었음을 알 수 있다. 그러나 이 두 구절을 같은 사건에 대한 별도의 보고로 여기기에는 상당한 어려움이 있다. 가장 중요한 점은 갈라디아서 어디에도 바울이 예루살렘 회의의 결정을 언급하지 않는다는 사실이다. 그러나 우리는 바울과 바나바가 예루살렘 회의가 끝난 후 이방인 신자들에게 예루살렘 회의에서 보낸 편지를 직접 전달했다는 사실을 안다. 실제로 "바울이 예루살렘 회의 이후에 편지를

---

42 R. A. Cole, *The Epistle of Paul to the Galatians*, TNTC (Grand Rapids: Eerdmans, 1965), 23 [= 『갈라디아서-틴델 신약주석 시리즈 9』, 기독교문서선교회, 1993].

43 F. F. Bruce, *Commentary on the Book of Acts*, NICNT (Grand Rapids: Eerdmans, 1977), 43–56 [= 『NICNT 사도행전』, 부흥과개혁사, 2017]. 핸첸E. Haenchen은 사도행전의 역사적 가치에 대해 일반적으로 받아들이는 비판적 합의를 반영한다(*The Acts of the Apostles* [Philadelphia: Westminster, 1971]). 그러나 다음의 반박 연구를 참조하라. C. J. Hemer, *The Book of Acts in the Setting of the Hellenistic History* (Tübingen: Mohr, 1989); C. S. Keener's three-volume commentary, *Acts: An Exegetical Commentary* (Grand Rapids: Baker Academic, 2015). 일반적으로 고대 역사가의 정확성에 대해서는 다음을 참조하라. 일반적으로 고대 역사가의 정확성에 관해서는 다음을 참조하라. C. W. Fornara, *The Nature of History in Ancient Greece and Rome* (Berkeley: University of California Press, 1983). 또한 다음을 참조하라. O. Padilla, *The Acts of the Apostles* (Downers Grove: IVP Academic, 2016).

썼다면 왜 바울이 갈라디아의 분쟁 한가운데서 예루살렘 회의에서 내려진 결정에 대해 침묵을 택했는지, 또는 실제로 어떻게 언급을 피할 수 있었는지 알기 어렵다."[44] 그러나 우리가 가정한 대로 갈라디아서가 예루살렘 회의 **이전에** 쓰여졌다면 바울의 예루살렘 방문과 사도행전의 기록들을 연결하는 문제는 더 쉽게 해결된다.

이러한 입장에서 갈라디아서 1장은 사도행전 9장과 같고, 갈라디아서 2장은 사도행전 11장과 같다. 첫 번째 방문은 바울이 회심한 후 아라비아에서 "침묵의 세월"을 보낸 후 약 3년 후에 이루어졌다. 15일의 짧은 방문이었지만, 베드로와 야고보를 만났고, 예수의 이름으로 담대하게 말했기 때문에 바울을 죽이려 했던 예루살렘의 헬라주의자들과 갈등을 겪었다. 두 번째 방문은 약 14년 후 안디옥 교회가 유대인 그리스도인들에게 기근 구호를 위해 바울과 바나바를 예루살렘으로 보냈을 때 이루어졌다. 이 방문에는 예루살렘 교회의 "기둥" 즉 야고보, 베드로, 요한과의 특별한 만남이 포함되었는데, 이들은 바울에게 친교의 손을 내밀어 이방인의 사도로서 바울의 사역을 공식적으로 축복했다. 바울은 맹세(갈 1:20)를 통해 예루살렘 사도들을 방문하고 그들을 대했던 자신의 기억이 정확하다는 것을 증언했다. 바울이 갈라디아서에서 사도행전 15장의 예루살렘 회의를 계기로 한 세 번째 예루살렘 방문을 언급하지 않은 것은 갈라디아 교회들에 편지를 쓰던 당시에는 아직 그런 일이 일어나지 않았다는 단순한 사실로 가장 잘 설명할 수 있다.

3. 갈라디아 문제

신약은 복음을 전복하려는 다양한 반대자들에 대한 노골적인 공격과 논쟁에 많은 지면을 할애하기 때문에 "성마른 책"으로 불려 왔다.[45] 베드로가 배교자들을 그 토하였던 것에 돌아가는 개(벧후 2:22)에 비유한 것이나 유다가 거짓 교사들을 물 없는 구름, 열매 없는 나무, "자기 수치의 거품을 뿜는 바다의 거친 물결"(유 12-13)로 표현한 것만 생각해도 이 말씀의 위력을 느낄 수 있다. 이러한 언급은 교회가 목숨을 건 싸움을 벌이던 신약 후기에만 제한되는 것은 아니다. "독사의 자식들"(마 3:7)에 대한 세례 요한의 공격이나 마태복음 23장의 바리새인에 대해 예수님께서 화를 선포하시는 것을 보라. 그러나 신약성경에서 사도 바울만큼 상대방을 호전적으로 비난한 사람은 없을 것

---

44 Longenecker, *Galatians*, lxxix.

45 이 표현은 다음 바클레이의 연구로 크리스토퍼 에반스 교수에 기인한다. J. M. G. Barclay, "Mirror-Reading a Polemical Letter: Galatians as a Test Case," *JSNT* 31 (1987): 73.

이다. 그리고 갈라디아서에서보다 더 분노한 서신은 없었다. 이 주제는 주석에서 다시 다루겠지만, 바울 신학의 관점에서 볼 때 논쟁은 교리와 분리될 수 없다는 사실에 처음부터 주목해야 한다. 문제는 단순히 성질이 나쁜 설교자의 폭발이 아니라 복음의 진리 그 자체였다. 그러나 갈라디아 반대자들과 논쟁하는 바울의 "열정적인" 스타일이 모든 신학적 논쟁에 모델이 되는 것은 아니다!

바울이 갈라디아에서 자신과 복음을 변호하게 만들었던 반대자들은 누구였는가? 이 질문에 대한 전통적인 대답은 기독교 교회에 속하기 위해서 유대 율법의 요구, 특히 할례를 더하려는 교사들이었다. 초대 교회에서 첫 라틴어 갈라디아서 주석을 쓴 마리우스 빅토리누스는 이 해석을 다음과 같이 요약했다.

> 갈라디아 교인들은 그릇된 길로 가고 있었다. 그리스도를 믿는 믿음에 유대교를 더하여 율법에 따라 받은 다른 행위들과 함께 안식일과 할례를 육체적인 의미에서 지켰기 때문이다. 이러한 경향에 혼란을 느낀 바울은 율법의 행위로는 아무도 구원을 받을 수 없기 때문에 그들을 바로잡고 유대교에서 다시 돌이켜 그리스도만을 믿는 믿음을 지키고 그리스도에게서 구원의 소망과 약속을 받기를 바라며 이 편지를 썼다. 그래서 갈라디아 교인들이 더한 것이 잘못되었음을 보이기 위해 바울은 자신의 복음의 [진리]를 확인하기를 바랐다.[46]

종교개혁 기간 루터와 칼뱅 또한 전통적인 견해를 받아들여 그대로 전수했지만, 특히 루터는 갈라디아서에서 바울의 반대자들과 그 시대에 은혜의 복음을 받아들이기 거부한 사람들 사이에 직접적인 유비를 발견한 점을 제외하고는 전통적인 견해를 바꾸지 않았다. 예를 들어 칼뱅은 그들을 다음과 같이 언급했다.

> 거짓 사도들은 사도들로부터 사명을 받은 것처럼 갈라디아 교인들을 속여 자신의 주장을 펼쳤다. 거짓 사도들이 활용한 침투 방법은 자신들이 사도들을 대표하고 그들의 메시지를 전달한다고 사람들을 설득하는 것이었다. 거짓 사도들은 바울에게서 사도의 이름과 권위를 빼앗았다. 바울을 공격하면서 실제로 복음의 진리를 공격했다.[47]

---

46 C. Marius Victorinus Afer, *In Galatas*, Introduction. 다음에 인용됨. Bruce, *Galatians*, 21.

47 J. Calvin, *The Epistles of Paul the Apostle to the Galatians, Ephesians, Philippians, and Colossians*; D. W. Torrance and T. F. Torrance, trans. T. H. L. Parker, CNTC (Grand Rapids: Eerdmans, 1965), 11:4.

이 견해는 19세기 바우어F. C. Baur가 신약 역사를 급진적인 재구성할 때까지 거의 도전받지 않고 유지되었다. 그 이후로 갈라디아에서 반 바울파의 정체는 상당한 논쟁을 불러 일으켰고 많은 이론을 낳았다. 그 중 가장 중요한 것은 다음 다섯 그룹이다.

3.1. 튀빙엔 학파

1831년 초 바우어F. C. Baur는 초기 기독교 역사를 두 경쟁 분파 사이의 극단적인 대립의 관점에서 읽을 수 있다고 제안했다. 하나는 바울과 아볼로가 이끄는 그룹으로 이방인에 대한 기독교 선교를 강조했고, 다른 하나는 베드로와 야고보를 중심으로 모인 그룹으로 예루살렘 교회의 우선순위와 신자들을 위한 유대 율법의 지속적인 유효성을 강조했다. 바우어의 이론은 정반합의 변증법적인 헤겔 신학을 기초로 하는 관점에서 제시되었다. 이관점에 따르면 바울파는 궁극적으로 영지주의에 흡수될 때까지 유대주의와의 단절에 점점 더 급진적이 되었다. 반면에 베드로파는 점점 더 좁아졌고 점차 에비온파 같은 유대인-기독교 종파 집단으로 진화했다. 결국 "초기 가톨릭"(frühkatholizimis)의 등장으로 바울파와 베드로파 극단 사이의 통합이 이루어졌다.[48] 튀빙엔 비평가들에 따르면, 목회 서신은 2세기 중반에 영적 자유와 율법 없는 은혜라는 급진적인 복음을 전하는 실제 역사적 바울보다 당시 교회 지도자들에게 더 잘 어울리는 "정통" 바울을 묘사하기 위해 기록되었다. 마찬가지로 사도행전은 한편으로는 바울과 다른 한편으로는 베드로와 다른 사도들 사이의 화해할 수 없는 차이를 덮기 위해 고안된 역사적 허구로 묘사되었다.[49]

---

48 Baur, *Paul: His Life and Works*, 1:251–53. 참조. 더 이른 바우어의 논문을 참조하라. "Die Christuspartei in der korinthischen Gemeinde," *Tübinger Zeitschrift für Theologie* (1831): 61–206. 블렌빈즈J. Blevins 튀빙엔 학파의 갈라디아인들에 대한 지속되는 영향에 대한 도움이 되는 요약을 제공한다. "The Problem in Galatia," *RevExp* 69 (1972): 449–58. 튀빙엔 학파의 최근 연구에 대해서는 다음을 참조하라. Johannes Zachhuber, *Theology as Science in Nineteenth-Century Germany: From F. C. Baur to Ernst Troeltsch* (Oxford: Oxford University Press, 2013).

49 바우어의 제자 슈베글러와 사위 젤러는 바우어의 논제를 더욱 확장시켜 바울의 갈라디아 반대자들이 베드로와 야고보를 포함한 예루살렘의 지도자들의 완전한 이해와 허락으로 그 일을 계속했다고 주장했다. 이와 같은 전통에서 마이어는 베드로를 바울의 갈라디아 반대자들의 진정한 지도자이자 정신적 영웅으로 여겼다. 참조. E. Meyer, *Ursprung und Anfänge des Christentums* (Stuttgart: Cotta, 1925), 3:434. 신약 역사학자 리츠만은 바우어 논제를 약간 수정할 것을 제안했다. 그는 야고보가 진정한 반대파의 기둥이었으며, 바나바는 안디옥에서 당혹스러운 사건을 겪은 후 엄격한 유대인 기독교 관습으로 개종하여 갈라디아 지역에서 동요를 일으킨 장본인이라고 주장했다. 참조. H. Lietzmann, *An die Galater*

갈라디아서는 바우어가 바울이 쓴 것으로 여긴 바울 서신 4권 중 하나라는 사실을 기억할 것이다. 사실 갈라디아서는 초기 기독교가 급진적으로 두 갈래로 나누어졌다는 이론의 주요 증거이다. 갈라디아에서 반대자들은 예루살렘 교회의 지도자들, 즉 바울의 진정한 대적들을 대표할 뿐이었다. 갈라디아의 말썽꾼들은 쌍둥이는 아니더라도 이전에 안디옥 교회를 어지럽혔던 "야고보에게서 온 어떤 이들"의 영적 사촌이었으며, 바울과 베드로의 유명한 대결로 이어졌다(갈 2:11-14). 이제 바울을 반대하는 사람들은 갈라디아 교회에 침투하여 바울의 은혜 교리와 사도적 권위를 부정하면서 동일하게 해로운 메시지를 전파했다.

3.2. 두 전선 이론

20세기 초의 두 학자, 독일인 뤼게르트W. Lütgert와 미국인 롭스J. H. Ropes는 바울이 한 그룹이 아니라 동시에 두 그룹을 상대로 싸우고 있었다고 주장하면서 갈라디아 문제에 대한 논의의 방향을 바꾸었다.[50] 뤼게르트의 책『율법과 성령』(Gesetz und Geist)은 제목에서 바울이 벌여야 했던 두 싸움의 본질을 잘 보여준다. 한편으로는 율법주의자들이 믿음에 할례를 더한 칭의의 메시지를 가지고 갈라디아 교회에 침투했고, 동시에 방종주의자들은 그리스도인의 자유를 제한 없는 방종으로 바꾸어 자유에 대한 바울의 메시지를 잘못 해석했다. 따라서 바울은 그들에게 자유를 "육체를 위한 기회"(갈 5:13 RSV)로 삼지 말라고 권고했다.

두 전선 이론은 칭찬할 만한 점이 많다. 우선, 이미 언급했듯이 바울은 구원의 수단으로서 율법을 격상시켜 그리스도의 죽음과 부활의 결정적인 성격을 최소화하는 그룹에 맞설 뿐 아니라, 지나치게 은사주의적이고 율법폐기적인 성격으로 교회에 문제를 일으키고 복음의 효력에 의문을 제기하는 영적인 열광주의자 그룹에 맞서 싸워야 했다. 바울이 때때로 같은 회중에서 두 극단

(Tübingen: Mohr, 1923), 38. 다음 중요한 연구도 참조하라. R. Bauckham, "Barnabas in Galatians," *JSNT* 2 (1979), 61–70.

50 F. Lütgert, *Gesetz und Geist* (Gütersloh: Bertelsmann, 1919); J. H. Ropes, *The Singular Problem of the Epistle to the Galatians*, HTS 14 (Cambridge, MA: Harvard University Press, 1929). 이 이론과 다른 이론에 대한 유용한 조사는 다음을 참조하라. E. E. Ellis, "Paul and His Opponents: Trends in the Research," in *Christianity, Judaism, and Other Greco-Roman Cults*, ed. J. Neusner (Leiden: Brill, 1975), 1:264–98. 더 최근 연구는 다음이 있다. B. C. Lategan, "The Argumentative Situation of Galatians," in *The Galatians Debate: Contemporary Issues in Rhetorical and Historical Interpretation*, ed. M. D. Nanos (Grand Rapids: Baker Academic, 2009), 383–95.

에 부딪힌 것도 사실이다. 파벌에 휩싸인 고린도 교회에서 바울은 그리스도 인의 자유라는 이름으로 전통적 성 관습을 버린 "영적인 자들"과 전체 교회 의 교제를 시험하고 율법 준수를 요구하는 율법-준수 신자들 모두를 반대했 다(고전 5:1-5; 8:1-13). 갈라디아에서도 비슷한 상황이 벌어지지 않았을까?

두 전선 이론은 갈라디아서를 면밀히 읽는 독자들이라면 누구나 제기할 수 있는 문제, 즉 마지막 두 장이 첫 부분의 바울의 주장과 어떤 관련이 있는 가 하는 문제에 대한 해답을 제시한다. 이 관점에 따르면 바울은 1-4장에서 이신칭의를 강하게 강조하면서 율법주의자들에게 말하는 한편, 5-6장에서는 그리스도인이 자유를 남용하는 것이 율법주의자들이 은혜를 부인하는 만큼 이나 갈라디아 교인들에게 위협이 되는 방종주의자들을 향해 총구를 돌린다.

그러나 이 이론은 매력적인 견해임에도 불구하고 흔들린다. 반대자들이 꾸민 전복 작전이 성공을 거둔 결과, 바울이 일관되게 그들을 강력하고 단합 된 대응이 필요한 한 집단으로 취급했다는 사실 때문이다. 두 전선 이론을 극 단적으로 밀어붙일 경우, 바울은 때로는 문장 중간에 매우 빠르게 자신의 주 장을 전환하면서 한 그룹에 대한 대응을 다른 반대 그룹에 대한 대응으로 엮 어내야 할 것이다. 이렇게 정신적으로 날랜 손놀림은 (비록 급하게 쓰여졌더 라도) 갈라디아서의 전체적인 인상인 세심하고 논리적으로 정교한 수사학적 인 글과는 어울리지 않는다. 이 때문에 두 전선 이론은 우리가 서신의 핵심에 서 발견하는 신학적 기초와 결론 부분에서 만나는 윤리적 권면 사이의 관계에 대해 공개적으로 의문을 갖게 한다.[51]

3.3. 갈라디아에서 영지주의?

슈미탈스W. Schmithals는 갈라디아 반대자들에 대한 가장 창의적인 해석 중 하나를 제시했다. 슈미탈스는 반대자들을 밀교적 종교 체계의 이교적 의식과 비밀스러운 "지식"(γνῶσις)을 통해 구원을 찾기 위해 유대인의 과거와 결별한 초기 영지주의자들로 보았다.[52] 학자들 대부분이 바울이 율법에서 자유한 복음

---

51 S. Westerholm, "Letter and Spirit: The Foundation of Pauline Ethics," *NTS* 30 (1984): 229–48. 다음 도움이 되는 바클레이의 책을 참조하라. J. M. G. Barclay, *Obeying the Truth: A Study of Paul's Ethics in Galatians* (Edinburgh: T&T Clark, 1988) [= 『진리에 대한 복종』, 감은사, 2020]; J. M. G. Barclay, *Paul and the Gift* (Grand Rapids: Eerdmans, 2015), 특별히. 423–46 [= 『바울과 선물』, 새물결플러스, 2019].

52 W. Schmithals, *Paul and the Gnostics* (Nashville: Abingdon, 1972). 슈미탈스는 약간 수정해서 자신의 주장을 다시 설명한다. Schmithals, "Judaisten in Galatien?," *ZNW* 74 (1983), 51–57. 슈미탈스의 가설에 대한 반박은 다음을 참조하라. R. M. Wilson, "Gnostics: In Galatia?," *Studia Evangelica, Texte und Untersuchungen zur Geschichte der altchristlichen Literatur* 4

(갈 2:15-4:31)을 주장한 것을 갈라디아서의 무게 중심으로 보았지만, 슈미탈스는 바울이 이 부분에서 회당에서 설교했을 표준 설교를 반복하고 있을 뿐이라고 주장하며 균형을 뒤집는다. 5-6장에서부터 바울은 방종주의자들을 공격한다. 5-6장에서 방종주의자들을 공격하기 시작했을 때 비로소 그는 개략적인 정보만 가지고 있던 진짜 문제에 가까이 갔다.

슈미탈스는 4장 9절의 기초적인 영들(개역개정. 초등학문)에 대한 바울의 언급과 6장 13절에서 갈라디아 교인들에게 할례를 강요하는 사람들이 스스로 율법에 순종하지 않는다는 주장을 포함하여 여러 본문에 호소함으로 자신의 논지를 강화한다. 비슷하게, 바울이 "날과 달과 절기와 해를"(4:10) 준수하는 것에 대해 언급한 것은 신과의 연합을 위한 수단으로 다양한 달력 의식을 따르는 후대 영지주의 관습을 상기시킨다.

학자들 중 대부분은 바울이 자신의 복음에 대한 일종의 율법주의적 왜곡과 명백한 투쟁을 벌였다는 점에 비추어 이 구절들을 해석하는 것을 선호하면서 슈미탈스의 주장에 설득되지 않았다. 그러나 슈미탈스의 비평가 중 한 명이 인정했듯이, 이 편지에는 나중에 본격적인 영지주의 체계로 발전한 싹이 바울 시대 갈라디아에 "이미 공기 중에 있었다"라는 가설을 정당화하기에 충분한 힌트가 있다.[53] 분명히 갈라디아서를 포함한 바울의 글은 나중에 기독교 신앙에 대한 2세기 영지주의자들의 비정상적인 해석을 뒷받침하는 데 사용되었다.[54]

3.4. 유대-기독교 혼합주의

1945년 크라운필드F. R. Crownfield는 "이중 갈라디아서의 단일 문제"에 관한 글을 출판했다. 바울이 갈라디아에서 직면한 오류는 유대교 율법주의의 특정 패턴으로 회귀하는 것뿐만 아니라 다양한 영성주의 및 영지주의 그룹과 관련된 더 난해한 특징들을 보이는 일종의 유대주의 기독교 혼합주의라고 주장했다.[55] 한 학자는 혼합주의 가설을 "매우 믿을 수 없다"며 비판했지만, 탈버트C. H. Talbert는 "바울을 반대하는 갈라디아 사람들의 정체성에 대한 최선

(1968): 358–67.

53 Schmithals, *Paul and the Gnostics*, 367.

54 다음의 매력적인 연구를 참조하라. E. Pagels, *The Gnostic Paul: Gnostic Exegesis of the Pauline Letters* (Philadelphia: Fortress, 1975).

55 F. R. Crownfield, "The Singular Problem of the Dual Galatians," *JBL* 64 (1945): 491–500.

의 대안"이라고 선언했다.[56] 탈버트는 갈라디아의 거짓 가르침들과 바울이 골로새에서 만난 거짓 가르침 사이의 유사성에 부분적으로 근거하여 이렇게 판단했다. 두 편지 모두 기초적인 영들(개역개정. 초등학문), 달력 준수, 환상과 계시, 할례 관습, 방종주의적 경향에 대한 언급을 포함하고 있다. 이 이론의 가장 큰 장점은 바울의 복잡한 논증의 다양한 요소들을 고려하면서 갈라디아 대적자들에 대한 바울의 일관성 있는 처리를 이해하도록 만든다는 것이다. 분명히 바울은 갈라디아 독자들이 구약성경에 대해 높은 지식 수준을 가지고 있다고 전제했는데, 반대자들은 새 신자들에게 호소할 때 이러한 친숙함을 이용했다. 디아스포라 유대교는 단일 체계가 아니었고, 많은 이방인 회심자는 기독교의 선포를 받아들이기 이전에 유대교의 혼합주의적 요소에 노출되었을 수 있다.

3.5. 이방인 이론

20세기 후반 바울 연구에 가장 영향력 있는 책 중 하나는 뭉크J. Munck의 『바울과 인류의 구원』(Paul and the Salvation of Mankind)이다.[57] 뭉크의 위대한 공헌은 이스라엘의 구원에 대한 전반적 관심으로 해석한 것이다. 스탠달K. Stendahl, 샌더스E. P. Sanders, 라이트N. T. Wright는 바울 신학의 언약적 성격과 개인 구원보다는 (또는 그것과 함께) 하나님의 구속 역사에 대한 관심을 강조하면서 뭉크의 통찰을 확장했다. 그러나 대다수 학자는 갈라디아서의 반바울파 반대 문제에 대해 뭉크가 제시한 해결책을 따르지 않았다. 뭉크는 갈라디아에서 바울이 직면한 문제는 바울의 이방인 선교 사역의 맥락과 독특하게 연결되어 있다고 믿었다. 반대자들은 예루살렘 사도들과 아무런 관련이 없었지만, 히브리어 성경을 읽고 언약의 인침으로 할례를 받아야 한다고 설득한 이방인 회심자들, 아마도 회심한 사람들 중 일부였을 것이다.

반대자들의 이방인 정체성에 대한 주된 주장은 갈라디아서 6장 13절, "할례를 받은 그들이라도 스스로 율법은 지키지 아니하고"에서 나오는 한 단어의 해석이다. 바울은 중간태 현재 분사 형태로서 οἱ περιτεμνόμενοι(호이 페리템노메노이)를 사용했다. 뭉크에 따르면 이 단어는 "할례를 행하는 사람들"이 아니라 오히려 "할례를 받는 사람들"을 의미한다. 따라서 이방인 갈라디아 그리스도인들이 유대교 관습을 받아들이도록 선동하던 반대자들 자신도 이방

---

56 참조. Barclay, "Mirror Reading," 89; Talbert, "Again: Paul's Visits to Jerusalem," 26–40.

57 J. Munck, *Paul and the Salvation of Mankind* (Richmond: John Knox, 1959).

인 그리스도인이었다. 그들의 할례는 여전히 진행 중이었기 때문에, 모든 "이유대화 운동은 최근의 일"이었다.[58]

그러나 브루스 등이 인정했듯이, 현재분사 περιτεμνόμενοι(페리템노메노이)는 "할례를 받게 하다"와 같은 인과적이고 중요한 의미의 중간태로 여겨질 수 있다.[59] 문맥이 이 해석을 지지한다. 왜냐하면 논의 중인 문제는 갈라디아 교인들에게 할례를 강요한 거짓 교사들의 운동이었지 그들 자신에 대한 것이 아니었기 때문이다. 또한 주목할 만한 점은 바울이 편지 전체에서 선동가들이 참된 믿음에서 떠난 갈라디아 교회 내부의 이전 회심자들이 아니라 갈라디아 교회에 침투한 외부인이라고 전제했다는 점이다. 그래야만 3장 1절에 나오는 바울의 날카로운 질문 "어리석도다 갈라디아 사람들아 누가 너희를 꾀더냐"를 이해할 수 있다.[60]

3.6. 바울의 특징

이러한 대안 이론들 중 어느 것도 반대자들을 바울과 그 동료들이 안디옥에서 그랬던 것처럼 갈라디아에서 바울의 행적을 끈질기게 쫓는 율법주의 성향의 유대인 그리스도인 교사들로 보는 전통적인 해석을 대체할 만한 충분한 증거를 제시하지 못했다(행 15:1). 바울은 반대파가 아닌 갈라디아 교인들에게 편지를 썼지만, 책의 모든 장에서 반대파들을 암시하고 있다.

이 지점에서 반대자들의 가르침에 대한 바울의 단호한 대답을 더욱 충분히 이해하기 위해 신학적으로 평화를 방해하는 이들을 대하는 바울의 특징을 요약하는 것은 도움이 될 것이다. 갈라디아서 1장 6-9절에서 바울은 반대자들을 혼란을 심고 그리스도의 복음을 왜곡하는 "어떤 사람들"(NIV)이라고 언급했다. 반대자들은 전복하는 활동으로 저주를 받아 마땅한 다른 복음을 전파하는 사람들이었다.

갈라디아서 2장 1-14절에서 바울은 사역 초기에서 예루살렘과 안디옥에서 일어난 두 가지 중요한 사건에 대해 이야기했다. 전자의 경우 바울은 이방인 교회에 몰래 들어와 그리스도인의 자유를 전복시키려 했던 "거짓 형제들"을 언급했다. 후자에서 바울은 "야고보에게 온" "어떤 이들"을 언급했는데, 그들은 "할례자들"을 대표했으며, 안디옥에서 베드로와의 대결을 초래했던 위

---

58 Munck, *Paul and the Salvation of Mankind*.

59 Munck, *Paul and the Salvation of Mankind*, 89.

60 Bruce, *Galatians*, 270. 또한 다음 참조. A. T. Robertson, *A Grammar of the Greek New Testament in the Light of Historical Research* (Nashville: Broadman, 1934), 808–9.

협적인 존재였다. 바울은 이 두 사건이 갈라디아의 상황과 직접적인 연관이 있다고 믿었기 때문에 사도로서 자신의 권위를 변호하는 맥락에서 이 두 사건을 언급한 것이 분명하다. 바울이 갈라디아에서 세운 교회들은 이전에 안디옥에 있는 모교회를 흔들었던 것과 동일하지는 않더라도 비슷한 문제를 경험하고 있었다. 3장 1절에서 바울은 갈라디아 회심자들이 자신들에게 "주문을 건" 거짓 교사들의 악마적 주술에 굴복했다고 가정했다. 이 표현이 비유적 의미이든 거짓 교사들의 실제 주술적 능력을 의미한 것이든 많은 갈라디아인 교인이 거짓 교사들의 영향력 아래 있었음을 분명히 나타낸다.

4장 17절에서 바울은 갈라디아 교인들을 "나로부터" 멀어지게 만들어 "그들에 위하여"(NIV) 열심을 내게 하려는 반대자들의 전략을 비판하면서 자신과 반대자들 사이의 개인적인 경쟁을 드러낸다. 5장 10-12절에서 바울은 적들을 "너희를 어지럽게"하는 자들로 언급하면서 앞서 1장에서 사용했던 표현을 선택한다. 이 구절은 선동가들에 대한 바울의 가장 강력한 언어를 포함한다. 바울은 분명히 할례의 필요성에 대한 선동가들의 강조를 언급하면서 "너희를 어지럽게 하는 자들은 스스로 베어 버리기를 원하노라"라고 말한다. 6장 12-13절에서 바울은 거짓 교사들을 외적으로 좋은 인상을 주고자 하는 이들로 묘사했다. 그들은 "육체에 좋은 인상을 주고" "그리스도의 십자가로 인한 박해를 피하기" 위해 갈라디아 교인들에게 할례를 촉구했다. 선동가들은 자신의 이기적인 목적으로 최근 바울로 인해 회심한 사람들을 확보하기 위해 바울의 사도적 권위를 훼손하고 메시지를 폄하하는 데 열중하는 거짓 교사 그룹이었다.

3.7. 쥬윗(Jewett)과 마틴(Martyn)

바울이 갈라디아에서 직면했던 반대파의 정체를 포함하여 갈라디아의 문제를 새롭게 조명한 중요한 두 글이 있다. 첫 번째는 쥬윗R. Jewett이 1971년에 쓴 "선동가들과 갈라디아 회중"(The Agitators and the Galatian Congregation)이다.[61] 쥬윗은 특히 갈라디아서 6장 12절에서 바울이 갈라디아 반대자들이 그리스도의 십자가 때문에 핍박을 피하기 위해 할례 운동을 벌였다고 주장한 것에 충격을 받았다고 여긴다. 바울이 갈라디아 회심자들이 박해를 피하기 위해 할례에 복종했다고 비난했다면 이해하기 더 쉬울 것이다. 그러나 바울은 자신과 바나바가 그러했듯이 갈라디아 회심자들이 율법을 지키지 않고

---

61 R. Jewett, "The Agitators and the Galatian Congregation," *NTS* 17 (1971): 198–212.

믿음에 근거한 복음을 받아들였기 때문에 (회당 지도자들의 손에?) 고난을 받았다고 생각했다(갈 3:4). 갈라디아서 6장 12절에서 바울의 요점은 **선동가들이 갈라디아 교인들**에게 할례를 요구함으로써 박해를 피하려 했다는 것이다. 선동가들이 어떤 식으로든 예루살렘 교회와 연결된 유대 기독교인들이라고 가정하고 쥬윗은 다음과 같이 질문했다. "어떤 상황에서 유대 율법주의적 기독교 그룹이 반 바울주의(anti-Pauline) 박해의 위험에 처해 있었고, 그러한 위협으로부터 자신을 구하기 위해 이방인 교회를 율법주의로 개종시키는 데 관심을 가졌을까?"[62]

쥬윗은 갈라디아서 문제를 메시아가 오는 길을 준비하기 위해 모든 이방인 거주 지역을 없애려고 했던 폭력적인 열심당 운동과 연관짓는다. 열심당 운동은 마카비 반란 당시부터 팔레스타인 유대교의 일부였고, 실제로 예수님의 제자 중 한 사람이었던 열심당원 시몬은 이러한 환경에서 개종했다. 그러나 AD 40년대 후반부터 66년 유대인 전쟁이 발발할 때까지 열심당 운동은 로마 통치자들의 압박이 거세지면서 새로운 자극을 받았다. 예를 들어, 칼리굴라 황제는 AD 40년경 예루살렘 성전에 자신의 동상을 세울 것을 요구했다. 몇 년 후 로마 총독 쿠스피우스 파두스Cuspius Fadus는 로마인이 대제사장의 의복을 보관하도록 지시했다. 요세푸스에 따르면 파두스의 후계자 쿠마누스(AD 48-52년)는 예루살렘 거리에서 반란을 맞이했고 그 결과 수천 명이 죽었다.[63]

이처럼 격양된 분위기에서 유대인 그리스도인들이 유대와 사마리아 지방을 배회하던 열심당 도둑(요세푸스의 용어)의 주된 표적이 되었을 가능성은 거의 없다. 쥬윗은 바울이 "주 예수와 선지자들을 죽이고 우리를 박해한 유대인들"의 손에 고통받는 유대에 있는 그리스도인들에 대해 말한 데살로니가전서 2장 14-15절에서 이 박해에 관한 언급을 찾아볼 수 있다고 말한다. 따라서 "불법적인 이방인과 교제하고 있다는 의심을 피하기" 위해 일부 유대인 그리스도인은 열심당원들의 압력을 받아 특히 바울이 세운 교회, 성장하고 있

---

62 Jewett, "The Agitators and the Galatian Congregation," 204.

63 이 기간 열심당의 역할에 대해서는 다음을 참조하라. M. Hengel, *Die Zeloten* (Leiden: Brill, 1961). 중요한 것은 바울이 회심하기 전, 그리스도인들을 박해할 때, 자신을 열심당($\zeta\eta\lambda\omega\tau\eta\varsigma$)이라고 묘사했다는 점이다(행 22:3; 갈 1:14). 던은 갈라디아 문제를 유대 민족주의와 로마와의 갈등이라는 더 넓은 맥락에 놓음으로써 쥬윗의 논지를 지지했다. 참조. J. D. G. Dunn "Incident at Antioch," *JSNT* 18 (1983): 3–57. 이 논문은 다음 책으로 다시 출판되었다. *Jesus, Paul, and the Law* (Louisville: Westminster/John Knox, 1990), 129–82. 또한 다음 참조. *The Galatians Debate*, 199–234, 369–75.

었고 할례를 받지 않은 이방인들이 많았던 교회를 겨냥한 "율법 운동"을 벌였다. 쥬윗에 따르면, 선동가들은 바울의 사역을 직접적으로 반대하기보다는 구원의 전제 조건으로 할례와 율법에 대한 순종을 더하여 사역을 완성하려고 했다. 쥬윗은 "선동가들이 이방인 그리스도인에게 할례를 행하는 데 성공할 수 있다면, 유대인 교회에 반대하는 열심당원들의 정화 운동을 효과적으로 저지할 수 있었을 것이다!"라고 추측한다.[64]

쥬윗의 논지는 특별히 갈라디아의 선동가들의 동기에 반바울적 취지를 전제하지만, 마틴J. L. Martyn은 상황을 다소 다르게 재구성한다. 마틴은 바울의 복음적인 노력을 이방인에 대한 그 선교라고 부르는 전통적인 정의에 도전한다. 그는 2세기 위-클레멘스 문헌의 관점에서 거슬러 올라가 초기 유대 기독교가 바울의 순회 사역과는 별개로 율법을 준수하는 자체적인 이방인 선교를 후원했을 가능성이 있다고 상상한다. 그러므로 반대자들은 바울의 선교에 고의적으로 반발하여 그 발목을 잡는 방해꾼이 아니라 "하나님께서 메시아의 율법을 통해 이방인, 나아가 인류 전체에 손을 뻗고 계시다는 진정한 확신에서 에큐메니칼 선교에 착수한 복음 전도자들이었다."[65] 이러한 읽기에서 바울 신학에 반응한 것은 반대자들이 아니라 그들의 신학에 반응한 바울이었다. 다른 곳에서는 갈라디아서에서 볼 수 있는 격렬한 대립이 없이 두 그룹이 각자의 독특한 선교 활동을 추구했다. 갈라디아가 전쟁터가 된 것은 비슷한 듯하면서도 결정적으로 다른 복음을 제시하는 두 그룹이 거의 동시에 이 복음화되지 않은 지역에 모였기 때문이다.

마틴의 에세이는 매우 도발적이고 기본 주장은 확실히 그럴듯하지만, 바울의 노력에 저항한 사람들의 반동적인 노력을 제외하고는 그러한 광범위한 유대인 기독교 선교가 있었는지에 대한 증거가 거의 없다고 말해야 한다. 바울은 기독교가 이방 세계로 확장되는 촉매제였다. 그리고 "정착시키는 복음주의," 즉 예수 그리스도와 그분만을 믿는 믿음을 통한 은혜로 구원을 얻는다는 바울의 급진적 복음을 길들이기 위해 개종시키는 선교의 촉매제였던 것으로 보인다.

"갈라디아서에서 바울을 반대하는 사람들의 정체는 드러나기보다는 감추

---

64 Jewett, "The Agitators," 206.

65 J. L. Martyn, "A Law-Observant Mission to Gentiles: The Background of Galatians," *SJT* 38 (1985): 315. 마틴의 바울의 적들에 대한 논제는 그가 쓴 주석에서 확장되었다. Martyn, *Galatians*, 117–26.

어져 있다"라고 할 수 있다.[66] 물론 바울이 반대자들의 이름을 언급하거나 그들에게 직접적으로 언급하지 않았다는 점도 어려운 점 중 하나다. 우리는 바울의 반박을 통해 그들의 신학을 "거울 읽기" 방법을 통해 반대파의 본질을 재구성해야만 한다. 반대자들이 누구인지, 무엇을 가르쳤는지에 대한 다양한 견해는 학자들이 이 위태로운 작업을 수행한 다양한 방식에서 비롯된다. 그럼에도 불구하고 우리가 살펴본 다양한 이론들을 고려하여 이 주석의 가설로 다음과 같은 개요를 설정할 수 있다.

바울을 반대하는 사람들은 교회를 설립한 선교사들이 안디옥으로 떠난 직후 바울과 바나바가 세운 갈라디아 교회에 침투한 유대인 그리스도인들이었다. 그들의 메시지는 바울과 사도직에 대한 파괴적 비판과 갈라디아 교인이 따라야 할 구체적인 율법 준수 계획이 모두 포함되어 있었다. 그 메시지의 핵심은 갈라디아 그리스도인들이 아브라함의 참 자녀가 되기 위해 할례를 받으라는 요구였다. 반대자들은 히브리어 성경을 근거한 주장을 펼쳤으며 예루살렘 교회와도 밀접한 관계를 맺고 있다고 주장했다. 그들은 바울의 복음이 이교도 세상 한가운데서 그리스도인의 삶을 살기 위한 확고한 토대를 제공하지 못한다는 증거로 갈라디아 교회 내의 방종주의적 경향을 지적했을 수도 있다. 정확한 메시지가 무엇이든, 이 침입자들은 갈라디아 교회에 대한 포교 활동을 성공적으로 수행했으며, 많은 새 신자가 이 사건으로 혼란에 빠졌기 때문이다.

4. 목회 서신으로서 갈라디아서

바울 서신 의역과 주석 서문에서 철학자 로크J. Locke는 현대 인쇄본 성경에서 바울의 편지가 장과 절로 "너무 잘게 잘리고 다져져" 있었기 때문에 논증의 흐름을 따르고 생각의 일관성을 파악하기가 더 어려워졌다고 한탄했다. 로크는 사도 바울의 글에서 "흐름과 의도"를 잘 분별할 수 있도록 각 서신을 한 번에 읽기를 권장했다. 로크는 바울 서신을 "온기와 열정으로 가득하고 빛이 넘쳐흐르는, 느슨하고 경건한 담론"으로 간주해서는 안 되며, 오히려 "차분하고 강력하며 일관된 추론으로 일관된 논증과 일관성을 가지고 있는" 서신으로 간주해야 한다고 믿었다.[67] 지난 세기 동안 학자들은 바울 서신, 특히 갈라디아서의 내용만큼이나 형식에도 점점 더 많은 관심을 기울임으로써 로크의 우려를 진지하게 받아들이기 시작했다.

---

66 J. J. Gunther, *St. Paul's Opponents and Their Background* (Leiden: Brill, 1973), 298.

67 J. Locke, *A Paraphrase and Notes on the Epistles of St. Paul*, ed. A. W. Wainwright (Oxford: Clarendon, 1987), 1:105, 110.

4.1. 편지인가 서신인가

20세기 초 다이스만A. Deissmann은 초기 기독교 연구에 획기적인 연구를 발표했다.[68] 오랫동안 학자들은 신약 헬라어가 고대 그리스 고전 작가들의 헬라어와 매우 다르다는 것을 알아차렸다. 1880년대부터 헬레니즘 세계의 알려지지 않았던 문서들이 대량으로 이집트에서 발견되었다. 파피루스라는 부서지기 쉬운 재료에 기록된 이 문서들은 이집트 사막의 건조한 공기 속에서 수세기에 걸쳐 보존되었다. 다이스만은 이 파피루스의 복구 및 출판에 앞장섰다. 여기에는 우리가 신약에서 볼 수 있는 헬라어로 정확하게 기록된 개인 편지가 포함되어 있다.

다이스만은 파피루스 편지들을 신약 서신들과 비교하면서 바울 서신은 특별히 교리적인 "서신" 또는 신학 서적으로 볼 것이 아니라 바울이 주목한 특정 상황이나 문제를 해결하기 위해 급히 쓴 평범한 서신으로 보아야 한다고 결론지었다. 바울은 문학가가 아니었기 때문에 자신의 글이 보존되고 정경화되어 후대 사람들이 면밀히 분석할 수 있을 것이라는 생각은 전혀 하지 못한 채 당장의 필요에 따라 글을 썼다. 예를 들어, 다이스만은 갈라디아서를 "'율법과 복음'(*De lege et evangelio*)을 다루는 논문이 아니라 열정의 결과, 징계와 변호의 맹렬한 발언이며, 여름 번개처럼 번쩍이는 천재의 성찰"이라고 묘사했다.[69]

의심할 여지 없이 다이스만은 바울 서신의 진정한 개인적 특성을 강조했다. 또한 그 시대의 비문학적 파피루스에 흥미진진하게 보존된 고대 언어 및 일상 생활 편지와 일치함을 보임으로 큰 기여를 했다. 그러나 자세히 살펴보면, 다이스만은 바울 서신이 충동적으로 쓴 사적인 편지가 아니라 교회의 공적 문서로서 공적 성격을 띠고 있다는 점을 지적하는 다른 특징을 무시하고 주장을 과장했을 수 있다. 예를 들어, 바울이 예수 그리스도의 사도로서 편지를 썼다는 사실은 그리스도의 위임에 따라 교회의 지도를 위해 특별한 권위를 가지고 말했다는 것을 나타낸다. 바울은 독자들에게 자신이 쓴 내용이 주님 자신의 명령 또는 말씀임을 자주 상기시킨다(참조. 고전 14:37-38, 살전 4:13). 또한 바울은 항상 개인이 아닌 믿음의 공동체를 대상으로 편지를 썼다. 이 규칙은 예외로 여겨질 수 있는 빌레몬서조차도 "네 집에 있는 교회"(몬 2)에 보냈다. 마찬가지로 바울이 디도와 디모데에게 보낸 편지는 실제로

---

68 A. Deissmann, *Light from the Ancient East: The New Testament Illustrated by Recently Discovered Texts of the Graeco-Roman World* (London: Hodder & Stoughton, 1909).

69 Deissmann, *Light from the Ancient East*, 237.

바울이 잘 아는 개인에게 쓴 것이지만, 거짓 교사들을 반박하고 디도와 디모데가 돌보는 교회에 질서와 교회 규율을 확립하려는 노력을 강화함으로써 더 큰 목적을 달성하기 위한 것이기도 했다. 바울이 특별히 데살로니가전서 마지막 부분에서 "내가 주를 힘입어 너희를 명하노니 모든 형제에게 이 편지를 읽어주라"(5:27)라고 구체적으로 말한 것을 볼 때, 회중 앞에서 자신의 편지를 읽도록 의도한 것이 분명하다.[70]

바울이 자신이 쓴 편지들이 수집되어 후대에 보존되고 정경이 될 별도의 문서 모음으로 만들 것을 예견했다는 주장은 성경의 증거를 넘어선다. 사실, 바울이 재림 전에 수 세기의 긴 시간을 기대했다기보다는 자신의 생애에 즉시 그리스도께서 재림하실 것을 기대했다고 믿을 만한 충분한 이유가 있다(예. 빌 1:18-26 참조). 반면에 바울은 때때로 한 교회에 쓴 편지가 그 지역의 다른 교회에 공유되기를 기대했다. 바울은 골로새에 있는 그리스도인들에게 쓴 편지를 라오디게아에 있는 자매 교회에 전달하여 그 곳에서도 읽을 수 있도록 지시했다(골 4:16). 갈라디아서 역시 한 교회만을 위한 것이 아니라 바울이 대응하고자 했던 신학적 이단에 감염된 여러 교회를 위한 것이었다. 시간이 지나면서 바울이 보낸 편지를 여러 교회가 공유하면서 바울의 편지가 하나의 문학적 모음으로 모아졌다. 언제 어떻게 이런 일이 일어났는지 확실하게 알 수 없지만, "우리가 사랑하는 형제 바울"(벧후 3:15-16)의 모든 편지를 잘 알고 있는 이들에게 두 번째 서신을 보낸 베드로가 죽기 전(AD 64년)에 이미 이런 일이 진행 중이었던 것은 분명하다.

따라서 갈라디아서를 포함한 바울 서신은 "목회 서신"이라는 장르에 속하는 것으로 보는 것이 가장 좋다. 확실히 이 편지들은 지극히 개인적인 편지이며 바울이 관심을 끌었던 특정한 위기나 필요를 해결하기 위해 기록되었다. 그러나 바울의 편지는 항상 더 넓은 목적, 즉 모든 교회를 건전한 교리와 거룩한 삶에 뿌리내리고 기반을 다지는 데 기여했다. 따라서 바울의 편지는 로마 가톨릭 전통의 교황 회칙이나 침례교 지방회가 교단 내 교회들의 교리 및 권징에 충실하도록 독려하기 위해 사용했던 회람 서신과 어떤 면에서 유사한 가르침의 문서였다.

---

70 T. D. Lea and H. P. Griffin Jr., *1, 2 Timothy, Titus*, NAC (Nashville: Broadman, 1992), 41–45. 목회 서신 전반에 걸쳐 나타나는 2인칭 복수형도 편지들의 공동체적 맥락을 나타낸다. 또한 다음 참조. Gerald Bray, *The Pastoral Epistles*, ITC (Edinburgh: T&T Clark, 2019).

4.2. 구조와 형식

신약학자들은 바울 서신들의 문학적 특징을 분석하고 헬레니즘 세계에서 살아남은 다른 서신들과 비교하면서 바울 서신의 구조와 형식에 많은 관심을 기울여 왔다.[71] 바울 시대에는 로마 제국에서 편지 쓰기가 교육받은 엘리트 계층의 전문 고객들 사이에서 고급 예술로 발전했다. 로마의 위대한 정치가 키케로(BC 43년경)가 931통의 편지를 출판하면서 편지 형식을 정치적, 철학적, 도덕적 권면뿐만 아니라 더욱 개인적인 문제를 전달하기 위해 사용하고자 하는 사람들에게 높은 기준을 제시했다.[72] 편지 쓰기 기술을 완성하고자 하는 사람들은 이 과정을 안내하는 다양한 핸드북과 문체 설명서를 구할 수 있었다. 그중 한 명인 프로클로스Proclus는 "우정, 소개, 비난, 질책, 상담, 비판, 질책, 칭찬, 자백, 고발, 사과, 감사 편지를 포함한 41가지 서신 유형을 열거하고 있다."[73] 학자들이 연구하고자 하는 질문은 정확히 바울 서신이 이러한 문학 구조에 어떻게 들어맞는지에 대한 점이다. 일반적으로 바울 서신은 헬레니즘 서신의 일반적인 양식을 따르는 것으로 보이며, 기본 형식은 크게 다섯 부분으로 구성되어 있다.

1. 서문 (발신인, 수신인, 인사)
2. 감사 또는 축복 (종종 중보기도, 기원, 또는 개인적인 인사)
3. 편지의 목적 (고전 자료의 인용과 논증 포함)
4. 훈계 (윤리적 가르침, 권면)
5. 맺음말 (개인 계획, 서로의 친구들, 축도)

---

71 이 주제에 대한 광범위한 문헌에서 나는 다음과 같은 특별히 도움이 되는 문헌을 발견했다. W. G. Doty, *Letters in Primitive Christianity* (Philadelphia: Fortress, 1973) [= 『초기 기독교 서신』, 한들출판사, 2008]; R. N. Longenecker, "On the Form, Function, and Authority of the New Testament Letters," in *Scripture and Truth*, ed. D. A. Carson and J. D. Woodbridge (Grand Rapids: Zondervan, 1983); D. E. Aune, *The New Testament in Its Literary Environment* (Philadelphia: Westminster, 1987); T. R. Schreiner, *Interpreting the Pauline Epistles* (Grand Rapids: Baker, 1990). 갈라디아서의 수사학적이고 서신적인 구성에 대해서는 다음을 참조하라. *The Galatians Debate*, 3–142; R. B. Hays, "Galatians," in *Second Corinthians–Philemon*, NIB 11 (Nashville: Abingdon, 2000), 188–89.

72 사후에 많은 편지가 출판되었지만, 키케로는 개인적 목적으로 쓴 편지와 공식적인 문서로 쓴 편지를 명확하게 구분했다. 키케로는 친구 트레보니우스에게 이렇게 말했다. "알다시피, 나에게는 편지를 받는 그 사람만 읽을 것이라고 생각하고 쓰는 방법과 많은 사람이 읽을 것이라고 생각하고 쓰는 방법이 있습니다"(*Fam.* 15. 21. 4. 다음에 인용됨. Doty, *Letters*, 2).

73 Doty, *Letters*, 9–10.

갈라디아서 본문을 간단히 살펴보면 감사나 축복이 없다는 한 가지 예외를 제외하고는 이 형식에 잘 들어맞는다는 것을 알 수 있다. 이 구조를 사용하여 갈라디아서를 다음과 같이 요약할 수 있다.

> 1. 서문 1:1-5
> 2. 본문 1:6-4:31
> 3. 권면 5:1-6:10
> 4. 맺음말 6:11-18

베츠H. D. Betz는 수사학적 비평의 관점에서 갈라디아서를 더 자세히 분석했다.[74] 베츠는 갈라디아서가 거짓 고발로부터 자신을 변호하기 위해 신중하게 구성된 논증으로 법정에 서는 것을 전제로 하는 장르인 사법적 변증 서신에 가장 적합하다고 믿었다. 갈라디아서에 적용해 보면 피고는 바울, 거짓 교사들은 바울의 고발자, 갈라디아인들은 배심원이 된다. 바울은 자신과 자신의 복음을 변호하고, 침입자들의 주장으로 진리에서 멀어진 최근 회심자들을 설득하거나 오히려 되돌리려고 했다. 베츠는 갈라디아서를 다음 특징을 가진 변증 편지로 개요를 설명한다.

> 1. 규정 1:1-5
>
> 2. 본문 1:6-6:10
>
>   서론(*Exordium*) 1:6-11   편지의 기본 이유를 제시
>
>   진술(*Narratio*) 1:12-2:14   거짓 고발에 대응하기 위한 사건을
>   서술하는 자서전 부분
>
>   제시(*Propositio*) 2:15-21   앞 부분에서 서신의 본론으로 전환
>   바울이 다음 부분에서 주장할 논지 제시

---

[74] *Betz, Galatians, 14–25*와 다른 부분들. 이전에 쓴 베츠의 논문을 참조하라. "Literary Composition and Function of Paul's Letter to the Galatians," *NTS* 21 (1975): 353–79. 베츠에 대한 도움이 되는 비평은 다음을 참조하라. Longenecker, *Galatians*, c–cxix; W. P. Davies, P. W. Meyer, and D. E. Aune, "Review: Galatians: A Commentary on Paul's Letter to the Churches of Galatia by H. D. Betz," *RelSRev* 7 (1981): 310–28.

논증 및 증거(*Probatio*) 3:1-4:31
바울의 중심 논제인 이신칭의를 증명하기
위한 경험, 성경, 신학으로부터의 주장들

권면(*Paraenesis*) 5:1-6:10 　도덕적 권면 및 윤리적 교훈

3. 추신 6:11-18 　편지에서 논의된 문제의 결론 및 요약

베츠의 분석의 가장 큰 장점은 바울이 갈라디아서를 쓴 의도를 파악할 수 있게 해준다는 점이다. 편지가 아무리 개인적이고 열정적일지라도 바울은 매우 신중하고 정교하게 초안을 작성했다. 동시에 다이스만이 바울의 편지를 고대 세계의 개인적인 서신과 동등한 위치에 두어 자신의 주장을 과장했던 것처럼, 베츠는 갈라디아서를 변증 편지의 수사학적 구조로 몰아붙이는 데 너무 많은 노력을 기울인 것 같다.

슈라이너는 베츠의 접근 방식에 대한 주된 반대 의견을 간단하게 요약했다. (1) 갈라디아서의 나머지 부분보다 변증 편지의 장르는 갈라디아서 1-2장에 훨씬 더 적합하며, 실제로 권면 섹션을 분석하면 편지의 논지는 나누어진다. (2) 그리스 수사학의 서론(*Exordium*)은 호의적인 인상을 남겨 호감을 얻기 위한 의도이지만, 1장 8절에 나오는 바울의 가혹한 저주(ἀνάθεμα)는 친구를 얻거나 사람들에게 영향을 미치는 탁월한 방법이 아니다. (3) 베츠는 매력적인 사법적 변증 편지 이론을 만들었지만, 병행되는 옛 고전 문헌을 무수히 인용했음에도 불구하고 어디에서도 갈라디아서와 비교할 만한 변증 편지를 제시하지 못한다. (4) 그리스 수사학에서 갈라디아서의 구조를 찾으려는 노력은 주해와 논증의 독특한 전통을 지닌 랍비 유대교라는 바울의 배경을 충분히 고려하지 않은 것일 수 있다.[75]

갈라디아서의 구조와 바울의 문체를 고려할 때, 바울의 편지를 자세히 살피면서 이방인의 사도가 "느슨하고 산산조각이 난 사람, 논쟁할 줄 모르는 사람, 상대해야 할 사람들을 설득하기에 부적합한 사람이 아니었다"라고 확신한 로크의 말에 다시 귀를 기울이는 것이 좋을 것 같다.[76] 반대로 사도는 "일관성 있고 논리적이며 적절한 글을 쓰는 사람"이었다. 로크는 다음과 같이 관찰했다.

---

75 Schreiner, *Interpreting Pauline Epistles*. 또한 다음 참조. Schreiner, *Galatians*, 52–59; Das, *Galatians*, 48–68.

76 Locke, *A Paraphrase*, 1:10–12.

나는 바울이 그가 쓴 서신에서 올바른 목표를 가지고 있다고 말한다. 바울은 주의를 기울여 자신이 말하는 모든 것을 의도하지만, 인위적인 방법으로 담론을 말하거나 독자들이 그의 주장을 구별하도록 이끌거나 수사학으로 또는 연구로 전환시킨 새로운 문제에 주의를 기울이게 한다고 말하지 않는다. 그는 그리스 웅변에서 빌린 장식품이 없으며, 그리스 철학 개념을 자신의 교리와 혼합하여 돋보이게 하지 않는다. ... 그러나 언어의 공손함, 문체의 섬세함, 표현의 정교함, 노력한 기간, 인위적인 전환, 그리고 담론을 유연하게 마음에 새기기 위해 다른 장식으로 꾸민 부분들을 체계적으로 배열하지 않는다. 또는 그 배열이 전혀 보이지 않는다. 그러나 담론의 일관성과 모든 부분이 당면한 논쟁에 직접적인 경향은 가장 두드러지게 발견될 수 있다. 나는 이것이 바울의 자질이라고 생각하며, 부지런히 검토하면 그 결과도 같을 것을 의심하지 않는다.[77]

갈라디아서는 자연스럽게 주요 세 부분으로 나뉜다고 생각하는데, 약간 더 단순화시키면 "역사," "신학," "윤리"라고 부를 수 있다.[78] 역사 부분(1-2장)에서 바울은 자신이 선포한 복음의 기초를 세웠고 이제 옹호해야 할 복음의 기초를 확립했다. 교리적 핵심 부분(갈 3-4장)에서는 옛 언약에 대한 하나님의 약속과 새 언약에서의 성취라는 측면에서 복음의 믿음을 드러냈다. 편지의 마지막 세 번째 부분(5-6장)에서 바울은 독자들에게 세상에 대한 증거와 서로의 관계에서 복음의 자유를 실천할 것을 호소했다. 이 개요를 인위적으로 세 부분으로 나누어서 설명하는 것은 갈라디아서 전체에서 바울이 주장하고 있는 중첩되고 통일된 내용을 놓치는 것이다. 분명히 갈라디아서 4장에는 역사가, 갈라디아서 1장에는 많은 신학이 있다. 그리고 전체적으로 윤리가 있다. 그러나 역사-신학-윤리의 순서는 바울이 우연하게 선택한 것이 아니다. 이 순서는 갈라디아서의 위기에 대해 바울이 택한 목회적 접근에 잘 일치한다. 바울은 복음의 역사적 근거를 확립하고 자신의 사도적 소명이 복음과 어떻게 관련되어 있는지를 보여준 후에야 갈라디아 교인들의 삶과 신앙에 결정적인 영향을 미치는 이신칭의의 메시지에 귀를 기울일 수 있었기 때문이다. 더 넓은 의미에서 바울은 하나님이 누구시며 어떤 일을 하셨기 때문에(역사), 하나님의 명령대로 살기 위해서(윤리) 하나님이 말씀하신 것(신학)을 믿어야 한다는 기독교적 삶의 논리를 따랐을 뿐이다.

---

77 Locke, *A Paraphrase*, 1:10–12.

78 이 항목은 다음이 제안한다. C. K. Barrett, *Freedom and Obligation* (Philadelphia: Westminster, 1985), 3.

5. 기독교 해석사에서 갈라디아서

1세기가 끝나기 훨씬 전에 바울의 편지들은 별도의 한 자료로 수집되어 로마 제국 전역의 기독교 교회에 배포되었다. 바울 서신은 초기에 길이에 따라 내림차순으로 배치되었다. 그러나 2세기 중반 마르시온이 갈라디아서를 정경 배열에서 가장 먼저 배치하는 새로운 순서를 제안했다. 마르시온은 갈라디아서를 아포스톨리콘(Apostolikon, 마르시온이 선택한 10개의 바울 서신, 역자 주)이라는 제목으로 9개의 다른 바울 서신과 함께 많은 부분을 편집해서 출판했다. 마르시온은 바울에 대한 왜곡된 해석을 바탕으로 구약의 하나님과 예수 그리스도의 아버지 사이에 근본적인 단절이 있다고 주장했다. 거짓 교사들에 대한 바울의 주장은 마르시온이 구약성경을 기독교 정경에서 완전히 배척하는 구실이 되었다. 마르시온은 갈라디아서 2장 11-14절에 기록된 안디옥에서 바울과 베드로의 충돌을 두 가지 형태의 기독교의 형태, 즉 유대교에 오염된 정통 기독교와 급진적 이원론을 가진 순수한 바울주의라는 체계로 해석했다. AD 144년 로마 교회가 마르시온을 이단으로 정죄했지만, 바울에 대한 마르시온의 급진적인 오독은 지난 세기 위대한 교회사학자 아돌프 폰 하르낙을 비롯한 많은 학자에게 영향을 미쳤다.

카르타고의 테르툴리아누스는 갈라디아서에 대한 마르시온의 잘못된 해석을 반박한 최초의 기독교 저자였다. 테르툴리아누스는 바울의 편지 중에서 갈라디아서가 "유대교에 대항하는 가장 결정적"이라는 마르시온의 주장에 동의했다.[79] 그러나 갈라디아서에서 묘사하는 "율법의 대체"는 창조주 하나님의 일하심이지 다른 "이방" 신의 일이 아니다. 비슷하게 바울이 "그리스도의 흔적"을 그의 육체에 지니고 있다고 말했을 때, "그리스도의 육체는 상상이 아니라 실제적인 것이며, 그 상처는 자신의 몸에 지니고 있는 것으로 표현한 것이라고 주장한다."[80] 테르툴리아누스는 이전의 이레나이우스와 마찬가지로 마르시온이나 영지주의자들이 근본적으로 바울을 이원론적으로 해석하는 것을 단호히 거부했다. 세상을 창조하시고 유대인들에게 자신을 계시하신 하나님은 자기 아들 예수 그리스도를 통해 잃어버린 인류를 구원하신 바로 그 하나님이시다. 초대 교회의 정통 교부들은 옛 언약과 새 언약 사이의 중요한 구별

---

79 *Adversus Marcionem* 5.2 (ANF 3.431). 마르시온의 지속적인 영향은 다음을 참조하라. A. von Harnack, *Marcion: Das Evangelium von fremden Gott* (Berlin: W. de Gruyter, 1921). 영어 번역은 다음과 같다. *Marcion: the Gospel of the Alien God*, trans. J. E. Steely and L. D. Bierma (Jamestown, NY: Labyrinth Press, 1990).

80 *Adversus Marcionem* 5.2 (ANF 3.438).

을 부인하지 않으면서 바울이 전한 그리스도의 복음을 구약성경을 통하여 세상을 창조하시고 유대인들에게 자신을 계시하신 창조주의 목적을 성취한 것으로 바르게 해석했다.

3세기와 4세기에 알렉산드리아와 안디옥에서 번성하던 기독교 공동체를 중심으로 두 위대한 해석학파가 발전했다. 오리게네스는 성경 비평의 아버지로 알렉산드리아 학파의 선구자였다. 갈라디아서 5장 13절에 대한 주석에서 오리게네스가 갈라디아서에 대해 열다섯 권의 책과 일곱 권의 강론을 썼지만, 그 중 어느 것도 원본 형태로 남아 있지 않다. 그러나 오리게네스는 그 뒤를 이은 사람들, 특히 히에로니무스와 알렉산드리아의 키릴로스Cyril of Alexandria에게 지대한 영향을 미쳤다. 오리게네스는 오늘날까지도 바울 학자들이 논쟁하고 있는 율법의 도덕적 측면과 의식적 측면을 명시적으로 구분한 최초의 주석가였다. 또한 4장 21-31절의 하갈-사라 비유를 성경 정경 전체를 알레고리화하고 영적으로 해석하는 근거로 사용한 것은 중세와 그 이후에도 광범위한 영향을 미쳤다.

안디옥 학파는 알렉산드리아 주석가들의 과도한 알레고리화를 강하게 반대했다. 안디옥 전통의 세 지도자들인 요한네스 크리소스토무스John Chrysostom(407년 사망), 몹수에스티아의 테오도르Theodore of Mopsuestia(429년 사망), 시루스의 테오도렛Theodoret of Cyrrhus(460년 사망)이 갈라디아서에 대한 고전적인 주석을 썼다. 이 교부들은 오리게네스가 율법을 의식적 측면과 도덕적 측면으로 나눈 것을 받아들이지 않았으며 알렉산드리아 학파의 알레고리적 해석을 따르지도 않았다. 세 사람은 구원의 역사라는 관점에서 갈라디아서를 읽고 약속과 성취의 구조로 갈라디아서를 해석했다.

성경은 중세에 가장 많이 연구된 책이었다. 아우구스티누스는 수도원 및 스콜라 전통 모두에서 성경 해석의 출발점이 되었던 핸드북『그리스도교 교양』에서 성경 해석의 기본 규칙을 제안했다. 성경의 **렉티오 디비나**, "거룩한 독서"는 전통적으로 수도원 일과의 일부였다. 성 베네딕트 규율에 따르면 매주 시편 전체를 낭송하는 것 외에도 매일 2시간씩 그리고 주일에는 그 이상을 개인적 업무로 성경을 읽어야 했다. 5세기부터 10세기까지 서유럽 수도원은 진지한 연구가 이루어지는 유일한 장소였다. 이 시대 이후에 남은 바울 서신 주석은 대부분 초기 교부들의 주석을 요약한 것으로, 오리게네스, 히에로니무스, 암브로시아스터(중세 저자들이 암브로시우스로 잘못 알고 있는 4세기 바울 서신의 알려지지 않았던 주석가)등이 가장 유명하다.[81] 초기 중세 해석 전

---

81 참조. A. Souter, *The Earliest Latin Commentaries on St. Paul* (Oxford: Oxford University Press, 1927).

통의 대표적인 인물은 베다 베네라빌리스Venerable Bede이다. 그의 성경 연구가 지속적인 영향을 미친 이유는 초기의 통찰을 신중하게 정리하는 동시에 본문 자체를 창의적으로 해석했기 때문이다.[82]

스콜라주의는 12세기와 13세기 유럽의 대성당 학교와 대학에서 처음 등장한 특징적인 신학을 가리킨다. 가장 발전된 형태는 성경에 논리의 규칙을 적용하는 데 있어 최근에 발견된 아리스토텔레스의 철학에 크게 의존하는 연구 방법을 포함했다. 『신학대전』으로 잘 알려져 있는 토마스 아퀴나스 또한 갈라디아서를 비롯해 성경의 많은 책에 대한 주석들을 저술했다. 토마스와 동시대인인 스티븐 랭턴Steven Langton은 "설교에 도움이 되도록 성경을 윤리화하는 기술을 완성했다"고 평했다.[83] 토마스는 또한 바울이 갈라디아 교인들에게 보낸 편지를 죄, 율법, 은혜라는 큰 주제와 하나님을 향한 도덕적 움직임으로서 역할이라는 측면에서 해석했다. 갈라디아서 본문에 대한 토마스의 주석은 중세 가톨릭적 배경을 드러낸다. 예를 들어, 그는 1장 6-10절에 나오는 바울의 저주를 당시의 성례전 신학의 관점에서 파문과 3절 27절의 세례라는 현대적 관습에서 해석했다.

프로테스탄트 종교개혁 기간 루터, 칼뱅, 그리고 다른 종교개혁자들이 중세 후기 신학 체계에 만연한 타협적인 은혜 신학에 맞서 이신칭의 교리를 중심으로 결집하면서 갈라디아서와 로마서는 바울주의 르네상스의 토대가 되었다. "에라스무스는 알을 낳았고 루터는 그 알을 부화시켰다"라고 전해졌다. 1516년 에라스무스의 헬라어 신약성경과 1518년 『갈라디아서 석의』는 루터가 바울 신학을 이해하는 데 분명히 영향을 미쳤다. 그러나 탁월함에도 불구하고 자유의지와 예정에 대한 루터와 벌인 대토론에서 에라스무스는 반(半)펠라기우스적 성향에서 절대 벗어날 수 없음을 명백히 드러냈다. 성경 연구에서 에라스무스의 주된 업적은 프랑스의 자크 르페브르 데타플 Jacques Lefèvre d'Étaples과 영국의 존 콜렛John Colet과 같은 인문주의자들과 함께 "논리와 변증법이 질문과 대답에 사용하는 방법을 결정하도록 점점 더 허용했던" 중세 학자들이 발전시킨 신약성경 연구의 전통을 제쳐두는 것이었다.[84]

---

82 참조. B. Smalley, *The Study of the Bible in the Middle Ages* (Notre Dame: University of Notre Dame Press, 1964), 22–36.

83 Smalley, "Steven Langton," *The Oxford Dictionary of the Christian Church*, ed. F. L. Cross (London: Oxford University Press, 1974), 799. 또한 다음 참조. M. Clark, "Stephen Langton," in *Dictionary of Major Biblical Interpreters*, ed. Donald K. McKim (Downers Grove: IVP Academic, 2007), 643–64.

84 J. Bentley, *Humanists and Holy Writ* (Princeton: Princeton University Press, 1983), 218. 참조.

개신교 종교개혁가들은 이 인문주의 유산을 기반으로 삼았지만 에라스무스와 그의 친구들은 결코 이해할 수 없는 방식으로 그것을 변형시키기도 했다.

마르틴 루터는 조직신학자가 아니라 성경 교사였다. 1512년에 신학 박사 학위를 받은 비텐베르그 대학교의 성경 주해를 가르치는 교수였다. 오랜 경력 동안 갈라디아서를 여러 차례 강의했다. 미국판 루터 전집은 1519년 짧은 주석과 1535년 최종 개정판을 모두 번역했다. 죽기 바로 전에 루터는 자신의 저작을 라틴어로 완판하려는 계획에 대해 "그들이 내 조언을 받아들인다면 갈라디아서처럼 교리를 담은 책만 인쇄할 것이다"라고 말했다.[85]

베츠는 다음과 같이 현명하게 관찰한다. "루터는 바울이 강연할 당시에 살았다면 바울이 했을 말을 한다."[86] 바울이 한편으로 율법주의와 다른 한편으로 방종주의의 위험에 직면했던 것처럼, 루터도 "행위로 의로움을 얻는" 교리와 유아세례와 같은 전통적인 의식에 도전하고 말씀과 성령을 분리하는 종파적 극단주의자들과 함께 다시 기승을 부리는 로마 가톨릭에서 같은 위험을 보았다.

현대 신약학자들은 루터가 자신의 상황을 바울의 상황에 대입하고, 바울이 갈라디아 대적자들에 했던 것처럼 반대자들에게 혐오를 퍼부었다고 정당하게 비판했다. 이 비판은 충분히 일리가 있다. 오늘날 루터가 살았던 시대적 상황으로 인해 종교개혁가의 관점이 어떻게 왜곡되었는지 깨닫지 않고 루터를 읽을 수 있는 사람은 아무도 없다. 이러한 주의사항을 제쳐두고, 우리는 오직 믿음으로만 의롭게 된다는 중요한 문제에 대해 루터가 바울을 신중하고 충실하게 해석했다는 사실을 긍정할 준비가 되어 있다. 그가 1535년 주석 서문에 오늘날에도 여전히 유효하다.

> 이 교리는 충분히 논의되거나 가르쳐져야 한다. 이 교리가 사라지면 진리, 생명, 구원에 대한 모든 지식이 동시에 사라지고 망가진다. 이 교리가 번성하면 종교, 참된 예배, 하나님의 영광, 모든 것들과 모든 사회적 조건에 대한 올바른 지식 등 모든 선한 것이 번성할 것이다. 마귀가 우리에게 순수한 믿음에 대한 교리를 빼앗아가고 행위와 인간의 전통 교리로 대체할 수 있는 명백하고 현존하는 위험이 있다. 그러므로 믿음의 교리를 공개적으로 계속 읽고 듣는 것은 매우 필요하다.[87]

T. George, *Reading Scripture with the Reformers* (Downers Grove: IVP Academic, 2011).

85 Longenecker, *Galatians*, liii.

86 Betz, *Galatians*, xv.

87 Luther, "Lectures on Galatians, 1535," *LW* 26:3.

장 칼뱅은 마르틴 루터의 가장 위대한 제자라고 여겨진다. 칼뱅은 위대한 독일 개혁자의 단순한 메아리가 아니라, 루터가 그토록 열정적이고 명료하게 제시했던 진정한 종교개혁 신학을 창조적으로 재구성하고 전한 사람이다. 칼뱅은 헬라어와 히브리어에 대한 탁월한 지식과 인문주의 철학에 대한 철저한 훈련으로 요한이서, 요한삼서, 요한계시록을 제외한 모든 신약성경 주석을 저술했다. 칼뱅의 주석 작업은 간결하고 다른 한편으로 겸손하다는 특징이 있다. 그의 목표는 성경 저자의 의도를 가능한 간결하고 명확하게 이해하는 것이었다. 화려한 학식을 과시하거나 부차적인 관심사로 빠져드는 것을 피했다. 이러한 이유로 칼뱅 신학의 여러 가지 원칙들을 수정한 아르미니우스J. Arminius는 칼뱅이 "성경 해석에 타의 추종을 불허한다"라고 그의 주석을 성경 외에 가장 위대한 종교 저술로 추천했다.[88]

칼뱅은 1546년에 갈라디아서 주석을 쓰기 시작해 1548년에 제네바에서 출판했다. 1558년과 1562년 두 차례에 더 갈라디아서를 강해하면서 정기적인 강해 설교 사역을 진행했다.[89] 칼뱅은 주석 전체에서 바울이 반대자들과 투쟁한 것은 단순히 개인적 경쟁의 문제가 아니라 복음의 진리 그 자체를 위한 투쟁이었다고 강조했다. "우리는 항상 복음의 핵심에 주의해야 한다. 복음의 핵심을 공격하는 사람은 복음을 파괴하는 사람이다."[90] 칼뱅은 또한 할례에 대한 논쟁이 단순한 의식에 대한 다툼이 아니라 하나님 앞에서 올바르게 설 수 있는 방법에 대한 논쟁이라고 지적했다. 그래서 바울은,

> 이 논쟁에 대해 자신의 입장을 밝힌다. 의식이 의롭게 할 능력이 없다면 의식을 지킬 필요가 없다는 것이다. 그러나 의식만을 다루지 않고 일반적으로 행위에 대한 논쟁을 다루고 있다. 그렇지 않으면 논증 전체가 약해질 것이다. ... 그 논쟁은 사소한 문제가 아니라 가장 중요한 문제, 즉 우리가 구원을 얻는 방법에 관한 것이었다.[91]

칼뱅은 하나님의 은혜가 율법주의뿐 아니라 율법폐기주의로 남용될 수 있음을 잘 알고 있었다. 그래서 칼뱅은 다른 16세기의 어떤 주석가보다 갈라디아

---

88 다음에 인용됨. A. M. Hunter, *The Teaching of Calvin* (London: James Clarke, 1950), 20. 참조. George, *Reading Scripture*, 240–53.

89 1562년 첫 두 강의 시리즈는 피터R. Peter가 발견하고 편집했다. Jean Calvin, *Deux Congrégations et Exposition du Catéchisme* (Paris: Presses Universitaires de France, 1964).

90 Calvin, *Galatians*, CNTC 11:14.

91 Calvin, *Galatians*, CNTC 11:6.

서 5장과 6장에 나타나는 바울의 윤리적 권면의 타당성을 강조했다. 1564년 칼뱅이 사망하고 계몽주의 시대에 성경에 대한 비평적 연구가 부상하기 전까지 갈라디아서는 기독교 설교와 헌신을 위한 풍성한 원천이 되었다. 이 시기에 나온 세 주석이 눈에 띈다. 윌리엄 퍼킨스의 『갈라디아서 주석』은 이 위대한 청교도 설교가이자 주석가가 죽은 지 2년 후인 1604년에 처음 출판되었다. 퍼킨스의 갈라디아서 주석은 퍼킨스가 캠브리지의 그레이트 세인트 앤드류스 교회에서 행한 바울 서신에 대한 설교를 기반으로 한다. 퍼킨스의 청중 중 한 명이었던 토마스 풀러는 후에 퍼킨스가 "청중들의 귀에 한참 동안 울릴 정도로 '저주'라는 단어를 강조하여 발음했다"라고 말했다.[92] 그의 갈라디아서 주석은 라무스 학파의 논리로 모든 구절을 더 자세히 세분화하고 실제적인 적용을 한 것이 특징이다. 퍼킨스는 또한 본문의 문자적 의미에 주의를 기울이면서 이신칭의에 대한 프로테스탄트 견해를 강력히 변호했다. 이 고전 주석의 재출간을 소개하는 글에서 쉐퍼드G. T. Sheppard는 이렇게 말했다. "문자적 의미가 오직 하나라는 퍼킨스의 주장과 함께 하나님의 말씀의 표현이 편지에서 발견되는 사도의 의도와 (오류없이) 일치한다는 반복되는 가정이 있다."[93]

존 로크는 근대 초기 가장 위대한 영국 철학가 중 한 명으로 기억되지만, 뛰어난 변증가이자 성경을 주의 깊게 연구한 학자이기도 했다. 로크의 『바울 서신 의역과 주석』(*Paraphrases and Notes on the Epistles of Paul*)은 1705-1707년에 출판되었다. 로크는 "진리의 성령께서 그들 안에 계시하시는 모든 것을 확고한 믿음과 기꺼이 순종함으로 받아들이는 것"이 성경을 연구하는 그리스도인의 의무라고 확신했다.[94] 로크의 갈라디아서에 대한 의역과 주석은 원래 역사적 배경에서 바울을 이해하고 서신 전체에서 논증의 통일성과 일관성을 강조하려는 로크의 열망을 특징으로 한다. 동시에, 로크는 신학에서 절충주의자였으며 교리의 여러 중요한 요점에 대한 바울의 저술이 갖는 중요성을 파악하지 못했다.

스코틀랜드 설교자 존 브라운은 30년 동안 에딘버러의 브로튼 플레이스 교회에서 목회했다. 브라운은 당대에 타의 추종을 불허하는 강해 설교자로 널리 명성을 떨쳤다. "브라운은 영감 받고 변할 수 없는 성경에 뿌리를 둔 오래

---

92 T. Fuller, *The Holy State and Profane State* (London, 1642), 81. 참조. T. George, *John Robinson and the English Separatist Tradition* (Macon: Mercer University Press, 1982), 61.

93 G. T. Sheppard, "Between Reformation and Modern Commentary: The Perception of the Scope of Biblical Books," in W. Perkins, *A Commentary on Galatians* (New York: Pilgrim, 1989), lxv.

94 J. Locke, *A Paraphrase*, 1:1.

된 청교도 신학은 더 많이 살아갈수록 그를 더욱 만족시켰다"라고 평가받았다. 브라운의 『갈라디아서 해설』은 그가 사망한 1858년에 출판되었다. 이 주석은 청교도 전통의 바울 주해를 훌륭하게 요약한 것으로, 바울의 마음에 대한 통찰력과 독실한 신자들을 위한 목회적 적용으로 가득 차 있다.

19세기 초, 바우어F. C. Baur 시대부터 갈라디아서는 신약 역사와 신학의 현대적 역사적 재구성을 위한 전쟁터가 되었다. 근대에 출판된 많은 주석 중에서 이 위대한 바울 서신에 대한 고전적인 주석으로 다섯 권이 눈에 띈다. 라이트풋의 주석은 1865년 처음 출판되었다. 이 주석은 튀빙엔 비평가들에게 반향을 불러일으켰고, 서신의 역사적 배경에 대한 획기적인 연구였다. 라이트풋 이론 중 일부는 윌리엄 램지William Ramsay와 같은 후기 학자들의 도전을 받았지만, 갈라디아서 연구가 "라이트풋의 시대로부터 오늘날까지 모든 주석의 표준을 세웠다"라고 말하는 것이 정확하다.[95] 시카고 대학에서 가르쳤던 자유주의 침례교도인 버튼E. deW. Burton은 1921년에 여전히 유용한 국제(인터내셔널)비평 주석(ICC) 갈라디아서를 출판했다. 베츠H. D. Betz의 권위 있는 갈라디아서 주석은 1979년 헤르메네이아 주석 시리즈(Hermeneia)로 출판되었다. 베츠 이전, 또는 이후 누구보다도 베츠는 갈라디아 서신의 수사학적 구조와 문학적 형태에 초점을 맞추었다. 베츠의 주석은 신중한 연구와 성경 본문과 상상력 넘치는 상호 작용에 본을 보여 된다. 20세기 복음주의 성경학자의 원로인 브루스F. F. Bruce는 1982년에 NIGTC 주석을 출판했다. 이 책의 서문에서 브루스는 남 갈라디아설과 갈라디아서의 초기 저작을 설득력 있게 주장했다. 롱네커R. N. Longenecker는 베츠와 브루스의 연구를 바탕으로 1990년에 갈라디아서에 대한 훌륭한 연구서인 WBC 주석 시리즈를 출판했다. 라이트풋, 버튼, 베츠, 브루스, 롱네커에 내가 빚진 것은 이 주석을 읽는 사람들이 분명히 알 것이다. 이러한 고전적인 연구들 외에도 나는 던Dunn(1993), 마틴Martyn(1997), 위더링턴Witherington(1998), 헤이즈Hays(2000), 슈라이너Schreiner(2010), 무Moo(2013), 다스Das(2014), 바클레이Barclay(2015), 벤호에-윌리엄슨Vanhoye-Williamson(2019), 키너Keener(2019)의 갈라디아서 주석 등 최근 주석들을 보며 많은 것을 배웠다.

데이비스W. D. Davies의 『바울과 랍비 유대교』(1948), 스탠달K. Stendahl의 『유대인과 이방인 사이에 있는 바울』(1977), 샌더스E. P. Sanders의 『바울과 팔레스타인 유대교』(1977)는 바울 학계의 전통적 가정에 도전하는 "바울에 관

---

95 Longenecker, *Galatians*, lvi.

한 새 관점"[96]에 관한 방대한 문헌을 탄생시켰다. 이 자료를 평가하는 데 있어 나는 라이트N. T. Wright, 웨스터홀름S. Westerholm, 왓슨F. Watson, 그리고 비슨 신학교 동료인 틸만F. S. Thielman의 글이 가장 도움이 되었다고 생각한다. 이 책의 여러 지점에서 나는 두 번의 추가 주석으로 새 관점의 측면과 상호 작용했다.

또한 내 관점은 오래된 두 연구로 크게 풍성해졌다. 두 연구 모두 철저하기보다는 도발적인 측면이 더 강하다. 배럿C. K. Barrett의『자유와 의무』는 바울 신학과 윤리 사이의 연관성을 명확히 보여준다. 루터의 대표적인 해석가 에벨링G. Ebeling은 훌륭한 연구『복음의 진리: 갈라디아서 강해』(1984)에서 종교 개혁과 신약을 조명했다. 또한 샘포드 동료인 치암파R. E. Ciampa의 중요한 연구인『갈라디아서 1장과 2장의 존재와 기능』과 고먼M. J. Gorman의『십자가에 달리신 주님의 사도』(2004)를 언급해야 할 것이다.

이 모든 학자에게서 많은 것을 배웠지만, 바울이 갈라디아 교인들에게 보낸 편지의 메시지를 오늘날 교회에 다시 한번 내 말로 전하고 싶었다. 성경은 학문적 성취라는 저수지에 단번에 숙달되어 보관해야 할 죽은 문서가 아니다. 하나님의 말씀은 살아있고 능력이 있으며, 모든 세대가 경건하고 신실하게 소유하고 연구해야 한다. 신학은 은혜롭고 주권적인 하나님의 영광을 위해, 교회를 섬기기 위해 열심히 추구해야 하는 신앙의 학문이지만, 무감각하게 추구해서는 안 된다. 이러한 관점에서 볼 때 성경 강해의 모든 행위는 기도의 행위이다. 위대한 침례교 신학자 닥J. L. Dagg은 그의『신학 매뉴얼』에서 다음과 같은 말로 이 점을 가장 잘 표현했다.

> 종교적 진리에 대한 연구는 의무감과 사명감을 가지고 마음의 향상을 위해 착수하고 추진해야 한다. 배움에 있어 진리 연구는 사변의 대상으로 선반 위에 놓아두어서는 안 되며, 그 성화의 능력을 느껴야 하는 마음 깊은 곳에 보관해야 한다. 호기심을 채우거나 직업을 준비하기 위해 신학을 공부하는 것은 가장 거룩한 것으로 여겨져야 할 것을 남용하고 모독하는 일이다. 단순한 오락이나 세속적인 이익을 위해, 또는 단순한 지식에 대한 사랑을 만족시키기 위해 하나님과 관련된 것을 배우는 일은 지극히 높으신 분을 멸시하는 것이다.[97]

---

96 이 표현은 다음 글로 유명해졌다. J. D. G. Dunn, "The New Perspective on Paul," *BJRL* 65 (1983): 95–122.

97 J. L. Dagg, *Manual of Theology and Church Order* (Harrisonburg, VA: Gano, 1982), 13. 그에 대한 다음 책의 에세이를 참조하라. M. E. Dever in *Baptist Theologians*, ed. T. George and D. S. Dockery (Nash- ville: Broadman, 1990), 165–87.

추가 주석 1. 루터, 바울, 새 관점[98]

나는 1970년대 초 하버드 신학대학에서 스텐달Krister Stendahl(1921-2008)이 가르친 로마서 강의에서 바울에 관한 새로운 관점으로 알려진 것을 처음 접했다. 그 당시에도 유명한 스텐달의 에세이 "사도 바울과 서구의 성찰적 양심"에 요약되어 있었다.[99] 로마서 7장에 대한 "비자서전" 해석을 타당하다고 받아들인 퀌멜W. G. Kümmel과 로마서 9-11장의 서문을 쓴 요하네스 뭉크Johannes Munck의 연구를 바탕으로 스텐달Stendahl은 이방인의 사도는 구원 역사 관점을 중심으로 이해해야 한다고 주장했다. 갈라디아서와 로마서의 칭의에 관한 내용을 포함하여 바울의 글은 "영혼의 게임," 즉 인간이 어떻게 구원받을 수 있는지에 관한 것이 아니라 이방인 회심자들을 어떻게 메시아 공동체에 받아들여야 하는지에 관한 끈질긴 문제에 관한 것이었다.

스텐달은 이후에 다섯 가지 도발적인 대안으로 논지를 발전시켰다. 그는 바울이 다음을 강조했다고 말했다. (1) **회심보다 부르심**. 바울은 오늘날 불교에서 이슬람으로 개종하는 것처럼 유대교를 떠나 그리스도인이 된 것이 아니라 이방인들에게 메시아 예수를 선포하는 특별한 사명에 부르심을 받았고 바울의 구별된 메시지는 이방인들이 이제 율법에 거치지 않고 하나님의 백성의 일원이 될 수 있다는 선포였다. (2) **용서보다 칭의**. 바울은 용서에 대해서는 거의 말하지 않았지만 자주 칭의를 말했다. 바울은 칭의를 개인적인 영적 위기의 해결이 아니라 다원주의적이고 찢긴 세상을 나타내는 분열과 사회적인 긴장을 하나님의 일로

---

98 다음에 채택되었다. T. George, "Modernizing Luther, Domesticating Paul," in *Justification and Variegated Nomism*, vol. 2, ed. D. A. Carson, P. T. O'Brien, and M. A. Seifrid (Tübingen: Mohr Siebeck, 2004).

99 *HTR* 56 (1963): 199–215, 다음 책으로 다시 출판되었다. Stendahl, *Paul among Jews and Gentiles* (Philadelphia: Fortress, 1976). 스텐달은 항상 로마서에 대한 주요 주석을 쓰려고 했지만 이 과제를 끝내지 못했다. 그러나 스텐달의 간략한 연구를 참조하라. *Final Account: Paul's Letter to the Romans* (Minneapolis: Fortress, 1995). 게이거는 스텐달의 또 다른 제자였으며, 스텐달이 남긴 통찰력의 지속적인 영향을 적절하게 표현했다. "많은 사람이 마침내 스텐달이 시작한 내용을 따라잡은 오늘날, 거의 40년 전 스텐달의 독창적인 통찰력이 얼마나 혁신적이었는지 이해하기 쉽지 않다. 여러 면에서, 그리고 약간 과장해서 말하면 이후의 노력은 스텐달의 선구적인 업적에 대한 일련의 각주에 지나지 않는다고 할 수 있다"(*Reinventing Paul* [New York: Oxford University Press, 2000], 45). 또한 다음 참조. R. A. Horsley, "Krister Stendahl's Challenge to Pauline Studies," published as the introduction to Horsley, ed., *Paul and Politics* (Fs. Krister Stendahl; Harrisburg: Trinity Press International, 2000), 1–16. 비록 여러 면에서 바울에 대한 스텐달의 해석을 따를 수는 없지만, 이 자리를 빌어 스텐달에게 깊은 존경과 빚진 마음을 표하고 싶다. 내가 7년 동안 하버드 신학 대학에서 공부하는 동안 학장으로서 그는 교회적, 학자적 부르심의 모범을 보여주었고, 내 평생의 작업에 계속 영감을 불어넣어 주었다. 스텐달은 또한 루터의 종교개혁의 지속적인 유산 중 하나이자 사도와 종교개혁자가 진심으로 동의하는 신학과 설교의 상호 내재성을 이해하고 또 모델로 삼았다(스텐달 또한 동의했을 것이다).

이해했다. (3) **죄보다는 연약함**. 바울은 개인적인 죄에 대해 깊은 의식에 사로잡혀 있지 않았지만, 사도 사역에 수반되는 육체적 질병을 비롯한 연약함에 대해 자주 말했다. (4) **완전함보다 사랑**. 바울은 교회들에게 그들의 "완전함"을 고집하지 말고 믿음의 공동체를 세워가기 위해 서로 환대하며 사랑하라고 가르쳤다. (5) **보편성보다 특수성**. 바울의 메시지는 항상 상황에 따른 것이었다. 즉 고유한 필요와 독특한 문제를 가진 교회에 전달되었기 때문에 바울의 메시지를 인간의 조건에 대한 일반화된 진술로 보편화해서는 안 된다.[100]

스탠달의 글은 1963년에 영어로 처음 출간되었지만, 그보다 앞서 1961년에 미국 심리학 협회에 논문으로 발표되었다. 초기 스웨덴어판은 에릭슨Erik H. Erikson의 『청년 루터』(Young Man Luther: A Study in Psychoanalysis and History)가 출판된 지 불과 2년 후인 1960년에 출간되었다.[101] 중요한 것은 스탠달은 에릭슨의 책과 콕스David Cox가 1959년 출판한 『융과 바울』(Jung and St. Paul)을 모두 언급했다는 점이다.[102] 스탠달은 심리역사학적 분석에 관여하지는 않았지만 루터가 바울을 잘못 읽은 책임을 병적으로 성찰적이었던 종교개혁가의 양심에 돌린다. 스탠달은 바울의 양심은 루터의 양심과 전혀 달랐다고 자신있게 주장했다. 바울의 양심은 외향적이고 강건했으며, 지독한 의심과 죄책감에 시달리지 않았다. 이러한 관점에서 성찰하는 양심을 실제적으로 창안한 아우구스티누스를 따라 루터는 자신의 개인적인 딜레마를 다른 맥락으로 읽어냈고 종교개혁의 바울 주석 전통 전체를 왜곡했다.

종교개혁가의 바울 해석은 믿음과 행위, 율법, 복음, 유대인과 이방인에 대한 바울의 진술이 중세 후기 경건의 틀 안에서 읽을 때 유추에 의존한다. 할례와 음식 제한이라는 구체적인 요구를 가진 율법, 토라는 종교 문제에서 "율법주의"의 일반적인 원칙이 된다. 바울이 이방인이 메시아 공동체에 포함될 가능성에 대해 우려했다면, 이제 바울의 진술을 인간의 공통적인 곤경에서 벗어나 구원에 대한 확신을 얻기 위한 탐구로 읽는다.[103]

---

100 Stendahl, *Paul among Jews and Gentiles*, 1–77. 참조. S. Hafemann's insightful engagement with Stendahl, "The God of Israel in Romans: A Response to Krister Stendahl," *ExAud* 4 (1988): 38–58.

101 New York: Norton, 1962 [1958]. 에릭슨에 대한 중요한 비판은 다음을 참조하라. G. A. Lindbeck, "Erickson's Young Man Luther: An Historical and Theological Reappraisal," *Sound* 36 (1973): 210–27. 다음 책의 논문들도 참조하라. R. A. Johnson, ed., *Psychohistory and Religion* (Philadelphia: Fortress, 1977).

102 *Jung and St. Paul: A Study of the Doctrine of Justification by Faith and Its Relation to the Concept of Individuation* (London: Longmans, Green, and Co., 1959).

103 Stendahl, *Paul among Jews and Gentiles*, 86. 윌리엄스는 스탠달보다 훨씬 이전에 쓴 글에서 루터의 구체적인 신학적 노력과는 별개로 "기질만으로" 루터의 종교적 견해를 설명할 수 있다고 주장했다. 참조. N. P. Williams, *The Ideas of the Fall and of Original Sin* (London: Longmans, Green, 1929), 426.

스탠달은 논문 "성찰하는 양심"("Introspective Conscience")을 하버드 대학 동료인 캐드버리Henry J. Cadbury에게 헌정했다. 그는 동일하게 유명한 연구인 "현대화된 예수의 위험"("The Peril of Modernizing Jesus")를 1937년에 발표했다. 스탠달과 그의 추종자들은 종교개혁 관점에서 바울을 읽음으로써 바울을 현대화해서는 안 된다고 주장하면서도, 바울의 사고 세계와 다른 범주로 바울을 읽음으로써 루터를 현대화하는 유사한 잘못의 위험에 처해 있다. 이러한 경향은 루터의 양심에 대한 이해 논의에서 분명히 드러난다.

루터에게 양심은 영혼의 중립적인 기능, 즉 하나님께서 주신 내면과 성찰의 성채가 아니었다. 오히려 양심은 선과 악의 세력이 영적 전쟁을 벌이는 전쟁터였다. 루터에게 인간 존재에 대한 기본적인 질문은 "나는 누구인가?"가 아니라 "나는 누구의 것인가? 나는 누구에게 속했는가?"였다. 성경에서 하나님의 약속에 대한 "낯선 말씀"에 귀를 기울임으로써 우리는 성찰과 자기 정당화 부담에서 벗어날 수 있다. 그렇기 때문에 그리스도인의 삶에는 자랑이나 자기 주장의 여지가 없다. 따라서 역설적으로 참된 믿음은 저주를 피하려는 열망이 아니라 정확히 그 반대인 저주를 기꺼이 받아들이려는 의지, 즉 루터가 독일 신비주의 전통에서 차용한 주제인 "지옥에 대한 받아들임"(resignatio ad infernos)을 낳는다.

루터는 밀랍으로 만든 코처럼 이리저리 당길 수 있는 양심의 미끄러움을 알고 있었다. 1521년 보름스 의회에서 "왜곡되고 지체 없이" 대답하도록 요구받았을 때 "나의 양심은 하나님의 말씀에 사로잡혀 있다"라고 주장한 것도 이 때문이다. 루터는 인간 인격의 자율적 중심이자 구도자적 감수성의 자리인 양심에 호소하지 않았다. 루터는 1520년 12월 교황의 칙령 "오 주여 일어나소서"(Exsurge Domine)에 대답하며 교회의 모든 거룩한 교사를 배척했다는 고발에 대답했다. 이러한 배경에서 루터는 직접 다음과 같이 바울의 권위에 호소한다.

> 나는 그들을 거부하지 않는다. 그러나 모든 사람은 사람들처럼 때때로 잘못을 저질렀다는 것을 안다. 그러므로 나는 그들이 결코 오류를 범한 적이 없는 성경에서 자신의 주장에 대한 증거를 제시할 때만 신뢰할 준비가 되어 있다. 바울은 나에게 데살로니가전서 5장 21절, "모든 것을 시험하라, 그리고 선한 것을 굳게 붙잡으라"(개역개정. "범사에 헤아려 좋은 것을 취하라")라고 말한다.[104]

루터의 양심은 성찰적 자아의 속박에서 하나님의 은혜로 "해방"되었을 때만 자유로웠다. 루터를 현대화하는 위험성, 특히 양심에 대한 루터의 견해는 베일러Michael Baylor가 다음과 같이 올바르게 지적했다.

---

104 WA 7:315. 다음에 인용됨. M. G. Baylor, *Action and Person: Conscience in Late Scholasticism and the Young Luther* (Leiden: Brill, 1977), 266.

가톨릭과 개신교를 막론하고 많은 현대 학자에게 루터가 종교적 주관주의자이자 개인 양심에 대한 종교적 자유의 권리를 창시한 사람으로 보이는 것은 성경 자체가 16세기에서 매우 다양한 방식으로 여기는 것이 큰 이유이다.[105]

루터의 신학은 매우 개인적이고 경험적이며 관계적이지만 이것은 스탠달의 비판이 전제하는 신학적 자기 중심성과는 정반대였다. 루터가 갈라디아서 주석에서 말한 것처럼,

신학은 우리를 우리 자신으로부터 빼앗아 멀리 우리 밖에 두어 우리 자신의 힘, 양심, 경험, 사람, 행위가 아니라 우리 자신 밖에 있는 것, 즉 속일 수 없는 하나님의 약속과 진리에 의존하도록 하기 때문이다.[106]

순전한 내면의 복음을 주장했던 사람은 루터가 아니라 키에르케고르였다. 키에르케고르는 그리스도께서 불안한 양심을 진정시키기 위해 이 세상에 오셨다고 생각했다.

보름스 회의 이후, 루터는 프리드리히 현공의 군대에 이끌려 바르트부르크의 피난처로 가서 밤낮으로 신약성경을 독일어로 번역했다. 비텐베르크로 돌아와 오순절 동안 요한복음 10장 1절을 설교하는 내용에서 루터는 양심에 대한 호소를 특별히 개인적 자유와 결정의 측면에서만 해석하는 일부 초기 추종자의 인간 중심적 성향에 반박했다. 루터는 하나님의 말씀의 **"우리-밖에"**(extra nos)라는 성격을 지적하여 이러한 일방성을 바로잡았다.

아무리 아름답다 하더라도 인간의 가르침은 무너질 것이며 그들의 양심 또한 그러할 것이다. 도움이나 탈출구는 없다. 그러나 하나님의 말씀은 영원하며 영영히 서 있어야 한다. 어떤 악마도 하나님의 말씀을 무너뜨릴 수 없다. 하나님의 말씀은 양심이 영원히 그 위에 세워지고, 그 위에 거하며, 스스로를 유지하기 위해 양심을 위해 제공되어야 하는 토대이다.[107]

(양심을 치명적인 결함으로 보는) 로마 가톨릭 논쟁가들과 (양심을 위대한 미덕으로 찬양하는) 자유주의 개신교 신봉자들 모두 루터를 최고 주관주의자로

---

105 Baylor, *Action and Person*, 268.

106 Luther, "Lectures on Galatians, 1535," *LW* 26:387; WA 40/2:589: Ideo nostra theologia est certa, quia ponit nos extra nos: non debeo niti in conscientia mea, sensuali persona, opere, sed inpromissione divina, veritate, quae non potest fallere(그러므로 우리의 신학은 우리를 우리 밖에 두기 때문에 확실하다. 나는 내 양심이나 감각적인 인간이나 일에 의존하는 것이 아니라, 하나님의 약속, 속일 수 없는 진리에 의존해야 한다.)

107 WA 10/3:172. 다음에 인용됨. B. Lohse, "Conscience and Authority in Luther," in *Luther and the Dawn of the Modern Era*, ed. H. A. Oberman (Leiden: Brill, 1974), 160.

해석했다. 둘 다 루터의 가장 깊은 관심사를 오해했다. 유감스럽게도 이러한 오해는 루터와 종교개혁이 바울을 사용하는 것에 반대하는 바울에 관한 새 관점 논쟁의 대부분에서 지속되었다.

보름스 의회에서 루터의 "양심" 연설은 칭의의 진정한 의미를 깨달은 유명한 "탑 체험," 1517년 만성절 전날에 95개 논제를 발표한 일, 1519년 라이프치히에서 요한 에크와의 토론, 1520년 비텐베르크에서 교황 칙서와 교회법을 불태운 일 등 루터의 삶에서 다음과 같은 종교개혁의 시작과 동일하게 여기는 몇 가지 극적인 순간 중 하나이다. 그러나 이 사건들은 루터가 오버만Heiko Oberman이 성경의 "신학적 문법"이라고 부른 것을 발견한 7년(1512-1518년)에 걸친 주석 작업을 빼놓고는 이해할 수 없다.[108] 루터의 종교개혁은 자신의 영혼을 응시하는 수도사의 개인적인 성찰에서 시작된 것이 아니라, 하나님께서 예수 그리스도 안에서 단번에 이루신 일에 대해 성경에서 단번에 말씀하신 것을 새롭게 듣기 위해 많은 고뇌와 유혹(**시련이 신학자를 만든다!**, *tentatio facit theologum!*)에서 수행된 이를 위해 전념하는 노력에서 시작된 것은 아닐까? 루터에게 이것은 (1) 역동적이고 그리스도 중심적인 성경 읽기로 나타나는 해석학적인 전환, (2) 스콜라적 방법과 가정에 대한 성경신학의 승리라는 두 가지를 의미했다.[109]

스탠달은 "성찰하는 양심"("Introspective Conscience," *Harvard Theological Review*)을 게재하기 전, 1962년에 동일하게 영향력 있는 "현대 성경신학"("Biblical Theology, Contemporary," *The Interpreter's Dictionary of the Bible*)이라는 에세이를 출판했다.[110] 스탠달은 성경신학자들에게 성경을 해석하는 접근 방식에서 "그것이 의미했던 것"과 "그것이 의미하는 것"을 신중하게 구분할 것을 촉구했다. 스탠달은 이러한 구별에 충분한 주의를 기울이지 않은 신학자들의 예를 들어 바르트의 로마서 주석 제2판 서문을 인용했다. 그 지점에서 바르트는 루터와 칼뱅의 주석을 율리허와 리츠만과 같은 동시대 학자들의 주석보다 더 높이 평가하고 있다. 바르트는 다음과 같이 주장했는데, 종교개혁자들은 더욱 객관적이고 과학적인 입장을 취한 동료들과 달리 먼저 본문의 내용을 정립한 후에

> 16세기와 1세기를 구분하는 벽이 투명해질 때까지, 즉 바울이 거기에서 말하고 16세기 사람들이 들을 때까지, 그 문서와 독자 사이의 대화가 1세기와 16세기의

---

108 H. A. Oberman, "Martin Luther contra Medieval Monasticism: A Friar in the Lion's Den," in *Ad fontes Lutheris: Toward the Recovery of the Real Luther*, ed. Timothy Maschke et al. (Milwau- kee: Marquette University, 2001), 183–84.

109 여전히 가치있는 다음 논문을 참조하라. Gerhard Ebeling, "The New Hermeneutics and the Early Luther," *ThT* 21 (1964): 34–46.

110 K. Stendahl, "Biblical Theology, Contemporary" in *Interpreter's Dictionary of the Bible* (Nashville: Abingdon, 1962), 1:418–32.

다른 것이 될 수 없는 그 주제에 온전히 집중될 때까지, 전체 자료를 다시 생각하고 그것과 씨름하려고 했다.[111]

바르트가 박수를 보내고 스탠달이 비판한 종교개혁자들의 바울 읽기는 강점과 함께 약점이 있다. 신약성경의 탈역사화를 초래할 수 있고 불트만의 경우처럼 신약성경이 지향하는 케리그마적 내용을 제거할 수 있다.

마찬가지로 우리는 제2성전기 유대교나 바울 공동체의 원래 삶의 정황(*Sitz im Leben*)을 객관적으로 읽은 것으로 추정하는 내용에 근거하여 "바울이 실제로 무엇을 말했는가"를 알려고 하는 바울에 관한 새 관점 지지자들을 경계해야 한다.[112] "역사적 바울에 대한 탐구"는 100년 전 알베르트 슈바이쳐가 효과적으로 가면을 벗긴 역사적 예수에 대한 옛 탐구만큼이나 위장된 전제들에 시달린다. 역사는 결코 과거를 있는 그대로 단순히 기술하는 것이 아니다. 역사는 필연적으로 과거에 대한 해석이며, 과거를 회고하는 시각이며, 자료 자체와 자료를 선택하고 해석하는 역사가의 제한을 받을 수밖에 없다.

우리는 스탠달과 그의 후계자들로부터 배울 것이 많다. 특히 그들이 바울 사역의 구원 역사 맥락에 진지한 관심을 기울인 점에서 배울 것이 많다. 물론 우리는 "마르틴 루터가 우리의 모든 문제를 해결한 것처럼 루터에게 돌아갈 수 없다."[113] 그런 방식의 복고주의는 골동품과 같은 관심사일 뿐이며 복음의 살아있는 목소리(*viva vox evangelii*)가 모든 세대에 새롭게 들릴 수 있게 하려는 종교개혁자들의 최우선 관심사에 도움이 되지 않는다. 그러나 종교개혁 해석의 동시대적 경향에 대한 우리의 모든 유보에도 불구하고, 종교개혁자들은 처음부터 마

---

111 K. Stendahl, *Meanings: The Bible as Document and Guide* (Philadelphia: Fortress Press, 1984), 17. 비록 궁극적으로는 설득력이 없긴 하더라도 바울 해석에 있어 스탠달과 바르트의 통찰을 통합하려는 창의적인 시도는 다음을 참조하라. Douglas Harink, *Paul among the Postliberals: Pauline Theology Beyond Christendom and Modernity* (Grand Rapids: Brazos, 2003). 바르트는 바울에 대한 종교개혁자들의 접근 방식에 열광하면서도 그들의 대담한 해석에 수반되는 위험을 인식하고 있었다는 점에 유의해야 한다. "종교개혁 신학의 강점은 성경 아래에 자신을 놓고 성경에 귀를 기울이고 성경이 말하도록 허용하려는 직접성, 묻혀 있던 중심을 파헤쳐 부패와 새로운 시작, 낡은 것의 해체와 새로운 관계의 발전의 얽힘을 조명할 수 있는 힘, 그 빛 안에서 하나님과 함께 결정하고 하나님의 이름으로 결정을 요구할 수 있는 용기이다. 그러나 바로 이 강점이 약점일 수도 있는데, 그 약점은 성경적 상황을 자신의 상황과 너무 성급하게 동일시하여 현재에 대한 성급한 이해의 결과로 성경 본문의 많은 뉘앙스와 다른 측면과 부분을 보지 못하거나 반대로 본문을 성급하게 설명하기 때문에 현재에 대한 판단에 필요한 많은 뉘앙스와 차별성이 부족한 것이다."(CD IV/I :622).

112 N. T. Wright, *What St. Paul Really Said: Was Paul of Tarsus the Real Founder of Christianity?* (Grand Rapids: Eerdmans, 1997) [= 『톰라이트 바울의 복음을 말하다』, 에클레시아북스, 2011].

113 N. T. Wright, "Communion and Koinonia: Pauline Reflections on Tolerance and Boundaries"(the Future of Anglicanism Conference at Wycliffe Hall, Oxford in 2002에 제출된 논문).

지막까지 바울의 삶과 사역의 가장 깊은 갈망, 즉 은혜의 복음 안에서 하나님의 승리에 관심을 기울였기 때문에 그들은 "바울의 근원으로 돌아가자"(*ad fontes Pauli*)를 안내할 만한 가치가 있다.

| 갈라디아서 개요

1. 역사. 다른 복음은 없나니(1:1-2:21)
1.1. 사도적 인사(1:1-5)
1.2. 사도적 저주(1:6-10)
1.3. 사도적 소명(1:11-24)
1.4. 사도적 메시지: 확증과 도전(2:1-21)

2. 신학. 이신칭의(3:1-4:31)
2.1. 회심에 대한 논증(3:1-5)
2.2. 아브라함의 예(3:6-9)
2.3. 그리스도와 저주 (3:10-14)
2.4. 율법과 약속 (3:15-25)
2.5. 아들과 종 (3:26-4:11)
2.6. 바울의 개인적인 호소(4:12-20)
2.7. 하갈과 사라의 비유 (4:21-31)

3. 윤리. 성령 안에서의 삶 (5:1-6:18)
3.1. 그리스도 안에 있는 자유 (5:1-12)
3.2. 육체와 성령 (5:13-26)
3.3. 타인을 섬길 자유 (6:1-10)
3.4. 사도의 인침 (6:11-17)
3.5. 축복 기도 (6:18)

| **단락 개요**

1. 역사. 다른 복음은 없나니(1:1-2:21)

1.1. 사도적 인사(1:1-5)

1.1.1. 발신자(1:1-2a)

1.1.2. 교회들(1:2b)

1.1.3. 인사말(1:3-5)

1.2. 사도적 저주(1:6-10)

1.2.1. 갈라디아의 위기(1:6-7)

1.2.2. 가짜 복음: 저주를 받을지어다! (1:8-9)

1.2.3. 사역의 동기(1:10)

추가 주석 2. 이단의 본질

1.3. 사도적 소명(1:11-24)

1.3.1. 위로부터 부르심(1:11-12)

1.3.2. 그리스도 이전의 바울의 생애(1:13-14)

1.3.3. 회심과 부르심(1:15-17)

1.3.4. 예루살렘 첫 방문(1:18-24)

1.4. 사도적 메시지: 확증과 도전(2:1-21)

1.4.1. 두 번째 예루살렘 방문(2:1-10)

1.4.1.1. 방문의 계기(2:1-2)

1.4.1.2. 디도와 거짓 형제들(2:3-5)

1.4.1.3. 바울과 기둥들(2:6-9)

1.4.1.4. 가난한 사람들에 대한 관심(2:10)

1.4.2. 안디옥 사건(2:11-21)

1.4.2.1. 문제: 식탁 교제(2:11-13)

1.4.2.2. 항의: 두 사도의 충돌(2:14)

추가 주석 3: 베드로와 바울에 대하여 루터와 칼뱅

1.4.2.3. 원리: 이신칭의(2:15-21)

추가 주석 4: 경계 너머의 표시들

1. 역사. 다른 복음은 없나니 (1:1-2:21)
1.1. 사도적 인사 (1:1-5)

1 사람들에게서 난 것도 아니요 사람으로 말미암은 것도 아니요 오직 예수 그리스도와 그를 죽은 자 가운데서 살리신 하나님 아버지로 말미암아 사도 된 바울은 2 함께 있는 모든 형제와 더불어 갈라디아 여러 교회들에게 3 우리 하나님 아버지와 주 예수 그리스도로부터 은혜와 평강이 있기를 원하노라 4 그리스도께서 하나님 곧 우리 아버지의 뜻을 따라 이 악한 세대에서 우리를 건지시려고 우리 죄를 대속하기 위하여 자기 몸을 주셨으니 5 영광이 그에게 세세토록 있을지어다 아멘

유대인이든 헬라인이든, 1세기 편지는 보통 발신자의 이름, 수신자의 이름, 인사 공식(문자적으로 "기뻐하라"는 의미이지만 "환영합니다" 또는 "안녕하세요"와 같은 표준 인사말인 카이레인[χαίρειν])의 세 부분으로 구성된 인사말로 시작했다. 바울은 모든 편지에서 이와 같은 형식을 따랐는데, 일반적으로 수신자에 대한 축복의 말이나 감사 기도를 덧붙였다. 그러나 바울은 모든 편지에서 같은 형식의 인사말을 사용한 것은 결코 아니다. 예를 들어, 바울은 "인사"라는 일상적인 단어를 단순히 반복하기보다는 "은혜와 평강"이라는 기독교의 독특한 표현을 만들었다. 또한 바울은 특정한 사람이나 장소에 편지를 쓸 때 고유 상황과 조건에 맞는 인사말로 바꾸었다.

갈라디아서의 인사말은 여기에 포함된 추가 내용과 결여된 중요한 기능 모두에서 중요하다. 1절에서 바울은 자신의 사도적 소명에 대해 중요한 설명을 하고, 4절에서는 예수 그리스도의 구속 사역에 관한 결정적인 설명을 포함한다. 따라서 처음부터 갈라디아서를 지배하는 두 가지 주요 주제, 즉 구원 역사의 맥락에서 자신의 사도적 권위를 입증하는 것과 하나님께서 예수 그리스도와 그분만을 통해 잃어버린 모든 사람은 구속하기 위해 취하신 하나님의 주도권에 직면한다. 갈라디아서의 인사말은 바울이 다른 편지를 시작할 때 일상적으로 사용한 전통적인 감사 기도가 포함되어 있지 않다는 점에서도 주목할 만하다(참조. 롬 1:8-15; 고전 1:4-9; 빌 3:11; 살전 1:2-3). 축복과 긍정의 말을 기대하는 바로 그 지점에서 바울은 갈라디아 교인들의 배도에 대해 놀라움을 표하며 맹렬히 비난한다. "너희를 부르신 이를 이같이 속히 떠나 다른 복음을 따르는 것을 내가 이상하게 여기노라(갈 1:6)." 이런 식으로 우리는 갈라디아서에서 이어지는 편지의 엄청난 감정적 격렬함에 대비할 수 있다.

일부 주석가는 이 인사말을 마치 현대 영어 편지의 "친애하는"(Dear Sir) 또는 "진정으로"(Yours truly)와 같은 형식적인 미사여구만 담고 있는 것처럼 가볍게 지나쳤다. 그러나 이는 바울 편지의 인사말이 그 자체로 "편지 내용의 필수적인 부분"이라는 사실을 무시하는 것이다.[1] 이 인사말은 갈라디아서가 쓰여진 분위기뿐만 아니라 바울이 갈라디아서를 쓴 마음의 열정과 부담감도 드러낸다. 그러나 무엇보다 중요한 것은 바울이 갈라디아 교인들에게 선포한 복음의 내용이다. 바울은 자신의 사도적 권위를 훼손하여 복음을 왜곡한 거짓 교사들에 대해 신학적 선을 긋는데, 이 역시 첫 구절에서 강력하게 다시 언급한다.

1.1.1. 발신자(1:1-2a)
발신자의 이름

1:1a. 사도행전 7-13장에 나오는 15번의 언급을 통해서 바울은 또한 사울로 불렸다는 사실을 알 수 있다. 사울로스(Σαῦλος)은 유대인 이름 사울(Šaʾul)의 헬라어 형태이다. 부활하신 예수님이 다메섹 도상에서 바울에게 말씀하실 때 사용한 이름이다(행 26:14). 사울은 사도행전 13장 9절에서 첫 번째 선교 여행 중에 구브로 총독 서기오 바울에게 복음을 선포할 때 처음으로 바울이라고 불렸다. 일부 학자는 이름이 바뀐 것을 바울의 설교 사역의 주요 변화, 즉 유대인 중심 설교에서 새로운 역할로 바뀌는 것과 동일하게 여긴다. 바울은 서신에서 자신을 유대인 이름으로 언급하지 않는다. 바울은 이스라엘에 사울 왕을 세운 베냐민 지파 출신이라는 자부심에 대해 말했는데, 사울 왕의 이름을 따서 다소의 사울이라고 불렀을 가능성이 높다(빌 3:5). 그러나 바울은 "유대인에게 유대인"이 되어 사람들을 그리스도께 인도하는 것을 선교 전략으로 삼았던 사람으로서, 유대인의 많았던 환경에서 일할 때 계속해서 자신을 사울이라고 소개했을 가능성이 높다. 디아스포라 유대인들 사이에서 일반적인 관행이었기 때문에 바울이 태어날 때부터 사울, 바울이라는 이중 이름을 가졌을 가능성이 훨씬 크다. 바나바의 조카 요한이 로마식 성 마가(라틴어 이름 Marcus)라는 이름을 가졌던 것처럼 바울의 동반자 실라도 실바누스라고

---

1 G. Ebeling, *The Truth of the Gospel: An Exposition of Galatians* (Philadelphia: Fortress, 1984), 8. 바울의 일반적인 감사 기도가 갈라디아서에 부족한 것은 다음을 참조하라. R. E. Van Voorst, "Why Is There No Thanksgiving Period in Galatians? An Assessment of an Exegetical Commonplace," *JBL* 129 (2010): 153-72.

불렸다(참조. 행 12:25).

헬라어로 "바울"은 문자 그대로 "작은," 또는 "어린"이라는 뜻이다.[2] 바울에 대한 최초의 신체적 묘사는 2세기 외경 『바울과 테클라 행전』에 나오는데, 이 책은 사도를 "키가 작고 대머리에 다리가 굽고, 몸 상태가 좋으며 눈썹이 맞닿고, 코가 약간 휘어져 있지만 친근함이 가득한 사람으로, 지금은 사람처럼 보였지만 천사의 얼굴을 가졌기 때문이다"라고 묘사한다.[3] 바울이 죽은 지 여러 해가 지난 후에 기록되었지만 바울의 실제 모습에 대한 전통적인 전승을 반영하는 것일 수 있다.

우리는 고린도에 있던 반대자들이 바울의 편지는 무게감 있고 힘이 있지만 직접 보면 별로 볼 것이 없다고 주장하며 외모를 조롱한 것으로 알고 있다. 그들은 "그가 몸으로 대할 때는 약하다"(고후 10:10)라고 주장했다. 바울이 그렇게 불렀듯이, 그들 스스로 "지극히 크다는 사도"(고후 11:5)들이었으며, 스스로의 유창한 언변, 기적적인 능력, 그리고 인상적인 연설 능력에 찬사를 보냈다. 그들과 비교했을 때 바울의 자격은 무엇이었을까? 이 "이 작은 사도" 는 무엇을 자랑할 수 있을까?

갈라디아에서 반대자들이 고린도에서 맞닥뜨린 반대자들과 같다고 확신할 수는 없지만, 바울이 두 반대 세력에 대응한 모습에 공통점이 있는 것 같다. 바울은 갈라디아서와 고린도후서에서 영광의 신학과 구별되는 십자가 신학을 발전시켰다. 그는 고린도후서 12장에서 "내가 약한 그때에 강함이라"(고후 12:10)라고 말하며 자신의 약함과 환난, 핍박만을 자랑하기로 결심했다. 갈라디아서 2장에서 바울은 자신을 십자가에 못 박히신 그리스도와 자신의 십자가를 동일시하며, 이는 예수를 참되게 따르는 자의 유일한 자랑의 기준이다(갈 6:14).

바울의 직분

1:1b. 바울은 자신을 "사도"라고 부른다. 이것은 바울이 자신을 지칭할 때 가장 선호하는 호칭이며 신약성경 열두 편지 중 여덟 편에 나오는 인사말에 나타난다. 바울은 또한 자신을 죄수(빌레몬서), 또는 종(빌립보서, 로마서, 디

---

2 따라서 바울로(Paulus)는 테렌스Terence와 다른 고전 작가들이 사용했다. 관련 단어 παυρος는 다음을 참조하라. *A Lexicon Abridged from Liddell and Scott's Greek-English Lexicon* (Oxford: Clarendon, 1972), 537. 참조. Gorman, *Apostle*, 50–52.

3 E. Hennecke and W. Sryneemelcher, eds., *New Testament Apocrypha* (Philadelphia: Westminster, 1964), 2:354.

도서)이라고도 불렀다. 실제로 그는 갈라디아서 1장 10절에 자신을 "그리스도의 종"이라고 주장했다. 갈라디아서의 두 번째 단어는 사도(ἀπόστολος, 아포스톨로스)이다. 이 단어는 바울의 사도직과 그 이름을 지닐 권리가 갈라디아서에서 두드러지게 나타난다는 것을 보여준다.

"사도"는 신약에서 의미를 가정하기 전에 풍부하고 다양한 역사를 가진다.[4] 사도는 "보내다" 또는 "파견하다"를 의미하는 동사 ἀποστέλλειν(아포스텔레인)의 명사 형태로 문자 그대로 다른 사람을 대신해 보낸 사절 또는 대사를 의미한다. 고전 헬라어에서 실제로 해군 원정에 사용되었는데, 아마도 "보내다," 즉 길고 고된 임무를 수행하기 위해 파견한다는 의미로 접두사 ἀπό에서 유래했을 것이다.

일부 학자는 기독교 사도 직분의 직접적인 배경을 유대적인 샬리아(šālîaḥ, שליח) 개념에서 찾는다. 랍비 문헌에서 유래한 이 단어는 특히 법적 또는 의식적인 상황에서 다른 사람을 대신하여 행동하는 사람을 가리킨다. 샬리아(šālîaḥ)는 위임장이라 부를 수 있는 위임된 권한을 가지고 있었다. 예를 들어, 의뢰인을 대신하여 사업을 거래하고, 고객을 대신해 특정 제물을 신전에 가져갈 수 있었으며 요청에 따라 약혼 또는 이혼 절차를 밟을 수도 있었다. 이러한 유사점은 흥미롭지만 유대적인 샬리아(šālîaḥ)와 기독교의 사도 직분에는 중요한 차이점도 있다. 신약의 사도직이 가정하는 하나님의 위임에 대한 예언자적 개념이 큰 차이점이다.[5]

신약성경으로 눈을 돌리면 "사도"가 배타적 의미와 포괄적 의미로 모두 사용되고 있음을 알 수 있다. 누가는 예수님께서 많은 제자 중에서 열두 사람을 택하여 사도로 임명하셨다고 말한다(눅 6:12-16). 예수님의 지상 사역이 끝날 무렵, 열두 제자라는 개념은 사도 중 한 명인 가룟 유다가 더 이상 그 일원이 아니게 된 후에도 예수님을 따르는 이 특별한 그룹을 지칭할 정도로 굳어졌다(참조. 고전 15:5). 초대 교회가 유다를 대신할 사람을 선택하기 위해 모였을 때, 후임자는 예수님의 지상 사역에 참여하고 그분의 부활을 목격한 사람이어야 한다고 여겼다(행 1:21-22). 배타적인 의미에서 사도는 칼뱅이 말

---

4 고전적인 논의는 다음을 참조하라. Burton, *Galatians*, 363–84. 라이트풋의 연구도 도움이 되는 자료이다. "The Name and Office of an Apostle," in *Galatians*, 92–101. 참조. K. H. Rengstorf, "ἀπόστολος," *TDNT* 1:407–45; Moo, *Galatians*, 66–68; Das, *Galatians*, 72–78.

5 샬리아(šālîaḥ)의 관해서는 다음을 참조하라. R. Longenecker, *Galatians*, WBC (Dallas: Word, 1990), 3–4; C. K. Barrett, "Shaliah and Apostle," in *Donum Gentilicium*, ed. C. K. Barrett et al. (London: Oxford University Press, 1978), 88–102. 더 최근 연구는 다음을 참조하라. Gorman, *Apostle*, 60–65.

했듯이 "교회의 최고 질서"였다.[6] 이 특별한 의미에서 사도는 옛 언약과 새 언약으로 이어지는 구원 역사의 연속성을 나타낸다. 요한의 새 예루살렘 환상에서 열두 사도는 모든 시대의 구원받은 하나님의 백성들의 대표자로서 이스라엘의 열두 지파와 연결된다(계 21:12-14). 이와 같이 사도와 선지자들은 예수님을 모퉁이 돌로 삼아 하나님의 집의 기초를 이룬다(엡 2:19-22).

"사도"라는 단어는 확실히 신약성경에서 더욱 일반적인 의미로 사용된다. 예수님도 "믿는 도리의 사도이시며 대제사장"(히 3:1)으로 언급된 적이 있다. 사도는 더 자주 특정한 회중들의 대표자로서 파송된 초기 기독교 선교사나 사절에게 적용된다. 따라서 누가는 바울과 바나바의 첫 번째 선교 여행에 대한 기록에서 이같이 묘사한다(행 14:14). 또한 바울은 잘 알려지지 않은 두 동역자 안드로니고와 유니아는 "사도들에게 존중히 여겨지는" 자로 (롬 16:7), 에바브로디도는 빌립보의 사도로서 "너희 사자로 나의 쓸 것을 돕는 자(빌 2:25)"라고 언급한다. 그러나 바울은 갈라디아서에서 "사도"라는 단어를 일반적이거나 포괄적으로 사용하지 않는다.

바울이 사도로서 자각하는 근거는 자신이 "사람들에게서 난 것도 아니요 사람으로 말미암은 것도 아니요 오직 예수 그리스도와 그를 죽은 자 가운데서 살리신 하나님 아버지로 말미암아"(갈 1:1) 보냄을 받았다는 대담한 주장에서 분명히 드러난다. "사람들에게서"($\dot{\alpha}\pi\acute{o}$) 또는 "사람으로 말미암은"($\delta\iota\acute{\alpha}$)이라는 표현은 바울의 사도적 소명이 인간 대리인에게서 시작되거나 중개된 것이 아님을 나타낸다. 바울은 편지의 첫 문장에서 자신에게 하나님의 임명이 전혀 없다고 주장한 갈라디아 반대자들의 주장에 대해 반박한다. 반대자들이 보기에 바울은 후발 주자였고, 기껏해야 사도들 중의 사도일 뿐 그다지 신실한 사도는 아니었다!

바울은 갈라디아서 1-2장에서 자신의 사도적 소명과 사역의 역사적 근거를 밝히며 갈라디아의 반대자들이 제기한 혐의를 더 길게 다루어야 했다. 바울은 처음부터 자신의 사도직이 하나님께 왔음을 주장하는 것을 중요하게 여겼다. 바울은 다른 누군가에게 전달을 받지 않고, 부활하신 그리스도께 직접 부르심을 받았다. 바울은 하나님께 받은 사명을 근거로 열두 사도와 동등한 사도적 지위를 주장했다. 후기 교회 전승에서 바울이 열두 사도의 표준 목록에서 맛디아를 대체했다는 것을 발견한다. 그러나 이러한 해석은 초기 교회가 모두 같은 의견을 가지고 있다는 것을 나타내지는 않는다. 아우구스티누스가

---

6 Calvin, *Galatians*, CNTC 11:8.

"우리가 천사를 판단할 것을 너희가 알지 못하느냐"(고전 6:3)라는 질문에 대해 바울의 청중들이 어떻게 반응했을지 묘사하는 것에서 우리는 바울을 반대하는 수사학적 메아리를 듣는다.

> 당신이 재판관이 될 것이라 자랑하는 것은 무엇을 의미하는가? 여러분은 어디에 앉을 것인가? 주님은 열두 사도를 위해 열두 자리를 지정하셨다. 유다 한 명이 쓰러졌다. 맛디아가 유다의 자리를 채우기 위해 임명되었다. 따라서 열두 자리가 모두 채워졌다. 먼저 앉을 자리를 찾으라. 그러면, 당신이 재판관이 될 것이라고 자랑할 수 있다.[7]

바울은 당시에 비슷한 비방에 마주했을 것이다. 사도적 주장을 입증하기 위해 인상 깊은 이력서와 추천서를 가지고 온 반대자들과는 달리(고후 3:1-3), "나를 택정하시고 ... 부르신 이가 ... 그를 내 속에 나타내시기를 기뻐하신"(갈 1:15-16) 살아 계신 하나님, 즉 독특한 자기 인식와 확신에 대해 한 분의 유일한 권위에 호소했다.

바울은 "예수 그리스도와 그를 죽은 자 가운데서 살리신 하나님께" 부르심을 받았다. 바울은 자신의 부르심이 다른 누군가에게 난 것이 아니고 베드로, 야고보, 아나니아 등와 같은 특정 인물에게 전해 받은 것도 아니라는 부정의 방식으로 자신의 부르심을 단호히 규정했다. 이제 "그러나"(ἀλλά, 알라)로 표현되는 강력한 역접과 바울의 삶과 사명의 진정한 원천에 대한 긍정적인 설명이 이어진다. 이 단어를 "정통의 증거를 제공하기 위한 일종의 경건한 겉치레"인 것처럼 가볍게 지나치는 것은 심각한 오류이다.[8] 갈라디아서 전체 메시지가 이 단어들에 담겨 있다. 사실 이 표현들은 초기 기독교의 고백적이면서 복음 선포 전통에 속하는 단어들이며 바울이 "받아서" 회심자들에게 "전달했다"고 주장한 메시지의 핵심이다(고전 15:3). 이 단어들은 바울이 만들어 낸 것이 아니라 첫 신자들이 찬양하고 선포할 때 이미 존재했다. 그럼에도 불구하고 바울은 믿음과 행함, 율법과 복음, 자유와 속박, 할례와 십자가에 대해 말할 모든 것의 확고한 기초를 세우기 위해 갈라디아서의 특별한 지점에 이 고백을 강조한다. 이 기초적인 진술의 세 가지 측면을 살펴보자.

---

7 아우구스티누스의 시편 118편 해설이다. 다음에 인용됨. J. Bligh, *Galatians* (London: St. Paul Publications, 1969), 55.

8 Ebeling, *Truth of the Gospel*, 16.

그리스도와 인간의 대조

바울은 자신이 "사람들이 아니라 예수 그리스도께" 임명되고 사명을 받았다고 말한다. 우리는 바울이 예수 그리스도를 인간의 범주에서 완전히 분리하여 하나님 편에 두었다는 사실에 놀라지 않을 수 없다. 바울은 왜 이렇게 했을까? 바울은 분명히 예수 그리스도께서 참 사람이심을 부정하지 않는다. 바울을 갈라디아서 후반부에 독자들에게 "하나님이 그 아들을 보내서 여자에게서 나게 하셨다"라고 말한다(갈 4:4). 바울은 다른 편지에서도 "하나님과 사람사이에 중보자도 한 분이시니 곧 사람이신 그리스도"라고 말한다(딤전 2:5). 그러나 바울은 갈라디아서 1장 1절에서 예수님이 단순한 **인간 이상**이라는 사실을 보여주려고 한다. 예수님은 죄가 없는 삶을 살았을 뿐 아니라 하나님 아버지와 특별한 관계에 있어서도 지금까지 살아온 모든 인간과 질적으로 다르다. 예수님이 온전한 하나님이 아니었다면 십자가에서 죽으심으로 우리를 율법의 저주에서 구원하시거나 죄의 권세에서 해방하실 수 없었을 것이라는 한 가지 이유로 바울에게 이 점은 매우 중요한 문제였다.

아들과 아버지의 연합

바울은 사람이 아닌 "예수 그리스도와 하나님 아버지로 말미암아" 부르심을 받았다. 이것은 헬라어 본문에서 특이한 표현이다. 예수 그리스도와 하나님이 같은 전치사 지배를 받기 때문이다(διά, 디아, "~통해" 또는 "~의해"). 또한 예수 그리스도가 먼저 나오고 하나님 아버지가 나오는데 이는 일반적인 순서가 뒤바뀐 것이다. 바울은 이 표현으로 예수 그리스도의 부르심과 하나님의 부르심 사이에는 구별이 없다고 주장하며, 더 나아가 아버지와 아들의 본질적이고 영원한 연합을 주장한다. 크리소스토무스는 이 본문을 예수 그리스도가 영원히 하나님 아버지의 동등한 아들이 아니라 고귀하며 신과 같은 피조물이라고 가르친 아리우스파에 반대하며 아버지와 아들 사이에는 "본질적인 차이가 없다"라고 명확히 이해했다.[9]

분명히 우리는 4세기, 5세기 삼위일체 논쟁으로 신약 본문을 읽으면 안 된다. 그러나 두 시대에는 서로 다른 단어와 사상적 형태로 표현되었지만 대체

---

9 J. Chrysostom, "Homilies on Galatians," NPNF¹ 13:3. 크리소스토무스의 강론을 번역하면서 알렉산더G. Alexander가 인용한 다음 주해를 참조하라. "아버지와 아들의 동일 본질(*homoousia*) 대한 직접적인 증거로 아버지와 아들과 관련하여 διά의 사용을 주장하는 것은 위험하게 여길 수 있다. 그러나 전치사를 매우 누적적으로 사용하면서도 대부분 정확하게 사용한 바울이 삼위일체의 1인칭과 2인칭 모두에 공통된 전치사를 사용한 것은 매우 주목할 만하다."

로 같은 문제가 관련되어 있었다는 사실을 간과하면 안 된다. 그때나 지금이나 질문은 "예수님은 누구인가?"이다. 바울은 예수 그리스도와 하나님 아버지를 이렇게 직접적이고 절대적이며 친밀한 방식으로 연결함으로써 이 단어들이 쓰여지기 불과 몇 년 전에 팔레스타인에서 살다 죽은 어떤 유대인 교사에 대해 엄청난 주장을 하고 있다. 예수님의 형제 야고보는 예수님을 알고 본 수백 명의 친구들과 마찬가지로 아직 살아 있었다(갈 1:19; 고전 15:6). 바울은 유대인 나사렛 예수의 삶과 사역이 랍비, 선지자, 구루(선생), 기적을 행하는 사람, 종교적 천재, 철학자, 그리고 정치가 등 모든 인간 범주의 경계를 초월한다고 말하고 있다. 예수님이 누구시며 무엇을 하셨는지 생각해 보면, 그는 아버지의 구속 계획을 이루기 위해 기꺼이 이 땅에 오신 영원한 하나님의 아들이신 하나님이라고 말할 수밖에 없다. 예수님은 우리의 뼈 중의 뼈요 살 중의 살로 우리 인간 가운데 오셨지만 하나님께서는 예수님을 죽은 자 가운데서 살리시고 하늘 우편에 높이셔서 십자가의 수치스러운 죽음이 무죄임을 선언하셨다. 예수님은 창세 전부터 죽임을 당하신 하나님의 어린양이시며, 이제 모든 백성으로부터 경배와 영광을 받기에 합당하시다.

1:2a. 로마 제국 갈라디아 지방 남부에서 바울이 쓰고 안디옥에 있는 모교회가 승인한 이 중요한 편지를 통해 태동하는 교회들에게 깊은 인상을 남겼을 것이다. 그러나 이 모든 것은 본문의 증거를 넘어선다. 우리는 "형제들"이 누구인지, 몇 명인지, 안디옥 또는 다른 교회 전체가 이 편지를 승인했는지 알 수 없다. 바울은 자신의 사명과 유일한 지위가 아무리 독특하더라도 고독한 그리스도인으로서 편지를 쓰지 않았다. 바울은 의도적으로 갈라디아인 교인들뿐만 아니라 복음의 짐을 함께 지고 있는 동료 신자들과 자신을 연결했다. 따라서 처음부터 갈라디아 교회 내의 분열된 교제와 뚜렷한 대조를 이루며 교회의 일치를 인정받았다(갈 5:15). "형제"라는 단어에 더 말할 필요가 있다.

> 그리스도인들은 하늘에 계신 아버지의 자녀로서 형제들이다. 예수 그리스도를 통해 부름받고 그 지위를 보장받았다. 그들은 본래 아버지의 자녀가 아니었고 은혜로, 출생이 아니라 중생의 덕으로 한 분 동일한 주님께 속해 있기 때문에 서로 동등하게 되었다. 그들 중 누구도 다른 사람 위에 군림하지 않으며, 심지어 사도도 마찬가지이다![10]

---

10 Ebeling, *Truth of the Gospel*, 21.

따라서 "형제"라는 단어는 바울이 편지 전체에 걸쳐 설명할 "자유"의 주제를 예상하게 한다. 그리스도 안에서 형제자매가 된다는 것은 하나님의 아들과 딸이 되는 것이며 이전 존재했던 범주(유대인/헬라인, 노예/자유인, 남성/여성)가 그리스도의 연합과 그리스도의 몸 안에서 완전한 교제를 이루는 데 아무런 장애가 되지 않는 지위이다(갈 3:26-28).

1.1.2. 교회들(1:2b)

1:2b. "교회"라는 단어는 신약성경에서 두 가지 의미로 사용된다. 모든 시대와 장소에서 구속받은 모든 사람의 전체 모임, 즉 시간과 공간에 걸쳐 확장된 그리스도의 몸을 가리킨다. 바울은 에베소 교회 장로들에게 "하나님이 자기 피로 사신 교회"라고 말한다(행 20:28). 바울은 에베소 신자들에게 송영을 썼다. "교회 안에서도 그리스도 예수 안에서 영광이 대대로 영원무궁하기를 원하노라 아멘!"(엡 3:21). 그러나 갈라디아서에서 "교회"는 예배와 증언을 위해 정기적으로 모이는, 세례받은 신자들의 지역 회중을 가리키는 데 사용되는 경우가 더 많다.

거짓 형제들에 대해 엄중한 경고에도 불구하고 편지를 받는 사람들에게 "형제"라는 단어를 부정하지 않았던 것처럼, 바울은 비록 변절 직전에 있는 것처럼 보이지만 바나바와 함께 세운 믿는 자들의 공동체에 "교회"라는 호칭을 사용한다. 다른 편지들에서 바울은 편지를 보낸 교회들에 칭찬을 아끼지 않는다. 고린도 교회를 "고린도에 있는 하나님의 교회 곧 ... 거룩하여지고 성도라 부르심을 받은 ..."(고전 1:2)라고 표현한다. 골로새 교인들은 "그리스도 안에서 신실한 하나님의 형제자매"이다. 빌립보 교인들은 복음의 동역자였고 데살로니가 교인들은 모든 믿는 자들의 "본"이다(살전 1:7). 바울은 심지어 자신이 세우지 않았고 방문하지도 않았던 로마 교회에 편지를 쓰면서 그들의 믿음이 전 세계에 전파됨을 기뻐했다. 갈라디아 교인들에게는 그렇게 하지 않는다! "갈라디아의 교회들에게"라는 바울의 간결한 말은 긴장된 분위기와 바울이 처리해야 할 상황의 심각성을 드러낸다.

물론, 이 교회들에 대해 우리가 모르는 것이 많다. 갈라디아 교회가 북 갈라디아에 있었는지 남 갈라디아에 있었는지와 같은 골치 아픈 문제 외에도 다른 문제들이 아직 밝혀지지 않았다. 갈라디아에 얼마나 많은 교회가 있었는가? 그들은 서로 어떤 관계였나? 이들은 분명히 바울이 세웠다는 공통점과 바울의 적들에게 위협을 받았다는 공통점이 있었다. 누가 이 편지를 갈라디아 교회에 가져다 주었는가? 공동 예배에서 이 편지를 낭독했는가? 가장 흥미로운 것은 '갈라디아 교회는 이 편지에 어떻게 반응했는가'이다. 이 편지가 보존되어 바울의 편지 모음에 포함되고 신약의 정경으로 받아들였다는 사실은 바울의 호소에 대한 긍정적인 반응을 나타낼 수 있다. 우리가 주장했듯이 이 편지가 바울의 선교 활동 초기에 쓰여진 것이라면 남 갈라디아 도시들을 통과하는 바울의 두 번째 선교 여행 기록에서 이 편지의 긍정적인 영향에 대한 증거를 찾을 수 있을 것이다. 이 중에 한 곳인 루스드라에서 바울은 디모데를 자신의 선교 동역자로 맞이했다. 누가는 또한 이 지역 교회들의 믿음이 굳건해지고 "날마다 수가 늘어가니라"라고 기록했다(행 16:5). 우리는 바울의 편지를 받은 갈라디아 교인들이 영적 무감각에서 깨어나 회개와 부흥으로 이어졌다고 믿고 싶다. 율법주의 복음을 가지고 선동하던 자들에게 무슨 일이 일어났는가? 이들이 실제로 갈라디아 교회에서 쫓겨났다면 다른 지역에서도 반-바울 운동을 지속했을 것이다. 우리는 바울이 골로새 교인들과 고린도 교인들에게 보낸 편지에서 반대자들의 주장을 반복해서 들을 수 있다.

갈라디아서는 재난 경고이다! 하나님의 택함을 받은 사람 중 누구도 완전히 또는 최종적으로 타락하지 않을 것이며, 지옥의 문은 그리스도의 교회를 결코 이기지 못할 것이다. 그러나 첫사랑을 잃어버린 지역 회중에게 "영원한 보장"은 존재하지 않는다(계 2:1-7). 오늘날 우리가 결과를 알지 못하고 반응을 듣지 못한 채 갈라디아서를 두 부분으로 나누어 읽는다는 사실은 원래 수신자와 같은 기대를 가지고 그 메시지를 받아들이고 주의를 기울여야 함을 의미한다. 하나님께서 오래전 바울을 통해 갈라디아 교인들에게 하신 말씀은 오늘날 우리에게도 하시려는 말씀이다.

1.1.3. 인사말(1:3-5)

1:3. 갈라디아서는 "은혜"로 시작되고 "은혜"로 끝이 난다. 긴 한 문장(헬라어) 인사말 마지막 부분을 이루는 3-5절은 의심할 여지 없이 예전적 시작인 "은혜와 평강"과 끝맺는 확언인 "아멘"과 함께 공동체 기도의 표준 형식에서 가져온 것이다. 이 서두의 축복은 6장 18절의 마지막 축도에 상응하며, 바울은 갈라디아 형제들을 위해 그리스도의 은혜를 다시 한번 간구한 후 마지막으로 "아멘"을 말한다. 한 학자는 바울이 의도적으로 교회에서 낭독할 때 예배 순서에 맞도록 이러한 표준 예전 규정을 편지에 넣었다고 다소 독창적으로 주장한다.[11] 그러나 바울이 서신의 시작과 끝에서 기도와 송영의 맥락으로 편

---

11 Bligh, *Galatians*, 67–68.

지의 기본 부담을 반복하고 싶었다는 것이 가능성이 높다.

바울의 각 서신들은 "은혜와 평강"을 말하면서 시작된다. 크리소스토무스은 이 두 단어를 갈라디아 교인들이 처한 특수한 상황과 연관시킨다. "그들이 은혜에서 떨어져 나갈 위험에 처해 있었기 때문에 다시 은혜를 회복할 수 있기를 기도하고, 하나님과 전쟁 중에 있기 때문에 동일한 평화를 회복해 달라고 하나님께 간구한다."[12]

사실, "은혜와 평강"은 기독교 메시지 전체를 간결하게 요약한다. 은혜(χάρις, 카리스)는 일반 헬라어 "안녕하세요(χαῖρε, 카이레)"와 밀접한 연관이 있다.[13] 바울은 은혜를 비인격적인 힘이나 양으로 생각하지 않았기 때문에 사실 상 예수 그리스도와 같은 단어이다. 은혜는 예수 그리스도의 구원 사역에 있어 값없이, 공로 없이 주어지며 결정적인 효력이 있는 하나님의 선의이다. 반면에 평강(εἰρήνη, 에이레네. 참조. 히브리어 שׁלוֹם, 샬롬)은 하나님의 은혜가 가져다 주는 온전함과 자유의 상태를 말한다. 두 개념 모두 구약성경에 깊이 뿌리를 두고 있으며 민수기 6장 24-26절에 나오는 아론의 축복, "여호와는 네게 복을 주시고 너를 지키시기를 원하며 여호와는 그의 얼굴을 네게 비추사 은혜 베푸시기를 원하며 여호와는 그 얼굴을 네게로 향하여 드사 평강 주시기를 원하노록 할지니라 하라"(민 6:24-16)와 아름답게 연결되어 있다.

이 이중 축복은 하나의 근원, 즉 자신을 성부, 성자, 성령으로 아시는 영원하신 한 분 하나님께 근거를 둔다. 바울의 삼위일체 사고는 3장과 4장에서 분명해진다. 인사말의 구원론적 초점은 이미 성령이 거듭나게 하시는 사역을 전제한다(참조. "하나님의 그 아들의 영을 우리 가운데 보내사" 4:6). 여기에서 은혜와 평강은 "아버지 하나님과 예수 그리스도로부터" 온다고 말한다. 1장 1절에서 아버지와 아들이 하나의 전치사(διά, 디아)로 연결된 것처럼 바울은 1장 3절에서도 또 다른 전치사(ἀπό, 아포)를 사용하여 두 하나님의 위격의 동등성과 신성을 전달한다. 그리스도의 참된 신성은 모든 강력한 구원 사역에 아버지와 불가분의 관계에 있다는 사실에서 볼 수 있다.[14]

중요한 것은 바울이 예수 그리스도 안에 있는 자기 계시와 별개로 하나님

---

12 Chrysostom, "Homilies on Galatians," NPNF[1] 13:4.

13 H. Conzelmann, "Χάρις," *TDNT* 9:393–96.

14 루터의 주해를 참조하라. "그리스도의 참된 신성은 다음과 같은 결론으로 증명된다. 바울은 은혜, 양심의 평화, 죄의 용서, 생명, 죄와 죽음과 마귀와 지옥에 대한 승리 등, 아버지께서 행하시는 것과 똑같은 것을 주시는 능력을 그리스도께 돌린다. 그리스도께서 참 하나님이 아니라면 이것은 불법이며 사실 신성 모독일 것이다. 스스로 평화를 손에 쥐지 않고는 아무도 평화를 줄 수 없기 때문이다." "Lectures on Galatians, 1535," *LW* 26:31.

에 대한 추상적이고 형이상학적인 교리를 발전시키지 않았다는 것이다. 루터는 이 구절을 말하면서 바울이 참된 기독교 신학을 우리에게 가르치기 위해 항상 예수 그리스도와 아버지를 연관시킨다고 언급한다.

> 참된 기독교 신학은 다른 모든 종교처럼 꼭대기에서 시작하는 것이 아니라 가장 깊은 곳에서 시작된다. ... 그러므로 여러분은 모든 추측을 버리고 ... 구유와 어머니의 자궁으로 달려가 이 아기, 동정녀의 아이를 안고 그를 바라보아라. 그는 태어나고, 양육되고, 자라고, 인간 사회에서 다니고, 가르치고, 죽고, 부활하고, 모든 하늘 위로 오르고, 만물을 다스리는 권세를 가진 분이시다. 이렇게 하면 해가 구름을 걷어내듯이 모든 두려움과 오류를 떨쳐버릴 수 있다.[15]

바울은 다음 구절에서 그리스도의 구원 사역에 관한 중요한 세 가지를 확실히 말한다.

1:4a. 바울은 1절에서 이미 언급한 것처럼 여기에서도 "우리의 죄를 대속하기 위하여 자기 몸을 주신" 그리스도의 십자가 죽음과 고난을 언급한다. NEB은 이 표현을 "우리 죄를 위해 자신을 희생하신 분"으로 번역한다. 이는 마가복음 10장 45절에 예수님 자신의 사명에 대한 설명을 떠올리게 한다. "인자가 온 것은 섬김을 받으려 함이 아니라 도리어 섬기려 하고 자기 목숨을 많은 사람의 대속물로 주려 함이니라"(막 10:45). 이 말씀의 배경에는 이사야 53장에 기록된 고난받는 종의 이미지가 있다. 이 종은 우리의 죄악을 짊어지고 우리의 슬픔을 짊어지며 하나님의 의로운 심판으로 부서지고 짓밟힌 분이다. 바울은 여기에서 "자기 몸을 주신" 예수님의 자기희생의 자발적인 성격을 강조한다. 이 주제는 빌립보서 2장 5-11절에 있는 그리스도의 케노시스 찬송에서 더욱 발전된다, "자기를 비워 ... 자기를 낮추시고 죽기까지 복종하셨으니 곧 십자가에 죽으심이라." 예수님의 죽음은 우연한 사건이 아니었다. 예수님은 "보시옵소서 내가 하나님의 뜻을 행하러 왔나이다 하셨으니"(히 10:9)라고 말씀하시며 아버지의 신성한 목적에 기꺼이 자신을 복종하셨다. 우리는 찬양할 때 이 진리를 고백한다.

> 이것이 나의 영원한 노래가 되어주소서
> 주님은 나의 허물을 짊어지시고

---

15 Luther, "Lectures on Galatians, 1535," 30. 참조. Ebeling, *Truth of the Gospel*, 32.

갈보리를 향하여
"주여 나를 보내소서, 오 주님. 나를 보내소서"
라고 부르짖으셨다.[16]

우리는 또한 이 말씀에서 바울이 갈라디아서 전체에서 전개한 또 다른 주요 주제인 죄의 근본적인 특성을 엿볼 수 있다. 우리의 죄로 인한 하나님과 우리 사이의 단절은 너무나 심각하기 때문에 하나님의 아들의 대속적인 죽음 외에 그 어떤 것도 아버지와 화목하게 할 수 없다. 바울이 "우리의 죄를 위하여"라는 문구에서 어떤 헬라어 전치사를 사용했는지 확실하지 않다. 어떤 사본에는 단순히 "~에 관한," "~에 대한"을 의미하는 περί(페리)로 되어 있다. 다른 사본에는 "~을 대신하여," "~위하여"를 뜻하는 ὑπέρ(휘페르)로 되어 있다. 바울은 고린도전서 15장 3절에서 "그리스도께서 우리 죄를 위하여"에서 ὑπέρ(휘페르)를 사용한다. 바울이 갈라디아서에서 우리를 대신한 그리스도의 죽음을 말할 때 ὑπέρ(휘페르)를 두 번 사용했기 때문에(2:20; 3:13) 여기에서도 그렇게 읽었을 가능성이 높다. 그러나 어느 경우든 바울의 의도는 분명하다. 우리의 죄와 그리스도의 죽음은 본질적으로 연관된다. 하나님과 올바른 관계를 맺을 수 있는 유일한 길은 갈보리로 가는 길뿐이다.

1:4b. 바울은 "그리스도께서 우리 죄를 대속하기 위하여 자기 몸을 주셨다"라며, 이는 "이 악한 세대에서 우리를 건지시기 위해서"라고 말한다. 바울은 예수님의 죽음이 우리의 개인적인 구원뿐만 아니라 더 넓은 역사적, 우주적 영역에서 하나님의 구속 목적과 관련하여 무엇을 성취했는지 설명했다. 갈라디아서를 해석하는 사람들은 갈라디아서에서 바울의 관심이 인간의 행위에 의존하지 않고 오직 믿음으로 의롭다고 선언되는 개인 구원에만 제한된 것인지, 아니면 이방인 신자들이 어떻게 이스라엘의 메시아 공동체 안에 포함될 수 있는지에 대한 공동체적이고 종말론적인 관심, 즉 구원 역사와 만물의 신적 완성을 이해하는 데 중요한 함의를 지니는 문제에 더 중점을 둔 것인지에 대해 의견이 나뉘었다.[17] 갈라디아서가 개인 구원과 이신칭의에 관한 것이

---

16 Ross Coggins, "Send Me, O Lord, Send Me," © Copyright 1956 Broadman Press.

17 "갈라디아 논쟁"에 관해서는 다음의 조사를 참조하라. Barclay, *Obeying the Truth*, 1–8의 이 방대한 문헌에 대한 다른 두 유용한 정리는 다음과 같다. F. Thielman, *From Plight to Solution* (Leiden: Brill, 1989), 1–27; Westerholm, *Israel's Law and the Church's Faith: Paul and His Recent Interpreters* (Grand Rapids: Eerdmans, 1988), 1–101. 웨스터홀름의 최근 연구는 다음을 참조하라. *Justification Reconsidered* (Grand Rapids: Eerdmans, 2013) [= 『칭의를 다시

라는 전자의 견해는 종교개혁 시기 마르틴 루터가 고전적으로 표현했으며 현대에도 불트만R. Bultmann, 휘브너H. Hübner, 스토트J. Stott와 같은 다양한 해석가가 옹호한다. 갈라디아서가 공동체적이고 종말론적인 의미를 담은 1세기 문제를 다룬다는 후자의 견해는 뭉크J. Munck, 스탠달K. Stendahl, 샌더스E. P. Sanders 등 저명한 학자들을 통해 발전되었다. 그러나 바울은 갈라디아서 1장 4절에서 구원의 개인적 차원과 역사적 차원을 매우 밀접하게 병행함으로써 그리스도의 사역의 두 차원 사이에 있는 내재적 통일을 나타냈다. 그리스도께서 우리 죄를 위해 죽으시고 믿음으로 의롭게 하셨다는 사실을 주관적이고 실존주의적인 해석으로 축소해서는 안 된다. 바울이 갈라디아서에서 길게 논증하겠지만, 하나님께서 그리스도 안에서 행하신 일은 이스라엘에 대한 언약의 약속과 구속받은 모든 사람의 최종 구원과 직접적으로 연관되어 있다. 새 관점 학파의 주요 학자인 던은 일반적으로 극과 극으로 여겨지는 바울 사상의 두 측면이 함께 속해 있어야 한다고 지적했다.

> 행함이 아닌 믿음으로 말미암는 칭의에 대한 바울의 설명은 이방인 선교의 맥락에서, 그리고 바울에게 근본적으로 중요한 것, 즉 복음이 유대인뿐만 아니라 이방인 모두를 위한 것이며 이방인이 개종하거나 유대인의 삶의 방식을 받아들일 필요가 없다는 것을 변호하기 위해 나온 것이다. 이 사실을 인정하는 것은 하나님의 용서와 의롭게 하시는 은혜가 아니면 아무도 하나님 앞에 설 수 없다는 더 근본적인 사실을 부정하거나 경시하지 않는다.[18]

"이 악한 세대"는 하나님의 구원 목적이 지금 펼쳐지고 있는 맥락이다. 유대인의 종말론적 사고에서 차용한 두 시대의 개념은 죄와 부패의 현재 시대와 축복과 평화의 미래 시대를 나란히 놓는다. 그러나 바울에게 예수님의 죽음과 부활은 이 전통적인 시간표에 근본적으로 마침표를 찍었다. 이제 그리스도인은 **더 이상 아닌**과 **아직 아닌**이라는 심오한 긴장 속에 살고 있다. 그리스도의 오심은 인종, 계급, 성별에 대한 과거의 구분을 완전히 없애지는 못했지만 크게 상대화했다. 또한 할례, 음식법, 절기와 같은 이전의 요구 사항도 완전히 새로운 관점에서 바라본다. 그리스도는 믿음으로 우리를 의롭다 선언하시고 우리 삶에 자신의 영을 부으셔서 이 악한 세대에서 우리를 구원하셨다.

생각하다』, IVP, 2022].

18 J. D. G. Dunn, *The New Perspective on Paul: Collected Essays* (Grand Rapids: Eerdmans, 2005), 87. 바울의 구원론에 대한 던의 양면적인 접근은 바울에 관한 새 관점의 일부 균형 잡히지 않은 해석을 수정하는 데 도움이 된다.

이것은 성취된 사실이며, 우리는 다시는 "종의 멍에"(갈 5:1)로 끌려가서는 안 된다. 그리스도께서는 우리를 악한 세대에서 구원하셨지만 이 시대에서 우리를 벗어나게 하시지 않으셨다. 따라서 우리의 자유는 방종으로 변질되거나 이기적인 육신의 행위에 성령의 은사가 남용되어서는 안 된다(갈 5:16-26).

1:4c. 그리스도는 아버지의 뜻, 선한 기쁨, 명령에 따라 우리의 죄를 위해 죽으시고 이 악한 세대의 손아귀에서 우리를 구원하셨다. 콜R. A. Cole은 "가혹한 아버지와 사랑하는 아들 사이에 비현실적인 반대가 있을 가능성은 없다. 아들의 행동은 바로 아버지의 사랑의 증거였다."[19] 다시 말해, 하나님은 예수님이 우리를 위해 죽으셨기 때문에 우리를 사랑하는 것이 아니다. 우리를 향한 아버지의 영원하고 정복할 수 없는 사랑 때문에 예수님은 우리를 위해 죽으셨다.[20] 바울은 다른 서신, 특히 에베소서 1장과 로마서 9-11장에서 하나님의 영원한 작정에 따라 우리가 창세 전에 그리스도 안에서 선택되었음을 가리키면서 하나님의 선택 교리를 자세히 발전시켰다. 이 교리는 갈라디아서에서 자세히 다루어지지 않지만 오직 믿음으로 얻는 칭의 교리의 토대를 형성한다.

1:5. 이처럼 위대하신 하나님은 우리가 가장 높이 찬양할 만한 분이시다. 따라서 바울은 긴 인사말을 송영으로 끝맺는다. "영광이 그에게 세세토록 있을지어다 아멘." 찬양의 외침을 포함시키는 것은 단순한 형식이 아니다. 하나님이 누구이신지와 예수 그리스도 안에서 행하신 일을 묵상하는 것은 경배와 감사와 찬양으로 우리 무릎을 꿇는 것이다. 우리가 성경과 기독교 신앙의 위대한 교리를 공부하는 것은 헛된 호기심이나 단순히 지적 통찰력과 역사적 지식을 늘리기 위해서가 아니라, 우리의 찬양을 기뻐하시는 은혜로우신 하나님을 더욱 온전히 사랑하고 즐거워하기 위함이다. 칼뱅이 표현한 것처럼, "그의 구속은 너무나 영광스러워서 우리를 경이로움으로 황홀하게 할 것이다."[21]

---

19 Cole, *Galatians*, 36.

20 토마스 아퀴나스는 구원의 서정을 아리스토텔레스의 전통적인 인과관계 범주에 따라 설명한다. 구원 계획의 형상인은 아버지의 계획이고 동력인은 그리스도의 죽음이며 목적인은 성령께서 이루신 용서와 구원이다. 우리가 아퀴나스처럼 삼위일체의 사역이 분리될 수 없다는 것을 기억한다면, 이 도식을 유용한 교육 장치로 받아들일 수 있다. Thomas Aquinas, *Commentary on St. Paul's Epistle to the Galatians* (Albany: Magi, 1966), 5–9.

21 Calvin, *Galatians*, CNTC 11:11.

1.2. 사도적 저주(1:6-10)

6 그리스도의 은혜로 너희를 부르신 이를 이같이 속히 떠나 다른 복음을 따르는 것을 내가 이상하게 여기노라 7 다른 복음은 없나니 다만 어떤 사람들이 너희를 교란하여 그리스도의 복음을 변하게 하려 함이라 8 그러나 우리나 혹은 하늘로부터 온 천사라도 우리가 너희에게 전한 복음 외에 다른 복음을 전하면 저주를 받을지어다 9 우리가 전에 말하였거니와 내가 지금 다시 말하노니 만일 누구든지 너희가 받은 것 외에 다른 복음을 전하면 저주를 받을지어다 10 이제 내가 사람들에게 좋게 하랴 하나님께 좋게 하랴 사람들에게 기쁨을 구하랴 내가 지금까지 사람들의 기쁨을 구하였다면 그리스도의 종이 아니니라

바울은 갑작스럽게 인사말에서 편지의 본문으로 넘어간다. 앞서 살펴본 것처럼, 바울 서신에서 보통 이 시점에 나오는 감사 부분이 갈라디아서에서는 생략되었다. 바울은 갈라디아 교인들이 복음에 진전한 것에 감사하는 대신, 그들이 복음을 배교한 것에 놀라움을 표현한다. 5절의 송영에서 6절의 책망으로 전환되는 것은 특히 거슬리고 그 불협화음은 비교할 수 없을 정도로 강렬하다. 그러나 바울은 갈라디아의 배교자들이 아니라 오히려 사악한 유혹자들을 향해 가장 심한 불을 준비해두었다. 유혹자들은 그리스도의 복음을 실제로 변질하는 자들이었다. 바울은 유혹자들은 향해 타협하지 않는 저주를 퍼부었다. 우리가 일반적으로 사도의 축복을 기대하는 곳에서 대신 사도의 저주를 듣는다.

10절은 바울의 충격적인 표현에서 인격과 직분에 대한 정당성을 입증하는 전환점 역할을 한다. 갈라디아서의 구조가 헬레니즘 법정의 법정적 수사법에 영향을 받았다는 가설을 받아들인다면, 1장 6-11절은 서론(*exordium*) 혹은 바울이 "변증적인 편지"를 쓴 이유로 볼 수 있다. 그 다음에는 사실에 대한 진술로 자신의 주장을 입증하는 서술(*narratio*, 1:12-2:14), 주장하고자 하는 중심 논제에 대한 정의인 명제 제시(*propositio*, 2:15-21), 마지막으로 자신의 논제를 입증하는 일련의 역사적 및 주석적 논증인 논증 및 증거(*probatio*, 3:1-4:31)가 차례로 이어진다.[22] 이러한 형식적인 서신 분석은 바울의 주장

---

22 롱네커(*Galatians*, 11-12)는 베츠(*Galatians*, 16-23)의 뒤를 잇는다. 베츠는 자신의 수사학적 분석을 5장과 6장까지 확장하며 권면(5:1-6:10)과 결론(6:11-18)으로 나누어 분석한다. 갈라디아서의 구조를 더 잘 이해하는 데 베츠가 기여한 바는 갈라디아서를 연구하는 모든

의 핵심과 흐름을 이해하는 데 도움이 될 수 있지만, 갈라디아서에서 바울은 긴박한 실제 상황에 대응하고 있었다는 사실을 가리면 안 된다. 바울의 주요 관심사는 논쟁에서 승리하는 것이 아니라 지옥에 떨어지는 벌에서 영혼을 구원하는 것이다.

1.2.1. 갈라디아의 위기(1:6-7)

1:6. θαυμάζω(다우마조, 개역개정. 이상하게 여기다)는 "놀라는, 경탄한, 충격을 받은, 경악한"으로 다양하게 번역되었다(참조, 프랑스어 *très étonné*). "내가 이상하게 여기노라"라는 표현은 헬레니즘 서신에서 놀라움뿐만 아니라 짜증과 아이러니를 표현하기 위해 흔히 사용되는 문학적 장치였지만, 바울은 갈라디아에서 받은 소식에 진정으로 충격을 받은 것처럼 보인다. 자신의 이전 제자들의 실족이 "너무 빨리" 일어났기 때문에 충격은 더욱 깊어졌다. 이 구절은 바울이 갈라디아에서 처음 복음을 전한 이후 짧은 시간이 지났음을 의미할 수도 있고 갈라디아 교인들이 거짓 선생들이 전한 메시지를 접하자마자 참된 신앙에서 떨어져 나간 것을 의미할 수도 있다. 전자의 해석이 더 자연스럽고 편지의 초기 연대를 뒷받침한다.

사도행전 13장 14절에 따르면, 바울과 바나바가 남 갈라디아 도시들에서 거센 반대에 부딪혔음에도 불구하고 하나님께서 선교 활동을 크게 축복하셨음이 분명하다. 많은 새 신자가 그리스도를 영접하고, 교회가 세워지고, 장로가 임명되고, 기적이 나타났다. 그러나 이 위대한 부흥의 여운이 채 가시기도 전에 바울이 큰 소망을 품었던 갈라디아 그리스도인들은 복음 자체를 포기할 지경에 이르렀다. 의심할 여지 없이 이것은 이 구절과 편지 전체에서 들리는 실망스러운 어조를 설명한다. "내가 이상하게 여기노라. … 어리석도다 갈라디아 사람들아. … 누가 너희를 꾀더냐. … 너희가 달음질을 잘 하더니 누가 너희를 막았는가?"(1:6; 3:1; 5:7).

학자들이 인정한다. 동시에 이 방법의 개발과 적용에 관한 심각한 의문이 제기되었다. 믹스W. A. Meeks의 비판은 적절하다. "그러므로 베츠에게 제기해야 할 주요 질문은 변증이 편지 전체에 적용하기에 가장 적합한 범주인지 여부이다. … 베츠는 편지에서 촘촘하고 순차적인 개요를 발견하려는 결단은 본문의 단편으로 나누고 이상하게도 독립된 해석을 만들어낸다. Review of H. D. Betz, *Galatians: A Commentary on Paul's Letter to the Church in Galatia, JBL* 100 (1981): 304–7; C. K. Barrett, "Galatians as 'an Apologetic Letter,'" *Int* 34 (1980): 414–17. 갈라디아서의 다른 수사학적 분석은 다음을 참조하라. G. A. Kennedy, *New Testament Interpretation through Rhetorical Criticism* (Chapel Hill: University of North Carolina Press, 1984). 갈라디아서의 수사학 및 서신서 장르에 관한 최근 연구는 다음을 참조하라. *The Galatians Debate*, 3–154.

우리는 여기에서 어린 신자들이 얼마나 연약한지, 악한 자의 미혹에 얼마나 취약한지 상기한다. 하나님의 참된 사역을 방해하고 무너뜨리는 것보다 마귀를 기쁘게 하는 것은 없다. 하나님의 영이 진정으로 움직이거나 선교 사역이 크게 진전될 때마다 사탄과 그의 하수인들은 의심을 던지고 불화와 혼란을 일으키는 데 기득권을 가질 것이라고 확신할 수 있다. 갈라디아 교회도 마찬가지였다. 바울은 단순히 그 상황에 분노와 짜증으로 반응하지 않고 충분히 대면하는 깊은 사랑과 관심으로 대응했다. 바울은 그들을 위해 기도하고 편지를 썼으며 나중에 다시 방문했는데, 복음 전파의 후속 사역을 매우 진지하게 받아들였기 때문이다. 우리가 분별 없이 사람들에게 그리스도에 대한 믿음을 고백하도록 유도한 다음, 그들을 고대 로마의 노출된 유아처럼 멸망을 노리는 굶주린 늑대들에게 취약하게 내버려둘 때 그리스도와 그분의 교회를 제대로 섬기지 못하는 것이다.

바울은 갈라디아서에서 "사랑하는 바보들"(갈 3:1. 필립스 성경)에게 좌절하고 분노했지만 갈라디아 교인들을 포기하지 않았다. 실제로 바울은 영적 붕괴와 파멸의 위기에서 그들을 되찾을 수 있기를 바라는 마음으로 편지를 썼다. 바울은 자신을 당황하게 만든 두 가지 측면, 즉 하나님을 떠난 것과 거짓 복음에 대한 헌신에 초점을 맞추었다.

하나님을 떠난 이들

바울은 갈라디아 교회에 닥친 위기를 묘사하기 위한 강한 단어를 사용한다. NIV는 "버리다," CSB는 "돌아서다"로 번역한 μετατίθεσθαι(메타티데스다이, 개역개정. "떠나")는 문자 그대로 "다른 곳으로 데려오다"이다.[23] 이 단어는 히브리서 11장 5절에서 에녹이 땅에서 하늘로 옮겨지는 것을 설명할 때 문자 그대로 사용되었다. 이 단어는 LXX(70인역)에서 18번 등장하며 "이주시키다, 다른 장소에 놓다, 바꾸다, 또는 변경하다"와 같은 다양한 히브리어 단어를 번역하는 데 사용된다. 이러한 의미에서 이 단어는 은유적으로 한 나라에서 다른 나라로 충성을 버린 사람, 정치적 반역자, 무력 분쟁에서 변절한 사람, 군사적 탈영병으로 의미가 확장되었다. 바울은 갈라디아 교인들이 영적 변절자라고 주장했다! 바울이 이 동사를 "너희는 탈영하고 있다," "너희는 떠나는 과정에 있다"라는 지속적인 현재 시제로 사용한 것은 갈라디아 교인들의 배도가 아직 완료되지 않았음을 나타낸다. 거짓 교사들은 분명히 갈라

---

23 C. Maurer, "Μετατίθημι," *TDNT* 8:161–62; Martyn, *Galatians*, 108.

디아 교인들 가운데 크게 침투했으며 상황은 절망적이지만 그렇다고 희망이 없는 것은 아니었다. 바울은 "우리가 사방으로 욱여쌈을 당하여도 싸이지 아니하며 답답한 일을 당하여도 낙심하지 아니하며"라고 고백한다(고후 4:8). 바울은 편지 후반부에 갈라디아 교인들이 회복할 수 있다는 확신을 나타내며 "포기하지 아니하면 때가 이르매 거두리라"(갈 6:9)라고 상기시킨다.

바울은 갈라디아 교인들의 변절과 그들의 죄의 급진적인 성격 때문에 놀라지 않았다. 갈라디아 교인들이 단순히 충성의 대상을 자신에게서 경쟁자로 바꾼 것이 아니라 "그리스도의 은혜 안에서 살도록 너희를 부르신 분을 버리는"(NIV) 것처럼 하나님을 배신한 것이기 때문이다. "너희를 부르신 이"가 표현하는 대상은 누구인가? 이 질문에 대한 답은 해석 역사에서 세 가지로 제시되었다.

먼저 바울이 자기 자신을 가리켰다는 견해이다. 바울은 하나님께서 바나바와 함께 갈라디아 교인들의 신앙을 일깨우기 위해 사용하신 사람이기 때문이다. 그러나 바울이 8절에서 분명히 밝혔듯이 바울 자신은 갈라디아의 상황을 판단하는 기준이 아니었다. 이 싸움에는 개인적인 특권이나 목회적 충성심보다 더 큰 무언가가 걸려 있다. 칼뱅과 이후 많은 학자가 취한 또 다른 가능한 해석은 "부르신 이"가 예수님을 가리킨다는 것이다. 이것은 가장 초기 많은 사본과 가장 좋은 사본들에 다음 구절 "은혜"라는 단어 뒤에 "그리스도의"라는 한정 속격을 포함하지 않기 때문에 확실히 가능한 해석이다.[24] 갈라디아 교인들은 거짓 선생들의 길을 따름으로써 그리스도가 완성한 사역을 부인하고, 그리스도와 그의 십자가를 "너희에게 전혀 가치가 없는 것"(갈 5:2, NIV)으로 만들었다. 그러나 바울은 이 오류를 더 심각한 오류와 연결하여 갈라디아 교인들이 하나님을 버린 것과 다름 없는 죄를 범했다고 말한다. 바울이 갈라디아서에서 이 단어를 두 번 사용한 것(1:6; 5:8; 롬 4:17; 9:12; 살전 2:12; 5:24)에서 볼 수 있듯이 바울의 글에서 "부르신 이"는 하나님과 동의어이다. 갈라디아 교인들은 부르시는 하나님, 즉 창조의 능력으로 세상을 존재하게 하신 하나님, 예수님을 죽은 자 가운데서 살리신 하나님, 갈라디아 교인들 자신에게 회심의 기적을 일으키신 하나님을 버렸다. 사실 갈라디아 교인들은 또한 그리스도와 바울, 그리고 바울이 전한 복음을 버렸다. 하지만 이러한 변절은 교묘한 조작을 통해 설명할 수 있다. 결국 바울과 반대자들 모두 예수 그리스도를 믿었다고 말할 수 있다. 둘 다 하나님과의 올바른 관계에 대한 메시지를

---

24 B. M. Metzger, *A Textual Commentary on the Greek New Testament* (London: United Bible Societies, 1971), 589–90 [= 『신약 그리스어 본문 주석』, 대한성서공회, 2016].

가지고 있었고, 그 메시지를 분명하고 진실하게 전했다. 다양한 교회들 사이, 때로는 단일한 교회(예, 고린도)안에서도 서로 다른 성격, 다양한 방법론, 다른 정치 집단들이 있다. 바울은 왜 최종적이고 권위있는 말씀을 전해야 했을까? 의심할 여지 없이 바울과 동역자들이 활동하던 기독교 그룹 안에서도 이런 추론이 있었을 것이다. 그러나 바울은 갈라디아의 갈등을 인격성이나 이념, 교회 정치의 수준으로 축소하는 것을 단호히 거부했다.

갈라디아 교인들은 예수 그리스도께서 단번에 이루신 일에 구원의 요건을 추가하여 하나님을 저버렸다. 바울이 갈라디아 교인들이 어떻게 하나님의 부르심을 받았는지에 대한 설명에 "은혜로"라는 문구를 삽입함으로써 이 점이 더욱 분명해졌다. 여기서 은혜는 (다른 사본들에서 말하는 "그리스도의 은혜"가 아닌) 우리가 어떤 의미에서든 하나님과 관계를 맺을 수 있는 유일한 근거로서 확고하다. 우리는 이미 인사말에서 "은혜"라는 단어를 만났다(1:3). 이 단어는 갈라디아서의 작동 개념(operative concept)이며 서신 전체에 걸쳐 처음부터 끝까지 나타난다(1:5; 2:9, 21; 3:18 NIV; 5:4; 6:18).

갈라디아서에는 낭비되는 음절이 없다. 바울이 가혹한 책망을 부드럽게 하기 위해 자신이 가장 좋아하는 단어 중 하나를 일종의 신학적인 은혜의 말씀으로 던졌다고 상상하면 안 된다. 갈라디아서는 은혜에 관한 책이다. 바울은 갈라디아서와 로마서에서 율법과 행위에 대항하여 은혜와 믿음을 칭의의 근거로 제시했다(롬 6:14; 11:6; 갈 2:21; 5:4).[25] 바울은 이신칭의의 교리를 해석하는 부분을 마치며, 갈라디아 교인들을 향한 자신의 판결을 다음과 같이 요약한다. "율법 안에서 의롭다 함을 얻으려 하는 너희는 그리스도에게서 끊어지고 은혜에서 떨어진 자로다"(5:4). 편지의 서두에서 이교도 우상 숭배에서 예수 그리스도 안의 구원과 새 생명으로 갈라디아 교인들을 부르신 하나님이 자신의 선한 기쁨과 값없는 은혜로 그렇게 하셨다는 사실을 깨닫기 원했다. 이 사실을 잊는 것은 군대나 국가를 배신하는 것보다 더 나쁜 일이며, 참되고 살아 계신 하나님을 배신하는 것이다.

거짓 복음에 대한 헌신

바울은 갈라디아 교인들이 참 하나님에 대한 이전의 충성에서 떠난 부정적인 움직임에 더하여, 여기에서 한 단계 더 발전한, 말하자면 갈라디아 교인

---

25 H. Conzelmann, "Χάρις," *TDNT* 9:372–415. 참조. D. P. Fuller, *Gospel and Law: Contrast or Continuum?* (Grand Rapids: Eerdmans, 1980); Moo, *Galatians*, 75–77; Martyn, *Galatians*, 86–91.

들의 타락이 가지는 긍정적인 면을 언급한다. "[그들이] 다른 복음(different gospel)으로 돌아서고 있는 것이며, 이는 다른 복음(another gospel)이 있다는 것은 아니다." 대부분 현대 영어 성경에 나타나는 어색한 표현에서 알 수 있듯이 영어로 번역하기 어려운 표현이다. 흠정역(AV)은 "다른 복음이 아닌 다른 복음"이라 읽는다(6-7절). 그러나 바울은 "다른"에 대해 두 개의 다른 헬라어를 사용했다. 첫 단어는 한 가지와 다른 것의 종류 차이를 의미하는 ἕτερος(헤테로스)이다. 예를 들어, 히브리서 7장 11절은 레위인 제사장 직분을 통해 완전함이 가능하다면, 아론의 옛 반차와 같은 종류와 계급이 아닌 다른(ἕτερον, 헤테론) 제사장이 필요했는지에 대한 의문을 제기하고 있다. 반면에 ἄλλος(알로스)는 "같은 종류의 또 다른 것"을 의미한다. 우리는 일상 생활에서 이런 사용에 충분히 익숙하다. 점원이 커피를 한 잔 더 마실 것인지 물었을 때 원래 음료의 두 번째(세 번째) 커피를 의미한다.

따라서 갈라디아서에서 바울은 자신의 변덕스러운 추종자들이 자신에게 받은 것과는 완전히 다른 종류의 ἕτερος(헤테로스) 복음을 받아들였다고 주장한다. 왜냐하면 진짜와 나란히 놓을 수 있는 다른, ἄλλος(알로스) 복음은 없기 때문이다. 아마도 NEB가 원문과 가장 가까울 것이다: "나는 당신들이 다른(different) 복음을 따르고 있다는 것을 알아 놀랐다. ...사실 그것은 또 다른 (another) 복음이 아니다."[26]

바울이 모조품과 구별하기 위해 그토록 주의를 기울였던 참된 복음은 무엇인가? "복음"이라는 단어 자체는 고전 헬라어와 70인역 모두에서 다양한 종류의 기쁜 소식을 지칭하는 데 사용되었기 때문에 기독교만의 고유한 단어가 아니었다. 브루스는 이 단어가 기독교적으로 각색된 배경은 이사야 40-66장에 나타나는 구원과 해방의 "기쁜 소식"에서 찾았다(사 40:9; 52:7; 60:6).[27] 그러나 "복음"은 오직 예수 그리스도의 오심에 대한 구약 예언이 성취된 후에야 완전하고 강력한 의미를 얻는다. 때때로 바울은 고린도전서 15장 3-4절, 로마서 1장 1-4절에서와 같이 복음의 내용을 간결한 고백문으로

---

26 갈라디아서에서 언급된 ἕτερος와 ἄλλος는 차이가 있지만, 때때로 동의어로도 사용된다(참조. 마 16:14; 고전 12:10). 다음 논의를 참조하라. Burton, *Galatians*, 420–22. J. H. Thayer, *Greek-English Lexicon of the New Testament* (Grand Rapids: Associated, 1963), 254. "달리, 다르게"를 의미하는 ἕτερος의 부사적 사용은 빌 3:15를 참조하라.

27 Bruce, *Galatians*, 81. 브루스가 지적했듯이, 예수님은 나사렛 회당에서 선포하신 첫 설교에서 이사야 61장을 인용하며 "주의 성령이 내게 임하셨으니 이는 가난한 자에게 복음을 전하게 하시려고 내게 기름을 부으시고"라고 선언했다(LXX εὐαγγελίσασθαι πτωχοῖς). 또한 다음을 참조하라. Barclay, *Paul and the Gift*, 353–56.

요약하기도 했다. 바울은 갈라디아 교인들에게 보내는 편지에서 이러한 정의를 제시하지 않았는데, 자신이 전한 설교를 통해 갈라디아 교인들이 복음의 내용을 잘 알고 있을 것이라고 생각했기 때문이다. 분명히 여기에는 예수 그리스도의 삶, 죽음, 부활을 통한 하나님의 강력한 구원 행위에 대한 내용이 포함되어 있으며, 죄 사함, 하나님과의 올바른 관계, 성령의 선물 등 그 혜택은 오직 믿음을 통한 은혜로만 받는다.[28] 헤이즈Richard Hays는 바울이 복음이라는 단어로 무엇을 의미했는지 도움이 되는 요약을 제시한다.

> 복음은 **예수 그리스도께서** 우리를 위해 **은혜롭게 자신을 내어주심**(즉, 그의 죽음)에 관한 것이며(참조. 2:20), 그 자기 내어줌은 **종말론적인 구출 작전**으로 이해해야 한다. 바울의 복음은 단순히 인간의 새로운 "종교적" 가능성이 아니라 세상에 대한 하나님의 은혜로운 침투를 선언한다. ... 바울은 그리스도의 죽음으로 인해 우리가 알고 있는 세상의 파괴적인 권세에서 해방되었다고 선언한다. 이러한 확신은 갈라디아서에서 바울이 이 문제에 대응하는 토대가 된다.[29]

1:7. 바울은 갈라디아서에서 처음으로 자신과 갈라디아 교회에 많은 고통을 준 선동가들에 대해 명확하게 말한다. 중요한 것은 바울은 그들의 이름을 밝히지 않고 단순히 "어떤 [사람들]"이라고 했다는 점이다. 바울은 갈라디아 교회 교인들 사이에 자신들의 견해를 퍼뜨리는 거짓 교사 집단 혹은 적어도 한 팀이 있었기 때문에 복수형을 사용했다. 바울은 그들에 대해 두 가지 혐의를 제기했다. 하나는 갈라디아 교인들을 어지럽힌 것과 관련된 것이고, 다른 하나는 그들의 복음을 전복시킨 것과 관련된 것이다. "여러분을 괴롭하다"(ταράσσω, 타라소)로 번역된 헬라어 동사는 "당황하고 두려워할 정도로 흔

---

28 일부에서는 공관복음서에 기록된 하나님 나라에 대한 선포인 "예수에 관한" 복음과 초대 교회, 특히 바울이 정교하게 구성한 예수님의 위격과 사역에 대한 교리인 "예수에 관한" 복음을 뚜렷하게 구별하는 것이 여전히 널리 퍼져 있다. 따라서 갈릴리 랍비의 순전한 경건은 바울이 발전시킨 가혹한 교리적 신학과 구별되어 극찬을 받는다. 이 견해는 20세기 초 자유주의 학자들 사이에서 지배적이었지만, 최근 연구에 따르면 이 견해는 타당하지 않은 것으로 나타났다. 예수님이 전한 복음은 바울 못지않게 예수님 자신의 위격과 사역에 관한 복음이었다. 특별히 비유는 성령의 영감을 받은 바울이 믿음으로 말미암은 칭의의 관점에서 공식화하도록 이끈 하나님의 은혜의 실체를 생생하게 보여준다. 예수님과 바울의 관계에 관해서는 다음을 참조하라. J. G. Machen, *The Origin of Paul's Religion* (Grand Rapids: Eerdmans, 1965), 117–69; N. A. Dahl, "The Messiahship of Jesus in Paul," in *The Crucified Messiah and Other Essays* (Minneapolis: Augsburg, 1974), 34–47; M. Brisebois, *Saint Paul: Introduction à Saint Paul et ses lettres* (Montreal: Editions Paulines, 1984).

29 Hays, "Galatians," 202–3.

들거나 동요시키거나 흥분시키다"를 의미한다. 갈라디아의 새 그리스도인들이 거짓 교사들의 인상적인 연설에 얼마나 취약했는지 다시 한번 알 수 있는 대목이다. 바울이 거짓 교사들에 제기한 두 번째 혐의는 그들이 그리스도의 복음을 왜곡하고 있거나 왜곡하기를 원한다는 것이었다. 스토트는 다음과 같이 지혜롭게 관찰했다.

> 이 두 가지는 서로 맞물려 있다. 복음을 변질시키는 것은 언제나 교회에 문제를 일으킨다. 교회는 복음으로 창조되고 복음으로 살아가기 때문에 복음을 건드리지 않고는 교회를 놔둘 수 없다. 사실 (그때나 지금이나) 교회의 가장 큰 문제는 교회를 반대하고 조롱하고 핍박하는 외부인이 아니라 복음을 바꾸려고 하는 내부인이다.[30]

"변하게 하다"를 뜻하는 헬라어 μεταστρέφω(메타스트레포)는 "뒤집다, 반대 반향으로 바꾸다, 다른 것으로 뒤틀다"를 의미한다. 초대 교회의 히에로니무스는 이 단어가 "앞에 있는 것을 뒤로 하고 뒤에 있는 것을 앞에 놓는다"는 문자 그대로의 의미가 있다고 보았다.[31] 갈라디아에서 바울을 반대하는 사람들에게 적용한다면 그들이 전한 복음은 구원 역사의 반전을 의미한다고 말할 수 있다.

바울을 반대하는 사람들의 기독론이 형식적으로는 옳았을지 몰라도 그들이 깨닫지 못한 것은 예수님이 누구이신지, 십자가에서 속죄의 죽음으로 무엇을 성취하셨는지에 대한 결정적인 특징이었다. 그들은 그리스도가 완성한 사역에 자신들만의 무언가를 더하고 싶어 했다. 그러나 그리스도의 복음은 어떤 혼합물도 더할 수 없는 화합물과 같다. 복음은 그 자체로 서 있다. 복음은 다른 소품이나 도움이 필요 없다. 복음은 자유롭고, 방해받지 않고, 무장해제된 자신이 되기를 요청할 뿐이다. 그래야만 죄와 자아의 폭정에 갇힌 자들에게 기쁜 소식이 될 수 있기 때문이다.

바울은 하나님의 양떼를 변하게 하는 자들과 유혹하는 자들을 가차없이 정죄했다. 그들은 분명히 다르게 보았을 것이다. 그들이 안디옥 교회를 위기로 몰아넣은 유대인 그리스도인들과 깊은 관계를 맺고 있었다면(행 15:1-4), 우리는 그들이 전했다고 추정하는 메시지를 이렇게 요약할 수 있을 것이다.

---

30 J. R. W. Stott, *The Message of Galatians* (Downers Grove: InterVarsity, 1968), 23 [= 『갈라디아서』, IVP, 2020].

31 루터의 1519년 갈라디아서 주석에 인용됨(*LW* 27:176).

갈라디아 형제자매 여러분, 우리 주 예수 그리스도의 이름으로 문안합니다! 우리는 여러분이 형제 바울의 사역을 통해 어리석은 우상 숭배에서 회심하여 참되시고 살아 계신 이스라엘의 하나님을 섬기게 되었음을 들었습니다. 우리는 여러분이 좋은 출발을 해서 기쁘지만 바울은 복음에 관해 중요한 몇 가지를 말하지 않은 것을 염려합니다. 우리는 예수께서 부르시고 임명하신 사도들이 이끄는 예루살렘 교회에서 왔습니다. 바울은 신출내기입니다. 바울은 예수님께서 이 땅에 계시는 동안 예수님을 알지 못했고 확실히 예수님께 사도로 임명을 받은 적이 없습니다. 사실 바울은 우리를 박해하는 것을 멈춘 직후 예루살렘을 방문했고 그곳에서 진정한 사도들에게 기독교 신앙의 기본을 배웠습니다. 그러나 바울이 전하는 메시지는 사도들의 메시지와 전혀 닮지 않았습니다. 바울이 할례를 말한 것 같지도 않습니다! 할례는 하나님께서 이방인들이 새 이스라엘의 일원이 될 수 있도록 만드신 방법입니다. 예수님은 율법을 폐하러 온 것이 아니라 성취하러 오셨습니다. 할례는 세례만큼이나 중요합니다. 아니 할례가 여러분을 더 높은 차원의 그리스도인 생활로 인도할 것이기 때문에 더 중요합니다. 여러분이 이 거룩한 율법의 규례를 지키면 하나님께서 기뻐하실 것이다. 우리는 이제 막 율법을 준수하는 교회들의 새로운 연합을 구성하고 있으며 갈라디아 교회가 대표가 되기를 바랍니다! 우리는 참 그리스도인입니다. 우리의 위대한 본보기가 되신 예수님은 율법을 성취하심으로 아버지를 기쁘게 하셨고 여러분도 그렇게 할 수 있습니다!

그러나 왜 그런 메시지가 갈라디아의 그리스도인에게 왜 호소력이 있었을까? 다시 말하지만, 우리가 알지 못하는 상황은 많지만, 에벨링Ebeling이 "유대주의자들이 아직 일어나지 않은 위기를 촉발했을 리가 없다"[32]라고 추측한 것은 아마도 옳을 것이다. 갈라디아 교회의 대부분 그리스도인은 이방인 출신이었지만 일부는 유대인들일 가능성이 높고 일부는 지역 회당에 소속된 "하나님을 경외하는 자"였을 것이다. 어떤 이들은 남 갈라디아 도시에서 잘 알려진 신비 종교에 심취했을 수도 있고 다른 이들은 황제의 신전에서 절했을 수도 있다.

어쨌든 "이 악한 세대"의 종교 시장이 만족시킬 수 없는 영적 실재에 대한 깊은 굶주림과 목마름이 있었을 것이다. 바울과 바나바는 이런 사람들에게 예수 그리스도를 통한 구원의 기쁜 소식을 전했다. 성령이 기적의 능력으로 부어지고, 새 신자들이 세례를 받고, 지역 교회가 세워지고, 선교사들이 떠났다.

---

32 Ebeling, *Truth of the Gospel*, 54. 참조. 베커의 바울을 반대하는 사람들의 주장에 대한 재구성을 참조하라. J. C. Beker, *Paul the Apostle* (Philadelphia: Fortress, 1980), 42–47.

그 후 얼마 지나지 않아 열광적인 첫 번째 열기가 채 식기도 전에 거짓 교사들은 갈라디아 교인들에게 어떻게 하면 좋은 시작을 완성하여 완전한 구원을 향해 나아갈 수 있는지에 대한 새로운 메시지를 가지고 왔다.

그리스도는 거짓 교사들의 설교에서 여전히 두드러졌지만 율법의 보조적인 역할에 불과했다. **은혜**라는 단어도 사용했지만, 거짓 교사들에게 은혜란 단순히 토라에서 요구하는 율법과 의식에 순종할 수 있는 타고난 능력을 의미했다. 바울은 이런 종류의 "복음"을 완전한 왜곡으로 보았다. 그러나 순진하고 성숙하지 못했던 갈라디아 그리스도인들은 훨씬 더 높은 영적 지위에 대한 약속에 흥미를 느꼈다. 거짓 교사들이 갈라디아인들에게 제공한 것은 이미 굳건한 그들의 영성을 더욱 강화하고 고양시키는 방법이었다. 루터Luther는 거짓 교사들의 메시지를 요약하면서 그들의 호소가 지닌 천재성을 탁월하게 포착했다. "'그리스도는 훌륭한 스승이다. 그는 시작을 일구지만, 모세가 그 구조를 완성해야 한다.' 마귀의 본성이 그 안에 나타난다. 마귀는 사람들을 부당하게 취급하고 박해하여 파멸시킬 수 없다면 사람들을 개선함으로써 그렇게 할 것이다.[33]

1.2.2. 가짜 복음: 저주를 받을지어다! (1:8-9)

이 구절에서 바울은 위조된 복음을 선포하는 사람에게 엄숙한 저주를 선언하여 자신과 반대자들 사이의 대조를 강화한다. 바울이 가능한 가장 강한 단어들로 저주를 선언한 다음 강조하기 위해 반복하는 것은 이것을 신약성경 전체에서 가장 가혹한 진술 중 하나로 만든다. 이 저주는 관용에 익숙하고 심판과 진노의 개념이 없는 하나님의 교리에 익숙한 현대인의 귀에는 잘 들리지 않는다. 이것은 바울의 관심사의 최전선에 고집스럽고 불길하게 서 있다. 우리는 이 저주를 어떻게 이해해야 할까?

우선, 적어도 바울이 가정적으로 저주 아래 놓았다는 사실을 아는 것이 중요하다. "그러나 우리가 ... 너희에게 다른 복음을 전하면"이라고 말한다. 여기에서 바울은 갈라디아에서 문제가 되는 것은 전달자가 아니라 메시지임을 단번에 보여준다. 이후 교회 역사에서 아우구스티누스 시대에 세례, 성찬, 안수와 같은 성례와 관련하여 큰 논쟁이 일어났다. 문제는 이러한 종교 의식이 도덕적으로 깨끗하지 못한 성직자가 행할 때 유효하고 효과적인지 여부였다. 논쟁의 한 당사자인 도나투스주의자들은 그렇지 않다고 주장했다. 성례의 효

---

33 Ebeling, *Truth of the Gospel*, 54. 참조. *LW* 26:50.

력은 성례를 수행하는 목사의 영적, 도덕적 상태와 관련이 있다는 것이다. 아우구스티누스와 교회의 대다수 사람은 반대 견해를 취했다. 그들은 성례가 사효론(*ex opere operato*) 즉, 그리스도께서 성례에 부여하신 능력과 그분의 말씀의 약속으로 효력을 발휘한다고 말했다. 종교개혁 당시 이 두 견해는 새로운 성경적 비판을 받았지만 아우구스티누스적 입장의 핵심은 타당하다고 인정받았다. 교리와 영적 진정성의 참된 시금석은 지도자의 자격, 카리스마, 심지어 지도자의 신학이 아니라 그리스도 안에서 취소할 수 없이 행하시고 성경에서 우리에게 오류 없이 보증하신 하나님 자신이다.[34]

물론 우리 메시지가 어떻게 받아들여지는가는 우리의 삶의 방식과 직접적인 관련이 있다. 바울은 다른 곳에서 교회의 지도자들에게 높은 도덕적 기준과 좋은 평판의 중요성을 인식했다(딤전 3:1-13). 갈라디아서에서 바울은 이러한 특성들이 아무리 중요하더라도 건전한 교리와 거룩한 삶에 대한 궁극적인 기준인 복음 자체와 경쟁할 수 없다는 점을 강조한다. 바울이 갈라디아 교인들에게 요구한 것은 자신을 향한 충성이 아니라 사역을 시작할 때부터 갈라디아 교인들에게 전한 변하지 않은 그리스도의 메시지, 즉 오직 그리스도에 대한 충성이다.

두 번째로 바울은 천사들까지도 자신의 저주의 범위 안으로 끌어들였다. 루터는 놀랍게도 이렇게 말했다. "여기에서 바울은 불을 뿜고 있다. 바울의 열심은 너무나 열렬해서 천사들까지도 저주하기 시작한다."[35] 이것은 갈라디아서에서 천사에 대한 세 가지 중 첫 번째이다. 바울은 3장 19절에서 율법이 천사들의 중재를 통해 제정되었다는 믿음을 언급했고, 4장 14절에서 갈라디아 교인들이 처음에 자신을 하나님의 천사와 같이 환영했음을 상기시킨다. 아마도 이것은 사도행전 14장에 기록된 루스드라 사건에 대한 언급일 것이다. 그런데 왜 바울은 배교적인 복음을 전하는 천사의 망령을 언급했을까? 바울이 갈라디아의 오류를 골로새에서 직면했던 것과 동일하게 여긴다면, 그 상황에서 만연했던 천사 숭배도 바울을 반대하는 선교사들이 갈라디아에 가져온 "더 높은 영성"의 일부였다고 가정할 수 있다(참조. 골 2:16-18).[36]

---

34 기독교 사상사에서 도나투스파 논쟁의 의의에 대해서는 다음을 참조하라. J. Pelikan, *The Emergence of the Catholic Tradition* (100–600) (Chicago: University of Chicago Press, 1971), 307–18.

35 Luther, "Lectures on Galatians, 1535," *LW* 26:55.

36 R. R. Melick Jr., *Philippians, Colossians, Philemon*, NAC (Nashville: Broadman, 1991), 269–72; Douglas J. Moo, *The Letters to the Colossians and to Philemon*, PNTC (Grand Rapids: Eerdmans, 2008) 216–42 [= 『PNTC 골로새서·빌레몬서』, 부흥과개혁사, 2017]; G. K. Beale,

바울을 반대하는 사람들은 또한 율법을 준수하는 복음을 선포하는 자신들의 주장을 초자연적으로 강화하기 위해 율법을 전달하는 천사의 역할(갈 3:19)을 인용했을 수도 있다. 바울은 천사, 심지어 가브리엘이나 미가엘과 같은 높은 천사라도 다른 복음을 전하면 저주가 임할 것임을 분명히 하고자 한다. 초기 기독교 설교는 사탄과 함께 반역한 천사들이 심판의 날에 어둠의 사슬과 최종적인 정죄로 "자기의 처소를 버린(유 6)" 천사의 배교를 인식한다. 게다가 바울은 사탄이 광명의 천사로 가장할 수 있다는 것을 안다. 실제로 신실한 많은 그리스도인이 이런 교활함으로 인해 그리스도에 대한 순수한 헌신을 잃었다(고후 11:3-15).

바울이나 다른 인간 교사, 심지어 하늘에서 온 사자까지 그리스도의 복음을 왜곡하는 사람의 운명은 무엇인가? 두 단어로 답을 얻을 수 있다. 저주를 받을지어다(ἀνάθεμα ἔστω, 아나데마 에스토)! 원래 "올려진 것"을 의미하는 ἀνάθεμα(아나데마)는 하나님의 축복을 위해 따로 분리해 놓은 성전의 제물이든 하나님의 저주를 위해 남겨둬야 했던 전리품(수 7:11-12)이든, 하나님의 목적을 위해 따로 구분해 둔 것을 가리켰다. 시간이 지나면서 이 단어의 부정적인 의미가 널리 퍼졌고, ἀνάθεμα는 "금지"(히브리어, חֵרֶם) 아래 있는 모든 것 또는 모든 사람과 동의어가 되어 최종 심판을 위한 하나님의 진노에 넘겨지는 것을 가리켰다. 이후 교회 역사에서 anathema sit!(저주를 받을지어다)는 악명 높은 이단에 대해 교회가 선언하는 표준 추신 언어가 되었다. 교회의 결정은 그들이 깨닫지 못한 것은 하나님의 진노를 배제하는 선언을 비준하는 것일 뿐이기 때문에 이것은 이 단어의 파생적인 사용법이다.

저주를 받는다는 것은 파문을 당하는 것 이상의 의미를 가진다.[37] 그것은 하나님의 영원한 보응과 심판을 받는다는 의미 그 이상이다. GNT는 이 구절에서 바울의 어조의 본질을 포착하는 데 근접한다. "그가 지옥에 정죄되기를!" 사해 문서에서 발견된 저주를 보면 이 저주가 바울의 독자들에게 어떤 의미였는지 어느 정도 짐작할 수 있다.

Colossians and Philemon, BECNT (Grand Rapids: Baker Academic, 2019), 212-60 [= 『BECNT 골로새서·빌레몬서』, 부흥과개혁사, 2022]; J. D. G. Dunn, *The Epistles to the Colossians and to Philemon*, NIGTC (Grand Rapids: Eerdmans, 1996), 171-87.

37 따라서 "그는 버림을 받을 것이다"라는 NEB의 번역은 바울의 언어의 중대함을 다루기에는 너무 약하다. 펑(Fung, *Galatians*, 47)은 "따라서 그것은 하나님의 사법적 진노에 넘겨지고 바쳐지는 것을 의미할 가능성이 더 크다"라고 말한다. 참조. 조던 C. Jordan의 구어체 번역을 참조하라. "이제 이것을 분명히 해라! 우리 또는 하늘에서 갓 온 천사라도 우리가 너희에게 전한 말씀 외에 다른 것을 전하면 그와 함께 지옥에 갈 것이다!"(Cotton Patch, 94).

레위 사람들은 사탄이 제비 뽑은 몫인 모든 사람을 저주하여 말한다. "너희의 모든 죄악으로 저주를 받으라! 그분께서 복수심에 불타는 복수자들의 손에 고문을 당하도록 넘겨 주시기를! 그가 모든 복수의 파괴자들의 손으로 이루어지는 파괴와 함께 당신을 찾아가시기를! 어두운 행위로 자비 없이 저주를 받으라! 영원한 불의 그늘에서 저주를 받으라! 당신이 하나님을 부를 때 귀를 기울이지 않으시고, 당신의 죄를 도말하지 않고 용서하지 않으시기를! 그가 복수를 위해 당신을 향해 성난 얼굴을 드시기를!³⁸

바울은 이 엄청난 정죄를 가볍게 말하지 않는다. 바울은 복음의 온전함이 위태롭다고 확신했을 때 의로운 분노을 표출하는 데 주저하지 않고 있다.

1:9. 바울은 왜 사도적 저주의 두 번째를 "우리가 전에 말하였거니와 내가 다시 말하노니"라는 말로 반복했을까? 바울은 최근에 갈라디아에서 설교하는 동안 자신이 했던 최초의 저주를 언급하고 있었을 가능성이 있다. 아마도 바울은 반대자들이 가져올 문제들을 예상하고 갈라디아 교인들이 그들의 잘못된 가르침에 귀를 기울이지 않도록 경고하기 위해 이런 식으로 시도했을 것이다(슈미탈스, 에벨링, 롱네커, 슈라이너). 그러나 대부분 주석가는 바울이 그 심각성을 강조하고 갈라디아 교인들에게 거짓 교리에 빠진 그들의 어리석음을 더욱 강조하기 위해 저주를 반복했다고 생각한다(브루스, 펑, 무, 마틴). 8절과 9절 사이에는 한 가지 중요한 문체적 차이가 있다. "저주를 받을지어다"라는 표현은 두 절에서 동일하지만, 조건절들은 두 가지 다른 분위기를 띤다. 8절에서 조건절 뒤에는 가정법 동사 "전하면"이 나온다. 고려하고 있는 상황이 불가능하지는 않지만 매우 가능성이 낮은 상황이기 때문이다. 그러나 9절의 조건절 뒤에는 직설법 동사 "전하면"이 나오는데 이는 바울이 쓸 당시에도 갈라디아에 위기가 계속되고 있었음을 나타낸다. 또한 9절에서 바울은 갈라디아 교인들에게 복음을 전했을 때 그들이 참된 복음을 받아들였다는 사실을 상기시킨다. 바울과 바나바의 선교 사역에 견고한 기초가 놓여 있었다. 바울은 나중에 고린도 교인들에게도 경고했듯이 "이 닦아 둔 것 외에 능히 다른 터를 닦아 둘 자가 없으니 이 터는 곧 예수 그리스도(고전 3:11)"라고 일깨운다.

---

38 G. Vermes, *The Dead Sea Scrolls in English* (New York: Penguin, 1987), 63에 수록된 1QS 2.5-17.

1.2.3. 사역의 동기 (1:10)

1:10. 바울의 감정이 끓어오르는 본문 속에서 이 구절은 서론(인사말, 서론)에서 결론을 맺는 부분(1:11-2:14)으로 이어지는 긴 자서전적 기록으로 넘어가는 과도기적인 다리 역할을 한다. 바울은 지금까지 1장 1절에서 단 한 번 자신을 그리스도의 사도로서 소개한다. 이제 바울은 반대자들이 제기한 음해와 거짓 혐의에 정면으로 맞섰고, 주목받았다. 분명히 반대자들은 바울의 메시지뿐만 아니라 사역에 대한 동기까지도 공격했다. 바울이 여기에서 두 가지 질문에 답하는 방식에서 분명하게 드러난다.

첫 번째 질문, "내가 사람들을 좋게 하랴? 하나님을 좋게 하랴?"라는 앞의 두 구절에서 사도적 저주를 떠올리게 한다. 바울은 아첨꾼이라는 비난을 받았고, 바람이 부는 방향에 따라 돌아가는 풍향계처럼 변한다는 비난을 받았을 것이다. 바울이 이 비난에 반박하는 방식에는 비꼬는 듯한 느낌이 든다.

> 내가 허영심에 놀아나서 회중을 현혹하는 설교자라고 생각하는가? 화려한 수사와 부드러운 말로 다른 사람을 유혹하는 아첨꾼이라고 생각하는가? 그런가? 그렇다면 나는 왜 그들이 복음의 왜곡으로 지옥에 떨어지도록 내버려 두었는가?

두 번째 질문 "내가 사람들에게 기쁨을 구하랴?"는 바울이 이 구절의 결론 문장에서 내놓는 "지금까지"라는 단어로 가장 잘 설명된다. 바울이 다른 사람들을 기쁘게 하려고 노력했던 때가 있었다. 그리스도께로 회심하기 전, 바울은 유대교 랍비 제도에서 가장 높은 지위에 오르기 위해 빠른 길을 달리고 있었다. 그리스도인들에 대한 박해를 포함한 바울의 모든 경력은 하나님 앞에서 자신을 정당화할 뿐만 아니라 권력자들의 환심을 사서 자신의 야망을 더 잘 이루기 위해 고안된 것이었다. 하지만 이런 이기적이고 시간 때우기식 노력은 다소의 사울과 나사렛 예수가 다메섹 밖에서 충돌했을 때 영원히 산산조각 났다. 그리스도를 섬기는 것과 인간을 기쁘게 하는 것은 서로 배타적인 것이다. "(만약) 내가... 구하였다면 ... (나는) 아니니라."

"하나님께 좋게 하랴"는 인간의 노력으로 하나님의 호의를 얻으려 애쓰는 것을 의미할 수 없다. 바울이 그리스도의 복음을 왜곡한 것이라고 반대했던 것은 바로 이 교리였다. 갈라디아 교인들 모두의 짐은 "하나님 앞에서 아무도 율법으로 말미암아 의롭게 되지 못한다(3:11)"는 것을 보여준다. 바울이 1장 10절에서 말한 승인은 다른 것이다.

우리는 이런 식으로 질문할 수 있다. 우리 사역의 대상은 누구인가? 시장이 주도하는 시대에서 모든 교회가 특별한 틈새 시장을 가지고 있고, 모든 방문자를 잠재 고객으로 생각하며, 예배의 모든 측면이 모든 소비자를 만족시키기 위해 고안되었다고 생각하는 데 익숙하다. 바울은 갈라디아 교인들에게 복음이 인생이라는 시장에서 팔려야 하는 하나의 상품이 아님을 상기시키고 있었다. 복음은 현대인의 입맛에 더 잘 맞추기 위해 영리한 영업 사원이 필요하지 않다. 복음은 자생적이고 역동적인 권위를 지니고 있으며 세련되고 매혹적인 인위적인 수단으로 뒷받침할 필요가 없다. 언젠가 하나님의 말씀 사역에 부름받은 모든 사람은 그 직분의 청지기직에 대해 설명해야 한다. 그날 우리는 "상을 받을 자격이 박탈"되거나, "잘하였다 충성된 종아"라는 우리가 기다려온 말을 들을 것이다. 우리의 청중은 인간이 아니라 하나님이시다.

물론 다른 의미에서 바울은 자신이 설교하는 사람들의 인정을 받고 그들의 마음을 얻고자 했다. 바울은 분명하게 "우리는 주의 두려우심을 알므로 사람들을 권면하거니와"(고후 5:11)라고 말한다. 바울은 자신의 소명과 신념 안에서 "모든 일에 모든 사람을 기쁘게"하려고 노력한다(고전 10:33). 유대인에게는 유대인이 되고, 헬라인에게는 헬라인이 된 바울은 "어떻게 해서든 몇 사람이라도 구원하기 위해서"(고전 9:22) 모든 사람에게 모든 것이 되었다. 사실 바울은 많은 것에 대해 놀라운 정도로 유연하고 관용적일 수 있었다.[39] 바울은 디모데가 태어날 때부터 절반은 유대인이었음에도 할례를 받도록 동의했고, 바울은 예루살렘 회의의 결정을 소시아에 설립한 교회들에게 전했고, 그 합의의 지혜에 대해 의구심을 품었음에도 불구하고 예루살렘 성전에 들어가기 위한 정결 의식에 순종했다. 바울은 심지어 쇠사슬에 묶여있을 때 자신과 경쟁하는 선교사들이 시기심과 야망으로 그리스도를 전파할 때 기뻐했다(행 16:2-5; 21:26; 빌 1:15-18). 바울은 복음의 기본 원칙이 훼손되지 않는 한 선교 상황에 따라 그러한 유연함이 필요할 때마다 항상 만족스럽지 않았지만 기꺼이 그러한 조정과 양보를 받아들였다. 그러나 실제로 그런 상황이 발생했을 때 바울은 거짓 형제들과 논쟁에서 조금도 물러서지 않고 단호하게 저항했으며, 베드로의 얼굴에 대고 고통스러운 대결을 벌였다(갈 2:5, 11-14).

그러므로 1장 10절에 나타난 바울의 두 변증 질문을 이기주의적인 설교자의 분노로 해석하는 것은 큰 실수이다. 대신 우리가 가진 것은 사역에 합당하지 않은 동기에 대한 분명히 거부이다. 청교도 윌리엄 퍼킨스Willian Perkins는 이 구절에 대해 주해하면서 하나님의 부르심을 받은 모든 설교자를 판단해야

---

39 바울의 삶과 사역에서 이 원리에 대한 훌륭한 논의는 다음을 참조하라. R. N. Longenecker, *Paul: Apostle of Liberty* (New York: Harper & Row, 1964), 230–44.

하는 기준을 제시했다.

> 신실한 복음 사역자가 되려는 사람은 마음의 교만을 부인하고 야망을 비우고 자신의 소명에서 하나님의 영광을 구하기 위해 전심을 다해야 한다. 그리고 일 반적으로, 그리스도의 신실한 종이 되려고 하는 사람은 자기 앞에 하나님을 재 판장으로 세우고 하나님을 상대해야 된다고 생각해야 한다. 그리고 세상과 그 안에 있는 모든 것에서 마음과 감각을 하나님께 돌리고 무엇보다 자기 생각과 욕망과 애정과 모든 행위를 하나님께 인정받기를 구해야 한다.[40]

바울은 갈라디아서 처음 10개의 구절에서 편지 전체에서 다룰 주요 주제 들을 미리 드러냈다. 이 서문은 다가올 폭풍우을 예고하는 격렬한 서곡이다. 바울은 갈라디아에서 공격을 받았던 자신의 사도적 권위를 주장하며 시작한 다. 바울은 예수 그리스도의 위격과 사역 대한 고백적 확언으로 자신의 소명 을 확고히 한다. 바울의 송영 뒤에 곧바로 놀라움과 책망의 말이 이어진다. 바 울은 갈라디아 교회들 사이의 동요가 그리스도의 복음을 왜곡하는 것에 지나 지 않는 적대자들 때문이라고 생각했다. 이 상황은 바울이든 천사들이든 누 구든 거짓 복음을 전한 사람에 대해 저주나 저주에 준하는 가장 강력한 정죄 를 요구한다.

결론적으로 바울은 사역의 진정한 동기가 사람을 기쁘게 하려는 것이 아 니라 하나님을 기쁘시게 하려는 것임을 입증했다. 이미 첫 구절에서 편지의 두 가지 핵심 개념인 복음과 은혜가 드러났다. 바울은 진리에 대한 모든 충성 스럽지 않은 성향에 맞서 갈라디아 교인들에게 이 두 가지 하나님의 계시의 봉우리를 상기시켰다. 하나님의 은혜와 복음의 진리에 대한 바울의 관심은 교 만한 이기심에 대한 집착이 아니라 하나님의 은혜와 진리에 대한 관심이었기 때문에 바울은 갈라디아 교인들에게 자신의 회심과 소명, 초기 사역에 대한 이야기를 들려줄 수 있었다.

---

40 Perkins, *Galatians*, 36–37.

추가 주석 2. 이단의 본질

갈라디아의 거짓 교사들에 대한 바울의 저주는 이단의 본질과 기독교 교회의 오랜 역사 동안 지속적으로 존재해 온 이단의 존재에 대한 의문을 제기한다. 이단이라는 단어는 헬라어 명사 αἵρεσις(하이레시스)에서 유래한 것으로, 문자 그대로 "선택 행위"를 의미한다. 이 단어는 신약에서 단순히 "당파" 또는 "특정 그룹"을 의미하는 중립적인 의미로 여러 번 사용되었다(참조. 행 5:17; 15:5; 26:5).

그러나 다른 곳에서는 윤리적 또는 교리적 "선택"으로 기독교 공동체를 분열시킨 파벌이나 분파를 언급하는 더욱 부정적인 의미로 사용된다(고전 11:19, 갈 5:20). 2세기에 이르러 이단은 기독교의 근본 진리에 대한 가르침이 예수와 사도들의 교리에서 너무 근본적으로 벗어나 기독교 존재 근거를 약화시키는 사람들로 밝혀졌다.

오늘날 이단이라는 단어는 종종 명예의 훈장, 신학적 혁신과 창의성의 표시로 자주 선전되는 반면, **정통**은 종종 "구식, 완고함," 무엇보다도 "치명적으로 둔한"이라는 의미로 비난의 대상이 되곤 한다. 따라서 고인이 된 파이크J. A. Pike 주교는 "이것이 이단이라면"이라는 제목의 개인 선언문에서 자신의 불규칙한 교리적 견해를 변호했다. 거의 같은 시기 프린스턴 철학자인 카우프만W. Kaufmann은 『이단자의 신앙』이라는 지적 자서전을 출판했다. 이단은 가정된 정통 관점에서 정의되어야 한다. 따라서 파이크가 적어도 자신의 수정주의 신학을 이단으로 인정한 것은 옳았지만 자칭 무신론자인 카우프만은 이단이라고 부를 수 있는 것과는 긍정과 부정 모두에서 매우 다른 불신앙 체계를 옹호했다.[41]

바울과 다른 기독교의 전령들이 예수 그리스도의 메시지를 헬레니즘 세계의 사상의 장에 전할 때, 그들은 한편으로는 유대교에 대항하고 다른 한편으로는 이교도에 대항하여 그들의 선포를 정의할 수밖에 없었다. 그러나 기독교 운동 내부에서 발생한 왜곡과 허위 진술은 외부의 위협보다 교회의 생존에 훨씬 더 내부적인 위협으로 작용했다. 따라서 갈라디아서뿐만 아니라 신약의 다른 곳에서도 "믿음에서 떠난" "망령되고 허탄한 신화, ... 귀신의 가르침, ... 철학, ... 사람의 전통에 따른 헛된 속임수, ... 그리스도를 따름이 아닌 세상의 초등 학문"

---

41 다음의 훌륭한 논의를 참조하라. H. O. J. Brown, *Heresies: The Image of Christ in the Mirror of Heresy and Orthodoxy from the Apostles to the Present* (Grand Rapids: Baker, 1984), 1–5. 다음 바르트의 정의를 참조하라. "이단이란 형식적인 관점에서 볼 때 그것 역시 예수 그리스도, 그의 교회, 세례, 성경, 및 일반적인 기독교 신조와 관련이 있는 기독교 신앙의 한 형태로 이해한다. 그러나 우리가 그것을 그렇게 인식한다면 우리는 그것이 무엇인지 실제로 이해할 수 없다. 왜냐하면 우리는 그 내용, 이러한 공통된 전제에 대한 해석을 신앙의 모순으로만 이해할 수 있기 때문이다"(*Church Dogmatics* 1.1 [Edinburgh: T&T Clark, n.d.], 32). 또한 다음 참조. A. McGrath, *Heresy: A History of Defending the Truth* (New York: Harper One, 2010).

에 빠지는 사람들에게 경고했다(딤전 4:1, 7; 골 2:7). 더 적극적으로 바울은 디모데에게 건전한 교리의 본을 고수하고 "우리 안에 거하시는 성령으로 말미암아 좋은 것을 지키라"라고 격려했다(딤후 1:14).

교리적 타락으로부터 교회를 지키기 위해 사도들과 교부들은 특히 경각심을 가져야 했다. 이단은 기독교에 대한 정면 공격이 아니라 타당한 신학적 원리에 매혹적이고 유혹적인 왜곡으로 발생할 수밖에 없었기 때문이다. 예를 들어 이레나이우스는 다음과 같이 말한다. "오류는 적나라하게 드러나서 즉시 발견될 수 있는 것이 아니기 때문에 결코 기형으로 드러나지 않는다. 그러나 교묘하게 매력적인 옷으로 치장하여 외형적인 형태로 경험이 없는 사람들에게 (우스꽝스러운 표현이지만) 진리 그 자체보다 더 진실한 것처럼 보이게 한다."[42] 오래된 라틴 속담에 "가장 선한 것의 부패가 가장 나쁘다"(*Corruptio optimi pessimum est*)라는 말이 있다.

갈라디아의 이단들은 예수님이 메시아라는 사실이나 죽었다가 무덤에서 부활했다는 사실을 부인하지 않았다. 새롭고 특별한 계시를 주장하지도 않았다. 오히려 구약성경에 근거하여 자신들의 주장을 펼쳤다. 그들은 하나님의 유일성, 율법의 거룩함, 이스라엘에 대한 하나님의 신실하심, 십계명의 중요성 등 바울 자신도 완전히 동의하는 유효한 신학 사상을 많이 가지고 있었다. 우리가 아는 한, 그들은 예수 그리스도의 신성과 인성을 공개적으로 부인하지 않았다. 그들의 잘못은 그리스도가 완성하신 사역에 하나님과의 올바른 관계의 기초로서 인간의 성취를 추가하는 것이었다. 그러나 그렇게 하는 것은 기독교 신앙의 본질을 너무 급격하게 변화시켜 더 이상 구원의 신앙이라고 믿을 수 없게 만드는 것이었다. 그러므로 바울은 사도적 저주의 모든 힘으로 이 가르침을 확인하고 정죄해야 했다. 블로흐D. Bloech는 "구원하는 믿음은 복음을 다른 복음으로 꾸미려는 모든 노력에 맞서 복음의 완전함을 강력하게 옹호하는 믿음과 분리되어 유지될 수 없다"라고 현명하게 쓴다.[43]

오늘날 주류 개신교의 품위 있는 그룹에서 역사적인 기독교적 의미의 이단이라는 단어는 가장 인기가 없는 단어가 되었다. 많은 현대 신학에서 성경의 기적들은 비신화화되고 고전적인 기독교 교리는 그리스도와의 주관적 관계 또는 적어도 그에 대한 막연한 영적 의식을 강조하는 신앙의 이름으로 평가 절하되어 니케아 및 칼케돈 이후 교회가 필수 불가결하다고 선언한 부끄러운 교리적 부속물로 희생시킨다.

그러나 신약성경 어디에도 그리스도의 인격과 사역에 대한 신학적인 확언 외에는 "그리스도와의 관계"를 제시하지 않는다. 바울이 빌립보 간수에게 "주

---

42 Irenaeus, *Against Heresies* 1.2.

43 D. Bloech, *A Theology of Word and Spirit* (Downers Grove: InterVarsity, 1992), 139 [= 『그들은 어떻게 이단이 되었는가?』, 포이에마, 2011].

예수를 믿으라"(행 16:31)라고 말했을 때, 실제로 자신을 죄에서 구원해 주실 수 있다고 믿는 분에 대해 심오한 교리적인 주장을 펼쳤다. "그리스도"는 예수님의 성이 아니고, "주"는 예수님의 이름이 아니다! 이는 풍부한 신학적인 의미가 담긴 메시아적 칭호였다. 기독교의 본질은 예수 그리스도를 추상적인 존재가 아니라 성육신하신 하나님의 아들, 예언자, 제사장, 왕, 구세주, 구속자, 승리자로서 정확히 알고 믿는 것이다. 따라서 신약 교회에 대한 가장 초기 묘사는 "사도의 가르침에 힘쓴"(행 2:42) 헌신하는 신자들의 무리로 그린다.

오늘날 이단에 대한 우리의 태도를 어떠해야 할까? 첫째, 우리는 타협할 수 없는 복음의 본질과 정통 신자들과 다를 수 있지만 여전히 기독교 교제의 유대를 유지할 수 있는 이차적 교리 문제를 구별하는 법을 배워야 한다. 물론 이 선을 어디에 그어야 하는지는 항상 쉬운 것은 아니지만 그렇게 하지 않으면 한편으로는 신학적 공백과 다른 한편으로는 종파적 경직성을 야기할 것이다. 둘째, 우리는 하나님의 섭리 안에서 이단이 때때로 참된 신앙에 대한 더욱 명확한 정의를 내리는 데 유용한 목적을 가지고 있음을 인식해야 한다. 예를 들어 마르시온이 구약성경을 기독교 경전으로 거부함으로써 신약 정경의 형성이 가속화되었고, 펠라기우스의 공로를 근거로 하는 구원론은 은혜의 교리에 대한 아우구스티누스의 상세한 설명을 촉진시켰다. 마찬가지로 계몽주의 시대에 성경의 권위에 대한 이성주의적인 공격은 성경의 영감과 무오성에 대한 더욱 명확한 정의를 낳았다. 이러한 점은 오늘날에도 여전히 신자들을 인도하고 있다. 셋째, 우리는 항상 이단과 이단자들을 구별하는 데 주의를 기울여야 한다. 우리는 사랑으로 진리를 말하도록 부름받았다. 분노로 신앙을 외치도록 부름받지 않았다. 하나님의 형상대로 지음받은 사람에 대한 신학적 일탈이 아무리 심각하다 해도 인신공격은 용납될 수 없다.

동시에 이단자에 대한 잔인함을 거부하면서 앨리슨F. Allison이 "이단의 잔인함"이라고 부른 것을 경계해야 한다.[44] 예수 그리스도의 교회는 복음의 심각한 왜곡이 그 가운데 나타날 때 이를 기꺼이 인정하고 거부할 수 있어야 한다. 이단과 진리를 구별하지 못하거나, 더 나아가 더 이상 그럴 가치가 없다고 생각하는 교회는 자신을 길과 생명일 뿐 아니라 진리, 곧 아버지께로 인도하는 유일한 진리라고 선언하신 예수 그리스도의 변화시키는 복음을 증언할 권리를 상실한 교회이다. 폴리카르포스의 옛 말은 여전히 유효하다. "그런즉 많은 사람의 허탄한 허영과 거짓 교리를 버리고 태초부터 우리에게 전해진 말씀으로 돌아가자."[45]

---

44 C. F. Allison, *The Cruelty of Heresy* (Harrisburg: Morehouse, 1994).

45 Polycarp, "Epistle to the Philippians," ANF 1:34.

1.3. 사도적 소명(1:11-24)

11 형제들아 내가 너희에게 알게 하노니 내가 전한 복음은 사람의 뜻을 따라 된 것이 아니니라 12 이는 내가 사람에게서 받은 것도 아니요 배운 것도 아니요 오직 예수 그리스도의 계시로 말미암은 것이라 13 내가 이전에 유대교에 있을 때에 행한 일을 너희가 들었거니와 하나님의 교회를 심히 박해하여 멸하고 14 내가 내 동족 중 여러 연갑자보다 유대교를 지나치게 믿어 내 조상의 전통에 대하여 더욱 열심이 있었으나 15 그러나 내 어머니의 태로부터 나를 택정하시고 그의 은혜로 나를 부르신 이가 16 그의 아들을 이방에 전하기 위하여 그를 내 속에 나타내시기를 기뻐하셨을 때에 내가 곧 혈육과 의논하지 아니하고 17 또 나보다 먼저 사도 된 자들을 만나려고 예루살렘으로 가지 아니하고 아라비아로 갔다가 다시 다메섹으로 돌아갔노라 18 그 후 삼 년 만에 내가 게바를 방문하려고 예루살렘에 올라가서 그와 함께 십오 일을 머무는 동안 19 주의 형제 야고보 외에 다른 사도들을 보지 못하였노라 20 보라 내가 너희에게 쓰는 것은 하나님 앞에서 거짓말이 아니로다 21 그 후에 내가 수리아와 길리기아 지방에 이르렀으나 22 그리스도 안에 있는 유대의 교회들이 나를 얼굴로는 알지 못하고 23 다만 우리를 박해하던 자가 전에 멸하려던 그 믿음을 지금 전한다 함을 듣고 24 나로 말미암아 하나님께 영광을 돌리니라

갈라디아서의 주제가 될 문제와 대안을 제시한 바울은 이제 본격적으로 서신의 첫 번째 주요 부분인 갈라디아에서 전도 활동을 시작하기 전 자신의 회심과 부르심, 사역에 대한 역사적 개요를 전개하기 시작한다. 이 긴 자서전적 설명은 1장 11절에서 2장 21절까지 이어지며 세 부분의 하위 구조로 나누어진다. 바울의 초기 그리스도인 경험과 예루살렘 교회 지도자들과의 첫 만남(1:11-24), 바울과 예루살렘 지도자들이 선교 사역의 범위와 영역을 놓고 만난 회담(2:1-10), 안디옥에서 베드로와 대면하여 믿음으로 말미암은 칭의를 선포하는 장면(2:11-21)이다.

이 구절들은 바울의 펜에서 나온 가장 길고 풍부한 자서전적 자료를 담고 있다. 이 구절들은 누가가 바울의 배경, 회심, 초기 선교 활동에 대해 말한 것을 중요한 방식으로 보완한다. 갈라디아서 전체의 4분의 1에 가까운 비중을 차지하는 이 부분과 갈라디아서 구조에서 이 부분이 차지하는 중요성은 기독

교가 역사적 신앙이라는 사실을 강조한다. 기독교는 특정한, 돌이킬 수 없는, 그리고 더 이상 환원할 수 없는 역사적 사건에 근거를 둔다. 예수님은 카이사르 아우구스투스 황제의 통치 기간에 태어났다. 예수님은 본디오 빌라도로 인해 십자가에 못 박히셨고, 사흘 만에 다시 살아나셨으며 40일 후 하늘로 올라가셨다. 기독교는 삶의 철학이나 일련의 도덕적 계율, 신과의 신비한 연합을 위한 비밀 암호가 아니다. 기독교의 핵심은 하나님께서 그의 아들 예수 그리스도의 인격과 사역을 통해 단번에 행하신 일의 기록이다. 이러한 하나님의 강력한 일하심 가운데 사도 바울의 부르심도 구원 역사의 근본적인 사건에 속하기 때문에 반드시 포함시켜야 한다.

이것이 의미하는 바가 무엇이며 갈라디아서에서 왜 그렇게 뜨거운 문제였는지 다음 구절들을 연구하면서 알아볼 것이다. 여기에는 이 긴 역사적 부분의 어느 곳에서도 바울이 자신에게 일어난 사건에 대해 어떻게 느꼈는지 말하지 않는다는 점만으로도 충분하다. 예를 들어, 다메섹 근처에서 부활하신 예수님의 나타나심에 크게 놀랐거나, 기독교 자유의 원리를 전복시키려는 거짓 형제들에게 크게 분노했거나, 긴장된 상황에서 바울의 진정한 확신을 타협한 베드로에게 깊은 상처와 배신을 당했을 것이라고 상상하면서 이 문제에 대해 확실히 추측할 수 있다. 그러나 이 이야기의 요점은 바울의 개인적인 경험이나 주관적인 감정에 초점을 맞추는 것이 아니라, 그러한 폭로가 우리에게 아무리 흥미로울지라도, 오히려 바울 안에서 그리고 바울을 통해 객관적으로 받은 하나님의 계시를 설명하는 것이며, 그 목적은 복음의 진전에 기여하는 것이다(갈 1:16).

그러므로 갈라디아서 1-2장은 3-4장의 명백한 신학적 내용에 대한 역사적 맥락을 설정하고, 이는 5-6장의 윤리적 결과에서 차례로 문제를 제기한다. 그러나 처음부터 서론에서 이미 살펴보았듯이 신학적 문제가 가장 중요하다. 역사적 서술에서도 바울은 단순히 자신의 삶을 이야기하는 것이 아니라 "복음의 진리"(2:14)가 자신의 삶의 이야기에서 어떻게 나타났는지를 이야기하는 데 관심이 있었다.

바울은 이 구절에서 개인적인 영적 일기를 말한 것이 아니며, 아우구스티누스와는 달리 회상에 젖지 않았고 성 바울의 고백록도 남기지 않았다. 오히려 자신의 삶을 살펴보고 신학적 요점을 제시하기 위해 특정 사건을 선택적으로 이야기했다. 바울의 신학적 요지는 역사적 내러티브가 그의 신학적 설명에 거의 알아차릴 수 없을 정도로 흐른다는 사실에서 볼 수 있다. 따라서 2장 15절-21절이 바울이 베드로에게 한 선언의 결론(NIV가 전체 구절에 따옴표로 묶어 놓은 것처럼)인지 아니면 칭의를 주제로 갈라디아인 교인들에게 보내는 특별 연설의 시작(CSB의 가정법이 제시하는 것처럼)인지는 불분명하다.

어쨌든 전체 역사적 이야기는 분명히 "율법의 행위로써가 아니고 그리스도를 믿음으로써 의롭다 함을 얻으려 함이라"(2:16)라는 중심 논지에 대한 서문으로 의도한 것이 분명하다. 1장 초반의 논쟁적인 어조는 바울의 삶과 사역에 대한 이야기에서 계속해서 이어진다. 바울은 반대자들이 갈라디아 교회들 사이에 퍼트린 자신의 경력에 대한 특정한 표현에 반응하고 있다는 것이 분명하다. 이 선동가들이 예루살렘 기독교와 밀접한 관계를 맺고 있었다면, 바울을 예루살렘 사도들로부터 전적으로 권위를 부여받고 종속된 배신자 전도자로 묘사하면서 자신을 모교회의 진정한 대사로 표현했을 가능성이 높다. 선동가들은 바울이 위대한 교회 지도자들의 메시지를 완전히 왜곡한 반면, 자신들은 그 메시지를 순수하게 재현했다고 주장했을 것이다.

따라서 바울은 예루살렘 교회, 특히 베드로와 야고보와의 관계를 명확히 하려 했다. 이 두 지도자들은 처음 두 장에서 각각 세 번 언급된다. 첫째, 바울은 회심한 지 불과 몇 년이 지나지 않아 예루살렘에 있는 베드로와 야고보와 "친교했다"(1:18-19). 그리고 십 년이 훨씬 지난 후, 바울은 이방인 선교 사역과 관련된 전략 회의에서 예루살렘에서 그들을 다시 만났다. 그리고 마지막으로 안디옥에서 바울이 야고보와 관련된 어떤 사람들이 촉발한 식탁 교제의 위기에서 베드로와 대면했다. 이 구절들이 바울과 예루살렘 교회 및 그 지도자들의 관계에 대해 우리에게 무엇을 알려주는지 더 자세히 살펴봐야 할 것이다. 그러나 바울은 베드로와 야고보, 그리고 다른 모든 인간 중개자들에 대해 사도적 독립성을 주장하고 싶었다는 것은 분명하다.

1.3.1. 위로부터 부르심(1:11-12)
1.3.1.1. 인간이 고안한 것이 아님(1:11-12a)

1:11-12a. 이 구절들은 서론에서 이미 암시한 주제, 즉 바울이 갈라디아 교인들에게 전한 복음이 인간이 고안하여 억지로 짜맞춘 것이 아니라 하나님으로부터 직접 온 것이라는 주제를 더욱 본격적으로 전개하고 있다. 바울은 이 논지의 진리를 독자들에게 각인하기 위해 "내가 너희에게 알게 하노니"라는 엄숙한 공개 공식으로 그 논지를 시작한다. 이 표현은 문맥에 따라 다양하게 번역되거나 부정적인 의미로 "나는 너희들이 모르는 것을 원하지 않는다"로 번역되는 등 바울의 편지에 여러 번 등장한다(참조. 롬 1:13; 고전 12:3;

15:1; 고후 1:8; 엡 1:9; 살전 4:13). 이것은 바울이 "나는 이것을 완벽하게 명확히 하길 원한다"라고 말하는 방식이었다.

바울이 지나치게 단호한 발언으로 명성이 높았음에도 불구하고 때때로 매우 조심스럽고 주저하는 태도로 말하기도 했다. 예를 들어, 고린도 교회에서 처녀의 지위에 대해 바울은 "내가 주께 받은 계명이 없다"(고전 7:25)라고 솔직하게 고백했다. 다시 말하지만, 바울은 자신이 셋째 하늘로 옮겨진 것과 관련하여 이 체험이 육체적인 것인지 확신하지 못했다(고후 12:2). 그러나 갈라디아서에서 바울은 부차적인 문제를 다루고 있지 않다. 기독교 신앙에 대한 사악하고 파괴적인 공격에서 기독교 신앙의 핵심을 방어하고 있었다.

이 문제, 즉 복음의 본질에 대해서는 애매모호하거나 의심할 여지가 없다. 이 단호한 주장에는 예수 그리스도로 보장된 구원의 실재만이 걸려 있었다. 의미심장하게도 바울은 갈리다아 교인들을 "형제자매"라고 불렀는데, 이것은 갈라디아 교회에 연설할 때 자신과 함께했던 동역자들을 지칭하기 위해 사용했던 것과 같은 단어이다(1:2). 이 단어는 갈라디아서 전반에서 바울이 독자들에게 직접 말할 때 여러 번 반복된다(예. 3:15; 4:12, 28; 5:11, 13; 6:1, 18). 이 단어는 사도와 편지의 수신자들 사이에 없어서는 안 될 연결 고리를 형성한다. 둘 다 하나님의 은혜의 대상이었으며 따라서 모두 같은 가정의 구성원들이었다. 현재 갈라디아 교회에 닥친 불길한 위기에도 불구하고, 실제로 그로 인해 갈라디아 교회에 임박한 파멸로부터 사랑하는 가족을 구하려는 충성스러운 가족 구성원의 절박함으로 그들에게 다가갔다.

바울이 자신의 복음을 "사람의 뜻을 따라 된 것"(κατὰ ἄνθρωπον, 카타 안드로폰)이 아니라고 말했을 때 이 단어의 일반적인 의미 이상의 것을 말하고 있었다. 블라이J. Bligh는 이 구절을 의역하면서 이 표현의 정확한 의미에 가깝게 표현했다. "나의 복음(과 나의 복음 전파)은 순전히 인간적인 수준에 속하지 않는다. 복음의 메시지는 어떤 사람을 통해 나에게 전달되지 않았다. 그리고 나의 복음 전파는 인간의 동기와 야망에 의해 인도되지 않는다."[46]

11절의 κατά(카타)는 1절의 두 가지 부정, 즉 바울의 사도직과 그의 복음은 사람들에게서 난(ἀπό, 아포) 것이 아니며 사람으로 말미암은(διά, 디아) 것도 아니라는 부정 표현을 되새기면서 포괄한다. 바울은 복음이 사람으로 말미암은 것이 아니라는 성격을 설명하기 위해 두 가지 부정적 조건을 추가하여 이러한 부정을 정교하게 만들었다. 바울은 자신의 가르침을 전통을 통해 받

---

46 Bligh, *Galatians*, 124.

지 않았으며 일반적인 교육 수단을 통해 배우지도 않았다. 이 두 가지 부정은 모두 동일한 현실을 가리키며 그 의미도 거의 동일하다. "'내가 누구에게서도 받지 않았다'는 것은 복음을 처음 받아들였음을 의미하고, '누구도 내게 가르치지 않았다'는 것은 복음의 내용을 점점 이해하게 되었음을 의미한다."[47]

바울은 자신이 복음을 받은 방식과 랍비 유대교에서 일반적으로 행해지는 교리 교육의 방식을 선명하게 대조한다. 그 체계에서는 유서 깊은 출처를 인용하고 수 많은 "각주"를 쌓는 것이 학습 과정에 필수적인 요소였다. 한 랍비는 이렇게 말했으며, 다른 랍비는 저렇게 말했다는 식의 인용이다. 바울은 여기에서 자신이 선포한 복음에 대해 중재되지 않은 신적 권위를 주장했는데, 사실이 아니라면 완전히 터무니없는 주장이었을 것이다. 예수님이 "그러나 나는 너희에게 이르노니"라는 단호한 선언으로 당시의 서기관 전통에 맞섰던 것처럼, 바울도 부활하신 주 예수 그리스도에게서 받은 계시의 일방적이고 수직적인 성격을 강조하여 반대자들을 당황하게 만들었다.

그러나 바울이 이 본문에서 주장한 것처럼 정말로 독립적이었는가? 샌더스 등은 바울이 갈라디아서 1장 11-12절에서 주장한 내용과 고린도전서 15장 3절에서 자신도 받은 복음을 고린도 교인들에게 전했다고 말한 내용에서 "절대적인 모순"을 발견했다고 주장한다.[48] 두 구절 모두 종교 전통의 전승을 뜻하는 전문 용어인 "받다"($\pi\alpha\rho\alpha\lambda\alpha\mu\beta\acute{\alpha}\nu\omega$, 파라람바노)를 뜻하는 동일한 헬라어를 사용한다. 초대 교회에서 영지주의 주석가들은 바울이 갈라디아서 1장 12절에서 자신의 복음은 다른 사도들의 가르침과 전통과는 독립적이라고 주장한 것에 대해 논쟁을 벌였다. 그들은 바울이 실제로 다른 사도들과 공통적으로 "내가 받은 것"(고전 15:3)을 전했지만 갈라디아서에서는 참된 복음(즉, 영지주의적 복음)이 자신에게만 비밀리에 계시되었다고 밝혔다. 이러한 이유로 영지주의자들은 바울을 기독교 신앙에 대한 자신들만의 해석의 선조로 자주 인용하면서 다른 사도들과 신약의 기록들은 결함이 있고 유대교에 오염된 것으로 배척했다.[49]

그러나 바울이 갈라디아서에서 주장한 것은 자신의 복음이 다른 사도들의 복음과 다르다는 것이 아니라 오히려 자신이 다른 사도들과는 독립적으로 복음을 받았다는 것이다. 앞으로 살펴보겠지만, 실제로 바울은 자신의 메시

---

47 D. C. Arichea and E. A. Nida, *A Translator's Handbook on Paul's Letter to the Galatians* (London: UBS, 1976), 17.

48 J. T. Sanders, "Paul's 'Autobiographical' Statements in Galatians 1–2," *JBL* 85 (1966): 335–43.

49 Pagels, *Gnostic Paul*, 102.

지와 다른 사도들의 메시지의 기본적인 일관성을 입증하기 위해 많은 노력을 기울였다. 안디옥에서 베드로를 만났을 때도(2:11-14), 베드로가 바울과 다른 복음을 전했기 때문이 아니라 두 사람이 받아들이고 선포한 하나의 복음과 일관성 없이 행동했기 때문이었다. 그렇다면 바울이 이전의 모든 가르침과 전통에서 절대적으로 독립해야 한다고 주장한 기본적인 의미는 무엇인가?

바울은 회심 이전에도 기독교 신앙의 많은 것을 알고 있었다. 아무것도 모르는 운동을 근절하기 위해 그렇게 많은 에너지를 투자했다는 것은 상상할 수 없는 일이다. 의심의 여지 없이 바울이 박해한 그리스도인들은 잔인하게 십자가에 못 박혔지만 아버지의 능력으로 죽은 자 가운데서 부활하신 하나님의 기름 부음 받은 자, 메시아 예수를 믿는 믿음을 바울에게 증거했다. 바울은 다메섹 도상에서 그리스도의 나타나심을 보고 그들의 증언이 사실임을 확신했다. 바울은 다른 사람이 아니라 부활하신 그리스도를 직접 만나서 복음을 받아들였다. 그렇다고 해서 바울이 초대 교회의 가르침 전통에 무지하거나 냉담했던 것은 아니다. 나중에 바울은 예루살렘의 베드로와 야고보를 방문한 것은 말할 것도 없고 다메섹의 아나니아 및 다른 신자들과 접촉을 통해 신앙고백(고전 15:1-3)과 예전 형식(고전 11:23-26), 그리스도 찬가(빌 2:5-11)에서 구체화되고 있는 초기 기독교 전통을 흡수할 충분한 기회를 가졌을 것이다. 갈라디아서에서 바울이 강조하는 것은 자신이 발전하는 기독교 전통에 반대하여 무지했다는 것이 아니라 그리스도에 대한 지식을 그것에 의존하지 않았다는 것이다. 바울이 나중에 배우고, 편지에 통합하고, 교회에 전수한 예수 전통은 직접적인 계시를 통해 이미 알고 있는 것을 진리로 확인하는 역할을 했을 뿐이다.[50]

---

50 브루스의 주장을 참조하라. "그[바울]는 복음이 직접 계시로 자신에게 온 의미와 전통을 마음 속에서 구별했을 것이다. ... 바울의 설명은 '예수는 부활하신 주님'이라는 복음의 본질이 다메섹 도상에서 하늘로부터 그에게 전해진 것이지, 그것을 받아들이도록 그를 움직인 것은 인간적인 증거가 아니었음을 알 수 있다. ... 그러나 예수의 가르침, 고난주간에 일어난 사건, 부활의 나타남 등에 대한 역사적 세부 사항은 그것들을 직접 경험한 사람들에 의해 바울과 관련되어 있었다"(다음에 인용됨. R. Y. K. Fung, "Revelation and Tradition: The Origins of Paul's Gospel," *EvQ* 57 [1985]: 39). 펑의 탁월한 연구뿐만 아니라 다음 연구도 참조하라. G. E. Ladd, "Revelation and Tradition in Paul," in *Apostolic History and the Gospel*, ed. W. W. Gasque and R. P. Martin (Exeter: Paternoster, 1970), 223–30; P. H. Menoud, "Revelation and Tradition: The Influence of Paul's Conversion on His Theology," *Int* 7 (1953): 131–41.

1.3.1.2. 계시로 말미암은 것이라(1:12b)

1:12b. 바울은 이제 자신의 복음이 "예수 그리스도의 계시로 말미암아" 자신에게 알려졌다고 선언하여 자신이 만들고 있는 대조의 긍정적인 측면을 채우기 시작한다. "계시"(ἀποκάλυψις, 아포칼륍시스)라는 단어는 "베일을 벗김, 드러냄, 감추어졌거나 가로막힌 것을 제거함, 폭로함"을 의미한다. 헬라어 구약성경에서는 단 한 번 사용되었지만(삼상 23:30) 신약에서는 자주 등장하며, 적어도 다음 세 가지 의미를 내포한다. (1) 사람이 오는 것 또는 나타남, 특별히 그리스도께서 오시는 것(고전 1:7; 살후 1:7), (2) 사람 또는 진리의 참된 성격이 드러남(눅 2:32; 롬 2:5), (3) 드러나거나 나타난 것의 내용(고전 14:6; 엡 1:17).

이 세 가지 의미 중 갈라디아서 1장 12절이 무엇을 의미하는지는 "예수 그리스도의"를 목적격적 속격 또는 주격적 속격으로 읽느냐에 달려 있다. 주격적이라면 예수 그리스도께서 스스로 드러낸 계시, 즉 그리스도가 주신 계시를 의미하고, 목적격적이라면 그 내용이 예수 그리스도인 계시, 즉 그리스도에 대한 계시를 의미한다. 어떤 읽기 방식도 본문에 문법적 또는 신학적 충돌을 일으키지 않는다. 어떤 학자들은 본문을 주격적이면서 목적격적으로 받아들였는데, 아마도 바울 자신이 의도한 모호함일 것이다.[51] 분명히 둘 다 사실이다. 예수 그리스도는 다메섹 도상에서 바울에게 계시자로서 직접 나타나셨다. 그리스도가 계시한 것은 복음의 본질, 즉 바울이 전하도록 위임받은 메시지의 내용이었다.

신약의 다른 두 본문이 이 구절을 조명하는 데 도움이 된다. 첫 번째는 가이사랴 빌립보에서 베드로가 "주는 그리스도시요 살아 계신 하나님의 아들이시니이다"라고 놀랍게 고백한 것에 대해 예수님은 "이를 네게 알게 한 이는 혈육이 아니요 하늘에 계신 내 아버지시니라"(마 16:16-17)라고 대답하셨다. 베드로는 이 위대한 통찰을 받기 전에 예수님을 잘 알고 있었다. 예수님이 이 땅에서 사역하신 사실을 잘 알고 있었다. 예수님의 가르침을 들었고 예수님이 큰 기적을 행하신 것을 보았다. 그러나 이 모든 것만으로는 신성한 계시의 순간에 휘장이 걷히기 전까지는 예수님이 진정 누구신지에 대한 진정한

---

51 예를 들어, 그룬트만W. Grundmann의 의견을 참조하라. "이 표현은 예수 그리스도를 스스로 계시하시고 바울을 사도로 삼으신 분으로 묘사한다. 이 계시는 하나님의 은혜의 행위이다. 예수 그리스도는 하나님께서 바울을 통해서 행하시는 분이다"("Χριστός," *TDNT* 9:551). 또한 다음 논의를 참조하라. Burton, *Galatian*, 433-435. 이 문맥에서 바울의 "계시"의 의미에 대해서는 다음을 참조하라. Hays, *Galatian*, 211-212.

깨달음을 얻기에 충분하지 않았다. 이를 통해 우리는 오직 하나님만이 진정으로 자신을 계시하실 수 있다는 것을 배운다. 우리는 그리스도의 복음을 전파하고 가르치며 다른 사람들과 나눌 수 있지만, 오직 하나님만이 굳은 마음을 부드럽게 하고 어두운 마음에 하나님의 진리의 빛을 가져다주실 수 있다.

두 번째 구절은 이전 세대에는 알려지지 않았던 "그리스도의 비밀"이 어떻게 "그의 거룩한 사도들과 선지자들에게 성령으로 나타나게(ἀπεκαλύφθη, 아페칼륍데)"(엡 3:4-5) 되었는지에 대한 바울 자신의 설명이다. 바울은 자기 자신을 모든 성도 중에 가장 작은 자라고 생각했지만, 이 큰 비밀이 예수 그리스도를 통해 자신에게 계시되었다는 사실을 부인할 수 없었다. 따라서 과거에 숨겨져 있던 것이 이제 모든 민족이 듣고 받아들일 수 있도록 공개적이고 보편적으로 드러나고 있다.

이 구절을 떠나기 전에 우리는 바울이 "나의 복음"이라고 주장하고 선포할 수 있도록 바울에게 초자연적으로 계시된 그리스도의 신비의 정확한 내용에 대해 물어야 한다. 바울이 갈라디아서 전체에서 자신의 주장을 전개해 나가면서 이 주제로 돌아가야 하겠지만, 여기에서는 바울에게 알려진 복음의 다섯 가지 필수 요소에 주목하고자 한다. (1) 하나님은 십자가에 못 박히신 메시아 예수를 죽은 자 가운데서 다시 살리심으로 예수님이 아버지와 하나라는 주장을 입증하셨다. (2) 예수님은 아버지의 오른편으로 높임을 받으셨지만 여전히 지상에 있는 자신의 백성들과 생명력 있게 연결되어 있다. 바울이 다메섹 도상에서 본 충격적인 통찰은 다음과 같다. 그리스도인들을 박해하는 것은 실제로는 그리스도 자신을 고문하는 것이다. 그리스도의 몸인 교회에 대한 바울의 교리는 의심할 여지 없이 이 심오한 통찰에서 비롯되었다. (3) 부활하신 그리스도는 권능과 영광으로 다시 오셔서 구약의 모든 메시아 예언을 성취하실 것이며, 하나님의 심판과 진노가 나타날 때 역사를 정점에 이르게 하실 것이다. (4) 그동안 하나님께서는 유대인뿐만 아니라 이방인에게도 구원의 문을 열어주셨다. 바울은 모든 사람에게, 특별히 이방인에게 이 기쁜 소식을 전하라는 사명을 받았다. (5) 유대인과 이방인 모두 하나님께서 받으시는 근거는 율법의 행위와는 별개로 믿음으로 말미암는 칭의이다. 율법적 의의 무익함은 그리스도의 십자가에 나타난 그리스도의 구속의 죽음에 대한 진정한 인식에서 이해할 수 있다. 예수님을 메시아로 계시하신 것은 "예비하신 계획의 때가 찼을 때"(엡 1:10, KJV) 율법이 어떻게 이해되고 적용되는지에 대한 근본적인 방향 전환을 요구한다.

이 복음은 바울에게만 고유한 것이었는가? 아니다. 그것은 예수님께서 직접 선포하신 유일무이한 복음을 완전히 정교화한 것이었다. 바울은 "또 다른 예수" 또는 "다른 복음"(고후 11:4)을 선포한 새로운 사도가 아니었다. 바울의 메시지 내용은 대부분 원시 교회의 케리그마에 이미 내포되어 있었기 때문에 자신감과 열정으로 이를 지지하고 전달할 수 있었다. 고넬료에게 선교할 때 하나님께서 베드로에게도 이 사실을 계시하셨기 때문에(행 10:9-48) 이방인을 포함하는 것에 대한 통찰력도 원래 바울이 가지고 있던 것은 아니었다. 그러나 바울의 메시지에서 전체 의미, 특히 이신칭의 교리와 초대 교회의 선교적 맥락에서 그 교리가 실제적으로 적용되는 것은 바울이 개척할 수 있는 영역이었다. 의심의 여지 없이 이것이 하나님의 섭리 안에서 바울의 삶과 저술이 신약 정경의 형성에서 그토록 두드러지게 나타난 이유이다.

1.3.2. 그리스도 이전의 바울의 생애(1:13-14)
1.3.2.1. 교회에 대한 바울의 박해(1:13)

1:13. 앞의 두 구절에서 사람들에게서 나지 않은 복음의 기원에 대한 논지를 제시한 후에 바울은 자신의 삶과 사역에서 도출된 다섯 가지 역사적 증거를 통해 복음의 진리를 입증하기 시작했다. (1) 바울의 종교적 배경 중 어느 것도 그가 복음을 받아들인 이유를 설명할 수 없다(1:13-17). (2) 바울은 예루살렘 교회의 위임을 받지 않았다(1:18-20). (3) 이전에 바울에게 박해받던 사람들이 그의 변화로 인해 하나님께 영광을 돌렸다(1:21-24). (4) 바울의 사도적 사역은 예루살렘 교회 지도자들에게 인정받았다(2:1-10). (5) 바울은 안디옥에서 흔들렸던 베드로에 맞서 복음을 변호했다(2:11-14). 이 광범위한 역사적 설명에 이어 바울은 편지의 중심 주제를 요약하고(2:15-21), 처음 갈라디아에 복음을 전할 때 하나님께서 갈라디아 교인들 가운데서 어떻게 일하셨는지를 기억하게 한다(3:1-5). 따라서 이 편지의 전체 역사적 부분은 핍박자 바울에서 설교자 바울로 이동한다. 이것은 "다메섹에서 갈라디아로 가는 복음의 길"에 대한 기록이다.[52]

13-14절의 바울의 요점은 회심 이전의 삶과 종교적 배경에서 복음에 대해 긍정적인 반응을 준비하게 할 수 있던 어떤 것도 없었다는 것이다. 이와 정반대로 바울의 초기 경력과 삶의 방식은 유대교의 가장 엄격한 전통에 대한 확신으로 형성되었으며, 이는 결국 예수님을 믿는 이들에게 대항하여 무기를

---

52 D. Lührmann, *Galatians* (Minneapolis: Fortress, 1992), 20–27.

들게 만들었다. 바울은 갈라디아 교인들이 박해자로 살았던 자신의 과거 삶에 대해 이미 알고 있을 것이라 생각했다. 바울은 갈라디아 교인들이 이미 들어본 이야기를 다시 상기시키고 있었다. 의심할 여지 없이 갈라디아 교인들은 바울 자신의 입에서 이 이야기를 들었을 것이다. 왜냐하면 바울은 다른 많은 공적 인물과 달리 자신의 과거의 삶을 망친 부끄러운 행동을 결코 숨기는 사람이 아니었기 때문이다.[53]

바울은 그리스도인들을 향한 자신의 박해 활동에 대해 자주 그리고 생생하게 이야기했다. 마치 사냥개처럼 이 도시 저 도시로 쫓아다니며, 남자와 여자 모두 체포하고, 감옥에 가두고, 처형에 찬성표를 던지고, 심지어 죽음에 이르기까지 괴롭혔다고 말했다(행 22:4; 26:9). 바울은 어떤 회심자들이 죄에서 구원받은 것보다 자신의 죄 많은 과거를 더 크게 자랑하려는 것처럼 그리스도인이 되기 전 저지른 악행을 자랑하기 위해 이 증언을 하는 것이 아니다. 살인자로 살았던 삶의 궤적에도 불구하고, 그것을 돌이키신 하나님의 주권을 높이기 위해 이 증언을 하고 있다. 바울은 "하나님의 교회를 심히 박해했기"(갈 1:13) 때문에 자신을 "사도 중에 가장 작은 자"(고전 15:9)라고 생각하면서 항상 큰 슬픔과 부끄러움으로 자신의 삶의 이 부분에 대해서 말했다.

바울이 "교회"라는 단어를 단수로 사용한 것은 앞서 "갈라디아의 여러 교회들"(갈 1:2)이라 했던 것과 뚜렷한 대조를 이룬다. 바울은 전 세계에 흩어져 있는 모든 구속받은 자의 모임이자 그리스도의 몸인 보편적인 교회를 염두에 두고 있다. 그러나 여기에서 강조점은 한정적 속격인 그 하나님의 교회에 있다. 부활하신 그리스도와의 만남을 통해 바울이 깨달은 것은 그토록 열심으로 쫓던 멸시받는 그리스도인들이 다름 아닌 이스라엘의 거룩한 분의 특별한 백성, 즉 "하나님의 공동체"라는 사실이었다. 이 표현은 구약성경에서 하나님과 특별한 언약관계에 있는 이스라엘 자손을 묘사하기 위해 사용됐다. 그리스도인을 향한 바울의 박해는 그 공동체의 순결을 지키기 위한 것이었다. 이제 바울은 일생의 사업의 핵심이 자신이 보호하고자 했던 바로 그 "하나님의 기업," 즉 하나님의 부르심을 받은 자들을 향하고 있음을 깨달았다. 바울이 핍박했던 열심의 강도는 다음 어구 "심히 박해하여 멸하고"에서 나타난다. 여기

---

53 청교도 윌리엄 퍼킨스의 언급을 참조하라. "바울은 여기에서 과거의 악한 삶을 공개적이고 솔직하게 고백한다. 그러므로 나는 이 사도와 나머지 사도들이 인간의 정책이 아니라 하나님의 성령의 영감에 따라 신약성경을 썼으며, 의심할 여지 없이 그들 자신의 과오를 덮고 숨기고 그들의 수치를 세상에 드러내지 않도록 감동시켰을 것이라고 생각한다. 그러므로 성경은 (무신론자들이 생각하듯이) 사람들을 두려워하게 하기 위한 정책을 위해 쓴 책이 아니라 바로 하나님의 말씀 그 자체이다"(*Galatians*, 35).

사용된 단어($\dot{\epsilon}\pi\acute{o}\rho\theta o\nu\nu$, 에포르둔)는 "크게 파괴하다, 황폐화하다"를 의미한다. 크리소스토무스가 말했듯이, 이것은 "교회를 끝내고, 무너뜨리고, 파괴하고, 전멸시키려는 시도를 의미한다."[54] 도시를 약탈할 때 사용된 이 단어는 23절과 바울이 예루살렘의 그리스도인들을 황폐화시킨 것을 기록한 누가의 병행 기록(행 8:3)에서 다시 반복된다.[55]

1.3.2.2. 종교에 대한 그의 열심(1:14)

1:14. 왜 바울은 그리스도인들을 멸하려고 했는가? 이 구절은 유명한 유대인 신학자 가말리엘의 제자이자 바리새파 유대교의 떠오르는 별로 주목받던 바울이 그리스도인이 되기 이전 시대로 거슬러 올라간다. 라이트가 지적했듯이 박해로 나타난 바울의 열심은 가말리엘이 속한 힐렐 학파보다는 샴마이 학파에 더욱 가까웠다.[56] 이 구절 전체는 강박적인 집착과 야망을 표현하기 위한 최상급 단어들로 가득 차 있다. 바울은 교회를 강하게 박해하고 완전히 없애 버리려고 했으며 극도의 열심은 동시대 유대교를 뛰어넘었다. 이런 종류의 언어는 질문을 하게 만든다. 기독교인들이 무엇을 했길래 바울이 이렇게까지 광적으로 반응했는가? 노크A. D. Nock가 지적한 것을 기억하는 것이 중요하다. "바울이 후기 기독교의 모태가 된 그 몸(기독교 공동체. 역자 주)을 처음 알았을 '그리스도인'이라는 명칭은 없었으며, 이 명칭은 아마도 안디옥에서 생겨난 별명이었을 것이다."[57] 바울이 마주했던 것은 메시아 예수에 대한 헌신으로 이스라엘 공동체의 경계를 재정의하고 있는 분파로서, 바울과 같은 엄격한 바리새인 지도자에게 매우 혼란스러운 일이었다.

초기 기독교 메시지의 두 측면이 바울에게 특히 거슬리게 다가왔을 것이다. 단순히 예수님이 메시아라는 주장뿐만 아니라, 이 메시아가 공개적으로 정죄를 받고 십자가에 못 박혔다가 죽은 자 가운데서 부활했으며 이제는 신성의 지위를 가지고 하늘로 올려졌다는 세 가지 주장, 즉 하나님께만 바쳐야 할 예배를 요구하는 이 모든 것은 애초에 예수를 죽음에 이르게 한 것과 동일한 "신성 모독"을 영구히 지속시키는 것과 같았다(요 10:33). 바울이 나중에 십자가의 "거리끼는 것"($\sigma\kappa\acute{a}\nu\delta a\lambda o\nu$, 스칸달론)이라고 불렀던 것은 최고 수준의 모욕이었다. 십자가에 못 박혔다는 것은 하나님의 저주를 받는 것이며, 엄격

---

54 Chrysostom, "Homilies on Galatians," NPNF[1] 13:10.

55 Bruce, *Galatians*, 91.

56 Wright, *Paul*, 34–39.

57 A. D. Nock, *St. Paul* (New York: Harper, 1938), 35.

한 바리새파 유대교의 관점에서 볼 때 하나님의 기름 부음 받은 자에게는 상상할 수 없는 일이었기 때문이다.[58]

바울은 또한 "내 조상의 전통"에 대한 헌신으로 그리스도께서 율법을 하나님 앞에 올바르게 서기 위한 수단으로 대체하신 기독교 메시지를 위험한 것으로 간주했을 것이다. 도날드슨T. L. Donaldson은 바울의 헌신이 그리스도가 하나님 앞에서 올바른 신분을 얻기 위해 필요했던 율법을 대신한 분이라는 기독교 메시지를 위험한 것으로 간주하도록 바울을 자극했을 것이라고 이해한다. 도널드슨은 다음과 같이 말했다.

> 기독교 설교는 구원을 받기로 예정된 공동체의 일원이 되려면 모든 사람, 심지어 토라가 "의롭다"고 선언하는 사람들도 예수를 믿어야 한다고 선언했다(예. 행 3:17-26). 따라서 토라만으로 충분하지 않았다. ... 초대 교회가 그 메시지의 급진적인 함의를 인식하지 못했을지라도, 바울은 케리그마가 토라가 아닌 그리스도께 중심적인 역할을 부여했음을 인식하고 이러한 위험에서 유대교를 변호하기 위한 조치를 취했다.[59]

율법과 성전 의식이 구원의 길로 부적절하다는 것은 이미 스데반이 산헤드린에서 행한 연설(행 7장)에서 분명하게 드러났으며, 스데반의 설교는 박해에 있어서 바울이 중요한 역할을 하는 계기가 되었을 것이다.[60]

바울은 교회를 향한 자신의 박해 활동을 설명할 때 "열심"이라는 단어를 사용했다. 열심이라는 단어는 마카비 문헌에서 두드러지게 나타나는데, 이 문

---

58 Fung, *Galatians*, 58–62. 이 개념은 헹엘이 더욱 정교하게 다듬었다. M. Hengel, *The Atonement: The Origins of the Doctrine in the New Testament* (Philadelphia: Fortress, 1981), 40. 이 주제 대한 다른 해석은 다음을 참조하라. C. M. Tuckett, "Deuteronomy 21, 33; Paul's Conversion," in *L'apôtre Paul: Personnalité, style et conception du ministère*, ed. A. Vanhoye (Leuven: Leuven University Press, 1986), 345–50.

59 T. L. Donaldson, "Zealot and Convert: The Origin of Paul's Christ-Torah Antithesis," *CBQ* 51 (1989): 678–79.

60 우리는 구원의 과정에서 율법에 대한 바울의 부정적인 평가가 그의 선교 활동의 긴급성, 즉 이방인들이 할례와 다른 율법의 요구를 강요받지 않으면 더 쉽게 회심할 수 있다는 깨달음에서 발전했다는 왓슨F. Watson의 견해를 받아들일 수 없다. 바울이 갈 1:10에서 사람의 기쁨을 구하는 자가 아니라고 부인한 것은 이런 종류의 고발에 자신을 변호한 것이다. 율법에 대한 바울의 신학적 논의는 비신학적 근거에서 비롯한 실용적 결정을 정당화하려는 시도가 아니라 기독교 교회의 초기 선포에 이미 내포된 급진적인 방향 전환의 작업이었다. 다음을 참조하라. F. Watson, *Paul, Judaism and the Gentiles* (Cambridge: Cambridge University Press, 1986). 바울과 율법에 대한 유사한 발전적 관점에 대해서는 다음을 참조하라. "Paul's Conversion and the Development of His View of the Law," *NTS* 33 (1987): 404–19.

헌에서는 이방인 침입자로부터 조국과 성전, 율법을 지키기 위해 기꺼이 무력을 사용했던 유대인 지도자들을 가리킨다. 언약 공동체를 노골적으로 위반한 사람들에 대한 거룩한 폭력과 심지어 죽음에 이르는 제재는 비느하스(민 25장), 여호수아(수 7장), 엘리야(왕상 18:19) 같은 구약에 나타난 원형에 뿌리를 두고 있다.[61] 바울은 자신이 하나님의 거룩한 법을 전복하여 하나님의 목적에 반대하는 그리스도인들에 대한 폭력적인 운동으로 스스로를 이러한 열심 있는 지도자들의 전통에 서 있다고 생각했을 것이다.

이 논의에서 주목해야 할 점은 바울의 박해 활동이 큰 에너지와 함께 신속하게 수행되었으며, 이는 신실한 종교적 신념과 높은 도덕적 기대에서 비롯되었다는 것이다. 바울은 기물 파손과 폭력을 일삼는 2류 깡패나 마피아가 아니었다. 바울이 의심에 시달렸다거나 다른 생각에 사로잡혀 양심의 가책을 느끼며 일을 수행했다는 증거는 없다. 나중에 빌립보 교인들을 위해 자신의 이력을 재구성할 때 바울은 할례, 베냐민 지파 출신, 바리새파의 일원, 율법에 대한 흠 없는 헌신 등 다른 덕과 업적과 함께 교회에 대한 박해를 이력에 넣을 수 있는 행복하고 성공한 유대인이었다. 바울은 그리스도를 만나기 전에는 자신이 행한 박해를 포함하여 이 모든 것을 "유익"으로 여겼다(빌 3:4-6).[62] 따라서 하나님을 기쁘시게 하려고 노력하면서 실제로는 하나님을 대적하고 최고

---

61 신약에서도 하나님의 심판은 하나님의 백성을 핍박하는 자들이나(참조. 헤롯 아그립바 1세의 죽음, 행 12:20-23) 심지어 하나님의 거룩한 것을 과시하는 신자들에게도 갑작스럽고 치명적으로 내릴 수 있었다(참조. 성령을 속인 아나니아와 삽비라, 행 5:1-11, 또는 주의 만찬을 더럽힌 고린도의 교인들, 고전 11:30). 그러나 신약 교회에서 이러한 심판은 기독교 공동체의 특권이 아니라 하나님의 직접적인 개입의 결과이다. 그리스도인은 원수를 사랑하고 박해하는 자를 위해 기도하며 모든 변호는 하나님의 손에 맡기라는 명령을 받는다 (롬 12:14-21). 이 접근법의 성경적 기초와 역사적 발전에 대해서는 다음을 참조하라. J. Piper, "Love Your Enemies," in *Jesus' Love Command in the Synoptic Gospels in the Early Christian Paranesis* (Cambridge: Cambridge University Press, 1979); G. R. Edwards, *Jesus and the Politics of Violence* (New York: Harper & Row, 1972); T. George, "Between Pacifism and Coercion, The English Baptist Doctrine of Religious Toleration," *MQR* 58 (1984): 30–49. 바울의 열심에 대해서는 다음을 참조하라. Wright, *Paul*, 27–39.

62 참조. K. Stendahl, *Paul among Jews and Gentiles*, 12–13. 리처드 헤이즈는 "2장 14절에 등장하는 동사 '유대화하다'(ἰουδαΐζω, 개역개정. 유대인답게 살게 하다)는 '다른 사람을 유대인으로 만든다'는 의미가 아니라 '유대인의 관습을 받아들이다'를 의미한다." Hays, "Galatians," 185. 반유대주의의 오랜 역사에서 이 본문은 때때로 유대인에 대한 기독교인의 박해를 정당화하는 데 사용되었다. 이것은 바울이 가르치는 내용을 완전히 왜곡한 것이다. 오히려 그리스도 안에 있는 구원이 율법 준수를 수반하는지(참조. 행 15:1), 아니면 율법의 행위와는 상관없이 오직 은혜에 근거한 것인지에 대한 기독교 내부의 논쟁이었다. 최근 학계의 논의에 대해서는 다음을 참조하라. Matthew V. Novenson, "Paul's Former Occupation in *Ioudaismos*," in *Galatians and Christian Theology*, ed. M. W. Elliot, S. J. Hafemann, N. T. Wright, and J. Frederick (Grand Rapids: Baker Academic, 2014), 24–39.

를 지향하면서 최악의 상태에 빠졌다는 사실을 깨달았을 때 바울의 수치심과 후회는 더욱 커졌다. 바울이 "유익"이라고 불렀던 것들이 이제 인생의 배설물 더미에 던져지기만 하면 되는 "해," 쓰레기, σκύβαλον(스퀴발론, 배설물), 인간의 배설물이라는 것을 깨달았다.

1.3.3. 회심과 부르심(1:15-17)

바울이 자신의 복음이 인간적 기원을 갖고 있지 않다는 첫 번째 증거로 그리스도인이 되기 이전의 과거를 간략히 살펴보았다. 그리스도인이 되기 이전의 바울의 삶은 바울이 주장하는 복음에 대한 완전한 적대감과 반대에 휩싸여 있었다. 초자연적 개입이 가져온 급진적인 변화만이 바울의 변화를 설명할 수 있다. 이제 바울은 자서전적 이야기에서 두 번째 증거, 즉 자신을 사도로 만든 하나님의 계시로 넘어갔다.

1.3.3.1. 하나님의 주도권(1:15-17)

1:15. 15-17절은 길고 다소 어려운 헬라어 문장으로 구성되어 있다. 바울의 목적은 1절에서 이미 말한 내용, 즉 자신의 사도적 사역이 "사람들에게서 난 것도 아니요 사람으로 말미암은 것도 아니라" "예수 그리스도의 계시로 말미암아 왔음"을 강조하는 것이었다. 바울은 자신의 회심 경험에 대한 구체적인 세부 사항들을 열거하지 않고 오히려 자신의 사도적 부르심은 전적으로 하나님의 주도권 때문이며 인간의 검증에 의존하지 않았다는 증거를 인용한다.

바울은 하나님의 주권적인 주도권을 세 가지 다른 행위의 관점에서 설명했는데, 이 세 가지 행위는 모두 "기뻐하셨다"(εὐδόκησεν, 유도케센)로 번역된 절의 동사로 지배된다. 하나님의 선하신 기쁨은 바울이 택정되고 부르심을 받고 그리스도의 계시를 받은 것에서 드러났다.

1. **바울은 택정함을 받았다.** 바울은 로마서 1장 1절에서도 "택정함을 받았다"라는 단어를 사용했는데 자신을 "하나님의 복음을 위하여 택정함을 입었으니"라고 묘사했다. 문자적으로 이 단어는 "사전에 결정하다," "특수한 목적을 위해 경계선을 긋다, 경계를 정하다"라는 의미이다. KJV 성경의 "어머니의 자궁에서부터 나를 분리하신 하나님"이라는 번역은 출생 과정과 관련된 물리적 절차에 대한 아이디어를 전달한다. 그러나 바울은 자신의 탄생보다 훨씬 이전의 일, 즉 "창세 전에 그리스도 안에서 우리를 택하신"(엡 1:4) 하나님의 영원한 예정과 선한 기쁨을 염두에 두었다. 따라서 우리는 이 표현을 "나를

택정하신 하나님은 내가 태어나기 전부터 그리고 나 자신의 욕망이나 원칙이 생기기 전부터 나를 특별한 목적에 헌신하게 하셨다"라고 의역할 수 있다.[63]

뭉크는 이 표현과 실제로 바울의 부르심에 대한 전체 묘사가 선지자 예레미야와 이사야의 고난받는 종이 택정받는 것을 묘사하는 구약 본문을 어떻게 반영하는지를 보여준다(렘 1:4; 사 49:1-6).[64] 분명히 바울은 이스라엘 역사에 나오는 이러한 본문이 자신이 하나님의 압도하시는 은혜로 선택받고 섬기도록 부담을 가지게 만든 감각을 표현한다고 느꼈다. 칼뱅이 말했듯이, "이 구별은 바울이 자신의 존재를 인식하기도 전에 사도의 직분에 임명한 하나님의 목적이었다."[65]

바울이 이 구절에서 언급한 선택 교리는 기독교 교회 역사를 통틀어 수도 없이 남용되었으며 많은 오해를 샀다. 어떤 사람들은 성경적 근거를 완전히 부인하고 하나님 앞에서 자신의 지위가 종교 활동, 선행 또는 다른 형태의 도덕적 노력으로 결정된다고 믿는 것을 선호했다. 갈라디아의 선동가들은 그리스도의 복음에 율법을 더한 복음을 주장하면서 이단에서 크게 벗어나지 않았다. 그러나 다른 사람들은 선택 교리를 선교와 복음주의에 대해 아무것도 하지 않는 접근 방식의 구실로 사용했다. 하나님이 세상의 기초가 놓이기도 전에 누군가를 선택하셨다면 왜 복음을 전하고, 교회에 가고, 선교사를 파송하고, 무엇인가를 해야 하는가?

찰스 스펄전보다 은혜 교리에 더 헌신한 사람은 없었지만, 스펄전은 자신의 시대에 이렇게 왜곡된 가르침을 접했을 때 "많은 교회의 영혼을 차갑게 하여 복음의 값없는 초대를 생략하고 예수님을 믿는 것이 죄인의 의무라는 사실을 부인하게 만들었다"라고 한탄했다.[66] 선택과 예정 교리에 대한 이러한 초-

---

63 K. S. Wuest, *Wuest's Word Studies from the Greek New Testament* (Grand Rapids: Eerdmans, 1966), 1:49.

64 Munck, *Paul and the Salvation of Mankind*, 24–35.

65 Calvin, *Galatians*, CNTC 11:20. 종교개혁 당시 취리히의 목사였던 그발터Rudolf Gwalther는 갈라디아서 설교에서 이 본문에 대해 다음과 같이 논했다. "복음 사역에 관한 한 타고난 은사를 고려한다면 그 어떤 인간도 복음 사역에 적합하지 않다. 하나님의 영의 신비를 이해하지 못하고 자신도 그런 것을 생각하는 데 매우 부적합한 사람이 어떻게 다른 사람을 가르칠 수 있는가? 그 섬김의 직무를 수행하려는 사람들은 그 직무를 위해 하나님이 그들을 구별하시는 것이 필수적이다. 이것은 모든 사람이 어머니 뱃속에 잉태되거나 태어나기 전에 이미 아시는 하나님의 비밀의 작정으로 이루어진다." *Galatians, Ephesians*, ed. G. Bray, RCS (Downers Grove: IVP Academic, 2011), 10:38.

66 다음에 인용됨. R. Brown, *The English Baptists of the Eighteenth Century* (London: The Baptist Historical Society, 1986), 23. 스펄전의 복음주의적 칼뱅주의에 대한 논의는 다음을 참조하라. L. Drummond, *Spurgeon: Prince of Preachers* (Grand Rapids: Kregel, 1992), 636–50; I. Murray,

칼뱅주의적 해석은 성경 어디에서나 증명되는 사실, 즉 주권적 은혜로 구원으로 부르시는 하나님께서 모든 민족에게 복음을 전파하는 것을 포함한 수단들을 제정하여 선택하신 사람들을 회개와 믿음으로 이끄신다는 사실을 무시한다. 성경 계시의 더 넓은 맥락에서 볼 때, 선택 교리는 추측이나 게으름의 원인을 제공할 수 없다. 인간의 풍경을 바라보는 첨탑도 아니고 잠을 잘 수 있는 베개도 아니다. 오히려 유혹과 시련의 시기에 견고한 요새이며 하나님의 은혜와 영광을 찬양하는 고백이다.[67]

2. 바울은 부르심을 받았다. 바울은 영원 전부터 선택되어 어머니의 모태에서부터 구별되었을 뿐만 아니라, 인생의 특정 시점에서 하나님의 부르심을 받았다. 로마서 1장 1절에서 바울을 향한 하나님의 부르심은 하나님의 은혜에 대한 일반적인 경험적 전유에 따라 예정에 앞서 언급된다. 그러나 바울이 신성한 주도권의 우선순위를 강조하고 있는 갈라디아서에서는 부르심이 택하심 뒤에 배치되어 바울이 그리스도께로 온 것이 하나님의 선택적 은혜의 결과임을 나타낸다. 초기 침례교 신앙 고백서에서 표현했듯이, "선택은 하나님께서 영생에 이르도록 특정한 개인에 대한 은혜로운 선택으로 부르심을 받고, 의롭게 선언되고, 거룩하게 되고, 영화롭게 되는 과정에 있다."[68] "부르심"은 회개와 믿음을 포함하여 잃어버린 죄인이 그리스도께 회심하는 모든 사건을 가리킨다. 이런 의미에서 바울은 베드로가 신자들에게 "너희 부르심과 택하심을 더욱 힘써 굳게 하라"고 권면한 것처럼 로마의 모든 그리스도인을 "성도로 부르심을 받은" 자들이라고 말할 수 있었다(롬 1:7; 벧후 1:10).

신자의 삶에서 이 부르심에 대한 훌륭한 비유는 예수님께서 나사로를 죽음에서 살리신 일에 빗댈 수 있다. 죽음이라는 명백한 현실(악취가 나는 시체!)에 직면한 예수님은 "나사로야 나오라!"라고 말씀하셨고 죽은 사람이 살아났다. 마찬가지로 "허물과 죄로 죽은" 우리도 그리스도의 부르심을 통해 "살아났다." 바울은 자신의 요점을 놓칠 수 없다는 듯이 이 부르심은 은혜로 인한 것임을 다시 한번 강조했다. 그러나 "저항할 수 없는 은혜"는 구원에 이

The Forgotten Spurgeon (Carlisle, PA: Banner of Truth, 2009).

67 참조. H. H. Rowley, *The Biblical Doctrine of Election* (London: Lutterworth, 1950); T. J. Nettles, *By His Grace and for His Glory: A Historical, Theological, and Practical Study of the Doctrines of Grace in Baptist Life* (Grand Rapids: Baker, 1986).

68 이 문장은 켄터키 주 루이빌에 있는 남침례신학교 신앙 고백문인 원리 개요(the Abstract of Principles)에서 발췌한 것이다. 이 교의적 초점은 1689년 제 2차 런던 신앙 고백을 거의 그대로 반영한다. 이와 관련하여 다음을 참조하라. W. L. Lumpkin, *Baptist Confessions of Faith* (Valley Forge: Judson, 1959).

르게 하는 하나님의 효과적인 부르심을 묘사하기에는 빈약하다.[69] 저항할 수 없는 은혜는 영원 전부터 하나님께서 선택하신 우리가 시공간 속에서 그분을 선택해야 한다는 사실을 모호하게 만든다. 하나님의 은혜는 종종 강력한 저항을 받는다(참조. 바울의 "가시채를 뒷발질하기"). 복음의 핵심은 하나님의 은혜가 우리의 죄의 저항을 극복하고 우리를 슬리퍼W. T. Sleeper의 찬송가처럼 "고통의 멍에 벗으려고 예수께로 나옵니다"라고 고백할 수 있는 항복으로 이끈다는 것이다.

3. 하나님은 바울을 통해 자기 아들을 계시하셨다. 바울이 말하는 하나님의 아들의 계시는 무엇을 가리키는가? 많은 주석가는 바울이 다메섹 도상에서 부활하신 그리스도를 만난 것을 다시 언급하고 있다고 믿는다. 따라서 "그를 내 속에 나타내신 것"은 바울이 인생의 이 결정적인 순간에 받은 부르심을 설명하는 또 다른 방법일 뿐이다.

이 논의는 해석에 있어서 또 다른 논란의 여지가 있는 부분과 밀접한 관련이 있다. "내 속에"(ἐν ἐμοί, 엔 에모이)는 "바울 안에서 그리고 바울을 위한 주관적인 계시를 가리키는가, 아니면 바울 안에서 그리고 바울을 통해서 다른 사람들에게 객관적으로 그리스도의 나타나심을 가리키는가?[70] 어떤 학자들은 이 구절을 주관적이고 신비적으로 읽으면서 예수 그리스도께서 실제로 특정한 시간에 바울에게 직접 나타나셨을 가능성을 무시해버렸다. 그러나 이것이 바로 바울 자신이 몇 번이나 반복해서 주장한 내용이다. "내가 ... 예수 우리 주를 보지 못하였느냐"(고전 9:1). 바울은 그리스도와의 만남을 사적이며 영적인 체험이나 심지어 나중에 자신이 받았다고 인정한 "주의 환상과 계시"(고후 12:1)와 명백하게 구별했다. 예수님은 바울에게 나타나셨다. 예수님은 바울의 모국어인 아람어로 바울에게 말씀하셨다. 사도는 자신의 눈으로 예수님을 보았고(고전 9:1에서 ἑόρακα[헤오라카]의 의미), 이 만남의 결과로 눈이 멀었다. 또한 예수님은 정오 무렵 특정 시간, 다메섹 도상의 특정한 장소에서 바울을 가로막으셨다.

바울과 그리스도와의 만남을 성경 본문이 가리키는 대로 시공간에서 일어난 실제 역사적 사건이 아닌 다른 것으로 해석하는 것은 신약의 특수한 성육신 종교와는 거리가 먼 가현설적 기독교를 선택하는 것이다. 균형적으로 볼 때, ἐν ἐμοί(엔 에모이)는 "나를 통해"라고 해석하는 것이 더 나은 것 같다. 그

---

69 내가 소위 칼뱅주의 5대 강령을 재구성한 글을 참조하라. *Amazing Grace: God's Pursuit, Our Response* (Wheaton: Crossway, 2011).

70 Burton, *Galatians*, 50.

러나 그렇다고 해서 바울이나 다른 복음 사역자들에게 그리스도를 주관적으로 전유하는 것의 중요성이 줄어드는 것은 결코 아니다. 한 번 부활하신 예수님께서 나타난 것을 본 바울의 경험(고전 15:8)이 정확하게 복제될 것이라고 기대할 이유는 없지만, 또 다른 중요한 의미에서 그리스도의 복음을 선포하는 모든 사람은 하나님께서 자신의 아들을 그들에게 계시하셨기 때문에 그렇게 해야만 한다. 훌륭한 청교도 윌리엄 퍼킨스보다 이 점을 더 잘 지적한 사람은 없다.

> 복음을 전하는 사역자들은 바울이 그리스도를 배운 것처럼 그리스도를 배워야 한다. 사역자들은 학교에서 배운 것으로 만족하면 안 되며, 그리스도에 대한 참된 배움으로 더 나아가야 한다. 다른 사람들을 회심시켜야 하는 사람들은 자신들이 효과적으로 회심해야 한다. 요한은 책을 먹은 다음 예언해야 하고 복음에 합당한 사역자가 되고자 하는 사람들은 먼저 하나님의 책을 먹어야 한다. 그리고 이 책은 실제로 그들이 깨달을 때뿐만 아니라 그들의 마음이 모욕을 당하고 그리스도의 말씀에 복종할 때 먹는다. 그리스도를 이렇게 영적으로 그리고 참으로 배우지 않으면, 신자들은 사람들이 수수께끼를 말하듯이, 그리고 옛날에 사제들이 자기가 말한 것이 무엇인지 알지 못한 채 아침 기도를 말했던 것처럼 하나님의 말씀을 말할 것이다.[71]

요약하면 하나님께서는 바울을 통해 그리스도를 계시하기 위해 바울 안에서 그리스도를 계시하셨다고 말할 수 있다. 이 계시의 내용은 무엇인가? 물론 예수 그리스도 자신과 그리스도께서 바울에게 맡긴 복음이었다. 피츠마이어는 바울이 주장한 복음의 여섯 가지 특징을 종말론적, 역동적, 케리그마적, 규범적, 약속적, 보편적이라고 열거했다.[72] 바울이 강조하는 이 여섯 가지 특징은 갈라디아서 전체에 걸쳐 분명하게 드러난다.

첫째, 복음은 **종말론적** 계시로서 이전에는 알려지지 않았던 기쁜 소식이 지금과 같은 방식으로 드러나는 것이다. 갈라디아서의 전체 논증은 본질적으로 바울이 이 책을 시작하면서 고백한 내용을 풀어낸 것이다. "그리스도께서 이 악한 세대에서 우리를 건지시려고 우리 죄를 위하여 자기 몸을 주셨으니"(1:4). 바울을 "통한" 계시는 그리스도 자신의 구속 사역에서 없어서는 안 될 부분이다.

---

71 Perkins, *Galatians*, 46.

72 J. A. Fitzmyer, *To Advance the Gospel* (New York: Crossroad, 1981), 149–61.

둘째, 복음은 단순히 암기해야 할 교리 공식이나 순종해야 할 윤리 강령이 아니라 인류 역사에서 **역동적인** 힘이다. 말하자면 인간 존재의 낡은 구조를 상대화하고, 신자들을 지배하는 왕권과 권력에서 해방시키며 사랑과 용서의 새로운 공동체를 창조하는 그 자체의 생명을 가지고 있다.

셋째, 복음은 단순히 개인적인 간증이 아니라 그리스도 안에서 하나님의 구원 사역이라는 기쁜 소식을 전하는 **케리그마적** 메시지다. 갈라디아서에는 초대 교회의 전례 관습과 예배 유형을 반영하는 여러 고백 본문이 포함되어 있다 (참조. 갈 1:3-5; 3:26-29; 4:4; 6:18).

넷째, 바울이 복음을 왜곡하려는 자들을 향해 던진 무서운 판결에서 알 수 있듯이 복음은 바울의 생각에서 **규범적인** 역할을 했다(1:7-9). 복음은 여러 가지 선택지 중 하나로 정중하게 제시할 수 있는 정보가 아니다. 복음은 듣고, 받아들이고, 순종하고, 따르고, 실천해야 한다. 그렇기 때문에 복음은 어떤 경쟁자도 용납할 수 없으며 변질, 오염, 희석도 용납하지 않는다.

다섯째, 바울을 통해 계시된 그리스도의 복음은 참으로 새로운 계시이지만 허공에서 갑자기 발명된 것이 아니다. **약속으로서** 복음의 성격은 바울이 아브라함과 하갈과 사라의 이야기에 대한 논의에서 보여주었듯이 갈라디아서의 주요 주제이다.

여섯째, 바울이 선포한 복음은 "믿음으로 말미암아 너희가 다 그리스도 예수 안에서 하나님의 아들이 되었기"(3:26) 때문에 어느 한 계층, 국적, 인종, 성별 또는 사회 집단에 국한되지 않는 **보편적인** 범위의 복음이다. 갈라디아서 논쟁의 핵심은 바로 이 특징과 관련이 있다. 바울은 어느 한 문화가 복음을 독점하거나 할례와 같은 특정 의식이 복음을 받아들이는 전제 조건이 될 수 있다는 것을 완고하게 거부했다. 예수가 가져온 구원은 유대인과 이방인 모두를 위한 것이다.

1.3.3.2. 바울의 독특한 사명(1:16)

1:16. "그의 아들을 이방에 전하기 위하여"라는 어구는 바울이 하나님의 아들을 계시하는 도구로 구별되고 부르심을 받아 이방인들 가운데서 선포한 목표 또는 목적을 나타내는 헬라어의 목적절이다. 바울의 사도적 사명의 범위와 특수성은 우연이 아니다. 바울은 단순히 사도로 부름받은 것이 아니라 **이방인**의 사도로 부름받았다. 바울은 종종 자신을 "이방인의 사도" (롬 11:13; 딤전 2:7)라고 불렀다. 이 사명은 다메섹 도상에서 그리고 이후에 예루살렘에서 성전 환상에서 바울에게 주신 계시의 필수적인 부분이었다(행

9:15; 22:17-21). 바울이 갈라디아에서 거짓 교사들과 충돌한 이유는 바로 이방인을 향한 바울의 율법 없는 선교 때문이었다. 갈라디아서 2장에서 살펴보겠지만, 예루살렘 교회의 지도자들이 하나님께서 바울에게 주신 "이방인에게 복음을 전하는 사명"(갈 2:7 NIV 1984년판)을 인정했을 때 바울의 사역에 큰 돌파구가 생겼다. 바울의 고유한 역할에 대한 이러한 견해는 유대인 기독교 운동 내의 다른 그룹과 공유되지 않았다. 모든 민족이 은혜로 구원을 받는다는 바울의 메시지가 그리스도를 통한 구원과 유대인의 의식과 의례를 준수해야 한다는 더욱 제한적인 개념에 부딪히면서 갈등이 필연적으로 발생했다.

바울이 이방인 전도의 개척자로 부름받았다는 사실이 동료 유대인들도 그리스도를 알기를 바라는 바울의 열심과 열망을 가리면 안 된다. 한 번은 모세의 간청을 되풀이하면서 자신이 저주를 받아 "나의 형제 곧 골육의 친척을 위하여 내 자신이 저주를 받아 그리스도에게서 끊어"지기를(롬 9:3) 바랐을 정도이다. 바울의 선교 전략은 마음의 짐을 반영한 것이었다. 바울은 기회가 있을 때마다 항상 "유대인에게 먼저" 복음을 전했다.

아마도 기독교 사상사에서 그 누구보다도 일찍 바울은 교회가 완전한 유대인과 회심한 이방인으로 구성된 "제3의 인종"이라는 것을 깨달았다(고전 10:32).[73] 바울은 깨달았지만 다른 사람들이 깨닫지 못한 것은 하나님께서 선택하신 은혜의 신비 안에서 유대인들이 메시아를 거부한 기회를 이용하여 이방인들을 하나님의 백성의 완전한 참여자로 포함시키기 위해 문을 열기로 선택하셨다는 사실이다. 바울은 로마서 9장 11절에서 이 사건을 논증하면서 "이방인의 충만한 수가 들어오기까지"(롬 11:25) 이스라엘에 임한 일시적인 강퍅함을 언급하며 결론을 내린다. 따라서 이방인을 향한 바울의 세계 선교, 특히 아직 복음을 듣지 못한 곳에 복음을 전하려는 열심은 선택받은 이방인과 선택받은 유대인 모두 참 메시아를 받아들일 때에만 일어날 그리스도의 재림에 대한 간절한 기대와 관련이 있다. 뭉크가 말했듯, 바울의 개인적인 부르심은 "객관적인 종말론의 필요성, 곧 세상의 끝이 오기 전에 이방인들에게 복음이 전파되어야 한다는 하나님의 계획"[74]과 일치했다.

1.3.3.3. 바울의 특별한 준비(1:17)

73 "제3 인류"라는 용어에 대해서는 다음을 참조하라. A. Harnack, *The Expansion of Christianity in the First Three Centuries*, trans. J. Moffatt (New York: G. P. Putnam's Sons, 1905), 300–352.

74 Munck, *Paul and the Salvation of Mankind*, 41.

1:17. 이 구절에서 "즉시"(εὐθέως, 유데오스. 개역개정은 번역하지 않음. 헬라어 성경은 16절에 나타남. 역자 주)라는 부사 때문에 해석하기 어려운 문제가 제기된다. 헬라어 본문에서 이 단어는 바울의 회심 후 활동에 대해 언급한 두 가지 부정적인 진술의 시작 부분에 나오기 때문에 "즉시 인간의 조언자를 구하지 않고 심지어 나보다 먼저 사도였던 사람들을 만나러 예루살렘에 가지 않고"라고 번역될 수 있다. 이것은 헬라어와 영어 모두에서 어색한 구조이며 대부분의 현대 번역에서는 바울의 아라비아 방문과 "즉시"를 연결했다. NEB는 "나는 즉시 아라비아로 떠났다"라고 번역한다.[75]

이 견해를 극단적으로 밀어붙이면 사도행전 9장 19-22절에 나오는 바울의 활동 이야기와 충돌하는 것처럼 보인다. 거기에는 바울이 세례를 받은 직후에 한 일을 설명하는 데 같은 단어 εὐθέως(유데오스)가 사용된다. "사울이 다메섹에 있는 제자들과 함께 며칠 있을새 즉시로 각 회당에서 예수가 하나님의 아들이심을 전파하니"(행 9:19-20). 바울은 어떻게 "즉시" 다메섹에서 복음을 전파하고 동시에 아라비아로 떠날 수 있었는가?

헬라어 본문의 문자적인 순서를 따르고 "즉시"를 회심 후 바울의 행방에 관한 부정적인 진술을 한정하는 것으로 해석하면 이 어려움은 완전히 사라진다. 바울이 말한 요점은 다메섹에서 아무 일도 하지 않고 즉시 아라비아로 갔다는 것이 분명히 아니다. 회심 직후 예루살렘에 갔거나 예루살렘에 있었던 사도들과 어떤 의논도 하지 않았다는 점이다. 바울은 자신이 어떤 복음을 소유하고 있든지 간에 그 이전에 사도였던 사람들에게 간접적으로 받았다는 갈라디아 반대자들의 주장에 반박한다. 바울은 인간적인 중개와는 별개로 그리스도의 부르심과 사명을 받았을 뿐만 아니라 예루살렘의 권위 있는 자들과 처음 만나기 전부터 설교 사역에 동참하고 있었음을 보여주고 싶었다.[76]

일부 현대 비평가는 누가가 바울의 아라비아 여행을 언급하지 않았기 때

---

75 이 해석은 GNB, NRSV, JB도 선택한다. NKJV와 NAS는 보다 문자적인 해석을 따른다. 이 논쟁에 대한 탁월한 논의는 다음을 참조하라. J. G. Machen, *Machen's Notes on Galatians* (Phillipsburg, NJ: Presbyterian & Reformed, 1977). CSB와 ESV는 둘 다 "즉시"를 포함하지 않는다.

76 메이첸은 "즉시"라는 단어가 바울이 아라비아 방문과 다른 사람들과 어울렸다는 의혹을 거부하기 위해 사용되더라도 이것은 사도행전의 내러티브와 모순될 필요는 없다고 주장한다. "이 문장의 진정한 요점은 초기에 예루살렘으로 향한 여정이 있었다는 것을 부인하는 것이지 아라비아를 방문했던 정확한 순간을 밝히는 것이 아니다. ... 바울의 아라비아 여행과 관련하여 '즉시'라는 단어를 사용할 때 그는 며칠이나 몇 시간이 아니라 여행의 관점에서 생각했다. 당시 바울의 여행은 예루살렘이 아니라 아라비아로 향하는 여정이었다"(*Machen's Notes on Galatians*, 70).

문에 누가의 기록이 역사적으로 정확한지 의문을 제기한다. 그러나 누가와 바울은 모두 명확한 목적을 염두에 두고 독특하게 기록했다는 점을 인식하는 것이 중요하다. 사도행전이나 갈라디아서는 바울의 일거수일투족을 다루지 않는다. 사도행전의 경우 교회의 세계 선교에서 바울의 전략적 역할을, 갈라디아서의 경우 사도적 사명의 신적인 기원과 독립성을 보여주기 위해 바울이 말하고 행한 것을 선택적으로 기록한다. 성경이 모든 세부 사항에서 완전하다고 가정하지 않고도 성경이 묘사하는 모든 부분에서 성경의 완전한 진실성과 정확성을 긍정할 수 있다.

바울이 아라비아로 간 이유는 무엇인가? 해석의 역사에서 이 질문에 대한 두 가지 가능한 답이 제시되었다. 어떤 학자들은 바울이 방금 겪은 엄청난 경험에 대한 기도와 명상, 성찰의 시간을 가지려고 아라비아로 물러났다고 주장한다. "아라비아"라는 단어는 갈라디아서 4장 25절에서 시내산의 위치로 다시 등장한다. 이 암시를 근거로 어떤 학자들은 바울이 원래 모세에게 율법이 계시되었던 시내산이 있는 아라비아 반도로 물러났다고 추측한다. 그러나 바울 시대에 아라비아라는 단어는 다메섹에서 아라비아 반도를 향해 남쪽으로 뻗어 있는 광활한 영토인 나바테아 왕국을 가리켰다. 바울이 회심할 당시 이 왕국은 헤롯 왕가와 혼인관계에 있는 군주 아레타스 4세(BC 9년-AD 40년)가 다스리고 있었다. 바울은 이 지역 어디로 갔는지, 얼마나 오래 머물렀는지 밝히지 않았다. 시내산 방문이 불가능하지는 않지만, 바울이 그리스도인으로서 초기에 거주했던 다메섹에서는 멀리 떨어져 있었기 때문에 가능성이 낮다고 볼 수 있다.

바울이 아라비아를 방문한 두 번째 이유로 다메섹에서 이미 시작한 선포(또는 선포 사역)을 계속하기 위해 아라비아로 갔기 때문이라는 주장이 있다. 발굴에 따르면 나바테아 왕국(아라비아 속주)이 페트라와 보스트라의 도시들을 중심으로 번성했던 문명을 포괄하고 있었다. 바울은 이 지역의 많은 이방인에게 복음을 전할 수 있는 충분한 기회를 가졌을 것이다. 이 지역에서 바울의 활동에서 생겨난 기독교 공동체에 대한 기록은 없지만, 바울의 편지 중 하나에는 바울의 말이 통치 당국의 주목을 끌지 못했다는 증거가 있다. 고린도후서 11장 32-33절에서 바울은 아레타스 왕의 음모로 다메섹 성벽에서 바구니에 담겨 내려온 사실을 언급했다(참조. 행 9:32-25). 물론 이 사건의 정확한 연대는 알 수 없지만, 바울이 아라비아에서 다메섹으로 돌아온 후 예루살렘으로 첫 여행을 가기 전에 일어났을 가능성이 높다.

두 가지 이론 중 어떤 것을 선택해야 하는가? 바울은 선포 사역을 위해서 아라비아로 갔는가, 아니면 영적 수련을 위해서였는가? 두 가지 중 하나만 선택해야 할 이유는 없다. 우리는 바울이 다메섹에서 세례를 받은 직후부터 선포하는 활동을 시작했다는 것을 알고 있지만, 그 당시에는 아직 그저 새로운 그리스도인이었다. 그러나 블라이J. Bligh가 말했듯이 "다메섹으로 가는 길에 보았던 빛으로 다메섹 회당에서 설교하기에 충분했다면 아라비아인들에게 설교할 수 있는 능력을 갖추기에도 충분했다."[77] 바울이 아라비아로 가는 여정에서 만나는 모든 사람에게 예수 그리스도의 기쁜 소식을 전하고 싶어했을 것이라고 안전하게 가정할 수 있다. 그러나 그럴듯한 이 시나리오가 바울처럼 명석하고 잘 훈련된 사상가도 부르심을 받은 평생의 사역을 위한 집중적인 준비 기간이 필요하다는 사실을 가려서는 안 된다.

지금까지 살펴본 바와 같이 바울은 다른 복음을 전한 것이 아니라 구주이시며 교회의 주님이신 예수 그리스도의 유일무이한 복음을 전했다. 바울이 이 메시지의 온전한 의미를 그 누구보다도 명확하게 깨달았다는 것은 사실이다. 그리스도를 통한 구원의 복음은 하나님이 주신 토라와 어떤 관련이 있는가? 이스라엘에 대한 하나님의 약속은 메시아가 오심으로 무효화되었거나 요약되었는가? 할례는 이제 하나님이 부르시는 새로운 공동체(ἐκκλησία, 에클레시아)에서 어떤 역할을 하는가? 예루살렘에서 첫 그리스도인들을 박해했던 바울은 예루살렘 교회의 구조와 리더십에 대해 많은 것을 알고 있었을 것이다. 이제 바울은 예루살렘 교회 지도자들과 어떤 관계를 맺어야 하는가? 이러한 질문과 다른 질문들을 해결하려면 하나님과 홀로 보내는 시간, 기도와 성경을 찾는 시간, 다시 보냄받을 준비를 위해 따로 떨어져 있는 시간이 필요했을 것이다. 오랜 시간 하나님과 함께 해야 했고, 성경을 연구하고 기도하기 위한 시간과 다시 보냄받을 준비를 위해 따로 떨어져 있는 시간이 필요했을 것이다.

바울은 오늘날에는 복제할 수 없는 독특한 사도적 사역을 수행했지만, 바울의 삶에서 볼 수 있는 고독과 리듬에서 우리는 많은 것을 배울 수 있다. 의심할 여지 없이 오늘날 교회에서 목회자가 소진되는 주된 이유 중 하나는 목회 사역의 요구와 과제에 몰두하느라 하나님과 단둘이 보내는 양질의 시간이 배제되기 때문이다. 너무 바빠서 진지하게 기도하는 마음으로 준비하지 못하는 목회자에게는 설교의 능력과 깊이가 없다. 서재가 휴게실이라면 강단은 무례한 곳이 될 것이다. 그러나 진정한 준비는 설교를 계획하는 것 이상을 의미한다. 주님의 얼굴을 구하고 삶의 모든 차원에서 주님의 거룩한 뜻을 찾는 것

---

77 Bligh, *Galatians*, 135. 아라비아에 있었던 바울에 관해서는 다음을 참조하라. Wright, *Paul*, 61-83; Moo, *Galatians*, 106-7.

이다. 젊은 목회자 후보생이었던 조나단 에드워즈는 평생 동안 지키겠다고 다짐하는 일련의 결의안을 작성했다. 에드워즈의 결심 중 하나는 복음을 전하는 모든 사역자에게 똑같이 긴급하게 적용할 수 있다. "성경을 꾸준히, 끊임없이 자주 연구하여 성경을 아는 지식 안에서 성장하는 나 자신을 발견하고 분명하게 인식하는 것이다."[78] 바울은 이러한 연구와 묵상을 통해 그리스도의 부활의 능력과 고난에 참여함으로 그리스도를 더욱 온전히 알았고 자신이 성별되고 부름받고 위임받은 놀라운 사명을 더 온전히 준비할 수 있었다.

1.3.4. 예루살렘 첫 방문(1:18-24)

갈라디아서에서 바울을 반대하는 사람들은 바울이 원래 예루살렘의 사도들에게 전수받은 복음을 그들이 알지 못하거나 승인하지 않은 채, 변경하고 타협한 간접적인 복음을 전했다고 주장함으로 바울의 권위와 메시지를 약화시키려고 노력했다. 1장의 이 부분까지 바울은 인간의 중재가 아닌 하나님의 직접 계시를 통해 복음을 받았으며, 더 나아가 자신이 태어나기 전부터 이방인들에게 이 소식을 전하도록 하나님의 택하심과 부르심을 받았다는 일차적인 방어선을 내세워 이 고발에 대응해 왔다.

이제 18절부터 바울은 두 번째 방어선, 즉 예루살렘 교회와 접촉이 반대자들이 주장하는 것처럼 지도자들에게 종속적인 리더십을 부여할 수 없음을 보여주기 위해 촘촘하게 짜여진 알리바이를 발전시켰다. 이 구절의 전체 논증은 "그 후"(1:18-21; 2:1)라는 부사 ἔπειτα(에페이타)가 여러 번 사용된 것에 달려 있다.

이전 문장에서 바울은 회심 직후의 행적, 즉 다메섹에서 선포하고 아라비아에서 머무는 일정에 대해 알려주었지만 예루살렘 여행은 언급하지 않았다. 이제 그 설명을 확장하여 바울은 예루살렘에 갔던 시기와 예루살렘 방문이 갖는 성격이 무엇인지 명시하고 싶었다. 세 개의 "그 후"절은 갈라디아의 적대자들의 거짓 혐의에 대한 바울의 알리바이에서 결정적인 연결 고리를 형성한다.

1:18. "삼 년 후에"는 바울이 아라비아에서 다메섹으로 돌아온 시점이 아니라 회심한 날을 가리키는 것이 분명하다. 바울 당시 유대인 저술가들 사이에 일반적으로 받아들인 관행은 포괄적인 시간 계산을 사용하는 것이었다. 다

---

78 "Resolutions of Jonathan Edwards," *Christian History Magazine*, vol. 4 (1985): 2.

시 말해 "삼 년 후"는 "삼 년째 되는 해에"라는 의미로, 시간 측정의 각 부분을 전체 단위로 계산하는 것이다. 바울이 2장 1절에서 사용한 "14년 후"라는 표현에도 동일한 규칙이 적용된다. 이것은 바울이 갈라디아 교인들에게 말한 사건들을 바울의 생애에 관한 포괄적인 연대기적 설명에 맞추려고 할 때 중요하다.[79] 그러나 갈라디아서의 문맥에서 바울은 연대기적 정확성에 관심을 두기보다 오히려 자신에 대한 거짓 혐의에 반박하기 위해 예루살렘으로 향한 첫 번째 여행이 회심과 초기의 전도 활동으로부터 상당한 시간이 지난 후에 이루어졌다는 것을 보여주려 했다.

바울은 "게바를 방문하려고" 예루살렘에 올라갔다고 말했다. "개인적으로 친숙해지다." "방문하다"라는 뜻의 "ἱστορῆσαι"(히스토레사이) 동사는 성경 헬라어에서 드물게 여기와 외경 에스드라서 1장(1:31)에만 등장한다. 이 단어는 "~에게 묻다"는 뜻도 있지만, 여기에서처럼 "누군가를 알기 위한 목적으로 방문하다"라는 뜻이 더 많다.[80]

바울은 15일 동안 예루살렘에 있는 베드로의 집에 손님으로 머물렀다. 우리가 그들의 저녁 식사 대화 중 벽에 붙어 있는 파리였으면 얼마나 좋았겠는가? 바울은 베드로에게 복음을 배울 필요가 없었다(1:12). 바울은 아나니아와 다메섹의 다른 신자들에게 배운 것을 말하지 않는다. 이미 부활하신 그리스도에게 사명과 함께 이 메시지를 받았다. 그럼에도 불구하고 바울은 예수님의 지상 생애, 기적과 가르침, 죽음과 부활에 관한 베드로의 기록에 깊은 관심을 가졌을 것이다. 교회 전승에 따르면 베드로는 나중에 마가복음으로 통합된 자료의 주요 출처였다.

확실히 바울은 베드로의 부르심, 가이사랴 빌립보에서의 신앙 고백, 세 번이나 그리스도를 부인한 일, 그 후 그리스도로 인한 회복에 대해 가능한 한 많은 것을 알고 싶었을 것이다. 히에로니무스가 유머러스하게 표현했듯이, 바울은 "베드로의 눈, 뺨, 얼굴을 보고 베드로가 뚱뚱한지 마른지, 코가 매부리인지 오똑한지, 이마에 숱이 있는지 대머리인지 보려고 예루살렘에 간 것이

---

79 다음의 훌륭한 논의를 참조하라. F. F. Bruce, "Further Thoughts on Paul's Biography: Galatians 1:11–2:14," in *Jesus und Paulus* (Tübingen: Mohr-Siebeck, 1975), 21–29, and Hemer, "Acts and Galatians Reconsidered," 81–88. 바울의 다른 연대기 구성은 다음을 참조하라. J. Knox, *Chapters in a Life of Paul*, 47–73.

80 참조. Cole, Galatians, 55; G. D. Kilpatrick, "Galatians 1:18 ISTORESAI KEPHAN," in *New Testament Essays*, ed. A. J. B. Higgins (Manchester: University of Manchester Press, 1959), 144–49.

아니다."[81] 바울은 자신이 전하는 메시지에 대한 승인이나 사역에 대한 허가를 베드로에게 구하지 않았다. 바울은 주님의 일에 대한 긴밀한 교제와 공동의 사도적 사명에 대한 전략적 제휴를 추구했다.[82]

1:19. 바울은 예수의 형제 야고보를 제외한 다른 사도들은 본 적이 없다고 주장했다. 이 표현은 헬라어로 모호하기 때문에 바울이 야고보를 다른 사도들에 포함시키려는 의도였는지 확신할 수 없다. 야고보에 대한 바울의 언급은 "내가 본 유일한 사도는 야고보뿐이었다" 또는 "나는 야고보는 보았지만 다른 사도는 보지 못했다"라는 의미인가? 아마도 이런 뜻이었을 것이다. "베드로와 함께 머무는 동안 나는 주님의 형제 야고보를 제외하고 다른 사도를 보지 못했다."

야고보는 누구였는가? 신약에는 야고보라는 이름을 가진 세 명의 인물이 등장한다. 먼저 요한의 형제이자 세베대의 아들인 야고보가 있다. 헤롯 아그립바 1세의 명령으로 처형당했다(행 12:1-4). 알패오의 아들 야고보도 예수님의 열두 사도 중 한 사람이었다(막 3:18). 마가복음 15장 40절에 나오는 야고보에 대한 묘사에 근거하여 작은 야고보라고도 불린다. 야고보의 후기 생애에 대해 아는 바가 없다. 칼뱅은 이 야고보가 갈라디아서 1장 19절에 언급된 야고보라고 믿었다.[83] 세 번째 야고보는 마가복음 6장 33절에 예수님의 형제들 중 한 명으로 나와 있다. 야고보에 대해 우리가 모르는 것이 많지만 초대 교회 역사에서 가장 중요하고 매력적인 인물들 중 하나이다. 그러나 다음과 같은 사실은 확실하다. (1) 야고보는 예수님의 지상 생애 동안 예수님을 따르지 않았다. 예수님의 어머니를 제외하고는 친척들 중 어느 누구도 부활 이전

---

81 PL 26-354 A. 다음에 인용됨. Bligh, *Galatians*, 139.

82 일부 전통주의 로마 가톨릭 해석가는 바울이 베드로를 방문한 것을 로마 교황에게 복종한 예로 보았다. 교황 무오설을 옹호하지 않았던 토마스 아퀴나스는 이 구절의 "15일"에 대해 기발한 해석을 하기도 했다. "여덟은 신약성경의 숫자로, 부활을 기다리는 자들의 여덟째 날의 숫자이고, 일곱은 구약성경의 숫자로 일곱째 날을 기념하는 숫자이다. 바울은 베드로와 함께 15일 동안 머물면서 구약과 신약의 신비에 대해 대화했다"(*Galatians*, 28).

83 Calvin, *Galatians*, CNTC 11:22. 칼뱅은 이 구절에서 바울이 일관되게 "사도"라는 단어를 교회에서 가장 높은 계급을 언급하기 위해 사용했기 때문에 열두 제자 중 한 사람이 아닌 사람에게는 적용하지 않았을 것이라고 주장했다. 그러나 앞서 살펴본 바와 같이 사도라는 칭호는 열두 사도에게만 사용되는 것이 아니라 특정 선교 임무를 위해 파송된 다른 사람들에게 적용되기도 한다(참조. 롬 16:7; 빌 2:25; 고후 8:23). 칼뱅이 "사도"를 엄격한 의미로 읽은 것을 받아들이려면 형제라는 단어에 대한 느슨한 해석이 필요하다. 알패오의 아들 야고보는 모든 참된 신자가 이 특권적 지위를 공유한다는 일반적인 의미에서 볼 때 예수님의 형제가 아니었다.

에 예수님이 메시아라는 주장을 받아들이지 않은 것으로 보인다(요 7:5). (2) 예수님은 야고보에게 특별한 부활의 모습을 보이셨고, 따라서 야고보는 고린도전서 15장 7절에 부활의 증인 중 한 명으로 기록되어 있다. (3) 야고보는 예루살렘 교회의 일원이 되었고 오순절 성령의 부으심을 목격한 120명 가운데 한 사람이었다(행 1:14; 2:1). (4) 야고보는 베드로가 예루살렘을 떠난 후 어떤 의미에서 베드로를 대신하여 예루살렘 교회 내에서 빠르게 지도자의 위치에 올랐다(행 12:16-17). (5) 야고보는 개인 경건과 유대인의 관습을 엄격하게 준수했기 때문에 "의인"으로 알려졌다. (6) 아마도 야고보는 자신의 이름을 딴 일반 서신을 썼을 것이다. 어떤 학자들은 야고보과 쓴 서신이 바울의 율법 없는 복음에 대한 논쟁보다 앞선 신약의 초기 기록이라고 주장한다. (7) AD 62년에 야고보는 성전을 관리하던 사두개인들의 모함으로 사형을 당했다.[84] 이것은 갈라디아서에 나오는 야고보에 대한 세 가지 언급 중 첫 번째이다. 우리는 2장에서 야고보를 다시 만나는데, 처음에는 바울이 말한 "기둥같이 여기는" 사람 중 한 사람으로, 그 다음에는 안디옥 교회에서 논쟁을 일으킨 "어떤 이들"(2:9, 12)을 지칭하는 말로 등장할 것이다.

1:20. 바울은 여기에서 예루살렘 교회와의 관계에 관해 갈라디아 교인들에게 방금 말한 내용의 진실성을 가능한 한 가장 강력한 방식으로 확증했다. AV(흠정역)의 의역은 바울의 발언의 엄숙함을 다음과 같이 잘 전달한다. "이제 [내가 여러분에게 말하는 것은 진리이니 주의 깊게 주목하라.] 나는 마치 하나님의 심판대 앞에 서 있는 것처럼 이 글을 쓰며 거짓말하지 않는다."

우리는 적대자들이 바울이 파생된 복음을 전하고 베드로와 다른 사도들의 배신자라는 생각을 많이 했을 것이라고 추측할 수 있을 뿐이다. 바울이 이 혐의를 반박하는 데 있어 예루살렘을 처음 방문한 시기와 성격은 모두 중요했다. 버튼Burton이 생각한 것처럼 이 맹세는 13절부터 시작되는 전체 내러티브를 다루고 있을지도 모르지만, 바울의 첫 예루살렘 방문에 대한 설명 바로 뒤에 배치된 것은 바울이 자신을 반대하는 사람들과 교류에서 특히 아픈 지점이었음을 나타낸다.

이 구절은 바울이 자신이 말한 내용의 진실을 강조하기 위해 맹세 공식을 사용한 바울 서신의 다른 수 많은 사례와 비교할 수 있다. 그렇게 함으로써 바울은 하나님과 때로는 거룩한 천사들을 자신의 주장이 정확하다는 것

---

84 참조. D. H. Little, "The Death of James the Brother of Jesus" (Ph.D. diss., Rice University, 1971). 참조. 야고보에 대한 추가 주석은 다음을 참조하라. Betz, *Galatians*, 78–79.

에 대한 증인으로 소환했다(롬 1:9; 9:1; 고후 1:23; 빌 1:8; 딤전 5:21; 딤후 2:14; 4:1). 이 구절에 대한 통찰력 있는 연구에서 샘플리J. P. Sampley는 바울이 이 구절에서 당시 로마법 체계에서 흔히 쓰이던 자발적인 맹세(*iusiurandum voluntarium*)를 사용했을 수 있다고 주장했다. 이 장치를 통해서 재판의 당사자는 재판이 시작되기 전 법정 밖에서도 분쟁을 해결할 수 있었다. 고린도전서 6장 1-8절을 보면 바울은 그리스도인들이 서로를 법정에 데려가는 일을 반대하지만, 사실 반대편 이야기만 들어온 갈라디아 신자들의 "배심원"에게 자신의 주장을 절대적으로 자신 있게 제시할 준비가 되어 있다고 말함으로써 실제 법적 절차에 비유하는 데 주저하지 않았다.[85]

1:21. 바울은 자신의 사역과 선교 활동의 독립성을 보여주기 위해 "그 후에"로 시작하는 두 번째 절을 시작한다. 바울의 예루살렘을 처음 방문을 간결하게 쓴 내용에서 그는 베드로와 개인적으로 알기 위해서(개역개정, "방문하려고") 예루살렘을 방문했다는 단 한 가지 이유만을 제시했다. 하지만 사도행전 9장 26-30절을 보면 15일 동안 다른 활동도 함께 진행되었다는 것을 알 수 있다. 실제로 바울은 예루살렘에 2주 이상 머물려고 했던 것 같다. 우리는 바울이 예루살렘에서 "제자들과 하나가 되려"(개역개정. "사귀고자") 했지만, 제자들은 아직 그리스도인으로서 바울의 고백이 가지는 진정성을 확신하지 못하여 바울을 거부했다는 것을 안다(행 9:26). 바나바는 바울과 사도들, 베드로와 야고보와 사귀게 하고 소개했다. 바울은 이전에 다메섹에서 그랬던 것처럼 도시 전역에서 주님의 이름으로 담대히 말하며 자유롭게 설교했다. 헬레니즘 유대인들과 논쟁은 바울을 죽이려는 헬라파 유대인들의 노력으로 이어졌다.

이 시점에서 우리는 바울이 성전에서 기도하는 동안 본 환상을 다루어야 한다. 바울은 환상 중에 그리스도를 보았는데, 그리스도는 예루살렘에서 자신의 간증이 받아들여지지 않을 것이기 때문에 즉시 예루살렘을 떠나야 한다고 말씀하셨다. 바울은 이전에 자신이 박해했던 사람들에게 증언해야 한다고 생각했기 때문에 순종하기를 주저했다. 그러나 주님은 "떠나가라 내가 너를 멀리 이방인에게로 보내리라"(행 22:17-21)라고 대답하셨다. 예루살렘에 있는 그리스도인들은 바울을 죽이려는 음모를 발견하고 바울을 항구 도시 가이사랴까지 동행하여 다소로 보냈다. 따라서 어떤 의미에서 수리아와 길리기아

---

85 J. P. Sampley, "'Before God, I Do Not Lie' (Gal 1:20): Paul's Self-Defense in the Light of Roman Legal Praxis," *NTS* 23 (1976–77): 477–82. 또한 다음 참조. Keener, *Galatians*, 103–4.

로 여행은 바울의 초기 아라비아에서의 사역에 대해 그 명칭을 사용하지 않
는 한 실제로 바울의 "첫 번째 선교 여행"이었다. BC 25년부터 AD 72년까
지 수리아와 길리기아는 시리아 안디옥에 본부를 둔 공동 총독을 두고 로마
의 단일 영토로 통합되었다. 바울의 고향인 다소는 소아시아 남동부를 관할
하는 길리기아의 수도였다.

바울이 이 지역에서 사역한 결과는 무엇이었는가? 확실하게 말할 수는 없
지만, 사도행전 후반부의 언급을 보면 바울의 증거가 새 신자들의 회심과 여
러 교회의 개척이라는 열매를 맺은 것은 분명하다. 예루살렘 의회는 "안디옥
과 수리아와 길리기아에 있는 이방인 형제들에게"(행 15:23) 편지를 보냈다.
또한 나중에 바울과 실라가 "수리아와 길리기아로 두루 다니며 교회들을 굳
게"(행 15:23-41)한 여행에 대해서도 읽을 수 있다.

이러한 간략한 언급을 제외하고는 바울이 이 기간 어디로 갔는지, 무엇을
했는지에 대한 단서는 전혀 없다. 아마도 이 기간 바울은 나중에 고린도 교인
들에게 쓴 고난, 즉 유대인 회당에서의 채찍질, 매질, 배 난파, 투옥 및 기타
고난을 경험했을 것이다(고후 11:23-29). 이 시기는 아라비아로 초기 여행과
다메섹과 예루살렘에서의 설교 활동 못지않게 훗날의 더 광범위한 선교 활동
을 위한 하나님의 준비 과정의 일부였다. 하나님께서는 때때로 그 당시에는
알지 못했던 어떤 특정한 일이나 임무를 준비시키기 위해 자신의 종들을 잘
알려지지 않은 곳이나 어려운 상황에서 수고하도록 부르신다. 바울이 10여
년 동안 잘 알려지지 않은 곳에서 수고하며 셀 수 없는 성과를 거두지 않았다
면 로마서를 쓸 수 있는 지혜도, 다투는 고린도 교인들을 대할 수 있는 평정심
도, 갈라디아의 거짓 교사들을 견딜 수 있는 용기도, 예루살렘에서 체포되고
로마에서 순교할 수 있는 인내심도 없었을 것이다.[86]

안디옥 그리스도인들이 바울을 데려오기 위해 예루살렘 교회 지도자에게
소개했던 바나바를 보내는 과정에서 바울은 신약 역사에 등장했다(행 11:25-
26). 바울과 바나바는 1년 동안 안디옥 교회에서 함께 일했다. 이 기간은 바울
의 사도 사역에서 중요한 전환점이었다. 안디옥 교회의 위기는 바울이 2:1-
10에서 묘사하는 예루살렘에서 열린 중요한 회의의 계기가 된 것으로 보인
다. 또한 안디옥에서 바울은 고통스러운 이야기(2:11-14)에서 베드로와 대면
했다. 물론 바울과 바나바는 안디옥에서 구브로로 항해하여 그곳에서 소아시
아로 가서 갈라디아 사람들에게 예수 그리스도의 복음을 처음 전했다.

---

86 수리아와 길리기아에서의 바울의 사역은 다음을 참조하라. W. M. Ramsay, *Historical
Commentary*, 275-80. 또한 다음 참조. Hays, *Galatians*, 216-17.

1장의 마지막 구절에서는 바울이 멀리 수리아와 길리기아에서 펼친 선교 활동에서 다시 예루살렘 주변의 지역 환경으로 관점이 바뀐다. 이 전환은 바울이 갈라디아 교인들에게 자신이 수리아와 길리기아에 갔다는 사실을 말해야 했던 이유를 다시 한번 상기시켜 준다. 루터가 관찰했듯이, "분명히 바울은 어느 곳에서도 스승을 두지 않고 오히려 자신이 모든 곳에서 스승이었음을 증명하고 있다."[87] 그의 설교 사역이 그렇게 오랫동안 예루살렘에서 멀리 떨어져 있었다면, 당시 유대에 머물고 있던 사도들의 권위나 지도 아래서 사역할 수 없었을 것이다. 그럼에도 불구하고 바울은 자신의 초기 사역에 대한 예루살렘 교회들의 반응을 쓰는 것을 중요하게 여겼다. 바울은 세 가지 사실, 즉 유대 교회에 대해 개인적으로 잘 알지 못했다는 점, 자신의 사역이 그들에게 전달된 인상, 그리고 전도자가 된 바울의 보고에 대해 그들이 기뻐했다는 반응을 언급하면서 이 내용을 썼다.

1:22. "유대 교회들"이라는 표현은 데살로니가전서 2장 14절의 "유대에 있는 하나님의 교회들"이라는 비슷한 표현을 떠올리게 한다. 로마의 유대 지방은 갈릴리, 사마리아, 유대 본토, 즉 예루살렘 도시를 둘러싼 영토를 포함하여 현재 이스라엘 국가와 거의 같은 지리적 영역을 포함했다.[88] 바울은 "교회"를 복수로 말하는데, "한 도시에 있는 '교회'(단수)이지만 지방이나 더 넓은 지역에 있는 '교회들'(복수)"[89]을 말하는 일반적인 관행을 반영했다. 의심할 여지 없이 이 교회들은 초기 신자들에게 "예루살렘과 온 유대에"(행 1:8) 예수님의 증인이 되라는 명령을 성취하기 위해 세운 최초의 기독교 공동체들 중 하나였다.

일부 학자는 이 구절이 바울이 회심 후 처음으로 예루살렘을 방문하여 공개적으로 선포하고 예루살렘에 있는 많은 신자에게 알려진 누가의 기록과 명백히 모순된다고 주장했다.[90] 다른 학자들은 바울이 예루살렘으로 비밀리에 여행하여 "베드로의 집 뒷방 어딘가에서" 2주의 시간을 보낸 것이라고 주장하며 반대

---

87 Luther, "Lectures on Galatians, 1519," *LW* 27:197.

88 사도행전 9장 31절에서 누가는 유대를 팔레스타인 지역의 한 부분이라는 엄격한 의미로 사용한다. C. M. Stern, "The Providence of Judaea," *Compendium Rerum Judaicarum ad Novum Testamentum* (Assen: Gorcum, 1974), 1:308–16.

89 Bruce, *Galatians*, 103.

90 "바울의 말은 행 9:26-30과 모순되는데, 여기에서 바울은 예루살렘에서 설교하고 도시 안팎을 자유롭게 드나든 것으로 여겨진다"(Betz, *Galatians*, 80). 이 주장에 대한 합리적인 대답은 다음을 참조하라. Machen, *Origin of Paul's Religion*, 49–54.

극단으로 나아가기도 했다.[91] 그러나 이 증거는 사도행전의 역사적 완전성을 훼손하거나 바울의 여정에 대해 그토록 극단적인 결론을 내리도록 요구하지 않는다. 분명히 바울은 예루살렘에 공개적으로 나타났고 많은 신자에게 알려져 있었다. 바울은 베드로와 야고보를 제외한 다른 사도들을 보지 못했다고 말했지만 (아마도 다른 사도들은 당시 도시를 떠났기 때문일 것이다), 이 두 사람을 제외한 다른 신자들을 보지 못했다고 말한 것은 아니다. 그러나 유대 지방은 예루살렘 도시보다 훨씬 더 컸기 때문에 이 지역의 많은 교회가 바울에 대해 들어봤지만 바울을 선택하기 어려웠을 것이라고 추측하는 것이 지극히 합리적이다.

1:23. 이 구절은 복음 전파자로서 바울의 명성이 높아졌음을 나타낸다. 유대 교회들은 바울의 전도 활동에 대한 보고를 "계속 들었다"(ἀκούοντες, 아쿠온테스의 문자적 의미. 개역개정. "듣고"). 처음에는 회의적이었던 사람들도 바울의 회심이 참되며 그의 사역이 참으로 하나님의 사역임을 확신했다.

최근 찰스 콜슨Charles Colson과 같은 사람처럼 삶이 극적으로 전환된 것은 위로부터의 신적인 개입으로만 설명할 수 있다. 처음에는 많은 사람이 콜슨의 "거듭난" 경험을 경계했지만, 객관적인 관찰자, 심지어 콜슨을 비방하던 사람들조차도 그가 수년 동안 일관된 그리스도인으로서 생활하고 말과 행동으로 복음을 긍정적으로 증거한 후 그리스도에 대한 콜슨의 헌신의 진정성을 의심할 수 없었다. 바울도 마찬가지였다. 박해자였던 바울이 선포한 것은 단순히 자신의 믿음, 교회의 믿음이 아니라 바로 "그 믿음"이었다. 바울은 갈라디아서 3장 23, 25절에서 기독교 메시지의 객관적인 내용을 설명하기 위해 이 표현을 절대적인 의미로 다시 사용했다. 이것이 바로 유다가 신자들에게 힘써 싸우라고 촉구하는 "그 믿음"이며 "성도에게 단번에 주신" 믿음이다(유 3). 갈라디아서 3장 22절 하반절에 나오는 "예수 그리스도를 믿음으로"라는 바울의 표현이 어떤 학자들의 주장처럼 실제로 목적격적 속격이라면, 그 믿음을 파괴하려는 바울의 노력은 사실상 그리스도 자신을 파괴하려는 운동이었다.[92] 이것은 바울이 자신의 회심 이전의 삶에 대한 환멸과 자신이 한때 파괴하려 했던 믿음의 전도자이자 옹호자로서 새롭게 발견한 열심을 이끌어낸 충격적인 통찰이었다.

91 Machen, *Machen's Notes on Galatians*, 82.

92 R. B. Hays, *The Faith of Jesus Christ: An Investigation of the Narrative Substructure of Galatians 3:1–4:11*, SBLDS 56 (Chico, CA: Scholars Press, 1983) [= 『예수 그리스도의 믿음』, 에클레시아북스, 2013].

1:24. 이 구절은 바울의 삶에서 놀라운 일을 행하신 하나님을 찬양했던 초기 유대 그리스도인들의 예배로 우리를 안내한다. 1장의 마지막에 나오는 찬양의 합창은 서론의 결론에 나오는 송영(1:5)을 반복한다. 첫 송영은 예수 그리스도의 대속의 죽음과 승리의 부활을 통해 하나님께서 행하신 일을 찬양하는 찬송이다. 두 번째 송영은 바울의 부르심과 사도적 사역에서 볼 수 있는 것과 같은 승리를 기념한다. 두 찬양의 찬송이 관통하는 공통점은 하나님의 승리다. 이 악한 세대를 지배하는 사탄의 간계, 참된 복음을 왜곡하려는 거짓 선생들의 음모와 모략, 이단과 분열, 핍박과 고난, 이 모든 것에 대항하여 우리 하나님이 통치하신다! 하나님의 나라, 하나님의 영원한 뜻, 하나님의 은혜의 목적, 하나님의 구원 계획, 하나님이 교회를 세우시는 일, 모든 죄인의 삶, 심지어 박해자 바울처럼 악명 높은 사람까지도 변화시키는 하나님의 역사, 이 모든 것으로 우리도 모든 시대와 장소에서 예배하는 그리스도인들과 함께 찬양과 경배, 승리의 소망으로 우리의 마음을 들어 올릴 수 있다.

이 장을 떠나기 전 바울이 자신의 사도적 사역에 대해 유대인 그리스도인들이 갖는 반응에 관심을 가졌던 마지막 이유에 주목해야 한다. 바울의 주장은 다음과 같다.

> 나는 인간이 아니라 예수 그리스도에게서 직접 복음을 받았다. 나는 회심한 후 언젠가 예루살렘을 방문했고, 그때 베드로를 알기 위해 잠시 방문했다. 나는 사도들이 만든 복제품이나 그들이 유대에 세운 교회의 제자가 아니었기 때문에 예루살렘에 있는 그리스도인 대부분에게도 거의 알려지지 않았다. 그러나 그들은 하나님이 나를 통해 행하신 일들을 듣고 하나님께 찬양과 영광을 돌렸다. 나는 예루살렘 교회나 유대의 형제자매들에게 부끄러운 존재가 아니었다. 오히려 하나님의 은혜로 말미암아 나는 그들이 기뻐하는 이유가 되었다.

바울은 왜 이러한 지적을 해야 했을까? 갈라디아에서 바울이 직면한 위기는 예루살렘의 초기 기독교 공동체와 그 지도자, 그 정신에 대한 충성을 주장하는 특정 유형의 유대 기독교에 뿌리를 두고 있었을 것이다. 바울은 처음부터 그렇지 않다는 것을 보여주고 싶었다. 예루살렘 교회 지도자들은 바울을 동료로서 환영했고 그의 사역을 축복했다. 바울이 이전에 박해했던 일부 교회를 포함한 유대 교회들은 바울의 삶에서 일어난 위대한 반전을 듣고 기뻐했다. 바울은 예루살렘 교회로부터 가능한 한 강력하게 독립성을 주장하고 싶었고, 동시에 복음과 함께 주님을 섬기는 일에서 그들과 중요한 제휴를 맺기 원했다.

1.4. 사도적 메시지: 확증과 도전(2:1-21)

2장은 사도직의 독립성과 바울이 예수 그리스도께 받은 율법 없는 복음의 온전함에 관해 발전시키기 시작한 생각의 흐름을 이어간다. 2장은 크게 두 부분으로 나뉜다. 첫 번째 부분(2:1-10)에서 바울은 예루살렘 교회 지도자들과 가졌던 중요한 회의를 말한다. 거짓 교사들이 갈라디아의 회심자들에게 호소하는 주된 내용이 된 할례 문제는 어떤 "거짓 형제들"의 압력에도 불구하고 할례를 거부한 이방인 신자 디도와 관련하여 이 회의에서 표면화되었다.

이 구절을 관통하는 갈등에 대한 언급에도 불구하고 주요 주제는 예루살렘 교회 지도자들과 바울이 연대하고 복음 사역에서 공통 전선을 구축한 것이다. 바울은 예루살렘 교회 지도자들이 "[자신에게] 의무를 더하여 준 것"이 없고 "내게 주신 은혜를 인정했다"고 말했다. 2장의 두 번째 부분(2:11-21)에서 안디옥에서 베드로와 바울이 다시 한번 만나는데, 이번에는 율법주의 문제가 교회의 일치를 방해할 위협이 되었다. 바울은 베드로가 할례받지 않은 이방인 신자들과 식탁 교제에서 물러나 침입자들의 압력에 굴복했기 때문에 베드로를 대면했다. 안디옥 사건은 바울에게 이신칭의의 원칙을 분명히 말할 수 있는 계기가 되었다. 따라서 2장의 마지막 구절은 전환하는 구절로, 3장과 4장에서 이 책의 주요 신학적 중심 내용으로 이어진다.

1.4.1. 두 번째 예루살렘 방문(2:1-10)

**1 십사 년 후에 내가 바나바와 함께 디도를 데리고 다시 예루살렘에 올라갔나니 2 계시를 따라 올라가 내가 이방 가운데서 전파하는 복음을 그들에게 제시하되 유력한 자들에게 사사로이 한 것은 내가 달음질하는 것이나 달음질한 것이 헛되지 않게 하려 함이라 3 그러나 나와 함께 있는 헬라인 디도까지도 억지로 할례를 받게 하지 아니하였으니 4 이는 가만히 들어온 거짓 형제들 때문이라 그들이 가만히 들어온 것은 그리스도 예수 안에서 우리가 가진 자유를 엿보고 우리를 종으로 삼고자 함이로되 5 그들에게 우리가 한시도 복종하지 아니하였으니 이는 복음의 진리가 항상 너희 가운데 있게 하려 함이라
6 유력하다는 이들 중에 (본래 어떤 이들이든지 내게 상관이 없으며 하나님은 사람을 외모로 취하지 아니하시나니) 저 유력한 이들은 내게 의무를 더하여 준 것이 없고 7 도리어 그들은 내가 무할례자에게 복음 전**

함을 맡은 것이 베드로가 할례자에게 맡음과 같은 것을 보았고 8 베드로에게 역사하사 그를 할례자의 사도로 삼으신 이가 또한 내게 역사하사 나를 이방인의 사도로 삼으셨느니라 9 또 기둥 같이 여기는 야고보와 게바와 요한도 내게 주신 은혜를 알므로 나와 바나바에게 친교의 악수를 하였으니 우리는 이방인에게로, 그들은 할례자에게로 가게 하려 함이라 10 다만 우리에게 가난한 자들을 기억하도록 부탁하였으니 이 것은 나도 본래부터 힘써 행하여 왔노라

1.4.1.1. 방문의 계기(2:1-2)

2:1-2. 이 첫 구절들에서 앞으로 펼쳐질 드라마의 무대가 설정된다. 사건 자체, 관련 당사자, 그리고 바울이 행동한 동기에 주목해 보자.

사건. 2장의 헬라어 첫 단어는 ἔπειτα(에페이타, 개역개정. "다음에")로 "이후에"(NIV 1984), "다음에"(NEB), "뒤에"(NCV), "그리고 나서"(CSB)로 번역된다. 사실 이 구절은 바울이 예루살렘 교회로부터의 사도적 독립에 대한 확고한 논거를 형성하기 위해 연결한 일련의 "그 후" 절 중 세 번째 절이다(참조. 1:18, 21). 1장에서 바울은 갈라디아 교인들에게 회심 후 예루살렘을 처음 방문한 시기가 15일이라는 짧은 기간이었음을 상기시켜 준다. 그리고 나서야 베드로를 알았다. 그리고 이 방문 이후에는 예루살렘 주변에서 멀리 떨어진 곳에서 사역했기 때문에 그 지역의 교회들은 소문을 통해서만 그의 활동을 알 수 있었다. 그리고 그가 다시 예루살렘을 방문하기까지는 14년이 걸렸으며, 즉 회심 후 두 번째 예루살렘 방문이었다.

바울의 주장이 촘촘하게 짜인 구조라는 것을 고려할 때, 우리는 바울이 2장에서 묘사한 만남이 회심 후 두 번째로 예루살렘을 방문하는 과정에서 일어났다고 주장해야 한다. 바울은 예루살렘을 자주 오고 가지 않았기 때문에 방문 순서를 혼동할 수 있었으며, 특별히 자신의 사도 활동에 대한 중대한 문제가 위태로웠을 때 더욱 그러했다. 게다가 바울은 이미 하나님의 심판대 앞에서 자신의 진술이 틀림없이 정확하다는 것을 증명하기 위해 맹세했다(갈 1:20). 그러나 예루살렘에서 열린 회의와 바울의 생애에서 그 회의가 어디에 위치해야 하는지에 대해서는 여전히 다양한 해석이 존재한다. 바렛은 이 문제를 "서신 전체에서, 어쩌면 신약성경 전체에서 가장 유명하고 복잡한 역사적 문제"라고 언급했다.[93] 여기에서 이 문제의 모든 차원을 언급할 수는 없

---

93 Barrett, *Freedom and Obligation*, 10. 또한 다음 참조. Martyn, *Galatians*, 187–245, Moo, *Galatians*, 118–40; Keener, *Galatians*, 108–13.

으므로 이 사건을 재구성하는 데 관련된 두 가지 문제를 간단히 언급하겠다.

첫째, 바울의 "십사 년 후"라는 표현은 무엇을 의미하는가? "삼 년 후에"(1:18)라는 유사한 표현을 고려할 때, 신약 시대에는 기간을 계산하는 포괄적인 방법이 자주 사용되었다는 사실에 주목했다. 이 방법을 사용하면 주어진 연도의 일부를 전체 연도로 계산할 수 있다. 따라서 2025년은 2023년 이후 "삼 년"이 되지만, 이 방법으로 계산하면 두 날짜 사이에 13개월 이상 지나지 않을 수 있다. 갈라디아서 2장 1절의 "십사 년"은 12년 만일 수 있다.

또 다른 연대기적 문제는 바울이 두 번째로 예루살렘을 방문한 시기를 판단하는 기준과 관련이 있다. 무엇으로부터 십사 년 후인가? 예루살렘을 처음 방문했을 때인가(1:18), 아니면 그리스도를 만나 회심했을 때일 가능성이 더 높은가? 후자를 가정하고 포괄적인 연도 계산을 한다면 바울이 예루살렘을 두 번째 방문한 시기는 AD 44-46년경이며, 회심의 종착점은 AD 32년 또는 33년으로 볼 수 있다. 이것은 갈라디아서 2장 1-10절의 사건이 사도행전 11장 25-30절에 기록된 바울과 바나바가 예루살렘을 방문한 "기근 방문"과 병행을 이룬다는 것을 의미한다.

이 견해는 이 서신에 대한 주석가들 사이에서 소수 의견으로 남아 있지만 브루스가 설득력 있게 주장했다.[94] 일반적인 견해는 갈라디아서 2장 1-10절을 이방인 개종자를 기독교 공동체에 받아들이는 것에 관해 바울과 예루살렘 지도자들이 모두 승인한 합의를 도출한 유명한 예루살렘 회의가 기록된 사도행전 15장 1-21절과 동일하게 여긴다. 표면적으로 두 구절 사이에 현저한 유

---

94 참조. Bruce, *Galatians*, 43–56; Bruce, "Further Thoughts on Paul's Biography," 21–29. 롱네커 (*Galatians*, lxxiii)는 모든 관련 증거를 검토하고 비슷한 결론에 도달했는데, 바울의 회심은 예수님이 십자가에 못 박힌 지 2-3년 후(AD 30년)에 일어났으며 갈 1:18과 2:1의 3년과 14년은 연속적으로 일어난 일이 아니라 동시에 일어난 일이라고 주장한다. 따라서 사도행전 15장에 언급된 예루살렘 회의 전날 갈라디아서 연대를 AD 49년경으로 추정한다. "갈라디아서 초기 기록 연대에 대한 주장은 ... 역사적, 주석적, 비판적 증거로 뒷받침된다. ... 갈 1:18과 2:1의 기간이 언뜻 보기에는 이러한 이해에 쉽게 맞지 않을 수 있지만, 가능한 가정을 고려할 때, 논지에 대한 신뢰를 떨어뜨리지 않는다." 최근에 키너Keener는 이 두 번째 예루살렘 방문이 예루살렘 회의(행 15장)와 일치한다는 견해를 취하는 반면, 위더링턴Witherington은 이 방문을 사도행전 11장의 사건과 동일하게 여긴다. 참조. Keener, *Galatians*, 6–13, 108–9; Witherington, *Grace in Galatia* (Grand Rapids: Eerdmans, 1998), 126–32. 또한 다음 참조. W. O. Walker, "Why Paul Went to Jerusalem: The Interpretation of Galatians 2:1–5," *CBQ* 54 (1992): 503–10; A. A. Just, "The Apostolic Councils of Galatians and Acts: How First-Century Christians Walked Together," *CTQ* 74 (2010): 261–88; J. Reiher, "Paul's Strained Relationship with the Apostle James at the Time of the Writing of Galatians," *EQ* 87 (2015): 18–35; J. Morgado, "Paul in Jerusalem: A Comparison of His Visits in Acts and Galatians," *JETS* 37 (1994): 55–68.

사점이 있기 때문에 그럴듯한 가설이다. 두 구절 모두 한쪽에는 바울과 바나바가 다른 한쪽에는 베드로와 야고보가 등장한다. 두 회의 모두 할례 문제를 다루고 있으며 본질적으로 바울에게 유리한 비슷한 결과를 반영한다.

그러나 자세히 살펴보면 사도행전 15장과 갈라디아서 2장의 유사점보다는 차이점이 더욱 두드러진다. 사도행전 15장에서 바울과 바나바는 안디옥 교회의 공식 대표단의 일원으로 파견되어 유대에서 온 침입자들이 교회에 일으킨 분쟁을 해결한다. 그러나 갈라디아서 2장에서는 바울 자신이 하나님의 계시를 받아 회의를 주도한다. 사도행전 15장의 공의회는 분명히 베드로, 바울, 바나바, 야고보가 전체 회중을 대상으로 긴 토론과 발표를 하는 공개 회의였다. 이와 대조적으로 갈라디아서 2장의 회의는 주요 지도자들 사이에 사적인 대화로 진행됐다. 그러나 무엇보다도 갈라디아서 어디에서도 바울이 예루살렘 회의의 결과나 사도적 결의를 언급하지 않았다는 사실이 가장 중요하다. 사도행전에 따르면 바울과 바나바가 사도적 결의를 나중에 시리아, 길리기아, 갈라디아 교회에 배포했다(행 16:4). 브루스가 관찰했듯이, "사도행전 15장 20-29절의 사도들의 결의가 발표된 후 예루살렘 교회 지도자들의 권위를 내세워 유대교 설교자들이 이방인 그리스도인에게 할례를 강요하는 것은 어려웠을 것이다."[95] 바울이 예루살렘 교회와 맺은 이 합의에 대해 어떤 언급도 하지 않았을 것이라고 생각할 수 있을까? 특별히 바울이 기독교 공동체와의 관계를 설명하기 위한 그렇게 많은 노력을 기울였을 때, 그리고 그러한 합의의 단순한 공개가 갈라디아에서 바울의 사역을 약화시키려는 사람들을 침묵시킬 수 있을 것이라고 생각할 수 있는가? 따라서 갈라디아의 상황을 예루살렘 회의로 이어진 동요의 일부로 보는 것이 균형 잡힌 시각이다. 바울이 예루살렘 회의나 그 결과에 대해 언급하지 않은 것은 그 회의가 아직 열리지 않았다는 사실로 가장 잘 설명할 수 있다. 그러나 성경의 권위를 높게 평가하는 일부 학자를 포함한 학자들도 갈라디아서 2장과 사도행전 15장을 동일한 사건에 대한 병행 기록으로 해석했다.[96]

---

95 Bruce, *Galatians*, 52.

96 연대기적 어려움 외에도 갈 2장과 행 11장의 기근 방문의 상관관계와 관련하여 다른 문제들이 제기되었다. 이 둘을 동일하게 여기는 것은 같은 문제에 대해 비슷한 결과를 가져온 두 번의 다른 회의를 전제로 한다. 게다가 행 11장에서 누가는 바울이 예루살렘에서 사도들과 만난 것에 대해 말하지 않는다. 누가는 안디옥에서 온 사랑의 선물을 전달한 것과 관련하여 그 방문 전체를 구성하며, 더 광범위한 논란의 여지가 있는 의제에 대한 암시도 하지 않는다. 첫 번째 목적과 반대로, 유대인이 지배하는 기독교 공동체에 이방인이 들어오는 것은 초대 교회에서 심각하고 반복되는 문제였다고 말할 수 있다. 구원의 요건으로 할례를 강요하는 것은 안디옥과 갈라디아뿐만 아니라 바울의 다른 편지들에 나오는 다양한 언급에서 알 수

이어지는 내러티브에는 세 그룹의 중요 행위자들이 있으며, 이들은 각각 회의의 결정과 그 여파에서 독특한 역할을 한다. 첫째는 바나바와 디도, 그리고 사도 자신으로 구성된 바울 일행이 있다.

둘째는 디도가 할례를 받도록 선동하고 나중에 유대교적 성향을 안디옥으로 들여온 "거짓 형제들"이다. 이 그룹은 유대인 기독교 운동의 극단적인 분파를 대표한다. 거짓 형제들은 예루살렘 교회, 특히 야고보에게 강한 애착을 가지고 있었다. 그들은 분명히 열심이 있고 율법을 준수하는 포교자였으며, 바울의 율법 없는 복음을 자신들이 이해하는 기독교 신앙에 대한 심각한 위협으로 인식했다. 사도행전 15장에 "어떤 사람들이 유대로부터 내려와서 형제들을 가르치되 너희가 모세의 법대로 할례를 받지 아니하면 능히 구원을 받지 못하리라 하니"(행 15:1)라는 구절에서 거짓 형제들의 신학을 엿볼 수 있다. 이 사람들 중 일부는 안디옥에서 바울과 베드로 사이를 갈라놓는 소동을 일으킨 사람들일 수도 있다. 그들도 바울과 마찬가지로 엄격한 바리새인적 배경에서 기독교를 믿었다. 이제 이들과 같은 유대인 기독교 선교사들 또는 그들의 가까운 동료 여행자들 중 일부도 갈라디아 교회에 침투하여 안디옥과 다른 곳에서 그랬던 것처럼 갈라디아에 있는 새로운 신자의 기독교 자유를 "염탐"했다.

이 내러티브에서 중요한 역할을 하는 세 번째 인물은 예루살렘 교회의 지도자들, 즉 야고보, 베드로, 요한으로 "기둥들"이라는 별명을 붙인 것은 그 명성 때문이었다. 바울의 주요 협상 상대는 비방하는 사람들이 아니라 이 교회 지도자들이었지만, "기둥들"과 열심있는 제자들 사이의 긴밀한 관계는 관련된 모든 사람에게 큰 긴장 상황을 조성했을 것이다.

바울은 두 번째 예루살렘 방문의 동기와 관련하여 세 가지 중요한 점을 언급했다. 첫째, 바울은 "계시를 따라" 이 모임을 요청했다고 주장한다. 이 단어는 1장 12절에서 다메섹 도상에서 부활하신 그리스도에 대한 깨달음을 묘사할 때 사용한 것과 같은 단어이다. 그 경험은 재현할 수 없는 독특한 사건이었

있듯이 다른 바울 공동체에서도 파괴적인 요소였다(참조. 엡 2:11-13; 고전 7:17-24; 딤 1:10-11; 골 2:11, 13-14). 바울이 기근 방문을 계기로 예루살렘 교회 지도자들과 이 성가신 문제에 대해 사적인 대화를 나눈 것은 놀라운 일이 아니다. 탈버트C. H. Talbert는 "사도행전의 방문 형태는 저자의 목적과 성향에 따라 결정된다"는 누가의 독특한 문학적, 신학적 관점을 언급하며 갈 2장과 행 11장의 기근 방문 기록 사이에 추정되는 불일치에 대해 설명했다. 탈버트는 갈라디아서의 연대를 행 15장의 예루살렘 회의 이후로 보지만 갈 2장과 행 11장을 동일하게 여긴다. 탈버트는 행 16:1-5의 선교적 상황에서 바울이 디모데에게 할례를 베풀고 사도들의 결정을 공포함으로써 혼합주의 반대자들에게 불일치와 타협 혐의를 받은 서신의 삶의 정황을 찾는다("Again: Paul's Visits to Jerusalem," *NovT* 9 [1967]: 26-40).

지만, 우리는 그리스도께서 다른 경우에도 바울에게 나타나셔서 말씀하셨다는 것을 알고 있다(행 22:17-21; 고후 12:1-10). 바울이 여기에서 이방인 선교의 특수한 상황과 관련된 비슷한 계시를 언급하고 있다는 것을 의심할 이유는 없다. AMPB 성경(The Amplified Bible Classic Edition)은 다음과 같이 바울의 감정의 의미를 포착한다. "내가 가야 하는 것이 특별하고 신성하게 계시되었기 때문에 갔다"(참고. 유진 피터슨의 메시지 성경. "나는 그들에게 내게 계시된 것을 분명히 하러 갔다"). 어떤 해석자들은 "계시"라는 단어에서 다가올 기근에 관한 사도행전 11장 28절의 아가보의 예언을 완곡하게 언급한다. 이 예언은 안디옥의 그리스도인들이 유대인 형제자매들에게 사랑의 은사로 응답하도록 촉구했다. 그러나 갈라디아서 2장의 문맥은 바울의 메시지와 교회 전체에서 그 메시지를 받아들이는 것과 관련하여 점점 더 커지는 균열과 논쟁과 관련된 더욱 구체적인 주님의 말씀을 요구한다.

바울이 회의를 소집한 두 번째 동기는 다음과 같이 간단명료하게 표현된다. "내가 이방 가운데서 전파하는 복음을 그들에게 제시하되." 헬라어 동사 ἀνεθέμην(아네데멘)은 "그들 앞에 세우다"는 의미로 문자적으로는 "선포하다, 전달하다, 옹호하다, 주장하다"를 의미한다. 아마도 바울과 바울의 메시지를 비방하는 사람들이 이미 있었을 것이다. 그들의 비난은 아마 다음과 같았을 것이다.

> 바울이 회심한 후 우리는 바울에게 큰 기대를 품었다. 이 세대에 바울보다 하나님의 토라를 더 잘 훈련받은 사람은 아무도 없었기 때문이다. 그러나 이제 바울은 예수님과 사도들의 믿음에서 떠났다. 바울은 율법에 반대하는 부정적인 운동을 벌이고 있으며 메시아를 이스라엘 민족과 완전히 분리시키고 있다. 그는 할례와 같은 율법의 기본적인 요구 사항을 회피하는 이방인들을 교회로 끌어들여 우리 신앙의 유대적 특성을 완전히 뒤집기 전에 막아야 할 위험한 급진주의자이다.

이런 종류의 허위 진술에 맞서 바울은 이방인들에게 선포하는 참된 복음을 "제시"해야 할 필요성을 느꼈다. 앞으로 살펴보겠지만, 바울의 복음은 예루살렘 사도들도 믿고 전파했던 복음과 동일했다. 그러나 새로운 선교 상황에서 이 메시지의 의미를 모든 사람이 한 번에 명확하게 이해하지는 못했다. 갈라디아서 2장에는 초대 교회가 율법과 복음, 믿음과 자유, 역사적 특수성, 복음적 포괄주의의 문제와 씨름하는 모습이 잘 드러나 있다. 이 문제는 이 회의나 이후 예루살렘 회의에서도 최종적으로 해결되지 못했다. 그러나 이 두 차례에 걸쳐 은혜의 복음을 물타기하려는 자들에 대한 바울의 완고한 저항은 정통 기독교 구원 교리가 승리하는 데 없어서는 안 될 요소였다.

회의의 세 번째 동기는 본문의 표현 아래 흐르고 있는 문제와 관련이 있다. 바울은 이 회의가 예루살렘의 지도자들이 아니라 자신의 주도로 소집되었음을 분명히 했다. 바울은 자신의 활동에 대해 설명하기 위해 예루살렘 본부로 소환되지 않았다. 오히려 그리스도의 몸 안에서 큰 분열을 초래할 수 있는 위기를 해결하기 위해 회의를 요청했다. 의심할 여지 없이 이것이 바울이 공개 청문회가 아닌 비공개 회의를 요청한 이유다.

바울이 이 논쟁에서 어떻게 행동했는지를 통해 많은 것을 배울 수 있다. 나중에 바울은 로마 교인들에게 "그러므로 우리가 화평의 일과 서로 덕을 세우는 일을 힘쓰나니"(롬 14:19)라고 편지를 썼다. 호전적으로 그리스도인답지 않은 방식으로 논쟁을 유발하는 것은 언제나 잘못된 일이다. 바울은 신뢰할 수 있는 교회 지도자들과 비밀리에 나눔으로써 그러한 상황을 피하고자 했다. 그러나 복음에 충실하기 위해 타협할 수 없는 문제에 대해서는 공개적으로, 심지어 노골적으로 말해야 할 경우도 있다. 바울은 안디옥에서 베드로를 공개적으로 책망할 때 이렇게 했다.

사도행전 15장에 나오는 예루살렘 회의도 큰 긴장과 논쟁으로 가득 찬 공개적인 사건이었다. 그러나 그리스도인의 자유에 관한 문제를 공개적으로 알리고 해결한 것은 기독교 신앙을 유대교 내의 작은 분파로 축소하려는 사람들의 파괴적인 가르침에 대항하기 위해 필요한 해독제였다. 언제 개인적인 조언을 구해야 하고 언제 공적인 입장을 취해야 하는지 어떻게 알 수 있는가? 부차적으로 중요한 문제에 대해 우리의 양심의 가책을 삼키고 동료 그리스도인에게 양보하는 것이 적절할 때는 언제인가? 반대로 우리의 목소리가 우리 교회나 교단이 복음에 충실하도록 변화를 가져올 수 있을 때 가만히 앉아 평화를 유지하는 것은 잘못된 것인가? 말해야 할 때가 있고 침묵해야 할 때가 있다. 모든 그리스도인은 주어진 시간에 어떤 것이 적절한지를 알기 위해 성령의 지혜를 구해야 한다.

"내가 달음질하는 것이나 달음질한 것이 헛되지 않게 하려 함이라"라는 어구는 당혹스러웠고 다양한 해석을 불러왔다. 어떤 학자들은 바울이 예루살렘 지도자들의 승인을 받기 위해 예루살렘에 갔으며, 그 승인 없이는 바울의 사역이 유효하지 않았을 것이라고 제안했다. 그러나 이 가설은 갈라디아서 1-2장에 있는 바울의 전체 논증의 흐름과 모순되는 것 같다. 다른 학자들은 바울이 여기에서 자신의 사도적 소명에 대해 일종의 주저함이나 자기 의심을 표현한 것처럼 이 어구를 좀 더 실존주의적으로 해석하기도 한다. 이 이론은 또한 바울이 자기 성찰에는 능하지만 심리적 성찰에는 능하지 않은, 강한 양심을 가지고 있는 사람으로 우리가 알고 있는 바울의 모습에 바탕을 둔다. 결국 사도는 고린도 교인들에게 "그러므로 내가 이렇게 달음질하는 것은 불확실한 것이 아니다"(고전 9:26 KJV)라고 쓸 수 있었다. 바울의 말은 자신이 그리스도께로 인도한 새 신자들과 개척한 젊은 교회들에 대한 염려의 표현으로 해석하는 것이 더 나아 보인다. 교회의 큰 분열은 이 그리스도인들에게 무엇을 의미하는가? 그 외에도 바울의 선교 사역을 발전시키는 데 어떤 의미가 있는가? 의심할 여지 없이 바울 자신은 십여 년 이상 여행해 온 길을 포기하지 않았을 것이다. 그러나 바울이 하나님의 부르심을 통해 받은 세계 선교는 예루살렘의 모교회와 복음 공유에 대한 기본적인 합의에 도달하지 못함으로써 최종적으로 좌절되지 않더라도 좌초될 수 있었다.[97] 이러한 이유로 바울은 교회의 연합과 예루살렘 지도자들과 긴밀한 협력 관계를 추구했다.

1.4.1.2. 디도와 거짓 형제들(2:3-5)

3-5절은 두 번째 예루살렘 방문에 대한 이야기에서 주제를 벗어난다. 이는 바울이 예루살렘 교회 지도자들과의 개인적인 회의가 실제로 중단되었을 가능성이 있음을 반영한다. 전체 구절은 구문상의 어려움과 본문상 불확실함으로 가득 차 있으며 라이트풋은 이를 가리켜 "문법의 난파"라고 불렀다.[98] 예를 들어, 헬라어 본문 4절에는 적절한 주어와 동사가 빠져있다. CSB 번역자들은 바울의 깨진 구문론을 의미 있게 만들기 위해 "이 문제가 일어났다"를 더하고 있다(개역개정. "이는"). 바울은 예루살렘에서 일어난 사건과 갈라디아의 현재 상황 모두를 생각하면서 큰 감정적 압박을 받으며 이 구절을 썼을 것이다. 여기에서 바울이 사용한 언어의 강렬함과 불균형은 디도의 사건에 대한

---

97 이 본문에 대한 브루스의 주해를 보라. "바울의 사명은 예루살렘에서 비롯된 것이 아니었지만 예루살렘과의 교제 없이는 효과적으로 실행될 수 없었다. 그의 이방인 선교와 모 교회 사이의 분열은 재앙이 될 것이다. 그리스도는 분열될 것이며 바울이 이방인 세계 복음화를 위해 헌신하고 또한 헌신하기를 소망했던 모든 에너지는 좌절될 것이다"(*Galatians*, 111). 또한 다음 참조. H. Schlier, *Der Brief an der Galater* (Göttingen: Vandenhoeck & Ruprecht, 1949), 67–70; Witherington, *Grace*, 131–35; Keener, *Galatians*, 110–13.

98 Lightfoot, *Galatians*, 104. 헤이즈의 주석을 보라. "그럼에도 불구하고 2:10은 우리에게 해결되지 않은 많은 질문을 남긴다. 바울이 너무 흥분하여 복잡하고 불완전한 문장을 썼기 때문에 구절의 일부를 따라가기가 어렵다. 우리는 바울이 글을 쓰면서 분노에 휩싸여 소리를 지르는 것을 들을 수 있다. 구문론적으로 망친 것 같은 바울의 글은 여전히 논쟁을 둘러싸고 소용돌이치는 강한 열정을 반영한다." Hays, *"Galatians,"* 221.

다양한 해석을 낳았다. 이 전체 역사적 서술이 갈라디아 교회들 사이에서 발생한 심각한 신학적 위기를 밝히기 위한 것임을 염두에 두고 바울이 말한 대로 사건을 재구성하려고 한다.

디도의 사건

2:3. 디도는 이미 1절에서 바나바와 함께 바울의 예루살렘 여행의 동료로 소개되었다. 바리새인 유대인이었으나 지금은 이방인의 사도인 바울은 유대인 그리스도인 바나바와 이방인 회심자인 디도를 데려갔다. 나중에 바울은 디도에게 보낸 서신에서 "같은 믿음을 따라 나의 참 아들 된"(딛 1:4)이라고 부른다. 디도는 아마도 바울 자신의 증거를 통해 그리스도를 영접하여 바울이 가장 신뢰하는 동역자 중 한 명이 되었을 것이다(고후 8:23).[99] 디도는 사도행전 어디에도 언급되지 않지만 바울 서신에 자주 등장하며 특히 이방인 교회들이 예루살렘의 가난한 성도들을 위해 모금하는 사랑의 연보를 모으고 관리하는 사도의 대리인으로 자주 등장한다(고후 8:20; 12:17). 디도는 "상당한 인간관계 기술이 좋았고 ... 특히 재정과 관련하여 의심할 여지 없는 정직한 사람이었다"라고 잘 알려져 있다.[100]

바울이 왜 디도를 예루살렘으로 데려갔을까? 우리가 주장했듯이 이 방문이 유대의 기독교인들에게 기근 구호를 전달할 목적이었다면 수리아의 이방인 교회와 예루살렘의 유대인 모교회 사이의 연대의 표현으로 안디옥 교회의 이방인 교인을 함께 보낸 것은 지극히 당연한 일이다. 그러나 바울이 수리아 교회 지도자들에게 복음을 "전할" 때 이방인 회심자의 살아있는 모범을 보여주기 위해 의도적으로 디도를 대표단에 포함시켰을 가능성도 있다. 바울은 디도가 할례를 받지 않았다는 사실을 분명히 알았고, 이 문제에 대한 논란을 충분히 예상했을 것이다.

그러므로 바울은 디도를 그리스도인의 자유의 원칙에 대한 시험 사례로 삼은 것이다. 존 스토트가 말했듯이 어떤 의미에서 이것은 의도적인 도발 행위였다. "바울이 디도를 예루살렘에 데리고 간 것은 분쟁을 일으키기 위해서가 아니라 복음의 진리를 세우기 위해서였다. 이 진리는 하나님께서 예수 그리스도를 믿는 믿음이라는 동일한 조건으로 유대인과 이방인을 받으신다는

---

99 E. E. Ellis, "Paul and His Co-workers," *NTS* 17 (1971): 437–52. 또한 다음 참조. C. K. Barrett, "Titus," *Essays on Paul* (Philadelphia: Westminster, 1982), 118–31; B. Reicke, "Chronologie der Pastoral briefe," *TLZ* 101 (1976): 82–94.

100 Lea and Griffin Jr., *1, 2 Timothy, Titus*, 273.

것이며, 따라서 교회는 이방인들을 그 어떤 차별 없이 받아들여야 한다."[101]

여기에서 우리는 갈라디아서에서 처음으로 할례 문제를 접한다. 이 문제는 같은 장의 뒷부분과 갈라디아서의 마지막 부분(2:7-9, 12; 5:1-11; 6:12-15)에서 다시 언급될 것이다. 할례에 대한 논쟁은 갈라디아서에만 국한된 것이 아니다. 로마서(2:25-29; 3:1, 20; 4:9-12; 15:8), 빌립보서(3:3-5), 고린도전서(7:18-20), 골로새서(2:9-15; 3:10-11)에서도 볼 수 있듯이 바울이 가는 곳마다 할례에 대한 논의가 이어졌다. 갈라디아서 2장 12절에서 바울은 안디옥에서 문제를 일으킨 사람들을 "할례파 사람들"이라고 밝혔다. 디도에게 쓴 편지(1:10)에서도 같은 표현이 반복되는데, 사도는 젊은 동역자에게 건전한 교리를 반대하는 "불순종하고 헛된 말을 하며 속이는 자가 많은 중 할례파 가운데 특히 그러하니"(1:10)라고 경고했다. 예루살렘에서 디도를 둘러싼 사건과 갈라디아 위기 전반에서 무엇이 쟁점이 되었는지 더 분명히 이해하기 위해서는 유대교와 초기 기독교 모두에서 할례의 역할을 간략히 살펴볼 필요가 있다.

할례는 남성 생식기의 포피를 제거하는 행위로 고대 세계의 여러 민족이 사춘기나 결혼에 입문하는 표시로 행하는 의식이다.[102] 그러나 유대인들에게 할례는 하나님께서 아브라함과 맺으신 특별한 언약(창 17:12)에서 비롯되었는데, 자유인으로 태어난 이스라엘 사람이든 그 집의 종이든 상관없이 모든 남자아이는 하나님의 선택받은 백성에 참여하는 표시로 태어난 지 팔 일째 되는 날 할례를 받는다. 이스라엘의 위대한 선지자들의 전통에서 할례는 은유적으로 확장되어 주님께서 요구하시는 회개와 온전한 헌신의 행위를 가리킨다. 따라서 예레미야는 당시의 백성들에게 "스스로 할례를 행하여 너희 마음의 포피를 제거하라"(렘 4:4 KJV)라는 하나님의 말씀을 전할 수 있었다. 분명히 이스라엘 자손은 할례라는 외적인 의식과 성전 제사 제도에 지나치게 의존하여 예수께서 말씀하신 "율법의 더 중한 바 정의와 긍휼과 믿음"(마 23:23)을 소

---

101 J. Stott, *Message of Galatians*, 42. 바렛의 언급도 참조하라. "바울은 문제가 터지고 있음을 알 수 있었고 (다음 몇 구절은 그것이 얼마나 가까웠는지 보여줄 것이다). 카드를 탁자 위에 놓으러 갔다. ... 아마도 바울이 원했던 것은 대결이었을 것이고, 디도를 데리고 대담한 도발에 나섰을 것이다. 예루살렘은 분명히 분열된 교회였다. 우리는 권위를 떠나 거짓 형제(2:4), 즉 그리스도인처럼 보이고 그리스도인이라고 주장하지만 (바울이 보기에는) 그리스도인이 아닌 사람들에게 먼저 다가갔다. 헬라인 디도에게 할례를 받으라고 요구한 사람들은 바로 이 사람들이었으며, 할례만이 하나님의 백성인 그리스도인의 몸으로 들어가는 유일한 길이라는 노선을 취한 것이 분명하다. 바울은 그렇게 하지 않았을 것이다"(*Freedom and Obligation*, 11).

102 이어지는 요약은 다음을 기초로 한다. R. Meyer, "Περιτέμνω," *TDNT* 6:72–84. Also see J. B. Polhill, "Circumcision," *MDB*. 또한 주목할 만한 사항은 다음과 같다. N. J. McEleney, "Conversion, Circumcision and Law," *NTS* 20 (1974): 319–41; J. M. Sasson, "Circumcision in the Ancient Near East," *JBL* 85 (1966): 473–76.

홀히 한 죄를 지었다. 일부 학자가 주장한 것처럼, 마음의 진정한 반응이라는 측면에서 예레미야가 할례를 영적으로 만든 것과 바울이 그리스도인의 삶에 대한 은유로 할례라는 용어를 사용한 것 사이에는 연속성이 있을 수 있다.[103]

헬레니즘 로마 시대에 이스라엘 백성들이 정치적으로 점점 더 적대적인 환경에 처하면서 할례는 유대인의 정체성을 구별하는 표지로 점점 더 두드러졌다. 마카비 문헌에 따르면 안티오쿠스 4세(BC 175-163년)의 공포 통치 기간에는 할례가 금지되었고 할례받은 아기를 이 언약의 표지로 삼은 어머니와 함께 사형에 처하는 정책도 시행되었다. 유대인 정체성에 대한 이 잔혹한 공격에 대한 반응으로 할례는 이스라엘 민족의 선택과 순결의 표지로서 그 위상이 더욱 높아졌다. 따라서 "유대인의 기본적인 율법으로서 할례 없이는 그리스-로마 시대에 유대인을 친밀하게 다루는 것은 상상할 수 없는 전제 조건 중 하나였다.[104]

정치적 메시아주의와 묵시론적 추측이 교차하는 가운데, 거룩한 땅에서 모든 할례받지 않은 이방인이 정화되었을 때만 메시아가 올 것이라는 생각이 커졌다. 폼페이우스의 정복과 로마 통치가 시작되기 전, 하스모니안 왕조의 요한 히르카누스 1세는 무력으로 정복한 이두매인들에게 대규모 할례를 실시하도록 명령했다. 그러므로 신약 시대에 경건한 유대인들은 할례를 하나님의 언약 공동체에 참여하기 위한 필수적인 전제 조건이자 인침으로 여겼다. 가장 엄격한 유대인들은 심지어 회심자들조차도 하나님의 특별한 백성이 되는 의식으로 할례를 받아야 한다고 주장했다. 바울이 회심 전 자랑거리 중 하나로 자신이 "팔일 만에 할례를 받았다"는 사실을 언급했을 때(빌 3:5), 이 옛 의식이 모든 지역의 유대인들에게 전달한 강력한 정서적, 사상적 힘을 증거하고 있었다.[105]

---

103 예를 들어, 빌 3:3에 나오는 바울의 언급을 참조하라. "하나님의 성령으로 봉사하며 그리스도 예수로 자랑하고 육체를 신뢰하지 아니하는 우리가 곧 할례파라." 마찬가지로 바울은 골로새 교인들에게 그리스도 안에서 우리는 손으로 하지 않은 할례를 받았다고 말할 수 있다. 이는 그리스도의 할례 안에서 옛 삶을 벗어버림으로써 일어난 일이며, 십자가로 확보한 용서의 경험과 그로 인해 이루어진 신자의 내면적 변화를 의미한다(골 2:12-13). 바울에게 세례가 아닌 중생은 신약의 원형이다. 구약의 문자적 할례는 그 모형이다. 이 문제가 역사적인 세례 논쟁에서 어떻게 진행되었는지에 대해서는 다음을 참조하라. T. George, "The Reformed Doctrine of Believers' Baptism," *Int* 47 (1993): 242–54.

104 Meyer, "Περιτέμνω," 78. 할례를 다루는 문제는 다음을 참조하라. J. J. Gunther, *Saint Paul's Opponents*, 82–89.

105 신약 이후의 랍비 유대교에서는 할례에 대한 이러한 높은 견해가 지배적이었다. 할례받는 날이 안식일이면, "할례의 의무가 안식일의 율법보다 우선했다." 할례 의식은 일련의 축복을 포함하고 잔치로 마무리하는 가족 의식의 중요한 순간이었다. AD 135년 바르 코크바 반란의

이러한 배경을 염두에 둘 때 우리는 바울의 선교가 유대인 기독교의 극우파라 할 수 있는 사람들 사이에서 불러일으킨 두려움과 의혹을 좀 더 명확하게 이해할 수 있다. 유대인 기독교 극우파에게 바울은 구약의 율법과 성전 예배, 할례와 같은 거룩한 유대교 의식의 신실한 준수라는 측면으로 해석되는 기독교 신앙의 성격에 심각한 위협이 되는 존재였다. 바울이 나중에 예루살렘을 방문했을 때 일어난 한 사건을 통해 유대인 신자들이 바울에게 가혹한 감정을 가졌던 것을 엿볼 수 있다. 바울은 야고보를 비롯한 많은 그리스도인으로부터 따뜻한 환대를 받았지만, 그들은 바울이 다른 많은 사람에게 받은 부정적인 여론에 대해 신속하게 경고했다.

> 형제여 그대도 보는 바에 유대인 중에 믿는 자 수만 명이 있으니 다 율법에 열성을 가진 자라 네가 이방에 있는 모든 유대인을 가르치되 모세를 배반하고 아들들에게 할례를 행하지 말고 또 관습을 지키지 말라 한다 함을 그들이 들었도다 그러면 어찌할꼬 (행 21:20-22)

바울은 이 세심한 유대인 신자들과 연대를 보여주기 위해 기꺼이 성전의 정결 예식에 자신을 복종시켰고, 나실인 서원을 한 네 명의 엄격한 형제들을 위해 규정된 비용을 지불했다. 이러한 방법으로 바울은 복음을 타협하지 않는 범위에서 유대 전통과 자신이 개인적으로 양립할 수 있다는 확신을 심어주었다.

사실 바울이 디아스포라 유대인 그리스도인들에게 자녀의 할례를 포기하라고 가르쳤다는 소문은 명백한 거짓이었다. 바울은 고린도 교인들에게 다음과 같이 썼다.

> 오직 주께서 각 사람에게 나눠 주신 대로 하나님이 각 사람을 부르신 그대로 행하라 내가 모든 교회에서 이와 같이 명하노라 할례자로서 부르심을 받은 자가 있느냐 무할례자가 되지 말며 무할례자로 부르심을 받은 자가 있느냐 할례를 받지 말라 할례 받는 것도 아무것도 아니요 할례 받지 아니하는 것도 아무것도 아니로되 오직 하나님의 계명을 지킬 따름이니라 (고전 7:17-19)

바울은 갈라디아서 6장 15절에서 같은 원리를 다소 다르게 설명했다. "할례나 무할례가 아무것도 아니로되 오직 새로 지으심을 받는 것만이 중요하니

주요 원인은 하드리아누스 황제가 제정한 할례 금지령이었다. 하드리아누스의 후임자 안토니우스 피우스가 이 금지령을 해제했다(Meyer, "Περιτέμνω," 79-81). 참조. Wright, *Paul*, 134-41, 175-76.

라." 고린도전서 본문에서 "할례자가 무할례자가 되는 것"은 할례가 남긴 신체적 흔적을 미용적으로 숨기기 위해 고안된 수술 절차인 ἐπισπαστός(에피스파스토스, 포피재건술. 역자 주)라는 관행을 가리킨다. 이 수술은 일부 유대인 남성이 공중 목욕탕을 방문하거나 운동경기에 참가할 때 당혹함을 피하기 위해 행했던 것이다(참조. 1 Macc 1:15).[106] 바울은 이런 급진적인 유대 문화의 헬레니즘화에 동조하지 않았고 이에 반대했다. 바울은 할례를 유대인의 정체성 표지로 할례를 존중했으며 유대인 그리스도인들이 남성 자손들에게 할례를 계속하도록 권장했다.

그렇다면 왜 디도에 대한 소란이 일어났는가? 할례가 결국 무관심의 문제라면, 예루살렘 교회의 더 꼼꼼한 요소와 평화를 유지하기 위해 이방인 신자인 디도에게 이 무해한 의식을 받아들이게 하지 않았는가? 그 대답은 반대자들이 제기한 할례에 대한 주장, "할례를 받지 아니하면 능히 구원을 받지 못하리라"(행 15:1)와 관련이 있다. 이 판결을 받아들이는 것은 구원이 예수님의 십자가에서 완성된 사역에서 입증된 하나님의 은혜에 근거한 것이며, 그 은혜의 유익은 구주에 대한 개인적인 믿음과 믿음만을 통해 받을 수 있다는 복음의 진리를 부인하는 것이다. 이 경우 이방인 신자가 할례를 받는 것은 "그리스도께서 너희에게 아무 유익이 없으리라"(갈 5:2)는 것을 보장한다. 그리스도를 가치 없다고 여기는 사람들은 여전히 율법의 저주 아래 있으며, 하나님도 없으며 이 세상과 내세에 소망이 없는 사람들이다.

따라서 디도를 둘러싼 분쟁은 갈라디아 교회의 위기의 단초를 제공했다. 이 논쟁은 예루살렘 회의(행 15장)에서 다시 전면에 등장할 피할 수 없는 문제를 부각했고, 그 결과는 복음의 온전함과 교회의 일치 모두에 결정적인 영향을 미쳤다. 에벨링은 다음과 같이 적절히 표현했다.

할례의 처리는 기독교 신앙의 시험이 되었다. 역사적인 관점에서 기독교가 새로운 유대교 분파가 아닌지 여부를 결정해야 한다. 신학적인 관점에서 그리스도와 관계가 율법 아래에 있는지, 아니면 율법과 관계가 그리스도 안에 있는지 여부에 대한 결정이다.[107]

106 참조. J. Goldstein, *I Maccabees*, AB (Garden City: Doubleday), 199–200.
107 Ebeling, *Truth of the Gospel*, 97.

가만히 들어온 자들

2:4. 이 구절에서 디도의 할례를 주장했던 "거짓 형제들"(ψευδαδέλφοις, 프슈다델포이스)를 집중 조명한다. 바울은 이 사람들을 묘사하기 위해 가장 화려하고 전투적인 언어를 사용했다. 그러나 그 묘사를 살펴보기 전에 두 가지 역사적 문제를 해결해야 하는데, 이 두 가지 문제는 이 구절의 깨진 구문과 본문의 난해함으로 더욱 어렵게 만든다.

첫 번째 문제는 디도 사건이 언제 일어났는지에 관한 것이다. 이것은 예루살렘 여행 전후에 일어난 사건, 예를 들어 안디옥 교회나 다른 이방인 선교환경에서 일어난 사건을 의미할 수도 있다. 우리는 안디옥의 식탁 교제를 둘러싼 사건과 사도행전 15장의 예루살렘 회의의 원인이 된 소동을 통해 "할례당"의 구성원들이 여러 전선에서 혼란을 야기하는 정책을 추구하고 있었음을 알고 있다. 할례당의 계략이 갈라디아까지 침투한 것이 이 편지의 원인이다. 디도에게 할례를 받으라는 요구는 예루살렘에 기반을 둔 율법 준수를 강제하려는 광범위한 노력의 한 사례였지만, 동지중해 전역의 전략적 선교 거점 지역으로 퍼져 나간 것이 분명하다. 많은 주석가는 바울이 예루살렘 교회 지도자들과 만난 기간이 다른 곳, 아마도 안디옥에서 일어난 사건을 의미한다고 믿는다. 하지만 바울이 이 문제를 예루살렘 회의에 대한 이야기에 끼워 넣은 이유는 그곳에서 일어났을 가능성이 높기 때문이다.

디도가 실제로 자신이나 바울의 주도로 할례를 받았는지, 아니면 "기둥들"의 요청에 따라 화해의 표현으로 받았는지를 추가적으로 질문한다. 초대 교회 교부들 중 일부는 5절의 부정사 "아니"(οὐδέ, 우데)의 생략에 기초하여 5절의 해석을 반영한다. 그러나 메츠거가 지적했듯이 결과적으로 "거짓 형제들 때문에 ... 내가 잠시 양보하였노라"는 이 구절에서 바울의 주장의 흐름과 바울이 기꺼이 저주를 퍼붓는 문제를 다루는 일반적인 경향과 모순되는 것처럼 보인다.[108] 다양한 사본은 디도 사건을 사도행전 16장 3절에서 바울이 디모데가 "그 지역에 있는 유대인으로 말미암아" 할례받는 데 동의했다고 말한 것과 일치시키려 했던 알려지지 않은 필사자의 실수로 일어났다고 가리킨다.

바울은 나중에 디모데에게 같은 할례를 허락하면서 왜 디도의 할례는 단

---

108 Metzger, *Textual Commentary*, 591. 브루스(*Galatians*, 113)는 문장의 전반부에서 부정사가 생략된 것이 후반부를 완전히 난센스로 만든다고 관찰한다. "이러한 상황 읽기와 '복음의 진리가 여러분에게 [손상되지 않고] 남아 있게 하기 위해서'라는 다음 목적 진술 사이에 논리적 연결이 있다고 보기는 어렵다. 이방인 그리스도인의 할례가 일반적으로 이방인 그리스도인들을 위한 값없이 주시는 은혜의 복음을 유지하는 데 도움이 될 것이라고 누구라도, 특히 바울이 어떻게 생각했을 수 있었는지 이해가 되지 않는다."

호하게 거부했는가? 물론 디모데와 디도가 처한 상황이 달랐기 때문이다. 우리는 디모데에게 유대인 어머니가 있었다는 것을 알고, 그 당시에도 지금과 마찬가지로 그 사실이 유대인 정체성의 기준이었다. 게다가 두 상황은 매우 달랐다. 이방인인 디도는 구원과 교회의 정회원 자격을 얻기 위해 할례를 받으라는 압력을 받고 있었다. 그러나 디모데는 은혜로 구원받는다는 기본 교리를 훼손하지 않으면서도 어머니 집안의 조상 전통에 복종할 수 있었다. 디모데는 유대인들 사이에서 선교적 증거를 강화하기 위해 바울의 전적인 축복 속에 할례를 받았다.[109]

요약하자면, 바울이 예루살렘을 방문하는 동안, 심지어 교회 지도자들과 개인적으로 만나는 동안에도 어떤 "거짓 형제들"은 바울이 할례를 받지 않은 이방인 그리스도인 디도를 데리고 왔다는 사실에 큰 문제를 일으켰는데, 디도가 거룩한 유대인 의식을 받아야 한다고 주장했다. 바울은 저항했고 그들의 계략은 실패로 돌아갔다. 디도는 할례를 받도록 강요받지 않았다.

이제 바울이 예루살렘의 적들을 묘사한 내용을 좀 더 자세히 살펴볼 준비가 되었다. 바울은 거짓 형제들의 활동의 특징으로 세 개의 특이한 단어를 사용했다. 이것들은 모두 정치 및 군사 첩보의 세계에서 파생된 단어이지만 초대 교회에서 벌어진 갈등에 사용되었다. 당시 상황에 대한 바울의 평가를 다음과 같이 바꾸어 말할 수 있다. "이 모든 일은 어떤 거짓 형제들이 몰래 우리 대열에 끼어들어 우리를 염탐하고 그리스도 안에서 우리의 자유를 전복하기 위해 우리의 교제를 방해했기 때문에 일어났다." KJV가 "모르는 중에 왔다"라고 번역한 단어 παρείσακτος는(파레이사크토스)는 신약성경 어디에도 쓰이지 않는다. 신약에서 가장 가까운 병행구 베드로후서 2장 1절에서 비슷한 상황을 설명하기 위해 밀접하게 관련된 단어가 사용되었다. "그러나 백성 가운

---

109 디모데의 할례에 대해서는 폴힐의 통찰력 있는 주해를 참조하라. J. B. Polhill, *Acts*, NAC [Nashville: Broadman, 1992], 341–43. "많은 학자는 바울이 갈라디아에서 할례 의식에 강력히 반대했기 때문에 디모데에게 할례를 요청하지 않았을 것이라고 주장했다. 그러나 이는 갈라디아서가 이방인을 대상으로 쓰여졌고 디모데는 유대인으로 간주되었다는 사실을 간과하는 것이다. 이방인에게 할례를 행하는 것에 대한 문제는 없었다. ... 그 반대도 마찬가지였다. 유대인들은 그리스도인이 되기 위해 유대인임을 버릴 필요는 없었다. 바울이 유대인들에게 하나님의 언약 백성의 구성원임을 나타내는 표시인 할례를 포기하라고 요구했다는 증거는 전혀 없다. ... 바울의 측근 중 유대인 혈통이면서도 할례를 받지 않은 사람이 있었다면 유대인들 사이에서 바울이 효과적으로 활동하는 데 방해가 되었을 것이다. 디모데에게 할례를 행하는 것은 최소한 선교 전략의 문제였다(고전 9:20). 그것은 그 이상이었을 수도 있다. 바울은 자신의 유대인 유산을 결코 버리지 않았다. 바울은 디모데가 자신에게 충실하기를 바랐을 것이다(참조, 롬 3:1 이하)." 또한 다음 참조. W. O. Walker, "The Timothy-Titus Problem Reconsidered," *ExpTim* 92 (1981): 231–35; Keener, *Galatians*, 117–20.

데 또한 거짓 선지자들이 일어났었나니 이와 같이 너희 중에도 거짓 선생들이 있으리라 그들을 멸망하게 할 이단을 가만히 끌어들여 자기들을 사신 주를 부인하고 임박한 멸망을 스스로 취하는 자들이라." 이것은 믿음의 적, 정보원, 이중 첩자가 기밀 정보를 빼내기 위해 고의적으로 심어놓은 비밀 음모, 즉 오류의 음모에 관한 것이다.

바울이 사용한 동사 παρεισέρχομαι(파레이세르코마이)는 "잠입하다, 침투하다"라는 의미의 동족어이다. 이 단어는 해로운 목적으로 행하는 음모 활동에 대한 개념을 심화시킨다. 사실 이 단어는 단순히 "사이에 끼어들다 또는 가로채다"라는 의미가 될 수도 있다. 바울은 로마서 5장 20절에서 이 단어를 사용하여 율법이 구원 역사에 "끼어 든" 독특한 목적을 설명했다. "율법이 들어온 것은 범죄를 더하게 하려 함이라." 그러나 갈라디아서 문맥은 이러한 침입자들의 합당하지 않은 동기를 분명히 지적한다. 바울이 침입자들이 한 일을 설명하기 위해 사용한 세 번째 단어 κατασκοπέω(카타스코페오)는 "은밀하게 염탐하다, 은밀하게 파괴하다"라는 의미를 가진다. κατασκοπέω는 또 다른 헬라어 ἐπισκοπή(에피스코페), "감독"과 밀접한 관련이 있는데, 이 단어는 바울이 신약 교회의 치리에서 목회적 권위를 긍정적인 의미로 설명하기 위해 사용한 단어이다. 아마도 바울은 여기에서 경건한 목회자의 적절한 감독과 거짓 형제들이 오만하게 교회의 권력을(권위를) 스스로 탈취한 것을 의도적으로 대조하고 있었을 것이다. 이 구절에 대한 연구에서 우리가 얻은 단서들을 종합해 보면 우리는 거짓 형제들에 대해 알게된 것을 다음 다섯 가지 명제로 요약할 수 있다.

1. **거짓 형제들은 겉으로 보이는 것과 달랐다.** 바울은 갈라디아 독자들이 거짓 교리에 빠져 한때 알았던 성령 충만한 삶에서 떠나 자신의 마음을 아프게 했음에도 불구하고 주저하지 않고 그들을 "형제들"(1:11)라고 불렀다. 더욱 놀라운 것은 "거짓 형제들"이라는 명칭이다. 이 사람들이 예루살렘 교회에서 평판이 좋은 회원이었다는 것은 의심의 여지가 없다. 거짓 형제들은 율법과 음식법, 절기와 같은 유대인 전통에 지나치게 꼼꼼하고 열심이었다. 실제로 복음의 자유와 진리에서 아무런 의미를 찾지 못하는 "음흉한 가짜 그리스도인"(Cotton Patch), 즉 가짜 신자들이었다.[110] 예수 그리스도의 가시적 교회에는 참 형제들뿐만 아니라 거짓 형제들, 즉 가짜 그리스도인들이 참 신자들

---

110 바울은 고후 11:26에서 "거짓 형제들"이라는 동일한 용어를 사용했는데, 여기에서 그들은 바울의 고난 목록에 있는 항목 중 하나로 등장한다. 같은 장(11:13)에서 바울은 "거짓 사도들, 그리스도의 사도로 가장한 속이는 일꾼들"(NIV 1984판)에 대해 말했다.

과 함께 있다는 것은 슬프지만 부인할 수 없는 사실이다. 건전한 교리를 선포하고 교정하는 권징을 집행하는 것은 신학적 타협이나 윤리적 잘못을 통해 교회의 교제를 전복하려는 사람들에게서 교회를 보호하기 위한 것이다. 그러나 천국에서도 이러한 처방이 완벽한 것은 아니기 때문에 교회는 오래 전에 바울이 직면했던 것과 같은 위험에 다시 직면한다.

2. **거짓 형제들은 교회를 혼란에 빠뜨리는 일을 은밀히 행했다.** 제네바 성경은 4절의 처음 부분을 "들어온 모든 거짓 형제들을 위하여"로 번역했다. 거짓 형제들은 마치 독사가 아름다운 정원에 기어 들어오듯 은밀히 교회 안으로 들어왔다. 이단은 은밀했으며 비밀스러웠고 몰래 행했다. 안디옥 대표단을 "염탐하여" 디도가 할례받지 않았다는 사실을 알았다고 한다. 이것은 사실일 수도 있지만, 바울의 언어는 음란한 한 무리의 엿보는 사람들이 아니라 속임수와 술수의 전체 유형을 묘사한다. 물론 거짓 형제들의 음모 뒤에는 예수 그리스도 안에서 하나님께서 마련하신 방법이 아닌 다른 방법으로 남자와 여자를 유혹하여 "도적질하고 죽이고 멸망시키기"(요 10:1) 위해 온 도둑, 속이는 자 사탄, 그 자신의 일이 있었다.

3. **거짓 형제들은 파괴적 사역을 단계적으로 수행했다.** 거짓 형제들에 대한 바울의 묘사는 거짓 형제들이 사기 행위를 의도적으로 계획하고 단계적으로 행했음을 시사한다. 첫째, 복음 진전에 관심이 있는 참된 신자인 척 교회에 잠입했다.[111] 두 번째 단계로 이방인 신자들의 복음의 자유를 "염탐"하기 위해 친교에 더 깊이 침투했다. 거스리D. Guthrie는 "거짓 형제들은 유대교의 의식 요건을 느슨하게 하는 것에 반대하는 사례를 구축하는 정보 요원처럼 행동했다."[112] 교활한 책략에 성공한 후, 거짓 형제들은 교회에 율법주의적 속박을 강요했다.

사탄은 경건한 목적으로 설립된 교회와 기관에 계속 침투하여 그 내부를 단계적으로 전복시키려 한다. 몇 년 전 복음주의 주요 교단이 복음 사역자를 양성하기 위해 세웠던 한 신학교에 새 예배당이 헌납되었다. 이 예배 공간을 기독교 상징으로 장식하는 것은 너무 우월주의적이라는 판단에 따라 옆의 벽장을 나누어 불교에서 뉴에이지를 아우르는 다양한 세계 종교의 예배 용품을

---

111 윌리엄 퍼킨스는 다음과 같이 예리하게 지적했다. "그러므로 여기에서 거짓 형제들이 모든 못된 거래의 기초를 놓은 것은 바울이 여기에서 지적하고 정죄하는 그들의 속임수에 있다. 반대로, 우리의 의무는 참으로 우리 자신을 공언하는 사람이 되는 것이며, 내면보다 더 외면적으로 공언하지 않는 것이며, 사람들 앞에서 공언한 것에 대해 우리의 마음을 하나님 앞에 인정하게 하는 것이다"(*Galatians*, 74).

112 D. Guthrie, *Galatians*, NCB (Grand Rapids: Eerdmans, 1973), 80.

보관할 수 있는 공간을 마련했으며, 기독교는 단지 여러 종교 중 하나의 전통으로서 의무적으로 한 공간을 할당받았다. 그 기관의 오랜 역사는 역사적 기독교의 정통서에 대한 헌신을 공식적으로 거부하거나 버리지 않았다. 그 기관과 다른 많은 기관이 여러 세대에 걸쳐 생명력 있는 믿음을 낳고 키운 뿌리와 점차적으로 접촉을 잃었다. 단계적으로 만군의 주님이 사용자 친화적으로 동등한 기회의 하나님으로 대체되었다.

4. 거짓 형제들은 거짓 가르침과 합당하지 않은 행동 사이의 연관성을 보여주었다. 바울이 적대자들을 "거짓"이라고 불렀던 이유는 적대자들의 가르침의 내용이 복음의 진리에 반하는 것이었기 때문이다. 그러나 바울은 디도 사건에서 적대자들의 활동을 설명하기 위해 침투와 속임수의 언어를 사용하여 그들의 동기와 방법론까지 포함하도록 기소를 확장했다. 궁극적인 의미에서 신학과 윤리는 결코 분리될 수 없다. 엘리엇T. S. Eliot의 『대성당의 살인』(Murder in the Cathedral)에서 "마지막 유혹은 가장 큰 반역이다. 옳은 일을 잘못된 이유로 행하는 것이다"[113]라고 경고한 것을 잊고 이기적인 야망과 사랑 없는 분노로 정통 신학을 옹호할 수도 있고, 반대로 진실한 신념으로 거짓 교리를 전파할 수도 있다. 유명한 이단들은 때때로 친절한 성품과 거룩한 태도로 알려져 있다. 이 시대의 신은 그런 사람들을 거짓 가르침의 타락한 영향에 대해 더욱 눈멀게 했다. 이러한 예외에도 불구하고 불신앙적인 신학과 비윤리적인 행동 사이에는 본질적인 연관성이 있다. 조만간 어떤 식으로든 성경이 아닌 다른 출처에서 유래한 교리나 하나님의 은혜를 희생하여 인간의 노력을 확대하는 구원관은 신실하지 않은 삶과 평판이 좋지 않은 방법으로 나타날 가능성이 높다.

5. 거짓 가르침의 이단적 궤적. 디도에게 할례를 받도록 강요한 거짓 형제들이 누구인지는 확실하게 말할 수 없다. 사도행전 15장에 언급된 안디옥의 유대교 침입자들과 바울이 갈라디아에서 부딪혔던 말썽꾼들과 동일하게 여길 만한 충분한 이유가 있다. 어떤 학자들은 바울이 그 시대에 맞섰던 율법주의적 반대자들과 그리스도의 선재와 동정녀 탄생을 부인한 다음 세기의 유대교 기독교 이단 집단인 후기 에비온파 사이에 직접적인 연속성이 있다고 주장한다.[114] 유세비우스는 에비온파가 "율법에 대한 완전한 준수를 주장했으며 그

---

113 T. S. Eliot, *The Complete Poems and Plays*, 1909–1950 (New York: Harcourt, Brace and World, 1971), 196.

114 J. D. G. Dunn, *Unity and Diversity in the New Testament* (Philadelphia: Westminster, 1977), 263 [= 『신약성서의 통일성과 다양성』, 솔로몬, 1988]. "갈 2장, 고후 10-13장, 행 21장에서

리스도를 믿음으로만 구원을 받을 수 있다고 생각하지 않았다"고 말했다.[115] 당연히 그들은 바울의 글을 폄하고 바울을 율법에서 배교한 자로 배척했다. 에비온파 운동은 바울이 당시에 맞닥뜨린 유대 기독교 이단의 후기 단계에 해당한다. 그러나 전자에서 후자로 향하는 발전은 분명한 선이 있다. 은혜에 의한 구원에 대한 높은 교리를 포기한 후에는 필연적으로 낮은 기독론이 뒤따랐다. 죄에 대한 낮은 견해는 항상 약화된 속죄 교리를 내포했다. 그리스도의 사역을 축소하면, 그리스도의 완전한 신성을 주장할 수 있는 이유가 거의 없다.

자유와 진리

2:5. 디도와 거짓 형제들에 대한 삽입 문단은 나머지 갈라디아서를 지배하는 두 가지 개념, 즉 자유와 진리에 대한 소개로 마무리된다. 거짓 형제들의 은밀한 노력은 편지 전체의 중심 주제를 요약하는 문구인 "그리스도 예수 안에서 우리가 가진 자유"를 전복시키기 위한 것이었다. 거짓 형제들의 요구에 굴복하는 것은 그리스도께서 십자가에서 완성하신 사역과 갈라디아 신자들의 삶에 부어주신 성령의 현재적 실재를 더 이상 인정하지 않는 것이다. 바울은 디도의 예를 들어 갈라디아 교인들이 자신들 가운데 침입한 똑같이 전복적인 침입자들이 강요하는 것과 같은 종류의 속박에 저항하도록 격려했다. 편지 후반부에서 바울은 이 주제를 다시 한번 강조한다. "굳건하게 서서 다시는 종의 멍에를 메지 말라"(5:1).

우리 시대에는 자유를 잘못 이해하고 있는 부분이 많기 때문에 다시 자유라는 주제로 돌아가려고 한다. "기독교 자유의 대헌장," 갈라디아서는 우리에게 자유에 대해 많은 것을 가르쳐 준다. 바울이 말한 자유는 자유를 교리적 면허나 도덕적 방종과 동일하게 여기는 사유화된 개인주의가 아니라는 점만 말하는 것으로 충분하다. 그리스도께서 우리를 자유롭게 하신 자유는 "복음의 진리"에 근거한 자유이다.

"복음의 진리"라는 문구는 여기 5절과 2장 14절에서 다시 등장하여 이 장

만나는 바울을 반대하는 사람들은 결국 후기 에비온주의자들과 구별하기 쉽지 않다."

115 Eusebius, *The Ecclesiastical History* (Cambridge: Harvard University Press, 1926), 261–63 [=『유세비우스의 교회사』, 은성, 2008]. 리처드 헤이즈는 "거짓 형제들"이 구원 역사와 종말론에 대한 이해 부족으로 동기를 가질 수 있다고 제안했다. "바울과 거짓 형제들 사이의 의견 불일치가 종말론 문제를 촉발했을 수 있다. 그때는 언제인가? 이방 선교는 이방인에게 하나님의 나라에서 완전한 지위를 받은 새로운 종말론적 시대의 징조였는가? 아니면 구시대의 규례가 여전히 시행되어 언약의 구성원으로서 할례로 표시된 사람들에게만 하나님의 백성으로서 온전한 참여가 가능했는가?" Hays, "Galatians," 224.

의 두 가지 주요 부분을 연결한다. 예루살렘 회의와 안디옥 사건 모두에서 동일한 문제가 쟁점이었다. 바울이 디도에게 할례를 강요하는 사람들의 불법적인 요구에 굴복한 것은 선포하도록 위임받은 복음의 본질에 대한 배반과도 같았을 것이다. 거짓 교사들이 안디옥에서 모습을 드러낸 후 "복음의 진리에서 떠나있는" 사람들을 미혹하는 데에도 이와 같은 진리가 걸려 있었다. 라이트풋이 관찰했듯이 복음의 진리는 "온전한 복음, ... 은혜의 교리"를 의미한다.[116] 이 장의 후반부(2:15-21)에서 바울은 이 핵심 교리의 의미를 이신칭의의 측면에서 설명한다.

5절은 디도 사건을 즉각적인 결과와 장기적인 함의 측면에서 바울의 완강한 저항("우리는 잠시도 그들에게 굴복하지 않았다." NIV)을 요약한다. 이것이 갈라디아 교인들에게 가져온 결과("이는 복음의 진리가 항상 너희 가운데 있게 하려 함이라")를 요약한다. 여기에서도 바울의 마음속에는 방황하는 자녀들을 향한 목회적 관심과 사랑(참조. 4:19)이 가장 먼저 자리 잡고 있었다. 거짓 형제들이 얽힌 이야기 전체가 바울에게도 고통스러운 일이었음은 의심할 여지가 없다. 바울은 선교 사역의 중추적인 단계에서 영향력 있는 친구들을 많이 얻었을 것이고, 예루살렘 교회에서 더욱 일시적인 접근을 추구하여 자신의 개인적인 지위를 향상할 수 있었을 것이다. 게다가 할례 자체에 관심이 없었던 바울 자신의 신념을 고려할 때 그러한 정책을 합리화하기는 쉬웠을 것이다. 그러나 바울은 거짓 형제들의 교묘한 속임수와 계략을 지혜롭게 꿰뚫어보고 거짓 형제들의 계략에 맞서 굳건히 섰는데, 이는 개인적인 자존심이나 자신의 지위에 대한 염려 때문이 아니라 하나님의 은혜가 변화시키는 능력을 통해 자기 의로움의 굴레에서 해방된 모든 사람을 위해, 즉 "너희를 위해" 복음의 진리를 지키고자 하는 소망 때문이었다. 나중에 바울은 그 고뇌를 말했다. "내 안에 눌리는 일이 있으니 곧 모든 교회를 위하여 염려하는 것이라 누가 약하면 내가 약하지 아니하며 누가 실족하게 되면 내가 애타지 아니하더냐"(고후 11:28-29).

우리는 많은 지역 교회에서 구체화되었지만 성령의 유대를 통해 서로 연결되고 상호 연관된 그리스도의 몸인 교회의 하나 됨에 대한 바울의 이해를 엿볼 수 있다. 예루살렘에서 일어난 일은 단절된 하나의 사건이 아니라 갈라디아를 비롯한 다른 지역의 복음과 교회의 활력에 직접적인 영향을 미쳤다. 오늘날에도 마찬가지이다. 교회가 쇠약해지거나 복음이 훼손되거나 스캔들

---

116 Lightfoot, *Galatians*, 107.

로 인해 하나님의 백성의 증거에 흠집이 날 때마다 바울처럼 모든 그리스도인은 공통의 부담과 아픔에 공감해야 한다.

이 구절에서 우리는 또 다른 중요한 진리를 떠올린다. 자유와 마찬가지로 신학적 진실성과 영적인 생명력의 값은 영원한 경계를 두는 것에서 온다. 지옥의 문은 결코 그리스도의 교회를 이길 수 없으며, 복음의 진리가 너무 가려져 하나님께서 이 땅에 증인 없이 남는 일도 없을 것이다. 그러나 교회 역사에는 배교와 쇠퇴의 뚜렷한 시기가 있었고, 살아 계신 주님에 대한 불신앙으로 살아 계신 주님이 촛대를 옮긴 많은 가시적인 교회의 예가 있다.

종교개혁 당시에 칭의 교리는 그 시대의 신앙 고백적 투쟁에서 다시 한번 위태로운 상황에 처했다. 바울과 마찬가지로 루터와 다른 종교개혁자들은 기독교 신앙의 본질적인 부분에 대해 "조금이라도 흔들리기"[117]를 거부했다. 외적인 평화를 위해 양보를 촉구하는 사람들에 대해 루터는 우리가 성화된 고집이라고 부를 수 있는 이유를 설명했다.

> 우리 앞에 놓인 문제는 중대하며 중요하다. 그 문제는 아버지의 뜻과 명령에 따라 육신이 되어 세상의 죄를 위해 십자가에 못 박혀 죽으신 하나님의 아들의 죽음과 관련이 있다. 이 점에 믿음이 굴복한다면 하나님의 아들의 죽음은 헛된 것이 될 것이다. 그리스도가 세상의 구세주라는 것은 단지 우화에 불과하다. 그렇다면 하나님은 약속을 지키지 않으셨기 때문에 거짓말쟁이이다. 그러므로 이 문제에 대한 우리의 고집은 경건하고 거룩하다. 왜냐하면 그것으로 우리는 그리스도 예수 안에서 우리가 가진 자유를 보존하고 복음의 진리를 지키려고 노력하기 때문이다. 이것을 잃으면, 우리는 하나님과 그리스도, 모든 약속, 믿음, 의, 영생을 잃는다.[118]

2천 년 교회 역사를 되돌아보면 할례에 관한 논쟁에서 무엇이 그토록 결정적으로 중요한 문제였는지 알기 어렵다. 마치 고대 후기의 찻잔 속의 태풍처럼, 현재 우리의 관심사와는 더 이상 관련이 없는 모호한 문제처럼 보인다. 우선 디도의 무할례에 관한 것뿐만 아니라 교회 전체에서 바울의 입장이 분명히 승리한 것처럼 보인다. 2세기 초에 바나바의 서신은 "그들[즉, 유대인]이 믿었던 할례는 폐지되었다"고 말한다.[119] 할례가 영적이 되고 교회 내에서 이방인

---

117 Luther, "Lectures on Galatians, 1535," *LW* 26: 90–91.

118 Luther, "Lectures on Galatians, 90–91.

119 Epistle of Barnabas 9.4., *The Apostolic Fathers*, trans. K. Lake (Cambridge: Harvard University Press, 1912), 1.370–71.

의 수가 늘어남에 따라 바울 시대 할례 논쟁의 격렬함은 점점 더 멀어져 갔다.

오늘날 유대인이 아닌 모든 남성이 할례를 받아야만 그리스도인이 되거나 교회와 연합할 수 있다고 주장하는 것은 우스꽝스러워 보일 수 있다. 이러한 역사적 발전으로 논쟁의 조건은 바뀌었지만 그리스도인의 자유와 복음의 진리를 위한 바울의 투쟁은 죽은 주제가 아니라는 사실을 간과해서는 안 된다. 루터의 언급에서 알 수 있듯이 인간은 하나님께서 완성하신 구원 사역에 무언가를 더하기 위해 끊임없이 노력한다. 그것은 예수 그리스도**와** 교회 출석, 예수 그리스도**와** 예전 행위, 예수 그리스도**와** 카리스마적인 영적 체험일 수 있다. 바울의 주장은 우리가 하나님을 받아들일 수 있는 근거로서 그리스도와 섞일 수 있는 것은 아무것도, 절대적으로 아무것도 없다는 것이다. 우리의 소망은 예수님의 보혈과 의로움 그 이상도 이하도 아니다.

1.4.1.3. 바울과 기둥들(2:6-9)

거짓 형제들의 침입과 디도의 시험 사건을 설명하기 위해 예루살렘 회의에 대한 이야기를 중단했던 바울은 이제 2절의 끝에서 중단했던 이야기의 흐름을 다시 이어간다. 헬라어 본문에서 6-10절은 몇 가지 주요 아이디어가 어려운 생각의 순서로 압축된 하나의 길고 복잡한 문장으로 구성되어 있다. 사실 이 구절들은 앞 구절들에서 발견한 종류의 본문상 문제와 구문상 단절에 시달리지 않는다.[120] 그러나 일부 학자는 바울이 이 합의를 설명하는 데 사용한 어휘가 다소 양식화되어 있고 바울의 일반적인 용법에 맞지 않는 것처럼 보이기 때문에 예루살렘 교회 지도자들과 공유한 공식적인 보고서나 회의 공문에서 인용했을 수 있다고 제안했다.[121] 이것이 사실인지 여부와 상관없이, 바울은 예루살렘에서 합의한 내용을 정확하고 기억에 남을 만한 보고와 갈라디아 반대자들이 자신을 비방하는 혐의에 대한 반박을 제공하기 위해 세심한 주의를 기울여 이 문장을 쓴 것이 분명하다. 이 점에 대한 베츠의 말은 주목할 만하다.

---

120 이 구절의 유일한 중요한 텍스트 변형은 2장 9절에 나오는데, 서방 사본 전통에서 몇몇 사본이 아람어 이름 Κηφᾶς를 더 일반적인 헬라어 형태 Πέτρος로 대체했다. 베드로의 이름에 대한 유사한 사본 차이는 2:11, 14에서 발견된다. 참조. Metzger, *Textual Commentary*, 592–93.

121 참조. E. Dinkler, "Der Brief an die Galater," *Verkündigung und Forschung* (1953–55), 182. 이 가설에 대한 논의는 다음을 참조하라. Betz, *Galatians*, 96–98; Longenecker, *Galatians*, 55–56.

저자가 이 부분에 엄청난 주의를 기울인 것은 바울이 보고하는 사건이 그의 "사실 진술"의 핵심을 구성하는 경우에만 설명할 수 있다. 그렇다면 예루살렘의 사건과 갈라디아의 현재 위기 사이에는 관계가 있어야 한다. 그렇다면 현재의 선동가들과 그들의 신학적 입장은 어떤 식으로든 예루살렘의 권위자들과 관련이 있어야 한다. 이 관계는 바울의 마음뿐 아니라 선동가들과 갈라디아인 교인들의 마음속에도 존재했을 것이다.[122]

부정적 고려 사항(2:6)

2:6. 바울은 방금 경멸하며 묘사한 거짓 형제들(3-5절의 몰래 들어온 자들과 정탐꾼)과 예루살렘에 가서 의논했던 교회 지도자들을 분명히 구분했다. 전자는 바울을 분명한 사이비 그리스도인이자 사탄의 하수인이라고 생각한 반면, 후자는 바울을 전략적 선교 회담에서 존경받는 지도자이자 대화를 나눌 상대로 여겼다.

바울은 일곱 구절 내에서 네 차례에 걸쳐 "보이다, 나타나다"라는 뜻의 동사 δοκεῖν(도케인)의 형태를 사용하여 예루살렘 회의에서 대화했던 상대들을 묘사했다. 2절에서 바울은 그들을 단순히 "보이는 자," 또는 "나타나다"라고 불렀는데, CSB 번역자들은 "지도자들"을 사용한다(개역개정. "유력한 이들"). 여기 6절에서 동일한 사람들은 "중요하게 여기는 사람들," 즉 더 특별하게 여기는 사람들이다. 이 구절의 마지막에는 2장 2절의 명칭이 반복되고 CSB는 단순히 "그들"로 번역한다.

9절에서 우리는 처음으로 이 사람들의 정체를 알 수 있다. 그들은 앞에서 "기둥처럼 보이는 자들"(ESV)로 묘사했던 야고보, 베드로, 요한이다. 어떤 학자들은 바울이 이 표현을 반복해서 사용하는 것은 교회 지도자들의 권위를 폄하하거나 경시한 것이라 주장한다. 이 견해에 따르면, 바울은 베드로와 야고보, 요한을 기둥으로 여겼고 중요하게 생각했으며 진정한 지도자로 보았지만, 사실상 그들의 겉모습은 기만적이었고 그들의 평판에 일치하지 않았다고 말했을 것이다.[123]

---

122 H. D. Betz, *Galatians*, Her (Philadelphia: Fortress, 1979), 92. 또한 다음 참조. Schreiner, *Galatians*, 118–31.

123 예를 들어 바렛C. K. Barrett의 말을 참조하라. "δοκεῖν의 네 가지 사용은 놀랍지만 우연이라고 할 수 없다. ... 하나님은 사람의 외모를 통해 마음의 비밀까지 볼 수 있기 때문에 바울은 예루살렘 당국이 누리는 평판에 감명을 받지 않는다. 평판은 거짓일 수 있다. 중요한 것은 사람이 어떻게 보이거나 평판이 좋은지(δοκεῖ εἶναι)가 아니라 실제로 어떤 사람인지이다. ... 그러므로 우리는 적어도 바울이 보기에도 기둥같이 여기는(δοκοῦσι στῦλοι εἶναι) 사람들이 실제로는 그런 사람이 아닐 수도 있다는 가능성을 암시한다고 결론을 내린다"("Paul and the

그러나 "~처럼 여겨지는 사람들"이라는 표현에 그러한 경멸의 의미가 담겨 있을 필요는 없다. JB 성경이 번역한 것처럼 "인정받는 지도자들"을 의미할 수도 있다. 다시 말해, 바울은 단순히 예루살렘 교회 신자들 사이에서 실제로 명성이 높고 권위자로 여기는 지도자들을 지칭하기 위해 일반적인 존경의 용어를 사용했을 수 있다. 바울이 이 용어를 부정적인 의미로 사용했다면, 바울은 자신과 예루살렘 교회 "기둥들"이 결국 같은 편이라는 그 자신의 주장을 약화시킬 수 있었을 것이다.

이 구절의 기본 흐름은 바울과 이 지도자들 사이의 반대나 대립이 아니라 이 지상 명령을 완수하는 공동의 임무에 대한 그들의 근본적인 일치와 상호성을 가리킨다. 동시에 예루살렘 교회 지도자들을 묘사하는 이러한 방식은 과묵함과 망설임이 느껴진다는 점을 인정해야 한다. 아마도 이것은 갈라디아서의 논쟁적인 맥락을 반영한 것일 가능성이 높다. 말하자면 바울은 예루살렘 교회에서 온 특사들에 맞서 사투를 벌이고 있었다. 바울은 확실히 2장 9절의 세 기둥을 포함하여 이 지도자들을 가장 평가했다. 바울은 "나보다 먼저 사도가 된 자들"(1:17)의 정당성과 권위를 인정했다. 그러나 반대자들이 조장하는 예루살렘 교회 지도자들을 향한 과장되고 불법적인 숭배에 자신의 사도적 소명의 독립성을 종속시키기를 완강히 거부했다. 바울은 문제의 지도자들과의 관계에 대해 세 가지 사항들을 더하면서 그 생각을 가장 중요하게 생각했다.

1. **"그들이 무엇이든 아무런 차이가 없다"(NIV).** 여기에서 중요한 문법적 요점은 동사의 과거 시제 "그들이 한때 무엇이었는지"이다. 암브로시우스는 마치 바울이 "어려서부터 스승 가말리엘을 밑에서 잘 배웠지만, 그들은 물고기 잡는 법밖에 모르는 불쌍한 문맹자였다는 것에 반대하지 않겠는가? 그러나 나는 하나님께서 외모로 사람을 취하지 않으심을 알기에 이 모든 것을 개의치 않는다"라고 말한 것처럼 이 표현에서 비꼬는 듯한 느낌을 발견할 수 있다고 생각했다.[124] 반대자들은 바울이 기독교 신앙에 뒤늦게 들어온 사람이라고 비난했다. 다른 지도자들은 이 땅의 공생애 초기부터 예수님을 알고 있었다. 바울은 예수님의 지상 생애와 사역에 대한 지식이 없었기 때문에 그들이 누리던 특권적인 지위에 대해 주장할 수 없었다.

바울은 이 혐의에 대한 사실에 이의를 제기하지 않았지만, 반대자들이 그 사실에서 도출한 추론은 강력하게 부인했다. 바울을 반대하는 사람들은 일부

'Pillar' Apostles," *Studia Paulina, Festschrift for Johannis De Zwaan* [Haarlem: De Erven F. Bohn, 1953], 2–4).

124 참조. Calvin, *Galatians*, CNTC 11:29.

비판적인 성경학자처럼 "신앙의 그리스도"보다 "역사적 예수"를 더 선호했다.[125] 바울은 이 둘을 나누기 거부했다. 바울에게 나타난 부활하신 그리스도는 갈릴리의 먼지투성이 길을 걸으셨고 예루살렘 성문 밖에서 로마의 십자가에서 돌아가신 예수님이었다. 바울은 예수의 지상 생애, 가르침, 기적에 관한 초기 기독교 전통을 알고 소중히 여겼지만, 예수를 과거의 영역으로 끌어내리기 거부했다. 바울에게 예수에 대한 관심은 단순히 "역사적"일 수 없었다. 바울에게 예수는 소크라테스처럼 냉철한 호기심으로 말과 행동을 면밀히 조사하고 분석할 수 있는 (신성이) 부재하는 구세주가 될 수 없었다. 아니다! 예수는 교회의 영원한 왕이시며 미래의 주님이신 승리자이시다.

2. 하나님은 외적인 자격 증명에 감동하지 않으신다. 여기에서 바울은 문자 그대로 번역할 수 있는 관용구 "하나님은 사람을 외모로 취하지 아니하시나니"를 사용했다. 누군가를 외모로 받아들인다는 것은 외양이나 외부 환경을 기준으로 누군가를 평가하는 것이다. 바울은 예루살렘에서 위대하게 보이는 권위를 상대화하기 위해 스토아 학파의 무관심(*adiaphora*, 아디아포라)의 이상을 끌어들였다는 견해도 있다.[126] 그러나 구약성경 자체는 하나님의 공평성 원칙으로 가득했다. 하나님은 외모가 아니라 마음을 보시며, 외적 지위와 특권의 상징이 아니라 참된 순종과 헌신을 귀하게 여기시며, 가난한 사람들과 위대한 사람들에게 동일하게 공의가 이루어지기를 기대하신다(참조. 시 51:16-17; 암 3:13-15; 레 19:15).

1장에서 우리는 바울이 예레미야 선지자에게 주신 하나님의 사명을 상기시키는 언어로 자신의 사도적 소명을 어떻게 묘사했는지 보았다. 구약 헬라어 성경에서 예레미야의 부르심은 "그들의 얼굴을 두려워하지 말라"(렘 1:8 KJV)라는 말과 함께 나온다. 에스겔의 부르심에도 비슷한 이미지가 사용되었는데, 에스겔은 자신의 얼굴이 대적들의 얼굴에 대항하여 강하고 굳세게 될 것이라는 말을 들었다(겔 3:8). 아마도 바울은 갈라디아 반대자들이 예루살렘의 권위자들을 과하게 숭배하는 것을 거부하면서 이러한 구약의 선례를 염두에 두었을 것이다.

외모에 대한 바울의 말 뒤에는 반대자들이 사도 바울에게 가했을지도 모

---

125 이 주제에 대한 켈러M. Kähler의 고전적인 설명을 참조하라. *The So-called Historical Jesus and the Historic Biblical Christ* (Philadelphia: Fortress, 1964).

126 참조. Betz, *Galatians*, 94–95; D. M. Hay, "Paul's Indifference to Authority," *JBL* 88 (1969): 36–44. 이 문맥에서 사용된 "얼굴"이라는 단어에 대해서는 다음을 참조하라. E. Lohse, "Πρόσωπον," *TDNT* 6:779–82.

르는 또 다른 공격의 메아리가 들리는 듯하다. 교회 전통에 따르면 바울은 대머리에 다리를 절며 키가 작고 육체적 질병들(참조, "육체의 가시")에 시달리는 등 외모로는 별로 볼 것이 없었다. 우리는 고린도에서 바울의 반대자들이 바울의 연설 능력과, 밋밋한 외모를 비판하면서 "인상적이지 않다"(고후 10:10 NIV)는 단어를 사용했다는 것을 안다. 갈라디아 반대자들은 같은 주제를 골라 바울과 예루살렘의 잘생기고 말솜씨 좋은 "기둥들"을 교묘하게 비교하기 위해 이 단어를 사용했을 가능성이 높다. 바울도 주의 사역에 있어 경쟁자가 아니라 동역자로서 그들을 존경했다. 그러나 반대자들이 인간 지도자들에게 아낌없이 쏟는 왜곡된 헌신에 침묵할 수 없었다. 그것은 우상 숭배에 가까웠고 그들과 바울이 헌신하는 복음의 진리를 가리고 있었기 때문이었다.[127]

3. 바울의 복음에는 추가된 것이 없다. 바울은 중요하게 보이는 사람들이 아무것도 더하지 않았다고 말한다. 헬라어에서 "내게"라는 강조 대명사 ἐμοί (에모이)가 문장의 첫머리에 등장하며 바울이 서신의 처음 두 장에서 전개하고 있는 주제, 즉 바울의 복음의 초자원적 기원과 사도적 소명의 독립성을 다시 한번 강조하고 있다. 바울이 자신의 메시지에 외적인 요소를 더하는 일을 거부한 것은 사도행전 15장의 예루살렘 회의 기록과 정면으로 모순된다는 주장이 종종 제기되었다. 그때 공포된 사도들의 결정은 실제로 이방인 그리스도인이 삼가야 할 네 가지 구체적인 항목, 즉 우상으로 더럽힌 음식, 성적 부도덕, 목매어 죽은 짐승의 고기, 피를 피하는 것을 추가한다(행 15:19-20). 이러한 금지의 의미는 무엇이며 "아무것도 더하지 말라"는 바울의 결정적인 말과 어떻게 조화를 이룰 수 있는가? 갈라디아서에서 바울은 분명히 "율법을 지키는 것이 아닌 그리스도를 믿어라. 그러면 구원을 얻을 것이다"라고 말했다. 예루살렘 교회는 사실 "그리스도를 믿으라. 할례를 받을 필요는 없지만 특정한 의식 요건들은 지켜야 한다"고 말했는가?

갈라디아서 2장과 사도행전 15장을 조화시키는 명백한 어려움을 해결하

---

127 루터는 이렇게 다양한 직분과 사회적 지위를 하나님의 애벌레 혹은 "가면"이라고 표현했다. "하나님은 우리가 그들을 이 세상에 필요한 하나님의 피조물로 존중하고 인정하기를 원하신다. 그러나 하나님은 우리가 그들에게 신성을 부여하는 것, 즉 우리가 그들을 신뢰하고 그분을 잊어버리는 방식으로 그들을 두려워하고 존중하는 것을 원하지 않으신다. ... 그러므로 포도주, 의복, 소유물, 금 등을 사용하되 그것들을 신뢰하거나 영광을 돌리지 말자. 우리는 오직 하나님께만 영광을 돌리고 하나님만을 신뢰해야 하며, 하나님만을 사랑하고 두려워하며 존경해야 한다"("Lectures on Galatians, 1535," *LW* 26:95–96). 루스드라의 무리가 바울과 바나바를 신으로 섬기려 했을 때, 그들의 반응을 보라. 참조. 행 14:8-20.

는 한 가지 방법은 동일한 모임에 대한 이중 기록이 아니라 예루살렘에서 열린 다른 두 모임의 보고라는 사실을 인식하는 것이다. 앞서 제시한 대로 갈라디아서 2장이 바울이 바나바와 함께 안디옥 그리스도인들에게서 온 사랑의 선물을 전달할 때 예루살렘 교회 지도자들과 가졌던 개인적인 만남을 가리킨다면(행 11:27-39), 사도행전 15장에 언급된 예루살렘 회의는 바울이 갈라디아서를 쓴 후 일어났을 것이다. 이 회의는 이전 회의에서 일반적인 방식으로 다루었던 교회 내 이방인 포용이라는 골치 아픈 문제에 대한 발전된 해결책이자 일종의 최종적인 해결책을 제시한다. 이것이 사실이라면, 율법주의 선동가들은 바울과 "기둥들" 사이에 합의된 내용을 받아들이지 않고 자신들의 기독교 상품을 더욱 공격적으로 밀어붙여 소아시아에 있는 선교 현장까지 영향력을 확대했다고 볼 수 있다. 갈라디아서 2장의 사적인 합의는 명예롭지 않았고 널리 알려지지 않았기 때문에, 관련된 당사자들이 모두 참석한 공개 회의에서 모든 문제를 명확히 할 필요가 있었다.

이 해석은 두 기록 사이의 역사적 관계에 대한 그럴듯한 해결책을 제공하지만 바울의 율법 없는 복음에 무언가가 "더해"졌다는 더 깊은 신학적 문제를 실제로 다루고 있는가? 바울이 갈라디아에서 율법의 행위가 아닌 이신칭의라는 타협할 수 없는 교리를 설교한 후 돌아서서 자신의 은혜-지배 신학과 율법에 집착하는 반대자들의 극단적인 견해 사이에 있는 구원에 대한 율법주의적인 이해를 기꺼이 지지할 것이라고 가정해야 하는가? 이러한 가설은 믿을 수 없기 때문에 많은 현대 신약학자는 사도행전의 정확성에 의문을 제기하고 바울과 반대자 사이의 파괴적인 차이를 덮기 위한 일종의 역사적 허구로 간주했다.[128]

---

128 이 관점은 오늘날 신약 연구에서 지배적인 비판적 관점이라고 불린다. 필하우어P. Vielhauer의 다음 논문을 보라. P. Vielhauer, "On the 'Paulinism' of Acts," *Studies in Luke-Acts*, ed. L. Keck and J. L. Martyn (Nashville: Abingdon, 1966), 33–50. 보른캄은 누가복음의 예루살렘 회의에 대한 기록의 역사적 가치에 대한 일반적인 회의론을 반영한다. "자료로서 사도행전의 기록은 독립적인 가치가 없다. [그것은] 과거의 갈등을 해결한, 원칙적으로 흔들릴 수 없는 원시 교회의 일치를 방해하려는 외부의 사소한 시도에 지나지 않는 누가의 산물임이 입증되었다. 물론 누가는 그 모임을 예루살렘 교회가 이끄는 하나의 연합한 교회가 인상적으로 드러난 것으로 간주하지 않을 수 없었고, 그 결과 나중에 교회와 교회 역사에 대한 자신의 이상화된 관점에 기초하여 기록을 작성했다"(*Paul* [New York: Harper & Row, 1971], 32). 아무것도 "추가되지 않았다"라는 구체적인 문제에 대해 에벨링은 다음과 같이 언급했다. "이 점에서 상호 모순되는 두 기록은 조화될 수 없다. 행 15장은 많은 사람이 이방인 그리스도인들이 정결법에 대한 최소한의 규정을 준수해야만 할 의무가 있다고 생각했음을 보여준다. ... 바울에 따르면 정결법 준수는 문제가 되지 않는다. 사실 바울은 자신의 행동에서 일반적으로 그러한 요구 사항을 따를 수 있었지만, 이방인들에게 선포할 복음의 보편적 조건으로 유대인의 생활 방식에 최소한으로 동화되어야 한다는 요구 사항을

분명히 바울은 할례 자체가 아니라 유대 전통의 의식에 관한 요구 사항일지라도 구원의 요건으로 은혜의 복음에 다른 어떤 것이 추가되는 것에 결코 동의하지 않았을 것이다. 우리가 살펴본 바와 같이, 바울은 할례 그 자체를 반대하지 않았다. 할례는 기독교 선교의 긴급성과 그 노력에 대한 상황에 비추어 행할 수도 있고 그렇지 않을 수도 있는 관심을 가지지 않는 문제였다. 바울은 하나님 앞에서 의롭게 서기 위한 조건으로 십자가에서 완벽하게 이루신 그리스도의 속죄 사역에 할례를 추가하거나 덧붙여야 한다는 개념에 한순간도 굴복하기를 거부했다. 사도행전 15장의 사도적 결정을 이런 종류의 구원론에 추가 공로를 의미한다고 해석하지 않았다는 것은 바울이 직접 설립한 교회에 그 결정을 전달했다는 사실뿐만 아니라 오직 믿음으로만 은혜로 구원을 받는다는 메시지를 일관되게 선포한 데에서도 분명하다. 빌립보 간수가 "내가 어떻게 하여야 구원을 받으리이까?"라고 물었을 때 바울은 "주 예수를 믿고 또한 정결하지 않은 음식을 먹지 말라 그리하면 네가 구원을 얻으리라"라고 대답하지 않았다. 그의 메시지는 단순하게 "주 예수를 믿으라 그리하면 네가 구원을 받으리라"였다(행 16:3-4, 30-31).

예루살렘 회의는 "초대 교회 역사상 가장 중요한 사건"으로 묘사되어 왔다.[129] 사도행전에서 누가가 기록한 중심에 있었던 점과 사도 시대의 이어지는 발전에 미친 영향을 고려할 때 이 평가는 과장된 것이 아니다. 그러나 그 회의에서 합의된 이방인 그리스도인들에 대한 네 가지 금지 사항은 은혜의 복음에 추가하기 위한 것이 아니었다. 이방인 신자들에게 유대 전통의 최소한의 순결 규정을 지키라고 한 이유를 야고보가 회의에서 다음과 같이 설명했다. "이는 예로부터 각 성에서 모세를 전하는 자가 있어 안식일마다 그 글을 읽음이라"(행 15:21).

야고보는 이 결정 사항이 전달될 도시에 유대인들이 많다는 것을 알고 있었다. 회당에서 매주 모세의 율법이 낭독되는 것을 들으면서 유대인들은 "이방인의 삶에서 특별히 어떤 것들을 혐오하고, 유대인들을 얻기 위해 예수님의 이방인 제자들은 그러한 것들을 삼가야 한다."[130] 따라서 갈라디아서 2장과 사도행전 15장을 같게 여기든지 그렇지 않든지, 바울과 예루살렘 교회 지도자들은 분명히 복음의 본질에 대해 의견이 나뉘지 않았다. 바울은 자신이

추가하는 것에는 결코 동의할 수 없었다"(*Truth of the Gospel* [Philadelphia: Fortress, 1984], 102–3). 참조. Das, *Galatians*, 180–82.

129 Bornkamm, *Paul*, 31.

130 Machen, *Machen's Notes on Galatians*, 124.

이방인들에게 선포한 복음을 제시했고 이방인들은 아무런 거리낌 없이 복음을 받아들였다. 결정 사항의 구체적인 금지 사항은 신학적 교리가 아니라 선교 전략의 문제였다. 사실상 이 규정들은 "유대인들에게 내가 유대인과 같이 된 것은 유대인들을 얻고자 함이요"(고전 9:20)라는 자신의 행동 방식(*modus operandi*)로 채택한 "수용" 원칙의 한 예였다.[131]

긍정적인 확인(2:7-9). 예루살렘 지도자들과의 만남에서 일어나지 않은 일들과 관련된 부정적인 고려 사항을 언급한 후 바울은 갑자기("반대로," 개역개정. "도리어") 회담의 긍정적인 결과에 대한 설명으로 전환했다. 그 모임의 절정은 교제의 오른손으로 상징되는 상호 인정과 세계 선교 사역에 있어 합의된 분업이었다. 이 결정이 어떻게 내려졌는지를 설명하면서 바울은 모든 참가자가 공유하는 하나의 복음, 선교 사역의 두 영역을 대표하는 두 사도, 마지막으로 자신과 바나바를 긍정적으로 평가한 세 기둥이 회의의 긍정적인 결과에 결정적인 역할을 했다는 점에 초점을 맞췄다.

2:7. 바울은 예루살렘 교회 지도자들이 자신의 사역에 긍정적인 반응을 보인 것을 언급했는데, 그들은 복음 메시지 확장을 위해 바울이 부름받은 독특한 역할을 "보고"(CSB) "인정했다"(NIV 2:9). "맡은"(πεπίστευμαι, 페피스튜마이)이라는 동사의 완료 시제는 바울의 주장에 중요한 역할을 한다. 바울은 열두 사도나 예루살렘 교회에서 이 임무를 위임받지 않았다. 그들이 인정하고 확인한 것은 바울의 삶에서 이미 일어난 일, 즉 바울이 그리스도께 받은 하나님의 사명이다.

이 인정의 내용을 설명하면서 바울은 그의 글 어디에서도 찾아볼 수 없는 표현을 한다. 베드로가 "할례자들을 위한 복음"을 맡은 것처럼 바울은 "무할례자들을 위한 복음"을 맡았다. 그러나 이 주장은 오직 지옥의 영원한 심판으로 이끌기 때문에 사실 "나쁜 소식"(δυσαγγέλιον, 뒤상겔리온)인 거짓 사도들의 거짓되고 왜곡된 복음(1:8-9)을 제외하고는 "다른" 복음은 실제로 없다는

---

131 이 문제에 도움을 주는 폴힐의 도움이 되는 논의를 참조하라. 폴힐은 네 가지 금지 사항을 다음과 같이 요약한다. "이 법령은 그리스도 안에 있는 유대인 형제자매들의 죄책감을 존중하기 위해 이방인 그리스도인들에게 부과된 일종의 최소한의 요구 사항이었다. ... 야고보의 언급은 문맥에 더 잘 맞는 다른 의미로도 받아들일 수 있다. 모든 도시에는 토라를 소중히 여기는 유대인들이 있다. 이방인 그리스도인들은 유대인들의 양심의 가책에 민감해야 하며, 유대인들도 복음을 접할 수 있기 때문에 의식법 문제에서 그들에게 불쾌감을 주지 말아야 한다"(*Acts*, 328-38). 폴힐은 유대 기독교가 제기한 의식적 정결의 문제가 더 이상 중요한 관심사가 아닐 때, 우상 숭배, 부도덕, 살인의 세 가지 치명적인 죄로만 축소된 잘 알려진 서방 사본의 변형이 후기 교회 생활의 발전을 반영한다고 해석한다.

바울의 이전 주장과 어떻게 일치할 수 있는가? 바울이 여기에서 이방인을 위한 복음과 유대인을 위한 복음을 말할 때 무엇을 의미했을까? 이 표현에 대한 오해는 성경 해석의 역사에서 수 많은 오류의 근원이었다. 이러한 주요 오해 중 세 가지를 간략히 살펴보겠다.

1. **영지주의적 해석.** 많은 초기 영지주의 교사는 바울을 가장 좋아하는 사도로 꼽았다. 바울은 무할례의 "성령의" 복음을 맡았고 베드로는 유대인의 "정신의" 복음을 맡았다. 따라서 영지주의 구원론의 급진적 이원론은 복음을 양립 불가능한 두 부분으로 나눈다. 하나는 영지주의 교사들의 비밀스러운 글과 난해한 교리로 전달된 비밀의 영지주의이고 다른 하나는 정통 기독교 공동체가 선포하고 사도신경에 요약된 그리스도 교리인 복음이다.

2. **헤겔적 해석.** 19세기에 바우어F. C. Baur와 그의 제자들은 헤겔 변증법으로 초대 교회 역사를 해석했다. 이 견해에 따르면 베드로와 예루살렘 교회는 초기 기독교에서 전통주의적 극단를 대표하는 반면(논제), 바울과 그 그룹은 그 반대인 진보주의적 극단에 서 있었으며(대립), 2세기 정통 기독교 합의의 출현은 이 둘 사이의 일종의 수렴으로 간주되었다(종합). 갈라디아서 2장 7절은 신약 역사에서 이러한 양분화된 판을 적용하는 데 핵심이 되는 본문이다.

3. **초 세대주의적 해석.** 세대주의는 극단적인 형태로 구원 역사를 여러 시대를 나누고 각 시대마다 고유한 구원의 요건이 있다고 보는 견해이다. 세대주의자들의 주장에 따르면, 오순절에 베드로가 선포한 할례의 복음은 사실 은혜의 복음에 행위를 더한 메시지였다(예. "회개하고 세례를 받아 … 죄 사함을 받으라." 행 2:38). 바울의 부르심과 함께 이 메시지는 *sola gratia*(솔라 그라티아, 오직 은혜)의 복음으로 대체되었다. 이러한 이해에서 갈라디아서 2장 7절은 옛 언약 아래 있는 율법 세대와 주로 바울의 설교를 통해 시작된 순전한 은혜의 새 세대 사이의 과도기를 반영한다.

이러한 잘못된 해석 모두 바울의 표현이 "복음의 종류에 대한 차이가 아니라 복음을 전파해야 할 영역 차이"을 의미한다는 사실을 깨닫지 못하는 기본적인 실수에서 비롯된다.[132] 바울이 전파한 복음은 예루살렘 초대 교회가 전한 것과 동일했다. 그 공동체의 지도자들이 복음 전파에서 바울과 그 독특한 역할을 인정한 것처럼, 바울도 다른 곳에서 부활의 증인으로서 자신을 그들과 동일시하게 여기고 모든 사도적인 동역자들을 통해 강력하게 역사하신 하나

---

132 Lightfoot, *Galatians*, 109. 테르툴리아누스의 다음 말을 참조하라. "그들은 복음의 분리로 아니라 자신들 사이에 사역을 분담했다. 다른 이가 어떤 것을 전파하는 것이 아니라 다른 이가 다른 사람들에게 전파했다."(*De praescriptione haereticorum*, 23).

님께 감사를 드렸다. "그러므로 나나 그들이나 이같이 전파하매 너희도 이같이 믿었느니라"(고전 15:11).

2:8. 이 구절은 초기에 베드로와 바울이 일반적으로 초대 교회의 두 지도자로 인식되었다는 사실에 대한 증거를 제공한다. 로마 가톨릭의 성인 달력에서 두 사도는 6월 29일이라는 공통된 축일을 공유하는데, 이는 두 사도가 로마에서 네로의 박해(AD 64년)가 일어났을 때 같은 날 처형되었다는 고대 전승을 반영한 것이다. 이 전승이 사실이라면, 이 위대한 선교사이자 사도였던 두 사람의 생애는 하나님의 섭리에 따라 다른 장소와 다양한 구성원을 대상으로 사역했지만 순교라는 공통의 증거로 모인다.[133]

사도행전의 초반부에서 그렇게 압도적인 역할을 한 베드로는 사도행전 15장 예루살렘 회의 이후 사도행전이 바울과 그의 선교 여행에 집중하면서 무대에서 사라진다. 물론 베드로와 바울은 안디옥에서 함께 있었다는 것을 알고 있다(2:11-14). 우리는 또한 베드로가 나중에 그 중 일부가 "이해하기 어렵다"(벤후 3:15-16)며 바울의 글을 언급한다는 것도 알고 있다. 그 두 사람은 바울이 괴팍한 "게바 일당"의 존재를 알고 있었던 고린도를 포함하여 다른 장소에서도 만났을 것이다.

교회의 선교 과제를 베드로가 이끄는 유대인 선교와 바울이 이끄는 이방인 선교의 두 가지 주요 추진력으로 나누기로 한 결정은 현실적인 필요와 지혜로운 청지기 정신의 문제였다. 베드로와 그와 함께 한 다른 사도들은 유대인에게만 증거할 수 있고 바울과 바나바는 이방인에게만 말할 수 있는 것처럼 지나치게 구분하는 것은 실수일 수 있다.

> 사도들이 "바울 당신은 이방인에게는 할례 없는 복음을 전하되 유대인에게는 멀리 떨어져 있어! 거긴 우리 영역이야."라고 말한 것이 아니다. 이 말은 오히려 이렇게 말했음을 암시한다. "좋다. 바울, 당신은 할례 없는 복음으로 이방인에게 가고 우리는 할례의 복음으로 유대인에게 가겠다."[134]

사실 우리는 고넬료 집안 사람들에서 복음을 전한 베드로의 증거를 통해 이방인들에게 복음이 처음 전파되었다는 것을 안다. 마찬가지로 바울은 유대인들에게 계속 설교하면서 유대인 회당에서 많은 하나님을 경외하는 자들과 회

---

133 참조. O. Cullmann, *Peter: Disciple, Apostle, Martyr* (Philadelphia: Westminster, 1953).

134 G. Howard, *Paul: Crisis in Galatia* (Cambridge: Cambridge University Press, 1979), 40.

심자들이 바울의 메시지에 반응하고 종종 그 도시들에서 새로운 기독교 공동체의 교두보가 되는 것을 발견했다. 따라서 이 회의에서 결정된 선교 전략은 "어느 한 쪽에 대한 종교 정책적 제한"으로 받아들여서는 안 된다.[135] 예수님께서 온 교회에 주신 지상 명령을 최대한 성취하기 위해 내린 결정이었다.

두 사도 사이에 전략적 분업은 회의의 실질적인 결과였지만, 그 신학적인 근거는 베드로의 사역에 역사하셨던 동일한 하나님이 바울의 사역에도 역사하신다는 더욱 근본적인 인식에 뿌리를 두고 있었다. 두 사도는 같은 하나님을 예배했기 때문에 같은 복음을 선포했다. 모든 그리스도인은 선교와 전도에 있어 중요한 역할을 하지만, 예수님 그분이 위대한 선교사시며 아버지로부터 보냄을 받은 아들이시며, 성령님께서 진정한 전도자이자 죄를 깨닫게 하고 회심시키는 하나님이라는 사실을 잊지 말아야 한다.

2:9. 여기에서 야고보, 베드로, 요한은 "기둥처럼 인정받는 자들(개역개정. 기둥같이 여기는)"로 언급된다. 분명히 바울이 복음을 전하기 위해 개인적으로 만나고(2:2) 선교 협약을 맺은 사람들이었다. 야고보는 갈라디아서에서 두 번째 언급이며, 앞서 "주의 형제"(1:19)로 소개되었다. 요한은 전통적으로 네 번째 복음서의 "사랑하시는 제자"로 알려진 사도로 세베대의 아들이었다.

여기에서 "기둥"이라고 불리는 이유에 대해서 여러 가지 이론들이 제시된다. 물론 바울이 특정 공동체나 기관에 없어서는 안 될 것으로 여기는 강하고 안정적인 사람을 언급하기 위해 일반적인 은유적 표현을 사용했을 가능성도 있다. 오늘날에도 우리는 흔히 특정 개인을 "교회의 기둥"이라고 부른다. 그러나 이 구절에 대한 두 가지 중요한 연구가 발표되어 "기둥"이라는 용어의 더욱 미묘하고 모호한 의미를 지적한다.

바렛은 논문 "바울과 '기둥' 사도들"("Paul and the 'Pillar' Apostles")[136]에서 예루살렘의 그리스도인들이 다가오는 메시아 시대에 맡을 역할 때문에 예루살렘의 지도적 사도들을 "기둥"이라고 불렀다고 주장했다. 사도행전 15장 16절에서 야고보는 무너진 다윗의 장막을 재건하시려는 하나님의 계획에 대한 선지자의 약속을 인용했다. "기둥"(στῦλος, 스튈로스)으로 번역된 단어는 "천막 기둥"을 의미하기도 한다. 신약의 다른 곳에서 사도들은 교회 건물의 기초가 되고 인자가 영광과 능력으로 통치하기 위해 이 땅에 다시 오실 때 재판

---

135 G. Howard, *Paul: Crisis in Galatia*, 40. 또한 다음을 참조하라. William O. Walker, "Galatians 2:8 and the Question of Paul's Apostleship," *JBL* 123 (2004): 232–27.

136 C. K. Barrett, "Paul and the 'Pillar' Apostles," 2–4.

관으로서 특별한 역할을 한다고 언급된다(엡 2:20-22; 마 19:28). 바렛의 견해에 따르면, 유대 묵시 사상에서 유래한 이 종말론적 개념은 길들여져 세속적이고 제도적인 형태로 재탄생되었다. 갈라디아서 2장 9절의 세 기둥은 초기 예루살렘 교회에서 조직자와 행정가로서 행한 주도적인 역할 때문에 특별히 언급되었다. 반면에 바울의 사도로서 가졌던 자기 이해는 "때에 맞지 않게 태어난 사람"(고전 15:8 KJV)으로서 옛 세상의 종말과 새 세상의 시작을 잇는 독특한 연결 고리로서 사도의 초기 종말론적 이상에 더 일치하는 측면이 있다. 바렛은 "사도의 직분이 고상한 직분인데, 교회의 탁월함과 행정적 권위의 하나로 바뀔 때, 사도의 직분은 높아지는 것이 아니라 낮아지고 화려해지는 것이 아니라 왜곡된다"라고 말했다.[137]

바렛의 주장을 더 확장하여 아우스R. D. Aus는 이 구절에 나오는 세 기둥 사도는 구약의 세 족장 아브라함, 이삭, 야곱에 비유하여 예루살렘 교회가 의도적으로 선택한 사람들이라고 주장한다. 하나님께서 이 위대한 역사적 인물들을 통해 이스라엘과 맺은 최초의 언약을 세우신 것처럼, 이 세 명의 뛰어난 교회 지도자들을 통해 그 언약을 새롭게 하셨기 때문이다. 아우스에 따르면 바울은 동료들의 이러한 견해를 결코 받아들일 수 없었는데, 왜냐하면 그것은 적어도 유사 구원론적 기능이 있음을 암시하기 때문이며, 그것은 하나님과 맺은 올바른 관계가 예수 그리스도를 유일하고 충분한 구세주로 믿는 믿음을 통해 온다는 사실을 완전히 무효화하는 역할을 하기 때문이다.[138] 아마도 반대자 중 일부는 기둥 사도들에 대한 과장된 숭배에 죄책감을 느끼고 바울의 사역을 최소화하려는 노력으로 사용했을 것이다. 그러나 바울이 야고보, 베드로, 요한이 사실 교회의 기둥이라는 사실에 이의를 제기하지 않았다는 점은 중요하다. 오히려 바울의 전략은 이 단어를 존중의 의미로 받아들이되, 오직 믿음으로만 의롭다는 선언을 받는다는 설득력 있는 신학적 논증을 전개하는 것이었다.[139]

---

137 Barrett, "Paul and the 'Pillar' Apostles," 2–4.

138 R. D. Aus, "Three Pillars and Three Patriarchs: A Proposal Concerning Gal 2:9," *ZNW* 70 (1979): 252–61. 족장들의 구원의 공로에 대해 아우스는 랍비 문헌에서, 할례받은 이스라엘 사람들이 심판의 장소로 내려가는 것을 막기 위해 아브라함은 게헨나 입구에 앉았다고 묘사된다고 지적한다. 또한 다음 참조. U. Wilckens, "Στῦλος," *TDNT* 7:732– 36. 키너의 "기둥" 논의를 참조하라. Keener, *Galatians*, 127–32.

139 아우스는 "그리스도의 십자가 속죄의 죽음을 통해 얻은 공로를 제외한 모든 공로를 거부했던 이방인의 사도가 죽은 지 불과 수십 년 만에 (교회의) '가장 위대하고 의로운 기둥' 중 한 명으로 분류된 것은 기독교 역사의 아이러니 중 하나"라고 지적한다("Three Pillars," 261) 참고 문헌은 클레멘트 1서 5:2이다. 종교개혁 당시 취리히의 개혁가 루돌프

예루살렘 교회의 기둥들은 바울과 바나바에게 교제의 오른손을 내밀었다. 이것은 경쟁 관계에 있는 두 당사자 사이에서 "신사적인 합의"를 맺은 것 이상의 의미가 있었다. 손을 맞잡은 것으로 상징되는 두 사람이 나눈 교제는 다름 아닌 성령께서 함께하는 생명과 다름없었다. 고린도후서 13장 13절의 마지막 사도적 축도에서도 교제(κοινωνία, 코이노니아)를 뜻하는 같은 단어가 반복된다. "주 예수 그리스도의 은혜와 하나님의 사랑과 성령의 교통하심이 너희 무리와 함께 있을지어다." 이러한 일치는 예루살렘 지도자들이 바울에게 "주어진 은혜를 인정"했기 때문에 이루어졌다. 학자들은 이 표현이 바울이 이 자리에서 보여준 그리스도인의 태도를 의미하는지, 아니면 회의가 시작될 때 바울이 그들에게 제시한 복음에 대한 진술인지, 아니면 기적적인 표적을 나타내며 새 신자를 얻은 수고의 증거를 가리키는 것인지에 대해 의견이 분분하다. 아마도 이 모든 요소가 포함되었을 것이다. 그러나 우리는 합의의 결과가 바울이 전한 은혜의 교리에 대한 인정과 자신의 삶과 사역에서 그 은혜를 인정하는 것을 포함한다는 사실을 잊지 말아야 한다.

1.4.1.4. 가난한 사람들에 대한 관심(2:10)

2:10. 10절은 바울과 바나바가 9절에서 기둥 사도들과 맺은 합의에 대한 일종의 추신으로 덧붙인 구절이다. "그들은 우리는 이방인들에게, 그들은 할례자들에게 가는데 [동의했다]" 다만(μόνον, 모논), 말하자면 우리, 즉 바울과 바나바가 가난한 자들을 기억해야 한다는 추가적인 구분이 있다. 분명히 이 요청은 바울이 추구하고 얻은 상호 인정을 위한 전제 조건이나 방금 합의한 선교적 협력을 위한 조건으로 "추가"된 것으로 이해하지 않았다. 그러한 해석은 6절의 바울의 분명한 부인으로 배제된다. 또한 우리는 이러한 도움 요청을 예루살렘에 있는 모교회가 이방인 회중에 부과한 의무로 생각해서는 안 된다. 예루살렘 지도자들은 필요를 나누었고 요구하지 않았다. 디아스포라의 유대인 회당은 주기적으로 예루살렘에 성전세를 보냈다. 그러나 예루살렘의 그리

그발터는 "기둥"이라는 단어가 모든 복음 사역자들에게 적용된다고 주장했다. "여기에서 비유적으로 사용된 기둥이라는 단어는 모든 말씀 사역자가 자신이 주님의 집의 기둥이라는 사실을 명심해야 한다는 사실을 상기시켜 준다. 기둥은 기초는 아니지만 기초 위에 놓인 건물을 지탱하는 역할을 한다. 기둥이 구부러지면 집 전체가 무너질 수 있기 때문에 견고하고 튼튼해야 할 뿐만 아니라 굳게 세워야 한다. 이것이 기둥이 집의 구조적 약점이 가장 분명한 부분에 있는 이유이다. 이것은 사역자의 역할에 대한 좋은 설명이다. 목회자는 교회의 기초 위에 굳건히 서야 할 책임이 있으며, 자신이 교회의 기초인 것처럼 행동해서는 안 된다." *Galatians, Ephesians*, RCS 10:62.

스도인들에게 이방인 교회가 보낸 돈은 사랑의 선물 형태였지 교회 본부에 지불해야 하는 것으로 예상되는 수수료가 아니었다![140]

바울과 바나바는 "예루살렘의 성도들 중에 있는 가난한 자들"(롬 15:26)의 짧은 표현인 "가난한 자들"을 기억하라는 부탁을 받았다. 예루살렘 교회는 초기부터 과부들이 충분한 양식을 받는 것에 대한 분쟁과 가난한 사람들을 돌보기 위해 모든 것을 공동으로 나누는 관행에서 알 수 있듯이 극심한 가난에 직면해 있었다(행 4:32-35; 6:1-4). 토양이 부족하고 관개 시설이 열악한 유대는 기근과 전쟁, 인구 과잉으로 큰 타격을 입었다. 여기에 바울과 유대 종교 공동체의 다른 지도자들이 가했던 박해로 교회의 황폐화까지 더해졌다. 유대인 그리스도인들의 경제적인 박탈은 너무나 만성적이어서 그들은 총칭하여 "가난한 자들"로 알려졌다.[141]

바울은 가난한 자들을 기억하라는 부탁을 부담스러운 짐으로 받아들이지 않고 자신이 이미 시작했고 계속 이어가고자 하는 활동으로 받아들였다고 말했다. 우리는 바울이 예루살렘 그리스도인들을 위한 특별 헌금을 모으는 데 많은 시간과 에너지를 쏟았다는 것을 바울의 후기 저술을 통해 알고 있다(롬 15:25-33; 고전 16:1-4; 고후 8:9). 갈라디아 교회들은 이 구호 활동에 기여한 바울의 교회들에 포함되어 있었다. 바울에게 이러한 노력은 그리스도인의 일치를 위한 중요한 증거였으며, 이방인 그리스도인들이 예루살렘의 형제자매들과 영적으로 나눈 큰 축복에 대한 감사를 물질적으로 표현할 수 있는 가시적인 방법이기도 했다. 바울이 예루살렘을 마지막으로 방문했을 때, 이 사랑의 선물을 가지고 갔는데, 그 과정에서 체포되어 처형으로 끝나는 로마로 향하는 긴 여행을 시작했다.[142]

---

140 다른 이해는 다음을 참조하라. K. F. Nickle, *The Collection: A Study in Pauline Strategy* (Naperville: Allenson, 1966). 바울 신학 연대기를 결정할 때 연보의 중요성에 대해서 다음을 참조하라. D. Georgi, *Die Geschichte der Kollekte des Paulus für Jerusalem* (Hamburg-Bergstedt: Reich, 1965). 또한 다음 참조. B. W. Longenecker, *Remember the Poor: Paul, Poverty, and the Greco-Roman World* (Grand Rapids: Eerdmans, 2010).

141 참조. F. Hauck and E. Bammel, "Πτοχός," 6.885–915; L. Keck, "The Poor among the Saints in the New Testament," *ZNW* 56 (1965): 100–129. Πτοχός는 예수님께서 팔복의 첫 항목 "심령이 가난한 자는 복이 있나니, 천국이 그들의 것임이요"(마 5:3)에서 사용된 단어이다. 이 의미에서 "가난한"이라는 단어는 육체적, 경제적 궁핍뿐만 아니라 영적 의존성, 겸손, 경건함도 내포한다. 다음 논의를 참조하라. Bligh, *Galatians*, 170–71; R. Longenecker, *Galatians*, 59–60. 고대 근동의 기근 문제는 다음을 참조하라. B. R. Winter, "Secular and Christian Responses to Corinthian Famines," *TynBul* 40 (1989): 86–106.

142 뭉크는 바울 서신을 이스라엘의 회심에 대한 사도들의 종말론적 소망의 관점에서 해석했다. 뭉크는 바울이 이방인 교회에서 대규모 연보를 전달함으로써 예루살렘의 많은 유대인이

갈라디아서 2장 첫 열 구절은 불규칙하고 문법적으로 어색하지만, 바울이 자신의 사도성을 변호하기 위해 전개한 역사적 논증에 있어 뚜렷한 문학적 단위를 형성한다. 바울은 회심 후 두 번째로 예루살렘을 방문했을 때 그곳의 교회 지도자들과 함께 가졌던 개인적인 모임에 대해 이야기했다. 그 모임의 목적은 바울이 수년 동안 이방인들 사이에서 선포해 온 복음을 이 "기둥들" 앞에 세우는 것이었다. 바울의 간증을 들은 지도자들은 그의 메시지와 그를 전적으로 지지했다. 바울의 관점에서 이 모임은 대성공이었다. 바울의 격렬한 저항으로 거짓 형제들은 디도에게 할례를 받도록 강요하려는 노력에 실패했을 뿐만 아니라, 바울과 예루살렘 교회 지도자들은 세계 복음화의 임무를 강화하기 위한 공동의 선교 전략에 도달했다. 바울은 이러한 실질적인 분업이 유대인 그리스도인과 이방인 그리스도인 사이의 사랑을 잃지 않도록 해 달라는 요청에 열렬히 동의했다. 예루살렘의 가난한 성도들을 위해 모은 사랑의 연보를 통해 신앙 안에서 하나 됨과 서로 돌봄을 보여줄 수 있었다.

이 구절의 두 가지 핵심 주제는 **복음의 진리**와 **교회의 일치**이다. 위기의 순간에 바울은 거짓 형제들의 이단 교리와 불법적인 요구에 맞서 단호하고 완강하게 타협하지 않고 맞서야 한다는 것을 깨달았다. 바울이 이렇게 말하기는 쉬웠을 것이다. "보세요, 할례는 중요한 일이 아닙니다. 체면을 살리고 여기 예루살렘에서 친구를 얻기 위해 타협합시다." 그런 식으로 접근했다면 바울은 대결을 피할 수 있었을지 모르지만, 그리스도인의 자유라는 대의는 상실했을 것이다. 동시에 바울은 교회의 하나 됨을 매우 소중히 여기고 가능한 모든 방법으로 교회의 일치를 강화하고자 노력했다. 오늘날 우리가 직면하고 있는 선교적 도전과 환경적 도전 모두에 신실한 청지기가 되고자 하는 우리는 초대 교회의 이야기를 통해 많은 것을 배울 수 있다.

첫째, 우리는 복음의 진리를 중심으로 협력하는 방식을 개발할 수 있다. 이것은 편의주의적 에큐메니즘이 아니다. 거짓 형제들이 동료 그리스도인이라고 주장하더라도 거짓 형제들의 신학적 입장이 복음 메시지 자체에 반하는 것이었기 때문에 그들과 함께 일할 수 없었다. 그러나 바울은 예수 그리스도를 통한 구원의 복음에 대한 공통의 헌신을 공유하는 다른 기독교 지도자들과 긴밀히 협력하기를 열망했다.

둘째, 사도들은 실질적인 분업을 통해 복음 사역을 분배하는 것이 필요하다는 것을 깨달았다. 오늘날 45억 명이 넘는 사람들이 "미전도 종족"으로 분

개종하여 메시아 시대가 도래하는 길을 준비하기를 소망했을 수 있다고 제안했다. J. Munck, *Paul and the Salvation of Mankind*, 282–308.

류된다.[143] 성경을 믿는 복음주의 그리스도인들은 더 이상 선교 협약과 선교 지역을 놓고 영역 다툼을 벌일 여유가 없다. 한 사람, 사역, 선교 단체, 교단이 필요한 모든 것을 감당할 수 없다. 우리는 세계 복음화라는 완성되지 않은 과제를 위해 전 세계의 지상명령을 받은 그리스도인들과 함께 연대하고 협력할 준비가 되어 있어야 한다.

마지막으로, 가난한 사람들을 돌보라는 말씀은 교회의 삶과 선교에 명제적 차원과 성육신적 차원이 모두 필요하다는 것을 지적한다. 바울은 회심과 제자도를 분리하는 것을 단호하게 거부했다. 바울의 사명에는 사회적 책임과 복음 전도의 책임이 모두 포함되었다. 바울이 전자보다 후자에 우선 순위를 두었다면, 그것은 그가 만나는 모든 사람의 영원한 운명을 예리하게 감지하고 영생을 향한 그리스도의 초대를 거절했을 때 맞이할 끔찍한 결과를 생각하며 전율했기 때문이다. 그럼에도 불구하고 바울은 자신이 전한 복음이 영혼과 육체가 깨진 인간성과 온전함이 필요한 살아있는 모든 사람에게 전파되어야 한다는 것을 우리 모두와 마찬가지로 알고 있었다.

1.4.2. 안디옥 사건(2:11-21)

11 게바가 안디옥에 이르렀을 때에 책망 받을 일이 있기로 내가 그를 대면하여 책망하였노라 12 야고보에게서 온 어떤 이들이 이르기 전에 게바가 이방인과 함께 먹다가 그들이 오매 그가 할례자들을 두려워하여 떠나 물러가매 13 남은 유대인들도 그와 같이 외식하므로 바나바도 그들의 외식에 유혹되었느니라 14 그러므로 나는 그들이 복음의 진리를 따라 바르게 행하지 아니함을 보고 모든 자 앞에서 게바에게 이르되 네가 유대인으로서 이방인을 따르고 유대인답게 살지 아니하면서 어찌하여 억지로 이방인을 유대인답게 살게 하려느냐 하였노라
15 우리는 본래 유대인이요 이방 죄인이 아니로되 16 사람이 의롭게 되는 것은 율법의 행위로 말미암음이 아니요 오직 예수 그리스도를 믿음으로 말미암는 줄 알므로 우리도 그리스도 예수를 믿나니 이는 우리가 율법의 행위로써가 아니고 그리스도를 믿음으로써 의롭다 함을 얻으려

---

143 International Mission Board, "Global Status of Evangelical Christianity"(August 2019), https://grd.imb.org. 복음주의 기독교인의 수가 인구의 2% 미만일 때 해당 그룹은 미전도로 간주된다.

함이라 율법의 행위로써는 의롭다 함을 얻을 육체가 없느니라 17 만일 우리가 그리스도 안에서 의롭게 되려 하다가 죄인으로 드러나면 그리스도께서 죄를 짓게 하는 자냐 결코 그럴 수 없느니라 18 만일 내가 헐었던 것을 다시 세우면 내가 나를 범법한 자로 만드는 것이라 19 내가 율법으로 말미암아 율법에 대하여 죽었나니 이는 하나님에 대하여 살려 함이라 20 내가 그리스도와 함께 십자가에 못 박혔나니 그런즉 이제는 내가 사는 것이 아니요 오직 내 안에 그리스도께서 사시는 것이라 이제 내가 육체 가운데 사는 것은 나를 사랑하사 나를 위하여 자기 자신을 버리신 하나님의 아들을 믿는 믿음 안에서 사는 것이라 21 내가 하나님의 은혜를 폐하지 아니하노니 만일 의롭게 되는 것이 율법으로 말미암으면 그리스도께서 헛되이 죽으셨느니라

이 단락은 바울이 1장 13절에서 시작한 역사적 이야기를 끝맺고 있다. 우여곡절과 갈등과 논쟁이 있는 전체 부분은 바울이 처음 두 장에서 설명한 논지를 검증하는 역할을 한다. "내가 전한 복음은 사람의 뜻을 따라 된 것이 아니니라"(1:1). 특히 바울은 자신의 복음이 예루살렘 교회나 그 이전의 사도들에게서 유래한 것이 아님을 분명히 하는 것을 중요하게 여겼다.

따라서 회심과 소명(1:13-17)을 설명한 후, 네 가지 에피소드를 언급했다. 처음 세 가지는 부사 "그 후"(ἔπειτα, 에페이타)로 소개하여 바울의 사역에서 중요한 시점에 그가 어디에 있었는지에 대한 일종의 연대기적 알리바이를 제공하고 예루살렘 교회와 형성한 발전 관계를 추적한다. 바울의 주장은 다음과 같이 요약할 수 있다.

하나님께서 나를 사도로 부르신 후 몇 년 동안 예루살렘에 가지도 않았다. 마침내 예루살렘에 갔을 때 베드로와 잠시 친해지기 위해 방문했을 뿐이었지만 예루살렘에 함께 있던 야고보와도 마주쳤다. 그 후 나는 설교 사역을 위해 북쪽 멀리 수리아와 내가 태어난 길리기아까지 갔다. 이 기간 유대의 그리스도인들은 주님께서 나를 통해 행하신 일들을 찬양했지만 내 사역에 대한 소문만 들었을 뿐이었다. 십여 년이 지난 후 다시 예루살렘에 갔을 때, 이번에는 세계 복음화를 위해 가장 효과적으로 협력할 수 있는 방법에 대해 예루살렘 교회의 지도자들과 이야기를 나누었다. 야고보, 베드로, 요한은 우리 모임에 끼어들어 이방인 회심자인 젊은 친구 디도에게 할례를 받도록 강요하는 거짓 형제들에 맞서 나와 어깨를 나란히 하고 서 있었다. 물론 이 중요한 문제에 대해 조금도 흔들리지 않았고, 먼지가 걷힌 후 기둥 사도들과 따뜻한 포옹으로 우리의 합의를 확인했다.

이 일을 생각하면 베드로가 안디옥에 와서 자신의 신념에 반하는 행동을 했을 때 내가 얼마나 실망했는지 짐작할 수 있을 것이다. 아무리 훌륭한 베드로라도 그리스도인의 자유에 대한 초기의 헌신으로 돌아가라는 압력을 거부할 수 없었다. 그래서 나는 두 번째 예루살렘 방문 때와 마찬가지로 이번에도 복음의 진리가 위태로웠기 때문에 공개적으로 베드로를 반대해야 했다.

이 연속적인 사건의 처음 세 이야기와 달리 안디옥 사건은 ἔπειτα(에페이타)라는 단어가 아니라 더욱 불확정적인 부사 표현인 ὅτε("~했을 때")로 소개된다. 이러한 이유로 어떤 학자들은 안디옥 사건은 2장 1-10절에 서술된 사건들보다 시간적으로 먼저 놓아야 한다고 제안했다.[144] 안디옥 사건의 시간적 배치에 대해 독단적으로 말할 수는 없지만, 바울이 안디옥 사건을 2장 1-10절에 설명된 사건의 속편으로 이해하게끔 의도한 것은 분명해 보인다. 이 주석에서와 같이 이 사건들이 사도행전 11장의 기근 방문과 병행한다고 가정하면, 다음과 같은 사건의 순서를 재구성할 수 있다.

1. 안디옥은 스데반의 죽음으로 야기된 박해의 결과로 해외로 흩어진 기독교인들 중 일부가 처음 복음화한 도시이다. 거의 처음부터 안디옥 교회는 완전한 유대인과 회심한 이방인의 혼합 교회였던 것으로 보인다(행 11:19-21).

2. 바나바가 중개한 결과 바울은 안디옥 교회의 지도자로 활동했다. 주님은 안디옥 교회를 수적으로나 물질적으로 축복하셔서 기근이 닥쳤을 때 안디옥 교회는 유대에 있는 동료 그리스도인들에게 사랑의 선물을 보낼 수 있었다. 바울과 바나바는 이 선물을 직접 전달했으며, 예루살렘 교회를 방문하는 동안 기둥 사도들과 유대인과 이방인의 복음화에 관한 협약을 체결했다(행 11:22-30; 갈 2:1-10).

---

144 다음 논의를 참조하라. Bruce, *Galatians*, 128–29; Betz, *Galatians*, 105; Longenecker, *Galatians*, 71; Barclay, *Paul and the Gift*, 365–71. 라이케는 안디옥 사건을 열심당이 이끄는 격렬한 민족주의 운동의 결과로 팔레스타인의 유대인 기독교 운동 내에서 발생한 압력과 연관짓는다. 따라서 라이케는 갈 2:11-14를 행 18:22-23과 동일하게 여기며 갈라디아서의 연대를 이후로 가정한다. 참조. B. Reicke, "Der Geschichtliche Hintergrund des Apostelkonzils und der Antiochia-Episode, Gal 2:1–14," *Studia Paulina*, 172–87. 또한 캐치폴(D. R. Catchpole, "Paul, James and the Apostolic Decree," *NTS* 23 [1977]: 428–44)은 안디옥에서 베드로와 바울 사이의 갈등을 촉발한 문제들이 사도행전 15장에서 예루살렘 회의가 공표한 요구 사항과 정확히 일치하므로 야고보의 사절들은 단순히 사도 칙령 자체를 안디옥에 전달한 것이라고 주장한다. 이 가설은 베드로, 바울, 야고보가 사도적 결의의 내용에 동의했고, 그 법령은 야고보의 일행이 아니라 바울을 통해서 이방인 교회에 차례차례 전달되었다고 진술하는 사도행전의 역사적 가치를 무시할 때만 가능하다. 이 연대기 문제에 대한 요약 및 비평은 다음을 참조하라. J. Dupont, "Pierre et Paul à Antioche et à Jérusalem," *Recherches de science religieuse* 45 (1957): 42–60, 225–39.

3. 예루살렘에서 돌아온 직후, 바울과 바나바는 안디옥 교회에서 따로 파송되어 첫 번째 선교 여행을 떠났다. 이 여행에서 바울과 바나바는 구브로와 소아시아 남부를 방문하고 갈라디아 교회들을 설립했다(행 12:25-15:25).

4. 안디옥으로 돌아온 바울과 바나바는 "하나님께서 그들에게 행하신 모든 일과 이방인들에게 믿음의 문을 열어 주신 일"을 교회에 보고했다. 두 사람은 그 도시에 머물며 "상당한 시간" 안디옥에 있는 신자들을 계속 섬겼다. 이 기간에 식탁 교제 문제로 안디옥 교회가 분열될 위험이 있었고, 그 결과 베드로와 바울 사이에 공개적인 갈등이 발생했다(행 14:6-28; 갈 2:11-14).

5. 안디옥 교회에서 촉발된 논쟁은 계속 곪아 터져 유대 교회의 다른 사람들이 도착하여 할례 없이는 이방인의 구원이 없다고 주장하기 시작하면서 더욱 악화되었다. 안디옥 교회는 이 문제와 식탁 교제 문제를 해결하기 위해 바울과 바나바를 예루살렘에 보내 사도들 및 장로들과 논의하게 했다. 그 결과가 누가가 사도행전 15장에 기록한 예루살렘 회의와 사도적 결정이었다.

따라서 안디옥 사건은 바울이 예루살렘 지도자들과 선교 전략에 대해 일찍이 합의한 것과 나중에 예루살렘 회의에서 이방인을 그리스도인의 교제에 포함시키는 것에 대해 합의한 것 사이의 중요한 연결 고리였다. 바울은 갈라디아 교인들이 같은 이야기의 다른 왜곡된 변형을 받았을 가능성이 있기 때문에 이 이야기를 역사 서술의 마지막에 포함시킨다. 기록을 바로잡기 위해 바울은 세 가지 이유, 즉 첫째, 사도적 소명을 강조하기 위해, 둘째, 베드로처럼 위대한 사도와 타협할 수밖에 없었던 복음의 진리를 강조하기 위해, 마지막으로 갈라디아 교인들에게 제기하는 것과 같은 종류의 율법주의적 호소에 굴복하지 않도록 경고하기 위해 자신의 이야기를 전한다.

1.4.2.1. 문제: 식탁 교제(2:11-13)

2:11-13. 오늘날 작고 인상적이지 않은 마을 안타키야는 바울 시대에 건축의 화려함과 전략적 정치적 중요성으로 유명했던 고대 안디옥의 터에 자리하고 있다.[145] 신약 시대에 안디옥은 로마 제국에서 세 번째로 큰 도시였으며 50

---

145 롱네커(Longenecker, *Galatians*, 65-71)의 도움이 되는 추가 주석 "오론테스의 안디옥" (Antioch on the Orontes)을 참조하라. 안디옥은 교부 시대 동안 기독교 생활과 신학적 격동의 중심지였다. 6세기에 안디옥은 큰 화재와 두 차례의 파괴적인 지진으로 큰 피해를 입었다. 다음 세기에는 예루살렘과 알렉산드리아와 함께 이슬람 침략 세력에 함락되었다. 기독교 신학 발전에서 안디옥의 결정적인 역할에 대해서는 다음을 참조하라. D. S. Wallace-Ha-drill, *Christian Antioch: A Study of Early Christian in the East* (Cambridge: Cambridge University Press, 1982). 안디옥의 초기 기독교의 성격에 대해서는 다음의 탁월한 연구를 참조하라. R.

만 명이 넘는 인구를 자랑했다. 그 정치적 중요성은 로마 속주 시리아의 수도 역할을 했다는 사실에서 비롯되었다. 율리우스 카이사르를 시작으로 로마 황제들은 이 "동방의 로마"에 관심과 자원을 아끼지 않았으며, 극장, 수도, 대중 목욕탕, 거대한 대성전, 로마의 광장을 본떠 대리석 포장과 아치형 석조 지붕으로 장식된 유명한 중심가를 갖추었다.[146]

유대인 공동체는 신약 시대에 약 6만 5천 명에 달하는 도시 인구의 상당 부분을 형성했다. 안디옥의 유대인들은 일반적으로 로마 권력자들에게 관용을 받았지만 제국 전역의 다른 대도시들에서와 마찬가지로 때때로 괴롭힘과 박해를 받았다. 베드로와 바울이 충돌하기 약 10년 전에, 칼리굴라 황제(AD 37-41)는 안디옥의 유대인을 악랄하게 공격했다. 이 위기 동안 많은 유대인은 죽임을 당하고 회당은 불에 탔다. 같은 종류의 박해가 팔레스타인에서도 일어나고 있었으며, 할례, 음식법, 성전 예배 준수 문제와 관련하여 많은 유대인 그리스도인이 지나치게 열심이었던 태도가 원인일 수 있다.

당연하게도 안디옥은 팔레스타인 밖에서 기독교가 처음으로 크게 확장된 본거지가 되었다. 사도행전은 예루살렘의 첫 번째 신자들에게 불붙은 박해의 불길이 신자들의 증거를 억누르기보다 오히려 번성하게 하는 효과를 가져왔다고 말한다. "외국에 흩어져 있던 사람들이 각처에 가서 말씀을 전하니"(행 8:4 KJV). 어떤 이들은 안디옥에 와서 먼저 유대인들에게 증거한 다음 그 도시의 이방인들에게도 증거하여 두 집단 모두에서 많은 사람이 그리스도를 믿었다. 예루살렘 교회는 안디옥에서 영적 각성이 일어나고 있다는 소식을 듣고 "착한 사람이고 성령과 믿음이 충만한"(행 11:24 KJV) 바나바를 보내 안디옥의 새 신자들을 돕게 했다. 바나바는 다소로 가서 예루살렘 교회 지도자들에게 소개했던 안디옥 사역에 동참하도록 바울을 데려왔다. 따라서 바나바는 한편으로는 바울과 이방인 신자들에게, 다른 한편으로는 베드로와 야고보, 예루살렘 교회에 다가가는 일종의 개인적 중개자였다. 이 사실은 안디옥 사건이 한창일 때 바나바가 바울을 실망스럽게 떠난 것을 정당화하지는 못하지만 설명할 수 있다.

베드로와 바울 사이의 사건을 유발한 사건을 분석하기 전에, 이 시기 초기

Brown and J. Meier, *Antioch and Rome* (New York: Paulist, 1983). 안디옥의 바울에 대해서는 다음을 참조하라. Wright, *Paul*, 133–62.

146 롱네커는 안디옥의 중심가를 구분하는 산책로를 다음과 같이 설명한다. "일부 주랑 현관들은 공공 건물의 입구로 이어졌으며, 일부는 부유층의 집으로 이어졌다. 기둥 사이에 부스를 설치한 쇼핑객과 다양한 상인과 물건을 사러 오는 손님을 보호하는 기둥도 있었다. 사실 현관 아래에서 이렇게 화려하게 2마일을 걸을 수 있는 도시는 전 세계에 없었다"(*Galatians*, 67).

201

안디옥 기독교의 몇 가지 특징을 파악하는 것이 도움이 될 것이다. 첫 번째 요점은 우리가 교회 역사 초기에 발생한 사건을 다루고 있다는 것이다. 사실, 복음이 이미 이방인들에게까지 전파되었고 베드로 자신도 이러한 발전에 결정적인 역할을 했다(참조. 행 10장). 그러나 유대 기독교와 이방인 기독교가 어떻게 함께 영적 공생 관계를 이룰 수 있을지에 대해 완전히 파악된 것이 아니었다. 바울이 유대인과 이방인에게 복음을 전하기 위한 각각의 선교 전략에 대해 기둥 사도들과 합의할 때조차 유대인과 이방인 신자들이 함께 생활하고 예배하는 교회에서 일어날 수 있는 어렵고 역동적인 모든 가능성들을 고려한 것은 아니었다. 따라서 안디옥 사건은 성숙한 신약 교회론을 발전시키는 데 있어 고통스럽지만 필요한 단계였다.

게다가 안디옥 교회는 유대인의 환경이 요구하는 것과는 다른 상황적 대응을 요구하는 선교적 상황 속에 놓여 있었다. 예루살렘은 성전의 존재, 강한 바리새파와 열심당의 영향, 토라 중심의 기독교 해석으로 결정적으로 형성된 유대 기독교의 진원지였다. 반면 안디옥은 예루살렘에서 북쪽으로 멀리 떨어져 있었고 동서양의 지리적, 정치적 교차로이자 다양한 문명과 문화의 용광로였다. 2천 년의 세월이 흐른 지금 돌이켜보면 안디옥에서 일어난 논쟁은 단순히 두 사도 사이의 충돌이 아니라 두 기독교적 방식의 충돌이었음을 알 수 있다. 따라서 이 사건은 끊임없는 그리스도와 문화 사이의 긴장이라는 질문을 제기한다.

마지막으로, 예수님을 믿는 사람들이 안디옥에서 처음으로 그리스도인이라고 불린 것은 우연이 아니다. 팔레스타인 신자들은 "그 길"을 따르는 자로 지칭한 것이 예수님을 메시아로 믿은 안디옥 주민들에게 그대로 전이된 것은 분명하지 않다. 유대인이나 이방인이라는 정체성과 자기를 정의하는 중심이 유대인이나 이방인의 성격이 아니라 그 이름으로 식사를 나누는 분에 대한 공동의 헌신에 있는, 유대인과 이방인이 새롭게 부름받은 새로운 현실이 생겨난 것은 분명하다. 따라서 그들은 Χριστιανοί(크리스티아노이), 즉 "그리스도의 무리"(개역개정. 그리스도인)라 불렸다. 이 용어는 원래 경멸의 용어였을지 모르지만 곧 모든 신자가 자부심을 갖게 된 것은 이 말이 너무나 적절했기 때문이다. 초기 안디옥 교회를 이상화하지 않더라도(그 교제가 그렇게 쉽게 깨질 수 있었다는 사실은 그 교회가 완벽하지 않았다는 확실한 증거이다) 식탁 교제를 둘러싼 다툼의 핵심은 다름 아닌 그리스도의 몸의 일치와 나눌 수 없는 성격에 있었다고 말할 수 있다. 그리스도의 피로 구속받고 성령으로 인친 하나님의 백성들이 한 식탁에서 함께 떡을 나눌 수 없다는 것은 무엇을 의미하는가? 갈등의 원인을 살펴보면서 식탁 교제의 문제, 베드로의 열린 식탁 교제의 실천, 그리고 압력에 굴복했던 문제를 생각해 보자.

현대 서구 문명의 패스트푸드 문화에서는 고대인들의 식사 행위와 관련된 종교적 의미를 이해하기 어렵다. 이것은 예레미아스가 관찰한 유대교의 특징이다. "유대교 식탁 교제는 하나님 앞에서 교제를 의미하며 식사를 함께하는 모든 사람이 빵의 조각을 먹는다는 것은 집 주인이 나뉘지 않은 빵에 대해 말한 축복에 모두 참여한다는 사실을 드러내기 때문이다."[147]

부정한 음식을 먹는 것에 대한 전통적인 유대교 규율은 돼지고기를 먹는 것, 우상에게 바쳐진 음식을 먹는 것, 모세의 율법에 따라 피가 제대로 제거되지 않은 고기를 먹는 행위(참조, 레 3:17; 7:26-27; 17:10-14), 십일조를 제대로 하지 않은 음식을 먹거나 손을 씻는 의식을 지키지 않고 식사를 하는 행위 등 다양한 요리 관행에 적용되었다. 이 시대의 독실한 유대인들은 종교적 양심의 가책 때문에 이방인 왕의 식탁에 참여하지 않았던 다니엘과 친구들의 이야기와 많은 경건한 이스라엘 사람이 조국을 헬레니즘화하려는 외국(즉, 이방인)의 노력에 저항했던 마카비 반란 이야기를 기억했을 것이다. 이 결단력 있는 애국자들은 부정한 음식을 먹기 거부했다. "그들이 자신을 더럽히며 거룩한 연약을 욕되게 하려 하지 아니하고 차라리 죽기를 기뻐하여 죽으니라"(단 1:3-16; 마카비 1서 1:62-63).

이러한 전통은 바리새인 교사들의 더욱 엄격한 요구 사항으로 압박을 받았는데, 바리새인 교사들은 이스라엘 언약 밖의 사람과 식탁 교제를 하는 것을 금지했다. 개종을 했거나 하나님을 경외하는 이방인과 율법을 준수하는 유대인은 일정한 사회적 교류가 허용되었지만, 본토에서 태어난 유대인이며 율법을 준수하는 사람들과 식탁 교제에 엄격한 제한을 준수하는 일의 중요성은 AD 66-70년 유대인 반란으로 이어지는 기간에 점점 더 강조되었다.

당시 기독교 공동체에 유입된 팔레스타인 유대인 중 상당수는 바울처럼 엄격한 바리새인 배경을 가진 사람들이었다는 사실을 기억해야 한다. 그러나 사도와 달리 유대인들의 개종은 일상생활에서 율법의 규범적 지위에 의문을 제기할 정도로 극적이거나 철저하지 않았다. 바울이 "거짓 형제들"에 대해 묘

147 J. Jeremias, *New Testament Theology: The Proclamation of Jesus* (London: SCM, 1971), 115 [= 『예레미아스 신약신학』, CH북스, 2009]. 다음에 인용됨. J. D. G. Dunn, "The Incident at Antioch (Gal 2:11–18)," *JSNT* 18 (1983): 58–67. 또한 다음 참조. E. P. Sanders, "Jewish Association with Gentiles and Gal. 2:11–14," in *The Conversation Continues: Studies in Paul and John in Honor of J. Louis Martyn*, ed. R. T. Fortna and B. Gaventa (Nashville: Abingdon, 1990), 287–308.

사한 것을 보면 거짓 형제들을 참된 신자가 아닌 가짜 그리스도인으로 여겼음을 알 수 있지만, 모든 경우에 그들의 믿음의 진정성에 의문을 제기하지 않고도 우리는 일반적으로 그들이 먼저는 유대인들이었고 두 번째는 그리스도인이었다고 말할 수 있다. 이방인이 그리스도인의 교제에 참여하려면 모세의 율법을 엄격하게 준수해야만 가능했다. 가장 엄격한 유대인 그리스도인들에게 율법 준수는 모든 이방인 그리스도인 남성이 할례를 받지 않으면 하나님의 언약의 인침을 받지 못한다는 것을 의미했고, 훨씬 더 많은 유대인 그리스도인에게 음식법을 철저히 지키지 않는 이방인 신자들과 식탁 교제를 할 수 없음을 의미했다.

베드로가 안디옥에 왔을 때 유대인과 이방인 신자들이 한 식탁에서 함께 먹는 것을 발견하고 자유롭게 이 관습에 동참했다. 이 식사의 정확한 성격은 알 수 없지만, 아마도 아가페, 즉 그리스도인의 사랑을 나누는 잔치가 포함되어 있었을 것이며, 이 잔치에는 성만찬이 필수적인 부분이었다(참조. 고전 11:20-21).[148] 이 사건과 관련하여 종종 논의되지 않은 것은 안디옥의 그리스도인들이 예수님이 직접 실천하신 식탁 교제의 본을 얼마나 따르고 있었는가 하는 점이다.

예수님 안에서 하나님의 계시적 임재는 지상 사역 동안 여러 가지 방식으로 나타났다. 그러나 그중에서도 예수님이 세리와 죄인들과 함께 종말론적 식사를 나누신 것은 바리새인과 율법교사들에게 비판적인 반응을 불러일으킨 스캔들 같은 행동이었다. "이 사람이 죄인을 영접하고 음식을 같이 먹는다"(눅 15:2).[149] 예수님은 악명 높은 죄인들과 이방인 "개"들과도 자유롭게 어울려 식사를 나누며 교제함으로써 사실상 하나님의 나라가 도래했음을 자신의 인격 안에서 선포하고 계셨다. 이 급진적인 행동으로 그분은 또한 하나님 앞에서 진정한 지위의 근거를 더 이상 율법에 대한 순종으로 측정할 수 없다는

<hr>

148 제임스 던("Incident at Antioch," 31-33)은 안디옥의 이방인 신자들이 이미 돼지고기를 금하고 다른 육류를 정결하게 조리하는 등 토라에 규정된 기본 음식법을 준수하고 있었다고 제안한다. 이방인 신자들은 유대인 형제자매들의 양심에 대한 배려로 그렇게 했을 것이다. 이 경우 "야고보에게서 온 사람들"이 요구한 것은 바리새파 의식적 정결 전통과 음식법을 더욱 엄격히 준수하라는 것이었다. 그러나 이 주석에서와 같이 사도행전 15장의 사도적 결의가 안디옥 사건에 대한 해결책이라고 가정한다면, 이 사건 이전에는 이방인 그리스도인들 사이에 음식 규정에 관한 합의가 없었던 것으로 보인다. 어쨌든 안디옥의 유대인 신자들은 공개적으로 할례받지 않은 이방인들과 함께 식사를 나누었고, 이것은 그 자체로 가장 엄격한 바리새파의 해석을 위반하는 것이었다.

149 예수님의 식탁 교제에 대한 바리새인의 비판은 공관복음 전승의 지속적인 주제(예, 막 2:16; 마 11:19; 눅 7:34)이며, 손을 씻지 않고 먹는 행위에 대한 바리새인의 정죄도 마찬가지이다(막 7:2-5; 눅 11:38).

것을 말하고 있었다. 율법을 완전하게 성취하신 유일한 분이신 예수님과 맺은 관계에 훨씬 더 크고 영원한 의미가 있었다.[150]

분명히 예수님의 제자들은 예수님의 식탁 교제 실행의 모든 의미를 즉시 이해하지 못했고, 이 점에서 예수님을 쉽게 본받지도 못했다. 베드로가 환상을 통해 모든 종류의 동물을 먹을 수 있다는 말씀을 들었을 때 그의 대답은 당시 유대인 그리스도인들의 전형적인 관습을 반영했다. "주여 그럴 수 없나이다 속되고 깨끗하지 아니한 것을 내가 결코 먹지 아니하였나이다"(행 10:14). 이 계시는 베드로와 초대 교회에 중요한 돌파구였다. 이 계시는 이방인들에게 구원의 문이 열렸음을 의미하며, 유대인의 의식을 지키는 것이 아니라 베드로가 고넬료의 집에서 목격한 것처럼 유대인과 이방인 모두에게 차별 없이 임하는 성령을 통해 그리스도인의 새로운 교제의 기초가 확립되었음을 의미했다. 베드로가 "이 사람들이 우리와 같이 성령을 받았으니 누가 능히 물로 세례 베풂을 금하리요"(행 10:47)라고 말했듯이 말이다.

가이사랴에서 고넬료에게 일어난 일은 예루살렘 교회에 충격을 불러일으켰다. 베드로는 이 사실을 직시하고 엄중한 질책을 받았다. "네가 무할례자의 집에 들어가 함께 먹었다 하니"(행 11:3). 베드로는 무슨 일이 있었는지 설명한 후 "그런즉 하나님이 우리가 주 예수 그리스도를 믿을 때에 주신 것과 같은 선물을 그들에게도 주셨으니 내가 누구이기에 하나님을 능히 막겠느냐"(행 11:17)라고 결론을 내렸다. 베드로의 대답은 설득력 있는 논리로 비판자들의 반대를 잠재웠지만, 이것은 다음 폭풍이 오기 전의 일시적인 평온일 뿐이었다.

고넬료 사건 이후 거의 모든 사람이 이방인도 참으로 구원받을 수 있다는 데 동의한 것 같다. 그러나 어떤 근거로 이방인에게 구원을 베풀고 어떤 조건에서 식탁 교제를 나누어야 하는지는 여전히 깊은 분열과 논쟁의 문제로 남아 있었다. 그러나 안디옥에서 베드로의 행동을 이해하는 데 있어 중요한 점은 베드로가 이방인들과 복음을 나누는 일에 앞장섰고, 그리스도의 몸 안에서 식탁 교제가 끊어지지 않는 그리스도인의 자유에 관한 입장을 이미 확립했다는 사실이다.

---

150 판넨베르크W. Pannenberg는 예수님의 종말론적 만찬을 기념하는 것이 "예수님의 권위에 대한 주장의 예언적인 요소"의 한 측면으로 언급한다(*Jesus—God and Man* [Philadelphia: Westminster, 1974], 53–66). 이에 대한 최근 연구는 다음을 참조하라. K. E. Bailey, *Jesus through Middle Eastern Eyes* (Downers Grove: IVP Academic, 2008) [= 『중동의 눈으로 본 예수』, 새물결플러스, 2016].

예루살렘 교회 대표단의 도착, 베드로가 식탁 교제에서 물러난 일, 바나바와 다른 유대인 그리스도인들이 대대적으로 바울을 떠난 일 등 서로 연관된 세 가지 사건이 베드로와 바울의 대립을 촉발시켰다. 안디옥에 와서 베드로에게 그렇게 압박했던 "야고보에게서 온 이들"은 누구였는가? 우리는 이 사람들을 이전에 디도에게 할례를 받으라고 외쳤던 거짓 형제들과 자동적으로 동일하게 여겨서는 안 된다(2:3-4). 부정적으로 받아들이면 이 사람들을 거짓 형제들이 디도의 복음의 자유를 훼손하려 한 것처럼 베드로의 자유주의적 성향을 "염탐"하기 위해 의도적으로 안디옥에 파견된 본부의 대표단, 즉 공작원으로 여길 수 있다. 이러한 해석은 본문의 명확하게 읽는 것 이상의 의미가 있다. 또한 야고보가 베드로를 이방인 교제에 대해 강경한 입장으로 되돌리기 위한 계략으로 그들의 행동을 계획했다고 가정해서는 안 된다.[151] 분명히 이 방문객들은 야고보에게 어느 정도 애착을 느꼈고, 예루살렘 교회의 지도력을 존중했으며, 심지어 추천서를 가지고 있었을 수도 있다(참조. 고후 3:1-3). 나중에 예루살렘 회의에서 야고보는 안디옥 신자들에게 편지를 쓰면서 "우리의 허락 없이 우리에게서 나가서 너희를 어지럽히고 그들의 말로 너희 마음을 근심하게 한"(행 15:24 NIV) 사람들이라고 어떤 사람들을 언급했다. 당시 "야고보에게서 온 이들"은 팔레스타인 운동 극우파의 열심이 있는 일원들이었을 가능성이 높다.

"야고보에게서 온 이들"은 베드로가 가정에서 유대인 그리스도인의 일반적인 관습을 명백히 무시하고 할례를 받지 않은 신자들과 자유롭게 식탁 교제를 나누는 것을 보고 충격을 받았다. 그들이 이 문제에 대해서 베드로에게 무슨 말을 했는지 알 수 없지만, 아마도 그들의 존재는 베드로로 하여금 이방인 신자들과 함께 식사하는 것을 철회하게 만들 정도로 충분히 위협적이었을 것이다. 헬라어 본문에서 "물러나다"와 "분리하다"라는 동사는 미완료 시제로, 베드로의 행동이 예루살렘 방문자들의 점점 더 커지는 압력에 조금씩 반응하면서 마침내 "그는 물러서서 거리를 두기 시작했다"(NEB)는 것을 나타낸다. 베드로가 이방인 신자들과의 식탁 교제에서 물러난 것만으로는 충분하지 않다는 듯, 안디옥의 다른 유대인 그리스도인들도 이 수치스러운 외식에

---

151 일부 사본은 복수형(τινας . . . ἦλθον)이 아니라 "어떤 사람이 왔다"(τινα . . . ἦλθεν)라고 제시한다. 이것은 야고보가 안디옥의 문제를 해결하기 위해 한 명의 문제해결사에게 위임했을 수 있다는 생각에 힘을 싣는다. 복수형이 더 지지를 받으며, 두 가지 사본 모두 문제에 대한 야고보의 개인적인 개입에 신빙성을 부여하지 않는다. 다음을 참조하라. Metzger, *Textual Commentary*, 592–93.

함께 휩쓸렸다.

이 시점에서 바울은 아마도 서신 전체에서 가장 날카로운 "남은 유대인들도 그와 같이 외식하므로 바나바도 그들의 외식에 유혹되었느니라"를 넣는다. **바나바까지도!** 가까운 친구이자 동료의 변절에 대한 바울의 슬픔과 당혹감은 갈라디아 교인들에게도 여전히 아픈 기억이었다. 바나바는 예루살렘의 다른 사람들이 바울을 여전히 변장한 박해자라고 여길 때 바울을 예루살렘 신자들에게 소개했다. 다소에 있는 바울을 찾아 안디옥 사역에 참여하도록 설득한 사람도 바나바였다. 바나바 역시 예루살렘에서 바울이 거짓 형제들에 맞서 복음의 자유를 변호할 때 바울의 편에 섰던 사람이다. 물론 바나바는 많은 이방인 신자가 그리스도를 영접하고 갈라디아 교회가 설립되었을 때 바울과 함께 첫 번째 선교 여행에 동행했다. 그런 "바나바까지도" 미혹되었다는 것은 심히 충격적이었다![152]

어떤 주석가들은 바나바가 안디옥에서 미혹된 것을 두 번째 선교 여행을 시작할 때 요한 마가에 대한 "날카로운 의견 차이"와 연관지어 설명하기도 한다(참조. 행 15:36-41). 안디옥 사건 이후 두 사람 사이에 약간의 마찰이 있었을 수도 있지만 두 사건들을 혼동할 이유는 없다. 우리는 그 단절이 영구적이지 않았다는 좋은 증거를 가지고 있다. 바나바는 예루살렘 회의에서 다시 바울의 편에 섰고, 바울은 나중에 바나바와 긍정적으로 관계를 맺었다(행 15; 고전 9:5-6). 그럼에도 불구하고 "바나바까지도" 식탁 교제 문제에 대해 양보하라는 압력을 받을 수 있었다는 사실은 율법주의 유대인 그리스도인들이 행사하는 강력한 영향력과 그들의 요구에 맞서 저항하는 바울의 외로움을 모두 나타낸다.

1.4.2.2. 항의: 두 사도의 충돌(2:14)

2:14. 14절은 바울이 이미 안디옥 사건의 절정으로서 베드로가 분명히 잘못했기 때문에 베드로의 면전에서 책망했다고 말한 것을 확장하여 설명한 것이다. 베드로가 안디옥에서 이방인 그리스도인들과의 식탁 교제에서 물러

---

152 보컴은 갈라디아서에서 바나바가 차지하는 역할이 미미한 것은 안디옥의 위기에서 바나바의 행동에 대한 바울의 심각한 실망을 반영한다고 주장했다. 바울이 율법에 이방인들의 자유를 옹호하면서 바나바에게 명시적으로 호소하지 않았다는 사실은 갈라디아 교회의 두 공동 설립자 사이에 지속적인 균열이 있음을 암시한다("Barnabas and Galatians," *JSNT* 2 [1979]: 61–70). 또한 다음 참조. G. M. Burge, "Barnabas," *DPL*, 66–67; F. F. Bruce, *Men and Movements in the Primitive Church: Studies in Early Non-Pauline Christianity* (Exeter: Paternoster, 1979), 49–85.

난 동기에 대해서는 여러 가지가 제시되고 있다. 바울은 베드로가 "할례 그룹에 속한 사람들을 두려워했다"(NIV)라고 말했다. 그러나 이 두려움의 본질은 무엇이었는가? 베드로가 다른 곳에서 이방인 신자들과 공개적으로 교제했다는 것으로 유대인 그리스도인들이 문제를 삼아서 예루살렘의 그리스도인 공동체를 이끄는 "기둥"으로서의 지위가 위태로워진 것에 대한 반응이었을까? 독실한 유대인들이 요구하는 토라 준수의 의무에서 자유로우면 "유대인의 사도"로서 자신이 받은 역할을 수행하지 못할까봐 두려웠는가? "야고보에게서 온 이들"이 유대인 그리스도인들에게 유대교의 특징을 엄격하게 따르라고 큰 압력을 가하는 열심당 주도의 반란을 일으키는 유대 민족주의에 대한 소식을 전했는가? 그렇다면 베드로가 이방인들과 공개적으로 교제했다는 말은 베드로 개인이나 팔레스타인의 유대인 기독교 공동체에 보복 행동을 야기했을 수 있다.

베드로는 이런저런 핑계를 대며 외부인이 보기에 합리적인 행동으로 보이는 것을 정당화했을 수 있다. 그러나 이 시점에서 칼뱅의 분석에 귀를 기울이는 것이 좋다. "성령께서 바울의 입을 통해 정죄하신 것을 옹호하는 것은 어리석은 일이다. 이것은 인간적인 문제가 아니라 복음의 순수성과 관련된 문제이다."[153]

바울은 베드로와 이방인 형제자매들과 분리된 안디옥의 유대인 그리스도인들을 공개적으로 정죄할 때 두 가지 강력한 단어를 사용했는데, 바로 외식과 바르게 행하지 아니함이다. 13절에서 "외식"(ὑπόκρισις, 휘포크리시스)으로 번역된 단어는 연극 용어에서 유래한 것으로, 가면을 쓰거나 배역을 연기하는 행위를 의미한다. "외식"은 부정적 의미로 가식, 불성실, 자신의 참된 신념을 믿는 것처럼 행동하는 것을 의미했다.[154] 베드로에 대한 바울의 고발의 핵심은 다음과 같다. 베드로는 더 잘 알았어야 했다! 베드로가 행한 분명한 실수는 죄가 아니다. 특별한 계시를 통해 이방인에게 구원이 확장되는 진리에 마음을 바꿨다는 증거도 없었다. 베드로는 외식의 가면을 썼고, 부끄럽게도 참된 신념에 반하는 행동을 하고 있었다. 바울이 책망한 것은 행동에 일관성이 없다는 것이었다.

쿨만Cullmann은 이 상황에서 베드로의 행동이 예수님의 지상 사역 동안 보였던 동요와 부인으로 대표되는 이전 성격으로 되돌아간 것이라고 관찰했다.[155]

---

153 참조. Calvin, *Galatians*, CNTC 11:36.

154 참조. U. Wilckens, "ὑποκριτής" *TDNT* 8:565.

155 O. Cullmann, *Peter: Disciple, Apostle, Martyr*, 50–53. 또한 다음 참조. G. S. Bishop, *Grace*

베드로는 그리스도에 대한 헌신이 다른 요인들로 흐트러졌을 때, 세 차례에 걸쳐 심각한 곤경에 빠졌다. 첫째, 예수님에게서 눈을 돌려 폭풍의 상황을 바라보기 시작했을 때 호수에 가라앉기 시작했다. 둘째, 예수님에게서 눈을 떼고 자신에게 집중하기 시작했을 때 압박감으로 자신이 주님을 알고 있다는 사실을 부인했다. 마지막으로 예수님에게서 눈을 떼고 다른 사람들, 특히 요한을 바라보기 시작했을 때 그리스도께서는 제자도의 첫 번째 명령인 "나를 따르라!"(마 14:22-36; 눅 22:54-62; 요 21:19-23)로 상기시켜야만 했다. 안디옥에서 반석으로 불린 사람이 다시 파도가 되었다. 베드로는 다시 예수님에게서 눈을 떼고 외부 환경, 자신의 개인적인 위치, 다른 사람들("야고보에게서 온 이들")에 에 시선을 돌렸다. 이 모든 것이 베드로가 "복음의 진리를 따라 행하지 아니함"(14절 NIV)이라는 비참한 결과로 이어졌다.

"바르게 행하다"로 번역된 단어 ὀρθοποδέω(오르도포데오)는 문자적으로 "곧은 발로 걷다", 즉 "곧은 길을 걷다"를 의미한다. 이 단어를 현대 의학 용어로 음역하면 우리는 바울의 말을 "그러나 나는 그들이 정형외과적으로 즉, 곧게 흔들림 없이 바르게 걷고 있지 않음을 보았을 때"[156]라고 이해할 수 있다. 바울은 다른 편지에서 그리스도인의 "걸음(행함)"의 중요성에 대해 많이 언급했다(엡 4:1, 17; 골 1:10; 2:6; 롬 13:13). 갈라디아서 후반부에서도 바울은 독자들에게 "성령으로 행하라"(갈 5:25)라고 권했다. 안디옥 이전의 베드로처럼 그들도 누군가가 "끼어들어" 혼란에 빠지기 전까지는 "선한 경주를 하고" 있었다(갈 5:7-10 NIV).

"내가 보았을 때"라는 표현은 바울이 안디옥에서 베드로와 바나바와 다른 유대인 그리스도인들의 변절로 허를 찔렸다는 인상을 준다. 이것은 바울이 야고보에게서 온 자들이 처음 도착했을 때 설교 사역으로 도시를 떠났기 때문에 그들의 위협이 시작되었을 때 사건의 반대편에 대해 논쟁하기 위해 참석하지 않았음을 나타낼 수 있다. 유대인과 이방인이 완전히 통합되어 공동 예배를 드리고 교제를 나누던 공동체를 떠나 옛 구분의 방식이 다시 도입된 교회로 돌아간 것인가?[157]

---

and Gala-tians (Swengel, PA: Reiner, 1968), 30–33.

156 Wuest, *Wuest's Word Studies*, 1:74; G. D. Kilpatrick, "Gal 2:14 *orthopodousin*," *Neutestamentliche Studien für Rudolf Bultmann* (Berlin: Tüpelmann, 1957), 269–74. 딤후 2:15에 비슷한 표현이 나오긴 하지만, 이 단어는 신약의 다른 곳에서 찾아볼 수 없다. ὀρθοτομοῦντα τὸν λόγον τῆς ἀληθείας("진리를 선포할 때, 바르게 하라." NEB)

157 시민권을 위한 투쟁 중에 쓰여진 조던Clarence Jordan의 의역은 현대의 문제에 대한 명백한 비유이다. "그러나 이 모든 것에도 불구하고, 록이 알바니에 왔을 때 분명히 잘못하고 있었기

어쨌든 바울은 의분을 터뜨리며 모든 회중 앞에서 베드로를 책망했다. 바울은 마태복음 18장 15-20절에 나오는 교회 권징에 대한 예수님의 가르침에 따라 먼저 베드로를 개인적으로 책망했을 가능성이 높다. 그렇다면 이 개인적인 호소는 아무 소용이 없었다고 가정할 수 있다. 바울이 베드로를 공개적으로 대면해야 했던 이유는 이 문제가 단순히 두 사도가 인격적으로 충돌한 것이 아니라 복음의 진리와 교회의 하나 됨에 관한 것이었기 때문이다. 베드로는 부족했지만, 바울은 신념에 대한 용기가 있었다. 앞서 예루살렘에서 바울은 교회 지도자들 사이에 불협화음이 생기는 것을 조금이라도 막기 위해 기둥 사도들과 개인적으로 만났다. 그러나 가장 유명한 기둥 사도들과 공개적으로 대면하는 것을 피하지 않았다. 왜냐하면 그렇게 하는 것은 자신의 양심과 타협하고 그리스도의 몸 안에 깊고 영구적인 균열을 묵인하는 것을 승인하는 것이었기 때문이다. 누구도 사소한 신학적인 문제나 개인적인 특성으로 교회나 교단의 평화를 깨뜨리는 구실로 바울의 예를 들어서는 안 된다. 그러나 우리가 한 번 받은 믿음에 대해 분명하고 타협하지 않는 입장을 취해야 하는 상황을 만났을 때 베드로의 분열을 조장하는 행동에 위안을 삼아서는 안 된다. 그 차이를 아는 것이 지혜의 척도이다.

그러나 이 상황에서 정말로 복음이 위태로웠을까? 베드로는 그리스도인들이 "더욱 약한" 형제자매들이 거리낄 것을 생각하여 기꺼이 자유를 행사하기를 포기해야 한다는 바울의 받아들임의 원칙(고전 9:19-23)에 호소할 수 있지 않았을까? 우상에 바친 음식을 먹는다는 구체적인 문제에 바울은 자신은 이런 종류의 음식을 먹는 것에 대해 분명한 양심에 거리낌이 없지만, 자신이 그러한 음식을 먹는다는 것이 연약한 양심을 가진 다른 신자들에게 걸림돌이 된다면 먹지 않겠다고 선언했다(고전 8장). 갈라디아서 2장에서의 바울의 대담한 입장과 고린도전서 8장의 양보적인 호소 사이에 모순이 있는가?

이 질문에 대답하기 위해 안디옥에서 문제가 된 것은 무엇을 먹느냐가 아니라 누구와 함께 먹느냐였다는 점을 명심해야 한다. 할례가 그 자체로 선하지도 악하지도 않은 것처럼, 코셔(kosher, 정결한 음식. 역자 주)가 아닌 음식을 먹는 것은 신자에게 본질적으로 긍정적이거나 부정적인 가치를 지니지 않는다. 그러나 두 문제 모두 그리스도인의 삶의 기초, 즉 오직 은혜로만 구원을

때문에 면전에서 록을 꾸짖어야 했다. 짐이 임명한 위원회가 도착하기 전에 록은 흑인들과 함께 식사를 하고 있었기 때문이다. 그러나 위원회가 왔을 때 백인들이 무서워서 몸을 움츠리고 따로 떨어져 있었다. 그는 심지어 나머지 백인 자유주의자들에게 위선자 역할을 하도록 하여 바니조차도 그들의 위선에 사로잡혔다"(Cotton Patch, 96).

받는다는 교리를 약화시키는 방식으로 제시되면 더 이상 무관심한 것으로 취급할 수 없다. 받아들임의 원칙은 복음 자체에 모순되는 관습이나 신념을 포함하는 데까지 확장될 수 없다.

바울이 약한 자들을 얻기 위하여 약한 자에게 약한 자가 되었다고 말했을 때, 자신이 말한 얻음으로 바울이 무엇을 말하고자 했는지 이해하는 것이 필수적이다. 에벨링이 잘 표현했다.

> 복음을 위해 그들을 얻는다는 것은 그들에게 복음을 전하고, 그들을 구원하고, 그들이 이전 모습에서 현재 모습으로 변화되는 것을 보는 것을 의미한다. 받아들임을 통해, 율법에 헌신하는 유대인들을 강하게 하기 위해, 방종주의(참조. 롬 1:18이하)와 치솟는 억측에서 이방인들을 강하게 하기 위해, 그들이 강하다고 잘못 여기는 약점, 즉 아무것도 얻지 못할 약점 안에 있는 약한 자를 강화하기 위해서이다.[158]

따라서 베드로가 이방인 신자들과의 식탁 교제에서 물러난 데 내포된 것은 단순히 "약한" 유대인 그리스도인들의 거리낌을 칭찬하는 것이 아니라 우리를 자유롭게 하기 위해 그리스도께서 죽으셔야 했던 이유인 속박을 다시 도입하는 이질적인 구원 신학을 강요하는 것이었다.

비록 상황은 달랐지만 안디옥에서 위태롭게 된 것은 바울이 예루살렘의 거짓 형제들을 상대로 싸웠던 것과 동일한 원리였다. 하나님은 유대인과 이방인 모두를 똑같은 조건, 즉 예수 그리스도 그분만을 믿는 개인적 믿음으로 구속하신다는 것이다. 베드로의 흔들리고 편의주의적인 행동이 이 기본적인 복음의 진리를 부인한 것임이 바울이 이 구절에서 사용한 두 가지 핵심 단어에서 분명하게 드러난다. 바울은 베드로가 식탁 교제에서 물러나 "이방인들이 유대인 관습을 따르도록 강요"(NIV)할 것이라고 주장했다. "억지로 ~하게 하다" 또는 "강요하다"(ἀναγκάζω, 아낭카조)로 번역된 단어는 바울이 이 장의 앞부분(2:3)에서 디도의 할례에 대한 거짓 형제들의 요구를 설명하기 위해 사용한 것과 정확히 같은 단어이다.[159]

---

158 Ebeling, *Truth of the Gospel*, 114–15.

159 베츠는 이 단어가 마카비 시대에 유대 민족에게 부과된 강제적인 헬레니즘화에 대한 설명으로 두드러진다고 지적한다(*Galatians*, 112. 참조. 1 Macc 2:25; 2 Macc 6:1, 7, 18; 4 Macc 5:2, 27). 실제로 베드로가 팔레스타인의 열심 있는 유대 민족주의의 맥락에서 비롯된 압력에 굴복했다면, 바울이 이 특정 용어를 사용하는 데 큰 모순점이 있다. 베드로는 이방인 신자들에게 "유대화"를 강요하여 일종의 역차별을 저지른 것이다. 이스라엘의 적들이 유대 민족에게 행했고 지금도 행하고 있는 일을 베드로는 사실상 그리스도 안에서 이방인

안디옥에서 나타난 문제가 단순한 사회적 은혜에 대한 논쟁 그 이상이었음을 나타내는 두 번째 단어는 동사 "유대인이 되다"(Ἰουδαΐζειν, 이우다이제인)이다. 이 단어의 온전한 의미는 다음 구절에서 바울이 태어나면서부터 유대인인 자들과 이방인 죄인들을 대조할 때 분명해진다(2:15). CSB는 NIV와 마찬가지로 "이방인 죄인"을 따옴표 표시하여 식탁 교제를 둘러싼 안디옥 논쟁에서 사용된 전문 용어일 가능성이 있음을 나타낸다. 베드로와 그 동료들의 분리주의에서 매우 교활한 것은 자신들은 의식적인 정결과 율법에 대한 순종으로 하나님과 더 호의적인 관계에 있지만 이방인 그리스도인 형제자매들이 여전히 죄인인 것처럼 행동했다는 사실이다. 그러나 유대인과 이방인 모두 같은 그리스도로 구속받았고, 같은 성령으로 거듭났으며, 같은 교제에 참여했다. 그렇다면 이미 같은 삼위일체 하나님의 이름으로 세례를 받았는데 같은 식탁에 와서 주의 만찬에 참여하지 말아야 한다고 누가 감히 말할 수 있을까? 누가 우리를 그리스도의 사랑에서 끊을 수 있겠는가, 또는 서로에게서 끊을 수 있겠는가? 의롭다 하신 이는 하나님이시며 … 죽으신 이는 그리스도 예수시다(참조, 롬 8:33-34).[160]

안디옥 사건의 결말은 무엇이었는가? 바울은 이 사건이 어떻게 해결되었는지 말하지 않고 베드로에 대한 책망에서 갈라디아 교인들에 대한 신학적인 설명으로 눈에 띄지 않게 넘어간다. 이 침묵으로 바우어와 19세기 튀빙엔 비평가들을 시작으로 많은 학자는 안디옥 사건이 두 위대한 두 사도 사이에 영구적인 균열을 일으켜 교회가 베드로파와 바울파로 나뉘어 양극화되었다고 가정했다. 그러나 사도행전 15장의 예루살렘 회의에서 베드로가 취한 입장과

형제자매들에게 행하고 있었던 것이다. Ἰουδαΐζειν은 신약에서 한 번만 사용된 단어(hapax legomenon)이다. 또한 다음을 참조하라. Matthew V. Novenson, "Paul's Former Occupation in Ioudaismos," *Galatians and Christian Theology*, 24–39.

160 이 구절에 대해 통찰력 있게 언급한 제임스 던을 참조하라. "이방인들이 '그리스도 안에'(17절) 있으면서도 여전히 '죄인'이라면 이방인들과 함께 '그리스도 안에' 있는 우리도 죄인이며 그리스도는 '죄의 대리인'(ἁμαρτίας διάκονος)이 되신 것이다. 그러나 그것은 옳지 않다(17절). 왜냐하면 율법은 그리스도 안에서 생명을 주지도 표현하지도 않고 단지 범법자로 보여줄 뿐이기 때문이다("Incident at Antioch," 36). 제임스 던은 안디옥 사건이 바울에게 돌파구가 된 것은 이 사건을 통해 이신칭의가 단순한 회심의 근거가 아니라 신자의 삶 전체를 규정하는 원리라는 이유는 처음으로 알았기 때문이라고 말한다. 베드로와 겪었던 고통스러운 갈등이 이 교리적 원리를 사도의 삶과 사역의 타협할 수 없는 기본으로 강화했을 가능성이 높지만, 애초에 이신칭의가 바울 신학의 중심이었기 때문에 전체 문제가 발생했다. 바울 신학에서 논란이 되고 있는 이 문제에 대해서는 다음을 참조하라. "Dunn, "The New Perspective on Paul," 95–122, 또한 다음의 권위 있는 연구도 참조하라. P. Stuhlmacher, *Gerechtigkeit Gottes bei Paulus* (Göttingen: Vandenhoeck & Ruprecht, 1966). 새 관점의 더 넓은 맥락에 대해서는 다음 중요한 논문을 모은 두 권의 책을 참조하라. *Justification and Variegated Nomism*.

신약 정경에 있는 베드로의 두 편지의 내용을 보면 바울주의 기독교와 영구적인 단절은 없었다고 믿을 만한 근거가 있다. 베드로는 이전에 실패했고 회개한 적이 있으며, 후회와 갱신의 비슷한 패턴이 바울의 엄중한 책망에 뒤따랐다고 가정할 수 있다.

하지만 여전히 의문이 남는다. 바울이 안디옥에서 "승리했다"면 왜 갈라디아서에서는 언급하지 않았을까? 물론 갈라디아서를 예루살렘 회의 전날에 썼다고 가정할 때 바울이 갈라디아서를 쓸 당시에는 바울의 "승리"는 아직 분명하지 않았거나 완전하지 않았을 수 있다. 아니면 바울은 베드로에 대한 존경심에서 승리의 기쁨을 자제하고 갈라디아 반대파가 악용하는 긴장을 악화시키기보다는 "온유한 심정으로 바로잡기"(6:1)를 바랐을 수도 있다. 하워드 Howard는 그 결과를 다음과 같이 적절하게 요약했다.

> 놀라운 것은 [베드로]가 이 기회에 기독교 신앙에 대한 이해가 흔들렸다는 것이 아니라, 그러한 흔들림은 이 일반적인 시기에 국한된 것으로 보이며 실제로는 그다지 크지 않았다는 것이다. 교회에 그런 위기가 있었다는 이야기는 들어본 적이 없으며, 겉으로 보기에 바울이 공개적으로 베드로를 한 번 책망한 것만으로도 베드로를 돌이키게 하기에 충분했다.[161]

이러한 모든 고려 사항 외에도 우리는 안디옥 사건이 단순히 두 위대한 지도자들 사이의 성격 충돌이나 권력 다툼이 아니었다는 사실을 기억해야 한다. 처음부터 끝까지 이 문제는 신학적인 것이었고, 바울은 이 문제를 신학적으로 다루었다. 바울의 역사적 서술이 신학적 설명으로 매끄럽게 이어진다는 것은 역사와 신학이 불가분의 관계에 있었음을 나타낸다. 요약하자면, 바울이 안디옥에서 베드로와 대면한 이 생생한 이야기에서 오늘날 우리가 배울 수 있는 교훈은 무엇일까? 이 본문에서 오늘날 교회 생활에 적용할 수 있는 세 가지 실제적인 진리를 살펴보도록 하자.

1. **위대한 지도자도 넘어질 수 있다.** 베드로는 압력에 직면하면서 자신의 신념을 타협해야 할 충분한 이유가 있었다. 베드로는 예수님의 가장 가까운 제자들과 친밀한 관계에 있었다. 그는 부활의 주요 증인이었으며, 오순절에 성령이 부어지는 것을 목격했다. 심지어 이방인을 향한 복음 전파의 도구로 하나님께 쓰임받기도 했다. 그러나 위기의 순간에 베드로는 넘어졌고, 이것이 본보기가 되어 많은 사람을 잘못 인도했다. 갈라디아 교인들을 향한 바

---

161 Howard, *Paul: Crisis in Galatia*, 43.

울의 경고는 분명하다. 베드로에게 있어났던 일이 너희에게도 일어날 수 있다! 바울은 "자기가 서 있다고 생각하는 사람은 넘어지지 않도록 조심하라"(고전 10:12 KJV)라고 말했다. 최근 몇 년 동안 예수 그리스도의 교회는 매우 탁월하고 뛰어난 많은 지도자가 몰락하는 것을 보았다. 지도자들의 몰락은 단순한 개인적 비극이 아니라 그리스도의 몸에도 해를 끼치는 일이다. 하나님께서는 우리가 듣는 모든 메시지를 하나님의 말씀의 시금석으로 시험하도록 도와주시고, 어떤 인간 지도자도 분수에 넘치게 높이지 않도록 우리를 구원해 주시기를 바란다.

2. 하나님의 은혜는 이류 그리스도인을 만들지 않는다. 유대인 신자들이 이방인 형제자매들과 식탁 교제에서 물러나자 안디옥 교회에 심각한 분열이 일어났다. 교회 역사를 통틀어, 특별히 선교 현장에서 간단한 식사를 함께 하는 것은 종종 그리스도를 통한 구원의 메시지에 포함된 연합과 친교를 상징했다. 윌리엄 캐리와 동료들이 인도에 복음의 메시지를 전할 때, 이 구절에 묘사된 것과 비슷한 상황에 직면했다. 캐리는 처음부터 카스트 제도를 유지하는 것이 그리스도를 믿는 믿음과 양립할 수 없다고 느꼈다. 그래서 함께 식사를 나누지 않는 등 카스트를 따라 구분 짓는 사람에게는 세례를 주지 않았다. 그 문화에서 힌두교도들이 유럽인들과 함께 식사를 한다는 것은 자신의 카스트를 포기하는 것을 의미했다. 캐리의 첫 번째 힌두교 회심자인 크리슈나 팔이 그리스도인이 되어 선교사들과 함께 식사를 하며 카스트를 깨기로 결정했을 때, 캐리의 동역자였던 선교사 윌리엄 워드는 신약성경의 정신이 살아 숨 쉬는 말로 이렇게 외쳤다. "그러므로 이방인에게도 믿음의 문이 열렸다. 누가 그것을 닫을 수 있겠는가? 계급의 사슬이 끊어졌으니 누가 그것을 고칠 수 있겠는가?"[162] 어떤 문화권에서든 모든 종류의 인종 차별은 복음의 진리와 양립할 수 없다. 갈라디아서 후반부(3:26-29)에서 바울은 예수 그리스도 안에서 성취된 은혜의 약속의 관점에서 그리스도인의 연합의 의미를 설명한다. 이 진리를 부정하는 종교 제도나 신학은 계급, 피부색, 사회적 조건이 아닌 오직 은혜에만 기반한 그리스도의 몸, 즉 하나님께서 이루시는 "새 창조"에 반대하는 것이다.

---

162 다음에 인용됨. T. George, *Faithful Witness: The Life and Mission of William Carey* (London: InterVarsity, 1991), 130–31. 안디옥 사건에 대한 설교적 해석은 다음을 참조하라. T. George, "Why Don't Y'all Pass the Bread?: Galatians 2:11–16; 3:26–19," *Texts and Contexts: Gospels and Pauline Studies*, ed. T. D. Still (Waco, TX: Baylor University Press, 2017), 161–72.

3. **복음을 옹호하는 일은 외로운 일이 될 수 있다.** 위기가 더 심해지자 바나바는 바울과의 대결에서 베드로의 편에 섰다. 이방인의 사도는 복음을 위해 홀로 서 있었다. 4세기에 아타나시우스는 아리우스파 투쟁에서 그리스도의 신성이 위기에 처했을 때 "세상에 맞서"(*contra mundum*) 섰다. 16세기에 루터는 자신의 양심이 하나님의 말씀에 사로잡혀 있었기 때문에 보름스 회의에서 홀로 서 있었다. 빅토리아 시대 영국에서 스펄전은 다운그레이드 논쟁 당시 홀로 서서 침례교도들의 삶을 덮치기 시작한 "현대 이단의 끓는 진흙탕 소나기"에 항의했다.[163] 유혹의 순간에도 흔들리지 않고 그 시대의 거짓 신들과 어울리기를 거부하여 용기와 신앙의 탁월한 유산을 물려준 이 용감한 믿음의 용사들로 하나님께 감사드린다.

추가 주석 3: 베드로와 바울에 대하여 루터와 칼뱅

갈라디아서는 로마서와 같이 교회 역사 전반에 걸쳐 충격을 불러일으킨 책이었다. 잘 알려진 것과 같이, 마르틴 루터는 갈라디아서를 "결혼을 약속한 카타리나 폰 보라Katie von Bora에게 쓴 편지"라고 불렀다. 케이티는 루터가 사랑하는 아내였다.[164] 루터는 말년에 라틴어로 된 자신의 저서 전집을 출판할 계획에 대해 다음과 같이 말했다. "내 충고를 받아들인다면 갈라디아서처럼 교리를 담은 책만 출판할 것이다."[165] 실제로 루터는 갈라디아서를 반복해서 강의했고, 로마 가톨릭과 결별하기 직전 1519년과 1535년(1538년 개정판)에 갈라디아서에 대한 두 주요 주석을 출판했는데, 하나는 이신칭의 교리를 위한 오랜 투쟁과 어렵게 얻은 승리를 반영한 작품이다. 베츠는 이 중요한 책에 대하여 다음과 같이 썼다. "루터의 주석은 갈라디아서에 대한 학문적 주석 이상이다. 16세기에 갈라디아서를 재창조한 것이다. 루터는 바울이 설교를 했다면, 당시에 바울이 말했을 것처럼 말하고 있다."[166] 루터와 동시대에 살았던 젊은 장 칼뱅은 독일의 위대한 종교개혁자보다도 더 깊이 있는 성경학자였다. 1548년 제네바에서 출판된 갈라디아서 주석 헌정 서신에서 다음과 같이 언급한 데서 알 수 있듯이 칼뱅 자신도 자신의 뛰어난 능력을 이식하지 못했다. "나는 아마도 이 주석은 내가 겸손하게 인정할 수 있는 것보다 더 많은 것을 포함하고 있다고 말할 것이다."[167] 루터

163 C. H. Spurgeon, *Autobiography* (London: Passmore and Alabaster, 1900), 4:261–62.

164 *WA* 40/1, 2. 다음의 논의를 참조하라. Longenecker, *Galatians*, lii–lvii.

165 Longenecker, *Galatians*, lii.

166 Betz, *Galatians*, xv.

167 참조. Calvin, *Galatians*, CNTC 11:1.

와 칼뱅은 모두 안디옥 사건을 자세히 다루면서 얻은 교훈을 16세기에 자신의 목회와 신앙 고백 상황에 적용했다.

루터와 칼뱅의 갈라디아서 주석에서 우리는 안디옥에서 베드로를 대하는 태도에 대한 주요 교부 논쟁의 메아리를 들을 수 있다. 히에로니무스는 오리게네스를 따라 베드로가 바울에게 자신을 바로잡을 기회를 주기 위해 자신의 신념을 타협하는 척했을 뿐이라는 이론을 제시했다. 16세기 에라스무스가 이어간 이 해석은 헬라어 κατὰ πρόσωπον(카타 프로소폰, 개역개정 "면전에서")을 "나는 그의 얼굴에 대고 그를 반대했다"라는 의심스러운 읽기에서 나왔다. 히에로니무스는 이것을 "나는 그의 겉모습에 반대했다"는 뜻으로 읽었는데, 이는 아마도 그 자리를 칭의 교리를 명확하게 설명하는 기회로 삼기 위해 반대하는 시늉을 한 것으로 추정된다. 아우구스티누스는 이 사건에 대한 히에로니무스의 해석에 강하게 동의하지 않았고, 바울이 역사적 서술의 정확성을 보증하기 위해 맹세했다(1:20)는 점을 지적했다. 종교개혁 시대에 에라스무스와 다른 로마 가톨릭 주석가들은 이 점에 대해 히에로니무스를 따랐고 루터와 칼뱅은 아우구스티누스를 따랐다.

히에로니무스의 어설픈 해석 뒤에는 이 구절의 의미, 즉 베드로처럼 매우 중요한 사도가 다른 사도로 인해 그토록 꾸짖음을 당할 수 있다고 믿었을 때의 두려운 충격이 있었다! 루터 시대에 베드로는 기둥 사도일 뿐만 아니라 지상에서 그리스도의 교회의 가시적인 머리인 초대 교황으로서 더욱 높은 평가를 받았다. 그러나 루터는 사도조차도 실수할 수 있다고 주장했다. 첫 갈라디아서 주석이 나온 해(1519년)에 루터는 라이프치히에서 요한 에크와 교회 전통과 종교적 권위 문제를 놓고 공개적으로 토론했다. 그 토론에서 루터는 교회가 틀릴 수 있고, 교황이 잘못한 적도 있으며, 교회 공의회가 잘못할 수 있고, 잘못한 적이 있으며, 오직 성경(*Sola Scriptura*)만이 신앙과 실천의 문제에서 규범적 권위로 호소할 수 있다고 처음으로 대담하게 선언했다. 따라서 바울이 베드로에게 이렇게 공개적으로 도전한 사건은 옳았다. 개인적 자존심이나 교회에서 갖는 지위보다 훨씬 더 많은 큰 문제가 걸려 있었기 때문이다. "이것이 바로 심각한 문제이다. 베드로가 심각하게 책망받거나 그리스도가 완전히 없어져야 한다. 차라리 베드로가 멸망하여 지옥에 가는 것이 그리스도를 잃는 것보다 낫다."[168]

루터는 이 사건에서 신앙의 연약함과 이성에 대한 계시의 우선권이라는 큰 신학적 관점에서 중요한 의미가 있는 두 가지 교훈을 도출해 냈다. 베

---

168 Luther, "Lectures on Galatians, 1535," *LW* 26:119. 루터의 신학 발전을 위한 라이프치히 논쟁의 중요성에 대해서는 다음을 참조하라. S. H. Hendrix, *Luther and the Papacy* (Philadelphia: Fortress, 1981), 71–94. 더 최근 연구는 다음을 참조하라. L. Roper, *Martin Luther: Renegade and Prophet* (New York: Random House, 2017), 133–210 [= 『마르틴 루터』, 복있는사람, 2019].

드로처럼 위대한 지도자가 타락할 수 있다는 사실은 교회 자체가 의로우면 서도 동시에 죄가 있다는 증거이다. 루터의 말처럼, 우리는 매일 "우리의 죄를 사하여 주옵시고"라고 주기도문을 기도해야만 한다. 루터는 이신칭의를 "기독교의 가장 중요한 교리"라고 불렀지만, 이 교리가 사방에서 얼마나 끊임없이 위협받고 훼손되고 있는지를 깨달았다.

> 내가 이 모든 것들을 지적하는 이유는 믿음의 교리가 쉬운 문제라고 생각하는 사람이 없도록 하기 위해서이다. 말하기는 쉽지만 이해하기는 어렵고, 쉽게 가려지고 잃어버리기도 한다. 그러므로 복음의 진리를 잃지 않도록 부지런함과 겸손으로 성경을 연구하고 진지한 기도에 힘쓰도록 하자.[169]

루터는 또한 베드로가 안디옥에서 취했던 입장이 비록 특별계시로 매개되는 은혜 교리와 정면으로 모순되지만 인간 이성에 근거하여 정당화될 수 있음을 깨달았다. 루터의 논의를 지배하는 율법과 복음 사이의 양극성은 루터가 복음이 우리를 "믿음의 어둠으로" 인도한다고 말할 때 나타난다. 루터는 안디옥에서 바울이 베드로에게 갑자기 "아니오!"라고 말한 것을 포착하여 율법과 복음, 이성과 믿음의 대립에 대한 자신의 주장을 강화했다. 루터는 가장 기억에 남는 한 마디로 이렇게 말했다. "이성과 율법이 더해지는 순간 믿음은 즉시 순결을 잃는다."[170]

안디옥 사건에 대한 칼뱅의 입장으로 돌아가서, 우리는 칼뱅이 이 구절에서 교회의 질서와 권징의 의미에 깊은 주의를 기울인다는 특징을 발견한다. 루터가 갈라디아서 2장 1-10절을 사도행전 15장의 예루살렘 회의와 동일시하는 전통을 받아들인 반면, 칼뱅은 사도행전 11장의 기근 방문을 바울과 기둥 사도들의 만남의 계기로 선택했다. 칼뱅은 기둥 사도들의 명단에서 야고보가 두드러진다는 점에 주목하면서 "백성에게 목사가 없어서는 안 되는 것처럼, 목사들의 모임에는 통제자(조정자)가 필요하다"라고 말했다.[171]

다른 곳에서와 마찬가지로, 칼뱅은 원래의 장로교 정치를 신약성경에서 열심히 읽었다. 그러나 칼뱅은 루터 못지않게 베드로의 일관성 없는 모습에서 교황의 권위주의를 거부하는 모습을 발견했다. 베드로가 할례자들의 사도로 불렸기 때문에 교황은 정당하게 자신의 수위권을 주장하기 위해 "유대인에게서 교회를 모아야 한다"라고 주장했다. 칼뱅은 바울이 베드로를 공개적으로 책망한 것은 단순히 개인적인 질책이 아니라 교회 권징의 문제였다고 주장했다.

---

169 Luther, "Lectures on Galatians, 1535," *LW* 26:114.

170 *LW* 26:113.

171 Calvin, *Galatians*, CNTC 11:33.

그 목적은 그들의 죄가 처벌받지 않고 남아서 본보기가 되어 해를 끼치지 않도록 하는 것이었다. 다른 곳(딤전 5:20)에서와 마찬가지로 바울은 장로의 직분은 그들의 나쁜 본보기가 더욱 해롭게 되기 때문에 장로들에 관해서는 이것이 준수해야 한다고 분명하게 말한다. 특히 그들 모두와 관련된 선한 명분을 사람들 앞에서 솔직하게 옹호해서 바울이 빛에서 물러서지 않았다는 것을 분명히 할 수 있도록 하는 것이 효과적이다.[172]

칼뱅의 주해의 핵심은 오직 은혜로만 받는 하나님의 의라는 핵심적인 문제에 집중되어 있었다. 칼뱅은 다른 곳에서는 바울처럼 율법을 그리스도인의 행동 원칙으로서 긍정적인 의미로 말할 수 있었지만, 이 맥락에서 "율법의 행위"에는 의식적인 측면뿐만 아니라 율법 전체가 포함된다는 것을 인식했다. "바울은 구원의 확신과 영광을 행위로 옮겨야 한다는 것만큼이나 의식이 지켜지는 것에 대해 염려했다." 이러한 이유로 칼뱅은 중세 가톨릭 신학자들이 칭의를 향한 첫 단계로 인간이 공로를 쌓을 수 있다고 가르친 "반(半)의"를 거부했다. 칼뱅은 루터가 오직 은혜, 오직 믿음, 오직 그리스도로만 의롭다 선언을 받는다고 할 때 오직을 사용하는 것을 변호했다. 따라서 칼뱅은 하나님 앞에 올바르게 서는 방법이라는 핵심적인 문제에 대해 루터와 함께 양자택일의 신학을 옹호하는 입장에 섰다. "결과적으로 우리는 믿음 또는 행위에 대해 아무것도 돌리지 않거나 모든 것을 돌려야 한다."[173]

1.4.2.3. 원리: 이신칭의(2:15-21)

2장의 마지막 부분에서, 바울은 전개해 오던 역사적 논증을 마무리하고 다음 두 장에서 집중적으로 다룰 신학적 논증으로 들어간다. 바울의 머리속에는 이 두 가지가 불가분의 관계로 얽혀있기 때문에 역사가 어디에서 멈추고 신학이 어디에서 시작되는지 말하기는 불가능하지는 않더라도 어렵다. NIV와 같은 일부 번역본에는 인용문 전체(15-21절)가 포함되어 있는데, 이는 바울이 안디옥에서 베드로에게 한 말의 대본은 아닐지라도 요약본이 있음을 나

---

172 Calvin, *Galatians*, CNTC 11:36.

173 Calvin, *Galatians*, CNTC 11:40. 칭의 교리의 중세적 해석에 대해서는 다음을 참조하라. H. A. Oberman, *The Harvest of Medieval Theology* (Cambridge: Harvard University Press, 1962). 종교개혁 이후 이신칭의 교리는 에큐메니칼 신학을 발전시키는 데 계속해서 큰 역할을 했다. 가톨릭과 프로테스탄트의 개념 차이는 다소 줄어들었지만 중요한 차이점은 여전히 남아 있다. 다음을 참조하라. The Lutheran World Federation and the Catholic Church, "Joint Declaration on the Doctrine of Justification," accessed March 11, 2020, http://www.vatican.va/roman_curia/pontifical_councils/chrstuni/docu-ments/rc_pc_chrstuni_doc_31101999_cath-luth-joint-declaration_en.html. 또한 다음 참조. Evangelicals and Catholics Together statement, "The Gift of Salvation (1997)," in *Evangelicals and Catholics Together at Twenty*, ed. T. George and T. Guarino (Grand Rapids: Brazos, 2015), 32–37.

타낸다. 이것은 사실일 수도 있지만, 바울이 처음 안디옥 사건을 말하는 갈라디아의 상황과의 관련성을 보여주기 위해서였다는 점을 명심해야 한다. 따라서 2장 15절에서 베드로에게 "우리는 본래 유대인이요"라는 말로 시작하는 이 구절은 3장 1절에서 바울의 "어리석도다 갈라디아 사람들아"라는 독자에 대한 호소로 끝난다.

바울은 이 일곱 구절에서 자신의 서신에서 가장 압축적인 언어를 사용하여 갈라디아 교인들에게 깊은 인상을 남기고자 하는 핵심 주제를 제시했다. 하나님께 받아들여짐은 다른 어떤 것이 아니라 예수 그리스도를 믿는 믿음이라는 단순한 신뢰의 행위에 영향을 받는다. 이 구절을 해석하는 사람들은 이토록 설득력 있는 아이디어가 이 구절을 해석하는 데 별다른 문제가 없을 것이라고 생각할 수 있다. 그러나 이 몇 구절의 거의 대부분의 단어는 성경신학의 전쟁터에서 지뢰와도 같다.

바울은 **칭의**, **율법의 행위**, **믿음**이라는 용어로 무엇을 의미했는가? 바울은 어떤 의미에서 "율법에 대하여 죽었다" 또는 "그리스도와 함께 십자가에 못 박혔다"라고 말할 수 있었는가? 하나님께 받아들여짐과 그에 따르는 믿음의 삶 사이에는 어떤 관계가 있는가? 바울은 갈라디아서를 마무리하는 4장에서 이러한 질문들을 자세하게 풀어간다. 바울은 갈라디아 교인들에게 중요한 것은 복음의 진리임을 보여준다. 자신의 사도적 권위를 변호하기 위해 이 결정적인 교리 선언을 했다. 중심 주제는 이신칭의이며, 이 원리는 안디옥에서의 식탁 교제 문제로 제기되었고 베드로에 대한 바울의 항의에서 전면에 부각되었다.[174]

갈라디아의 문제는 이전에 기독교 신앙을 고백했던 배교자들이 기독교 신앙을 노골적으로 고백적으로 거부한 것이 아니라, 은혜의 교리에 "그 이상의 것"을 위험한 혼합물로 더하려는 사람들로 인해 복음이 희석되고 변질된 것임을 기억해야 한다. 이러한 경향에 대항하기 위해 바울은 이 구절 전체에 결

---

174 구조적인 측면에서 베츠와 롱네커와 같은 일부 주석가는 이 구절을 갈라디아서의 명제 제시(*propositio*), 즉 "내러티브의 중요한 내용을 요약"하고, "논증 및 증거(*probatio*)에서 논의될 논거를 미리 설정"하는 변증의 전환 부분으로 해석했다(Betz, *Galatians*, 114). 이 주제에 대한 약간의 변형은 케네디가 제시했다. 갈라디아서를 자기를 변호하는 변증적인 편지가 아니라 오히려 심의적인 수사의 예로 해석한다. 다시 말해, 바울은 갈라디아 교인들이 반대자들의 침입에 저항하도록 설득하기 위해 논증을 의도했다는 것이다. 이런 의미에서 2:15-21은 바울이 지금까지 편지에서 언급하지 않았던 질문, 즉 율법의 목적과 지위를 처음으로 소개한다. G. A. Kennedy, *New Testament Interpretation through Rhetorical Criticism*, 144-52.

쳐 일련의 대담한 대조를 발전시켰다.[175] 따라서 "본래 유대인"은 "이방 죄인"과 대조되고, "율법을 지킴으로 인한 칭의"는 "예수 그리스도를 믿는 믿음으로 인한 칭의"와 대조된다. 행위를 통한 구원의 옛 구조를 재건하는 것은 복음을 통한 구원의 파괴와 대조된다. 마지막으로, 바울의 "율법에 대한 죽음"은 "하나님에 대하여 사는 것"과 대조된다. 이 모든 것은 갈라디아 교인들이 직면한 급진적인 선택을 각인시키기 위한 것이었다. 이것이 바로 바울이 안디옥에서 일어난 사건에서 칭의 교리에 대한 서술을 단 한 번도 중단하지 않고 바로 추론한 이유이다.

안디옥에서 논쟁 중이던 것은 이제 갈라디아의 뜨거운 쟁점이었다. 두 사도 사이의 개인적인 충돌이나 교회의 두 분파("야고보에게서 온 이들" 대 바울파) 사이의 균열이 아니라 모든 곳, 모든 민족을 위한 구원의 유일한 근거가 되는 칭의에 관한 것이었다. 바울은 2장 21절에서 자신의 주장을 단호한 결론으로 이끌어낸다. 갈라디아 선동가들이 주장하고 베드로와 바나바의 일관성 없는 행동이 적어도 암묵적으로 부추긴 교리가 사실이라면, 예수 그리스도는 십자가에서 죽으실 필요가 없었다! 바울이 어떻게 이 놀라운 결론에 도달했는지 알아보기 위해 이신칭의 교리에 대한 바울의 선언(15-16절)과 변호(17-20절)를 자세히 살펴보자.

2:15-16. 바울은 안디옥에서 갈등을 겪은 베드로를 포함한 동료 유대인 그리스도인들과 자신을 동일하게 여기시는 칭의에 대한 정의를 시작했다. 바울은 혈통과 출생으로 유대인인 사람들이 단순한 "이방 죄인"인 사람들에 비해 큰 이점을 가지고 있다는 사실을 인정했다. 유대인의 관점에서 이방인은 단순히 이방인이라는 사실만으로 죄인이었다. 에베소서 후반부에서 바울은 "본래 이방인"이었던 사람들의 절망적인 상황을 묘사했다. 이방인들은 이스라엘 나라 밖의 사람이었기 때문에 하나님의 심판 아래 있었고, "약속의 언약들에 대하여는 외인이요 세상에서 소망도 없고 하나님도 없는 자"(엡 2:11-12)였다.

반면에 나면서부터 유대인이었던 사람들(헬라어로 문자 그대로 읽으면 [176])은 완전히 다른 차원에 있었다. 유대인들은 하나님의 율법인 구약성경과 언약의 표징인 할례를 받았다는 점에서 구원론적으로 특권을 누렸다고 말할 수 있다.

---

175 D. B. Bronson, "Paul, Galatians and Jerusalem," *JAAR* 35 (1967): 119–28.

176 H. Koester, "φύσις," *TDNT* 9:272.

우리는 바울의 결론을 너무 빨리 언급함으로 이 구분의 중요성을 무시해서는 안 된다. 바울은 유대인들이 완전하거나 죄가 없다고 말한 것이 아니다. 바울은 구약과 랍비 전통 모두 회개, 용서, 속죄에 대해 많은 것을 말하고 있다는 것을 잘 알고 있었다. 실제로 바울이 갈라디아서를 썼을 당시에도 여전히 유효했던 성전 예배의 제사 제도와 희생 의식은 하나님의 율법의 규정에 따라 하나님의 자비와 의를 구할 필요성을 전제로 하고 있었다. 고대 세계 어느 곳에도 유대교만큼 하나님을 추구하는 종교가 널리 퍼져 있는 곳은 없었다. 그러한 종교적 노력을 율법의 참된 내용보다 율법의 사소한 부분에 더 집착하는 가식적인 위선자를 만들어내는 일종의 성스러운 경건으로 축소해서는 안 된다. 의심할 여지 없이 예수님 당시의 종교 지도자들 가운데 그런 사람들이 있었고 공관복음은 그들을 정확하게 묘사하고 있다. 그러나 우리는 바울 자신을 이런 왜곡된 종교의 주요 증인으로 소개할 수는 없다. 바울은 그리스도 이전의 삶에서 "본래 유대인으로" 자신이 누렸던 혜택들을 나열할 때 긍정적인 용어로만 이야기했다. 바울은 성실하고 열심이 있었으며 관찰력이 뛰어났고 모든 면에서 하나님의 율법과 그 요구에 순종했다. 게다가 할례와 베냐민 지파에 속한 것과 같이 바울이 열거한 다른 혜택들은 어떤 종류의 율법주의적 노력의 결과도 아니었다. 오히려 그것들은 바울이 언약 공동체인 이스라엘에 속해 있다는 증거였으며, 이는 자신의 도덕적 노력과는 별개로 모든 유대인이 누리는 특별한 지위였다.[177]

"율법 아래에 있는 삶"이 주는 이 모든 놀라운 혜택을 고려할 때, 유대인 그리스도인들이 율법을 넘어 예수 그리스도를 믿는 신앙으로 나아가야 하는 이유는 무엇인가? 율법을 지켜 얻을 수 있는 최고의 것과 예수 그리스도를 통해 거저 받는 구원의 선물 사이에는 근본적인 차이가 있었기 때문에 당연히 그래야만 했다. 이것은 바울이 갈라디아서 2장 15-16절에서 말한 요점이다. 바울의 주장을 이렇게 바꾸어 말할 수 있다. "이방인 죄인들은 잊어버려라. 우리는 그들이 언약 밖에 있고 하나님 앞에서 소망이 없다는 것을 안다. 그러나 선민으로서 모든 특권을 주장할 수 있는 우리 유대인조차도 율법을 지킴으로

---

177 샌더스E. P. Sanders는 바울과 동시대 유대인들 사이에 널리 퍼진 종교의 패턴을 자신의 기념비적인 저서『바울과 팔레스타인 유대교』에서 "언약적 율법주의"라고 불렀다. 샌더스 연구의 가장 큰 업적은 신약 시대의 유대교를 더욱 긍정적인 시각으로 재조명한 것이다. 그러나 바울에 대한 샌더스의 해석은 더 많은 문제를 안고 있다. 샌더스의 입장에 대한 더 많은 비판들 중에는 다음과 같은 연구가 있다. Thielman, *From Plight to Solution*; T. Schreiner, *The Law and Its Fulfillment* (Grand Rapids: Baker, 1993). 또한 다음 참조. A. A. Das, *Paul, the Law, and the Covenant* (Peabody, MA: Hendrickson, 2001).

의로워질 수 없다는 사실을 깨달아야 했다. 우리도 이방인 못지않게 예수 그리스도를 믿는 믿음을 통해 하나님께 받아들여졌다."

바울이 그리스도를 믿고 깨달은 것은 자신의 악함에 대한 하나님의 심판이 아니라, 유대교 랍비의 표준적인 가정인 바울의 선함에 대한 하나님의 기소였다. 이러한 이유로 바울은 이전에 가장 귀중한 삶의 내용물로 여겼던 것을 쓰레기로 여겼다. 자신에게 가장 소중하고 귀중한 것이 하나님 앞에 올바르게 설 수 있도록 만들어 줄 수 없다는 것을 깨달았다. 하나님의 의로운 은혜에 비추어 볼 때, 지금까지 "얻었다"고 여겼던 모든 것이 이제 "잃은 것"이 되었다. 바르트는 빌립보서 3장 7절에서 바울의 자전적 고백을 이렇게 요약했다. "내가 서 있던 높은 곳은 심연이다. 내가 살았던 확신은 상실이며, 내가 소유했던 빛은 어둠이다. 무(無)가 플러스의 자리를 차지한 것이 아니라, 플러스 자체가 마이너스로 바뀌는 것이다."[178]

바울은 2장 16절의 끝에서 시편 143편 2절(70인역 시 142:2)을 인용하며 자신의 주장을 분명하게 했다. 시편 기자는 "주의 종에게 심판을 행하지 마소서 주의 앞에는 의로운 인생이 하나도 없나이다"라고 기도했다. 그러나 바울은 이 구절을 번역하면서 인용문을 "의롭다 선언 받을 육체가 없다"(NASB)로 바꾸었다. 헬라어 본문의 내용을 완전히 무시하고 바울 대신 칠십인역으로 번역하는 것처럼 보이는 NIV와 같은 일부 번역본에는 사라졌다.[179]

바울은 "의롭다 함을 얻을 육체가 **없다**"는 표현을 통해 무엇을 의미하는가? 갈라디아서 5장 17-21절에서 바울은 육체의 일(1984년 NIV 성경은 "죄된 본성의 행위"라고 다시 빈약하게 번역하고 CSB는 "육체의 일"이라고 훨씬 더 잘 번역했다)을 성령의 열매와 대조했다. 바울에게 육신은 죄의 파괴에 가장 취약한 인간 존재의 영역이었다. 선하신 하나님께서 창조하셨기 때문에 육신 자체는 악하지는 않았지만 타락의 상태에서 욕망, 부패, 죽음이라는 쇠약하게 하는 힘의 지배를 받는다. 따라서 갈라디아서 2장 16절에서 "바울은 인간이 연약하고 죄에 취약하기 때문에 율법을 지킬 수 없다고 말하기 위해 칠십인역의 표현을 바꾸는 수고를 하고 있다."[180] 로마서 8장 3절에서 바울은 갈라디아서 2장 6절에서 "율법이 육신으로 말미암아 연약하여 할 수 없는 것을 하나님께서 **하셨다**. 곧 자기 아들을 죄 있는 육신의 모양으로 보내

---

178 K. Barth, *The Epistle to the Philippians* (Richmond: John Knox, 1962), 97.

179 70인역은 다음과 같이 제시한다. ὅτι οὐ δικαιωθήσεται ἐνώπιόν σου πᾶς ζῶν, 그러나 바울은 다음과 같이 번역한다. ὅτι ἐξ ἔργων νόμου οὐ δικαιωθήσεται πᾶσα σάρξ.

180 Thielman, *From Plight to Solution*, 63.

어 속죄제물로 삼아 육신에 죄를 정죄하셨다"(NASB. 원문 강조). 바울의 요점은 아무도 율법을 지킬 수 없기 때문에 율법을 지킴으로 구원을 얻을 수 없다는 것이었다.

틸만은 바울이 인용한 시편의 더 넓은 문맥이 어떻게 이 논지를 뒷받침하는지를 보여주었다. 시편 143편은 원수로부터 구원해 달라는 하나님께 간구하는 시이다. 이 시편이 그리는 구원은 전적으로 하나님의 신실하심과 의로우심에 달려 있다. "여호와여 주의 이름을 위하여 나를 살리시고 주의 의로 내 영혼을 환난에서 끌어내소서"(시 143:11). 바울은 자신이 미리 정한 결론을 뒷받침하기 위해 단순히 증거 본문을 뽑아낸 것이 아니라, 시편 전체에 퍼져 있는 일방적인 구원과 하나님의 구원이라는 주제를 염두에 두고 있었다.[181]

2장 16절의 잘 짜인 특징 때문에 우리는 바울이 이 구절에서 사용한 세 가지 표현을 더 자세히 살펴봐야 하며, 각 표현은 편지의 나머지 부분에서 바울의 주장의 흐름을 이해하는 데 결정적이다. 세 가지 용어는 **의롭게 여겨짐/칭의, 율법의 행위, 그리스도를 믿는 믿음**이다. 이 세 용어는 갈라디아서에서 처음으로 사용되었다.[182] 바울의 주장이 전개되는 과정에서 그 완전한 의미는 더 분명해지겠지만, 이 지점에서 간략하게 파악할 수 있도록 각각을 살펴보는 것이 도움이 될 것이다.

칭의. 가장 기본적인 의미에서 칭의는 누군가가 옳다고 선언하는 것이다.[183] 맥그래스는 바울의 어휘에서 동사 δικαιόω(디카이오오)가 "죄 많은 인류와 하나님 사이의 상황 변화를 가져오는 하나님의 강력하고 우주적이며 보

---

181 Thielman, *From Plight to Solution*, 64–65. 다른 맥락에서 바울의 성경 사용에 대해서는 다음을 참조하라. J. D. G. Dunn, "'Righteousness from the Law' and 'Righteousness from Faith': Paul's Interpretation of Scripture in Romans 10:1–10," in *Tradition and Interpretation in the New Testament: Essays in Honor of E. E. Ellis*, ed. G. F. Hawthorne (Grand Rapids: Eerdmans, 1987), 216–28. 바울은 롬 3:20에서 시 143:2을 반복해서 인용했다. 바울이 사용한 "육신"의 의미에 대해서는 다음을 참조하라. K. G. Kuhn, "New Light on Temptation, Sin and Flesh in the New Testament," in *The Scrolls and the New Testament*, ed. K. Stendahl (New York: Harper, 1957), 94–113; E. Schweizer, R. Meyer, F. Baumgärtel, "σάρξ," TDNT 7:98–151; R. J. Erickson, "Flesh," *DPL*, 303–6. 에릭슨은 "타락한 인류와 악한 세상적 가치 체계를 나타내기 위해 "육신"(σάρξ)을 사용하는 것은 유대 종말론에 뿌리를 둔 명백한 바울의 특징이 나타난 현상이다. 다른 초기 기독교 저술가들이 모방했을지 모르지만 전적으로 채택한 것은 아니다"라고 주장한다.

182 "믿음"은 1:23에서 일찍 등장한다. 그러나 여기에서는 그리스도의 구원 사역에 개인적으로 접근하는 믿음이 아니라 기독교 케리그마의 객관적인 개념인 "그 믿음"을 가리킨다.

183 이 정의는 다음의 논문에서 빌려온 것이다. N. T. Wright, "Justification: The Biblical Basis and Its Relevance for Contemporary Evangelicalism," in *The Great Acquittal: Justification by Faith and Current Christian Thought* (London: Collins, 1980).

편적인 행동을 의미한다. 하나님은 이를 통해 신자들을 무죄로 판결하고 변호하실 수 있으며, 하나님과 올바르고 신실한 관계에 신자들을 놓으실 수 있다"라고 관찰했다.[184] 바울의 용어 사용에서 이 단어는 법정적(라틴어 *forum* [포룸], "법정"에서 유래), 종말론적 의미를 모두 가지고 있다. 칭의를 그 열매인 용서 또는 그 기초인 속죄와 혼동해서는 안 된다. 오히려 칭의는 의로우신 재판관인 하나님의 은혜로운 판결로, 이전에 정죄를 받았던 사람이 이제 하나님의 정의의 기준에서 새로운 지위를 받았다.

칭의에 대한 개신교의 고전적 이해는 **하이델베르크 요리문답** 60문 "당신은 하나님 앞에서 의로워질 수 있습니까?"에서 명백하게 나타난다. 그에 대한 답은 다음과 같다.

> 오직 예수 그리스도에 대한 참된 믿음으로만 가능하다. 내 양심이 내가 하나님의 모든 계명에 대해 심히 죄를 지었고 그 중 하나도 지키지 않았으며 여전히 모든 악에 빠지기 쉽다고 나 자신을 고발함에도 불구하고, 하나님께서는 내 자신의 공로없는 순수한 은혜로, 내가 신뢰하는 마음으로 그 은혜를 받아들이기만 하면, 마치 내가 단 한 번도 죄를 짓지 않은 것처럼, 그리스도께서 나를 위해 행하신 모든 순종을 다한 것처럼, 그리스도의 완전한 속죄의 은총을 내게 주셔서 그분의 의와 거룩함을 내게 전가해 주십니다.[185]

이 정의에 따르면 칭의는 전가, 즉 그리스도의 의가 죄인들에게 계산되거나 여겨져 하나님 앞에서 죄인들의 지위가 하나님께서 그리스도께 "이는 내 사랑하는 아들이요 내 기뻐하는 자라"라고 말씀하신 것처럼 "마치" 죄인들이 아버지 앞에서 그러한 지위를 소유한 것처럼 된다.

이 교리의 급진적인 성격은 루터와 마찬가지로 바울을 반대하는 사람들에게도 충격적이었으며 오늘날에도 많은 사람에게 여전히 그러하다. 이 교리는 자기 구원의 복음에 정면으로 위배되며 모든 자동 구원 프로그램을 약화시킨다. 19세기의 리츨Albrecht Ritschl을 시작으로 많은 개신교 신학자가 루터가 칭의의 법정적 이해에 반대하고, "낯선 의"라고 불렀던 전가보다 하나님의 은혜의 주입을 강조하는 것을 선호하면서 칭의에 대한 법정적인 이해에 항의하는데 로마 가톨릭 신학자들과 함께 동참했다.[186] 그러나 베르까워G. C. Berkouwer

---

184 A. E. McGrath, *DPL*, 518.

185 *The Book of Confessions* (New York: The General Assembly of the PCUSA, 1983), Lord's Day 23.

186 D. L. Mueller, *An Introduction to the Theology of Albrecht Ritschl* (Philadelphia: Westminster,

가 지적한 것처럼 "선언적 칭의에 대한 많은 반대는 예수 그리스도의 대속적 고난과 죽음에 대한 거부와 밀접한 관련이 있다는 점을 기억하는 것이 좋다. 그리스도의 죽음과 관련하여 사용된 흔한 법정적 용어는 보상, 충족, 지불, 구매, 대속, 형벌이다. 그리고 이러한 용어는 사람들을 분노케 했다."[187]

바울의 사상에서 칭의의 종말론적 성격을 파악하는 것도 마찬가지로 중요하다. 유대교의 묵시론적 사고에는 하나님께서 마침내 자기 백성을 변호하시고 인류 역사의 모든 잘못을 바로잡으시며 모든 민족의 운명에 대한 최종적이고 영원한 판결, 즉 양과 염소로 구분하는 미래의 심판에 대한 생각이 깊이 내재되어 있었다(참조. 마 25:31-46) 바울은 천국과 지옥이라는 대안적 목적지와 함께 최종 심판의 미래성을 온전히 받아들였지만, 하나님의 최종 심판의 근거가 역사의 끝에서 중심으로, 즉 파루시아에서 십자가와 부활로 옮겨졌다고 믿었다. 예수 그리스도의 사건은 라이트가 제시하는 용어를 사용하자면 "언약의 절정"일 뿐 아니라 "우주의 절정"이기도 하다. 십자가에서 죄의 빚은 모두 청산되었고, 사탄은 가면을 벗었으며 지옥은 시간은 얼마 남지 않았다는 통지를 받았다. 더 이상(no longer)과 아직 아닌(not yet) 사이에, 십자가에 못 박히시고 다시 오실 메시아를 믿는 모든 사람에게 하나님의 의로운 칭의 판결이 선포되었다. 그렇다고 해서 그리스도인이 책임에서 면제된다는 의미는 아니다. "우리가 다 반드시 그리스도의 심판대 앞에 나타나게" 되기 때문이다(고후 5:10). 그러나 이것은 우리가 하나님 앞에 서는 기준이 미래(최후의 심판)와 현재(우리의 도덕적 노력)에서 과거(십자가에서 완성된 그리스도의 사역)로 이동했음을 뜻한다. 물론 이것은 율법에 대한 순종을 하나님 앞에 바로 서기 위한 전제 조건으로 삼으려는 선동가들을 자극하는 요점이었다.

1969). 이 주제에 대한 리츨의 훌륭한 연구는 영어로 다음과 같이 번역되었다. *A Critical History of the Christian Doctrine of Justification and Reconciliation*, trans. J. S. Black (Edinburgh: Edmonston & Douglas, 1872).

187 Berkouwer, *Faith and Justification*, 89–90. 바울의 어휘에서 "의롭게 하다"라는 동사가 "의롭게 만들다"를 의미하는지 아니면 "의롭다고 선언하다"를 의미하는지 여부에 대해 많은 논의가 있었다. 그러나 바울이 시 51:4를 인용한 롬 3:4에서 이 용어를 사용한 것은 칭의의 법적 또는 선언적 성격을 강조한다. "당신이 말할 때 옳다는("justified," KJV)것이 증명되고 당신이 재판하실 때 이길 수 있다(NIV)." 분명히 하나님은 "의롭다"라고 선언될 수는 없지만, 하나님의 모든 행동이 하나님의 거룩한 성품과 완전히 일치하기 때문에 의롭다고 선언되거나 인정 받을 수 있다. 이 구절에서 법적인 주제와 종말론적 주제는 서로 얽혀 있는 것에 대해서는 다음을 참조하라. E. Käsemann, *Commentary on Romans* (Grand Rapids: Eerdmans, 1980), 80–82. 다음 중요한 책도 참조하라. M. Seifrid, *Justification by Faith: The Origin and Development of a Central Pauline Theme* (Leiden: Brill, 1992); S. Westerholm, *Justification Reconsidered*.

율법의 행위. 갈라디아서 2장 16절은 반복으로 문체적으로 어법에 맞지 않는 구절이다. 한 문장에서 바울은 같은 말을 세 가지 다소 다른 방식으로 말했다. 우리(유대인 그리스도인)는 사람이 율법을 지킨다고 해서 의롭다 함을 받는 것이 아니라는 것을 알고 있다. … 이런 이유로 우리도 율법의 행위가 아니라 믿음으로 의롭다 함을 얻기 위해 그리스도를 믿었다. … 시편 기자가 말했듯이 어떤 인간도 율법의 행위로 의롭다 함을 얻을 수 없기 때문이다. 바울이 말한 "율법의 행위"란 무엇을 의미하는가?

"율법"(νόμος)는 바울 서신에서 119번 등장하며, 구약성경, 하나님의 뜻, 또는 일반적인 원리나 권위를 다양하게 의미한다(참조. 롬 7:21). 그러나 바울이 사용하는 율법은 "모세를 통해 이스라엘이 받은 구체적인 신적 요구 사항의 총체"를 의미한다.[188] 바울은 율법이 거룩하고 의로우신 하나님의 교훈을 담고 있는 거룩하고 의로운 것이라고 주장했다(롬 7:12-14). 그러나 갈라디아서에서 바울의 주장의 핵심은 율법의 본질이 하나님 앞에 올바로 설 수 없는 것임을 보여주기 위한 것이었다. 바울이 갈라디아서 3장에서 보여주듯이, 율법은 하나님의 구원의 경륜에서 특별한 역할을 수행하기 위해, 즉 우리를 "율법의 마침[τέλος, 텔로스]"(롬 10:4)이 되시는 그리스도께로 인도하기 위해 하나님이 주신 것이다. 율법이 신자의 삶에서 어떠한 지속적인 역할을 하는지에 대한 논의는 나중으로 미루어야 한다. 우리 앞에 있는 본문과 관련하여 바울이 여기에서 "율법의 행위"로 의미하는 것에 대해 세 가지 주요 해석이 제시되었다.

첫째, 바울은 여기에서 율법의 요구 사항이 아니라 율법에 대한 왜곡된 집착, 즉 율법주의를 언급하고 있다는 주장이 제기되었다.[189] 레이네젠Räisänen은 "강경한" 율법주의와 "부드러운" 율법주의를 구분하는 데 도움이 되는 개념을 소개했다. 전자는 율법을 자기 중심적이고 자랑스러운 방식으로 사용하여 하나님 앞에서 의로운 신분을 얻으려는 것을 말한다. 반면에 "부드러운" 율법주의는 하나님을 조종하거나 구원을 얻으려는 노력 없이 사랑과 순종으로 하나님의 계명을 성취하려는 진실한 경건이다.[190] 그러나 "율법의 행위"에

---

188 S. Westerholm, *Israel's Law*, 108.

189 특히 다음을 참조하라. C. E. B. Cranfield, "St. Paul and the Law," *SJT* 17 (1964): 43–68. 풀러 D. P. Fuller는 다음에서 비슷한 견해를 제시한다. "Paul and 'The Works of the Law,'" *WTJ* 38 (1975–1976): 28–42. 최근의 도움이 되는 다음 논문을 참조하라. M. A. Seifrid, "Paul, Luther, and Justification in Gal 2:15–21," *WTJ* 65 (2003): 215–30.

190 H. Räisänen, "Legalism and Salvation by the Law," in *Die Paulinische Literatur und Theologie*, ed. S. Pedersen (Aarhus: Aros, 1980), 63–83. 또한 다음 논의를 참조하라. Westerholm, *Israel's*

대한 바울의 엄격함을 단순히 강경하든지 부드럽든지 율법주의에 대한 정죄로만 이해해서는 안 된다. 바울은 믿음을 율법주의를 대조한 것이 아니라 믿음과 행함을 대조했다. 바울의 요점은 아무리 동기가 좋고 진실하게 행한 인간의 행위라도 칭의의 평결을 가져오는 하나님 앞에 설 수 없다는 것이었다.

바울이 "율법의 행위"를 통해 독자들에게 "할례와 음식법 같은 특정한 율법 준수," 즉 "유대인의 특징적이고 독특한 것으로 널리 여기는" 의식을 생각하도록 의도했다는 던의 견해도 마찬가지로 부적절하다.[191] 이 관점에 따르면, 바울은 구원의 대안적인 길로서 믿음과 행위의 문제에 관심을 두지 않았으며, 오히려 할례와 음식법과 같은 "정체성 표지"가 "하나님의 언약 약속과 율법을 민족주의적이고 인종적인 측면에 너무 좁게 이해하는" 방식을 비난함으로써 유대인 배타주의에 항의하고 있었다.[192] 바울이 안디옥에서 유대인 그리스도인이 특정주의 문화에 충성하여 그리스도인 형제들에게서 분리되는 배타주의에 반대했던 것은 사실이다. 할례와 안식일 준수, 음식법 등이 갈라디아의 위기의 두드러진 특징이었던 것도 사실이다. 그러나 바울 자신의 증언에 따르면 "율법의 행위"는 이 세 가지 문제에만 국한될 수 없다. 나중에 갈라디아 교인들에게 말했듯이 할례는 율법 전체를 순종할 의무를 의미하고, 더 나아가 율법의 모든 계명을 지키지 않는 모든 사람에게 율법의 저주가 똑같이 내릴 것이다(5:3; 3:10)

그러므로 "율법의 행위"는 모세 율법에서 의식적, 도덕적 측면에서 하나님께서 주신 계명, 즉 하나님께서 명하신 계율로서 그 자체로 거룩하고 선한 것을 말한다. 그러나 인간의 타락으로 율법을 지키는 것으로는 "육신"를 의롭게 할 수 없다. 더욱이 하나님께서도 처음부터 그렇게 될 것을 알고 의도하셨다. 그러나 왜 하나님은 아무도 지킬 수 없는 율법을 주셨거나 아무도 순종할 수 없는 명령을 내리셨을까? 바울은 갈라디아서 3장과 4장에서 구원의 역사에서 율법의 하나님의 목적을 설명하면서 이 질문과 씨름했을 것이다.

그리스도를 믿는 믿음. 이 표현은 신약 본문을 올바르게 주석할 때 문법과 신학 사이의 관계를 보여주는 좋은 예이다. 바울은 우리가 율법의 행위로 의롭다 선언받는 것이 아니라 διὰ πίστεως Ἰησοῦ Χριστοῦ(디아 피스테오스 이

Law, 132–34.

191 J. D. G. Dunn, "The New Perspective on Paul," *BJRL* 65 (1983): 107.

192 Dunn, "The New Perspective on Paul," 121. 레이제넨H. Räisänen은 "'정체성 표지'의 문제는 율법에 대한 바울의 신학적 견해를 정립하는 출발점이었을지 모르지만, 마침내 바울은 율법 그 자체와 율법을 전체에 대해 매우 부정적인 진술에 도달했다"라고 보았다. H. Räisänen, "Galatians 2:16 and Paul's Break with Judaism," *NTS* 31 (1985): 548.

227

에수 크리스투. 개역개정, "그리스도를 믿음으로써." CSB, "by faith in Jesus Christ")라고 말했다. 이 번역은 Ἰησοῦ Χριστοῦ(이에수 크리스투)가 목적격적 속격이라는 전통적인 견해를 가정하여 예수 그리스도를 믿는 사람들의 믿음 이라고 번역했다. 그러나 최근에 다른 학자들은 이 표현을 그리스도의 믿음 또는 신실하심을 가리키는 주격적 속격으로 읽어야 한다고 주장한다.[193] 예수 그리스도의 신실하심을 가리키는 바울 신학에 있어 두드러진 주제이지만 (참조. 빌 2:5-11의 케노시스 찬가), 갈라디아서에서 대조되는 것은 하나님 의 신실하심과 인간의 변덕스러움이 아니라 하나님의 자유로운 주권과 스스로의 구원을 향한 인간의 노력이다. 따라서 바울이 칭의에 필수적인 믿음에 대해 말했을 때, 하나님께서 그리스도의 십자가에서 객관적으로 성취하신 것에 대한 인간의 필수적인 반응을 생각했다. 동시에 그러한 믿음의 도구적 성격을 인식하는 것이 중요하다. 바울은 항상 우리가 믿음 "때문에"(διά[디아]와 속격) 의롭다 함을 받는 것이 아니라 믿음으로 "말미암아"(διά[디아]와 대격) 의롭다 함을 받는다고 말한다.[194] 복음주의 그리스도인들은 믿음 자체를 "율법의 행위" 중 하나로 바꾸려는 유혹을 항상 경계해야 한다. 구원하는 믿음은 하나님의 근본적인 선물이지 결코 인간의 단순한 가능성이 아니다(엡 2:8-9). 믿음은 할례처럼 더 이상 구원을 얻는 업적이 아니다. 오히려 믿음은 성령을 통해 심령의 새로움으로 나타나는 구원의 은혜의 증거이다.

2:17-18. 15, 16절에서 바울은 자신과 다른 그리스도인 신자들이 공통적으로 동의하는 이신칭의 교리를 제시했다. 그는 사실상 이렇게 말했다.

우리 유대인 그리스도인들이 이스라엘 공동체의 상속자로서 누려온 큰 혜택과 어릴 때부터 하나님의 율법을 듣고 알면서 받은 큰 축복에도 불구하고, 우리 역시 이방인 못지않게 예수 그리스도를 믿는 믿음으로만 하나님과 올바른 신분에 놓인다.

---

193 이 뜨거운 논쟁의 주제에 대한 광범위한 문헌은 주관적인 대안을 선택한 롱네커의 저술에 요약되어 있다. Longenecker, *Galatians*, 87–88. 이 견해를 옹호하는 다른 학자들은 다음과 같다. E. Fuchs, "Jesu und der Glaube," *ZTK* 55 (1958): 170–85; G. E. Howard, "On the 'Faith of Christ,'" *HTR* (1967): 459–65. 그리고 특별히 다음을 참조하라. R. B. Hays, *The Faith of Jesus Christ*, 139–224. 또한 다음을 참조하라. Gorman, *Apostle*, 200–205. 전통적 관점은 다음을 통해 재진술되었다. E. deW. Burton, *Galatians*, 121; Betz, *Galatians*, 118. 또한 다음 참조. Westerholm, *Israel's Law*, 111–12.

194 오래되었지만, 믿음에 대한 다음의 논의를 참조하라. R. Bultmann, *Theology of the New Testament* (New York: Scribners, 1951), 314–30 [= 『신약신학』, 성광문화사, 1997].

달리 말하면, 토라로 하나님 앞에서 의를 얻을 수 있었다면 처음부터 왜 예수님께 돌아서야 했는가? 이러한 기본적인 합의를 이신칭의의 기초로 삼은 바울은 이제 이 가르침에 대해 제기된 구체적인 반대 의견에 대응하기 위해 전환했다.

17-18절은 분열된 안디옥 교회의 문제로 다시 안내한다. 우리는 바울의 암호화된 언어를 통해 안디옥에서 벌어진 논쟁의 실제 일부를 알 수 있다. 그래서 17절에는 "야고보에게서 온 이들" 또는 율법을 준수하는 다른 구경꾼들에게 던졌던 논쟁의 메아리가 담겨 있을 수 있다. "베드로, 이방인들과 나눈 열린 식탁 교제가 하나님의 율법을 거부하는 것임을 알지 못하는가? 내 형제여, 너는 실제로 죄를 짓고 있다! 더 나아가 그리스도에 대한 우리의 같은 믿음에 호소하여 이런 종류의 행동을 정당화하려고 할 때, 너는 정말로 우리 주님을 죄의 대리인으로 만들고 있다!" 바울은 이러한 생각에 대해 자신의 어휘에서 가장 강력한 부정 중 하나로 대응했다. '하나님께서 금하셨다! 그리스도는 우리를 죄로 이끄시지 않았지만, 그분의 십자가는 우리 자신의 타락의 깊이를 우리에게 드러내 주셨다. 그러므로 진정한 의미에서 유대인과 이방인 사이에는 구원론적으로 아무런 차이가 없다. 둘 다 참으로 죄인이며 자신의 구원에 대해서는 무력한 존재이다. 이러한 이유로 우리도 예수 그리스도를 믿는다.' 바울은 특히 로마서 1-4장에서 이러한 생각을 확장하고 명확하게 설명한다.

그러나 우리 유대인 그리스도인들이 이방인 신자들과 식탁 교제를 나눈다는 사실이 우리를 죄인으로 만들지는 않는다. 오히려 우리가 믿음의 의를 통해 우리가 누리는 그리스도인의 자유를 표현하는 것이다.

17절에서 바울은 유대인과 이방인 그리스도인들이 한 식탁에서 함께 교제하던 안디옥의 초기 상황을 염두에 두었다. 이제 18절은 그러한 하나 됨이 깨지고 두 위대한 사도가 공개적으로 갈등을 빚은 이후의 상황을 회상한다. 베드로와 바나바, 그리고 이방인 형제자매들과 나눈 식탁 교제에서 물러난 다른 유대인 그리스도인들은 안디옥의 그리스도인 공동체 안에서 율법의 요구를 다시 회복하려고 함으로써 그리스도를 욕되게 하고 그분의 명령을 어겼다.

바울은 틀림없이 욥바에서 베드로에게 보이셨던 그리스도의 계시와 주님께서 깨끗하게 하신 것을 부정하다고 부르지 말라고 하신 금지를 알고 있었다. (이것은 베드로가 예루살렘에서 바울과 처음 만났을 때 나눈 이야기 중 하나였을 것이다.) 베드로는 이전에 이 환상에 순종했지만 압박감에 흔들려 주님의 명령을 어겼다. 그러나 바울이 여기에서 비난하는 "당신"이 아닌 1인칭으로 말했다는 사실은 바울이 이 논란의 여지가 있는 문제에 대해 타협해야 한다는 압박감을 느꼈다는 것을 나타낼 수 있다. 바울은 역설적인 표현으로 이 근본적인 약속을 되돌리려면 사실상 그리스도의 십자가 죽음과 그의 백성에게 성령이 부어짐으로 단번에 무너진 억압과 노예의 낡은 구조를 다시 세우는 것이 될 것이라고 말했다. 이 지점에서 양보하는 것은 구원 계획을 뒤집는 것과 같다! 그 생각은 그리스도를 죄의 실행자로 상상하는 것만큼이나 모독적이었다. 절대 그렇지 않기를! 하나님께서 금지하신다!

2:19-20. 이 구절에서 바울은 이신칭의 교리에 대한 또 다른 주요 반론을 제기했다. 바울은 하나님 앞에서 올바른 신분을 얻기 위한 적절한 통로인 율법을 폄하하여 의로운 삶을 살기 위한 기초를 훼손한 것은 아닌가? 모세는 이스라엘 자손이 살기 위해 하나님의 길로 행하고 "그의 명령과 규례와 법도를 지키라"(신 30:16)고 명령하지 않았는가? 바울이 칭의의 법정적 측면을 너무 강조한 나머지 신자의 삶에서 믿음의 실제적 실천을 위한 여지가 남아있지 않은 것인가? 바울 신학에 대한 비슷한 반대가 교회 역사를 통해 울려퍼졌다. 16세기 작센의 조지 공작은 루터의 칭의 교리에 대한 간결한 언급에서 이 반론을 잘 요약했다. "그것으로 죽기에는 훌륭하지만, 그것과 살기에는 형편없는 교리이다!"

베츠의 분석에 따라 바울이 자신의 교리에 대한 반대를 반박하기 위해 이 구절에 제시한 네 가지 논제를 살펴보자.[195]

1. "내가 율법으로 말미암아 율법에 대하여 죽었나니 이는 하나님에 대하여 살려 함이라." 바울은 이 고백적 진술을 앞 구절에서 더 일반적인 1인칭 단수의 사용과 구별하기 위해서 "나"(ἐγώ, 에고)를 강조하는 대명사를 사용했다. 따라서 이 구절은 바울의 회심과 부르심에 대한 앞의 논의, 즉 하나님께서 "그의 아들을 내 속에 나타내시기를 기뻐하셨을 때"(1:15-16)로 거슬러 올라간다. 그러나 여기에서 개인적이고 자전적인 요소를 약화시키지 않으면서 바울이 자신의 경험을 전형적인 방식으로 말하고 있음을 깨달아야 한다. 바울은 여기에서 독특한 사도적 소명이나 주님께 받은 특별 계시에 대해 말하고 있는 것이 아니다. 오히려 일반적인 그리스도인의 삶이라고 할 수 있는 것을 설명한 것이다. 바울에게 사실이었던 것은 예수 그리스도를 믿음으로 의롭다 함을 받은 모든 신자에게도 사실이다.

바울이 "내가 율법에 대하여 죽었다"라고 말한 것은 무엇을 의미하는가?

---

195 Betz, *Galatians*, 121–27. 이에 대한 총체적인 관점은 다음을 참조하라. D. Hunn, "Christ versus the Law: Galatians 2:17–18," *CBQ* 72 (2010): 537–55.

이 말을 해석할 때 두 가지 오류를 피해야 한다.[196] 우선 이 문맥에서 율법을 의식적인 측면으로 축소하지 말아야 한다. 사실 갈라디아서에서의 쟁점은 할례, 절기, 음식법 등 모세의 율법이 요구하는 외적인 의식이나 예식이었다. 그러나 바울에게 이러한 의식은 "논란이 되는 문제"(롬 14:1)였기 때문에 문제가 되는 것은 이러한 의식 그 자체가 아니었다. 오히려 그의 관심은 거짓 교사들이 그러한 의식에 신학적 짐을 지우고 있는 것이었다. 메이첸(J. G. Machen) 이 말했듯이 "바울은 이 위대한 서신에서 외형주의나 의식주의에 대항하여 '영적' 관점이 아니라 어떤 형태로든 인간의 공로에 대항하는 하나님의 은혜를 위해 싸우고 있다."[197]

바울이 율법에 대해 죽었다고 말했을 때, 구약성경에 포함된 하나님께서 주신 계명과 규례들을 언급한 것이 아니다. 그러나 그는 여기에서 하나님의 율법이 기독교 신자들에게 모든 의미나 관련성을 잃었다고 말하는 것이 아니다. 이것이 바로 바울이 갈라디아서와 로마서에서 모두 반박하려 애썼던 반율법주의의 오류이다. 갈라디아서 후반부에서 바울은 독자들에게 서로의 짐을 지고 "그리스도의 법을 성취하라"(6:2)라고 권면한다. 그리스도인의 삶에서 윤리적 의무는 칭의에 대한 올바른 이해에서 비롯된다. 바울은 서신의 마지막 두 장에서 이 주제로 돌아온다.

바울은 다른 곳에서 율법뿐만 아니라 자아, 죄, 세상과 관련하여 "죽는다"라는 표현을 사용했다.[198] 이 모든 경우 바울은 자아, 죄, 세상, 율법 등 이러한 실체들과의 관계가 그리스도와 이루는 연합으로 인해 결정적으로 변화되어 더 이상 자신의 존재를 통제하거나 지배하거나 정의하지 못한다는 것을 의미했다. 바울은 자신이 "율법으로 말미암아" 율법에 대해 죽었다고 말함으로써 나중에 구원 역사에서 율법의 잠정적인 역할에 대해 논의할 것을 예상하고 있다. 율법 자체는 인간의 순종의 부적절함과 인간의 죄의 깊이를 드러내어 율법을 완벽하게 순종하고 그 저주를 대신 받음으로써 율법을 성취하신 약속의

---

196 Machen, *Machen's Notes on Galatians*, 156–57.

197 Machen, *Machen's Notes on Galatians*, 156. 칼뱅의 비슷한 언급을 참조하라. "바울은 의식이 지켜지는 것보다는 구원의 확신과 영광이 행함으로 옮겨져야 한다는 것을 더 걱정했다. ... 그러므로 바울은 율법 전체에 대한 논쟁을 제기할 때 방황하지 않는 반면, 거짓 사도들은 의식에 대해서만 논쟁하고 있었다. 거짓 사도들이 의식을 강조하는 목적은 사람들이 율법을 준수하여 구원을 얻으려는 것이었고, 율법 준수를 공로 있는 섬김으로 만들었다. 그러므로 바울은 도덕적 율법이 아니라 오직 그리스도의 은혜라는 강조점으로 거짓 사도들을 반대한다 (Calvin, *Galatians*, CNTC 11:39).

198 참조. C. F. D. Moule, "Death 'to Sin,' 'to Law,' and 'to the World': A Note on Certain Datives," *Mélanges Bibliques en hommage au R. P. Béda Rigaux* (Gembloux: Duculot, 1970), 367–75.

메시아가 이룬 구속의 드라마를 위한 무대를 마련한 것이다.

2. "내가 그리스도와 함께 십자가에 못 박혔나니." 헬라어 본문에서 이 표현은 바로 앞에 나오는 "이는 하나님에 대하여 살려 함이라"와 함께 19절의 일부로서 바울의 앞선 생각을 완성한다. 따라서 문장의 흐름은 다음과 같다. "내가 율법에 대하여 죽었다. 이것은 내가 그리스도와 함께 십자가에 못 박혀 하나님을 위하여 살기 위함이다." 바울이 받은 새 생명은 그리스도의 수난과 죽음과 자신을 동일하게 여기는 데서 흘러나온 것이다. 바울은 다른 곳에서 그리스도와 함께 장사되고 부활했다고 말할 수 있는데, 이것은 세례 의식에서 예전적으로 동일하게 묘사되었다(롬 6:1-6). 실제로 베츠는 로마서에서 바울의 더욱 발전된 세례 신학이 갈라디아서의 이보다 간결한 진술에서 발전했을 수 있다고 제안했다.[199]

그러나 "그리스도와 함께 십자가에 못 박혔다"는 것은 무엇을 의미하는가? 속죄의 신비는 그리스도의 죽음이 유일하고 반복될 수 없는 단 한 번의 죽음이어야 한다는 것을 요구하기 때문에 어떤 의미에서 이것은 주제 넘은 표현이다. 말 그대로 그리스도와 함께 십자가에 못 박힌 두 강도는 고통스러운 죽음으로 세상의 죄를 짊어지지 않았다. 십자가에서 그리스도는 친구들과 제자들, 그리고 마침내 아버지께도 버림받은 채 홀로 고난을 받으셨으며, 몰트만J. Moltmann의 표현대로 "하나님이 버리신 사람들을 위해 하나님이 버리신 죽음"을 당하셨다.[200] 그리스도의 대속적 고난과 대리적 죽음과 관련하여 오직 예수님만이 대속자이자 대리자가 되실 수 있다. 그러나 바울이 지적한 바와 같이, 그리스도의 속죄적 죽음의 유익은 무엇보다도 칭의를 포함하여 우리가 그분의 죽음과 부활에서 그리스도와 동일하게 되지 않는 한 효력이 없다. 칼뱅이 말했듯이 "그리스도께서 우리 밖에 계시고 우리가 그분과 분리되어 있는 한, 인류의 구원을 위해 고난을 받으시고 행하신 모든 일은 우리에게 아무 쓸모도 없고 가치도 없다."[201] 따라서 그리스도와 함께 십자가에 못 박힌다는 것은 바울이 다른 곳에서 말한 것처럼 "그 고난에 참여함"(빌 3:10)으로 아는 것이다. 그리스도와 함께 못 박힌다는 것은 율법에 대하여 죽은 것과 같다. 이것은 우리가 율법의 모든 저주와 죄책감에서 자유하며, 이 구원으로 말미암아 "하나

---

199 Betz, *Galatians*, 123. "갈 2:19에는 바울이 로마서 6장에서 세례 의식을 설명하는 신학적 원리가 담겨 있을 수 있다."

200 J. Moltmann, *The Crucified God* (New York: Harper & Row, 1974), 145[= 『십자가에 달리신 하나님』, 대한기독교서회, 2017].

201 J. Calvin, *Institutes of the Christian Religion*, ed. J. T. McNeill, trans. F. L. Battles (Philadelphia: Westminster Press, 1960), 3.1.1.

님을 위하여 살 수 있도록" 자유롭게 된 것을 의미한다. 칼뱅이 다시 말했듯이 "그리스도의 죽음에 접붙인 우리는 마치 새싹이 뿌리에서 나오는 것처럼 거기에서 비밀스러운 에너지를 얻는다."[202] 이러한 하나님의 은혜의 경험은 칭의 교리를 법적인 허구가 아니라 살아있는 실재로 만든다.

3. "이제는 내가 사는 것이 아니요 오직 내 안에 그리스도께서 사시는 것이라." 바울은 이 표현에서 내주하시는 그리스도에 대한 자신의 교리를 설명했다. 아마도 갈라디아서에서 이 구절보다 복음주의 그리스도인들이 더 자주 인용하는 구절은 없을 것이다. 이 말씀에 대한 잘못된 해석을 계속해 온 사람들은 그들의 선의에도 불구하고 그리스도의 몸에 많은 해를 입혔다. 바울의 말은 올바로 이해하면 완벽주의나 신비주의에 대한 제재를 가하지 않는다. 바울은 사람이 그리스도인이 되면 인간의 인격이 사라지고 어떻게든 하나님의 로고스로 대체된다고 말하지 않는다. 그리스도의 내주는 우리가 고통, 죄, 죽음의 영역에서 해방된다는 것을 뜻하지 않는다. 바울은 "이제 내가 육체 가운데 사는 것은"이라는 다음 구절에서 이 점을 분명히 밝혔다. 우리가 육신으로 사는 동안 우리는 계속해서 죄와 씨름하며 주변의 타락한 피조물과 함께 "탄식"할 것이다(롬 8:18-26). 천국이 아닌 이 편의 삶에 대한 완벽주의는 환상이다.

바울은 교회 역사를 통틀어 다양한 영지주의 지도자가 발전시켜 온 신비주의를 여기에서 옹호하지 않는다. 우리는 그리스도와 함께 십자가에 못 박혔다. 즉, 약 2천 년 전에 예루살렘 성문 밖에서 단번에 일어난 그리스도의 고난과 죽음과 동일하게 된다. 그리스도는 우리 안에서 십자가에 못 박히지 않으셨다. 마찬가지로 우리도 거듭나야 한다. 그리스도는 "영혼의 핵심"에서 새롭게 태어나실 필요가 없다.[203] 이신칭의 교리는 성육신의 역사성, 하나님의 초월성, 또는 "그의 길은 우리의 길과 다르며 그의 생각은 우리의 생각과 다른" 놀라우신 하나님 앞에서 회개와 겸손의 필요성을 모호하게 하는 신성과 이루는 신비로운 연합에 대한 모든 생각에 반대된다.[204]

---

202 Calvin, *Galatians*, CNTC 11:42.

203 "하나님은 어떻게 영혼 안에서 성자를 낳으시는가? 하나님께서는 신적 본성의 참된 연합을 통해 성자를 낳으신다. 보라! 이것이 방법이다. 하나님은 영혼의 핵심에서 아들을 낳고 그분과 하나가 되신다. ... (이런 일이 일어나려면) 당신은 영혼의 핵심인 본질 속으로 들어가야 한다. 그러면 하나님의 미분화된 본질이 어떤 관념의 개입 없이 그곳에 도달할 수 있다"(*Meister Eckhart*, trans. R. B. Blakney [New York: Harper and Row, 1941], 98).

204 물론 신비주의는 기독교 사상사에서 유동적인 용어이며 기독교 정통의 위대한 원칙에 위배되지 않는 경건의 방식을 설명하는 데 사용될 수 있다는 것을 안다. 그러나 최근 인기를

이러한 잘못된 해석을 배제하고 바울의 말의 의미에 온전히 집중해야 한다. 그리스도와 함께 십자가에 못 박힌다는 것은 신자 내면의 근본적인 변화를 의미한다. 율법에 대하여 죽은 "나"는 더 이상 살지 않고, 성령의 인격으로 우리 안에 거하시는 그리스도께서 우리 몸을 성령의 성전으로 거룩하게 하시고 우리가 기도로 하나님의 보좌 앞에 나갈 수 있게 하신다. 바울은 그리스도께서 우리 안에 거하시는 것이 무엇을 의미하는지 더 자세히 설명했다. "여러분은 하나님의 아들이기 때문에 하나님께서는 아들의 영, 즉 아바, 아버지라고 부르는 성령 우리 마음속에 보내주셨다"(갈 4:6 NIV).

4. "이제 내가 육체 가운데 사는 것은 나를 사랑하사 나를 위하여 자기 자신을 버리신 하나님의 아들을 믿는 믿음 안에서 사는 것이라." 이 네 번째 논지에서 바울은 그리스도인의 삶의 방식을 설명하고 그 객관적인 근원이 살아 계신 하나님의 아들과 그 아들을 십자가에 보내신 사랑에 있음을 다시 한번 강조했다. 그리스도인의 삶은 "육체 가운데"($\acute{\epsilon}\nu$ $\sigma\alpha\rho\kappa\acute{\iota}$, 엔 사르키) 이루어지지만, 그럼에도 불구하고 "믿음으로"($\acute{\epsilon}\nu$ $\pi\acute{\iota}\sigma\tau\epsilon\iota$, 엔 피스테이) 살아간다. 우리는 믿음으로 의롭다고 선언 받을 뿐만 아니라 또한 믿음으로 산다. 즉, 구원하는 믿음이 과거의 일회적인 결정이나 사건으로 환원될 수 없으며, 신자의 모든 삶의 측면에 스며들어 있는 살아 있고 역동적인 실재이다. 칼뱅은 "오직 믿음만이 의롭게 하지만, 의롭게 하는 믿음은 혼자가 아니다."[205] 이 믿음의 대상은 "나를 사랑하사 나를 위하여 자기 자신을 버리신" 하나님의 아들, 예수 그리스도이시다. 이 말씀은 속죄의 교리 전체를 포함하는 풍성한 표현이다. 어떤 비인격적인 힘이나 우주의 법칙 또는 외부적인 필요성이 그리스도를 죽도록 강요하지 않았다. 한량없고 헤아릴 수 없는 무한한 하나님의 사랑은 예수님을 십자가로 보내셨다. 예수님은 자신을 위해서가 아니라 "나를 위해" 갈보리의 혹독한 고난을 견뎌내셨다.

2:21. 앞에서 살펴본 것과 같이, 은혜는 갈라디아서에서 작동하는 단어이며, 여기 2장의 마지막 구절에서 바울은 율법을 구원의 수단으로 대체하여 자신이 하나님의 은혜를 저버렸다는 주장에 대해 자신을 변호했다. 바울은 정반대가 참이라고 말했다. 율법의 행위로 하나님 앞에서 바른 신분을 얻는 것이

끌고 있는 많은 영성주의 및 신비주의 운동은 동방 신학의 영적 전통이나 서방 신학의 에크하르트로 대표되는 신비주의 신학의 이단적인 경향에서 크게 벗어나지 못한다. 참조. Scott Shauf, "Galatians 2:20 in Context," *NTS* 52 (2006): 86–101.

205 *"Fides ergo sola est quae justificat; fides tamen quae justificat, non est sola"*(CO 8:488).

가능하다면, 그리스도께서는 죽으실 필요가 없었을 것이다! 여기 모든 것이 위태롭다. 그리스도는 고대 후기 역사에서 그 죽음이 사소한 각주에 불과한 거짓 메시아, 흔한 범죄자, 별 볼일 없는 존재였는가? 참된 그리스도인이라면 그러한 전망으로 두려움에 떨지 않을 수 없다. 그러나 바울은 우리가 그리스도께서 허물어뜨리신 성벽을 다시 세우기를 계속한다면, "다른 길로"(요 10:1 NIV) 하늘로 올라가려고 한다면, 십자가 희생에 율법의 행위를 더하려 한다면, 예수님께 침을 뱉은 군인들, 예수님을 모욕한 강도들, "십자가에서 내려오라!"고 외친 무리들과 같이 예수님의 죽음을 조롱하는 것이라고 말했다.[206]

우리는 다메섹에서 예루살렘과 안디옥을 거쳐 갈라디아에 이르는 복음의 여정을 따라가면서 갈라디아 교인들에게 보낸 바울 서신의 첫 번째 주요 부분의 마지막에 이르렀다. 이 긴 자전적 이야기를 통해 바울은 예루살렘 사도들이 선포한 참된 기독교 복음의 왜곡된 형태로 메시지를 규정하는 사람들에 맞서 자신의 사도적 권위와 독립성을 옹호했다. 바울은 자신의 복음이 자신을 이방인의 사도로 부르시고 위임하신 예수 그리스도께 직접 받은 것이라고 선언했다. 이 메시지는 경쟁을 불러일으키지 않고, 이 메시지를 듣고 받아들인 모든 사람에게 순종과 한결같은 충성을 요구했다. 바울은 자신의 독특한 소명에도 불구하고 복음의 본질에 대해 자신과 다른 사도들이 공유한 기본적인 합의를 강조하는 데 주의를 기울였다. 바울이 베드로와 공개적으로 갈등을 빚은 안디옥에서도 문제는 베드로의 신앙의 이탈이 아니라 일관성 없는 태도, 즉 바울이 말하는 위선이었다. 그래서 바울은 유대인과 이방인에게 동등하게 적용되는 이신칭의 교리를 가능한 가장 명확한 용어로 말하면서 베드로와 공유한 신학적 합의의 형태로 이를 정리했다.

동시에 바울이 갈라디아 교인들에게 열정적으로 호소하는 배경이 되는 복음에 대한 교묘한 반대가 이 첫 두 장에 어두운 그림자를 드리우고 있다. 어떤 사람들은 바울이 선포한 은혜의 메시지에 추가적인 내용을 더함으로써 바울을 통해 최근에 회심한 사람들을 혼란에 빠뜨린 것이 분명하다. 이들이 누구인지 알 수 없지만, 예루살렘에서 디도에게 할례를 강요하려 했던 "거짓 형제들"과 안디옥에서 베드로를 위협했던 "할례파 무리"와 어느 정도 친분이 있는 사람들로 짐작할 수 있다. 바울이 할례파들의 요구에도 불구하고 조금도

---

206 이것은 유진 피터슨이 메시지 성경에서 번역한 것이다. "규율을 지키고 동료를 기쁘게 하는 옛 종교로 돌아간다는 것은 하나님과 맺은 관계에서 개인적이고 자유로운 모든 것을 포기하는 것임을 분명히 알지 못하는가? 나는 하나님의 은혜를 거부하는 그것을 거부한다. 규율을 지켜 하나님과의 살아있는 관계를 맺을 수 있다면 그리스도는 불필요하게 죽으셨다."

흔들리지 않았다. 복음의 진리가 위태로웠기 때문에 어떤 양보나 타협도 고려할 수 없었다.

갈라디아서 2장 15-21절은 지금까지 전개된 주제를 요약하고 바울이 갈라디아서 3-4장에서 추구할 이신칭의에 대한 신학적 설명을 소개한다. 따라서 이 부분에서 핵심 구절인 2장 16절에는 그리스도인의 경험에 대한 호소("우리도 그리스도 예수를 믿었습니다." NIV)와 시편 143편 2절의 인용문인 율법을 지켜서 의롭게 되는 육체가 없다는 성경의 논증이 모두 포함되어 있다. 바울은 또한 자신의 칭의 교리에 대한 반대를 예상하고 갈라디아서 5-6장에서 더욱 자세히 다루게 될 믿음의 삶을 강조했다. 이제 바울이 다음 두 장에서 소개하는 칭의 교리의 핵심을 살펴볼 준비가 되었다.

추가 주석 4: 경계 너머의 표시들[207]

　루터가 죽은 이듬해인 1547년 출판된 『제1 강론집』에서 토마스 크랜머 Thomas Cranmer는 종교개혁의 모든 고백을 특징짓는 칭의에 대한 개신교의 합의된 이해를 요약했다.

> 　모든 사람은 하나님 앞에서 죄인이며 율법과 계명을 어기는 자이다. 그러므로 결코 선하게 보이지 않는 자신의 행동, 일, 행위로는 하나님 앞에서 의롭다 함을 선언받을 수 없고 의롭게 될 수 없다. 그러나 모든 사람은 하나님의 손에 받아지도록 필연적으로 다른 의 또는 칭의를 구한다. 즉, 사람이 범죄한 것과 같은 죄와 허물의 면제, 용서, 죄 사함이다. 그리고 우리가 하나님의 자비와 그리스도의 공로로, 우리가 믿음으로 받아들인 칭의 또는 의는 우리의 완전하고 충분한 칭의를 위해 하나님께서 취하시고, 받아들이시고, 허락하신 것이다.[208]

　칭의에 대한 이러한 견해의 주해적 근거는 갈라디아서와 로마서에 가장 명확하게 명시되어 있지만 바울의 글 전체에서 발견되는 주장으로, 하나님 앞에 의롭게 서는 것은 "율법의 행위"를 지킴으로써가 아니라 오직 믿음을 통해서만 가능하다는 것이다.

　바울에 관한 새 관점은 "율법의 행위"를 유대인 공동체를 주변 이방 세계와 구별짓는 유대인 특유의 관습으로 엄격하게 제한함으로써 이러한 해석에 이의를 제기했다. 유대인 공동체는 여러 가지 방법으로 고유한 문화적 정체성을 유지하려고 노력했지만, 바울은 특별히 세 가지 두드러진 문제, 즉 특정 전례적 절기들과 특히 안식일 준수(참조. 갈 4:10), 구약에서 금지된 돼지고기와 기타 부정한 음식을 금하는 것, 공동체의 모든 남성 구성원이 일반적으로 출생 8일째에 시행하지만 성인 회심자에도 요구하는 할례에 초점을 맞추고 있다. 바울은 이러한 경계 표지가 모두 그리스도를 통해 상대화되었으며 더 이상 메시아 공동체 내 회원 자격의 기초로 이방인에게 적용되어서는 안 된다고 주장했다. 새 관점 학자들은 이견이 없는 이러한 통찰을 바탕으로 바울이 "행위"에 대해 강하게 비판한 것은 일종의 원시 펠라기우스주의(proto-Pelagenism)인 자기 노력을 통한 구원에 대한 논쟁이 아니라 교회의 지평을 넓히기 위한 운동이었다고 주장한다. 문제는 하나님과 인간 사이의 수직적 관계가 아니라 포용적인 공동체의 수평적 도달이 쟁점이었다. 바울이 선포한 바에 따르면, 민족 중심적인 "민족적인 의"의 모든 정체성 표지인 날, 음식법, 구별되는 형태로 몸을 찢는 것은 그리스도의

---

207 다음에서 바꿔 쓴 내용이다. T. George, "Modernizing Luther, Domesticating Paul," in *Justification and Variegated Nomism*.

208 T. H. L. Parker, ed., *English Reformers*, LCC 26 (Philadelphia: Westminster, 1966), 262.

십자가와 부활을 통해 단번에 극복되었다.[209] 던이 이 견해를 요약한 것처럼, 바울은 구원의 대안적 방법으로서 믿음 대 행위의 문제에 관심을 둔 것이 아니라 "하나님의 언약 약속과 율법을 민족주의적, 인종적 관점에서 너무 좁게 이해"하는 유대인 배타주의에 항의하고 있었다.[210]

이러한 해석 노선을 추구하면서 새 관점 지지자들은 새롭지 않은 주석 전통과 다시 연결된다. 루터와 칼뱅은 모두 "율법의 행위"를 특정 유대인의 의식만을 가리키는 것으로 해석하는 표준 방식을 알고 있었다. 칼뱅이 말했듯이, "오리게네스와 히에로니무스에 잘못 이끌린 교황주의자들은 논쟁이 그림자와 관련 있다고 생각했고 실제로 그렇게 주장하며, 따라서 바울이 그리스도께서 우리에게 주신 값없는 의를 논하지 않는 것처럼 율법의 행위를 의식으로 해석한다."[211] 루터 또한 바울의 그러한 말씀, 사실 바울의 모든 말씀을 그들 자신도 이해하지 못하는 어리석고 사악한 광택으로 가리는 교만하고 한가한 학자들과 수도사들에게 경고를 보냈다. 따라서 바울에게 "율법의 행위"는 율법 전체의 행위를 의미한다. 그러므로 십계명과 의식법을 구분하면 안 된다.[212]

물론 종교개혁자들은 바울이 안디옥의 특정 유대인 그리스도인들이 특정 문화에 충성하여 그리스도인 형제들에게서 분리되는 배타주의에 반대한다는 것을 이해했다. 할례와 안식일 준수 및 음식법 등이 갈라디아의 위기에서 두드러진 특징이었던 것을 분명한 사실이다. 그러나 종교개혁가들은 바울 자신의 증언에 따라 "율법의 행위"는 더 넓은 의미를 가지며, 날, 음식법, 남성 생식기를 찢는 것과 같은 민족적 표지에 제한될 수 없다고 주장했다. 바울이 나중에 갈라디아 교인들에게 말했듯이 할례는 율법 전체를 순종해야 할 의무를 의미하며, 더 나아가 율법의 모든 계명을 지키지 않는 모든 사람에게 동일한 율법의 저주가 내릴 것이라고 말했다(갈 5:3; 3:10). 종교개혁자들에 따르면 "율법의 행위"는 모세 율법에서 하나님이 주신 의식적, 도덕적 측면의 계명, 즉 하나님께서 명하신 계율로서 그 자체로 거룩하고 선한 것을 의미한다. 그러나 인간의 타락으로 인해 율법을 지킨다고 해서 "육체"가 의롭게 될 수는 없다. 더욱이 하나님 자신도 처음부터 그렇게 될 것을 알고 의도하셨다. 하나님께서는

---

209 잘 P. F. M. Zahl은 "율법의 행위"를 민족적 경계 표지로 축소하는 바울에 관한 새 관점을 "바울 서신에 대한 일종의 순화된 기독교적 관점이라고 설명한다. 상식적으로 생각하면 '그게 전부인가'라고 묻는다. 어떻게 바울이 그렇게 흥분해서 그 경계 표시에 대해 그렇게 고상하고 거창한 신학적 언어로 썼을까? 그것은 오늘날 젊은이들의 문제가 문신과 피어싱의 문제라고 말하는 것과 같다. 바울이 음식법, 안식일 관습, 몸을 자르는 행위 같은 엉망진창의 문제로 로마 세계를 가로질러 다녔을까?("Mistakes of the New Perspective on Paul," *Them* 27 [2001], 9).

210 J. D. G. Dunn, "The New Perspective on Paul," *BJRL* 65 (1983): 107.

211 Calvin, *Galatians*, CNTC 11:38.

212 Luther, "Lectures on Galatians, 1535," *LW* 26:122; *WA* 40:217.

왜 아무도 지킬 수 없는 율법을 주셨을까, 아니면 아무도 순종할 수 없는 명령을 내리셨을까? 바울은 구속 역사에서 율법의 중요하고 심지어 필수 불가결한 목적을 보여줌으로써 이 질문에 답하고자 했다(갈 3-4장; 롬 3-5장).

바울이 유대인 정체성의 경계 표지를 사용하여 하나님의 새 언약 백성 공동체 안에 장벽을 만들려는 일부 반대자의 전략에 대해 깊이 우려했던 것은 부인할 수 없는 사실이다. 안디옥 교회에서 유대인 신자들이 이방인 형제자매들과 함께 식탁에서 교제하는 것을 꺼리는 심각한 문제가 발생했다. 그러나 이 사건의 핵심은 단순한 사회적 평등주의가 아니라 바울이 말한 것처럼 "복음의 진리"였다.

사회적 배타주의로 이어지기 때문이 아니라 하나님께서 이루시는 "새로운 창조"에 반대하기 때문에, 즉 그리스도의 몸은 계급, 피부색, 성별, 사회적 조건이 아니라 오직 은혜에 기초하기 때문에 어떤 문화권에서든 모든 종류의 인종 차별은 복음의 진리와 양립할 수 없다. 스탠달, 던, 그리고 다른 학자들은 안디옥 사건이 바울의 이신칭의 교리가 발전한 계기가 되었다고 가정할 이유가 없다고 이해한다. 처음에 믿음으로만 의롭다 하심을 얻는다는 것이 바울 신학의 핵심이었기 때문에 전체 문제가 발생했을 가능성이 더 크다.[213]

새 관점 지지자들은 경계 표지 문제를 사용하여 잘못된 대조를 이끌어낸다. 즉, 문제는 한편으로는 하나님의 일방적 은혜에 근거하여 의롭다고 선언되는 것과 다른 한편으로는 민족적, 국가적 장벽을 뚫고 그리스도의 몸 안에서 일치를 이루는 그리스도의 복음 사이에 있지 않다. 다음 왓슨의 말과 같다.

> 하나님의 구원 활동의 범위에 대한 바울의 진술은 결코 자신의 내용에 대해 말해야 할 것을 다 말하지 않았다. 바울은 그리스도를 통해 하나님께서 이방인들을 언약 백성의 범위 안으로 들어오게 하셨다는 추상적인 요점에 국한하지 않는다. 바울은 하나님이 그의 아들 예수 안에서 우리 모두를 위해 행하신 일, 즉, 예수를 버리시고 다시 살리신 일에 대해 구체적으로 말한다. 이것은 단순히 언약의 범위를 확대한 것이 아니다. 오히려 신과 인간의 관계는 보편적인 범위에서는 여전히 "성경을 따라"라고 말하지만, 이제 완전히 새로운 기초 위에 세워졌다.[214]

---

213 S. Kim, *The Origin of Paul's Gospel* (Tübingen: Mohr Siebeck, 1984) [= 『바울 복음의 기원』, 두란노, 2018]. 김세윤은 더 자신의 논문을 최근의 논의를 반영하여 다음의 중요한 연구로 확장했다. S. Kim, *Paul and the New Perspective* (Grand Rapids: Eerdmans, 2002) [= 『바울 신학과 새 관점』, 두란노, 2002]. 또한 다음 참조. M. Hengel and A. M. Schwemer, *Paul Between Damascus and Antioch: The Unknown Years* (Louisville: Westminster John Knox, 1997). 이 중요한 연구의 결론을 참조하라. "'오직 은혜로 경건하지 않은 자의 칭의'는 사도 말기의 통찰이 아니라, 초기부터 십자가 신학의 원인으로 사도의 선포 내용을 형성했다."

214 2001년 9월 영국 신약 학회에서 발표한 출판되지 않은 다음 논문을 참조하라. F. Watson, "Not the New Perspective." 다음에서 볼 수 있다. http://www.abdn.ac.uk/divinity/articles/watsonart.hti.

| 단락 개요

추가 주석 5. 바울은 페미니스트였을까?

2. 신학. 이신칭의 (3:1-4:31)

사도적 소명과 사명의 역사적 진정성과 완전성을 확립한 바울은 이미 베드로에 대한 반응(2:16)에서 시작하여 갈라디아 교인들에게 직접적으로(3:1) 전하는 신학으로 전환을 이루었다. 앞서 살펴본 바와 같이, 이 구절들은 18세기 경건주의 주석가 벵겔J. Bengel은 "기독교의 총체이자 골수"라고 묘사한 바울의 글에서 가장 압축된 언어를 담고 있다.[1] 이 구절들에서 바울은 유대인이든 이방인이든 하나님 앞에서 의롭다고 선언되는 유일한 길은 예수 그리스도에 대한 개인적인 믿음이라는 것을 증명해야 한다고 말했다. 이 과제를 완수하기 위해 바울은 주로 성경에서 가져온 일련의 논증 또는 증거를 제시하고 갈라디아 교인들에게 선포한 구원의 메시지가 새로운 교리가 아니라 하나님의 거룩한 신탁과 하나님의 약속에 확고하게 근거한 교리임을 보여주려고 했다.

그렇다면 바울이 갈라디아 교인들에게 호소할 때 왜 이런 접근 방식을 취해야 했을까? 한 학자는 바울이 자신에게 제기된 거짓 혐의를 반박하고 칭의 교리에 대한 훌륭한 설명을 쓴 후 2장 마지막에 서신을 마무리할 수도 있었다고 말했다.[2] 다른 학자들은 서신의 논증(probatio) 부분에서 바울의 논증이 균일하지 않고 복잡하다고 지적했다. 한 학자는 이 구절을 "힘든 주석으로 이루어진 미로, 수수께끼 같은 예화, 비밀스러운 신학적 속기"[3]라고 묘사했다.

그러나 그러한 평결이 우리 앞에 놓인 본문을 연구하는 데 절망적인 태도로 이어지지 않도록 경계해야 한다. 세 가지 기본 원칙을 기억한다면 큰 도움

---

1 J. A. Bengel, *Gnomon of the New Testament*, vol. 2, trans. C. T. Lewis and M. R. Vincent (Philadelphia: Perkinpine and Higgins, 1860), 350.

2 Cole, *Galatians*, 84.

3 T. L. Donaldson, "The 'Curse of the Law' and the Inclusion of the Gentiles: Galatians 3:13–14," *NTS* 32 (1986): 94. 베츠는 갈 3:1-4:31을 갈라디아서의 논증(probatio)으로 보았으며, 2:15-21의 제시(Propositio)로 소개된 증명 혹은 논증을 포함하고 있다고 보았다(Betz, *Galatians*, 128–30). 그러나 베츠는 "수사학적 측면에서 이 장들을 분석하는 것은 극도로 어렵다"고 인정한다. 그 어려움의 일부는 논지와 관련이 적어 보이는 다른 이야기들(digressions), 이야기의 중단, 그리고 바울이 논증을 이끌어가기 위해 사용한 다양한 형태의 논증으로 발생한다. 롱네커는 갈라디아서를 변증적 서신으로 분석하는 베츠의 분석을 채택하지만, 논증(probatio)의 중심 부분을 3:1-4:11로 제한한다. 롱네커는 또한 이 부분에서 바울이 "유대인의 논증 형식과 유대교 주석 관행에 훨씬 더 크게 영향을 받은 것으로 보인다"라고 지적한다. 이것은 1장과 2장에서 사용된 바울의 더 고전적 수사법의 특징과의 차이를 설명한다. 참조. Longenecker, *Galatians*, 97. 더 최근 연구는 다음을 참조하라. D. Moo, *The Epistle to the Romans*, NICNT (Grand Rapids: Eerdmans, 1996), 181–91 [= 『NICNT 로마서』, 솔로몬, 2022]; T. Schreiner, *Romans*, BECNT (Grand Rapids: Baker Academic, 1998), 177–87 [= 『BECNT 로마서』, 부흥과개혁사, 2012].

이 될 것이다. 첫째, 바울은 다른 신약성경 저자들과 마찬가지로 구약성경을 신적 영감을 받은 전적으로 참된 하나님의 말씀으로 여겼다. 또한 바울과 신약성경 저자들은 이 말씀을 과거의 정적인 문서가 아니라 현재의 살아있는 역동적인 실재로 보았다(참조. 히 4:12). 따라서 바울은 자신이 훈련받은 랍비 주석 전통을 바탕으로 구약 본문과 예화를 인용할 때 구두이든 글이든 그러한 선포가 청중과 독자들에게 영적으로 변화하는 효과를 가져올 것이라고 충분히 예상했다. 갈라디아서 3장과 4장에서 바울은 단순히 신학적 담론에 각주를 달기만 한 것이 아니라 능력과 기대를 가지고 "주께서 이같이 말씀하셨다"라고 선언했다. 둘째, 우리는 바울이 추상적인 신학을 한 것이 아니라 우리가 부분적으로만 알고 있는 특정한 상황과 배경에 대해 글을 썼다는 사실을 기억해야 한다. 의심할 여지 없이 바울은 갈라디아 교인들의 메시지에 직접적으로 반응하여 자신의 주장을 전개했다. 우리는 대화의 절반을 엿듣고 있으며, 그것은 대부분 제3자의 입장에 반대하는 것이다. 우리에게는 모호할 수 있는 다양한 구절과 논쟁의 전환이 갈라디아 교인들에게는 의심할 여지 없이 완벽하게 분명했다. 갈라디아 교인들은 바울이 같은 주제에 대해 설교하는 것을 들어왔기 때문에 바울의 반응과 반대자들의 메시지를 쉽게 비교할 수 있었다. 셋째, 성령께서 우리의 유익을 위해 모호하고 모호하고 어려운 구절을 포함하여 성경 정경의 모든 단어에 영감을 주셨다는 사실을 기억하는 것이 중요하다. 따라서 우리는 진리의 말씀을 바르게 다루기 위해 항상 부지런함과 경외심을 가지고 성경을 연구해야 한다(딤후2:15).

2.1. 회심에 대한 논증(3:1-5)

3:1 어리석도다 갈라디아 사람들아 예수 그리스도께서 십자가에 못 박히신 것이 너희 눈 앞에 밝히 보이거늘 누가 너희를 꾀더냐 2 내가 너희에게서 다만 이것을 알려 하노니 너희가 성령을 받은 것이 율법의 행위로냐 혹은 듣고 믿음으로냐 3 너희가 이같이 어리석으냐 성령으로 시작하였다가 이제는 육체로 마치겠느냐 4 너희가 이같이 많은 괴로움을 헛되이 받았느냐 과연 헛되냐 5 너희에게 성령을 주시고 너희 가운데서 능력을 행하시는 이의 일이 율법의 행위에서냐 혹은 듣고 믿음에서냐

2.1.1. 미혹된 회중(3:1)

3:1. 바울은 편지의 신학적인 부분의 두 지점에서 자신의 팽팽한 논쟁에서 한 발 물러나 갈라디아 교인들에게 직접 호소했다. 두 구절(3:1-5; 4:12-20)에서 바울은 격분하고 당황한 목소리로 말했다. "어리석도다 갈라디아 사람들아! … 누가 너희를 꾀더냐? … 내가 원수가 되었느냐? … 내가 너희에 대하여 어떻게 해야 할지 모르겠다." 바울은 자신이 쓴 다른 서신에서 두 차례에 걸쳐 독자들에게 직접 호소하기 위해 호격을 사용했지만(고후 6:11; 빌 4:15), 갈라디아서에서만 자신의 분노와 염려의 분위기를 강화하는 감정적인 불변화사 접두사 "오"를 추가했다(헬라어 ὦ, 오, 개역개정은 생략. 참조. Moffatt, Williams).

바울은 독자들의 이름을 불렀을 뿐만 아니라 어리석고, 무감각하며, 바보 같다는 식으로 독자들을 비하하는 표현을 사용하기도 했다. 필립스(Philips) 성경은 "오! 갈라디아의 어리석은 자들아 너희가 그렇게 어리석을 수는 없지 않느냐?"라고 번역한다. 우리는 바울의 직설적인 표현 때문에 바울이 갈라디아 교인들을 "형제자매"(1:11)라고 불렀고, 나중에 갈라디아 교인들을 자녀라고 불렀다는 사실(4:19)을 간과해서는 안 된다. 바울의 언어는 오류와 죄에 빠진 신자들을 온유함으로 회복시키려는 그의 원칙과 모순되지 않는다(6:1). 바울은 갈라디아 교인들을 사랑했고 갈라디아 교인들이 영적, 신학적 건강을 회복하기 원했다. 하지만 이를 위해서는 연약한 감상보다는 더 엄격한 것이 필요했다. 바울의 가혹한 책망은 엄격한 사랑의 예이다. 바울은 갈라디아 교인들의 어리석음을 직시함으로써 그들이 버릴 위험에 처한 진리로 돌아오게 하려고 했다.

바울은 갈라디아 교인들을 어리석거나 미련하다고 불렀을 때 그들의 지능을 비방하지 않았다. 바울이 갈라디아 교인들에게 보낸 편지를 읽으면서 독자들에게 높은 수준의 지적 능력을 전제하고 있다는 사실을 깨닫지 못하는 사람은 없을 것이다.[4] 갈라디아 교인들에게는 지적 능력이 아니라 영적인 분별력

---

4 라이트풋은 바울이 변덕스럽고 지능이 둔한 것으로 알려진 고대 켈트족의 후손에게 편지를 보냈다는 증거로 본문을 인용했다. "어리석은 갈리아인(Gauls)들아, 누가 너희를 꾀더냐?"(*Galatians*, 15). 마르틴 루터는 "갈리아인"(Galatians)을 유사한 방식으로 해석하여, 이러한 특성을 갈리아인들이 아닌 독일인에게 부여했다. 그레데인들이 거짓말쟁이로 알려진 것처럼(딛 1:12), 갈라디아인들의 독특한 민족적 선입견은 어리석음이었다("Lectures on Galatians, 1535," *LW* 26.188). 램지는 바울이 이 구절에서 "갈라디아인"이라는 단어를 민족적 용어가 아니라 로마의 갈라디아 지역 주민들을 지칭하는 집합 명사로 사용했다고 설득력 있게 주장했다(*Historical Commentary*, 308-13).

이 부족했다. 그들은 부활하신 그리스도께서 "미련하고 선지자들이 말한 모든 것을 마음에 더디 믿는 자들"(눅 24:25)라고 말씀하신 엠마오로 가는 제자들과 같았다.

3장 첫 구절에서 알 수 있듯이 갈라디아 교인들은 자신들 가운데 나타난 성령의 초자연적인 현상에 완전히 매료된 것이 분명하다. 동시에 복음의 근본 진리에 대한 갈라디아 교인들의 이해는 안타깝게도 부족했다. 그리스도인의 삶에서 가장 위험한 이분법 중 하나는 영적인 것이 교리적인 것, 체험과 신학적인 것을 분리하는 것이다. 신약성경에서 가장 분명하게 은사주의적인 특징이 느껴지는 구절에서 바울은 영뿐만 아니라 마음으로도 찬송하고 기도해야 한다고 주장했다(고전 14:15-19). 바울은 갈라디아 교인들이 성령을 온전히 체험하지 못했다고 말하지 않았다. 실제로 바울은 정반대의 전제에서 주장을 펼쳤다. 즉, 갈라디아 교인들은 분명히 성령을 받았고 성령의 강력한 역사를 목격했는데 왜 이제 성령에서 육신으로, 즉 믿음에서 행위로, 은혜에서 율법으로 후퇴하고 있는가? 갈라디아 교회들 사이에서 건전한 교리와 성령 충만한 삶 사이의 균형이 깨졌다는 바울의 비판적인 말에 그 해답이 함축되어 있다. 믿음이 굳건히 서지 못한 갈라디아 교인들은 훈련되지 않은 사고와 부주의한 신학에 이끌려 위험한 교리를 받아들이기 직전까지 갔다.

어떻게 이런 일이 일어났을까? 바울은 상황을 사람의 말로만 설명하는 데 그치지 않았다. 바울을 갈라디아 교인들이 악하고 초자연적인 계략의 대상이 되었음을 암시하면서 "누가 너희를 꾀더냐"라고 물었다. "꾀더냐"는 신약성경에서 한 번만 등장하는 단어(*hapax legomenon*)이다.[5] 이 단어는 문자 그대로 "누군가에게 사악한 눈길을 주다, 마법을 걸다, 저항할 수 없는 힘에 홀리도록 사로잡다"라는 의미이다.[6]

---

5 G. Delling, "Βασκαίνω," *TDNT* 1:594–95. 이 단어는 누군가를 적대적인 시선으로 누군가에게 해를 입히거나 누군가에게 사악한 눈빛을 보내어 마법 주문을 걸거나 악마의 힘을 발산한다는 의미를 내포한다. 델링은 갈 3:1에서 이 단어의 사용과 관련하여 다음과 같이 썼다. "이것은 단지 과장된 비유법을 말하는 것이 아니다. 마법의 뒤에는 거짓의 힘이 있고 이것은 누군가 τίς(또는 누군가[τίς] 뒤에 있는 그룹)가 갈라디아인(ἀνόητοι)의 영혼(νοῦς)에 실질적인 해를 입히기 위해 사용되었기 때문에 단순히 과장된 은유가 아니다. 이것은 기계적인 마술처럼 순진하고 현실적인 방식으로 이해해서는 안 된다. 위험한 특징은 갈라디아인들이 그들이 항복하고 있는 거짓 세력이 무엇인지 깨닫지 못한 채 이 마술사들과 그들의 영향력에 기꺼이 굴복했다는 것이다. 마술(βασκανία)의 특징은 특별한 수단 없이도 영향력을 발휘한다는 점이다."

6 참조. 벌게이트 번역은 "오 어리석은 갈라디아 사람들이여, 누가 너희를 미혹시켰느냐?"(O insensati Galatae, qui vos fascinavit?)로, 프랑스역은 "오 어리석은 갈라디아 사람들이여, 누가 여러분에게 마술을 걸었습니까?"(O Galates insensés! Qui vous a ensorcelés?)라고 번역했다.

누군가가 갈라디아 교인들을 그릇 인도하여 이해력과 판단력을 부족하게 하고 그들 가운데서 작용하는 악한 세력에 취약하게 만들었다. 바울의 수사학적 질문에 대한 답은 간단했다. 거짓 교사들, 즉 이단적 침입자들이 갈라디아 교인들 사이에 혼란과 의심을 심어 현재와 같은 영적 혼란 상태에 이르게 했다는 것이다. 그러나 바울의 질문에서 "누가"는 단수로 되어 있어 갈라디아 선동가들의 배후에는 우는 사자 같이 두루 다니며 삼킬 자를 찾는 거짓의 아비인 마귀가 있음을 암시한다(벧전 5:8). 나중에 바울은 고린도 교인들에게 바로 이 위험에 대해 "뱀이 그 간계로 하와를 미혹한 것같이 너희 마음이 그리스도를 향하는 진실함과 깨끗함에서 떠나 부패할까"(고후 11:3)라고 경고한다. 이 구절은 예배를 위해 모인 모든 회중과 하나님의 말씀을 선포하기 위해 신성한 강단에 선 모든 설교자를 향한 엄숙한 경고이다. 회중이 크든 작든 간에, 설교자가 유능하든 무능하든 간에 앞날을 알 수 없는 불확실한 상태에 있는 남녀의 영혼을 두고 영원한 순간의 경쟁이 벌어지고 있다. 이렇듯 많은 것이 달려있으므로 우리의 설교 내용은 바로 예수 그리스도와 그가 십자가에 못 박히신 것이어야 한다(고전 2:2).[7]

바울이 자서전적 이야기를 3장까지 계속했다면, 이 시점에서 갈라디아 교인들에게 복음을 전하는 과정을 설명할 준비가 되어 있었을 것이다. 바울이 회심, 소명, 초기 사역, 예루살렘에서의 선교 회의, 안디옥에서의 사건, 바나바와 함께 남 갈라디아 도시를 떠난 첫 번째 선교 여행 등 자신이 시작한 일련의 사건들을 계속 이야기를 이어가지 않았다는 사실에 우리는 놀랄 수 있다. 그러나 앞서 살펴본 것처럼, 바울은 "나의 생애와 수고의 역사"를 쓰는 데는 관심이 없었다. 갈라디아서에서 바울은 자신이 세운 교회에 영혼을 파멸시키는 유혹적인 영향을 견뎌내는 데 필요한 신학적 무기를 제공하고자 했다. 그러나 바울은 신학적 설명을 본격적으로 시작하기 전에 갈라디아서를 통해 갈라디아 교인들을 복음화했던 과정을 잠시 되돌아보았다. 바울은 바나바와 함

참조. Keener, *Galatians*, 205–8.

7 본문의 이 지점에서 킹제임스역은 후기 헬라어 사본에서 발견되는 "너희가 진리에 순종하지 아니하면 안 된다(that ye should not obey the truth)"를 삽입한다. 대부분 학자는 이 구절이 갈 5:7의 같은 구절의 영향을 받아 원문에 추가된 것으로 본다. 바울은 갈라디아서에서 갈라디아 교인들에게 "누가 너희로 진리에 순종하지 못하게 하려고 끼어들었느냐?"라고 물었다(NIV). 본문 증거에 따르면 이 구절이 3:1에 속하지 않는다고 생각할 수도 있지만, 그 의미는 분명히 그곳의 문맥과 일치한다. 갈라디아 교인들이 진리와 오류를 구별하는 능력이 부족했던 것은 일부러 장님이 되었기 때문이다. 갈라디아 교인들은 바울과 바나바가 원래 자신들에게 선포한 진리에 순종하지 않았기 때문에 거짓 교사들에게 "매혹"되었다. 참조. B. Metzger, *Textual Commentary*, 593.

께 갈라디아 교인들에게 처음 복음을 전할 때 선포했던 메시지를 언급하면서, 그들의 눈 앞에서 예수 그리스도가 십자가에 못 박히신 모습이 생생하게 묘사된 것을 상기시켰다.

갈라디아서 3장과 4장에서 바울이 말한 다른 모든 내용은 갈라디아 교인들에게 처음 전한 메시지가 전제되어 있으며, 바울은 이 친숙한 공식으로 요약했다. 이 설교 요약의 세 가지 요소는 각각 세심하게 주의를 기울일 필요가 있다. 첫째, 바울은 예수 그리스도를 설교했다. "바울의 사상 세계는 하나님의 아들 예수 그리스도를 중심으로 돌아갔다."[8] 다메섹으로 가는 길에서 부활하신 그리스도를 만나기 전까지 바울은 예수님을 실패한 메시아, 자신과 다른 사람들을 속이는 어리석은 랍비로 여겼다. 그러나 하나님께서 "그를 내 속에 나타내시기를 기뻐하셨을 때"(1:15-16) 바뀌었다. 바울이 예수님을 그리스도, 주님, 하나님의 아들, 구세주라는 기독론적 칭호로 표현한 것은 예수님이 온전히 신적 존재이시며 따라서 예배와 기도의 적절한 대상이라는 믿음을 반영한 것이다. 로마서 9장 5절에서 바울은 "그리스도는 만물 위에 계셔서 세세에 찬양을 받으실 하나님"이라 말할 수 있었다.[9] 바울의 칭의 교리는 그 근거가 되는 높은 기독론적 가정을 떠나서는 말이 되지 않는다.

둘째, 바울은 예수 그리스도가 "공개적으로 십자가에 못 박힌 모습으로 묘사되었다"라고 말했다. "보이거늘"(προγράφω, 프로 그라포)라는 단어는 "미리 기록하다"(시간적 의미) 또는 "공개적으로 묘사하다"(접두사 προ[프로]가 시간적 의미가 아니라 위치적 의미)를 뜻할 수 있다. 예견적 예언이라는 의미에서 전자의 뜻은 바울이 현재 문맥에서 구약을 특별히 사용한 것과 일치한다(참조. 3:8, "성경은 하나님께서 이방인을 믿음으로 의롭다 하실 것을 미리 알고 [προϊδοῦσα], 프로이두사] 아브라함에게 복음을 미리 선포하셨느니라[προευηγγελίσατο, 프로유엥겔리사테]" NIV). 우리가 사도행전 13-14장에서 바울이 갈라디아 교인들에게 행한 설교에 대한 누가의 기록을 읽어보면, 바울이 잠언과 시편을 자유롭게 인용하며 사람들에게 "우리는 여러분에게 좋은 소식을 전한다. 하나님께서 우리 조상들에게 약속하신 것을 우리를 위해 이루셨다는 소식이다"라고 선포했다(행 13:32-33,

---

8 B. Witherington III, "Christology," *DPL*, 103.

9 바울은 일반적으로 그리스도를 언급할 때 존재론적 언어보다 기능적 언어를 선호하지만, 기능적 언어는 존재론적 언어에 직접적으로 의존한다. 로마서 본문에 대한 논란의 여지가 있는 해석에 대해서는 다음을 참조하라. B. M. Metzger, "Punctuation of Rom 9:5," in *Christ and the Spirit in the New Testament*, ed. B. Lindars and S. S. Smalley (Cambridge: Cambridge University Press, 1973), 95–112.

NIV 1984) 그러나 3장 1절에서 προγράφω(프로그라포)는 "현수막에 공개적으로 게시하는 것"처럼 위치적 의미를 지니는 것처럼 보인다. 바울은 예수의 고난과 죽음에 관한 이야기를 갈라디아 교인들에게 처음 전할 때 생생하고 잊을 수 없는 방식을 언급하고 있었던 것 같다. 사실상 바울은 갈라디아 교인들에게 이렇게 말하고 있다. "예수님이 바로 눈앞에서 갈보리 십자가에 못 박혀 죽으시는데 어떻게 이단자들에게 그렇게 속을 수 있는가? 그렇다. 너희는 실제로 십자가에 못 박힌 그리스도께서 대형 광고판에 붙어 있는 것처럼 잘 보지 않았는가! 어떻게 그걸 놓칠 수 있는가?" 물론 예수님의 죽음에 관한 끔찍한 사실만이 아니라 "하나님이 그리스도 안에 계셔서 세상을 자기와 화목하게 하셨다"(고후 5:19, KJV)라는 최고의 진리가 십자가에 대한 묘사에 힘을 부여한다.

마지막으로 바울은 십자가의 최종성을 특별히 강조했다. 그는 예수 그리스도를 ἐσταυρωμένος(에스타우로메노스, 개역개정. "십자가에 못 박히신"), 즉 문자 그대로 십자가에 못 박히신 분이라고 주장했다. 이 완료 분사는 예수님이 십자가에서 외친 "다 이루었다!"라는 외침과 관련이 있다. 구속 사역은 그 완전한 속죄 희생을 통해 완전히 성취되었다.

> 그리스도께서 이루신 완전한 속죄,
> 그의 백성이 빚진 것을
> 넘치도록 갚으셨다.
> 그의 의로우심으로 가리우고
> 그의 피가 뿌려진다면
> 어떻게 나에게 진노가 임하리요?[10]

2.1.2. 왜 성령인가? (3:2-5)

이 구절에서 "성령"이라는 용어는 갈라디아서에서 처음으로 소개된다. 이 용어는 갈라디아서 전체에서 중요한 시점에 다시 등장하며(3:14; 4:6, 29;

---

10 인용은 다음에서 왔다. G. S. Bishop, *Grace in Galatians*, 25. 뮤어Steven Muir는 바울의 십자가 설교를 로마의 그래피티 양식(Roman graffiti, 그래피티는 로마 시대에 벽이나 기둥의 표면을 긁어서 그려놓은 그림이나 문자를 뜻한다. 역자 주)과 거리에서 선포되는 공공 연설과 연관짓는다. 중요한 것은 예술사에서 최초에 등장한 두 번의 십자가 처형 묘사는 고대 그래피티의 형태라는 사실이다. 뮤어의 흥미로운 논문을 참조하라. Steven Muir, "Vivid Imagery in Galatians 3:1-Roman Rhetoric, Street Announcing, Graffiti, and Crucifixions," *BTB* 44 (2014): 76-86을 보라.

5:5; 6:8), 모든 신자가 부름받은 자유와 사랑의 삶에 대한 바울의 설명의 중
심이다(5:16-26). 바울이 성령에 대해 말할 때, 신성의 인격적 특성을 부여한
성령에 대해 말하고 있다. 성령께서는 신자들을 인도하시며 그들의 죄로 인해
슬퍼하시며, 복음의 비밀을 계시하시고, 성도들을 위해 기도로 간구하시고, 세
례를 베푸시고, 내주하시고, 인치시고, 채우시고, 그리스도인들이 하나님을 기
쁘시게 하는 삶을 살도록 능력을 주신다. 무엇보다도 성령은 교회가 예수님을
주님으로 고백할 수 있게 하신다(고전 12:3). 성령의 생동감 넘치는 임재가 없
다면 이 말씀은 공허한 구호에 불과하다. 따라서 이 구절과 갈라디아서 후반
부에서도 성령은 삼위일체론적 하나님 이해의 맥락에서 소개된다. 바울은 방
금 그리스도의 십자가를 선포하는 것에 대해 말했고, 3장 5절에서는 갈라디아
교인들에게 성령을 주신 아버지를 언급한다. 바울이 이 시점에서 관철 가능한
기적이 나타나는 것을 염두에 두었지만, 나중에 성령이 그리스도를 믿는 모든
사람에게 부여하는 하나님의 자녀 됨이라는 더욱 근본적인 은사를 언급했다.
"그런즉 믿음으로 말미암은 자들은 아브라함의 자손인 줄 알지어다"(4:6).[11]

3장 1-5절에서 바울은 갈라디아 교인들에게 여섯 가지 단도직입적인 질
문을 던졌고, 모두 갈라디아 교인들의 그리스도인으로 갖는 경험에 근거하
여 대답하기를 기대했다. 바울은 방금 "그들의 눈 앞에" 그리스도께서 증거
하는 것에 대해 이야기했다. 잠시 후 바울은 갈라디아 교인들에게 "믿음의 들
음"(KJV)을 상기시켰다. 그는 부인할 수 없는 사실, 즉 예수 그리스도 안에서
그들이 받은 새 생명의 실체를 상기시키고 있었다. 그럼에도 불구하고 우리는
여전히 바울이 갈라디아 교인들의 경험에 노골적으로 호소함으로써 미끄러
운 비탈길에 들어섰다고 생각할 수 있다. 바로 이것이 갈라디아 교인들을 곤
경에 빠뜨린 것이 아닐까? 그들은 영적 체험에 너무 매료되어 신학적 발판을
잃어버리지 않았는가? 어쨌든 단순한 경험에 호소하는 것은 신학적인 문제를
결정할 때 항상 위험한 방법이었다.

이 추론에 대해 두 가지 대답이 가능하다. 첫째, 바울은 항상 건전한 교리
와 거룩한 생활의 상호 내재성을 장려했다. 신학을 뺀 경험은 분명 왜곡된 영
성으로 이어질 것이지만, 경험을 뺀 신학은 죽은 정통에서만 문제가 될 수 있
다. 바울은 갈라디아서 5-6장에서 성령의 생명에 대해 언급할 때 초기 그리

---

11 T. Paige, "Holy Spirit," *DPL*, 404–13. 또한 다음을 참조하라. J. D. G. Dunn, *Jesus and the Spirit* (Philadelphia: Westminster, 1975); E. Schweizer, "πνεῦμα, πνευματικός," *TDNT* 6:396–451. 갈 3장의 바울의 논증에서 성령의 기능에 대해서는 다음의 중요한 논문을 참조하라. K. Williams, "Justification and the Spirit in Galatians," *JSNT* 29 (1987): 91–100.

스도인의 경험에서 성령의 부으심을 언급함으로써 성령의 생명에 대해 말할 것을 예상했다.

그러나 이 중요한 원칙을 인정하더라도 이 구절을 자세히 살펴보면 바울이 갈라디아 교인들에게 그리스도인으로서 경험의 근거를 검토해 보라고 요청한 것이 아니라 경험에서 우러난 주장을 한 것임을 알 수 있다. 따라서 바울의 여섯 가지 질문은 한 가지로 축소될 수 있다(바울은 이 질문을 두 번 반복했다). "내가 너희에게서 단 한 가지를 알려고 한다. 너희가 성령을 받은 것이 율법의 행위 때문이냐 혹은 듣고 믿음 때문이냐?" 바울은 이 한 가지 질문만 해결할 수 있다면 선동가들과 맞는 모든 문제가 곧 끝날 것이라고 생각했다. 그러나 이 질문에 대답하기 위해 갈라디아 교인들은 그들 가운데서 성령의 체험을 신학적으로 성찰해야 했다. 이를 위해 바울은 세 가지 대조를 제시함으로써 그들이 고려할 수 있도록 이끌었다.

2.1.2.1. 율법의 행위 또는 듣고 믿음 (3:2)

3:2. 바울은 여기에서 전체 논쟁을 결정적으로 해결할 수 있는 (5절에서 약간 확장된 형태로 반복하는) 한 가지 질문을 제기한다. "너희가 성령을 받은 것이 율법의 행위로냐 혹은 듣고 믿음으로냐?" 이 질문은 두 개의 전치사구를 선명하게 대조하며, 각 구는 갈라디아 교인들이 처음 성령을 받은 것을 해석하는 다른 방법을 나타낸다. 이것은 율법의 행위(ἐξ ἔργων νόμου, 엑스 에르곤 노무)로 일어났는가, 아니면 듣고 믿음(ἐξ ἀκοῆς πίστεως, 엑스 아코에스 피스테오스)으로 일어났는가? 이 질문에 대한 암묵적인 대답은 한 가지 이유에서 분명하다. 갈라디아 교인들은 믿음을 방해하는 자들이 그들 가운데 나타나기 훨씬 전에 바울이 "십자가에 못 박히신 그리스도"를 설교한 결과 구원받고 성령의 축복을 받았다는 것이다.

바울의 질문에서 두 가지 핵심 단어는 성령에 관한 교리를 특징짓는 은혜의 신학을 강조한다. 첫 번째는 단순 동사 "받다"(ἐλάβετε, 엘라베테)이다. 이 단어는 바울이 믿음으로 성령의 약속을 받는 것을 언급한 3장 14절에 다시 등장한다. 이 본문에서 "받다"는 자의적으로 받아들이는 것을 의미하는 것이 아니라 주어진 것을 감사하게 받아들이는 것을 의미한다. 고린도전서 4장 7절에서도 같은 동사가 등장하는데, 바울은 고린도 교인들에게 이 핵심적인 질문을 던졌다. "네게 있는 것 중에 받지 아니한 것이 무엇이냐 네가 받았은즉 어찌하여 받지 아니한 것같이 자랑하느냐?" 이 구절은 아우구스티누스에게 하나님의 은혜의 신비를 깨닫게 하는 강력한 영향을 미쳤고, 훗날 펠라기우스주의자들과 다툰 싸움에서 강력한 무기가 되었다.[12] 따라서 갈라디아 교인들은 선행이나 인간의 공로와는 별개로 주권자이신 하나님께 성령을 조건 없는 선물로 받았다.

그렇다면 이 놀라운 성령의 부어주심은 어떻게 일어났을까? 바울은 듣고 믿음으로 일어났다고 말했다. 이 표현에 대해서는 "듣는 기능이나 기관," "듣는 행위", "듣는 것의 내용" 등 다양한 의미가 될 수 있다.[13] 바울은 여기에서 듣는 것의 내용도 중요하지만, 하나님의 구원의 은혜의 궤도 안으로 들어오는 과정을 더 중요하게 생각했다. 바울이 다른 곳에서 말했듯이 믿음은 들음으로 말미암아 나며 하나님의 말씀을 들음으로 말미암는다(롬 10:17). "들음"이라는 단어는 받는 이의 수동적인 자세를 의미한다. 따라서 루터는 그리스도인의 유일한 기관은 귀라고 쓸 수 있었다. 단순히 육체적 기능에만 초점을 맞추는 것이 아니라 복음 전파를 통해 오는 신앙의 각성에 초점을 맞춘다. 따라서 바울이 그리는 대조는 행함과 그리스도를 믿는 것 사이에 있다. 그러나 이것들은 단순히 두 종류의 인간 활동이 아니라 하나님께 나아가는 다른 방법들이다.[14]

2.1.2.2. 시작에서 마침까지(3:3)

3:3. 앞의 질문에 대한 대답이 너무나도 명백했기 때문에 바울은 갈라디아 교인들의 어리석음에 대한 첫 번째 주제로 돌아가서 다시 퉁명스럽게 물었다. "너희가 이같이 어리석으냐?" "그 이후로 너희가 성령을 선물로 받고 상으로 받은 받지 아니하였으니, 말 그대로 너희의 손이 아니라 귀로 구원을 받았으니 이제 완전히 미쳤느냐?" 바울은 이제 자신이 전한 값없는 은혜의 복음을 버리려는 갈라디아 교인들이 가지는 동기의 핵심을 꿰뚫는 질문을 던졌다. "성령으로 시작한 너희가 이제 육체적으로 온전하게 되었느냐?"(KJV). 이 질문에는 시작/완성, 성령/육체라는 두 가지 대조가 있다. 바울은 빌

---

12 참조. Augustine's treatise "On the Spirit and the Letter," chaps. 57–61 in NPNF[1] 5:108–11. 다음 논문을 참조하라. J. M. Rist, "Augustine on Freewill and Predestination," in *Augustine: A Collection of Critical Essays*, ed. R. A. Markus (New York: Doubleday, 1972), 218–52.

13 Longenecker, *Galatians*, 103. 참조. S. K. Williams, "The Hearing of Faith: ΑΚΟΗ ΠΙΣΕΩΣ," *NTS* 35 (1989): 82–93.

14 F. Matera, *Galatians*, Sacra Pagina (Collegeville: Liturgical, 1993), 116. 이 구절에 대한 베츠의 주석을 참조하라. "ἐξ ἀκοῆς πίστεως라는 문구는 ἐξ ἔργων νόμου와 대조로 구성될 수 있다. 토라는 사람에게 '율법의 행위'를 요구하지만 기독교 메시지는 사람에게 성령과 신앙을 '준다'"(예: 3:21-22; 롬 10:8-18)"(*Galatians*, 133). 참조. Moo, *Galatians*, 182–84; Witherington, *Grace*, 211–13.

립보 교인들에게 "너희 안에서 착한 일을 시작하신 이가 그 일을 온전히 이루시리라"(빌 1:6)라고 말했다. 그러나 갈라디아 교인들은 성령 안에서 삶을 잘 시작했지만, 처음 그리스도인이 되기 전에 그들의 존재를 지배했던 약하고 비참한 원칙들로 돌아가고 싶은 유혹을 받고 있었다. 다른 복음으로 돌아섬으로써 그들은 성령의 삶으로 앞으로 나아가지 못하고 오히려 육체의 영역으로 후퇴했다. 이 문맥에서 "육체"라는 단어는 많은 주석가가 생각하는 것처럼 할례 문제를 의미할 수도 있지만, "하나님의 통치에 의존하고 복종하는 정신에 반하여 자신의 업적에 독립적으로 의존하는 것"이라는 더 넓은 의미도 가진다.[15]

이 구절의 배경에는 바울과 반대자들 사이의 논쟁이 울려 퍼진다. 율법을 준수하는 교사들이 "십자가에 못 박히신 그리스도"라는 근본적인 사실이나 성령이 나타나셨다는 것을 부인했다는 증거는 없다. 오히려 반대자들의 주장은 바울이 선포한 입문 수준의 복음은 율법의 행위를 통해서만 제공되는 더 높은 영적 실재에 충분하지 않다는 것이었다. 반대자들은 바울이 성령의 은사와 율법의 행위를 대립시킨 것을 혐오했을 것이다. 그들에게 성령의 은사는 단지 기독교 신앙으로 들어가는 예비 단계에 불과했으며, 이스라엘 백성에게 육체적 통합의 표징을 받음으로써 완전해질 때까지 공허하고 불완전한 상태로 남아있었다. 지금까지 살펴본 바와 같이, 바울이 반대자들의 개혁 사명에 대해 부정적인 반응을 보인 것은 할례에 부여된 구원론적 가치 때문이었지 할례 의식 자체 때문이 아니었다. 반대자들이 장려하는 "더 높은 삶"은 실제로 인간의 자기 정당화와 하나님의 은혜에 대한 반역이라는 부정적 영역으로 한 걸음 물러나는 것이었다.

2.1.2.3. 헛되이 받았느냐? (3:4-5)

3:4. 이 구절에서 πάσχω(파스코)는 단순히 "경험하다" 또는 더 구체적으로 "고통받다"를 의미일 수 있다. 성경학자들은 여기에서 바울이 어떤 의미로 의도했는지에 대해 의견이 분분하다. 전자의 의미라면 바울은 "너희는 그런 큰 일[성령의 은사, 그에 따른 능력의 역사]를 헛되이 경험했는가?"라고 물은 것이다.[16] 그러나 1984년판 NIV는 갈라디아 회심자들이 갈라디아에서 비기독

---

15 참조. R. J. Erickson, "Flesh," *DPL*, 306; R. Jewett, *Paul's Anthropological Terms: A Study of Their Use in Conflict Settings* (Leiden: Brill, 1971).

16 참조. F. F. Bruce, *Galatians*, NIGTC, 150; W. Michaelis, "πάσχω," *TDNT* 5:905. 또한 다음을 참조하라. J. A. Dunne, "Suffering in Vain: A Study of the Interpretation of ΠΑΣΧΩ in Galatians 3:4," *JSNT* 36 (2013): 3–16.

교 유대인이나 로마 당국이 주도한 주기적인 박해를 견디도록 요청받았다고 가정하고 다른 의미인 "너희가 헛되이 그렇게 많은 고통을 겪었느냐?"를 선택하는 것이 옳다(참조, CSB, "너희가 헛되이 그렇게 많은 경험을 했느냐?")

갈라디아 그리스도인들이 실제로 그러한 외부 박해를 받았다는 분명한 증거는 없지만, 바울과 바나바가 그 지역에 처음 복음을 전했을 때와 같은 종류의 괴롭힘과 폭행을 당했을 것이라고 가정하는 것은 무리가 아니다(참조. 행 13:14). 그러나 할례를 받아들임으로써 갈라디아 교인들은 회당의 유대인 의식에 복종하는 일반적인 개종자로 보였을 것이기 때문에 그러한 박해의 날카로운 공격을 줄일 수 있었을 것이다. 바울에 따르면 박해를 피하는 것이 거짓 교사들의 주된 동기였다(6:12). 그래서 바울은 이렇게 말했을 것이다. "여러분은 나와 함께 그리스도의 흔적을 몸에 받고, 그리스도를 이유로 핍박을 받았는데, 이제 이 모든 핍박을 피할 수 있었던 관행을 받아들이려고 하느냐? 이 모든 것이 헛된 것인가?"

바울은 갈라디아의 상황이 아직 절망적이지 않다는 것을 나타내는 짧은 조건절("만일 그것이 헛된 일이었다면?")을 덧붙였다. 상황은 절망적으로 나빴지만 하나님의 구원의 손길이 닿을 수 없는 곳은 아니었다. 교회 역사를 통틀어 교리의 쇠퇴와 영적인 무관심의 시기는 종종 개혁과 부흥 이전에 있었다. 하나님께서 주권자이시기 때문에 그리스도인이 있는 곳에는 어디에서나 희망이 있다. 하나님의 목적은 실패할 수 없고 하나님의 말씀은 무효화될 수 없다. 갈라디아서에서 바울은 세 번이나 행위로 얻는 칭의의 불합리한 결과에 대해 언급했다. 2장 2절에서 바울은 자신의 선교 사역이 헛된 것일 수 있다는 가능성을 제시했다. 2장 21절에서 바울은 율법을 통해 의를 얻을 수 있다면 그리스도께서도 헛되이 죽었을 것이라고 주장했다. 이제 3장 4절에서 바울은 갈라디아 교인들에게 성령을 헛되이 받지 않았는지 질문했다. 사실 그는 그들에게 이렇게 말하고 있었다. "이런 종류의 신학이 어디로 인도하는지 보아라! 구원이 처음부터 마지막까지 하나님의 역사가 아니라면, 복음을 전파도 헛되고 그리스도의 십자가는 희극이며 성령의 은사는 아무 의미도 없다!" 바울은 갈라디아 교인들에게 이렇게 놀라운 방법으로 끔찍한 대안을 제시함으로써 그들의 어리석음에서 벗어나게 하고 그들을 매혹시켰던 주문을 깨뜨리려 했다.

3:5. 바울은 2절에서 제기한 질문을 다시 함으로써 경험에서 우러나온 자신의 주장을 결론으로 이끌었다. 바울은 갈라디아 교인들에게 이렇게 말했

다. "너희들이 맨 처음 어떻게 그리스도께 나아왔는지 기억하라. 바나바와 나는 예수 그리스도와 십자가에 못 박히신 그분의 복음을 전하기 위해 갈라디아에 왔다. 너희는 우리의 말을 듣고 그 메시지를 믿었고, 하나님께서는 너희 가운데 성령을 부어 주셨다. 성령의 임재와 능력에 대한 증거는 명백했다. 게다가 이 모든 것은 할례를 받거나 율법에 순종하는 것을 조건으로 하지 않는다. 너희는 성령으로 시작했으니 육체로 돌아가지 말아라! 여러분이 짊어진 박해의 상처조차 하나님의 은혜의 전리품이다. 악한 마술사처럼 너희를 그리스도의 길에서 가짜 복음으로 유혹하는 거짓 교사들을 따라가서 모든 것을 날려 버리지 말라."[17]

2.2. 아브라함의 예(3:6-9)

6 아브라함이 하나님을 믿으매 그것을 그에게 의로 정하셨다 함과 같으니라 7 그런즉 믿음으로 말미암은 자들은 아브라함의 자손인 줄 알지어다 8 또 하나님이 이방을 믿음으로 말미암아 의로 정하실 것을 성경이 미리 알고 먼저 아브라함에게 복음을 전하되 모든 이방인이 너로 말미암아 복을 받으리라 하였느니라 9 그러므로 믿음으로 말미암은 자는 믿음이 있는 아브라함과 함께 복을 받느니라

---

17 바울이 갈라디아서에서 하나님이 "기적을 행하신다"는 사실을 언급한 것은 이 구절을 다룬 주석가들을 통해 다양하게 해석되어 왔다. 어떤 학자들은 이것을 악령을 쫓아내는 것에 대한 내용으로 보았다. 또 다른 이들은 황홀한 현상이나 신유 등을 언급하는 것으로 보았다. 그것이 무엇이든, 바울은 갈라디아에서 행한 기적들, 그것들 중 일부는 사도행전에 기록되어 있지만 그 이야기를 하는 것이 아니라. 갈라디아 교인들 사이에서 계속되는 성령의 놀라운 역사에 대해서 말하고 있다. 이러한 기적의 표적은 종종 특정 지역의 초기 복음화의 과정에 함께 나타났다. 이러한 기적들이 사도들의 시대에만 발생하는 것이며, 지상 명령이 그들과 함께 종결되었다고 가르쳐야 할 근거는 없다. 동시에 바울은 성령의 기적적 현현의 타당성을 인정했지만, 성령 사역의 이러한 차원을 내면의 변화를 이끌어내는 성화의 사역과 분리하지 않았다. 버튼이 지적하듯이, "그러나 사도의 관점, 성령의 외적인 은사와 내적인 도덕적 열매(5:22-23)를 산출하는 것은 한 성령이었다는 점을 명심해야 한다"(*Galatians*, 151). 참조. W. Grundmann, "δύναμαι," *TDNT* 2:304– 17, and D. J. Lull, The Spirit in Galatia: Paul's Interpretation of Pneuma as Divine Power (Chico, CA: Scholars Press, 1980). 더 최근의 연구는 다음을 참조하라. Moo, *Galatians*, 180–91; C. Cousar, *Galatians*, IBC (Atlanta: John Knox, 1982), 65–70; Martyn, *Galatians*, 281–94; Keener, *Galatians*, 218–20. 또한 다음 오순절 학자의 지적도 주목할 만하다. G. D. Fee, *Galatians, Pentecostal Commentary Series* (Dorset, UK: Deo Publishing, 2007), 103–13.

이제 우리는 갈라디아서에서 바울의 논증에서 중요한 전환점에 이르렀다. 바울은 다메섹 근처에서 부활하신 그리스도를 만나고 안디옥에서 베드로와 대면할 때까지 자신의 특별한 부르심과 독특한 사도적 사명을 검토했다. 여기에서 바울은 칭의가 인간의 어떤 행위로도 확보되는 것이 아니라 오직 예수 그리스도를 믿는 믿음으로만 확보된다는 점을 분명히 밝히면서 서신의 첫 역사적 부분을 마무리했다(2:16). 이것은 바울이 갈라디아에 들어온 일부 유대인 그리스도인 선교사가 회심자들이 하나님 앞에 의롭게 서기 위해 할례와 기타 유대 율법을 준수해야 한다고 주장한 것에 대항하여 바울이 주장한 핵심 논지였다. 바울은 이 거짓된 가르침에서 악한 자의 사악한 계략을 보았고, 갈라디아 교인들에게 성령의 임재가 그들이 행한 어떤 행위와는 별개로 하나님의 순전한 자비의 행위로 그들 가운데 어떻게 나타났는지 기억하라고 호소했다(3:1-5).

이러한 경험에서 비롯된 이 논증은 필요하고 분명히 타당했다. 그러나 갈라디아 교인들이 복음의 진리 안에 다시 닻을 내리기에는 충분하지 않았다. 그 이유는 무엇인가? 신약 시대에도 우리 시대와 마찬가지로 성령의 진정한 역사는 종종 출처가 모호한 영적 체험과 혼동되기 때문이다. 갈라디아에서 이것이 사실이었다는 것은 바울이 갈라디아 교인들이 어떤 기이한 어둠의 힘으로 감각을 빼앗겼다고 생각했다는 사실에서 분명하다(3:1). 따라서 바울은 체험에 대한 예비적 호소에 성경을 근거로 한 길고 실질적인 논증을 덧붙였다. 이 두 가지 주장은 서로를 보완하지만 바울이 생각한 두 가지 주장의 무게는 같지 않다. 이 시점부터 4장이 끝날 때까지 칭의 교리는 성경을 위한 싸움의 맥락에서 제시될 것이다. 바울에게 성경의 판결은 하나님과 관련된 모든 문제와 인간에 대한 하나님의 뜻의 계시에 대한 최종 항소이다.

갈라디아서의 주요 부분에서, 바울은 이신칭의 교리를 증명하기 위해 성경의 세 가지 주요 논증을 사용했다. 6절에서 시작하여 14절 두 가지 결론으로 끝나는 첫 번째 논증은 그리스도께서 십자가에서 죽으심으로 짊어지신 율법의 저주에 대항하는 아브라함의 믿음과 그 믿음을 통해 오는 축복에 초점을 맞추고 있다. 두 번째 논증인 3장 15절에서 25절에서는 율법의 주제를 다루며 구속 역사의 경륜 안에서 예정된 율법의 목적을 논의한다. 성경의 세 번째 주요 논증(4:21-31)은 오늘날 아브라함의 혈통에 호소하는 사람들의 원형으로 여기는 두 어머니 하갈과 사라, 그리고 하갈의 아들 이스마엘과 사라의 아들 이삭에 대한 알레고리를 통해 바울의 신학적 설명을 결론짓는다.

바울이 전개한 세 가지 논증은 다양한 주석적 장치를 사용하고 창세기에서 하박국에 이르는 다양한 성경 본문을 사용한다. 그러나 이 세 가지 논증은 모두 족장 아브라함에 대한 호소라는 하나의 공통된 주제를 공유한다. 사실 갈라디아서 3장과 4장에서 바울의 복잡한 논증은 예수 그리스도를 믿는 사람은 하나님이 아브라함에게 약속하신 축복을 공유한다는 하나의 간단한 명제로 축소할 수 있다. 이 세 부분들은 각각 별개의 질문이지만 상호 연관된 질문을 제기한다. 아브라함은 어떻게 하나님과 의롭게 되었는가(3:6-14)? 율법의 참된 목적은 무엇인가(3:15-26)? 약속의 진정한 상속자는 누구인가(4:21-31)?

갈라디아서 3장 26절에서 4장 20절까지는 바울의 성경적 증거를 설명할 때 삽입 어구로 사용된다. 이 삽입 어구는 다시 두 부분으로 나뉜다. 3장 26절에서 4장 7절에서는 바울이 교회의 하나 됨을 강조하기 위해 초기 세례와 신앙 고백의 공식을 가져왔고, 4장 8절에서 20절에서 사도가 갈라디아 교인들에 대한 지속적인 관심을 개인적인 친밀함의 관점에서 다시 표현했다. 갈라디아서 3장과 4장을 통해 바울은 이미 서신에서 소개한 구원의 어휘를 크게 확장했다. 복음, 믿음, 칭의뿐만 아니라 성령, 구속, 약속, 언약, 상속, 아들 됨, 자유 등 잃어버린 남자와 여자를 죄의 감옥에서 건져내어 하나님의 영광을 찬양하게 하시는 은혜로운 계획에 대한 논의가 지배적이었다.[18]

2.2.1. 창세기 말씀(3:6)

3:6. 바울 서신에서 열아홉 번이나 언급되는 족장 아브라함은 갈라디아서에서 바울이 성경을 근거로 주장하는 모든 견해의 중심인물이다. 왜 아브라함인가? 바울이 유대 민족의 조상 아브라함에게 호소하면서 신학적인 우월감을 드러냈다는 주장이 제기된다. 즉, 반대자들이 율법을 준 모세의 권위를 주장한다면 바울은 아브라함에게 더 멀리 거슬러 올라감으로써 반대자들에게 한수 위를 보여주려고 했다는 것이다.[19] 그러나 바울은 반대자들의 신학에서 아

---

18 블라이는 갈 3-4장(4:11-20의 개인 삽입어구를 제외하고)은 2:15에서 시작된 바울의 안디옥 담론의 연속이라고 주장했다(*Galatians*, 235-36). 그는 바울의 주해에 반영된 구약성경 인용문과 이에 대한 미드라쉬 해석은 아마도 갈라디아의 이방인 회심자들보다 안디옥의 유대인 그리스도인들이 더 이해하기 쉬웠을 것이라고 주장한다. 블라이의 주장에 따르면, 바울이 3:13, 24, 4:4에서 사용한 1인칭 대명사 "우리"의 주격과 목적격은 더 포괄적으로 해석되는 것보다 각각 "우리 유대인"과 "우리 유대인들을"을 의미하는 것으로 해석되어야 한다. 그러나 앞으로 살펴보겠지만, 이 두 장에 나타난 유대인과 이방인을 위한 하나님의 구속 역사의 상호 함축적 의미는 이러한 단순한 분석보다 훨씬 복잡하다. 바울은 유대인과 이방인을 위한 두 가지 구원의 길을 주장하는 것이 아니라, 인종, 계급, 성별의 오래된 구분을 완전히 상대화시키는 예수 그리스도를 믿는 믿음으로 인해 주어지는 새로운 현실을 주장하고 있는 것이다(3:28). 그럼에도 불구하고, 블라이는 갈라디아서의 중심 부분에서 바울과 관련된 문제를 설명하는 것에 있어 안디옥 사건의 중심성을 정확하게 지적한다.

19 이것은 존 스토트(*Message of Galatians*, 72)의 제안이다. 바울은 갈라디아서에서 모세의

브라함에 대한 구원 역사에서 아브라함의 역할에 대한 자신의 독특한 이해를 발전시켰을 가능성이 훨씬 높다. 따라서 바울의 주된 목적은 아브라함과 모세를 반대하는 것이 아니라, "오직 믿음"의 아브라함을 공로 행위로 하나님의 축복을 받았다는 랍비 주석의 아브라함보다 우위에 세운다.[20]

포로기 이후 족장들은 광범위한 연구와 추측의 초점이 되었다. 국가적 갈등과 정체성의 위기의 시기에 유대 민족은 "아브라함, 이삭, 야곱의 하나님"과 언약을 맺는다는 것은 무엇을 의미하는가라는 질문에 대한 답을 찾고자 했다. 물론 아브라함은 유대 민족의 조상일 뿐만 아니라 유대 민족에게 축복의 원천이기도 했다. 이 시대의 유대 문헌에서 아브라함은 항상 충실함과 순종으로 하나님의 은총을 받고 자신과 후손에게 신성한 복을 가져다준 "믿음의 영웅"으로 항상 묘사된다. 아브라함은 환대, 덕, 신념을 갖춘 "하나님의 친구"로 칭송받는다.

아브라함의 삶에서 두 가지 사건이 하나님 앞에서 신실한 순종과 합당함을 보여주는 예로 꼽힌다. 첫 번째 사건은 아브라함이 과거 이스라엘의 위대한 영웅 중 한 명으로 칭송받는 외경 집회서의 서정적인 구절에 언급되어 있다.

위대한 아브라함은 많은 민족의 조상이었으며,
아무도 그의 명성에 능가하는 사람은 없었다.
그는 지극히 높으신 분의 율법을 지켰다.
그는 그분과 언약을 맺었고
그 언약의 표를 자기 몸에 새겼다.
그리고 시험을 받았을 때 신실함을 증명했다.
그러므로 주님은 그에게 맹세하셨다.
그의 후손을 통해 열방이 복을 얻고
그의 가족은 땅의 먼지처럼 무수히 많아지고
별처럼 높이 올라갈 것이라고 맹세하셨다.
그들의 소유가 바다에서 바다에 이르고
큰 강에서 땅 끝까지 이르게 하소서(집회서 44:19-21 NEB).

이름 자체를 언급하지는 않았지만, 3:19-20에서 암시적으로 언급하고 있다. 바울 서신 다른 곳에서 모세가 언급된 부분은 롬 5:13-14과 고후 3:6-18을 참조하라. 바울의 언약 신학에서 모세가 차지하는 위치는 다음을 참조하라. P. Démann, "Moïse et la loi dans la pensée de saint Paul," in *Moïse, l'homme de l'alliance*, ed. H. Cazelles (Paris: Desclé, 1955), 189–242.

20 이 주제는 다음에 있는 추가 주석과 인용된 문헌을 참조하라. Betz, *Galatians*, 139–40; Longenecker, *Galatians*, 110–12. 바울이 아브라함을 자신의 신학 발전의 핵심 인물로 사용한 것은 다음을 참조하라. G. W. Hansen, *Abraham in Galatians: Epistolary and Rhetorical Contexts* (Sheffield: JSOT, 1989). 그리고 다음 훌륭한 요약 논문을 참조하라. N. L. Calvert on "Abraham" in *DPL*, 1–9.

아브라함의 몸에 새겨진 "언약의 표지"는 창세기 17장 4-14절에 기록된 대로 아브라함이 할례를 받은 것에 대한 명시적인 언급이다. 이 구절은 할례가 언약의 필수불가결한 표지임을 암시하기 때문에 반대자들에게 매우 중요한 본문이었을 것이다. 이방인 회심자들이 하나님의 백성의 온전한 복을 받으려면 오래 전에 조상 아브라함이 했던 것처럼 하나님께서 정하신 언약의 표지에 복종해야 했다. 집회서(Sirach)의 본문은 또한 아브라함이 "지극히 높으신 분의 율법을 지켰다"라고 선언한다. 물론 아브라함은 모세의 율법이 실제로 받기 전에 살았지만, 주님 앞에 모범적인 순종과 신실함을 통해 율법을 예언적으로 성취했다고 믿었다.[21]

아브라함의 율법에 대한 앞선 순종은 아브라함의 신뢰성을 증명하는 열 가지 시련 또는 시험, 즉 이스라엘 자손이 어길 십계명에 해당하는 열 가지 시련을 통해 더욱 잘 설명된다.[22] 랍비 문헌에서 열 가지 시련 중 마지막은 항상 **아케다 이삭**이었다. 아브라함의 율법 순종과 이삭의 희생, 이 두 가지는 이스라엘의 침략자들과 게릴라 전쟁을 벌이기 위해 해방군을 조직한 유다 마케베오의 아버지 맛다디아의 이야기에서 한데 어우러진다. 마카비 1서 2장은 이 "자유의 전사들"이 이스라엘 땅을 휩쓸며 이교도 제단을 무너뜨리고 이스라엘 국경에서 발견한 모든 할례받지 않은 소년들에게 억지로 할례를 행하는 과정을 묘사한다. 그리하여 "자유의 전사들"은 "이방인과 그 왕들에게 율법을 구하고 폭군의 권세를 무너뜨렸다." 맛다디아는 임종할 때 아들들을 모아 놓고 율법에 열심을 내고 조상의 언약을 위해 목숨을 바치라고 권면했다. 맛다디아는 율법에 순종하여 하나님의 복을 받은 이스라엘 영웅들의 목록을 검토했다. 여호수아는 율법을 지켰고 이스라엘의 사사가 되었으며, 엘리야는 율법에 열심이었고 하늘로 올라갔으며, 다니엘은 이교 문화권에서 율법을 준수한 유대인으로 사자 굴에서 구원받았다. "아브라함은 시련 속에서도 굳건히 견디며 의로운 사람으로 인정받지 않았는가?"(마카비 1서 2:45-64). 여기에도 아브라함이라는 용감한 믿음의 전사가 자신의 아들을 희생해야 하는 한계

---

21 희년서 23:10을 참조하라. "아브라함은 여호와께 행한 모든 행위가 온전했고, 그의 평생 의로움을 기뻐하였다."

22 랍비 아빈은 아브라함의 신실함의 공로에 대한 예로 모세와 하나님 사이의 대화를 소개한다. "그러나 모세가 간청했다. '모든 만물의 주님! 주께서는 왜 이스라엘에게 노하십니까?'" 하나님이 '그들이 십계명을 어겼기 때문이다'라고 대답하셨다. 모세가 '그렇다면 그들은 그것을 갚을 수 있는 방법이 있습니다'라고 말했다. 하나님이 '그 방법이 무엇인가?'라고 물으시자 모세가 '주께서 열 번의 시련으로 아브라함을 시험하셨던 것을 기억하소서. 그 열 번[아브라함의 시련]이 이 열 번[계명 위반]에 대한 보상이 되게 하소서'라고 대답했다"(Exod Rab 44.4).

를 무릅쓰고 시련 속에서도 순종하고 굳건히 버텨 의의 상을 받은 표준적인 모습이 묘사되어 있다.

바울은 이 전통적인 아브라함의 초상을 잘 알고 있었을 것이다. 따라서 반대자들의 비방거리가 되었을 것이다. 바울은 아브라함에 대한 반대자들의 호소를 무시하지 않았지만, 출발점을 아브라함의 생애에서 더 앞선 사건으로 옮겼다. 바울은 아브라함의 이삭 희생을 명시적으로 언급하지 않았고 갈라디아에서도 창세기 17장의 할례 언약을 인용하지 않았다.[23] 바울에게 중요한 구절은 창세기 15장 6절이다. "아브람이 여호와를 믿으니 여호와께서 이를 그의 의로 여기시고." 이 인용문은 아브라함의 믿음을 바울이 방금 검토한 갈라디아서 교인들의 경험과 연결시키는 상관 접속사 καθώς(카도스, "~와 같이")로 소개된다. 사실 바울은 갈라디아 교인들이 자신의 설교를 통해 들은 하나님의 말씀을 신뢰했던 것처럼 아브라함 또한 갈라디아 교인들과 마찬가지로 행함이 아닌 "듣고 믿음으로" 의롭다 하심을 받았다고 말하고 있다.

바울은 아브라함의 믿음을 어떻게 이해했는가? 로마서 4장 3절에서 창세기의 같은 본문을 다시 인용하여 믿음이 어떻게 아브라함의 칭의의 도구가 되었는지 더 자세히 설명했다. 따라서 갈라디아서 3장에 대한 가장 좋은 주석은 로마서 4장이다. 바울 신학의 전체 맥락에서 두 구절을 살펴보면, 우리는 아브라함의 예에서 믿음에 관한 세 가지 중요한 원리를 배울 수 있다.[24]

---

23 그러나 윌콕스M. Wilcox는 도발적인 논문에서, 갈 3:13의 "십자가" 또는 "나무"(ξύλον)라는 단어를 포함하여 바울의 글에서 이삭의 희생에 대한 몇 가지 가능한 암시를 지적했다("'Upon the Tree'–Deut 21:22–23 in the New Testament," *JBL* 96 [1977]: 85–99). 이 단어는 미드라쉬 해석에서 모리아 산으로 여행할 때 아브라함이 이삭에게 짊어지게 한 번제의 나무를 가리키는 "나무"라는 뜻으로도 사용되었다. 테르툴리아누스는 이 행위가 기독교 모형론에서 갖는 의미를 다음과 같이 설명한다. "이삭은 아버지의 손에 이끌려 희생당할 때, 자신의 '나무' [lignum]를 짊어지며 그리스도의 죽음을 가리켰다. 이삭은 아버지를 통해 희생당했음을 인정받았고 이삭처럼 자기 수난의 '나무'를 짊어지고 있었다"(*Adversus Iudaeos* 10.6). 윌콕스는 또한 롬 8:32에서 이삭에 대한 바울의 언급을 발견한다. 여기에서 하나님은 "자기 아들을 아끼지 아니하시고 우리 모든 사람을 위하여 내주신 이"로 묘사된다.

24 롬 4장으로 갈 3장을 해석할 때, 나는 갈라디아서와 로마서의 시대적, 문맥적 특징을 허용하면서 바울 사상의 본질적인 일관성을 전제로 한다. 바울이 이 두 서신에서 아브라함 이야기를 다루는 방식에는 중요한 차이점이 존재하지만, 그의 해석은 모순되기보다는 상호 보완적이다. 베커J. C. Beker는 갈라디아서에서 율법에 대한 바울의 논쟁적인 공격은 거짓 교사들에 대한 복음 변호의 우발성과 특수성을 반영한다고 주장했다(*Paul the Apostle: The Triumph of God in Life and Thought* [Philadelphia: Fortress, 1980], 99 [= 『사도 바울』, 한국신학연구소, 1998]). 반면에 로마서는 이방인 그리스도인들을 위한 변증서(apologia) 라기보다는 회심한 유대인들과 나눈 대화로 쓰여졌기 때문에, 할례와 율법에 대해 더 평화적이고 긍정적으로 다루고 있다. 베커의 분석은 두 편지의 서로 다른 어조와 뉘앙스를 설명하는 것에 도움이 되지만, "로마서 4장은 구원 역사의 연속성을 허용하는 반면,

1. **믿음은 자랑을 배제한다.** 자랑이라는 주제는 갈라디아서와 로마서뿐만 아니라 고린도 서신과 빌립보서에서도 바울의 글에서 주요한 주제이다.[25] 자랑하는 것은 영광을 돌리고, 공로를 내세우고, 자기 결정권을 주장하고, 자신의 자율성과 자급자족을 자랑한다는 것이다. "나는 내 운명의 주인이고, 내 영혼의 선장이다"(헨리William Ernest Henley)라고 대놓고 주장하는 뻔뻔스러운 사람은 거의 없지만, 이러한 생각은 거듭나지 않은 모든 사람의 마음속에 잠재되어 있다. 그러나 아브라함이 의롭다 하심을 받은 믿음은 모든 종류의 자기 영광과 절대적으로 모순된다. 바울은 로마서 4장에서 창세기 15장 6절을 인용하기 바로 전에 이 점을 지적했다. 아브라함이 행위로 의롭다 함을 받았다면 자랑할 이유가 있었을 것이다. 그러나 바울이 이후에 갈라디아서 3장에서 보여주듯이, 율법을 받기 430년 전, 심지어 랍비들의 계산에 따르면 이삭을 바치기 전 29년 전에도 하나님께서 아브라함을 부르셨기 때문에 할 수 없는 일이었다. 그래서 전통적인 해석과는 달리 바울은 아브라함을 덕의 모범이나 종교적 행동의 모델로 제시하지 않았다. 하나님께서 말씀하셨고, 아브라함은 듣고 믿었으며, 오직 믿음(*sola fide*)에 근거하여 하나님의 의로운 판결을 받았다.

2. **믿음은 이성을 초월한다.** 마르틴 루터는 이 구절을 주석하면서 믿음과 행위뿐만 아니라 믿음과 이성의 두 번째 대조를 소개했다. "하나님께 영광을 돌린다는 것은 하나님을 신실하고 지혜롭고 의롭고 자비롭고 전능하신 분으로 믿고, 그분을 모든 선의 창조자이자 기여자로 인정하는 것이다. 이성은 그렇게 하지 못하지만 믿음은 그렇게 한다. ... 믿음은 이성을 도살하고 온 세상

갈라디아서 3장은 그 불연속성에 초점을 맞추고 있다"라는 주장은 너무 지나치다. 바울은 로마서나 갈라디아서에서 유대인과 이방인이 하나님의 구원 경륜에서 차지하는 특별한 위치를 놓치지 않았다. 휘브너H. Hübner는 갈라디아서와 로마서를 더욱 극단적으로 갈라놓는 바울 사상의 발전적 체계를 제안했다(*Law in Paul's Thought* [Edinburgh: T&T Clark, 1984], 51–57). 그는 이 두 서신에서 바울이 율법을 다루는 것에 큰 불일치가 있다고 보고, 이러한 불일치는 사도가 이방인 기독교와 유대인 기독교의 관계를 다시 생각했기 때문에 발생했다고 생각한다. 갈라디아서는 우리가 주장했듯이 현존하는 바울의 편지 중 첫 번째 편지일지라도 바울의 사도 경력에서 다소 늦게 쓰여졌다. 갈라디아서를 쓸 당시 바울은 수년간의 선교와 설교, 예루살렘에서 열린 이방인 선교 회의(synod), 안디옥에서 베드로와 대립을 겪은 뒤였다. 바울이 한편으로는 율법에 대한 공격과 다른 한편으로는 유대교와 이방인 기독교의 일치를 호소할 때, "불일치"에 대해 생각하지 않았을 것이라고는 상상할 수 없다. 갈라디아서는 덜 익은 신학이 아니라 열정적이고 성숙한 신학을 반영한다. 참조. F. S. Thielman, *Romans*, ZECNT (Grand Rapids: Zondervan, 2018), 223–57 [= 『강해로 푸는 로마서』, 디모데, 2020].

25 R. Bultmann, *Theology of the New Testament*, E. Käsemann, *Romans*, 64. 참조. 갈 6:13-14; 롬 2:23; 3:21-31; 4:1-6; 고전 1:29-31; 고후 10:7-18; 11:16-30; 빌 3:3-9. 다음 중요한 연구를 참조하라. S. J. Gathercole, *Where Is Boasting?: Early Jewish Soteriology and Paul's Response in Romans 1–5* (Grand Rapids: Eerdmans, 2002).

과 피조물이 죽일 수 없는 짐승을 죽인다."[26]

이러한 표현을 논리적 사고나 이성적 담론에 대한 전면적인 비난으로 받아들이면 오해하기 쉽다. 바울과 루터 모두 하나님이 주신 명료한 사고력과 인간적 추론을 통한 설득력 있는 논증 능력을 잘 활용한 것은 분명하다. 그러나 루터는 하나님의 말씀에 담긴 특별한 계시와 별개로 신학을 수행하는 자율적인 원리로 이해되는 믿음과 이성에 반대하는 점에서 옳았다.

아브라함의 믿음은 현실 구조에 대한 독립적인 탐구나 하나님의 존재에 대한 다양한 주장에 대한 해석에 근거한 것이 아니다. 아브라함이 하나님의 말씀을 듣고 하나님의 의를 구한 것은 "모든 자기 평가와 인간의 가능성의 선언에 반하는 것이었다."[27] 로마서 4장에서 바울은 아브라함과 사라가 정상적으로 임신할 수 있는 연령이 훨씬 지났음에도 하나님께서 하늘의 별처럼, 바닷가의 모래처럼 많은 후손을 주시겠다는 약속을 이행하실 것이라는 믿음의 예를 들었다. 이성이 의심과 절망을 권했을 때 아브라함은 "하나님이 약속하신 그것을 또한 능히 이루실 줄을 확신"하였다(롬 4:21). 이삭을 바치는 번제도 이와 같은 맥락에서 해석되어야 한다. 아브라함은 하나님의 명령에 따라 약속의 아들을 기꺼이 죽일 수 있었으며, 필요하다면 하나님께서 말씀을 이루기 위해 이삭을 다시 살릴 수 있다고 믿었다. 이것이 바로 예수님께서 모든 이성의 규범과 달리 하나님께서는 말씀의 능력으로 생명 없는 돌과 같은 무생물에서 아브라함의 아들을 일으키실 수 있다고 선언하셨을 때 말씀하신 종류의 믿음이다. 따라서 루터는 이성을 향해 "너는 조용히 있으라. 판단하지 말고 하나님의 말씀에 귀를 기울이고 믿으라"라고 말하면서 아브라함과 함께 "믿음의 어둠" 속으로 들어가자고 초대한다.[28]

3. **믿음의 문제는 순종에 있다.** 바울은 행위와 상관없이 오직 믿음으로만 죄인을 의롭다 선언하시는 하나님의 일방적인 행동을 너무 강하게 강조함으

---

26 Luther, "Lectures on Galatians, 1535," *LW* 26:227–28. 루터가 "이성"(ratio, Vernunft)이라는 단어를 사용한 다양한 방식에 대해서는 다음을 참조하라. H. Oberman, ed., *Luther: Sol, Ratio, Erudio, Aristoteles* (Bonn: Bovier, 1971).

27 Ebeling, *The Truth of the Gospel*, 176.

28 Luther, "Lectures on Galatians, 1535," *LW* 26:228. 루터는 자유로운 이성에 대한 변론에서 때때로 "하나님은 하나님의 본질이 아니라, 우리 안에 있는 신성의 창조자(the creator of the deity)"라며 다소 부적절한 방식으로 믿음을 찬양하기도 한다. 루터는 종교개혁 활동 초기에 모든 인간의 영혼 안에 신성의 불꽃이 남아 있다는 신비주의 교리를 깨뜨렸다. "신성을 창조하는 믿음"이라는 바울의 언어는 복음주의적 의미를 종교개혁 이전의 개념적 체계에서 읽으려는 어색한 시도를 드러낸다. 참조. T. George, *Theology of the Reformers*, rev. ed. (Nashville: B&H Academic, 2013), 63–74.

로써 도덕의 기초를 약화시키고 반율법주의자라는 고발에 노출시키지 않았는가? 분명히 바울은 자신이 지적한 것처럼 "은혜를 더하게 하려고 죄에 거하겠느냐 그럴 수 없느니라"(롬 6:1-2)라고 그 시대에 그러한 반대에 부딪혔다. 갈라디아서 5장과 6장에서 바울은 성령께서 이끄시는 삶의 차원을 설명하고 "각각 자기의[그들의] 일을 살피라, ... 사랑으로 서로 종노릇하라, ... [그리고] 그리스도의 법을 성취하라"(6:4; 5:13; 6:2)라고 독자들을 권면했다.

이러한 맥락에 우리는 바울의 이신칭의 교리와 야고보서의 행위를 통한 칭의에 대한 진술(약 2:14-26) 사이에서 추정되는 모순을 두어야 한다. 잘 알려진 바와 같이, 루터는 행위에 의한 칭의를 주장하는 바울과 모순되기 때문에 야고보서는 정경에 포함될 가치가 거의 없는 "옳지 않은 지푸라기 서신"이라고 비판했다.[29] 반면에 칼뱅은 야고보가 말하는 행함을 참된 믿음에 반대하는 것이 아니라 잘못된 믿음에 반대하는 것이라고 주장했다. 칼뱅은 야고보서의 의도는 의를 얻는 원천이나 방법을 보여주기 위한 것이 아니라, 참된 믿음은 선한 행위로 확인된다는 한 가지 요점을 강조하기 위한 것이라고 주장했다.

> 소피스트들이 야고보를 바울에 대립시켰을 때, 그들은 "칭의"라는 용어의 이중적 의미에 속았다. 바울이 우리가 믿음으로 의롭다 함을 받았다고 말할 때, 그것은 정확히 우리가 하나님 앞에서 의의 판결을 받았다는 것을 의미한다. 야고보는 전혀 다른 의도이지만, 자신이 신실하다고 고백하는 사람은 행위로 자신의 신실함을 증명해야 한다는 의도이다. 야고보는 구원의 확신이 어디에 있어야 하는지, 즉 바울이 주장하는 바로 그 점을 가르치려는 의도가 아니었다. 그러므로 소피스트들은 함정에 빠뜨린 거짓 추론을 피하기 위해 이중적 의미를 취해야 한다. 바울은 이 단어가 하나님의 심판대 앞에서 우리의 자유로운 의의 전가를 의미하고 야고보는 사람들 앞에서 의를 그 결과로 입증한다는 의미이다.[30]

---

29 Luther, "Preface to the New Testament, 1546," *LW* 35:362. 쯔빙글리와 칼뱅, 재세례파가 야고보서를 다루는 방식에 대해서는 다음을 참조하라. T. George, "'A Right Strawy Epistle': Reformation Perspectives on James," *RevExp* 83 (1986): 369–82.

30 J. Calvin, *A Harmony of the Gospels Matthew, Mark and Luke; James and Jude*, ed. D. W. Torrance and T. F. Torrance, trans. A. W. Morrison, CNTC (Grand Rapids: Eerdmans, 1972), 3:285. 야고보-바울 문제에 대한 학계의 논의에서 루터와 칼뱅의 메아리를 들을 수 있다. 이 문헌을 조사한 후, 데이비스P. H. Davids는 "야고보와 바울 사이에 행위 문제에 대한 실질적인 갈등은 없다. ... 두 저자는 서로 다른 문제를 다루었기 때문에 서로 다른 방식으로 용어를 사용했다"라고 결론을 내렸다. 야고보와 바울이 창 15:6을 사용한 것과 관련하여, 그는 아브라함의 예가 두 성경의 저자들에게 어떻게 다르게 작용했는지 언급한다. 바울에게는 할례 의식이 제정되기 전에 아브라함이 의롭다고 선언되었다는 사실이 중요한 문제였다. 야고보에게는 아브라함의 믿음이 단순한 정통이 아니라 실제 의로운 행위로 이어지는 믿음이라는 것을 보여주는 것이 중요한 문제였다. "다시 말해, 두 사람은 서로 다른 방향에서

루터가 오직 믿음으로 의롭다 함을 얻는다는 칭의의 근본적 성격을 누구보다 잘 이해했다면, 칼뱅은 이 중요한 교리가 바울 사상과 신약 신학의 전체 구조와 어떻게 관련되어 있는지 더 잘 파악했다. 우리는 오직 믿음으로만 의롭다 함을 얻지만, 의롭다 함을 얻는 믿음은 혼자가 아니다. 케제만Käsemann은 바울의 신앙에 대한 전반적인 이해에서 이 구절의 의미를 잘 포착했다. "믿음은 복음의 선포를 통해 복음의 기초가 되시는 주님이 현장에 오셔서 우리를 다스리신다는 사실로 이루어진다. ... 믿음은 그분의 주되심을 증거하는 말씀에 따라 사는 것이며, 그 이상도 이하도 아니다."[31]

2.2.2. 참된 아브라함의 자손 (3:7-9)

3:7. 이 구절에서 바울은 아브라함에서 그의 자손으로 자신의 주장을 확장하여 갈라디아서 3장과 4장의 나머지 부분을 지배할 질문, 즉, 아브라함의 참 자녀는 누구인가라는 질문을 처음으로 제기한다. 이 생각의 흐름은 두 어머니, 사라와 하갈과 두 아들 이삭과 이스마엘의 비유에서 결론을 찾을 수 있다(4:21-31).

반대자들은 아브라함에 대한 전통적인 유대교 주석 전통에 호소하면서 갈라디아의 이방인 신자들에게 이렇게 말한 것이 분명하다. "그래서 그리스도인이 되고 싶다고? 좋다! 진정한 아브라함의 아들이 되는 방법을 보여 주겠다. 너희는 하나님과 그의 백성이 맺은 언약의 필수 불가결한 할례의 인을 받아야 하며, 조상 아브라함처럼 거룩한 율법의 계명을 지켜야 한다." 이러한 아브라함의 "정통" 신학에 대해 바울은 반대 해석을 제시한다. "아브라함의 아들이라는 것이 그렇게 큰 문제라고 생각하는가?"라고 말했다. "그럼 아브라함 자신에게로 돌아가 보자. 아브라함이 처음에 어떻게 하나님 앞에서 의롭다고 선언되었는가? 갈대아 우르에 있는 고향, 가족, 친구들을 모두 버렸기 때문인가? 할례를 받고 율법을 지켰기 때문인가? 하나님의 명령에 따라 아들 이삭을 번제로 드릴 준비가 되었기 때문인가? 아니다! 아브라함은 뛰어난 덕과 거룩한 행실 때문이 아니라 오직 하나님을 믿었기 때문에 의롭다고 선언 받았다. 아브라함의 믿음은 할례에 대해 알기도 전에, 약속의 땅을 향한 긴 여정의 첫발을 내딛기 전에 의로 여겨졌다. 아브라함은 유대인의 조상이 되었지만 아직

서로 다른 강조점을 가진 믿음의 정의를 사용하여 아브라함 내러티브에 접근했으며, 그 결과 모순되는 결론이 아니라 상호 보완적인 결론을 주장한다." 참조. P. H. Davids, "James and Paul," *DPL*, 457-61.

31 Käsemann, *Romans*, 108.

이방인이었을 때 의롭다 함을 얻었다. 너희 갈라디아 교인들도 율법의 행위가 아니라 듣고 믿음으로 의롭다 하심을 받고 성령을 받았다!"

바울의 반박은 율법 중심 선동가들의 신학에 대한 신랄한 책망이었다. 혈통이나 육체적 출산은 하나님 앞에서 아브라함의 자손이 되게 하는 것이 아니며, 개인적인 부분의 변화로 아브라함의 아들이 되는 것도 아니다. 참된 아브라함의 자녀는 문자 그대로 하나님과 맺는 관계, 즉 자신의 존재를 믿음에 근거하여 믿는 사람들이다. 바울의 주장은 예수님이 당시 유대 종교 지도자들과 아브라함의 자녀로서 갖는 지위에 관해 나눈 토론과 일맥상통하다. 예수님은 아브라함이 너희의 참된 아버지라면 아브라함처럼 행동하고, 실제로 속한 마귀의 특성이 아니라 아브라함의 특성을 닮을 것이라고 말하셨다(요 8:31-47). 바울은 이미 갈라디아서에서 악한 자의 존재를 암시한 바 있다(참조. 3:1, "꾀는 자"). 이제 육체적 혈통이나 인간의 노력으로 하나님과 바른 관계를 맺고자 하는 사람들은 마지막 날에 하나님의 백성 밖에서 발견되어 어둠과 죄의 "이 악한 세대"(1:4)에 영원히 갇혀 있을 것이라고 말했다.[32]

3:8. 이 구절에서 바울은 놀라운 비유를 통해 기록된 하나님의 말씀에 신적 예견을 부여한다. "성경은 하나님께서 이방인을 믿음으로 말미암아 의롭다 하실 것을 미리 보았고 아브라함에게 복음을 미리 선포했다." 바울이 성경에 사용한 단어 γραφή가 바울이 인용한 특정 구절(실제로는 창 12:3과 18:18의 합성)을 가리키든, 아니면 성경 전체를 가리키든, 브루스가 올바르게 관찰한 것처럼 바울이 여기에서 "성경"을 "신적 인격의 연장선 정도"로 사용한 것은 분명하다.[33]

---

32 콜은 υἱοί Ἀβραάμ을 아브라함의 자녀나 아들이 아니라 "진짜 아브라함"으로 번역해야 한다고 제안했다(*Galatians*, 93). 예를 들어, 이것은 유대인을 "다윗의 아들"이라고 부르거나 악인을 "벨리알의 아들"이라고 부르는 일반적인 셈어적 양식을 따르는 것이다. 바울 서신에서 요한복음 8장의 중요성에 관해서 다음을 참조하라. F. Leenhardt, "Abraham et la conversion de Saul de Tarse, suivi d'une note sur Abraham dans Jean 8," *Revue d'histoire et de philosophie religieuse* 53 (1973): 331–51; Gorman, *Apostle*, 206–8.

33 Bruce, *Galatians*, 156. γραφή이라는 용어는 신약에서 성경의 개별 구절들을 지칭할 뿐 아니라, 전체성과 통일성을 지닌 성경 자체를 지칭하기 위해서 다양하게 사용된다. 갈 3:8은 롬 9:17 및 10:11과 유사하게 보이는데, 여기에서 바울은 분명히 성경을 하나님의 말씀과 동일하게 여겼다. 참조. G. Schrenk, "γραφή," *TDNT* 1:749–61. 바울 신학에서 성경 교리에 대해서는, 다음의 고전적 연구를 참조하라. E. E. Ellis, *Paul's Use of the Old Testament* (Edinburgh: Oliver & Boyd, 1957); W. C. Kaiser Jr., *The Uses of the Old Testament and the New* (Chicago: Moody, 1985) [= 『신약의 구약사용』, CH북스, 1997]; C. D. Stanley, *Paul and the Language of Scripture: Citation Technique in the Pauline Epistles and Contemporary Literature*

바울이 디모데후서 3장 15-17절에서 자세히 설명한 성경 영감 교리는 이 본문에서 "성경"을 말씀하시는 하나님과 절대적으로 동일하게 여김으로 분명히 암시된다. 그렇지 않으면 바울의 말은 전혀 의미가 없다. 무생물인 문자 텍스트가 어떻게 "미리" 어떤 것을 "볼" 수 있을까? 분명히 하나님은 아브라함에게 성경에 기록된 말씀을 하셨다. 실제로 이 말씀이 처음 선포되었을 당시에는 아직 기록된 계시가 존재하지 않았다. 그러므로 바울이 말한 것은 "성경에 기록된 대로 하나님이 말씀하셨다"라는 뜻이었을 것이다. 바울의 언어는 우리가 하나님 자신과 독립적으로 존재하는 코란과 같은 성경을 가정할 것을 요구하지 않는다. 그러나 바울에게 성경에 기록된 말씀은 하나님의 살아있는 음성이라는 거부할 수 없는 인상을 남긴다. 하나님은 성경을 통해 말씀하시고, 이러한 이유로 성경은 하나님의 백성에게 거부할 수 없는 타당성과 규범적 의미를 가진다.[34]

성경이 아브라함에게 "미리 보고," "앞서 선포한" 것은 무엇이었는가? 간단히 말해서, 구원의 복음은 이방인들을 포함한 모든 민족에게 확장되어 아브라함처럼 믿음에 근거하여 하나님께 의롭다고 선언될 것을 말한다.[35] 따라서 바울은 창세기 22장 18절 "땅의 모든 민족들이 당신의 후손으로 인해 복을 받을 것이다"를 전통적인 유대 주석이 허용하는 것보다 더욱 풍성한 의미로 해석했다. 유대 민족을 통해서 세상은 신성한 성경과 유일신 종교를 비롯한 많은 놀라운 혜택을 받았다. 그러나 바울은 "그 축복을 단순히 하나님의 '은혜'와 '이신칭의'와 동일하게 여길 때 훨씬 더 나아갔다.[36] 아브라함은 예수님이 태어나기 수 세기 전에 하나님께 메시아에 대한 약속의 말씀을 받고 믿었기 때문에 특별했다. 이 시점에서 바울의 주해는 예수님의 선언에 대한 해설이다. "아브라함은 내 날을 보고 매우 즐거워했고, 그날을 보고 기뻐했다"

(Cambridge: Cambridge University Press, 1992); R. E. Ciampa, *The Presence and Function of Scripture in Galatians 1 and 2* (Tübingen: Mohr Siebeck, 1998).

34 워필드B. B. Warfield의 서술은 여전히 이 주제와 관련이 있다. "하나님의 말씀 그 자체로서 성경 본문에 대한 깊은 경외심을 드러내게 할 방법을 고안하는 것은 어려운 일이다. 이것은 구약을 다루는 신약 저자들의 특성이라고 할 수 없다. ... 하나님과 성경은 권위의 직접성에 있어서 그 둘 사이에 아무런 구별이 없음을 보여주기 위해 그렇게 결합되어 있다"(*The Inspiration and Authority of the Bible* [Philadelphia: Presbyterian Reformed, 1948], 299).

35 베츠는 προευηγγελίσατο는 필론에도 나오긴 하지만, 신약에서는 한 번만 사용된 단어(hapax legomenon)라고 지적한다(*Galatians*, 143). 이 본문에 대한 로크의 의역을 참조하라. "믿음으로 이방인을 의롭게 하시는 것이 하나님의 목적이기 때문에, 아브라함에게 복음의 예지를 주셨다(*A Paraphrase*, 1:136–37). 또한 다음을 참조하라. Witherington, *Grace*, 226–29; Das, *Galatians*, 307–10.

36 Betz, *Galatians*, 142.

(요 8:56 NEB). 물론 바울이 생각한 그리스도의 "날"은 이미 갈라디아서 1장에서 보여주었듯이 구원 역사에서 새로운 시대를 열었으며, 여기에는 이방인을 향한 부르심과 특별한 사명이 포함되어 있었다. 이제 바울은 아브라함의 교훈을 갈라디아 이방인 그리스도인들에게 적용할 준비가 되었다.

3:9. 이 구절은 바울이 6절에서 소개한 아브라함 논증의 결론("그러므로," ὥστε, 호스테)을 제시한다. 갈라디아서 3장과 4장에서 바울의 논증이 전개되는 것을 보면 알 수 있듯이, 반대자들과 벌인 논쟁이 끝나지 않았음이 분명하다. 그러나 이 짧은 구절에서 바울은 이미 다음 구절에서 자세히 설명할 두 가지 중요한 점을 지적했다. 첫째, 바울은 성경적 패러다임에 대한 반대자들의 호소를 약화시키는 방식으로 아브라함의 가족을 재정의했다. 진정한 아브라함의 자손은 위대한 족장처럼 믿음으로, 즉 하나님의 은혜로 의롭다고 선언된 사람들이다. 달리 말하면, "아브라함의 진정한 자손은 단순한 혈통의 형제가 아니라 영혼의 형제이다."[37] 둘째, 바울은 아브라함을 통해 "모든 민족"에게 약속된 축복을 이방인을 향한 율법에 자유하는 선교에 대한 예언으로 해석했다. 아브라함은 정확무오한 하나님의 말씀을 통해 복음의 약속을 받았을 뿐만 아니라 예수 그리스도 안에서 그 성취를 기대했으며, 그 성취는 바울의 사역을 통해 복음을 듣고 믿음으로 의롭다 함을 받은 갈라디아 교인들 사이에서 부분적으로 실현되고 있었다.[38]

이 구절에서 바울의 전체 주장은 은혜 언약의 연속성이라는 위대한 가정에 달려 있다. 마르시온이 바울에 대한 모든 찬사에도 불구하고 신앙의 원형으로서 아브라함에 대한 언급을 모두 지워버리려고 한 것은 놀라운 일이 아니다.[39] 구약을 완전히 거부함으로써 마르시온은 기독교를 구약의 하나님과 완전히 반대되는 신이자 창조하지도 않았고 구속하는 데 관심이 없는 물질의 세계와 대립하는 예수님의 "낯선 아버지"의 종교로 제시했다.

그러나 바울은 이런 생각을 전혀 하지 않았다. 아담과 하와의 창조에서 그

---

37 P. R. Jones, "Exegesis of Galatians 3 and 4," *RevExp* 69 (1972): 476.

38 이 점은 바클레이가 그의 훌륭한 연구에서 잘 지적한 바 있다. J. M. G. Barclay, *Obeying the Truth*, 87–88.

39 참조. Tertullian, *Adversus Marcionem* (chap. 4): ANF 3.435–38. 이 구절에 대한 영지주의 주석에서 바울이 아브라함을 언급한 것은 데미우르고스를 비유적으로 표현한 것으로 간주되며, "아브라함의 자녀들"은 아직 "알지" 못하기 때문에 믿을 수밖에 없는 미몽의 영혼인 심령술사들을 의미한다. 초기 영지주의 주석가 헤라클레온은 믿음으로 얻는 칭의를 거부하며 "데미우르고스는 잘 믿는다"라고 비꼬았다(Pagels, *Gnostic Paul*, 106).

리스도의 재림까지, 하나님께서는 전 세계 모든 민족에게 단 하나의 구원의 길, 즉 성령의 중생 사역을 통해 모든 택한 자에게 적용된 아들의 십자가 속 죄의 죽음을 제공하셨다. 따라서 바울은 아브라함의 믿음이 우리가 이미 오 신 그리스도를 믿는 것처럼 오실 그리스도를 믿었다는 점에서 눈에 띄는 차 이점을 제외하고는 우리와 같다고 주장할 수 있었다. 칼뱅이 말했듯이, "동일 한 유업에 참여했고 동일한 중보자의 은혜로 우리와 함께 공동의 구원을 바 랐다."[40] 구원 역사의 연속성에 대한 바울의 주장은 향후 기독교 신앙의 진로 에 지대한 영향을 미쳤다. 그것은 기독교를 과거 하나님의 강력한 행적과 결 부시킴으로써 동방에서 온 또 다른 신비 종교가 되는 것을 막는 동시에 "이스 라엘의 거룩한 이"가 다름 아니라 "온 땅의 하나님"(사 54:5)임을 인정함으로 전 세계적인 선교 운동으로 확장시켰다.

2.3. 그리스도와 저주(3:10-14)

10 무릇 율법 행위에 속한 자들은 저주 아래에 있나니 기록된 바 누구 든지 율법 책에 기록된 대로 모든 일을 항상 행하지 아니하는 자는 저주 아래에 있는 자라 하였음이라 11 또 하나님 앞에서 아무도 율법으로 말 미암아 의롭게 되지 못할 것이 분명하니 이는 의인은 믿음으로 살리라 하였음이라 12 율법은 믿음에서 난 것이 아니니 율법을 행하는 자는 그 가운데서 살리라 하였느니라 13 그리스도께서 우리를 위하여 저주를 받은 바 되사 율법의 저주에서 우리를 속량하셨으니 기록된 바 나무에 달린 자마다 저주 아래에 있는 자라 하였음이라 14 이는 그리스도 예수 안에서 아브라함의 복이 이방인에게 미치게 하고 또 우리로 하여금 믿 음으로 말미암아 성령의 약속을 받게 하려 함이라

6-9절에서 바울은 이신칭의에 대한 긍정적인 논증을 제시했다. 10-14절 에서 그는 전세를 뒤집어 행위를 통한 칭의의 가능성을 반대하여 부정적으로 주장했다.[41] 이 부분의 형식적 구조는 바흐의 푸가(Bach fugue)의 구성적 복잡

---

40 Calvin, *Institutes*, 2.10.1.

41 따라서 라이트풋은 "칭의가 믿음으로 인한 것임을 긍정적인 증거로 보여 주었기 때문에 힘을 얻었다. 그 반대인 율법으로 얻는 칭의를 유지할 수 없기 때문에 부정적인 논증으로 자신의 입장을 확고하게 한다"라고 말한다(*Galatians*, 137).

성과 비슷하며, 바울이 여기에서 임시방편으로 자신의 주장을 뒷받침하기 위해 여러 구절들을 뒤섞어 놓은 것이라는 생각을 반대한다.

어떤 면에서 이 구절은 네 개의 주요 명제로 분석할 수 있으며, 각 명제는 구약 인용으로 확인되고 해명된다. 그러므로 (1) 율법을 지키는 데 의존하는 사람들은 저주 아래 있다. 왜 그러한가? 성경은 율법책에 기록된 모든 것을 행하지 않는 자는 저주 아래 있다고 말한다(신 27:27). (2) 아무도 율법으로 의롭다 함을 받을 수 없다. 왜 그러한가? 성경은 의인은 믿음으로 산다고 말한다(합 2:4). (3) 율법과 믿음은 서로 양립할 수 없는 하나님의 길이다. 어떻게 그렇게 확신할 수 있는가? 율법 자체가 계명을 지키는 사람은 그것으로 말미암아 살 것이라고 말하기 때문이다(레 18:5). (4) 그리스도께서 우리를 율법의 저주에서 속량하셨다. 어떻게 이런 일이 일어났는가? 그리스도는 나무에 달려 우리를 위해 저주가 되셨다(신 21:23). 이 명제들을 자세히 살펴보면 (1)과 (4)는 문제와 해결책으로 밀접하게 관련되어 있는 반면, (2)와 (3)을 뒷받침하기 위해 인용된 두 성경 본문은 서로 명백하게 모순된다는 것을 알 수 있다. 전체 단락은 14절에서 점점 강하게 결론을 맺는데, 이 구절은 명제 (4)의 핵심 요소인 그리스도께서 우리를 구속하셨다는 것을 다시 확인한 다음, 아브라함의 축복이 이방인들에게도 임하게 하고 믿음으로 약속된 성령을 받게 하려는 두 가지 목적절을 추가한다.

이 구절들을 자세히 살펴보기 전에, 다른 관점에서 보면 3장 10절에서 25절은 아브라함의 참 자손에 관한 바울의 논증 전체 구조에서 긴 괄호를 구성하고 있다는 사실을 인식하는 것이 중요하다. 앞서 살펴본 것처럼 바울은 이신칭의의 패러다임으로 인용된 아브라함과의 은혜 언약의 연속성에서 논증했다. 아브라함이 받은 복은 유대인뿐만 아니라 "모든 민족"(ἔθνη, 에드네, 개역개정. "이방인")을 위한 것이었다. 따라서 오늘날 아브라함이 믿었던 것처럼 믿는 사람은 아브라함처럼 하나님 앞에서 의롭다고 선언된다. 엄밀한 논리에서 바울이 3장 9절에서 3장 26절로 바로 넘어가서 "믿음으로 말미암은 자는 아브라함과 함께 복을 받느니라. ... 너희가 다 믿음으로 말미암아 그리스도 예수 안에서 하나님의 아들이 되었으니"라고 말하는 것이 합리적일 수 있다. 바울은 의도적으로 이렇게 하지 않고 율법에 대한 복잡한 여담에 빠져 들었는데, 이 구절은 라이트의 관찰했듯이 "바울 서신에서 가장 복잡하고 논란이 많은 구절"의 목록에서 분명히 높은 순위를 차지할 것이다.[42] 왜 바울은

---

42 N. T. Wright, *The Climax of the Covenant: Christ and the Law in Pauline Theology* (Minneapolis: Fortress, 1991), 137. 이 구절에 대한 생생하고 통찰력 있는 논의에 대해 라이트에게 빚을 지고

갈라디아서 3장 1-9절의 사고의 순서대로 아브라함에서 그리스도로, 따라서 갈라디아의 이방인 그리스도인들에게 직접 논증하지 않았을까? 왜 율법과 저주를 통해 길게 돌아갔을까?

이 질문에 대한 대답은 그의 백성 이스라엘에 대한 하나님의 특별 계시의 특수성에서 찾아야 한다. 구약이 기독교 성경으로 채택되었기 때문에 기독교 신학은 그 거룩한 본문에 기록된 신성한 역사에 진지하게 관여하는 것을 피할 수 없다. 우리는 이스라엘의 하나님을 진지하게 받아들이지 않고서는 "하나님의 이스라엘"(6:16)의 일부라고 주장할 수 없다. 따라서 갈라디아서 3장에서 바울의 주장은 고대 하나님의 백성들의 역사를 따른다. 그 역사는 아브라함에서 시작해서 모세(이 서신에서는 이름이 언급되지 않았다. 참조. 고후 3:7-18)로 이어지며, 그리스도 안에서 절정에 이른다. 율법이 하나님의 백성의 역사에 필수 요소였기 때문에, 바울은 율법에 대한 논의를 피할 수 없었다. 왜냐하면 때가 차매 하나님께서 그 아들을 여자에게서 태어나고 율법 아래서 태어난 사람으로서 이 역사, 즉 우리 역사의 한가운데로 보내셨기 때문이다.

이 시점에서 갈라디아의 반대자들은 이렇게 말할 수 있다. "물론이다! 그것이 우리가 계속 말해온 것이다. 구원 역사는 아브라함에서 그리스도에게로 이어지는 것이 아니라 아브라함에서 모세를 거쳐 그리스도에게로 이어진다. 이방인이 아브라함의 복을 받을 수 있는 방법은 율법을 통해서이다. 율법은 믿음에 반대하는 것이 아니라 오히려 그것을 요구함으로써 믿음을 보완하고 강화한다."

바울은 반대자들의 주장에 대해 두 가지 방법 중 하나로 대응할 수 있었다. 이렇게 대답했을 수도 있다. "그렇다. 모세가 하나님의 백성의 역사에서 율법 제정자로서 중추적인 역할을 했다는 데 동의한다. 그러나 이제 예수님은 새로운 모세이다! 예수님은 우리가 순종해야 할 새로운 도덕, 더 높은 계율과 계명을 제정하셨다."[43] 반대로 바울은 율법의 완전한 폐지, 즉 예수님이 율법을 성취하기 위해 오셨을 뿐 아니라 율법을 폐하기 위해 오셨다고 주장했을 수도 있다. 그러나 바울은 이 두 가지 대안 중 어느 것도 선택하지 않았다. 대신 다른 방법을 택했다. 바울은 율법이 의를 얻는 근원이 아니라 정죄의 척도

있지만, 몇 가지 논쟁의 여지가 있는 지점에서 그의 결론을 따를 수 없다.

43 바울은 이스라엘 자손이 이집트에서 나오는 길에서 바다를 통과하며, "모두 모세에게 세례를 받았다"고 말했지만(고전 10:2), 모세를 그리스도의 모형으로 사용한 적은 없다. 물론 히브리서는 종 모세를 아들 예수와 비교하고 있지만, 모세에 대한 핵심적인 언급은 그리스도의 십자가 희생을 예고하는 의식인 피를 통한 언약의 선포이다(히 3:1-6; 9:18-28). 참조. L. L. Belleville, "Moses," *DPL*, 620-21.

로서 구원과 그리스도에 대한 자신의 이해에 결정적이기 때문에 율법을 무시할 수 없었다. 율법은 우리가 무엇으로부터 즉 저주로부터 구원을 받았음을 알려준다. 이것은 우리를 바울 구원론의 핵심으로 이끈다. "의롭게 하는 믿음은 저주로부터의 구원을 통해서만 온다. 저주에 대해 아무것도 모르는 사람은 복에 대해서도 아무것도 모른다. 저주를 짊어지신 그리스도만이 복을 전달하는 사람이 될 수 있다."[44]

2.3.1. 율법의 저주(3:10-12)

3:10. 갈라디아서 전체에서 보았듯이 바울은 그리스도와 함께 십자가에 못 박힘/하나님께 살아 있음, 믿음으로 듣는 것/행함, 영으로 시작/육으로 끝남, 약속/성취 등 상반되는 논거를 자주 조합하여 자신의 신학을 발전시켰다.[45] 그런데 9절과 10절에는 바울의 생각에서 다소 갑작스러운 전환이 될 수 있는 두 가지 결정적인 대조가 있다.[46] 9절은 "믿음이 있는 자"에 관한 것이고, 10절은 율법을 지키는 자에 관한 것으로, 전자는 복을 받고 후자는 저주를 받는다고 한다.

토라에 익숙한 사람이라면 복과 저주가 병치되어 있는 이 구절에서 신명기 27-28장의 고전적인 구절을 즉시 떠올릴 수 있을 것이다. 이 구절에서 이스라엘의 열두 지파는 합창단으로 묘사되는데, 여섯 지파는 그리심 산에, 여섯 지파는 에발 산에 서 있다. 레위 지파가 순종에 대한 축복의 교독과 불순종에 대한 저주의 교독을 암송하면, 그리심 산에 있는 지파는 축복에 대해, 에발산에 있는 지파는 저주에 대해 "아멘!"으로 화답해야 했다. 바울이 이 구절을 염두에 두고 있었다는 의심이 든다면, 그는 하나님을 받아들이기 위해 율법 수행에 의존하는 사람들이 저주 아래 있다는 진술을 확인하기 위해 결론적

---

44 Ebeling, *Truth of the Gospel*, 171. 에벨링의 갈라디아서 강해는 루터의 주석을 반영한다. 예를 들어, 루터는 "율법의 가장 중요하고 적절한 사용"을 "죄, 실명(blindness), 비참함, 사악함, 무지, 하나님에 대한 증오와 경멸, 죽음, 지옥, 심판, 하나님의 마땅한 진노"에 대한 계시이며 "율법은 바위를 부수는 망치이며, 불이며, 바람이며, 산을 뒤엎는 크고 강력한 지진이다"라고 언급했다. 그럼에도 불구하고, "율법의 이러한 사용은 굉장히 유익하고 매우 필요하다." ("Lectures on Galatians, 1535," 26:309–10). 참조. Scott Hafemann, "Yaein: Yes and No to Luther's Reading of Galatians 3:6–14," *Galatians and Christian Theology*, 117–31.

45 그래서 루터는 "성경에서 대조적인 주장을 분별하고 그 도움을 받아 성경을 해석할 수 있는 것은 지적인 사람의 표식이다"라고 말했다("Lectures on Galatians, 1535," 26:309–10).

46 헤이즈는 "그 하위 본문[즉, 창 12:3]의 축복/저주 대립이 갑작스러운 전환을 숭고하며 부드럽게 만든다"라고 지적했다(*Echoes of Scriptures in the Letters of Paul* [New Haven: Yale University Press, 1989], 109 [= 『바울서신에 나타난 구약의 반향』, 여수룬, 2017]). 참조. Wright, *Climax of the Covenant*, 142.

인 저주를 인용했다. "율법 책에 기록된 대로 모든 일을 항상 행하지 아니하는 자는 저주 아래에 있는 자라 하였음이라."[47] 롱네커가 지적했듯이, 바울은 랍비 교육뿐만 아니라 특정 회당 지도자들에게 "사십에서 하나 감한 매"를 다섯 번이나 받았기 때문에 신명기 저주의 말씀이 기억 속에 고통스럽게 각인되었을 것이다(참조. 고후 11:24). 그 채찍질에 대한 자세히 설명하는 회당의 지침은 형벌이 집행되는 동안 신명기의 저주를 간헐적으로 읽도록 요구했다.[48]

이 구절에서 바울의 주장은 그가 자명하다고 가정하는, 명시되지 않은 전제에 달려 있다. 성경은 율법을 온전히 순종하지 않는 사람은 저주를 받았다고 말하며, 실제로 예수님을 제외하고는 율법 전체를 성취한 사람도 없고 실제로 성취할 수도 없기 때문에 행위로 의롭게 되려는 사람은 실제로 그러한 저주 아래 있다. 율법의 성취 불가능한 성격에 대한 생각은 바울에게만 국한된 것은 아니다. 바울 당시의 많은 랍비와 유대인 교사, 특히 샴마이 학파의 교사들은 이러한 생각을 가졌으며, 신약의 다른 본문에서도 분명하게 가르친다. "누구든지 온 율법을 지키다가 그 하나를 범하면 모두 범한 자가 되나니"(약 2:10).

인간은 율법을 지킬 능력이 없기 때문에 행위로 의롭게 될 수 없다는 전통적인 견해는 칼뱅은 갈라디아서 주석에서 다음과 같이 표현했다.

그래서 바울은 모든 사람이 율법을 온전히 지키라는 명령을 받았기 때문에 저주를 받았으며, 이는 현재 우리 본성의 부패로 인해 그 능력이 부족하기 때문이라고 담대하게 결론을 내린다. 따라서 우리는 율법이 저주해야 하는 것은 우연이지만 동시에 영원하고 분리될 수 없다고 결론지었다. 율법이 우리에게 제공하는 복은 우리의 타락으로 인해 배제되어 저주만 남는다.[49]

최근 몇 년 동안 갈라디아서 3장 10절에 대한 전통적 견해는 율법 자체가

47 브루스는 축복과 저주의 선포가 일회성 사건이 아니라 언약 갱신 의식의 일부로 주기적으로 반복되는 표준 전례였을 수 있다고 제안했다(Galatians, 158). 바울은 분명히 마소라 본문에는 없는 두 단어가 포함된 70인역의 변형을 이용한 것이 분명하다. "이 율법의 모든 말씀을 지키지 아니하고 행치 아니하는 자는 저주를 받을 것이다." 그러나 "모든"이라는 단어는 열두 번째 저주의 선포 다음 구절에서 발견된다. "너희가 너희 하나님 여호와께 온전히 순종하고 그분의 모든 명령을 주의 깊게 지키면"(신 28:1). 따라서 바울은 앞서 3:8에서 창 12:3과 18:18을 인용한 것처럼 두 본문을 하나의 인용문으로 단순히 합친 것일 수 있다. 참조. T. Wengert, "Martin Luther on Galatians 3:6–14," Galatians and Christian Theology, 91–116.

48 Longenecker, Galatians, 117. 참조. Moo, Galatians, 195–223.

49 참조. Calvin, Galatians, CNTC 11:53.

한편으로는 회개라는 구제책을 제공하고 다른 한편으로는 제사 제도 전체를 제공하는데, 바울이 어떻게 단 한 번 율법을 범하는 것이 저주 아래 놓일 것이라고 생각할 수 있었는지 궁금해하는 많은 학자에게 도전을 받았다.

> 토라를 지키지 못한 유대인, 그리고 자신이 토라를 지키지 못한다는 것을 아는 유대인은 언약 백성에서 배제되거나 영원한 저주라는 끔찍한 위협 아래서 오랫동안 시달릴 필요가 없었다. ... 그렇다면 바울은 어떻게 토라를 지키지 않는 사람에게는 이 저주가 영원히 그 사람의 머리 위에 내려진다는 것을 암시할 수 있을까?[50]

이러한 반대에 대한 대답은 십자가의 관점에서 본 인간 죄성의 보편성과 심각성 모두와 관련이 있다. 히브리서에서 자세히 설명하듯이, 구약의 속죄 제사는 결코 범죄자의 죄책감을 없애기 위한 것이 아니다. 세상 죄를 지고 가신 하나님의 참 어린 양 메시아가 오시기 전에 살았던 선택된 백성에게 "미리 복음을 선포"하기 위한 방법으로 제정되었다(요 1:29). 반복되는 성전 제사는 성전 제사의 임시성과 본질적인 부적절함을 매일 상기시키는 것이었다. 바울에게 그리스도는 율법 자체로는 할 수 없는 일을 이루시고 완성하셨기 때문에 율법의 "마침"(τέλος, 텔로스)이었다(롬 10:4). 예수님은 "율법책에 기록된 모든 것"을 이루지 못한 모든 사람에게 정당하게 내린 율법의 저주를 짊어짐으로 그렇게 하셨다. 따라서 우리는 오직 예수 그리스도의 빛 안에서만 하나님이 의도하신 인간의 참된 본성이나 타락한 이 세상에서 인간의 반역의 급진적인 성격을 이해할 수 있다. 그리스도의 영광을 밝히기 위해 세상을 최대한 어둡게 칠해야 한다는 것이 아니다. 오히려 하나님께서 인간에게 그러한 신비, 하나님의 거룩하심, 죄의 무서움, 이 세 가지가 나무 위의 한 사람 안에서 만나게 하신 신성한 은혜의 깊이를 이해할 수 있는 능력을 허락하시는 한, 갈보리의 빛 안에서만 온전히 이해할 수 있다.[51]

---

50 Wright, *Climax of the Covenant*, 145. 라이트는 갈라디아서에서 바울의 주장은 회개에 대한 유대인의 가르침을 왜곡한 것과 같이 여겨 유대인 청중들이 받아들일 수 없었을 것이라는 무어의 서술을 인용한다. 참조. G. F. Moore, *Judaism in the First Centuries of the Christian Era* (Cambridge: Harvard University Press, 1927–30), 3:150–51.

51 무엇보다도 샌더스는 바울이 율법을 완벽하게 지키는 것이 불가능하다고 가르치지 않았다고 주장했다(*Paul, the Law, and the Jewish People* [Philadelphia: Fortress, 1983], 17–29 [= 『바울, 율법, 유대인』, 감은사, 2021]). 샌더스는 바울의 논쟁이 선행으로 구원을 얻을 수 있다고 가르치지 않았던 유대교를 반대하는 것이 아니라 할례가 언약 백성이 되는 데 필요한 입문 의식이라고 주장하는 동료 그리스도인 선교사들에 대한 것이었다고 주장한다. 따라서 갈

라이트와 틸만은 갈라디아서의 "저주"를 이스라엘의 언약 신학과 연결시키는 다른 해석을 제시했다.[52] 이 견해에 따르면 신명기의 저주는 유대 민족의 역사에서 이미 성취되었다. 유대인 개인뿐만 아니라 이스라엘 전체가 열방에 빛을 비추는 사명에 실패했다는 것이다. 출애굽에서 포로까지 이스라엘 역사 전체는 신명기에 예언된 저주, 즉 재앙, 군사적 패배, 국가적 치욕, 불안, 노예, 흩어짐이 현실화되는 과정의 해설이었다. 신명기의 저주 중 하나는 하나님께서 "독수리가 날아오는 것 같이 너를 치러 오게 하시리니 이는 네가 그 언어를 알지 못하는 민족"(신 28:49)을 불러 그 땅을 삼키고 백성을 정복할 것이라고 선언한다. 바울 당시 애국적인 유대인이 예루살렘을 걸으며 성전 경내 근처에 앉은 로마 독수리를 보고 그 예언과 끔찍한 성취를 생각하지 않을 수 있었을까? 따라서 갈라디아서 3장 10절에서 바울은 "갈라디아의 '선동가들'에게 모든 사람이 알아야 할 것을 상기시키고 있었다. 이스라엘 역사에서 율법을 지키려는 시도, 즉 '율법의 행위'는 실패로만 이어졌고 율법을 지키지 않는 자에게는 저주가 내렸다."[53]

3:10-13의 구약 인용문은 하나님께서 믿음으로 이방인을 의롭게 하신다는 것을 보여주기 위한 것이지, 율법은 성취될 수 없다는 것을 보여주기 위한 것이 아니었다. 구원은 오직 그리스도를 통해서만 받는다는 다른 근거로 결론을 내린 바울은 율법을 통한 칭의에 반대할 수밖에 없었다. 따라서 샌더스는 "해결에서 곤경에 이르기까지"라고 주장하며, 주석적인 근거가 아닌 교리적인 근거로 도달한 입장을 강화했다. 슈라이너의 중요한 두 논문은 샌더스에 대한 결정적인 반박을 제시했다. "Is Perfect Obedience to the Law Possible? A Re-examination of Galatians 3:10," *JETS* 27 (1984): 151–60; "Paul and Perfect Obedience to the Law: An Evaluation of the View of E. P. Sanders," *WTJ* 47 (1985): 245–78. 바울에 대한 새 관점에 대한 샌더스의 작업의 중요성을 과소평가해서는 안 된다. 특별히 팔레스타인 유대교를 비율법주의적 "언약적 율법주의(covenantal nomism)"의 종교, 즉 언약 공동체에 참여하는 것은 인간의 공로가 아니라 하나님의 은혜에 근거한 것이지만, 언약 안에 머무르기 위해서는 지속적인 순종을 전제해야 한다는 관점은 큰 영향을 미쳐왔다. 샌더스의 연구가 제2성전기 유대교에 대한 이전의 전형적이고 획일적인 관점을 수정하는 것에 중요한 역할을 했다는 사실을 부정할 사람은 거의 없을 것이다. 반면, 바울이 "단순히 기독교가 아니기 때문에 유대교를 버렸다"라는 샌더스의 견해는 전체적인 바울 신학에 대한 그의 묘사와 마찬가지로 만족스럽지 못하다. 다음의 요약 논문을 참조하라. S. J. Hafemann, "Paul and His Interpreters," *DPL*, 666–79.

52 F. Thielman, *From Plight to Solution*, 65–72. 더 자세한 내용은 다음을 참조하라. Thielman, *Paul and the Law*; Wright, *Climax of the Covenant*, 144–56.

53 Thielman, *From Plight to Solution*, 69. 라이트에 따르면, 유배의 절정, 곧 회복의 시작은 대표적 메시아인 예수님이 십자가에서 죽으심으로 이스라엘을 덮고 있던 저주를 스스로 짊어지셨을 때 일어났다. "메시아는 이스라엘을 대표하기 때문에, 그는 이스라엘의 저주를 스스로 짊어지고 그 저주의 값을 치를 수 있다. 예수님은 유대인의 왕으로서 이스라엘을 압제하는 로마인들의 손에 유배의 저주의 현재적, 절정의 형태인 십자가에서 죽으셨다. 메시아의 십자가 처형은 유배 저주의 정수이자 그 절정이라고 할 수 있다"(*Climax of the Covenant*, 151).

저주의 국가적, 집단적 성격이 이 본문의 배경이 되는 것은 사실이지만, 이 사실 때문에 바울이 여기에서 제시하고 있는 더 깊은 교리적 진리에 눈이 멀어서는 안 된다. 바울이 갈라디아서를 쓰기 불과 수십 년 전에 예루살렘 성문 밖에서 일어난 일은 단순히 이스라엘 역사의 또 다른 사건이 아니다. 그것은 인류 보편적, 실로 우주적 의미를 지닌 사건이었다. 바울은 축복과 저주, 율법과 신앙이라는 유대인의 관점에서 문제를 제기했지만, 아브라함 때부터 하나님께서 이스라엘을 다루신 것은 전 세계 모든 민족에게 전형적이 되는 의미를 지니고 있다는 것은 분명하다. 바울이 로마서 1-3장에서 주장했듯이, 유대인과 이방인 모두 매우 다른 방식이기는 하지만 "율법 아래"에 있다.[54] 바울이 율법의 저주에 대해 말할 때 유대인만을 염두에 둔 것이 아니고, 믿음으로 아브라함의 참 자녀가 되는 방법을 설명할 때 이방인만을 염두에 둔 것도 아니었다. 따라서 3장 13절의 "우리," 즉 그리스도께서 율법의 저주에서 구속하신 사람들은 유대인 그리스도인들만이 아니라 유대인과 이방인, 노예와 자유인, 남자와 여자 모두이며, 그들은 하나님의 자녀들이며 믿음으로 그리스도께 속해 있기 때문에 약속에 따라 아브라함의 후손이며 상속자이다(3:26-29).[55]

3:11-12. 10절에서 선포된 율법의 저주는 13절의 반대 저주, 즉 그리스도의 십자가 구속의 죽음에서 해결책을 찾을 수 있다. 바울은 구약에서 인용한 두 구절, 즉 첫 번째는 선지서(합 2:4)에서, 두 번째는 율법(레 18:5)에서 인용한 구절을 사이에 끼워 넣었는데, 표면적으로는 두 가지 다른 구원의 길을 제

---

54 특별히 롬 2:14-15을 참조하라. 바울은 골 2:13-15에서 회심하지 않은 이방인들에게 율법을 더욱 분명하게 적용했다. 다음 논의를 참조하라. R. Melick, *Philippians, Colossians, Philemon*, 262-66. 라이트는 골 2:14-15가 "갈라디아서나 로마서의 주해를 위한 근거를 제공할 만큼 쉬운 구절이 아니다"라고 주장하면서, 3:13의 "우리"를 유대인들로, 3:14의 "우리"를 유대인 그리스도인들로 제한한다(*Climax of the Covenant*, 143). 나중에 그는 이 3:14의 해석에 대해 흔들리는 것처럼 보이는데, 그는 "우리"가 "우리 그리스도인 모두"를 포함할 수 있다고 허용한다(154쪽)

55 에벨링의 예리한 언급을 참조하라. "이방인들은 구약의 전통과 거기에서 비롯된 특별한 유대인 문제와 연관시켜 다루어야 한다. 유대인들도 마찬가지로 이방인의 예를 통해 율법을 자유롭게 하는 복음이 무엇을 의미하는지를 이해해야 한다. 그리스도 안에서, 둘은 서로를 섬기기 위해 한 몸으로 함께 성장했다"(*Truth of the Gospel*, 174). 또한 펑의 언급도 참조하라. "갈 3:10에서 율법의 저주는 유대인에게만 있는 것이 아니라 이방인에게도 있는 것으로 간주되기에, 그리스도께서 '우리를 위해 저주받은 자가 되심으로써' 율법의 저주에서 '우리'를 구속하셨다고 할 때, 일인칭 복수 대명사는 유대인과 이방인 모두를 가리키는 것으로 가장 자연스럽게 이해된다"("Cursed, Accursed, Anathema," *DPL*, 199) 다음의 중요한 연구를 참조하라. T. A. Wilson, *The Curse of the Law and the Crisis in Galatia* (Tübingen: Mohr Siebeck, 2007).

시하는 것처럼 보이는 두 본문이 서로 연결되어 있다. 두 인용문은 "살리라"라는 공통 동사로 연결되어 있지만, 두 주제는 믿음으로 의롭게 된 자와 율법의 일을 행하는 자라는 바울의 또 다른 대조를 이룬다. 이 두 구절은 단락의 중심 주제인 그리스도께서 저주를 받음으로 우리가 구원을 받았다는 내용과 어떤 관련이 있을까?

하박국 2장 4절은 신약에서 세 번 인용되는데, 루터가 칭의 교리를 "발견"한 핵심 본문인 로마서 1장 17절에서 바울이 인용하고, 히브리서 10장 37절에서 구약 예언이 그리스도의 재림 지연에 대한 낙담에 대한 해독제로 제시되어 있다. 다드는 하박국 2장 4절이 원시 기독교 시대에 그리스도의 오심의 확실성과 믿음을 통한 구원의 확증에 대한 증거로 자주 사용되었다고 믿었다.[56] 바울은 갈라디아서에서 "의로운 자"(δίκαιος, 디카이오스)를 법정적 의미, 즉 "하나님이 의롭다고 여기는 자는 믿음으로 살 것이다"라는 의미로 이해하여 후자의 의미를 의도한 것이 분명하다."[57] 중요한 것은 여기와 로마서 1장 17절에서 바울은 MT(마소라 텍스트, "의인은 그의 믿음으로 살리라")와 70인역("의인은 나의 [하나님의] 믿음/신실함으로 살리라") 모두에서 다양한 형태로 나타나는 소유 대명사를 생략했다는 점이다.[58] 어느 형태로든 소유 대명사를 포함해도 바울의 주장에 아무런 손상이 없었을 것이지만, 자신의 목적에 불필요하다고 생각한 것이 분명하다. 바울의 주장의 전체적인 맥락에서 볼 때 하박국 2장 4절은 2장 20-21절에서 제시된 세 가지 핵심 용어인 의-믿음-생명을 연결하기 때문에 매우 중요한 본문이다. 칭의의 선언적 측면이 갈라디

---

56 C. H. Dodd, *According to the Scriptures* (London: Nisbet, 1952), 50–51. 합 2:4의 히브리어 본문은 쿰란 문서(1QpHab)에도 등장한다. 쿰란 본문의 문맥은 토라의 올바른 해설과 선포를 보장하는 의의 교사(Teacher of Righteousness)의 신실함으로 하나님께서 율법을 행하는 모든 사람을 구원하실 것이라고 선언한다. 케제만은 바울이 이 본문을 "쿰란에서 구원과 의의 교사의 헌신을 발견한 것처럼, 합 2:4에서 메시아에 대한 믿음으로 구원을 얻는다는 예언을 발견한 유대-기독교 선교에서 이어받았다"고 제안했다(*Romans*, 31).

57 16세기 베자를 시작으로, 많은 주석가는 ἐκ πίστεως를 동사 ζήσεται가 아닌 ὁ δίκαιος를 수식하는 것으로 해석했다. KJV, NIV, CSB는 전통적인 해석을 따르는 반면 RSV와 NEB는 수정주의적 해석을 반영한다. 따라서 "믿음으로 말미암아 의롭다 하심을 얻는 자는 살리라"(RSV). 브라운이 관찰한 것처럼 전통적인 번역은 갈라디아서와 로마서에서 바울의 의도를 잘 포착하고 있다. "믿음의 결과로 하나님의 호의적인 관심의 대상이 되는 사람, 그 사람은 살 것이다, 즉 행복할 것이다"(*An Exposition of the Epistle to the Galatians* [Marshallton, DE: Sovereign Grace, 1970], 126). 이 문제에 대한 검토는 다음을 참조하라. C. C. Cavallin, "'The Righteous Shall Live by Faith': A Decisive Argument for the Traditional Interpretation," *ST* 32 (1978): 33–43.

58 70인역 성경은 "나의 의인은 믿음으로 살리라"(ὁ δὲ δίκαιος μου ἐκ πίστεώς ζήσεται)라고 읽는 독법을 덜 지지한다.

아 3장에서 가장 중요하지만, 이 장의 첫 구절에서 바울이 갈라디아 교인들에게 호소했던 성령 안에서 사는 새로운 삶과 결코 분리될 수 없다(참조. 5:5).

바울 시대에도 우리 시대와 마찬가지로 행위로 얻는 칭의를 배제하지 않는 한 이신칭의는 좋은 생각이라고 주장하는 사람들이 있었을 것이다. "하나님은 스스로 돕는 자를 돕는다"라는 말은 경제학뿐만 아니라 신학의 격언이기도 하다. 그러나 바울은 "율법은 믿음에 근거하지 않는다"라고 말했듯이 그러한 이론을 용납하지 않았다. 이 말을 뒷받침하기 위해 바울은 레위기 18장 5절을 인용했다. 그는 이 구절에 "반대로," "그러나," "하지만"이라는 강력한 반대를 의미하는 ἀλλά(알라)를 사용하여 율법이 요구하는 칭의의 방법이 믿음으로 확립된 칭의의 방법과 전적으로 상반된다는 것을 보여주려고 했다. "이런 일을 행하는 자"는 즉 2장 16절, 3장 2, 10절에서 언급된 율법의 행위를 행하는 자는 "그로 말미암아 살 것이다." 10절과 연결하여 이 말씀은 사실과 상반되는 가상의 조건으로 이해할 수 있다. 누군가가 (한 랍비 학자의 계산에 따르면) 248개의 긍정적 명령과 365개의 금지 조항이 포함된 오경 율법 전체를 실제로 지킨다면, 그 사람은 하나님의 심판대 앞에 서서 자신의 행위 근거하여 천국에 들어가는 것을 요구할 수 있을 것이다. 하지만 그런 흠 없는 사람을 도대체 어디에서 찾을 수 있을까?

레위기 18장 5절은 실제로 신약성경에서 두 번 더 인용되며, 이 두 인용은 모두 갈라디아서 3장에서 바울이 이 구절을 사용한 것을 설명한다. 첫 번째 사례는 선한 사마리아인 비유의 서문에서 예수님이 영생을 얻기 위해 어떻게 해야 하는지 묻는 율법교사를 만났을 때이다. 예수님은 "율법에 무엇이라 기록되었느냐?"라고 질문하셨다. 율법교사는 하나님과 이웃 사랑에 관한 두 가지 큰 계명을 정확하게 암송하며 대답했다. 예수께서 대답하셨다. "네 대답이 옳도다. 이를 행하라 그리하면 살리라"(눅 10:25-28). 그 남자는 즉시 자신의 인생 기록이 흠잡을 데 없이 완벽하지 않다는 확실한 폭로인 "자신을 의롭게 여기기" 시작했다. 그런 다음 "내 이웃이 누구니까?"라는 율법교사의 질문에 대해 예수님은 선한 사마리아인 이야기로 다음과 같이 말씀하셨다. 예수님께서 선한 사마리아인 이야기를 들려주신 이유는 우리의 선행과 구제가 선한 사마리아인의 그것과 얼마나 닮았는지를 보여줌으로써 율법교사의 자기 정당화 태도를 격려하기 위해서가 아니라, 전적인 자기 과시 행위가 우리가 할 수 있는 최선의 노력과 얼마나 근본적으로 다른지 보여주기 위해서였다.

바울이 이 비유에 대해 설교했다면 청중들에게 선한 사마리아인이나 제사장, 레위인이 아니라 도랑에 빠진 상처 입은 사람과 자신을 같이 여기도록 격려했을 것이다. 이 이야기의 원인이 된 질문을 던진 율법교사와 달리 이 사람은 이 사람은 "자신을 의롭게" 할 수 없고, 자신 밖의 근원에서 새로운 지위와 새 생명을 얻어야 한다는 것을 알았다.[59]

레위기 18장 5절의 두 번째 인용문은 갈라디아서 3장 12절과 더 가깝게 병행되며, 로마서 9-11장에서 구원과 선택에 대한 바울의 위대한 담론의 핵심에서 찾을 수 있다. 그리스도께서 율법의 마침이라고 선언한 후, 바울은 또 다른 대조를 제시했다. "모세가 기록하되 율법으로 말미암는 의를 행하는 사람은 그 의로 살리라"(10:5). 그런 다음 "한 분이신 주께서 모든 사람의 주가 되사 그를 부르는 모든 사람에게 부요하시도다"(10:12)와 같이 이신칭의가 유대인과 이방인 모두에게 어떻게 열려 있는지를 보여주었다.

바르트에 이어 크랜필드는 바울이 로마서와 갈라디아서에서 레위기 18장 5절을 인용한 것은 그리스도에 대해 가린 언급이라고 주장했다. 따라서 바울은 율법의 성취 불가능성을 가정하기보다는 이 본문을 통해 인류 역사상 율법을 온전히 순종하고 완벽하게 성취하여 다른 사람들을 위해 율법의 저주를 짊어질 자격을 갖추신 한 분을 가리키고 있었다.[60] 이 해석의 배경이 되는 주석은 긴장된 것처럼 보이지만, 율법의 완전한 성취자로서 예수 그리스도에 초점을 맞추고자 하는 의도는 바람직하다. 예수님의 율법에 대한 완전한 순종이 없었다면 갈보리에서 일어난 일은 그리스도의 지상 생애 이전, 도중, 이후에 수천 명의 다른 젊은 유대인이 잔인하게 십자가에 못 박힌 것보다 더한 구속적 의미는 없었을 것이다.[61]

---

59 눅 10:28의 레 18:5 인용에 대해서는 다음을 참조하라. Bruce, *Galatians*, 163. 선한 사마리아인의 비유에 대해서는 A. C. McGill, *Suffering: A Test of Theological Method* (Philadelphia: Westminster, 1982), 99-111의 해석과 Bailey, *Jesus through Middle Eastern Eyes*, 284-97을 참조하라. 월터 카이저는 율법이 구원이나 의를 얻기 위한 대체적 수단으로 의도된 적이 없으며, 심지어 가설적으로도 그렇지 않다고 주장했다. 참조. W. C. Kaiser Jr. "Leviticus 18:5 and Paul: 'Do This and You Shall Live' (Eternally?)," *JETS* 14 (1971): 19-28.

60 C. E. B. Cranfield, *Romans*, ICC, 2 vols. (Edinburgh: T&T Clark, 1975, 1979), 521. "율법에 속한 의, 즉 율법에 표현된 하나님의 자비로운 뜻을 성취한 분은 기본적으로 하나님께서 율법에서 의도하시고 뜻하시는 분으로 이스라엘을 율법 아래 두신 것은 바로 이분을 위한 것이었고, 그는 처음부터 은밀하게 이 율법의 의미, 성취, 그리고 권위였으며, 이제는 이 모든 것으로 계시된 분, 즉 이스라엘의 메시아이시다. ... ,그분이 바로 율법의 의미, 권위, 성취자, 그리고 성취에 이르는 길이시기에, 그분 자신이 바로 하나님 앞에 의이시고, 모든 사람이 믿음으로 받아야 하는, 그리고 받을 수 있는 하나님의 칭의이시다"(K. Barth, *Church Dogmatics* II/2, 245).

61 틸만은 바울이 하박국과 레위기 본문을 인용한 것을 이스라엘의 역사와 소망이라는 더욱 넓은 틀 안에 둠으로써 새롭게 조명했다(*From Plight to Solution*, 65-72). 따라서 국가적인 재난을 예언했던 하박국은 자신의 독자들에게 건지심과 구원을 위해 하나님의 신실하심을

2.3.2. 십자가를 통한 구속(3:13-14)

3:13. 10-12절은 인간의 상황에 대한 암울한 그림을 그렸다. 율법은 하나님과 의롭게 되기 위해 완전한 순종의 삶을 요구한다. 그러나 그 높은 기준을 충족시킬 수 있는 사람은 아무도 없다. 그 결과 세상의 모든 사람은 "죄 아래 갇혀"(3:22) 율법의 저주라는 정당한 정죄를 받고 있다. 이러한 상황을 고려할 때, 우리는 제자들과 함께 "그런즉 누가 구원을 얻을 수 있나이까?"(눅 18:26)라고 질문한다. 죄의 심각성과 심판의 확실성에 대해 바울이 말한 것이 사실이라면, 인간은 하나님의 은총을 얻을 수 없다는 절망에 빠질 수밖에 없다. 그리스 신화에 나오는 시시포스의 모습처럼, 인간은 거대한 바위를 산 위로 굴려보지만 그 바위가 계속해서 머리 위로 무너져 내리는 것을 반복할 수밖에 없다. 이것이 바로 율법의 저주 아래 있는 모든 사람의 상황이며, 앞서 살펴본 바와 같이 유대인과 이방인을 포함한 보편적인 범위의 판결이다.[62]

방금 제기한 딜레마에 대한 바울의 대답은 초기 유대인 그리스도인 공동체에서 복음 자체에 대한 일종의 요약으로 회람되었을 수도 있는 고백적 진술의 형태였을 것이다. "그리스도께서 우리를 위하여 저주를 받은 바 되사 율법의 저주에서 우리를 속량하셨으니."[63] 그리스도의 자기 희생을 통한 구원과

의지하라고 격려했다. 바울은 하박국이 약속한 종말론적 구원이 십자가에서 죽으신 그리스도를 통해 이루어졌다는 사실을 갈라디아 교인들이 알기 원했다. 아무도 율법을 완벽하게 순종할 수 없고 그렇기에 이에 기초하여 생명을 얻을 수 없다는 것(레 18:5)이 가나안 민족만큼이나 거룩한 땅을 더럽혔고, 그로 인해 그 땅에서 쫓겨났던 이스라엘로 국가적인 단위로 증명되었다. 따라서 이 두 본문은 바울이 예수 그리스도의 사역을 제시하는 맥락으로서 이스라엘의 역사적인 고난과 하나님의 종말론적인 해결책을 가리키고 있다. Schreiner, *Galatians*, 212–14; Gorman, *Apostle*, 206–8.

62 롬 3:9-24에서 바울은 율법의 나쁜 영향이 어떻게 유대인과 이방인에게 똑같이 적용되는지를 훨씬 자세하게 보여주었다. 특히 롬 3:19을 주목하라. "우리는 율법이 무엇을 말하든지 율법 아래 있는 자들에게 말하는 것을 알기 때문에 모든 입이 잠잠해지고 온 세상이 하나님께 책임을 지게 될 것이다"(NIV). 유대인뿐만 아니라 그리스도 밖의 이방인들도 율법 아래 있다(ὑπὸ νόμον) 개념에 대해서는 다음을 참조하라. B. L. Martin, *Christ and the Law in Paul* (Leiden: Brill, 1989), 100–104. 주석가들은 이 중요한 점에 대해 다소 똑같이 의견이 나뉜다. Bruce (*Galatians*, 166–67), D. Guthrie (*Galatians*, NCB [Grand Rapids: Eerdmans, 1973], 102–4), H. Schlier (*Der Breif an der Galater*, 136–37)는 더욱 포괄적인 의미를 주장하는 반면, Burton (*Galatians*, 169), Betz (*Galatians*, 148), G. S. Duncan (*The Epistle of Paul to the Galatians*, MNTC [London: Hodder & Stoughton, 1934], 99–102)은 13절에서 그리스도가 획득하신 저주와 구속을 유대 민족에게만 제한시킨다. 참조. Keener, *Galatians*, 253–57; Moo, *Galatians*, 207–14.

63 이 말씀이 바울 이전 유대인 그리스도인의 고백에서 비롯되었을 수 있다는 개념에 대해서는 다음을 참조하라. Longenecker, *Galatians*, 121–22. 야고보 외경은 바울과는 독립적으로 그리스도의 말씀이라고 하는 비슷한 진술을 보존한다. "나는 너희가 구원받도록, 저주 아래 놓인 너희를 위해 나 사진을 내어주었다"(참조. Betz, *Galatians*, 150n120).

구원의 개념은 처음부터 전제되어 있었지만(1:4, 또한 2:20), 갈라디아서에서 바울이 "속량"이라는 단어를 사용한 것은 이번이 처음이다. "속량하다"라는 단어는 문자 그대로 "대가를 지불하여 사들이다, 자유롭게 하다"라는 뜻이다. 헬라어로 속량의 어원은 고대 로마에서 매일 사람을 가장 높은 입찰자에게 팔기 위해 노예 경매가 열렸던 장소, 아고라, 곧 시장이다.[64] "속량"이라는 단어는 우리가 대가를 치르고 구입했음을 선언한다. "우리는 주 예수 그리스도에게 값없이 구원을 받은 것이 아니다."[65] 우리 죄에 대한 "대속"은 다름 아닌 하나님의 아들의 생명의 피로 완성되었다.

그런데 그리스도는 어떤 의미에서 우리에게 저주가 될 수 있었는가? 예수님은 "율법 아래"(4:4) 태어나셨지만, "흠 없고 점 없는 어린 양"(벧전 1:19)이셨기 때문에 그가 저지른 어떤 잘못에 대해서도 율법의 저주를 받지 않았다. 그러나 예수님의 죽음의 사실과 방식은 그를 율법의 저주 아래 놓을 수밖에 없게 만들었다. 이 점을 성경에서 증명하기 위해 바울은 다시 신명기 21장 23절로 돌아가 본문을 인용했다. "나무에 달린 자는 하나님께 저주를 받았음이니라." 물론 원래의 언급은 유대인들이 혐오하는 로마의 사형 방식인 십자가형이 아니었다. 탈무드에는 돌로 쳐 죽임, 화형, 참수, 범죄자를 바닥에 세워 목을 조르는 방법 등 유대인이 승인한 네 가지 사형 집행 방식이 기록되어 있다. 사형이 집행된 후에는 범죄자의 시체를 나무 조각, 말뚝 또는 "나무" 위에 올려놓았는데, 이는 이 사람이 하나님의 율법을 위반한 범죄자로서 정당한 정죄를 받았다는 표시였다.[66] 범죄자의 시체가 해가 지기 전에는 노출되지 않도록 하는 것이 중요했다. 하나님을 욕되게 하고 땅을 더럽힐 수 있기 때문이다. 따라서 요한복음에 따르면 예수님과 함께 십자가에 못 박힌 두 강도의 시신을 유월절 안식일을 더럽히지 않기 위해 해가 지기 전에 십자가에서 옮겼다(요 19:31). 이처럼 예수님은 십자가에 못 박혀 모든 사람이 볼 수 있는 참혹

---

64 워필드의 고전적인 연구, "The New Testament Terminology of 'Redemption'"는 그 통찰과 깊이에서 여전히 타의 추종을 불허한다. 워필드의 다음 책을 참조하라. *Biblical Doctrines* (New York: Oxford University Press, 1929), 327–72. 참조. L. Morris, "Redemption," *DPL*, 784–86.

65 Machen, *Machen's Notes on Galatians*, 180.

66 참조. J. A. Fitzmyer, "Crucifixion and Ancient Palestine, Qumran Literature, and the NT," *CBQ* 40 (1978): 493–513. 쿰란에서 발견된 성전 문서(The Temple Scroll)는 "사람을 나무에 매달아 죽게 하는 것"을 언급하는데, 이는 포로기 이후 일부 유대인이 십자가에 못 박혀 죽는 것을 받아들였음을 나타낸다. 브루스는 고대 이스라엘인들이 신 21:23을 어떻게 적용했는지에 대한 예로 여호수아가 아이 성의 왕의 시체를 다룬 방식을 지적했다 ("The Curse of the Law," in *Paul and Paulinism: Essays in Honor of C. K. Barrett* [London: SPCK, 1982], 27–36).

한 광경이 되심으로써 율법의 저주에 자신을 드러내셨다.

바울이 신명기 본문을 인용한 것은 그리스도의 죽음에 우발적이거나 우연이 없었음을 보여준다. 예수님의 죽음을 "나무에 매달렸다"라고 표현하는 것은 초기 기독교의 케리그마(참조. 행 5:30; 10:39; 13:29; 벧전 2:24)에서 그리스도의 십자가 죽음이 구약성경의 성취라는 사실을 증명하기 위해 자주 등장한다. 나무에 매달린 것은 저주 그 자체가 아니라 나무에 못 박힌 사람이 저주를 받았다는 공개적인 증거였지만, 신약에서 분명하게 추론할 수 있는 것은 예수님의 십자가 죽음은 우연이 아니라 하나님의 의도적인 계획이었다는 것이다. 따라서 베드로는 오순절 설교에서 예수님이 "하나님께서 정하신 계획과 예지에 따라"(행 2:23) 십자가에 못 박혀 죽으시도록 사형을 집행하는 자들에게 넘겨졌다고 선언했다.

그리스도가 갈릴리 바다에서 익사하거나 나사렛 절벽에서 떠밀려 죽거나 헤롯에게 갓난아기 때 살해당하는 등 다른 방식으로 죽어 구속 사역을 완수할 수 있었는지 궁금해하는 것은 신성 모독에 가까운 헛된 호기심으로 하나님이 성육신할 수 있었는지 묻는 것과 같다.[67] 예수님은 "때가 아직 이르지 아니하였기" 때문에 말하자면 총알을 좌우로 피하면서 공적 사역을 수행하셨다. 십자가는 역사의 우연도 아니었고, 예기치 못한 상황을 수습하기 위해 내려진 신성한 긴급 조치도 아니었다. 예수님은 "창세로부터 죽임을 당하신 하나님의 어린 양"이셨기 때문에 하나님의 마음에는 영원 전부터 십자가가 있었다."[68]

브루스와 다른 학자들이 제안했듯이 바울은 갈라디아서를 쓰기 훨씬 전에 저주와 십자가의 관계에 대한 이해를 정리했을 것이다.[69] 십자가는 그리스도를 만나기 전 다소의 사울을 비롯한 유대인들에게 왜 그토록 걸림돌(σκάνδαλον, 스칸달론)이었을까? 그리스도인들은 예수님이 메시아라고 주장했지만, 그들의 메시아가 예루살렘 성문 밖에서 로마인들에게 잔인하게 십자가에 못 박혔

---

67 위격적 연합에서 비이성적 존재에 대한 하나님의 가정 가능성을 포함하는 스콜라 신학의 기독론적 추측에 대해서는 다음을 참조하라. H. A. Oberman, *The Harvest of Medieval Theology*, 255–58.

68 브루스조차도 예수님의 죽음의 정확한 형태는 비록 "그와 관련하여 어떤 우연적인 요소가" 있다 할지라도, "부차적인 것"으로 간주한다("The Curse," 32). 그러나 이것은 바울이 십자가 사건에서 선택, 섭리, 속죄가 서로 만나는 것을 보았던 방식을 무시하는 것이다. 이 주제에 대한 더욱 자세한 설명은 다음을 참조하라. L. Morris, *The Apostolic Preaching of the Cross* (Grand Rapids: Eerdmans, 1965).

69 Bruce, *Galatians*, 166; Longenecker, *Galatians*, 122. 반대로 Wright, *Climax of the Covenant*, 152. 또한 또한 다음을 참조하라. K. S. O'Brien, "The Curse of the Law (Galatians 3:13), Crucifixion, Persecution, and Deuteronomy 21:22–23," *JSNT* 29 (2006): 55–76.

다는 사실은 모두에게 알려져 있었다. 메시아는 복의 전형이었지만, "나무에 달린" 메시아는 정의상 "하나님의 저주"를 받은 존재였다. 미쉬나에 보존된 후대의 전통에 따르면, 정의가 잘못 실행되어 십자가에 못 박힌 무고한 사람조차도 여전히 하나님의 이름을 모독했다고 한다. 따라서 "바울은 십자가에 못 박히시고 죽은 자 가운데서 부활하신 예수님이 메시아이자 하나님의 아들이라는 사실을 인정할 수밖에 없었을 때, 그럼에도 불구하고 '어떻게 그리고 왜 예수님이 하나님의 저주를 받고 죽었는가'라는 문제에 직면했다."[70]

유일한 설명은 메시아가 다른 사람들이 마땅히 받아야 할 무서운 저주를 기꺼이 스스로 짊어졌다는 것뿐이다. 여기에서 기독교의 대속 교리의 기원이 있다. 실제로 스토트가 제안했듯이, 초기 그리스도인들이 예수님의 죽음을 이런 식으로 이해한 것은 바울이 갈라디아서 3장 13절에서 인용한 본문이 반영된 결과일 수 있다.

사도들은 이 율법(신 21:22-23)과 예수님이 하나님의 저주를 받고 죽으셨다는 의미에 대해 매우 잘 알고 있었다. 그러나 사도들은 그것을 숨기는 대신 의도적으로 예수님의 죽음에 사람들의 관심을 모았다. 그들은 부끄러워하지 않았던 것이 분명하다. 어떤 의미에서든 예수님이 하나님의 저주를 받아 마땅하다고 생각하지 않았다. 그러므로 사도들은 최소한 예수님이 짊어진 저주가 우리가 받아야 할 저주라는 것을 이해하기 시작했을 것이다.[71]

십자가에 못 박힌 메시아라는 충격적인 사건은 바울이 고린도전서 12장 3절에서 인용한 "예수는 저주할 자"라는 이상한 슬로건을 설명하는 데 도움이 될 수도 있다. 바울은 성령의 인도하심 없이는 누구도 그런 혐오스러운 말을 할 수 없다고 말했다. 그러나 분명히 이 신성 모독은 고린도에서 반기독교 논쟁의 한 부분으로 떠돌고 있었다. 히에로니무스 시대(AD 420년)까지 십자가에 못 박혀 저주받은 메시아의 충격적인 이미지는 교회와 회당 사이의 주요 논쟁 포인트였다.[72]

그러나 고대 유대인들만이 바울의 십자가 신학에 걸려 넘어진 것은 아니

---

70 Bruce, *Galatians*, 166.

71 J. R. W. Stott, *The Cross of Christ* (Downers Grove: InterVarsity, 1986), 34. 또한 다음 참조. S. Gathercole, *Defending Substitution: An Essay on Atonement in Paul* (Grand Rapids: Baker Academic, 2015); J. Treat, *The Crucified King: Atonement and Kingdom in Biblical and Systematic Theology* (Grand Rapids: Zondervan, 2014).

72 히에로니무스는 야손이라는 이름을 가진 어떤 유대인 그리스도인과 그의 대화 상대자인 알렉산드리아의 유대인 파피쿠스 사이의 대화를 기록했다. 그리스도의 죽음에 대해서 후자는 "교수형에 처한 자가 하나님의 처형을 받았다"라고 말했다고 알려졌다(ANF 8.749).

다. 예를 들어, 자유주의 침례교 학자인 버튼은 율법의 저주가 어떤 의미에서든 하나님의 진정한 심판이라는 생각을 거부했다. "이 사실을 놓치는 것은 전적으로 바울을 오해하는 것이다. 저주가 인간에 대한 하나님의 태도의 표현이 아니라면, 저주에서 받은 구원은 형벌에서 놓이는 해방이라는 의미에서 사법적 행위가 아니라 하나님의 태도에 대한 잘못된 개념에서 놓이는 해방이다."[73] 이 견해에 따르면, 그리스도의 십자가 사역은 법정적 측면이 아니라 순전히 윤리적 측면에서 보아야 한다. 대속물이 지불되지 않았고, 대속 행위가 일어나지 않았으며, 대속이 이루어지지 않았다. 그리스도께서 십자가에서 죽으심으로 하신 일은 자기 자신을 내어주는 사랑의 신성한 성품과 거기서 흘러나오는 용서의 신성한 태도를 보여주기 위한 것이었다.

이러한 방식에는 분명히 진실의 요소가 있다. 예수님의 십자가 죽음은 하나님의 성품을 들여다볼 수 있는 창이며, 용서하는 사랑의 모범은 신자들의 삶에 중요한 힘이 된다(참조. 엡 4:32). 그러나 이러한 견해의 문제점은 그리스도의 죽음을 고민 상담 칼럼이나 선행에 대한 괜찮은 강의 정도로 의미로 축소하여 사소하게 만드는 것이다. 예수님은 인간이 어떻게 서로 어울리고 세상을 더 살기 좋은 곳으로 만들어야 하는지에 대한 경건한 미사여구를 전하기 위해 클라렌스 조던의 어색하지만 정확한 3장 13절의 번역을 인용할 필요는 없다("저주받은 바보처럼 나무에 매달려," Cotton Patch, 98), "하나님은 그리스도 안에 계셔서 세상을 자기와 화목하게 하신다"(고후 5:19 KJV).

이러한 여러 가지 생각을 결합하면 이 구절에서 그리스도의 죽음에 대한 바울의 이해를 세 가지 확언으로 요약할 수 있다.

1. **그리스도는 저주를 받았다.** 우리가 살펴본 것처럼 바울은 율법의 저주를 "나무에 매달린" 범죄자에 관한 구체적인 예언과 연관지었다. 그러나 이 문맥에서 저주는 거의 의인화된 형태(8절의 "성경"처럼)를 취하고 있으며, "하나님을 알지 못하고" "주 예수의 계시"를 거부하는 자들에게 마침내 타오르는 불과 영원한 형벌로 나타날 하나님의 의로운 심판과 진노의 총체를 나타낸다(살후 1:7-9). 창세기 3장의 아담과 하와에 대한 저주에서 구약의 마지막 경고의 말씀인 "그렇지 않으면 내가 와서 저주로 그 땅을 치리라"(말 4:6)에 이르기까지 구약 전체에서 저주는 인간의 반역과 불순종과 연관되어 있다. 앞서 살펴본 바와 같이 이 저주는 모든 민족에게 임했다. 왜냐하면 "모든 사람이 죄를 범하였으매 하나님의 영광에 이르지" 못했기 때문이다(롬 3:23). 바

---

73 Burton, *Galatians*, 168.

울이 곧 설명하겠지만, 유대인에게는 율법의 저주가 모세의 율법에 속박되는 결과를 가져왔고, 이방인에게는 저주가 "이 악한 시대"를 지배하는 정사와 권세에게 노예가 되는 결과를 가져왔다. 두 가지 경우 모두 율법의 저주는 저주스럽고 돌이킬 수 없으며 피할 수 없다는 사실을 보여준다.

2. **그리스도는 하나님께 저주를 받았다.** 일부 학자는 바울이 신명기 21장 23절을 인용할 때 "하나님에 의해"를 생략했다는 사실에 주목했다.[74] 그러나 그리스도가 짊어진 율법의 저주는 하나님의 율법의 저주였다. 비록 그리스도가 끔찍하게 정의를 잘못 실행한 악한 사람들에게 죽임을 당했지만, 우리가 보았듯이 이것은 하나님의 영원한 목적과 미리 정해진 계획에 따라 일어난 일이다(참조. 특히 행 2:22-23). 따라서 갈라디아서 3장 13절은 고린도후서 5장 21절의 "하나님이 죄를 알지도 못하신 이를 우리를 대신하여 죄로 삼으신 것은 우리로 하여금 그 안에서 하나님의 의가 되게 하려 하심이라"라는 말씀에 비추어 해석해야 한다. 그러므로 구원 역사의 관점에서 볼 때, 그리스도께서 십자가에서 짊어지신 저주는 잘못 내린 저주가 아니라, 이 목적을 위해 아버지께서 "보내신" 죄 없는 대속 제물로서 그리스도께 올바르게 내린 저주이다.[75]

3. **그리스도는 우리를 위해 하나님께 저주를 받았다.** 우리가 보았듯이, 10절의 딜레마, 즉 '모두가 저주 아래 있다'는 13절의 해결책, 즉 그리스도께서 우리를 저주에서 구속하심으로 해결되었다. 달리 말하면, 10절에 인용된 신명기 27장 26절의 저주는 13절에 인용된 신명기 21장 23절의 반대 저주로

---

74 따라서 롱네커(*Galatians*, 122)는 이렇게 말한다. "또한 그는 ἐπικατάρατος [LXX, κεκα-τηραμένος] 뒤에 ὑπὸ θεοῦ ("하나님에 의해")를 생략하는데, 이는 그리스도가 하나님에 의해 저주받았다고 직접적으로 말하는 것을 피하거나 (물론 '율법의 저주'는 '하나님께 저주 받음' 을 다르게 말하는 방식이지만) 저주 그 자체의 절대적인 본질을 강조하기 위해서이다." 참조. Moo, *Galatians*, 210–14.

75 칼뱅은 아우구스티누스의 요한복음 주석에서 한 구절을 인용해서 어떻게 그리스도께서 성부께 드린 대속(개역개정. 화목제물)이 하나님께서 먼저 사랑하신 사랑에 기초하고 있는 지를 보여주었다. "하나님의 사랑은 이해할 수 없고 변할 수 없다. 하나님이 우리를 사랑하기 시작하신 것은 우리가 하나님의 아들의 피로 그분과 화목한 후의 일이 아니다. 오히려 세상이 창조되기도 전에 우리를 사랑하셨고, 우리가 독생자와 함께 하나님의 자녀가 될 수 있도록, 즉 우리가 무엇이기도 전에 하나님은 우리를 사랑하셨다. 우리가 그리스도의 죽음을 통해 화목하게 되었다는 사실은 마치 하나님의 아들이 우리를 하나님과 화목하게 해서 이제 하나님이 자신이 미워했던 이들을 사랑하기 시작한 것처럼 이해해서는 안 된다. 오히려 우리는 죄 때문에 원수 되었던 우리를 사랑하시는 하나님과 이미 화목하게 되었다. ... 그러므로 우리가 하나님을 향해 적의를 품고 악을 행할 때에도 그분은 우리를 사랑하셨다. 따라서 경이롭고 신적인 방법으로 하나님은 우리를 미워할 때에도 우리를 사랑하셨다" (*Institutes* 2.16.4). 같은 맥락에서 칼뱅이 한 추가적인 설명을 참조하라. "헤아릴 수 없는 방법으로 하나님은 우리를 사랑하셨지만 그리스도 안에서 우리와 화해하실 때까지 우리를 향해 진노하셨다(*Institutes* 2.17.2).

취소되었다. 바울은 잃어버린 남녀의 죄와 죄책감, 지옥이 그리스도에게 부과되는 반면, 그리스도의 의와 복과 공로가 그가 대신 서 있는 사람들에게 전가되는 "저주 교환" 개념을 가지고 일했다. 루터는 이 속죄의 거래를 "행복한 교환"이라고 말했다. "나와 당신의 죄뿐만 아니라 과거, 현재, 미래의 온 세상의 죄가 그리스도를 공격하고 저주하려 하고 실제로 저주하는 어둠의 세력과 벌이는 치열한 투쟁을 수반하는 교환이었다."[76] 그러나 그리스도는 죄와 죽음, 영원한 저주를 이기시고 승리하셨다. 그리스도는 "우리를 위해" 그렇게 하셨다. 이런 이유로 속죄 교리는 단순히 차가운 신학이나 냉담한 담론의 문제가 될 수 없다. **우리를 위해** 하나님의 아들이 저주가 되셨다. **우리를 위해** 그리스도는 보배로운 피를 흘리셨다. 영원부터 아버지 품의 친밀함만을 알고 계셨던 그분은 우리를 위해 "일반적으로 죄의 결과로 하나님과 멀어지고 진노의 대상이 되는 하나님과 맺은 관계에 서기 위해 오셨다."[77] 이 모든 것이 우리를 위한 것이다! 경이로움, 헌신, 신뢰 외에 어떤 반응을 보일 수 있을까!

3:14. 여기에서 바울은 3장에서 지금까지 전개해 온 생각의 전 과정을 집중적으로 요약하여 결론을 내렸다. 바울이 저주와 십자가에 관해 방금 결론을 내린 주장은 이 구절에서 그리스도의 속죄의 죽음으로 확보한 유익을 가리키는 두 가지 목적절, 즉 (1) 아브라함의 축복이 그리스도를 통해 이방인들에게까지 확장될 수 있다는 것과 (2) 성령의 약속이 믿음으로 받을 수 있다는 것에 요약되어 있다.

이전과 마찬가지로 바울은 모든 신자가 그리스도의 죽음을 통해 저주에서 구속되었고 모든 참 그리스도인은 성령의 은사를 받았기 때문에 유대인과 이방인을 막론하고 모든 그리스도인을 염두에 두었다(참조. 롬 8:9). 하나님의 구원 계획은 유대인과 이방인을 위한 두 가지 경로로 진행되지 않는다. 그리스도의 몸 안에서 이 두 그룹의 차이는 사라지지 않았지만(어떻게 그럴 수 있겠습니까?) 갈보리, 부활절, 오순절 사건으로 상대화되어 우리는 "그리스도 예수 안에서 모두 하나님의 아들"이 되었다(3:26). 따라서 3장 14절은 3장 28절을 예상한다. 이 구절에서 참된 신자들을 하나로 묶는 것, 즉 그리스

76 Luther, "Lectures on Galatians, 1535," *LW* 26:281.

77 C. K. Barrett, *The Second Epistle to the Corinthians* (London: Harper & Row, 1957), 180. 유진 피터슨Eugene Peterson의 메시지 성경(The Message)은 본문의 의미를 다음과 같이 파악한다. "그리스도께서는 자기 패배적이고 저주받은 삶에서 우리를 완전히 자기 안으로 흡수함으로써 우리를 구속하셨습니다. '나무에 매달리는 모든 사람은 저주받을 것이다'라는 성경 구절을 기억하시나요? 예수님이 십자가에 못 박히셨을 때 일어난 일입니다. 그분은 저주가 되셨고 동시에 저주를 해소하셨습니다."

도 안에서 우리의 하나 됨이 어떤 면에서는 여전히 합법적으로 우리를 분열시키는 구별의 표식보다 훨씬 더 중요하다.

이 구절에서 또 하나 주목할 만한 점은 바울이 칭의의 상태와 성령을 받는 것을 조심스럽게 엮어 놓은 방식이다. 1-5절에서 바울은 갈라디아 회심자들에게 처음 십자가 설교를 들었을 때 어떻게 성령을 받았는지 기억해달라고 호소했다. 6-13절에서 바울은 그리스도의 구속 사역에 근거하여 하나님께서 믿음을 가진 자들을 어떻게 의롭다고 여기시는지 보여주었다. 바울은 의롭게 되는 것과 성령을 받는 것, 이 두 가지를 가능한 한 가장 가까운 방식으로 연결했다. 윌리엄스S. Williams가 말했듯이,

> 성령의 체험과 칭의의 상태는 사도에게 서로 떨어져서는 상상할 수 없는 것이다. 각각은 서로를 암시한다. 하나님께서 성령을 주시는 사람은 의롭다 하심을 받고, 하나님께서 의롭다 여기시는 사람은 성령을 받는다.[78]

하지만 이 두 용어는 같지 않으며 서로 바꿔서 사용할 수도 없다. 실제로 바울은 14절에서 칭의, 구속, 중생이라는 갈라디아서의 후반부 논의를 지배할 세 가지 핵심 구원론적 개념을 한데 모았다고 말할 수 있다. 각 개념은 그리스도께서 이루신 구원의 각기 다른 차원을 나타낸다. 그리스도께서는 용서와 무죄 판결을 통해 우리의 정죄를 없애셨다(칭의). 또한 우리를 죄와 사망의 권세에서 해방시켜 주셨고(구속), 성령 안에서 새 생명을 주셨다(중생). 이런 일이 어떻게 일어났는지, 그리고 바울이 "복음"과 "복"이라고 불렀던 그 의미에 대한 좋은 소식이다. 이제 바울은 처음으로 "약속"이라는 새로운 단어를 소개했는데, 이는 아브라함의 축복에 계시된 은혜의 복음으로 돌아가 그리스도 안에 있는 사람들이 부름받은 자유와 사랑의 새 삶을 기대하는 것이다.

---

78 S. K. Williams, "Justification and the Spirit in Galatians," *JSNT* 29 (1987): 97.

2.4. 율법과 약속(3:15-25)

15 형제들아 내가 사람의 예대로 말하노니 사람의 언약이라도 정한 후에는 아무도 폐하거나 더하거나 하지 못하느니라 16 이 약속들은 아브라함과 그 자손에게 말씀하신 것인데 여럿을 가리켜 그 자손들이라 하지 아니하시고 오직 한 사람을 가리켜 네 자손이라 하셨으니 곧 그리스도라 17 내가 이것을 말하노니 하나님께서 미리 정하신 언약을 사백삼십 년 후에 생긴 율법이 폐기하지 못하고 그 약속을 헛되게 하지 못하리라 18 만일 그 유업이 율법에서 난 것이면 약속에서 난 것이 아니리라 그러나 하나님이 약속으로 말미암아 아브라함에게 주신 것이라
19 그런즉 율법은 무엇이냐 범법하므로 더하여진 것이라 천사들을 통하여 한 중보자의 손으로 베푸신 것인데 약속하신 자손이 오시기까지 있을 것이라 20 그 중보자는 한 편만 위한 자가 아니나 하나님은 한 분이시니라 21 그러면 율법이 하나님의 약속들과 반대되는 것이냐 결코 그럴 수 없느니라 만일 능히 살게 하는 율법을 주셨더라면 의가 반드시 율법으로 말미암았으리라 22 그러나 성경이 모든 것을 죄 아래에 가두었으니 이는 예수 그리스도를 믿음으로 말미암는 약속을 믿는 자들에게 주려 함이라 23 믿음이 오기 전에 우리는 율법 아래에 매인 바 되고 계시될 믿음의 때까지 갇혔느니라 24 이같이 율법이 우리를 그리스도께로 인도하는 초등교사가 되어 우리로 하여금 믿음으로 말미암아 의롭다 함을 얻게 하려 함이라 25 믿음이 온 후로는 우리가 초등교사 아래에 있지 아니하도다

바울은 이제 긴 삽입 부분(3:10-25)을 통해 아브라함에게 약속하셨고 그리스도로 보장되고 성령으로 신자들의 마음에 인을 친 하나님의 값없고 자비로운 은혜로서 갖는 구원의 본질과 관련하여 율법의 유효성에 대한 두 번째 수준의 논증으로 넘어간다. 6-14절에서 바울은 아브라함을 통해 모든 민족이 복을 받으리라는 하나님의 약속이 십자가에서 죽으심으로 유대인과 이방인 모두에게 믿음으로 구속과 칭의를 이루신 그리스도를 통해 어떻게 성취되었는지를 보여주기 위해 율법을 다섯 번, 선지서를 한 번 인용하면서 오직 성경만을 근거로 논증했다. 바울은 이제 동일한 주제에 초점을 맞추어 먼저 아브라함과 맺은 하나님의 언약이 모세의 율법과 어떻게 극명한 대조를 이루는지, 그리고 하나님의 섭리 안에서 율법조차도 구속의 드라마를 전개하는 데 결정

적인 역할을 했는지를 보여준다. 이 구절 전체에서 바울의 논증 스타일에 눈에 띄는 변화가 있다. 16절에서 아브라함의 "씨"에 대한 주석적 언급을 제외하고는 구약의 특정 인용에 호소하지 않고 대신 아브라함, 모세, 그리스도의 관계에 관해 더 광범위하게 역사적, 신학적으로 고려하는 것을 바탕으로 논증했다. 첫 번째 부분(15-18절)에서 바울은 서신의 중심적 신학 부분에서 나머지 논의를 지배할 세 가지 새로운 용어, 즉 14절에서 이미 예상했던 약속, 언약, 유업을 소개했다. 이 개념들은 바울의 어휘에 담겨있다. 이 용어들은 바울이 3장 26절에서 4장 11절의 개인적이고 실존적인 적용을 향해 나아가는 법정적, 역사적 사고의 흐름을 강조한다.

2.4.1. 언약의 우선 순위(3:15-18)
2.4.1.1. 취소할 수 없는 언약(3:15-16)

3:15. 바울이 갈라디아서에서 갈라디아 교인들을 "형제들"이라고 불렀다는 사실에 놀라움을 금치 못하는데, 이 표현은 1장 11절 이후 한 번도 사용하지 않았지만 갈라디아서에서 7번이나 다시 등장한다(4:12, 28, 31; 5:11, 13; 6:1, 18). 비록 갈라디아 교인들이 혼란스럽고 어리석고 미혹되어 있었고 바울은 갈라디아 교인들에 대해 배신감과 당혹감, 허탈감을 느꼈지만 그들은 여전히 아델포이(ἀδελφοί), 즉 "형제"였다. 이 관계를 정의하는 단어는 특히 질문의 답을 구하는 구절의 시작 부분에 적절하다. 무엇이 가족을 가족으로 만드는가? 약속의 상속자인 아브라함의 참 자녀는 누구이며, 따라서 서로를 형제자매라고 부를 자격이 있는가?

실제로 바울이 여기에서 반대자들이 제기한 특정 주장에 대해 응답하고 있었다면, 그들의 게임을 그 방식으로 이겼다. 바울이 말한 법적인 맥락이 모호하게 남아 있더라도 바울의 주장은 간단했다. 창세기에서 하나님은 아브라함에게 약속하셨는데, 바울이 이미 보여주었듯이 그 약속은 아브라함의 공로, 평생의 순종이 아니라 실제로 하나님께서 거저 주시는 선한 기쁨에 근거를 둔다. 바울이 여기에서 처음으로 부른 약속 또는 언약은 조건이 없었다. 아브라함은 하나님께서 약속하신 대로 행하실 것이라고 믿었을 뿐이다. 그런 다음 출애굽, 시내산, 모세가 등장하여 새롭고 다른 언약을 전달했는데, 이 언약은 부담스러운 필요조건과 요구하고 위협하는 행동 규범으로 가득 차 있다.

그러나 율법을 이해해야 하고 바울은 19-25절에서 이를 설명하지만, 아브라함과 맺은 언약 관계에 반하는 것으로 해석할 수는 없다. 왜 안 되는가?

첫째, 유언이나 언약(헬라어 διαθήκη, 디아데케는 두 개념을 모두 포함하므로 여기에서 의도적으로 단어를 사용함)이 비준되면 변경할 수 없으며, 둘째, 율법은 일시적인 방편으로 아브라함에게 부여한 무조건적인 언약에 필수적인 것이 아니라 우연적인 것이었기 때문이다. 바울은 15-16절에서 전자의 이유를, 17-18절에서 후자의 이유를 주장했다.

다시 말하지만, 15절에서 바울의 주장은 누군가의 마지막 의지와 유언이 정식으로 공표되면 원래 유언자를 포함한 그 누구도 그것을 변경하거나 취소할 수 없다는 것이다. 이것이 인간의 합의에 대해서도 사실이라면, 당연히 아브라함과 맺은 하나님의 언약에는 더욱 그러해야 한다(*a fortiori*). 현대 학자들은 바울의 주장이 고대 세계의 그리스와 로마법률 체계에 알려지지 않은 법적 상황을 전제하는 것처럼 보이기 때문에 당황했다. 당시에는 지금과 마찬가지로 상황의 변화나 원하는 바의 재검토를 고려하여 유언을 변경하거나 취소하는 것이 가능했다.[79]

그러나 밤멜Bammel은 죽기 전에 다른 사람에게 취소할 수 없는 유언을 할 수 있는 유대인 상속법의 절차, 즉 "마테나트 바리"(*mattenat bārîʾ*)를 지적했다. 예수님이 말씀하신 탕자 비유에서 아버지가 자신의 재산을 상속자에게 미리 나누어 준 행위가 변경할 수 없는 것이기 때문에 더욱 중대한 일이었다. 바울이 이와 같은 법적 절차를 염두에 두었다고 가정하면 또 다른 문제가 발생한다: 아브라함과 맺은 하나님의 언약은 언제 맺어졌는가? 일반적으로 유언은 유언자가 사망한 후에야 유효하거나 우리가 말하는 유언 공증이 이루어진다. 그러나 살아 계신 하나님은 죽으실 수 없으므로 그분이 하실 수 있는 유일한 종류의 취소 불가능한 유언은 마테나트 바리(*mattenat bārîʾ*)와 유사한 것뿐이었다.[80]

그러나 이 구절에서 바울이 추구했던 언약 신학과 죽음의 주제를 분리하

---

79 갈라디아서 주석가들은 이 본문에서 바울의 언약 비유의 법적 배경을 정리하는 데 많은 시간을 할애했다. 어떤 이들은 바울이 로마법에 의존한 것으로 추정되는 북 갈라디아 수신지 이론과 연결시키려고 시도한 반면, 다른 학자들은 바울이 그리스도 법률 관행에 대해 잘 알고 있다는 주장에 근거하여 남 갈라디아 가설을 주장했다. 롱네커는 이러한 여러 가설을 조사한 후 다음과 같이 결론을 내린다. "바울은 정확한 법률 용어로 말해야 한다는 압박을 느끼지 않았을 수 있으며, 독자들 역시 같은 느낌을 받았을 것이다. 오늘날 우리는 때때로 더 잘 알고 있음에도 불구하고 순수주의자들이 올바르게 요구하는 것보다 덜 정확하게 사용하는 경우가 많다. ... 바울의 모범을 적용하는 요점은 분명하다. 하나님께서 아브라함과 언약을 맺은 언약은 취소할 수 없기 때문에 결코 무효화되거나 추가될 수 없다는 것이다"(*Galatians*, 130). 참조. Bruce, *Galatians*, 169–71; Betz, *Galatians*, 154–57. 더 최근 연구로는 다음을 참조하라. Keener, *Galatians*, 260–83; Moo, *Galatians*, 226–37.

80 따라서 Matera, *Galatians*, 130–31.

는 것은 심각한 실수이다. 이 장은 갈라디아의 신자들에게 그리스도가 눈앞에서 십자가에 못 박힌 모습으로 묘사되었음을 상기시키는 것으로 시작되었다. 그리고 불과 두 구절 전에 바울은 그리스도의 십자가 죽음과 율법의 저주를 짊어진 것을 불가분의 관계로 연결시켰다. 히브리서 9장 15-28절에서 저자는 바울이 갈라디아서에서 말한 것보다 더 자세히 새 언약의 중보자로서 그리스도의 죽음이 그를 믿는 모든 사람에게 구원을 가져다주는 역할을 설명했다. 히브리서에서는 죄 사함을 위해 피를 흘려야 했던 모세의 언약과 단번에 자신의 피를 흘려 영원한 구속을 이루신 대제사장이 대조적으로 묘사된다.

그러나 이 모든 것은 그림자와 형상으로 존재했지만, 아브라함의 언약에도 실재하고 유효했다. 창세기 12장부터 약속된 축복의 맥락에서 우리는 아브라함 이야기에서 반복해서 등장하는 구절을 읽는다. "여호와께 그가 그곳에서 제단을 쌓고"(창 12:7). 아브라함은 세겜, 벧엘, 헤브론, 모리아 산에 제단을 쌓았다. 아브라함과 맺은 하나님의 언약은 피 흘림 없는 말씀으로 비준된 것이 아니라 중동 전역에서 행한 일련의 제단 의식으로 비준되었으며, 모두 "하나님께서 피 묻은 옷을 입고 우리의 주홍빛 얼룩을 깨끗하게 하신" 모리아 산의 제단을 가리킨다.[81] 그렇기 때문에 바울은 아브라함과 맺은 하나님의 언약의 연속성과 취소할 수 없음을 그토록 열정적으로 강조했다. "너희가 그리스도에게 속하면 아브라함의 자손이요, 약속대로 상속자니라"(3:29).[82]

3:16. 디아데케($\delta\iota\alpha\theta\eta\kappa\eta$)가 "마지막 유언"과 "언약"이라는 이중적 의미에서 방금 논증한 바울은 표면적으로는 신학적 머리카락을 쪼개는 것과 같은 사소한 일에 지나지 않는 것처럼 보일 수 있는 주석학적 기교로 나아갔다. 16절에서 바울은 아브라함 언약의 내용에 대해서는 아무 말도 하지 않았으며, 전적으로 취소할 수 없는 절차적 문제에만 초점을 맞추었다. 17절에서 언약의 본질은 "약속"이라는 단어와 함께 드러나는데, 이는 하나님께서 창세기 12장에서 아브라함에게 약속하셨고 창세기 17장에서 더 자세히 반복하신 축복에 대한 암시임이 분명하다. 구체적으로, 그 약속에는 땅의 선물, 수 많은 자손, 아브라함을 모든 민족의 축복의 통로로 삼으시겠다는 약속이 포함된다.

이미 8절에서 살펴본 것처럼 바울은 이 마지막 약속을 믿음으로 의롭게 되는 복음의 메시지가 아브라함의 자연적 후손뿐만 아니라 이방인들에게도 전

---

81 참조. E. Bammel, "Gottes Diathēkē (Gal 3:15–17) und das jüdische Rechtsdenken," *NTS* 6 (1959–60): 313–19.

82 Bammel, "Gottes Diathēkē (Gal 3:15–17) und das jüdische Rechtsdenken," 313–19.

파될 것이라는 의미로 해석했다. 그러나 16절에서 바울의 요점은 이 모든 약속이 아브라함 한 사람뿐만 아니라 그의 "씨"에게도 적용된다는 것이다. 여기에서 중요한 점은 "씨"라는 단어가 복수가 아닌 단수라는 점이다. 따라서 가장 깊고 완전한 의미에서 이 단어는 많은 사람이 아닌 한 사람을 가리킨다. 바울은 아브라함의 참 씨인 그 한 사람이 바로 그리스도라고 주장했다.

물론 바울은 히브리어와 헬라어, 영어에서 "씨"($\sigma\pi\epsilon\rho\mu\alpha$, 스페르마)라는 단어가 다른 곳에서 사용된 것처럼 집합 명사로 사용될 수 있다는 것을 알고 있었다(참조. 롬 4:13-18). 랍비 주석에서는 성경 본문에 나오는 특정 단어의 단수형 또는 복수형에 근거하여 신학적 논증을 전개하는 것은 드문 일이 아니었다. 바울은 여기에서 몇몇 개종자와 함께 자신들만이 "참된 아브라함의 아들들"이라는 유대인들의 주장에 답하고 있었을 수도 있다. 바울은 약속의 더 큰 성취는 생물학적인 것이 아니라 기독론적인 것임을 보여주고 싶었다.[83]

바울이 강조한 한 씨에 대한 강조는 갈라디아서 3장과 4장 전체에 걸쳐 통일된 주제인 그리스도 안에서 이루는 연대와 교회 안에서 이루는 연합이라는 두 가지 사상을 하나로 묶어준다. 바울은 다른 곳에서 아담과 그리스도를 인류의 두 머리로 대조했다. 아담은 죽을 수밖에 없는 죄 많은 인류의 머리로, 그리스도는 영생의 약속을 가진 새로운 인류의 머리로 간주된다(롬 5:12-21). 그러나 갈라디아서 3장에 나오는 대조는 아담과 그리스도가 아니라 아브라함과 모세, 또는 바울이 9-10절에서 표현했듯이 세상과 하나님 앞에서 행위에 근거하여, 행위에서($\dot{\epsilon}\kappa$, 에크) 자신의 정체성을 찾는 사람들과 이러한 궁극적인 관심사에 대해 믿음으로 관련시키는 사람들 사이의 대조이다. 그러나 어느 쪽이든, 그러한 정체성은 다른 모든 것과 분리된 개인의 결정보다 훨씬 더 많은 것을 포함한다. "저주 아래" 있다는 것은 한 가족에 속한다는 것이며, 전 인류와 자연계까지 포함하는 공동체적 연대에 포함되어 있다는 것이다(참조. 롬 8:18-27). 마찬가지로, 아브라함의 참된 씨(단수)이신 "그리스도 안에" 있다는 것은 은혜의 양자 됨을 통해 새로운 가족을 찾고 약속의 자녀와 상속자

---

83 참조. S. Schulz, "$\sigma\pi\epsilon\rho\mu\alpha$," *TDNT* 7:545–47; M. Wilcox, "The Promise of the 'Seed' in the New Testament and the Targumim," *JSNT* 5 (1979): 2–20. 일부 학자는 바울이 "씨"의 단수적인 의미를 주장한 것을 이삭에 대한 감춰진 언급으로 해석하여 이삭-그리스도 유형론에 대한 암시로 해석했다. 이것은 바울 해석학의 더 넓은 맥락(참조. 롬 8:32)에서 보면 신학적으로 타당하지만, 바울이 3:19에서 씨($\sigma\pi\epsilon\rho\mu\alpha$)에 대해서 두 번째로 언급한 "약속이 가리키는 씨가 오기까지"(NIV)에 있는 씨는 갈라디아서에만 등장하고 하갈-사라 알레고리에서 이름이 아닌 이삭을 포용하는 것으로 확대될 수 없다. 참조. C. J. Collins, "Galatians 3:16: What Kind of Exegete Was Paul?," *TynBul* 54 (2003): 75–86.

가 되는 것이다.

그리스도 안에서 우리의 연대는 교회 안에서 이루는 연합을 의미한다. 라이트가 보여주었듯이, 16절의 "씨"의 하나 됨은 20절의 하나님의 하나 됨과 28절의 그리스도의 몸의 하나 됨과 연결되어야 한다. 이 견해에 따르면 원래 아브라함과의 언약은 하나의 씨, 즉 단일한 믿음의 가족, 하나된 하나님의 백성을 계획했다. 이것이 바울이 안디옥에서 식탁 교제 문제에 대해 그토록 화가 난 이유이다. 그리스도께서 오신 후에도 "율법의 행위"가 계속 유효하다고 가정하는 것은 교회를 유대인과 이방인으로 영구히 나누는 것이지 "아테네인과 로마인, 갈라디아인과 에베소인, 아프리카인과 스구디아인 등으로 무한히 (ad infinitum)" 나누는 것이 아니다.[84] 물론 바울은 그러한 구분과 우리가 생각할 수 있는 다른 구분(백인과 흑인, 부자와 가난한 자, 북반구와 남반구 등)이 그리스도 안에 있는 사람들에게 모든 의미를 잃었다고 말한 것은 아니다. 물론 그렇지 않다. 그러나 그들이 잃어버린 것은 절대적으로 정의를 내리고 명확하게 제한할 수 있는 능력이다. 아브라함의 씨가 된다는 것은 그리스도에게 속한다는 것, 즉 동쪽도 서쪽도 없고 남쪽도 북쪽도 없는 마지막 아담의 새 인류에 참여하는 것을 의미하며, "오직 하나의 큰 사랑의 교제가 / 온 넓은 땅에 걸쳐"(옥센햄J. Oxenham) 있다. 그러나 이 진리가 유대 민족을 향한 하나님의 지속적인 목적에 대한 질문을 무효화하지는 않으며, 이것은 바울이 로마서 9-11장에서 다룰 주제이다.

2.4.1.2. 언약의 우선성(3:17-18)

3:17. 바울은 아브라함에게 주신 처음 약속보다 약 오백 년 후에 일어난 모세의 율법 수여에 구체적으로 적용하면서 15절에서 시작한 생각의 흐름을 이어받아 완성했다.[85] 바울은 모세 율법보다 아브라함 언약의 우선성을 강조함으로써 약속을 지키시는 하나님을 찬양하고 있다. 거짓 교사들에게 시내산에서의 율법 계시는 이스라엘에게 진정한 민족 정체성을 부여하고 구원의 경륜에서 고유한 역할을 확립했다는 의미에서 이스라엘 역사의 진정한 시작

---

84 Wright, *Climax of the Covenant*, 165.

85 바울의 430년이라는 수치는 출 12:40의 70인역 읽기에 근거한다. 롱네커(*Galatians*, 133)는 행 7:6은 창 15:13의 계산을 따라 400년으로 반올림한다. 그는 이런 명백한 불일치를 조정하는 여러 방법을 조사하고 "바울은 출 12:40과 창 15:13을 의존하는 것이 아니라 아브라함 언약과 모세 율법 사이의 기간에 대해 전통적으로 받아들이는 연수를 반복하고 있다"라고 결론을 내린다. 참조. Das, *Galatians*, 352–54; Keener, *Galatians*, 230–32.

을 의미했다. 시내산에서 받은 최종적인 언약의 전주곡에 불과한 것으로 여겼다. 이러한 추론에 대해 바울은 다음과 같이 대답했다. "보라! 당신은 하나님이 아브라함에게 약속을 하셨다가 수백 년 후에 나타나서 그 누구도 완벽하게 이행할 수 없는 부담스러운 요구 사항을 추가해서 그 백성과 맺은 관계의 성격을 근본적으로 바꾸었다고 말한다. 그러나 이것은 하나님을 한 번 주신 말씀을 되돌릴 수 있는 부정직 한 중개인으로 바꾸는 것이다. 어떻게 감히 죄 많은 인간들 사이에서도 용납하지 않는 그런 종류의 속임수를 하나님께 돌릴 수 있단 말인가?"

바울은 하나님의 신실하심을 강조하기 위해 하나님의 두 계시 사이의 큰 시간 간격에 초점을 맞추었지만, 아브라함의 약속과 모세의 율법 사이의 대조는 시기뿐만 아니라 성격의 문제이기도 하다. 다시 말해, 바울에게 율법은 단순히 구원 역사에 뒤늦게 추가된 것이 아니라 수 세기 전에 하나님께서 아브라함과 맺으신 언약과는 완전히 다른 종류의 언약이었다. 멘덴홀Mendenhall은 바울이 두 언약을 구별하는 데 있어 핵심이 되는 대조를 설명했다.

> 아브라함에게 어떤 의무도 부과되지 않았다는 것은 자주 볼 수 없다. 할례는 원래 의무가 아니라 창세기 9장의 무지개처럼 언약의 표징이다. 할례는 언약의 수혜자를 식별하는 역할을 할 뿐만 아니라 언약이 존재한다는 구체적인 증거를 제공하는 역할을 한다. 창세기 4장에 나오는 가인의 표처럼 약속을 받은 자를 보호하기 위한 것이다. 반면에 모세 언약은 거의 정반대이다. 모세 언약은 야훼를 특정한 의무로 구속하지 않고 지파나 씨족에게 특정한 의무를 부과한다.[86]

3:18. 이 구절에서 바울은 하나님의 신실하심, 율법의 늦음, 약속의 은혜라는 이 짧은 부분에서 언급했던 세 가지 주요 요점으로 결론을 내렸다. 이 시점에서 바울은 갈라디아서에서 처음으로 "상속"이라는 용어를 소개했다. 이 용어는 "상속하다"라는 동사 및 파생 명사 "상속자"와 함께 다음 장 논의의 대부분을 지배한다(참조. 3:29; 4:1, 7; 5:21).[87] 상속은 하나님께서 약속하시고 무조건적인 언약을 통해 그와 그의 "씨"에게 허락하신 축복이다.

바울에게는 이 본래의 "약속의 언약"을 모세의 율법과 구별하는 것이 매

---

86 G. E. Mendenhall, "Covenant Forms in Israelite Tradition," *BA* 17 (1954): 62. 또한 다음 논의도 참조하라. Bligh, *Galatians*, 274–81.

87 바울 서신에서 이 용어의 의미에 대해서는 다음을 참조하라. Burton, *Galatians*, 185–86; J. D. Hester, "Paul's Concept of Inheritance," *SJT Occasional Papers* 14 (Edinburgh: Oliver & Boyd, 1961).

우 중요했다.[88] 율법은 "이렇게 하라!"라고 요구한다. 약속은 "이것을 받아들이라!"라고 말한다. 18절에서 바울은 이 두 가지를 가장 극명하게 대비시켰다. 율법이 ... 약속이 아니라면, 행위가 ... 은혜가 아니라면. 루터는 이 본문에 대한 주석에서 신자 개개인을 바울이 설명한 일련의 구원 역사 속으로 끌어들여 율법의 고소로 정죄를 받는다고 느끼는 사람들에게 이렇게 대답하도록 격려했다.

> "율법 여사님. 제시간에 오지 않고 너무 늦게 오네요. 430년을 돌아보십시오. 이 시간들을 돌이킨다면 올 수 있을겁니다. 그러나 당신은 너무 늦고 지각입니다. 당신은 430년 동안 내가 동의하고 내가 부드럽게 그 안에서 쉬고 있는 약속에 인도됩니다. 그러므로 당신은 나와 아무 상관이 없습니다. 나는 당신의 말을 듣지 않습니다. 이제 나는 아브라함을 따라 신자로 살고 있습니다. 나는 당신을 폐지하신 그리스도의 계시를 따라 살고 있습니다." 그러므로 믿음을 지지하고 육체의 의, 율법, 행위, 공로에 반대하는 모든 논증을 요약한 것으로서 그리스도를 항상 마음에 새기라.[89]

2.4.2. 율법의 목적 (3:19-25)

이 구절들은 "바울의 논증에서 새롭고 특별한 부분"(베츠Betz), "갈라디아의 문제에 바울이 응답한 것에 대한 핵심 해석"(롱네커Longenecker)이라고 불려왔다. 구조적으로 이 구절은 세 부분(19-20절, 21-22절, 23-25절)으로 깔끔하게 나뉜다. 처음 두 부분은 각각 다음 주요 질문으로 시작된다. "그러면 율법은 왜 주어졌는가?"(19-20절), "그러면 율법은 하나님의 약속에 어긋나는가?"(21-22절). 결론 단락 (23-25절)은 두 번째 단락의 생각을 이어가면서 율법의 기능을 새로운 은유, 즉 초등교사(παιδαγωγός, 파이다고고스)의 은유로 요약한다. 이 구절은 구원 역사에서 율법의 본질과 기능에 대한 바울의 긴 삽입어구(10-25절)를 마무리하는 구절이다. 이 책의 나머지 중심 신학 부분에서 바울은 그리스도의 구속 사역의 유익이 교회의 신자들에게 어떻게 적용되는지 보여주고(3:26-4:11), 갈라디아 교인들에게 열렬한 개인적 호소를 한

---

88 "약속의 언약"이라는 용어는 다음에 등장한다. C. K. Barrett, *From First Adam to Last* (New York: Scribners, 1962), 60. 후커M. D. Hooker는 διαθήκη를 하나님이 아브라함에게 하신 약속과 관련하여 "언약"이라는 번역하는 것이 옳은지 이의를 제기한다("Paul and 'Covenantal Nomism,'" in *Paul and Paulinism*, 51).

89 Luther, "Lectures on Galatians, 1535," *LW* 26:302.

다음(4:12-20), 독자들에게 약속의 언약의 상속자로서 진정한 정체성을 상기시키는 주석적 설명으로 논의를 마무리한다(4:21-31). 확실히 바울의 논증 전개에서 율법은 시야에서 사라지지 않지만(예. 4:4, 24-25), 3장 19-25절에서 받은 근본적인 설명에 비추어 해석된다.

이 구절에 대한 조사를 시작하기 전에 두 가지를 경고해야 한다. 첫째, 바울은 우리가 자세히 풀이하기 쉽지 않은 일종의 신학적 속기로 말하고 있는 것 같다. 틸먼은 "아마도 갈라디아 교인들에게 여러 단락의 정보를 전달했을 구절은 거의 2천 년이 지난 지금도 우리에게 상투적이고 모호하게 남아 있다."[90] 이러한 이유로 바울이 여기에서 주장하는 문맥적 특성을 잊지 않으면서도 갈라디아서에 대한 최고의 주석은 바울이 이 구절에서 처음 제시한 많은 생각을 덜 압축적인 방식으로 발전시킨 로마서라는 사실을 다시금 발견할 것이다. 둘째, 우리는 이 구절이 마치 바울이 이 주제에 대한 자신의 모든 생각을 공개한 것처럼 "율법에 관한" 잘 구성된 수필을 구성하지 않는다는 것을 깨달아야 한다. 예를 들어, 이러한 맥락에서 바울은 신자의 삶에서 율법의 역할에 대한 중요한 질문을 다루고 있지 않았다. 나중에 바울은 그 문제를 다룰 것이다(참조. 5:14; 6:2). 그러나 바울은 또 다른 문제, 즉 구원 역사에서 율법의 기능이 무엇인가라는 문제를 다루고 있다. 이것을 구분하지 못한 것은 소위 "첫째"와 "둘째" 칭의에 대한 전통적인 가톨릭의 논의에서 주되심과 구원에 대한 현대 복음주의 논쟁에 이르기까지 신학 역사에 큰 혼란을 가져왔다. 이 구절에 대한 칼뱅의 주해는 여전히 주목할 가치가 있다. "율법에는 많은 용도가 있지만 바울은 자신의 현재 목적에 부합하는 용도로 제한한다. ... [그러나] 율법의 용도에 대한 이 정의는 완전하지 않으며 율법에서 다른 것을 인정하지 않는 사람들은 틀렸다."[91]

2.4.2.1. 그렇다면 왜 율법인가? (3:19-20)

3:19. 바울의 질문, "그런즉 율법은 왜 주어졌는가?" 또는 KJV에 따르면 "그러면 율법이 어디에서 봉사하느냐?"라는 질문은 2장 16절 이후 바울이 끈질기게 추구해 온 주장의 논리에서 필연적으로 발생한다. 바울의 주장을 단계별로 살펴보겠다. "유대인이든 이방인이든 하나님 앞에서 의롭다 하심을 받

---

90 Thielman, *From Plight to Solution*, 73.

91 Calvin, *Galatians*, CNTC 11:61.

은 모든 사람은 율법을 지킴으로써가 아니라 예수 그리스도를 믿는 믿음으로 이 관계에 들어왔다. 갈라디아 교인 너희들도 이 문제에 대해 의아해했을지 모르지만, 너희들이 성령을 받았으며 율법의 행위가 아닌 듣고 믿음을 통해 성령의 기적적인 역사를 목격했다는 사실을 인정해야 한다. 성경의 장과 구절을 원하는가? 창세기 15장 6절을 생각해 보라. 아브라함은 하나님을 믿었고 믿음으로 의롭다 하심을 받았다. 또한 율법은 완벽하게 순종하지 않는 모든 사람, 즉 모든 사람에게 저주를 부과한다! 그리스도께서 율법의 저주에서 우리를 구속하기 위해서가 아니라면 왜 죽으셨는가? 어쨌든 수 세기 후에 받은 율법이 아브라함에게 주신 하나님의 원래 약속을 바꿀 수 있다고 잠시도 생각하지 말라. 아니, 선택을 해야 한다. 율법이나 약속, 행위나 믿음, 은혜나 공로 중 하나를 선택해야 한다."

이러한 서로 상충되는 이러한 대안을 제시하면 필연적으로 (문자 그대로) 19절 "그러면 왜 율법이 있는가?"라는 질문으로 이어진다. 우리가 율법으로 의롭다 함을 받지 못한다면, 우리가 성령을 받은 것이 율법과 아무 상관이 없다면, 그리스도께서 율법 때문에 저주를 받으셨다면, 우리의 유업이 행위와 율법이 아니라 은혜와 약속에 달려 있다면, "그렇다면 왜 율법을 섬기는가?" 바울은 자신을 신학적인 구석에 몰아넣은 것일까? 바울은 율법을 완전히 무시하여 더 이상 하나님의 전체적인 구속 계획에서 율법이 더 이상 자리를 차지하지 않는다는 것을 가리키는가?

이러한 질문은 단순히 학문적 논쟁의 맥락에서 제기된 쓸데없는 질문이 아니다. 사역 후반에 바울이 이방인 교회에서 사랑의 선물을 전달하기 위해 예루살렘으로 돌아갔을 때, 성전 경내에서 일부 유대인이 "이 사람은 각처에서 우리 백성과 율법과 이 곳을 비방하여 모든 사람을 가르치는 그 자이다"(행 21:28)라고 외치며 바울을 가로막았다. 갈라디아에 있는 반대자들도 바울에 대해 같은 종류의 비난을 했을 것이다. 반대자들의 생각에 바울은 아브라함과 그리스도를 섞어 모세가 들어갈 자리가 없게 만들었다! 그러나 바울이 이 점에서 적들을 반박하는 것 이상의 일을 하고 있었다고 관찰하는 점에서 옳다. 초기 생애를 "내 조상의 전통"에 바쳤고 엄격한 바리새인으로서 율법을 준수하는 데 "흠이 없었던" 사람으로서 바울은 자신의 마음속에 떠오른 의문들을 다루고 있었다.[92] 바울 신학의 특정 궤적이 실제로 율법을 완전히 폐기하고 심지어 구약을 기독교 성경에서 제외할 수 있다는 사실은 2세기 마르시온

---

92 C. K. Barrett, *Freedom and Obligation*, 33.

이 초래했다. 바울이 자신의 가르침에 대한 이런 왜곡을 예상하고 이 구절에서 전개한 논증으로 이를 막으려 한 것은 놀라운 일이 아니다.

바울은 자신이 제기한 질문에 대한 답을 가지고 있었다. 그 답은 간결하고 거의 암호 같은 언어로 된 네 가지 대답이다. 왜 율법인가? 율법은 (1) 범법하므로 (2) 자손이 오기 전까지 (3) 천사를 통해 (4) 중개자를 통해 추가되었다. 바울은 다음 구절(21-25절)에서 1과 2에 대해 더 자세히 설명할 것이지만, 여기에서는 이 네 가지 요소를 각각 간략하게 살펴보겠다.

1. **율법은 범법함 때문에 추가되었다.** 문맥에서 알 수 있듯이 문제의 율법은 아브라함 언약 이후 430년 후에 "더한" 모세의 율법이며, 유언장에 부칙을 추가하여 그 조항을 변경하는 것이 아니라 다른 종속적이고 보충적인 목적을 달성하기 위해 추가되었다. 이 의미는 병행 구절 로마서 5장 20절, "율법이 들어온 것은 범죄를 더하게 하려 함이라"를 보면 더욱 명확해진다. 로마서에서 "더해졌다"(παρεισῆλθεν, 파레이셀덴)라는 단어는 문자 그대로 "곁 길로 들어왔다"라는 뜻이다.[93] 주된 길은 약속의 언약, 즉 위반할 수 없는, 변경할 수 없는 언약이다. 율법은 추가 교통량과 여분의 짐을 운반하기 위한 샛길의 성격을 지니고 있으며, 바울의 주장을 예상할 수 있다면 별도의 목적지가 아니라 여행자를 다시 큰 길로 인도하도록 설계된 것이다.

다음 어구는 "범법하므로"는 "때문에," "왜냐하면"라는 후치 전치사 χάριν (카린)에 인과적(뒤를 향하는) 의미 또는 목적적(앞을 향하는) 의미 두 가지 중 하나를 의미할 수 있다.[94] 전자의 경우 율법은 주로 예방적 기능을 갖는다. 즉 이미 행하고 있는 악행을 억제하기 위해, 즉 나쁜 상황이 더 악화되는 것을 막기 위해 선포된 것이다. 그러나 "왜냐하면"에 목적적 의미가 부여되면 그 반대가 될 수 있다. 율법은 도발적인 목적이며, 그 기능은 죄를 예방하는 것이 아니라 실제로 죄를 증가시키는 것, 즉 이미 나쁜 상황을 훨씬 더 악화시키는 것이다.

예방적 기능과 도발적 기능은 루터가 발전시킨 율법의 시민적, 영적 용도

---

93 외프케A. Oepke는 이 표현을 거짓 형제들에 대한 바울의 설명과 비교했다. 갈 2:4의 "그리스도 안에서 우리가 가진 자유를 엿보려고 가만히 들어온" 거짓 형제들에 대한 바울의 묘사와 비교했다. 비슷한 방식으로 "율법도 뒷문으로 몰래 들어왔다"(Der Brief des Paulus an die Galater [Berlin: Evangelische Verlagsanstalt, 1973], 115). 그러나 베츠가 지적했듯이 이 해석은 마르시온적인 방향으로 너무 기울어진 것일 수도 있다(Galatians, 167n43). Thielman, Romans, 292-93.

94 다음 논의를 참조하라. Burton, Galatians, 188; Thielman, From Plight to Solution, 74.

에 해당한다.[95] 루터는 분명히 하나님께서 악인을 제지할 목적으로 시민법을 제정하셨다고 생각했다. 밧줄이나 쇠사슬이 야생 동물이 무고한 행인을 공격하는 것을 막는 것처럼, "하지 말아야 할 것"과 형법이 있는 율법도 죄 많은 인간이 난동을 부려 스스로를 완전히 파괴하는 것을 막는다. 법의 시민적 사용 없이는 분명히 인간 사회는 유지될 수 없다. 그래서 루터는 국가를 "하나님의 왼손"으로, 현세적 통치를 하는 사람들을 "하나님의 간수와 사형 집행자"라고 불렀다.[96] 그러나 율법의 시민적 용도가 인간 사회의 질서를 위해 중요할지라도 기껏해야 하나님 앞에서 사람을 의롭게 할 수 없는 임시방편일 뿐이다. 루터는 "율법의 가장 중요하고 적절한 용도"은 실제로 죄를 증가시키고, 끔찍한 상황을 더욱 절망적으로 만들어서 인간에게 "죄, 실명, 비참함, 사악함, 무지, 하나님에 대한 증오와 경멸, 죽음, 지옥, 심판, 하나님의 마땅한 진노"를 드러내는 도발적인 기능이라고 말했다.[97] 그러나 인간의 죄를 다스리기 위해 하나님의 허락으로 받은 거룩한 율법이 하나님을 죄의 조성자로 만들지 않고 어떻게 구속의 기능을 할 수 있을까? 바울은 이 질문을 피할 수 없었고 21-25절에서 이에 대한 해답을 제시한다.

2. 율법은 자손이 오기까지 추가되었다. 바울은 여기에서 율법의 시간적 변수와 제한된 기간에 대해 이야기했다. 그 기원이 시내산에 있었던 것처럼, 또한 갈보리 산이라는 종말론적 지점을 가지고 있었다. 자손(CSB에서는 대문자로 표기됨)는 그리스도를 가리키는 환유로 사용되며, 16절에서 바울이 앞서 언급한 것을 반영한다. 따라서 바울은 예수의 메시아 사명에 입각한 율법의 성취와 폐기의 관점에서 율법을 종말론적으로 해석했다(참조. 골 2:14). 데이비스W. D. Davies가 말했듯이, "바울의 율법에 대한 논쟁적인 견해는 바울이 메시아로서 예수님에게 부여한 의미와 유대인의 삶의 모든 근본적인 상징에 대한 도전과 불가분의 관계에 있었다."[98]

메시아 시대에 토라의 지위는 어떠했을까? 이 질문은 제2성전기 유대교 사상계에서 뜨거운 쟁점이었기 때문에 바울은 그리스도교 이전 랍비 훈련과

---

95 Luther, "Lectures on Galatians, 1535," *LW* 26:308–11.

96 참조. Luther, "Temporal Authority: To What Extent It Should Be Obeyed, 1523," *LW* 45:113; George, Theology of the Reformers, 98–102; T. A. Brady Jr., "Luther and the State: The Reformer's Teaching in Its Social Setting," in *Luther and the Modern State in Germany* (Kirksville, MO: Sixteenth Century Journal, 1986), 31–44.

97 Luther, "Lectures on Galatians, 1535," *LW* 26:309.

98 W. D. Davies, "Paul and Law: Reflections on Pitfalls in Interpretation," in *Paul and Paulinism*, 7.

정에서 이 문제에 대해 토론했을 것이다. 어떤 사람들은 메시아가 오면 구약 율법이 수정되거나 새로운 율법이 선포될 것이라고 믿었다. 또 다른 사람들은 세상의 역사를 혼돈의 시대, 율법의 시대, 메시아 시대로 나누어 각각 약 2천 년 동안 지속되는 세 시대로 나누었다. 이 견해에 따르면 두 번째 시대와 세 번째 시대 사이에는 큰 단절이 있었기 때문에 "토라가 여전히 유효하다면 메시아는 아직 도래하지 않았다고 선포된 것이다."[99] 바울이 한때 그러한 견해에 동의했는지 여부와 관계없이, 십자가에 못 박히고 부활하신 메시아를 개인적으로 만나면서 예수님의 십자가와 부활이라는 하나님의 결정적인 구원 행위의 관점에서 율법을 크게 재평가해야만 했다.

마틴은 갈라디아서 전체의 핵심 질문은 "**지금이 어느 때인가?**"라고 제안했다.[100] 갈라디아서에는 그리스도의 재림에 대한 명시적인 언급이 거의 없고 (참조. 5:5), 임박한 파루시아(살전 4장), 부활에 대한 증거(고전 15장), 적그리스도에 대한 경고(살후 2장)가 없다는 지적을 받기도 한다. 이렇게 눈에 띄게 누락된 이유는 분명하다. 갈라디아 교인들에게 닥친 위험 때문에 바울은 이 편지에서 마지막 일보다는 처음 일에 집중해야 했다.[101] 그럼에도 불구하고 바울은 갈라디아서의 모든 곳에서 한편으로는 예수님의 죽음과 부활의 결정성을 전제하고 다른 한편으로는 영광으로 재림하실 것이라는 소망을 전제했다. 사실 갈라디아서 전체는 두 가지 강력한 종말론적 신호, 즉 주 예수 그

---

99 Bruce, *Galatians*, 176. 또한 다음 참조. W. D. Davies, *Torah and the Messianic Age* (Philadelphia: Westminster, 1952). 뱅크스는 데이비스가 메시아 시대가 새로운 토라 또는 적어도 구약 율법에 대한 주요 수정을 가져올 것이라는 그의 논지를 뒷받침하기 위해 인용한 많은 증거가 후대의 랍비들의 추측을 반영하고 있음을 보여주었다. 그러나 그렇기 때문에 바울 시대에도 그러한 사상이 존재할 수 없었다는 의미는 아니다. 참조. R. Banks, "The Eschatological Role of Law in Pre- and Post-Christian Jewish Thought," in *Reconciliation and Hope: New Testament Essays on Atonement and Eschatology* (Grand Rapids: Eerdmans, 1974), 173–85.

100 J. L. Martyn, "Apocalyptic Antinomies in Paul's Letter to the Galatians," *NTS* 31 (1985): 410–24. 그린드하임Sigurd Grindheim은 마틴Martyn이 시간보다는 공간에 기초한 통제 은유를 선호하면서 임시적이라고 초점을 맞춘 것에 이의를 제기한다. "지금이 몇 시인가"가 아니라 "우리가 실제로 어떤 우주에 살고 있는가"가 갈라디아서에서 바울이 제기하는 진짜 질문이다. 그의 다음 논문을 참조하라. "Not Salvation History, but Salvation Territory: The Main Subject Matter of Galatians," *NTS* 59 (2013): 91–108.

101 마틴은 갈라디아서의 여러 중요한 지점에서 바울이 그리스도의 도래과 성령의 오심으로 시작된 새 창조와 종말의 실재를 묘사하기 위해 명사 ἀποκάλυψις와 동사 ἀποκαλύπτω를 사용했다고 지적한다(예. 1:13, 16; 3:23; 6:14; "Apocalyptic Antinomies"). 이 주제에 대한 더 자세한 설명을 위해서는 다음을 참조하라. R. E. Sturm, "An Exegetical Study of the Apostle Paul's Use of the Words *Apokalyptō/Apokalypsis*" (unpublished Ph.D diss., Union Theological Seminary, 1984).

리스도께서 "이 악한 시대"(1:3)에서 우리를 구출하기 위해 우리 죄를 위해 자신을 내어주셨다는 시작 선언과 "중요한 것은 새로운 창조"(6:15)라는 마지막 선언으로 괄호로 묶여있다. 이 책의 중심에는 율법의 목적이 기독론적으로나 종말론적으로 "약속하신 자손이 오시기까지" 정의되어야 한다는 점을 상기시켜 준다. 실제로 이 말씀이 소개하는 전체 부분(3:19-4:11)은 그리스도의 초림과 재림의 **이미 아닌**(no longer)과 **아직 아닌**(not yet) 사이의 신학적 긴장을 모든 신자의 삶에서 경험적 긴장으로 전달하는 기대의 언어로 사실상 가득 차 있다. "... 까지, ... 전에, ... 더 이상, ... 이전에, ... 그러나 지금"으로 사실 가득하다.[102]

3. **율법과 천사.** "그러면 율법은 왜 주어졌는가?"라는 질문에 대한 바울의 대답에서 마지막 두 가지 요소는 율법이 주어지고 집행되는 방식에 있어서 율법의 본질적인 열등함을 보여준다. 이 두 가지 난해한 진술에 대해 수 많은 설명이 제시되었지만, 바울의 의미는 본질적으로 분명하다. 율법은 시간적으로 제한되어 있을 뿐만 아니라 천사가 중개자인 한 사람을 통해 전달했기 때문에 약속의 언약과 동등한 위치에 있지 않다.[103]

율법을 주신 것에 대한 성경적 기록을 담고 있는 출애굽기 19장의 히브리어 본문은 천사를 언급하지는 않지만, 시내산이 천둥과 번개, 빽빽한 구름과 불기둥으로 둘러싸여 있다고 묘사하고 있다(출 19:16-19). 후기 구약 문헌, 특히 70인역 신명기 33장 2절과 시편 68편 18절에서는 이러한 자연 현상을 하늘의 불같은 천군인 수 많은 천사가 하나님께서 시내산에서 율법을 주실 때 동행했다는 의미로 해석한다.[104] 율법을 주실 때 천사들이 참여한 것은 신약

---

102 대부분 주석가는 율법의 역사적인 우연성과 임시성을 바울이 강조한 것은 요세푸스와 필론에서 지혜서와 희년서에 이르기까지 많은 유대인 저술가에게서 발견되는 율법의 영원하고 불변하는 성격에 대한 개념을 의도적으로 깨뜨린 것으로 해석한다. 이것은 유대교에서 일반적으로 통용되는 믿음이었을 것이다. 롱네커가 말했듯이 "사실 다르게 생각하는 유대인을 찾기는 어려웠을 것이다"(Galatians, 139). 바울과 관련해서 하나님의 계시된 뜻으로서 율법, 하나님 자신에 대한 환유로서 사용될 수 있는 성경(3:8, 22), 그리고 구속 역사에서 율법의 역기능이라는 측면에서 구별하는 것이 중요하다. 후자의 의미에서 바울은 율법을 그리스도께서 십자가에서 저주를 담당하심으로써 이제 소멸된 임시방편으로 보았다. 참조. Betz, *Galatians*, 167–70; Bruce, *Galatians*, 176; F. Thielman, "Law," *DPL*, 529–42; Keener, *Galatians*, 278–83.

103 Arichea and Nida, *Translators Handbook*, 75. 천사가 율법을 전해주는 것에 대한 다양한 이론에 대해서는 다음을 참조하라. J. W. MacGorman, "Problem Passages in Galatians," *SWJT* 15 (1972): 35–51; A. Vanhoye, "Un médiateur des anges en Gal 3, 19–20," *Bib* 59 (1978): 403–11; T. Callan, "Pauline Midrash: The Exegetical Background of Ga. 3:19b," *JBL* 99 (1980): 549–67.

104 캘런은 율법을 전해주는 천사의 역할에 대한 랍비들의 다양한 해석을 조사했다(Callan,

의 다른 곳에서 확인되므로 단순히 경건한 유대인 민간 전승의 일부가 아니다(참조. 행 7:38, 53; 히 2:2). 그러나 바울은 이 전통을 받아들여 율법을 천사의 영광과 연관시켜 율법을 강화하려는 목적이 아니라, 율법은 피조물의 중재를 필요로 하기 때문에 약속이 율법보다 얼마나 우월한지를 나타내기 위해이 전통을 여기에서 반복했다.

바울은 문제의 천사가 선한 천사인지 악한 천사인지 밝히지 않았지만, 후대 영지주의 저술가들은 율법을 집행한 천사를 하나님의 명령이 아니라 스스로 행동하여 율법을 고안하고 유대인들에게 부과한 사악한 우주의 힘으로 파악했다. 마르시온은 율법이 유대인들을 폭압적인 의지에 속박하기 위한 수단으로 율법을 유대인들에게 준 타락한 천사인 데미우르고스의 작품이라고 믿었다.[105]

초기 영지주의 해석에서 힌트를 얻은 많은 학자도 바울이 율법의 천사 매개에 대해 언급한 것을 순전히 부정적인 의미로 보았다.[106] 느낌표 세 개를 한문장에 쓰면서 휘브너H. Hübner는 이 생각에 충격을 표명한다. "이것은 매우 냉소적인 느낌을 준다. 거룩한 분임에도 불구하고! 오직 하나님의 친절함과 비할 데 없는 은혜를 통해 자신의 신성을 보여주기 위해 인간을 (문자 그대로!) 죄를 짓는 저주스럽고 부도덕한 상황에 처하게 하는 하나님!" 휘브너H. Hübner는 이어서 말한다. "물론 하나님이 아니라 천사들이 입법자라면 이러한 결과

"Pauline Midrash," 551–52). 천사들은 이스라엘이 율법을 받도록 돕고, 자신들의 존재로 인해 율법을 명예롭게 하고, 율법을 거부한 이들에게 보복하고, 여러 나라의 고유한 천사로서 세상의 통치자들을 대표하는 등 다양하게 이해되었다. 바울의 언어와 매우 유사한 요세푸스의 글에서 헤롯은 유대인들이 가장 고귀한 교리와 가장 거룩한 율법(δι' ἀγγέλων παρὰ τοῦ θεοῦ)을 배웠음을 자신의 군인들에게 상기시켰다(Antiquities 15.136). 데이비스는 이 본문에서 "천사"는 선지자나 백성들의 제사장을 가리키는 "사자"로 읽어야 한다고 주장했다. 그의 "Note on Josephus, Antiquities 15.136," HTR 47 (1954): 135–40을 참조하라. 또한 다음 참조. D. G. Reid, "Angels, Archangels," DPL, 20–23.

105 마르시온은 구약의 창조주 하나님, 즉 "우주의 통치자"와 예수 그리스도의 "낯선" 아버지를 날카롭게 대조했다. 전자는 법적이고, 가혹하고, 전쟁에 강하다. 후자는 온화하고, 평온하며, 단순히 선하고 탁월한 분이시다. 참조. J. Pelikan, Emergence, 73–74. 초기 영지주의 주석가 헤라클레온도 갈 3:19의 "천사들"을 데미우르고스의 하수인들로 해석했다. 참조. Pagels, Gnostic Paul, 107.

106 Westerholm, Israel's Law, 176–79이 슈바이쳐, 쉬프스, 드레인, 휘브너를 인용하여 논의한 내용을 참조하라. 따라서 율법은 하나님과 달리 인류의 구원을 원하지 않고 더 많은 정복만을 원하는 악한 천사들의 권세를 통해 주어졌다. 신정론의 측면에서 보면 이런 관점은 하나님이 비난받을 여지를 제거하는 이점이 있다. 왜냐하면 우리가 앞서 보았듯이 어떤 이면의 동기로 죄를 짓게 만드는 신이라는 개념은 일반적인 인간 도덕 기준에 부합하기가 어렵기 때문이다.

는 더 이상 발생하지 않을 것이다."¹⁰⁷ 그러나 그러한 견해는 주석적으로나 신학적으로도 지탱할 수 없다. "실행하다"(개역개정, "베푸신", διαταγείς, 디아타게이스)로 번역된 부정과거 분사의 주어는 오직 하나님만이 될 수 있다. 하나님은 중보자의 손으로 천사를 통해 율법을 제정했다. 달리 말하면, 하나님은 모세에게 율법을 전달할 때 천사를 사용하셨다. 천사들은 선하든 악하든 율법의 근원이 아니라 율법을 수여하는 데 있어 부차적인 대리인일 뿐이다. 다른 방식으로 읽으려면 바울이 다음 구절을 포함하여 모든 구절에 걸쳐서 반대하는 급진적인 이원론을 전제해야 한다.

3:20. 바울의 글에서 "중보자"(μεσίτης, 메시테스)라는 단어를 사용한 유일한 다른 곳은 디모데전서 2장 5절이며, 여기에서 이 단어는 예수님의 칭호로 나타난다. 이러한 이유로 오리게네스와 크리소스토무스에 이어 루터와 칼뱅도 여기에서 "중보자"라는 단어를 그리스도를 지칭하는 것으로 해석했다. 그러나 이 의미는 그리스도를 모세 언약의 중개자가 아니라 아브라함 언약의 씨(자손, 16, 19절)로 묘사하는 문맥에 큰 폭력을 가한다. 여기에서 중보자는 바울이 다른 곳에서 그리스도의 유형으로 긍정적으로 언급할 수 있는 모세일 수밖에 없다.¹⁰⁸ 그러나 모세는 그리스도와 대조적인 인물로 서 있다. 바울이 고린도후서 3장 7-18절에서 더 자세히 설명하듯이, 모세가 협상한 사역 또는 언약은 죽음과 정죄, 그리고 "구별됨"이라는 특징이 있다. 반면에 그리스도께서 인도하신 새 언약은 생명과 칭의, 그리고 "영이신 주님께 오는 영광의 광채"(NIV)로 특징지어진다.

바울은 모세를 한 인간으로 폄하하려는 의도가 아니라 구원의 제도로서 율법의 일시적이고 전적으로 부적절한 성격을 다시 한번 보여주려고 했다. 히브리서는 바울이 가장 좋아하는 반어법 중 하나인 종과 아들의 반어법을 선택하여 모세와 그리스도에게 정확히 "모세는 ... 하나님의 온 집에서 **종**으로

---

107 H. Hübner, *Law in Paul's Thought*, 26. 휘브너는 갈라디아서에 있는 율법의 천사적 기원을 바울이 추가했으나 이후에 로마서에서 버린 부분으로 본다. "갈라디아서에서 바울은 율법을 천사의 율법으로 폄하하는 반면, 로마서에서는 율법의 거룩하고, 의롭고, 선하다는 것에 가장 큰 비중을 두고 있다. ... 두 편지 각각에서 율법(νόμος)의 기능은 다른 어떤 것을 가정하기에는 너무 다양하게, 아니 양립할 수 없게 제시되어 있다"(79쪽).

108 고전 10:2에서 바울은 이스라엘 자손에 대해 "모세에게 속하여 다 ... 세례를 받았다"라고 말했는데, 이 표현은 다른 곳(예. 갈 3:27)에서 신자들이 그리스도 안에 합체되고 연합된 것을 가리키는 데 사용했다. 모세가 이스라엘 자손을 살리기 위해 여호와의 책에서 지워지기 원했던 것처럼 바울도 동료 유대인들을 위해 그리스도에게서 끊어지기를 바랐다(출 32:30-35; 롬 9:3). 참조. L. L. Belleville, "Moses," *DPL*, 620–21.

서 신실하였고 그리스도는 하나님의 집을 맡은 **아들**로서 그와 같이 하셨으니”(히 3:5-6, 강조 표시 추가)라고 적용한다. 갈라디아서에서 바울은 이러한 주제를 발전시키지 않고 대신 히브리 신앙의 가장 기본적인 고백인 쉐마에서 인용한 “이스라엘아 들으라 우리 하나님 여호와는 오직 유일한 여호와이시니”(신 6:4)라는 구절을 인용하면서 하나님의 유일성에 초점을 맞춘다. 바울의 요점은 아브라함에게 주신 약속은 천사나 모세와 같은 단순한 인간 중개자를 통해서가 아니라 하나님께 직접 온 것이라는 점이다.

율법이 약속의 언약을 무효화할 수 없는 또 다른 이유가 있다. 후자는 무조건적으로 주어졌기 때문에 하나님의 유일성과 주권만큼이나 확고하고 확실하다. 퍼킨스W. Perkins는 이 구절에 대한 주해에서 “하나님의 불변하심은 우리의 위로의 기초”라고 요약했다.[109] 그리스도인들에게 이 기초적인 진리의 의미는 놀랍다. 예수 그리스도를 통해 우리는 담대하게 은혜의 보좌에 나아갈 수 있다. 성령 안에서 우리는 아브라함이 누렸던 것과 같이 직접적으로 하나님을 알 수 있다. 어떻게 가능한가? 예수 그리스도 안에서 하나님은 대리인이나 대행인를 보내지 않으셨고, 천사의 중개나 단순한 인간 중개자도 보내지 않으셨기 때문이다. 예수 그리스도 안에서 유일하신 하나님이 친히 오셨다.

2.4.2.2. 율법의 세 가지 기능(3:21-25)

이제 바울이 갈라디아서 3장에서 제기한 세 번째 질문으로 넘어간다. 바울은 갈라디아 교인들에게 “너희가 성령을 받은 것이 율법의 행위로냐 혹은 듣고 믿음으로냐?”라고 물으며 이 장을 시작했다(3:2). 이 질문은 갈라디아 교인들이 자신들 가운데서 일하시는 하나님의 역사에 대한 경험을 바탕으로 스스로 대답할 수 있는 질문이었다. 두 번째 질문인 “그런즉 율법은 무엇이냐?”(19절)는 그렇게 자명하게 대답할 수 없었기 때문에 사도가 더 자세히 설명해야 했다. 세 번째 질문, “그러면 율법이 하나님의 약속들과 반대되는 것이냐?”라는 질문은 “결코 그럴 수 없느니라!”라는 즉각적이고 분노에 찬 대답을 이끌어낸다.

바울이 사용한 헬라어 표현인 μὴ γένοιτο(메 게노이토)는 다루고 있는 개념에 대한 공포와 충격을 전달한다.[110] 신약성경에 15번 나오는 이 표현 중 13번

---

109 W. Perkins, *Galatians*, 193.

110 강조된 부정적 소망을 표현하기 위해 사용된 이 기원법의 사용에 대한 다양한 번역을 주목하라. “분명히 아니다”(Phillips); “물론 그렇지 않다”(JB); “생각할 수 없는 일이다!”(NAB); “아니, 절대로 그렇지 않다”(NEB); “전혀 그렇지 않다”(The Message); “그럴 수 없다!”(Luther); “그럴 수 없다!”(Vulgate). 클라렌스 조던의 Cotton Patch역은 이번에는 약하다. “그럴 필요는 없다.” 신약에서 이 용어의 더 넓은 용례에 대해서는 다음을 참조하라. C. F. D. Moule, *An*

이 바울의 글에 나오는데, KJV는 항상 "그럴 수는 없다!"로 번역한다. "하나님은 복수를 행하는 불의한 분이신가? 하나님이 금하신다"(롬 3:5-6, KJV). "그러면 우리가 믿음으로 율법을 무효로 만드는가? 하나님이 금하신다"(롬 3:31, KJV). "은혜를 풍성하게 하려고 우리가 계속 죄 가운데 있어야 하는가? 하나님이 금하신다"(롬 6:1-2, KJV). "하나님께 불의가 있는가? 하나님이 금하신다"(롬 9:14, KJV). "그러므로 그리스도가 죄의 종인가? 하나님이 금하신다"(갈 2:17, KJV).

현재의 맥락에서 볼 때, 강한 부정적 반응을 이끌어낸 "그러므로 율법이 하나님의 약속에 어긋나는가?"라는 질문은 바울이 3장 10절부터 지금까지 끈질기게 추구해 온 논증을 논리적으로 잇는 것처럼 보인다. 약속의 언약과 비교하여 율법의 불연속성과 열등함을 강력하게 주장한 바울은 반대자 중 한 사람이 방해할 것이라고 예상했을 것이다. "바울, 솔직하게 당신의 생각을 말하지 않겠는가? 당신이 정말로 말하는 것은 하나님의 율법과 하나님의 약속이 서로 완전히 반대된다는 것이다. 지금까지 당신이 말한 모든 것은 모세와 토라를 내려놓은 것이다. 달리 어떻게 생각해야 하는가?"

한 명 이상의 주석가들은 적어도 암묵적으로 바울의 대화 상대로 추정되는 사람의 의견에 동의하면서 다음과 같이 지적한다. 우리는 갈라디아서 3장에서 바울의 주장의 흐름을 고려할 때, 바울이 21절의 질문에 "하나님이 금하신다!"라고 대답하기보다는 "그래, 맞다"라고 대답했을 것으로 기대한다.[111] 그러나 우리는 바울이 쉐마의 강력한 말로 하나님의 유일성, 즉 약속의 하나님이 토라의 하나님이심을 고백했다는 사실을 기억해야 한다. 바울은 두 언약 사이의 단절에 관해 자신이 한 말을 되돌릴 준비가 되어 있지 않았다. 왜냐하면 그것은 은혜 신학의 기본이기 때문이다. 그러나 바울은 이제 19절의 질문, "그런즉 율법은 무엇이냐?"에 대해 더 완전한 대답을 할 준비가 되어 있었다. 이 대답은 율법이 하나님의 약속과 모순되지 않는지, (율법이 할 수 없는) 의를 만들어 내는 것이 아니라, 그보다 더 중요하고 하위적인 다른 목적들을 성취함으로써 어떻게 그 약속을 실제로 성취했는지를 보여주기 위해 만든 대답이다.[112]

Idiom-Book of New Testament Greek (Cambridge: Cambridge University Press, 1953), 23.

111 따라서 Bruce, *Galatians*, 180는 이렇게 말한다. "그러므로 논쟁의 방향은 바울의 강조 표현인 μὴ γένοιτο 보다 긍정적인 답변을 우리에게 준비시킬 수도 있다." 참조. Das, *Galatians*, 366–67.

112 이 다음 부분의 세분화에 대해서는 다음의 간략하지만 훌륭한 연구에 빚을 지고 있다. E. F. Kevan, *The Law of God and Christian Experience* (London: Pickering & Inglis, 1955).

율법은 실패를 위해 들어온다

3:21. 율법은 결코 하나님의 약속에 어긋나거나 그 약속과 적대적으로 경쟁할 수 없다. 오직 은혜로만 약속된 영생과 복을 줄 수 있는 율법을 찾을 수 없다는 단순한 이유 때문이다. 바울은 사실과 반대되는 조건문을 사용하여 자신의 요점을 설명했다. 생명을 부여하는 힘이 있는 율법을 받았다면 그 율법을 지킴으로써 의롭게 될 수 있을 것이다. 그러나 분명히 그렇지 않다.[113] 사실, 율법은 "이를 행하라 그리하면 살리라"고 말하지만, 바울이 이미 3장 10-13절에서 보여주었듯이 타락한 인간은 그러한 계명에 포함된 "행함"을 전혀 할 수 없으므로 율법의 저주 아래 놓여 있다.

바울의 이 말은 구원의 과정과 하나님의 의도 안에서 율법의 기능에 대한 심각한 신학적 질문을 제기한다. 로마서 7장 9-10절에서 바울은 여기에서 다루고 있는 역설의 네 가지 요소인 삶, 죽음, 율법, 의도를 하나의 텍스트에 모았다. 자전적인 이야기일 수도 있지만 보편적으로 적용될 수 있는 의미에서 바울은 이렇게 말했다. "전에 율법을 깨닫지 못했을 때에는 내가 살았더니 계명이 이르매 죄는 살아나고 나는 죽었도다 생명에 이르게 할 그 계명이 내게 대하여 도리어 사망에 이르게 하는 것이 되었도다."[114]

로마서 7장 10절의 "계명"은 바울이 방금 순종할 수 없음을 고백한 열 번째 계명인 "탐내지 말라"를 가리킨다. 따라서 한 가지 관점에서 볼 때 "이를 행하라 그리하면 살리라"는 생명을 가져다주는 것으로 여긴 율법이 실제로는 죽음의 원인이 되었다. 마치 암 환자가 무서운 병이 낫기를 바라며 항암 치료를 받다가 건강을 되찾게 할 것으로 알았던 약이 오히려 몸을 더 쇠약하게 하

이 중요한 단락에 대한 나의 이해는 또한 다음의 통찰력 있는 분석으로 크게 풍성해졌다. Westerholm, *Israel's Law*, 179–97; Thielman, *From Plight to Solution*, 72–88. 웨스터홀름과 틸만 모두가 모든 점에서 서로 동의하지는 않지만, 율법에 대한 바울의 진술을 유대인의 종교적 배경과 그의 저술의 더 큰 맥락에 배치하려고 시도했다. 그 결과, 예를 들어 휘브너, 레이제넨, 샌더스 등의 수정주의 연구에서 발견할 수 있는 것보다 더 일관되고 논리 있는 설명을 제공한다.

113 다음의 진술을 참조하라. Käsemann, *Romans*, 158. "유대인들에게는 신성 모독적인 방식이지만, 바울은 율법에서 영생의 질문에 대한 정당한 답을 찾지 못한다. 그것은 구원의 길을 표시하지 못하고, 사실과 효과 모두에서 죄와 죽음의 편에 속한다."

114 롬 7장에 대한 자서전적인 해석은 다음이 설득력 있게 제시한다. R. H. Gundry, "The Moral Frustration of Paul before His Conversion: Sexual Lust in Romans 7:7–25," *Pauline Studies* (Grand Rapids: Eerdmans, 1980), 228–45. 또한 다음 참조. J. C. Beker, *Paul the Apostle* (Philadelphia: Fortress, 1980), 236–43. 롬 7장에 대한 일반적인 주해는 다음을 참조하라. C. K. Barrett, *A Commentary on the Epistle to the Romans* (New York: Harper & Row, 1957), 138–534; J. D. G. Dunn, "Rom 7:14–25 in the Theology of Paul," *TZ* 31 (1975): 257–73.

고 죽음의 원인이 되었다는 사실을 안 것처럼, 바울은 율법이 죄와 하나님께 소외된 절망적인 처지를 더욱 악화시켰다고 말했다.

하지만 바울은 이 논리를 통해 공포와 충격에 휩싸였던 이원론에 빠지지 않았을까? 두 가지 이유로 그렇지 않다. 첫째, 바울은 율법에는 아무런 결함이 없으며 오히려 율법은 "거룩하고 의롭고 선하다"(롬 7:12)고 주장했다. 문제는 율법이 아니라 우리의 죄악된 불순종이며, 율법은 우리가 하나님의 은혜의 개입 없이는 얼마나 절망적인지를 보여주기 위해 율법을 드러내고 더욱 악화시킨다. 둘째, 이 모든 것이 하나님을 놀라게 하거나 방심하게 하지 않는다. 하나님께서는 처음부터 율법이 이런 식으로 기능할 것을 알고 계셨고 의도하셨다. 따라서 샌더스는 갈라디아서 3장 21-25절에서 바울의 주장의 핵심을 이렇게 요약한다.

> 하나님은 항상 율법과는 별개로 믿음으로 구원하기 원하셨다. 하나님은 율법을 주셨지만, 부정적으로 율법이 모든 사람을 정죄하여 믿음에 기초한 구원을 준비시키기 위해 주셨다(3:22, 24, 하나님의 의도를 전달하는 목적절). 율법은 살리려고 주신 것이 아니다(3:21).[115]

따라서 처음부터 하나님께서는 율법이 비들러A. R. Vidler가 "유익한 절망의 속박"이라고 불렀던 것을 우리를 고정시키도록 의도하셨다.

> 율법은 우리가 할 수 있는 그 어떤 것으로도 의롭게 될 수 없다는 확신을 우리에게 심어준다. 애굽에 있던 이스라엘 백성들처럼 우리도 지푸라기 없이 벽돌을 만들고, 거룩함을 이룰 수 있는 것이 아무것도 없을 때 완벽하게 거룩하라는 명령을 받았다. 하나님의 자비가 없을 때 마음을 다해 하나님을 사랑하고 이웃을 내 몸과 같이 사랑하라는 명령을 받았다.[116]

그러므로 율법은 실패할 수 있도록 들어왔지만 그 실패는 축복으로 바뀌었다. (우리가 거기에 머물러 있었다면) 우리를 교수대로만 이끌 수 있었던 율법의 "샛길"은 하나님의 크신 자비로 우리를 구원의 왕의 길, 비아 돌로로사(*Via Dolorosa*), 그리고 영광의 왕자를 위해 설계된 또 다른 교수대로 인도해 주셨다.

---

115 E. P. Sanders, *Paul, the Law, and the Jewish People*, 68. 샌더스의 롬 7장 주해는 그 서신 전체에 걸친 바울의 일반적인 비일관성에 대한 논지를 고려할 때 만족스럽지 못하다. 다음의 비평을 참조하라. Thielman, *From Plight to Solution*, 87–116; Thielman, *Romans*, 343–64.

116 A. R. Vidler, *Christ's Strange Work* (London: Longmans, Green, 1994), 42.

율법은 구원하기 위해 정죄한다

3:22-23. 부정접속사 "그러나"(ἀλλά, 알라)는 21절의 잘못된 결론에 대한 바울의 부정적 주장과 22절의 율법의 기능에 대한 긍정적 입장을 구분한다. 펑R. Fung이 말했듯이, 바울은 성경을 치안 판사, "모든 것"을 수감자, 죄를 판결을 내리는 간수로 비유하여 자신의 주장을 펼치기 위해 징역형 선고의 이미지를 사용했다.[117] 이러한 맥락에서 성경은 율법의 동의어가 아니며, 바울이 갈라디아서 2장 16절과 3장 10절에서 앞서 인용한 시편 143편 2절이나 신명기 27장 26절 같은 특정 본문에 대한 암시도 아니다. 여기서 8절에서와 같이 바울은 성경을 하나님의 환유로 의인화했다.[118]

이 놀랍고 특이한 "성경"이라는 단어의 사용에서 두 가지 중요한 원칙을 얻을 수 있다. 첫째, 우리는 바울의 신학적 방법론을 다시 한번 상기한다. 비록 바울이 모든 고린도 교인들보다 방언을 더 많이 말했고 셋째 하늘의 황홀한 환상을 "자랑"할 수 있었지만, 이러한 경험은 바울의 신학의 원천인 기록된 하나님의 말씀을 대체할 수 없었다. 바울은 여기서 주장한 인간 죄의 보편성에 대해 어떻게 알았는가? 바울은 시편, 이사야서, 전도서 등을 읽었기 때문에 로마서 3:10-18에서 인용한 각 구절을 통해 모든 민족이 거룩하신 하나님의 뜻을 거역하여 죄악을 범했음을 알 수 있었다.

바울을 사치스러운 이론과 기괴한 추측에 빠진 특이한 사상가로 묘사하는 현대의 많은 해석가와는 달리, 바울은 사실 영감받은 믿음의 문서에서 하나님의 계시된 뜻을 찾고자 하는 특별한 소명을 가진 성경신학자였다. 둘째, 바울은 고립된 구절이나 모세오경이 아니라 신성한 글 전체, 즉 성경 전체를 고려함으로써 성경 계시의 전체 범위의 관점에서만 율법의 구체적인 역할을 평가할 수 있음을 보여주었다.

그렇다고 해서 바울이 성경의 한 부분을 다른 부분과 악의적인 방식으로 대립시킨 것은 아니다. 이미 우리는 바울이 "율법으로 말미암아 율법에 대하여 죽었나니"(2:19)라고 선언한 것처럼, 율법에서 율법에 대해서 어떻게 주장했는지를 보았다. 바울에게 성경의 모든 단어는 신앙과 교리에 대한 규범적 의미를 지니는 영구적이고 공격할 수 없는 유효성을 지니고 있었다(예를 들어, 3:16에서 특정 명사의 단수에 부여된 엄청난 신학적 비중을 참조하라). 그러나 최종적으로 분석해 보면 성경은 단순히 수천 년에 걸쳐 고대의 다양한

---

117 Fung, *Galatians*, 164.

118 예를 들어 롬 11:32의 병행 구절을 참조하라. "하나님이 모든 사람을 순종하지 아니하는 가운데 가두어 두심은 모든 사람에게 긍휼을 베풀려 하심이로다." Thielman, *Romans*, 551–52.

언어로 쓰여진 불규칙한 문서들의 모음집이 아니다. 성경은 믿음의 규범이자 진리의 보증서이며 결정적인 정경이자 확실한 약속의 말씀이다. 성경은 처음부터 끝까지 하나의 일관된 주제, 즉 예수 그리스도 안에서 하나님의 영원한 목적이 주권적으로 펼쳐지고 하나님의 영광을 찬양하는 것을 제시한다. 이것이 바울이 "성경이 선언하는 것"을 쓸 때 염두에 두었던 놀라운 개요이다.[119]

그러므로 성경의 전체적인 관점에서 볼 때, 율법의 목적은 온 세상을 죄 아래 "결론"(KJV)내리거나 또는 "위탁"(RSV)하는 것임을 알 수 있다. 바울은 "함께 닫다" 또는 "사방에서 닫다"라는 뜻의 동사 συγκλείω(쉥클레이오)를 사용했다. 70인역에서는 적군에게 포위되어 성문을 닫고 성벽을 지키는 도시에 적용되었다(수 6:1; 사 45:1). 다른 문맥에서는 묶여 있거나 쇠사슬에 묶여 있는 사람들(욥 8:8), 우박과 번개로 "넘겨져" 죽은 이집트인의 가축(시 78:48), 그물에 갇힌 많은 물고기(눅 5:6)를 가리키기도 한다.[120]

따라서 이 이미지는 율법의 정죄 기능의 사법적 차원과 징벌적 차원을 모두 결합한다. 율법은 우리를 하나님 앞에서 유죄로 선언하여 저주 아래 놓이게 할 뿐만 아니라 우리를 감옥에 가두어 탈출을 막기도 한다. 유대인의 사고는 율법을 울타리, 즉 주변 국가의 부패에서 이스라엘 백성을 보호하기 위한 보호벽이라는 개념을 발전시켰다. 입문 의식으로서의 할례에 대한 강조, 정결한 음식과 부정한 음식에 대한 세부 규정, "이방인 죄인"과 나누는 식사 금지 등 이 모든 조치는 율법을 선민을 예방적으로 보호하는 것으로 이해한 데 바탕을 두고 있다. 그러나 바울은 울타리의 은유를 철조망으로 된 감옥 벽으로 바꾸어 급진적으로 만들었다. 그 목적은 의롭지 못한 죄인을 순수하고 거룩하게 만들고 "생명을 주는" 것이 아니라 정죄하고 가두며 처벌하는 것이었다.

더욱이 바울이 율법의 기능을 급진화했다면, 또한 그 범위를 단일화했다. 헬라어로 "모든 것"(τὰ πάντα 타 판타, 중성 복수형으로 피조물뿐만 아니라 인류 전체를 의미할 수 있음)인 온 세상이 율법의 지배 아래 갇혀 버렸다. 물론 전통적으로 율법은 유대인의 특별한 영역으로 이해되었고, 실제로 바울도 다른 경우에 이런 식으로 말할 수 있었다(참조. "율법 아래 있는" 유대인과 "율법 밖에 있는" 이방인 사이의 대조적인 행동[고전 9:20-21]). 그러나 모세 율법의 구체적인 계시를 받은 유대인들을 특징짓는 것과 같은 죄악된 불순종은 모든 문화와 모든 민족에게 전 세계로 퍼져 있다.

---

119 참조. M. S. Gignilliat, *Reading Scripture Canonically* (Grand Rapids: Baker Academic, 2019)

120 συγκλείω의 의미를 "어떤 것이 현재의 위치나 존재 상태를 벗어나지 못하도록 둘러싸고 막는 행위"로 정의하는 틸만이 인용한 다른 예들을 참조하라(*From Plight to Solution*, 74–75).

확실히, 속박의 정확한 형태는 크게 다르다. 유대인에게는 부담스러운 요구 사항이 있는 모세의 율법이, 이방인에게는 "악한 이 시대"를 지배하는 이교도 신들과 악마의 세력인 στοιχεῖα(스토이케이아, 개역개정 "초등학문")의 노예가 된다. 어떤 의미에서 율법 자체는 하나님이 승인한 명령으로서 거룩하고 의롭고 선하지만, 정죄와 심판과 죽음의 도구로 사용되는 한 이러한 악의 세력 중 하나가 되었다.[121]

바울이 율법을 투옥과 정죄의 도구로 묘사하면서 진술을 끝냈다면, 인간의 상황은 참으로 모든 희망을 넘어서는 암울한 상황이었을 것이다. 그러나 율법은 실패할 수도 있는 것처럼, 구원할 수도 있는 것처럼 정죄하기도 한다. 율법은 이 "이상한 일"을 어떻게 수행했을까? 범죄를 자극함으로써, 인간의 사악함을 하나님의 거룩함의 면밀한 조사에 노출함으로써, 자기-의의 모든 길을 제거함으로써 죄인을 양심에 찔리고 가난하게 만들어 진정한 구속과 해방을 찾을 수 있는 유일한 장소로 끌어들인다.

> 빈 손 들고 앞에 가
> 십자가를 붙드네
> 의가 없는 자라도
> 도와주심 바라고
> 생명 샘에 나가니
> 맘을 씻어주소서
> (토플레디A. M. Toplady)

따라서 우리는 결국 율법을 거치지 않고는 아브라함에서 그리스도에게로, 약속에서 성취로 나아갈 수 없다. 하나님의 전체적인 구원 경륜에서 율법은

---

121 바울이 관찰한 바를 이해하기 위해 당시 유대교와 관련한 독특한 기독교 신학을 해석할 때 해결에서 곤경으로(from solution to plight) 거꾸로 생각했다는 샌더스의 일반적인 논증의 모든 측면을 받아들일 필요는 없다. "바울의 주장에서 가장 눈에 띄는 특징 중 하나는 유대인이든 이방인이든 모든 사람을 같은 상황에 놓였다는 것이다. ... 그리스도께서 모든 사람을 구원하러 오셨기 때문에 모든 사람에게 구원이 필요했다. 그리스도께서 모든 사람을 동일하게 구원하시기 때문에 유대인과 이방인의 곤경이 동일해야 한다는 바울의 확신에 초점을 맞추면 스토이케이아와 율법 사이의 유사점을 알 수 있다"(*Paul, the Law, and the Jewish People*, 68–69). 다음 논의를 참조하라. Westerholm, *Israel's Law*, 192–95. 도날드슨T. L. Donaldson은 바울의 표현인 ὑπὸ νόμον이 유대인과 이방인 모두에게 차별없이 적용될 수 없다고 강력하게 주장했다("The 'Curse of the Law'"). 그러나 "이스라엘의 곤경은 보편적 곤경의 특수한 형태"라는 도날드슨의 주장은 거꾸로 말하면, 죄의 보편적 조건이 이스라엘 역사에서 가장 분명하게 드러난 것은 유대 민족이 다른 민족보다 더 악해서가 아니라 하나님의 율법의 존재가 죄 자체의 크기와 공포를 드러냈기 때문이라고 보는 것이 더 나을 수 있다.

부차적이고 종속적이지만, 그럼에도 불구하고 율법은 필수적이고 대체할 수 없는 역할을 한다. 루터가 말했듯이, "하나님은 치유하기 위해 상처를 주시고 살리기 위해 죽이신다."[122]

23-24절의 병행적인 결론은 먼저 개인적인 전유 수준에서 그리고 역사적 성취의 관점에서 21절의 질문에 대한 바울의 결정적인 대답을 표현한다. 율법이 하나님의 약속에 위배되는가? 그런 생각은 버리라! 하나님의 영원한 설계에서 율법은 실패할 수 있도록 들어갔다. 그것은 부활이 있을 수 있도록 죽였다. 율법은 또한 "믿는 자에게 예수 그리스도를 믿는 믿음을 근거로 약속이 주어지도록" 정죄하고 감옥에 가두었다. 우리는 믿음이 드러날 때까지 율법에 의해 감옥에 갇혀 있었다. 파인드레이Findlay는 갈라디아서 주석에서 바울이 생각한 율법의 두 번째 고통은 궁극적인 축복을 얻기 위한 것이라고 설명한다.

> 율법은 항상 백성들을 경계하며 모든 탈출 시도를 감시하고 확인하지만, 때가 되면 믿음의 책임으로 넘겨주려고 했다. 율법은 많은 보초병처럼 죄수의 감방 주위에 법령을 게시한다. 철조망이 완성되었다. 그는 몇 번이고 탈옥을 시도하지만 철창은 굴복하지 않는다. 구원은 아직 그의 것이 될 것이다. 믿음의 날이 다가온다. 아브라함의 약속에서 오래 전에 새벽을 맞았다. 지금도 그 빛이 지하 감옥에 비추고 그는 "네 죄 사함을 받았느니라. 평안히 가라"는 예수님의 말씀을 듣는다. 엄한 교도관인 율법은 결국 그를 위해 예비된 좋은 친구였다. 율법은 죄인이 헛되고 환상적인 자유로 도망치는 것을 미리 방지한다.[123]

율법은 자유를 주기 위해 훈육한다

3:24-25. 바울은 이제 율법에 대한 자신의 이미지를 죄수들을 감시하는 근엄한 교도관의 이미지에서 아이들을 양육하고 훈육하는 일을 맡은 노예인 παιδαγωγός(파이다고고스, 개역개정 "율법교사")의 이미지로 바꾸어놓았다. 이 단어를 음역한 이유는 바울이 의도한 바를 적절하게 전달할 수 있는 영어 단어가 없기 때문이다. "훈육자"(NABRE, NRSV)는 "보호자"(CSB, ESV), "관리인"(RSV), "가정교사"(NEB), "학교 선생님"(KJV), "교사와 안내자"(TLB)보다 더 가깝다. 바울이 율법의 은유로 파이다고고스를 사용한 이유는 무엇일까? 고대 그리스와 로마의 부유한 부모들은 신생아를 젖먹이 유모의 보살핌

---

122 Luther, "Lectures on Galatians, 1535," *LW* 26:348.

123 G. G. Findlay, *The Expositors Bible: Galatians*, 223. 다음에 인용됨. Kevan, *Law of God*, 53.

아래 두었다가 6세 정도까지 기본적인 필요를 돌봐줄 유모인 나이 든 여성에게 넘기는 경우가 많았다. 아이들은 청소년기 후반까지 양육을 담당했던 또 다른 가정의 종인 파이다고고스의 감독 아래에 있었다.[124] 교사는 유모가 중단한 부분을 대신하여 사소하게 돌보고 아이의 책임을 위한 사회화 과정을 마쳤다. 예를 들어, 교사의 기능 중 하나는 예의범절의 기본을 가르치는 것이었는데, 플루타르코스의 다음 설명에서 알 수 있다. "그런데 가정교사[οἱ παιδαγωγοί, 호이 파이다고고이]는 무엇을 가르칠까? 고개를 숙이고 공공장소를 걷는 것, 소금에 절인 생선은 한 손가락으로 만지되 신선한 생선, 빵, 고기는 두 손가락으로 만지는 것, 이런저런 자세로 앉는 것, 외투 이렇게 저렇게 입는 방법이다."[125] 교사들은 또한 자신들이 돌보는 사람들을 24시간 감독하고 보호했다. 이와 관련하여 리바니우스Libanius는 교사들을 10대 소년들의 보호자로 묘사했는데, 교사들이 공중목욕탕에서 정기적으로 마주치는 원치 않는 동성애적 접근을 막아서 "늑대에 대해 짖는 개"가 되었다고 묘사했다.[126]

의심할 여지 없이 많은 교사가 친절하기로 유명하고 그들이 보호하는 사람들의 애정을 받고 있었지만, 지배적 이미지는 자녀를 통제하기 위해 물리적 힘과 체벌에 자주 의지하는 가혹한 훈육자의 이미지였다. 예를 들어, 소시크린스Socicrines라는 한 교사는 소란스러운 파티를 물리적으로 해산시킨 일로 "사납고 비열한 노인"으로 묘사되었다. 그런 다음 소시크린스는 피보호자인 카리클레스Charicles를 "가장 낮은 노예처럼" 끌고 가 다른 문제아들을 교도관에게 넘겨 "공공 처형자"에게 넘겨야 한다는 지시를 내렸다.[127] 고대 기독교 작가 사이러스Cyrrhus의 테오도렛Theodoret은 "학생들은 교사를 무서워한다"[128]

---

124 바울의 παιδαγωγός 비유에 관한 많은 문헌이 있다. 표준적인 주석들에 더해서 특별히 다음을 참조하라. G. Bertram, "παιδεύω" *TDNT* 5:596–625; R. N. Longenecker, "The Pedagogical Nature of the Law in Galatians 3:19–4:7," *JETS* 25 (1982): 53–61; D. J. Lull, "'The Law Was Our Pedagogue': A Study in Galatians 3:19–25," *JBL* 105 (1986): 481–98; L. L. Belleville, "'Under Law': Structural Analysis and Pauline Concept of Law in Galatians 3:21–4:11," *JSNT* 26 (1986): 53–78; N. H. Young, "PAIDAGŌGOS: The Social Setting of a Pauline Metaphor," *NovT* 29 (1987): 150–76; Westerholm, *Israel's Law*, 195–97; Thielman, *From Plight to Solution*, 77–79. 또한 다음 참조. Keener, *Galatians*, 322–25; Witherington, *Grace*, 249–67.

125 Plutarch, *Mor.* 439–440. 다음에 인용됨. Young, "*PAIDAGŌGOS*," 160–61.

126 Young, "*PAIDAGŌGOS*," 159.

127 이 사건은 다음에 언급된다. Alciphron in *Ep.* 3.7.3–5. 다음에 인용됨. Lull, "'The Law Was Our Pedagogue,'" 489–90.

128 *Epistle* 36. 다음에 인용됨. Young, "*PAIDAGŌGOS*," 162n138. 리바니우스가 바다에서 배의 노를 두드리는 소리를 교사가 아이의 등을 채찍질하는 것에 비유한 것을 참조하라(*Epistle* 1188, 3–4; Lull, "'The Law Was Our Pedagogue,'" 489–90).

교사들은 종종 귀를 비틀고, 손을 수갑을 채우고, 회초리질을 하고, 채찍질을 하고, 꼬집는 등 불쾌한 교정 수단을 통해 임무를 완수했기 때문이었다.

따라서 교사로서 율법의 은유는 교도관의 이미지로 채색된다. 안타깝게도 παιδαγωγός(파이다고고스)를 "학교 선생님"(KJV)으로 번역한 것은 많은 설교자와 주석가가 이 은유를 교육 발전이나 도덕적 개선으로 잘못 해석하게 했다. 갈라디아서 5-6장에서 살펴보겠지만, 율법은 성화의 과정에서 모든 신자에게 계속해서 중요한 역할을 한다. 그러나 그 기능은 분명히 바울이 여기서 의미하는 범위 내에 있지 않다. 펠라기우스의 근본적인 오류는 율법과 그리스도를 자기 계발을 위한 장려책인 인간에게 주어진 외적 기준으로 보는 것이었다. 바울은 이미 칭의에 대한 이러한 접근 방식이 얼마나 어리석은지 보여 주었다. 아니다, 갈라디아서 3장에서 율법은 엄격한 훈육자이자 가혹한 감독이다. 그러나 그 가혹함 속에는 은혜가 담겨 있다. 징계의 기능은 단순한 고문이 아니라 항상 치료이기 때문이다. 루터는 "율법은 채찍질로 우리를 그리스도께로 이끈다"라고 말했다.[129]

바울의 비유에서 παιδαγωγός(파이다고고스)의 주된 목적을 알아보자. 율법은 "엄격한 관리인"(필립스 성경), 완고한 아기 돌봄이(Dunn) εἰς Χριστόν (에이스 크리스톤, 그리스도께로 이끄는)이었다. 전치사 εἰς(에이스)는 목적적 의미인 "그리스도께" 또는 시간적 의미인 "그리스도 때까지"를 가질 수 있다. NIV 1984년판은 이 본문을 번역할 때 전자를 선택했다. "그래서 율법은 우리를 그리스도께로 인도하기 위해 주어졌다." 방금 살펴본 바와 같이, 우리가 "그리스도께로 인도하는 것"을 일종의 점진적인 도덕적 또는 교육적 발전으로 오해하지 않는 한, 이 말씀은 바울이 갈라디아서 3장에서 전개한 율법의 신학적 목적에 적절하다.[130] 올바른 의미에서 율법은 우리를 죄에서 떼는 것이 아니라 오히려 죄를 분명히 드러내고 심지어 우리가 자기 교정의 희망이 전혀 없는 지점까지, 하나님 앞에 설 때까지 죄를 더하게 함으로써 우리를 그리스도께로 인도하는 역할을 한다. 그러나 율법의 이러한 정죄하고 죽이는 기능은 그 자체로 끝이 아니라 슐라터A. Schlatter가 말했듯이 "믿음의 계시를 위한 조용한 준비"에 불과하다.[131]

---

129 Luther, "Lectures on Galatians, 1535," *LW* 26:346.

130 이 구절에 대한 램지의 또 다른 유용한 주해는 다음과 같은 해석으로 약화되었다. "한 사람 [아담]은 처음에는 초등교사가 필요하지 않았다. 그는 하나님이 요구하시는 바에 즉각적으로 응답할 수 있었다. 그러나 나라가 존재했을 때 그 나라 자체로는 하나님께서 요구하신 조건에 부응할 수 없었다. 교육과 신중한 보호자의 지속적인 감시가 필요했다. 율법은 젊은 국가가 인생이라는 학교에서 훈련받고 교육받을 때 이를 지켜보도록 주어졌다"(*Galatians*, 385).

131 Ridderbos, *Paul: An Outline of His Theology* (Grand Rapids: Eerdmans, 1975), 153 [=

그러나 현재 문맥에서는 "그리스도께로"가 아니라 "그리스도 때까지" (CSB, ESV와 같이)로 번역되어야 한다. 바울은 구속 역사 전개에서 율법의 종착점*terminus a quo*인 시내산과 그에 상응하는 종착점*terminus ad quem*인 갈보리 산을 모두 가지고 있는 율법의 일시적인 성격을 다시 강조하고 있었기 때문이다. 바울은 갈라디아 교인들에게 이렇게 말하고 있다. "보라! 약 20년 전 예루살렘에서 세상의 역사를 영원히 바꿔놓은 사건이 일어났다. 하나님이 약속하신 메시아가 이 땅에 나타나셨다. 메시아는 율법 아래에서 태어나 율법의 모든 조항을 완벽하게 성취하셨다. 우리를 위해 십자가에서 자신의 몸으로 율법의 저주를 받으심으로 우리를 의롭다 하시고 우리의 반역과 불신으로 인해 율법이 정당하게 부과한 죄와 사망의 속박에서 벗어나게 하셨다."

바울은 예수님의 삶과 죽음, 부활을 둘러싼 복잡한 사건 전체를 "다가오는 믿음"이라고 묘사했다. 물론 구약 성도들은 행위로 의롭다 함을 받았으며 성 금요일과 부활절에 사는 우리는 믿음으로 의롭다 함을 받았다는 뜻은 아니었다. 3장 6절부터 바울은 우리 모두가 행위가 아닌 믿음으로 아브라함의 자손이며 약속의 상속자라는 정반대의 주장을 강력하게 펼쳤다. 그러나 여기에는 중요한 차이가 있다. 아브라함이 멀리서 엿본 것을 우리는 가까이서 보았고, 모형과 유형으로 본 것을 우리는 성취와 실재로 받았다. 예수 그리스도는 우리 눈앞에서 십자가에 못 박히신 모습으로 분명하게 묘사되었다(3:1). 하나님께서 영원 전부터 선언하신 것, 족장들과 선지자들이 옛날에 고대했던 것, 율법이 어떤 흠이 있어서가 아니라 인간의 타락으로 인해 "연약해졌기"(롬 8:3)때문에 할 수 없었던 것을 이제 하나님께서 직접 이루셨다. 하나님께서 이루신 이 일은 교사로서 "지금 ... 우리는 더 이상(οὐκέτι, 우케티) 율법 아래 있지 않다"고 말할 수 있도록, 이론적으로뿐만 아니라 역사적으로도 일어났다. 이어지는 부분(3:26-4:11)에서 바울은 이 주제를 확장하여 믿음의 도래가 어떻게 우리를 율법에서 자유하게 할 뿐만 아니라 하나님의 자녀의 유업과 자유를 위해 우리를 자유하게 했는지를 보여준다.

이 구절을 떠나기 전에, 수 세기 동안 이 구절을 해석하는 사람들을 괴롭혀온 두 가지 어려운 해석학적 문제를 다루어야 한다. 갈라디아서 3장 10절

『바울신학』, 솔로몬, 2017]에서 인용. 그러나 리델보스를 근거로 슐라터는 "율법이 벽처럼 하나님께 우리를 차단했기 때문에 율법 아래서 우리는 보호받았다. 율법은 우리가 하나님의 사랑에 다가가는 것을 허락하지 않았다"라고 지나치게 주장한다. 오히려 율법 자체는 하나님의 사랑의 표현이고, 율법의 노예화 및 정죄 기능은 하나님의 은혜의 경륜에서 필수적인 기능이다.

에서 25절까지를 바울의 다른 글들과 분리하여 읽으면, 반율법주의 선언문으로 읽을 수 있으며, 때로는 그렇게 읽기도 한다. 율법이 구원할 수 없고 정죄할 뿐이라면, 죄를 제거할 수 없고 오히려 죄를 증가시킨다면, 우리가 더 이상 율법의 가혹한 규율 아래 있지 않다면, 그리스도가 믿는 모든 사람에게 율법의 마침(τέλος, 텔로스)이라면, 율법이 그리스도인에게 지속적인 규범적 의미를 가질 수 있을까? 이 질문은 갈라디아서 5장과 6장에서 다시 다루겠지만, 이 시점에서 율법에 대한 신약의 가르침과 관련하여 두 가지 중요한 차이점을 소개할 수 있다.

앞서 살펴본 바와 같이 종교개혁자들은 범죄자를 제한하고 인간 사회를 완전한 혼란에서 벗어나게 하는 율법의 시민적 또는 정치적 용도와 죄인이 범죄로 인해 하나님의 의로운 심판의 완전한 형벌을 받고 하나님의 저주에 대한 책임을 지는 율법의 신학적 또는 영적 용도를 구별했다. 분명히 바울이 갈라디아서 3장에서 발전시켜 온 것은 이 두 번째, 신학적 율법 사용이다. 그러나 칼뱅과 종교개혁 신학자들은 특히 율법의 세 번째 용도(tertius usus legis)에 대해서도 말했는데, 그들은 율법의 준수를 도덕적 정직의 기준으로, 그리고 율법의 "속박"에서 해방된 사람들을 위한 영적 조언과 교훈의 원천으로 언급했다.

그러나 율법의 세 번째 용도의 타당성을 받아들이면 구약에서 발견하는 율법의 다양한 차원 또는 층위를 구분할 필요가 있다. 가장 일반적으로 받아들이는 개요는 율법을 세 가지로 구분하는 것이다. 제사 문화와 유대 민족의 민족적 특수성과 관련된 할례와 같은 기타 규정을 포함하는 제사법, 국가 단체로서 이스라엘이 받은 행동 규범과 형벌 제재를 포함하는 시민법, 십계명에 간결하게 구현된 하나님의 의로운 통치의 영원한 표준인 도덕법이다. 율법의 세 번째 사용, 즉 신자의 삶에서 도덕적 지침으로서 율법의 지속적인 유효성에 대해 말할 때, 우리는 시민법이나 의식적인 측면의 율법이 아니라 하나님의 도덕법을 말하는 것이다.[132] 이 두 가지 해석, 즉 율법의 세 가지 용도와 율법안에서 나타나는 세 가지 차별화는 주석의 역사에서 파생된 해석 유형이다.

---

132 신율법주의자들은 하나님의 뜻에 바탕을 두고 현대 사회를 재구성하려는 자신들의 설계에 하나님의 도덕법과 함께 시민법을 정기적으로 포함시킨다. 이 주제에 대한 많은 문헌이 계속해서 복음주의 신학자들 사이에서 논쟁을 일으키고 있다. 참조. W. G. Strickland, ed., *The Law, the Gospel, and the Modern Christian: Five Views* (Grand Rapids: Zondervan, 1993). 또한 다음의 현명한 연구를 참조하라. W. J. Chantry, *God's Righteous Kingdom: The Law's Connection with the Gospel* (Edinburgh: Banner of Truth, 1980). 율법의 세 번째 용도에 대해서는 다음을 참조하라. G. Ebeling, "On the Doctrine of the Triplex Usus Legis in the Theology of the Reformation," *Word and Faith* (Philadelphia: Fortress, 1964), 62–78.

성경의 전반적인 가르침을 정확하게 요약한 것이지만 특정 본문에 적용할 때는 매우 신중하게 사용해야 한다.

따라서 오리게네스 이후의 주석가들이 그랬던 것처럼 바울이 갈라디아서 3장에서 강하게 부정적으로 평가할 때 의식적인 율법만을 염두에 두고 있었다고 말하는 것은 실수일 것이다. 여기서 율법은 하나의 전체이다. 시민적, 의식적, 도덕적 모든 측면의 율법은 그리스도의 십자가 저주와 관련이 있다. "다 이루었도다!"라고 외치셨을 때 그리스도께서는 교도소 교도관이자 교사로서 율법의 시대를 완전히 종식시키셨다. 그 사건의 결정성을 경시하고 다시 종의 멍에를 짊어지려는 사람들에게 바울은 단호하게 **"더 이상 아니다!"**라고 말했다. 그러나 그리스도인들이 이미 유혹과 투쟁의 영역에서 벗어났다고 생각하는 자유주의자, 성령주의자, 영지주의자들에게도 바울은 똑같이 강력하게 **"아직 아니다!"**라고 대답했다. 갈라디아서에서 전자의 오류는 분명히 바울의 주된 부담이었지만, 후자는 결코 표면에서 멀어지지 않았으며 서신의 마지막 장에서 이 문제를 정면으로 다루었다.

두 번째 해석학적 문제는 갈라디아서에서 바울이 율법과 복음을 논의하는 내내 나타나는 종말론적 긴장과도 관련이 있다. 가장 기본적이고 근본적인 수준에서 바울은 언약 국가 이스라엘 내의 역사적 과정을 설명하고 있었다. 하나님은 아브라함과 언약을 맺으셨다. 그리고 모세에게 율법을 주셨다. 이제 그분은 언약과 율법을 모두 예수 그리스도 안에서 의도된 완성에 이르게 하셨다. 로마서 9-11장에서 바울은 이스라엘 민족에 대한 구체적인 약속이 이방인이 약속의 언약에 "접붙임"되는 것과 어떻게 관련되어 있는지 설명했다. 갈라디아서 3-4장에서 그는 유대 민족의 역사, 특히 예수라는 한 유대인에게 구체적으로 일어난 일이 어떻게 모든 민족에게 보편적으로 적용될 수 있는지를 보여주고자 했다. 따라서 죄와 율법, 저주 아래 포로로 잡혀 있던 것은 유대인뿐만 아니라 이방인들도 마찬가지였다. 그럼에도 불구하고 그 약속은 예수 그리스도를 믿는 모든 사람에게 믿음으로 말미암아 확장되었다. 이러한 이유로 우리는 바울을 주의 깊게 읽어야 한다. 바울은 공동체적 관점과 개인적 관점을 모두 섬세하고 균형 있게 다루고 있기 때문이다. 바울이 율법 시대의 기간에 대해 이야기했을 때, 우리는 그것을 역사적으로 그리고 실존적으로 이해해야 한다. 율법은 교사로서 행하는 기능으로 그리스도 때까지 지속되었다. 그러나 율법의 엄중함과 저주는 그리스도 밖에 있는 모든 사람에게 여전히 유효하다. 역사적으로 일어난 일은 개인적으로 적용되어야 하며 그렇지 않으면 누구에게도 유익이 없다. 그러므로 그리스도의 대사 바울에게는 주님을 대신

하여 남녀에게 "하나님과 화목하라"(고후 5:20)고 간청하는 것이 시급하다.

그러나 사면과 용서를 위해 오직 그리스도만을 바라보고 믿음으로 하나님의 은혜로운 무죄 판결을 듣고 약속된 성령을 받은 모든 사람에게 율법은 더이상 폭압적으로 통치할 수 없다. 루터가 가장 잘 표현했다.

> 여기서 우리는 이렇게 말해야 한다. "율법아 멈춰라! 너는 공포와 슬픔을 충분히 만들어냈다." ... 그러면 율법은 물러가라. 그것은 실제로 범죄를 드러내고 증가시키기 위해 추가되었지만 그 자손이 올 시점까지만 추가되었다. 그분이 오시면 율법이 죄를 폭로하고 두려워하는 것을 멈추게 하라. 율법은 그 영역을 다른 사람, 즉 축복의 샘이신 그리스도에게 넘겨주라. 그는 은혜로운 입술을 가지고 있어 비난하고 두려워하지 않고 율법보다 더 좋은 것, 즉 은혜, 평화, 죄 용서, 죄와 죽음에 대한 승리를 말씀하신다.[133]

이제 우리는 갈라디아서 3장과 4장에서 바울의 신학적 설명의 중간 지점에 이르렀다. 바울은 갈라디아서에서 갈라디아 교인들이 기독교 신자로서 처음 경험을 되돌아보는 것으로 이 부분을 시작했다. 그들은 율법의 행위를 행함으로써가 아니라 복음을 전파하고 듣고 믿음으로써 성령을 받았다. 성령 안에서 시작한 그들은 다시 육신에 대한 의존으로 빠져서는 안 된다. 그리스도인이 된다는 것은 하나님을 믿고 믿음으로 의롭다 하심을 받은 아브라함으로 거슬러 올라가는 영적 혈통을 가진 믿음의 가족인 하나님의 백성에 속한다는 것을 의미한다. 어떻게 이런 일이 일어났을까? 바로 그리스도의 십자가 구속 사역을 통해서이다. 예수님은 십자가에서 죄 많은 죄인들을 대신하여 율법의 저주를 스스로 짊어지셨다. 그분의 죽음을 통해 유대인과 이방인 모두가 오직 믿음으로 아브라함의 자녀가 되고 약속된 성령을 받을 수 있는 길이 열렸다. 따라서 아브라함에게 주신 하나님의 약속은 그의 씨이신 예수 그리스도 안에서 참된 성취를 찾는다. 수 세기 후 천사와 인간 중보자를 통해 세운 시내산 언약은 아브라함에 대한 하나님의 무조건적인 약속을 폐지할 수 없다. 그러나 모세의 율법은 구원의 경륜에서 필요하고 유익한 목적을 가지고 있다. 율법은 "허물을 위하여," 즉 죄의 모든 공포를 드러내고 정죄하여 예수 그리스도에 대한 믿음의 약속이 믿는 사람들에게 주어졌다. 율법은 감옥의 교도관, 공개 처형자, 동정심 없는 교사 등 가혹한 엄한 감독이다. 그러나 율법이 지닌 정죄하는 성격은 처음부터 하나님의 설계의 일부였으며, 그리스도의 오심으

---

133 Luther, "Lectures on Galatians, 1535," *LW* 26:317.

로 인해 이전 주장과 지위가 영원히 바뀌었다. 율법의 지배로 돌아가려고 하는 것은 그리스도의 죽음의 효력을 부인하는 것이다. 믿음으로 아브라함의 참 자녀가 된 우리는 더 이상 율법이나 그 저주 아래 있지 않다. 이제 우리는 더 이상 노예나 태만한 자녀가 아니다. 그리스도의 보혈로 구속되어 자유를 얻었으며 하나님의 상속자로 입양되었다.

2.5. 아들과 종(3:26-4:11)

26 너희가 다 믿음으로 말미암아 그리스도 예수 안에서 하나님의 아들이 되었으니
27 누구든지 그리스도와 합하기 위하여 세례를 받은 자는 그리스도로 옷 입었느니라 28 너희는 유대인이나 헬라인이나 종이나 자유인이나 남자나 여자나 다 그리스도 예수 안에서 하나이니라 29 너희가 그리스도의 것이면 곧 아브라함의 자손이요 약속대로 유업을 이을 자니라
4:1 내가 또 말하노니 유업을 이을 자가 모든 것의 주인이나 어렸을 동안에는 종과 다름이 없어서 2 그 아버지가 정한 때까지 후견인과 청지기 아래에 있나니 3 이와 같이 우리도 어렸을 때에 이 세상의 초등학문 아래에 있어서 종 노릇 하였더니 4 때가 차매 하나님이 그 아들을 보내사 여자에게서 나게 하시고 율법 아래에 나게 하신 것은 5 율법 아래에 있는 자들을 속량하시고 우리로 아들의 명분을 얻게 하려 하심이라
6 너희가 아들이므로 하나님이 그 아들의 영을 우리 마음 가운데 보내사 아빠 아버지라 부르게 하셨느니라 7 그러므로 네가 이 후로는 종이 아니요 아들이니 아들이면 하나님으로 말미암아 유업을 받을 자니라
8 그러나 너희가 그 때에는 하나님을 알지 못하여 본질상 하나님이 아닌 자들에게 종 노릇 하였더니 9 이제는 너희가 하나님을 알 뿐 아니라 더욱이 하나님이 아신 바 되었거늘 어찌하여 다시 약하고 천박한 초등학문으로 돌아가서 다시 그들에게 종 노릇 하려 하느냐 10 너희가 날과 달과 절기와 해를 삼가 지키니 11 내가 너희를 위하여 수고한 것이 헛될까 두려워하노라

NIV는 이 시점에서 바울의 논증을 중요하게 나누고 있다(CSB는 27절에서 나눈다), 즉 이신칭의 교리에 대한 그의 지속적인 성경적 논증에서 새로운

전환점이다. 지금까지 바울은 아브라함에서 그리스도까지 구속 역사의 넓은 범위를 제시했다. 바울은 칭의, 언약, 상속이라는 법정적 언어를 사용했다. 이제 초점은 역사적인 것에서 개인적인 것으로, 제도적인 것에서 개인으로 옮겨 간다. 바울은 아브라함의 자손에게 약속된 유업을 논의했지만, 이제 그의 유산을 요구한 상속자에게 초점을 맞춘다. 복음 자체의 사건에서와 마찬가지로 역사적 사건과 개인적 사건은 분리할 수 없는 일치로 합한다. 따라서 하나님께서는 우리를 구속하기 위해 아들을 우리 역사에 보내신 것처럼, 우리를 중생시키기 위해 아들의 영을 우리 마음속에 보내셨다(4:4-6). 다음 도표는 이두 장에서 바울의 주장의 흐름을 보여준다.

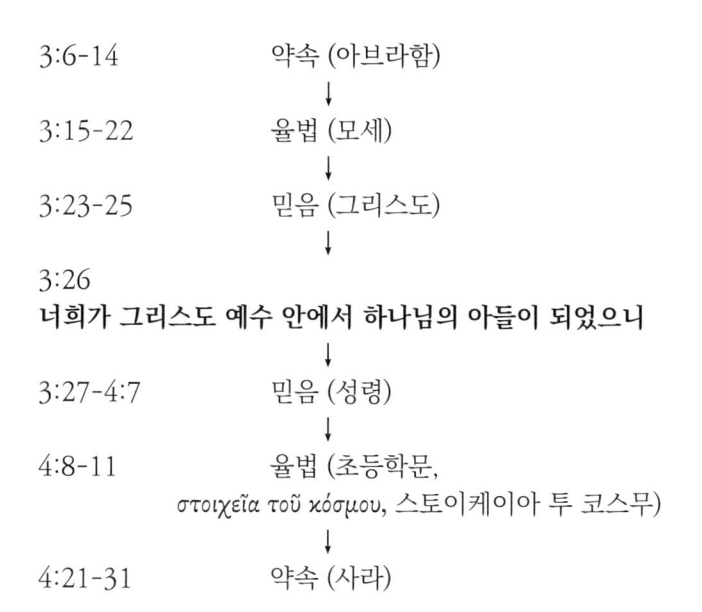

3:6-14   약속 (아브라함)

3:15-22   율법 (모세)

3:23-25   믿음 (그리스도)

3:26
너희가 그리스도 예수 안에서 하나님의 아들이 되었으니

3:27-4:7   믿음 (성령)

4:8-11   율법 (초등학문,
                 στοιχεῖα τοῦ κόσμου, 스토이케이아 투 코스무)

4:21-31   약속 (사라)

　　3장 6-25절에서 바울은 아브라함에서 모세를 거쳐 그리스도에 이르는 구원 역사의 실제 과정, 즉 약속에서 율법을 거쳐 믿음에 이르는 과정을 추적했다. 사실 "믿음"은 바울의 신학적 설명의 두 반쪽을 연결하는 핵심 단어이다. 3장 25절에서 바울은 이렇게 선언했다. "**믿음**이 온 후로는 우리가 초등교사 아래에 있지 아니하도다"(강조 추가). 이미 살펴본 바와 같이 이 구절에서 믿음은 그리스도의 삶과 죽음, 부활과 관련된 모든 복잡한 사건의 암호어이다. 바로 다음 구절(3:26)에서 바울은 이 객관적으로 성취된 구속을 주관적으로 접근하여 추론해냈다. "너희가 다 **믿음**으로 말미암아 그리스도 예수 안에서 하나님의 아들이 되었으니"(강조 추가). 따라서 바울은 자신이 중단한 부분, 즉 아브라함에 대한 하나님의 약속이 예수 그리스도 안에서 어떻게 성취되었는지에 대한 근본적으로 좋은 소식을 바로 집어 들었다. 그분이 성취하신 사역은 하나님과의 새로운 관계의 기초이다.

3장 26절에서 4장 31절까지, 바울은 이제 거꾸로 믿음의 실현에서 이전의 속박을 논의한다. 이제 아브라함의 두 아들 이삭과 이스마엘의 이야기를 통해 예시된 약속과 그에 상응하는 약속의 최종적인 재설명을 향해 율법 대신에 "세상의 요소들(개역개정, "초등학문")"에 복종하는 것으로 묘사한다.[134]

바울은 왜 이런 방식으로 자신의 방향을 바꾸고 잘 알려진 역사적 순서를 통해 원래 출발점으로 되돌아가는 방식으로 논증했을까? 갈라디아 교회는 주로 이방인 회심자로 구성되었지만 유대인 신자들도 함께 있었다는 것을 우리는 알고 있다. 게다가 바울의 사도적 권위와 은혜의 신학을 공격하던 외부의 선동가들은 대부분 팔레스타인 기독교와 밀접한 관련이 있는 유대인 그리스도인 선교사였을 가능성이 높다. 선동가들은 구약과 이스라엘과 맺은 하나님의 언약의 역사를 근거로 구원을 위한 할례의 필요성을 강력하게 주장하며 할례의 필요성을 설교했다. 우리는 이미 바울이 성경을 근거로 한 선동가들의 거짓 주장에 전혀 동조하지 않았다는 것을 보았다. 오히려 바울은 이신칭의 교리가 새로운 가르침이나 참신한 이상이 아니라 성경 구조에서 파생된 근본적인 진리임을 증명하면서 선동가들에 맞서 한 글자 한 글자 자신의 입장을 견지했다.

이를 염두에 두면 3장 6-25절에서 바울의 주장이 유대인 그리스도인의 상황에 초점을 맞추어 어떻게 전개되는지 더 명확하게 알 수 있다. 사실, 이방인들은 이스라엘의 역사에 무관심할 수 없었고, "성경이 모든 것을 죄 아래에 가두었기"(3:22) 때문에 이스라엘의 역사에 이끌려 그 역사에 연루되었다. 그럼에도 불구하고 모세의 율법은 이스라엘 민족의 역사에서 특정한 순간에 이스라엘 백성에게 주어졌다. 1세기 유대 그리스도인이라면 메시아 예수가 유대인이라는 사실과 그가 율법을 폐하러 온 것이 아니라 율법을 성취하

---

134 나는 다음의 일반적인 분석을 따른다. Ebeling, *Truth of the Gospel*, 207–24. 블라이는 이 중심 구절과 서신의 전체적인 교차대구 구조를 연관시켜 갈라디아서에 대한 정교한 개요를 제시했다(*Galatians*, 330–415). Betz, *Galatians*, 14–26의 구조 분석도 참조하라. 베츠는 여기에서 기독교 전통의 논증(3:26-4:11)에 뒤이어 나오는 우정의 논증(4:12-20)과 성경의 결론적인 우화적 논증(4:21-31)을 발견한다. 블라이와 베츠의 분석이 모든 면에서 설득력이 있는 것은 아니지만, "바울이 조리 있게 설명하는 것을 생각하지 않고 자신의 생각을 소란스럽게 쏟아낸 것이 아니라 형식에 주의를 기울이면서 배열했다"는 점을 보여주면서 다른 견해들을 바르게 수정한다.

러 왔다는 사실을 무시할 수 없었다(마 5:17-20). 그러나 3장 26절에서 4장 31절까지 바울은 이방인 기독교 공동체에 주목했다. 유대인들도 오직 믿음으로만 의롭게 될 수 있다면 이방인들은 얼마나 더 그러하겠는가(바울이 안디옥에서 베드로를 만났을 때 이 논제에 대해 말한 것을 상기하라. 2:16-21 참조). 이방인들은 이스라엘에서 소외되었던 과거가 하나님의 크신 자비로 그리스도 예수 안에서 하나님께서 주신 일치로 무효화되어 새로운 공동체로 이끌려 들어왔다.

2.5.1. 세례와 새로운 공동체(3:26-29)

3:26. 헬라어 본문은 "때문에"를 의미하는 설명의 불변화사 γάρ(가르, 개역개정은 생략)로 이 구절을 앞 구절과 연결한다. 모세의 율법이 더 이상 교도관이나 교사의 역할을 하지 않는 이유는 무엇인가? 이제 "너희가 다 믿음으로 말미암아 그리스도 예수 안에서 하나님의 아들이 되었기" 때문이다. 어떤 학자들은 이 표현이 그 뒤에 나오는 세례 공식과 마찬가지로 초대 교회의 고백과 전례 생활에서 비롯되었을 것이라고 생각한다.[135] 이 표현은 구조상 목회서신에 기록된 다섯 가지 "신뢰할 만한 말씀"과 유사하다(예. 딤전 1:15, "그리스도께서 죄인을 구원하시려고 세상에 임하셨도다." 참조. 또한 딤전 3:1, 4:9; 딤후 2:11; 딛 3:8). 그러나 이 말씀이 바울의 독창적인 것이든, 초대 그리스도인 교회의 예배에서 바울이 택해 각색한 것이든, 모든 신자에게 매우 중요한 확신을 반영하고 있다.

이 구절의 강조 "다"(πάντες, 판테스)는 유대인과 이방인 모두 "그리스도 예수 안에서" 동등한 동반자로 새로운 영적 지위를 인정받았다는 사실을 강조한다. 바울이 25절의 1인칭 복수("우리")에서 26절의 2인칭 복수("너희")로 눈에 띄게 전환한 것을 너무 많은 의미를 부여할 필요는 없다. 앞서 제안했듯이, 이 구절은 바울이 방금 유대인 그리스도인의 관점에서 설명했던 것을 이제 회심 한 이방인의 관점에서 다시 설명하는 것을 나타낸다. 그러나 갈라디아서 4장에서도 바울은 "우리"에서 "너희"라는 표현을 사용하면서도 의미의 차이를 뚜렷하게 드러내지 않는다. 바울이 이렇게 할 수 있었던 이유는 인간의 근본적인 실체는 유대인이나 이방인 모두에게 동일하기 때문이다. 성경은 모든 사람이 죄 아래 있고, 모두 저주 아래 있으며, 모두 속박 가운데 있다고 결론지었다. 반대로 그리스도의 구속 사역과 몸에 연합하는 것은 이전의

---

135 Longenecker, *Galatians*, 151–53.

인종, 계급, 역할의 구분을 상대화했다.

이 짧은 구절에서 바울은 "모든" 참된 신자의 새로운 지위와 관련하여 세 가지 놀라운 진술을 했다.

1. **너희는 모두 하나님의 아들이다.** "하나님의 아들"이라는 용어는 이 서신에서 두 번이나 사용되었는데, 두 번 모두 예수 그리스도에 대한 적절한 칭호로 사용되었다(1:15-16, 2:20). 바울은 이 편지에서 예수님을 "하나님의 아들"이라고 열일곱 번이나 언급했다. 예수님은 영원부터 아버지와 동등하신 유일하고 배타적인 하나님의 아들이시며, 본질적인 신성에 있어서 그 어떤 피조물과도 비교할 수 없는 분이시다. 더욱 놀라운 것은 바울이 구속받은 자들을 "하나님의 아들"로 묘사한 것이다. 바울은 다음 구절에서 그리스도인의 아들 됨이 그리스도의 아들 됨에서 어떻게 파생되는지를 보여줌으로 이 주제를 발전시켰다.[136]

현재 문맥에서 바울이 택함받은 신자들이 "하나님의 아들"로서 권리를 받는 것에 대한 묘사는 두 가지 다른 의미도 내포한다. 갈라디아서 3-4장은 약속의 씨, 유업, 입양, 상속, 모성 등 가족이라는 주제를 따른다. 갈라디아서 3장 26절은 두 장의 중심이 되는 구절이다. 3장 6절부터 3장 25절까지 바울이 말한 모든 내용이 이 구절로 이어지며, 3장 27절부터 4장 31절까지 이어지는 모든 내용도 이 구절에서 비롯된다. 이 구절은 바울이 이 편지의 중심 부분에서 주장하고 있는 내용, 즉 진정한 아브라함의 자녀는 참으로 하나님의 자녀라는 것을 명확하게 말해준다. 그러나 교사 비유에 대해 바로 이어지는 맥락에서 아들 됨의 언어에는 또 다른 의미가 있다. 이제 우리는 완전한 성인으로서 아들이 되었으므로 더 이상 유모가 필요하지 않다. 하나님의 율법은 여전히 신자의 삶에서 긍정적인 역할을 하지만, 더 이상 정죄하거나 가두거나 파괴할 수는 없다. 갈라디아 교인들이 "매혹"되었던 것처럼(개역개정. "꾀더냐") 이전의 속박에 다시 얽매이는 것은 그리스도 안에서 사는 삶을 지저분한 시대착오로 바꾸는 것이었다.

2. **너희는 모두 믿음으로 하나님의 아들이다.** 우리는 자연적인 혈통이나 인간의 인위적인 노력이 아니라 오직 믿음으로 하늘 아버지와 맺은 새로운 관

---

136 고후 6:14-18에서 바울은 신자들을 거룩하신 하나님의 살아있는 성전으로 세상과는 분리되어 있다는 맥락에서 하나님의 "아들과 딸"이라고 말했다. 이 주제에 대해서 다음을 참조하라. E. Schweizer, "υἱός, υἱοθεσία," *TDNT* 8:334–99; M. Hengel, *The Son of God* (Philadelphia: Fortress, 1976); A. D. Nock, "'Son of God' in Pauline and Hellenistic Thought," in *Essays on Religion and the Ancient World*, ed. Z. Stewart (Oxford: Clarendon, 1972), 2, 928–39.

계에 들어갔다. "영접하는 자 곧 그 이름을 믿는 자들에게는 하나님의 자녀가 되는 권세를 주셨으니"(요 1:12, 참조. 호 1:10).

3. 너희는 모두 그리스도 예수를 믿는 믿음으로 하나님의 아들이 되었다. "그리스도 안에서"라는 표현은 바울의 글에서 172번이나 발견된다. 때때로 이 표현은 갈라디아서 2장 17절과 3장 14절에서 볼 수 있듯이 "그리스도에 의해" 또는 "그리스도를 통하여"라는 도구적 의미로 사용된다. 그러나 자주 이 표현은 성령의 내주하심으로 모든 신자가 예수 그리스도에 참여하고 그분 과 연합하는 것을 설명하는 데 사용된다.

신약에서는 바울이 "그리스도 안에"라는 의미를 설명하기 위해 다양한 은 유를 사용한다. 요한은 신자들이 그리스도 안에 "거하는" 것을 포도나무 가지 로 비유했고(요 15:1-17), 베드로는 우리가 표현할 수 없는 영광스러운 기쁨 을 가져다주는 산 소망으로 거듭난 것에 대해 말했으며(벧전 1:3-9), 바울은 다른 서신에서 교회를 살아있는 유기체의 중요한 부분으로 기능하는 다양한 지체를 가진 그리스도의 몸이라고 말했다(고전 12:12-27). 바울에게 "그리스 도 안에" 있다는 것은 그리스도를 본받는다는 의미 이상이었지만, 바울의 생 각에는 그 개념이 있었다(참조. 빌 1:29). 그러나 던이 올바르게 지적했듯이, "그리스도인의 종교적 경험은 단순히 예수님과 같은 경험이 아니라, 모든 특 징적이고 독특한 점들이 주 예수님으로부터 비롯되었고, 이러한 파생적이고 의존적인 성격이 인정될 때만 의미가 있는 경험이다."[137]

3:27. 이 구절은 갈라디아서에서 유일하게 세례를 분명하게 언급하고 바 울의 글 중에서 세례라는 중요한 기독교 의식을 가장 중요하게 언급하는 구절

---

137 J. D. G. Dunn, *Jesus and the Spirit*, 342. 바울 사도의 신학의 결정적인 중심을 찾으려는 바울학자들의 지속적인 노력에서 칭의라는 법정적 용어는 때로 "그리스도 안에"라는 공식에 반영되는 참여주의의 주제와 상충된다. 그래서 샌더스는 갈 3:24-27을 롬 5장 및 법정적인 구원론을 반영하는 다른 구절들과는 대조적으로 바울의 사고에 대한 더욱 규범적인 형식으로 간주한다. 샌더스의 책 *Paul and Palestinian Judaism*, 506n68을 보라. 그러나 우리는 바울 신학에서 칭의와 참여(혹은 연합)를 분리 가능한 범주로 잘 구분하지만, 그것을 극과 극으로 바꾸거나 하나를 강조하면서 다른 하나를 약화시키는 심각한 오류를 범하고 있다. 브루스는 빌 3장에 나오는 바울의 자서전적 성찰을 바탕으로 다음과 같이 말한다. "바울이 더 이상 '율법에 기초한 자기 의가 아니라 그리스도를 믿음으로 말미암는 의'를 가졌기 때문에 '그리스도를 아는 지식과 그리스도의 부활의 능력과 고난에 참여함'에 나아가는 것을 인생의 확고한 목표로 삼을 수 있었다"(*Galatians*, 185). 또한 간결하게 요약된 다음 진술을 참조하라. A. Oepke, "Forensic justification leads to pneumatic fellowship with Christ" ("βάπτω, βαπτίζω" *TDNT* 1:541). Westerholm, *Justification*, esp. 51–74와 중요한 논문 모음집 *Justification in Perspective: Historical Developments and Contemporary Challenges*을 참조하라.

중 하나이다. 세례는 구원 역사적, 공동체적 성격이 그리스도 안에서 새 생명의 개인적, 고백적 차원과 가장 밀접한 관계를 맺는 교차점에 서 있다.

신약에서 세례는 항상 이전의 삶의 방식에 대해서 단호하게 **아니**라고 말하고 예수 그리스도에 대해서는 동일하게 **예**라고 강조하는 급진적인 개인적 헌신을 의미한다. 그러나 역사적으로 신자들의 세례 교리는 그리스도와 서로에 대한 헌신으로 세상과 구별되려는 제자들의 공동체, 즉 함께 모인 교회를 의미한다. 세례는 외롭고 고립된 진리를 추구하는 "신자"의 사제직이 아니라, 지역적이고 가시적인 *congregatio sanctorum*(콩그레가티오 상토룸, "성도들의 모임")으로서 공통의 고백으로 연합된 신실한 신자들의 무리가 모든 신자의 사제직을 전례전적으로 제정하는 것이다. 갈라디아서에서 세례에 관한 바울의 논의는 아브라함의 참 자녀인 하나님의 백성, 믿음의 가족을 재정의하려는 탐구에서 중요한 지점이다. 바울에게 세례는 믿음의 개인적 응답일 뿐만 아니라 오직 은혜로만 그리스도께 속한 새로운 공동체의 외적 표징이었다.

26절의 믿음과 27절의 세례 사이의 정확한 관계는 교회 역사 전반에 걸쳐 활발하게 논의되어 왔다. 27절을 소개하는 γὰρ("왜냐하면." 개역개정은 생략)는 하나님의 아들 됨의 지위가 물세례 의식에 달려 있음을 나타내는 것인가? 슈바이처는 바울이 당대 로마 세계에 퍼져 있던 헬레니즘 신비 종교의 성례전 관습에서 세례 교리를 발전시켰다고 주장했다. 특정 신(예. 이시스 또는 미트라)을 숭배하는 종교로 새로 개종한 사람은 일반적으로 침수를 통해 의식을 거치는데, 이 과정에서 그 사람은 "다시 태어나" 해당 신 또는 여신과 신비로운 결합을 이룬다. 신비 종교의 성례는 신자들에게 불멸을 보장하는 마법처럼 작용했다.[138] 시간이 지나면서 비슷한 유형의 성례전적 사실주의는 그리스도교 의식으로 여겼다. 예를 들어 안디옥의 이그나티우스가 주의 만찬을 "불

---

138 테르툴리아누스는 3세기 초반에 쓴 글에서 자신이 살던 시대에 유행하던 신비 종교의 세례 관습에 대해 다음과 같이 보고했다. "세례는 악명 높은 이시스나 미트라 의식과 같은 신성한 의식에 입문하는 통로이다. 신들 역시 씻음으로써 명예를 얻는다. 또한 그들은 물을 나르고, 뿌림으로써 모든 곳에서 국가, 집, 신전, 도시 전체를 속죄한다. 그들은 아폴로나리우스와 엘레우시스 경기에서 세례를 받는다. 그리고 그렇게 함으로써 그들의 중생과 위증으로 인한 형절의 면제를 기대했다"(*De Baptismo*, 5, ANF 3, 671). 또한 다음을 참조하라. T. R. Glover, *The Conflict of Religions in the Early Roman Empire* (Boston: Beacon, 1909). 슈바이쳐에 대해서는 그가 쓴 *Paul and His Interpreters*, trans. W. Montgomery (New York: Macmillan, 1950), 214–30을 참조하라. 그리스-로마 배경이 아닌 신약 세례에 대한 검토는 다음을 참조하라. A. J. M. Wedderburn, "The Soteriology of the Mysteries in Pauline Baptismal Theology," *NovT* 29 (1987): 53–72. 또한 세례에 대한 권위 있는 다음 연구를 참조하라. E. Ferguson, *Baptism in the Early Church: History, Theology, and Liturgy in the First Five Centuries* (Grand Rapids: Eerdmans, 2009).

멸의 약"이라고 묘사한 것과 아우구스티누스가 유아기에 죽은 세례받지 않은
모든 아기를 림보의 영역에 둔 것에서 이러한 경향이 분명하게 드러난다.[139]

그러나 이러한 사상이 후대의 성례전 신학에 얼마나 중요했는지는 몰라도
갈라디아서에서 세례에 대한 바울의 관심과는 거리가 멀었다. 이 편지의 핵심
은 구원은 할례와 같은 율법의 행위와는 별개로 오직 그리스도를 믿는 믿음
으로만 받는다는 것이었다. 하나님과 올바른 관계를 맺기 위한 전제 조건으로
선동가들이 할례를 끼워 넣는 것에 대해 모든 것을 말한 후에, 하나님의 은총
에 입문하는 자신들의 의식을 제시했을까? 바울은 갈라디아 교인들에게 이렇
게 말하는 것일까? "여러분에게 할례를 주려는 반대자들은 잘못되었다. 여러
분에게 정말 필요한 것은 세례를 받는 것이다! 세례의 요구가 할례의 요구를
대체했다. 하나님과 올바른 관계를 맺으려면 예수 그리스도를 믿고 **그리고** 물
로 세례를 받아야 한다."

바울이 갈라디아 교인들에게 말하지 않은 것은 바로 이것이다. 예수 그리스
도**와** 물, 예수 그리스도**와** 빵과 포도주, 예수 그리스도**와** 교회의 구성원 됨, 예
수 그리스도**와** 다른 어떤 것을 믿는 것은 하나님의 은혜를 모독하고 그리스도
의 죽음을 쓸모없게 만드는 것이다(2:21). 따라서 바르트는 갈라디아서 3장 27
절이 서신을 받는 사람들에게 예수 그리스도 안에서 성령으로 객관적, 주관적
으로 작용한 신적 변화, 즉 그리스도로 옷 입는 것을 되돌아보고 있다고 주장하
는 것이 옳다고 보았다. 세례는 그들이 위로부터 그리스도로 옷 입는 것, 즉 감
사와 소망뿐만 아니라 준비와 깨어있음 가운데 그리스도와 맺는 존재적 관계
를 확인하고 인식하며 받아들인 자신의 삶에서 구체적인 순간으로 회상된다.[140]

성례전주의의 "물 신학"이 중생의 은혜를 가져오는 도구적 원인으로서 세례
의 필요성을 주장하는 반면, 바울은 그리스도의 십자가 대속적 죽음의 충분성
과 유일성, 구원의 신적 운반자이자 대리자로서 성령의 직접성을 지적했다.[141]

---

139 Ign. *Eph.*, 20. 안디옥의 이그나티우스 역시 성찬을 "우리 구주의 살과 피, 즉 우리 죄를 위해
   고난을 받으시고 성부께서 죽은 이들 가운데서 일으키신 육체"로 묘사했다. 아우구스티누스는
   다음을 참조하라. *Enchiridion Theologicum Sancti Augustini*, ed. F. Moriones (Madrid:
   Biblioteca de Autores Cristianos, 1961), 565–86. 일곱 성사 모두의 일반적인 발전에 대해서는
   다음의 탁월한 연구를 참조하라. J. Martos, *Doors to the Sacred* (New York: Doubleday, 1981);
   A. Kavanagh, *On Liturgical Theology* (New York: Pueblo, 1984).

140 K. Barth, *Church Dogmatics* IV/4, 116.

141 "그리스도 안으로 세례를 받았다"라는 바울의 표현이 "회심-입문에서 일어나는 그리스도와
   그리스도인의 영적 관계에 신자가 들어가는 것을 묘사하기 위해 ... 단순히 세례 의식에서
   끌어온 은유이다"라는 던의 언급에 동의한다(J. G. D. Dunn, *Baptism in the Holy Spirit*
   [Naperville, IL, 1970], 109–11) 그러나 기독교 세례를 "단순한 은유"라고 하거나, 또 다른

바울에게 세례 의식은 그리스도의 죽음과 장사, 부활을 연상시키고 그것과 연관시켜 칭의의 모델이 되지만, 믿음과 회개와는 별개로 자동적으로 칭의를 매개할 수는 없다. 신약에서 신자의 성령 세례(또는 "성령 안에서" 또는 "성령에 의해." 참조. 고전 12:13)는 물 세례에 선행하며, 후자는 전자에 대한 고백이자 공개적인 증거이다. 갈라디아 교인들의 세례에 대한 기록은 없지만, 그 지역이 처음 복음화된 직후에 바울과 바나바 또는 교회를 돌보도록 임명했던 장로들에게 많은 사람이 세례를 받았을 것으로 추정할 수 있다(참조. 행 14:21-23). 그러나 갈라디아서 3장의 첫 구절들에서 바울은 갈라디아 교인들에게 그리스도인으로서 체험의 시작을 상기시킬 때 "너희가 세례를 받았느냐?"라고 묻지 않고 "성령을 받았느냐?"라고 묻는다(3:2-3). 믿음의 객관적 근거는 세례 의식이 아니라 세례가 증거하는 것, 즉 "하나님이 그 아들을 보내셨다"(4:4)라는 구절로 요약되는 기독론적-구원론적 "사건" 전체와 복음 전파를 통해 택함을 받은 자에게 믿음을 일깨워 주신 성령의 은사이다.[142]

이 모든 것을 염두에 두면 자연스럽게 질문이 생긴다. 이미 성령의 은사를 받았고 구원을 위해 그리스도를 믿었다면 왜 물로 세례를 받아야 하는가? 특정 기독교 단체, 특히 퀘이커교와 구세군은 이러한 전제에서 급진적인 결

일반적인 명칭인 "단순한 상징"이라고 하는 것은 교회의 삶에서 참된 의미와 진정한 중요성을 최소화하는 것이다. 십자가에 달린 도둑을 제외하고, 신약에서 세례를 받지 않고 회개하고 그리스도를 믿은 사람은 아무도 없다. 세례는 제자도보다 더 선택적인 것이 아니며, 실제로 이 둘은 서로 밀접하게 연관되어 있었다. 참조. T. George, "The Reformed Doctrine of Believers' Baptism," *Int* 47 (1993): 242–54.

142 슐리어H. Schlier는 믿음은 신자가 신적으로 변화하는 참된 사건, 즉 세례로 인도되는 구원의 현관일 뿐이라고 주장했다(*Der Brief an der Galater*, 127–28). 비슬리-머레이G. R. Beasley-Murray도 슐리어만큼은 아니지만, 신앙과 세례의 불가분적인 연합을 강조하면서, 이러한 연합이 기독교가 "한편으로는 미묘한 주관주의로 증발하고 다른 한편으로는 화석화된 객관주의로 굳어지는 것을 막았다"라고 주장한다(*Baptism in the New Testament* [Grand Rapids: Eerdmans, 1973], 151). 침례교 학자인 비슬리-머레이는 "세례는 양자 됨(adoption)이 실현되는 믿음의 순간"이라고 단언한다. 그러나 구원의 객관적인 지향점을 믿음이 아니라 세례에서 예시하는 사람들에 대해, 베츠는 다음과 같이 적절하게 관찰했다. "그리스도를 믿는 믿음은 오직 그리스도 자신에 근거할 수 있을 뿐이지, 그리스도 외부의 현실에 근거할 수는 없다. 바울은 세례 의식을 '성례전적이며 객관적'이고 그리스도를 믿는 믿음을 '주관적'이라고 부르는 것에 동의하지 않으며, 심지어 반대한다. 이러한 범주를 사용하고자 한다면, 바울은 아마도 '그리스도를 믿는 믿음'을 객관적 근거로 부를 것이다. 왜냐하면 그것은 성경이 예언한 내용이고, 그리스도의 오심(3:23, 25; 4:4-5)과 십자가에서 자기 희생(1:4; 2:20; 3:13)을 통해 역사적 현실이 되었기 때문이다. 그리스도인 개개인의 존재는 말씀의 전파와 성령의 은사를 통해 구원과 마주한다(3:2-5; 4:6). 바울은 이러한 요소들을 '객관적'이라고 명명했다. 바울이 보기에 그리스도인의 주관성은 이 모든 과정과 분리될 수 없으며 그 안에 짜여 있다"(Betz, *Galatians*, 187–88). 더 최근의 연구로는 다음을 참조하라. Keener, *Galatians*, 297–304; Das, *Galatians*, 376–88.

론을 내린 후 침례를 완전히 배제했다. 그러나 이 중요한 사건을 매우 중요하게 여기는 신약성경에 근거하여 세례를 행하지 않는 것은 결코 정당화될 수 없다. 왜 세례를 받아야 하는가? 물론 가장 기본적인 대답은 주 예수 그리스도께서 세례를 제정(ordained)하시고(따라서 침례교에서는 "성례"가 아닌 "의식"[ordinance]을 선호한다) 명령하셨기 때문이다. 예수님께서 자신의 세례를 통해 우리의 비참한 죄악된 상태와 동일시하여 죽음과 장사, 부활을 미리 선포하신 것처럼, 우리도 세례를 통해 그리스도와 동일시되어 그리스도께서 단번에 성취하신 구속의 드라마를 세 가지 시제, 즉 죄의 속박에서 벗어난 우리 자신의 구원, 그리고 아직 오지 않은 완성과 마지막 부활을 선언한다.

바울은 신약성경 어디에서나 볼 수 있는 가장 인상적인 비유 중 하나인 그리스도를 "옷 입는다"는 비유로 세례가 상징하는 모든 것을 설명했다. 로마서 6-8장에서 바울은 그리스도를 옷 입는다는 개념을 "그리스도와 함께 죽었다가 다시 살아나는 것"과 연결시켰는데, 이 두 가지 모두 세례의 행위에서 예전적으로 묘사된다.. "벗다"와 "입다"라는 표현은 로마서 13장 11-14절에서 어둠의 행위를 벗고 빛의 갑옷을 입는 것과 같이 참된 신자에게 기대되는 윤리적 변화를 의미하는 것으로 바울 서신에서 자주 발견된다. 비슷한 구절로 에베소서 6장 11-14절이 있는데, 이 구절에서는 그리스도인들이 악의 영적 세력에 대항하기 위해 하나님의 전신 갑주를 입으라고 권면한다. 그러나 로마서와 에베소서 모두에서 "입다"라는 동사는 명령형인 반면, 갈라디아서 3장 27절에서는 "너희가 ... 그리스도로 옷 입었다"(NIV)로 직설법이다.[143] 바울의 글 전체에서 명령형은 직설법을 전제로 한다. 우리가 성령 안에서 살고 행해야 하는 이유는 우리의 선행으로 인해 무죄 판결을 받기 위해서가 아니라 그리스도를 믿음으로 이미 어둠에서 그분의 놀라운 빛으로 인도받았기 때문이다. 우리는 그리스도로 옷 입었으므로 하나님의 전신 갑주를 입어야 한다.

바울은 기독교 세례를 그리스도를 "옷 입는 것"에 비유하면서 갈라디아의 이방인 회심자들에게 익숙한 몇 가지 유사한 관습을 떠올렸을 수 있다. 우리는 이미 헬레니즘 신비 종교에서 입문 의식의 일부였던 씻는 의식을 말했다. 존경받는 신의 이름으로 세례를 받은 초신자는 신의 고유한 의상을 입어 신의 인격과 자신을 공개적으로 동일시했다. 아풀레이우스Apuleius는 이시스 종교에 입문한 자신의 모습을 이렇게 묘사했다. "아침이 되고 엄숙한 의식이 끝났을 때, 나는 열두 개의 스톨(사제가 어깨에 두르는 긴 숄, 역자 주)로 거룩

---

143 참조. "Baptism" by G. R. Beasley-Murray in *DPL*, 60–66. 또한 다음 참조. W. Bieder, "βαπτίζω," *TDNT* 1:192–96.

하게 단장하고 종교적인 의복을 입고 나왔다. 오른손에는 불이 켜진 횃불을 들고 머리에는 하얀 종려나무 잎사귀가 광선처럼 사방으로 뻗어 나온 꽃 화환이 씌워 있었다."[144]

바울의 독자들에게도 사춘기가 끝날 무렵 로마 청년이 어린 시절 진홍색 테두리가 있는 옷을 벗고 성인 남자의 토가를 입어 완전한 성인으로 입문하는 것을 표시하는 관습이 친숙했을 것이다. 이 관습은 바울이 갈라디아서에서 설명한 교사의 이미지와 자연스럽게 연결된다. 성인의 옷을 입었을 때 교사의 역할이 완성된 것처럼, 예수 그리스도를 믿음으로 하나님의 아들이 된 사람들에게 율법은 더 이상 정죄의 도구로 기능하지 않는다. 바울은 다음 구절(4:1-7)에서 이 주제를 더욱 발전시켰다.

그러나 현재의 문맥에서 세례를 그리스도로 "옷 입는 것"에 비유하는 것은 세례 의식 자체의 일부로 낡은 옷을 벗고 새 옷을 입는 고대 관습에 가장 가깝기 때문에 CSB는 "너희가… 그리스도로 옷 입었다"라고 말한다. 침례로서 세례는 사도 시대의 일반적인 방식으로 반드시 의복을 갈아입어야 했다. 또한 초기부터 많은 그리스도인이 벗은 몸으로 세례를 받았다. 이 관습은 비슬리-머레이G. R. Beasley-Murray가 다음과 같이 설명한 유대인 개종자 세례에서 변형되었을 수 있다.

> 여성들이 세례를 받을 때 랍비들은 여성들이 목까지 물에 들어가는 동안 등을 돌렸고, 여성들은 질문을 받고 대답했다. 몸의 어느 부분도 물에 닿지 않는 곳이 없도록 머리카락을 풀어헤쳐야 했다. 예루살렘의 키릴로스는 나중에 구세주가 이 상태로 십자가에 못 박히셨기 때문에 그리스도인들이 벗은 몸으로 세례를 받는 것이 적절하다고 언급했다.[145]

2세기 후반에 이르러 세례를 받기 전에 옷을 벗는 것은 적어도 다음 10단계가 포함된 정교한 세례 절차로 통합되었다.

1. **교리 교육.** 이 과정은 기독교 신앙의 기초를 집중적으로 교육하는 기간이, 때로는 몇 년 동안 지속되는 수습 기간이 포함되었다. 많은 침례교와 복음

---

144 Apuleius, *The Golden Ass*, 11, 22–26. 다음에 인용됨. C. K. Barrett, *The New Testament Background: Selected Documents* (London: SCM, 1958), 99.

145 G. R. Beasley-Murray, "Baptism," 62. 다음 중요한 논문을 참조하라. J. A. Harrill, "Coming of Age and Putting on Christ: The Toga Virilis Ceremony, Its Paraenesis, and Paul's Interpretation of Baptism in Galatians," *NT* 44 (2002): 252–77.

주의 선교사들이 여전히 이 관습을 유지하고 있으며, 이들은 비기독교 종교와 이교도 세계관을 가진 개종자들이 신앙의 기초를 철저히 다졌다는 증거를 제시할 때까지 세례 주기를 꺼려 한다.

2. **금식과 기도**. 세례는 부활절 전날에 행하는 경우가 많았기 때문에 세례식 전 40일 동안은 금식, 기도, 성경 읽기 등 엄격한 영적 훈련에 전념했다. 사순절의 전례는 결국 이 세례 전 준비 기간에서 발전했다.

3. **금욕**. 세례를 받을 때가 되면, 피세례자는 마귀와 모든 화려함을 포기할 것을 요구받는다. 해가 지는 방향인 서쪽을 바라보며 "사탄아, 나는 너와 네 모든 일을 버린다"라고 외쳤다. 그런 다음 어둠의 방향을 향해 세 번 침을 뱉었는데, 이는 악의 세력과 자신의 삶에 대한 이전의 주장과 완전히 단절했음을 의미한다.

4. **신조**. 다음으로, 세례를 받는 사람은 해가 뜨는 쪽을 향해 "주 예수 그리스도여, 내가 주님을 받아들입니다"라고 말했다. 이 때 세례를 받을 사람은 신앙 고백을 낭독하는데, 때로는 질문과 답변의 형태로 제시되기도 한다. "전능하사 천지를 만드신 하나님 아버지를 믿습니까?"라는 질문에 "크레도(Credo)," "내가 믿습니다" 등으로 대답한다. 나중에 사도신경으로 알려진 내용은 원래 이러한 세례식 질문에서 유래했다.

5. **옷 벗기**. 그 다음 피세례자는 모든 옷을 벗고 벗은 몸으로 세례가 행해지는 물속에 들어간다.

6. **물에 잠기기**. 일부 교회에서는 피세례자가 삼위일체 하나님의 이름으로 세 번 침수된다. 과부나 집사로 알려진 경건한 여성들이 여성 피세례자를 도왔고, 남성은 이 임무를 맡은 집사와 장로들이 물에 잠기게 도왔다.

7. **새 옷**. 세례의 물에서 나오는 피세례자는 새 생명으로 그리스도를 "옷 입는 것"을 상징하는 새 흰옷을 입는다.

8. **기름 부음**. 모든 피세례자가 세례의 물을 통과한 후에는 각자에게 성령의 임재를 상징하는 기름을 부었다.

9. **안수**. 원래 이 행위는 새로 세례를 받은 그리스도인에게 인침과 축복을 주는 것을 의미했다. 또한 세례를 받은 모든 신자에게 그리스도와 진리를 위해 보냄을 받은 증인으로 세례의 물에서 나가라는 일방적인 위임의 의미도 내포하고 있었다. 영국과 미국의 많은 초기 침례교인은 복음 사역을 위한 안수와는 별개의 의식으로 세례받은 모든 그리스도인에게 안수하는 의식을 행했다.

10. **주의 만찬**. 합당하게 세례를 받은 사람만이 주의 만찬에 참여하는 것은 초기 그리스도인들의 보편적인 관습이었다. 따라서 그들의 "첫 성찬식"은

종종 부활절 일출 예배에서 새로 세례받은 그리스도인들이 부활하신 그리스도의 임재를 축하하기 위해 다른 회중 구성원들과 함께 주님의 식탁에 둘러앉았을 때 이루어졌다.[146]

물론 여기에 설명된 교부 시대 세례 관습의 모든 특징이 바울 시대의 회중들에게 그대로 적용될 수 있는 것은 아니다. 그러나 그리스도를 "옷 입는 것"을 그토록 생생하게 상징하는 세례는 주일 저녁에 아무렇게나 행해지는 공허한 의식 이상이었다. 바울에게 세례는 "두 세계 사이의 경계, 완전히 다른 두 가지 삶의 방식 사이, 오히려 죽음과 삶 사이의 경계였다."[147] 이 기간 동안 그리스도인이 된다는 것은 위험한 일이었다. 바울은 이리저리 쫓겨 다녔고 갈라디아 교인들도 자신들이 받는 박해의 몫을 알았다(3:4). 바울에게 세례는 단순한 입문 의례가 아니라 낡은 삶의 방식에서 새로운 방식 향하는 결정적인 전환을 의미했다. 세례는 구체적인 포기가 이루어지고 구체적인 약속을 받는 급진적인 순종의 행위였다. 바울과 동시대 사람들에게 세례에서 "그리스도로 옷 입는다는 것"은 "그를 믿을 뿐 아니라 또한 그를 위하여 고난도 받게 하심"(빌 1:29)을 의미했다.

3:28. 최근 이 구절은 문맥에서 자주 벗어나 온갖 정치적, 이념적 의제를 지지하는 데 사용되면서 많은 관심을 받고 있다. 모든 면에서 이 구절은 놀라운 말씀이며, 우리는 이 구절의 급진적이거나 혁명적인 의미를 약화시키지 말아야 한다. 그 진정한 의미를 파악하려면 바울의 일반적인 주장의 흐름에 어떻게 들어맞는지 살펴봐야 한다. 따라서 유대인도 헬라인도, 노예도 자유인도, 남자도 여자도 아니라는 세 가지 부정을 자세히 살펴보기 전에 이 놀라운 그리스도인의 일치 선언의 바로 앞과 뒤에 나오는 서술을 좀 더 자세히 살펴보고자 한다.

헬라어 본문에서 28절은 27절의 세례에 대한 확언 바로 다음에 나온다. 실제로 일부 학자는 유대인/헬라인, 노예/자유인, 남성/여성을 구분하는 공

---

146 여기에서 설명된 10단계는 테르툴리아누스의 『세례론』(De Baptismo), 히폴리투스의 『사도적 전통』(Apostolic Tradition), 예루살렘의 키릴루스의 『교리강론』(Catechetical Lectures), 크리소스토무스의 『세례 강론』(Baptismal Homilies) 등의 문서에 반영된 여러 세례 전통들을 종합한 것이다. 참조. E. C. Whitaker, *Documents of the Baptismal Liturgy* (London: SPCK, 1960)와 E. G. Hinson, *The Evangelization of the Roman Empire* (Macon: Mercer University Press, 1981), 73–95; T. George, "The Drama of Baptism: Testimony and Tradition in the Early Church," *ABQ* 32 (2018): 123–41.

147 C. Jones et al., eds., *The Study of Liturgy* (New York: Oxford University Press, 1978), 82.

식 자체가 초대 교회의 세례 예전에서 유래한 것일 수 있다고 주장하기도 한다. 바울은 고린도전서 12장 12-13절과 골로새서 3장 11절에서 동일하지는 않지만 유사한 언어를 사용했다. 두 본문에서 세례에 대한 암시가 가득하다. 어쨌든 바울이 28절에 열거한 구별의 상대화와 관련하여 말하고 싶었던 것은 27절에서 세례의 의미에 관해 이미 말한 것의 결과이다. 바울은 정치 철학과 사회 프로그램에 그대로 적용될 수 있는 일반적인 인류학적 주장을 하지 않는다. 바울은 두 세계의 시민이었으며 높고 힘 있는 자들과 약하고 비천한 자들과 자주 교제했지만 로마 제국을 개혁할 의도는 전혀 없었다. 바울은 하늘에서 다시 오실 주님을 기다리며 "이 세상의 외형"을 "지나가는 것"(고전 7:31)으로 여겼다. 그렇다고 해서 이러한 다양한 구별로 이전에 즐겼던 역할을 중단한 세례받은 공동체가 이 "악한 현재 시대"에 중요한 증거를 할 수 없다는 말은 아니다. 그러나 바울의 주된 관심사는 성령으로 효력 있게 되고 세례에서 고백하는 "새로운 피조물"(*nova creatura*. 노바 크레아투라, 6:15)이었다.

28절 전반부는 그리스도 안에서 초월된 범주에 대해 부정적으로 말하고, 후반부는 나타날 새로운 실체에 대해 "너희는 그리스도 예수 안에서 모두 하나이니라"라고 긍정적으로 말한다. 다시 말하지만, 세례는 하나님이 주신 이 연합를 인정하고 선포하며 기념하는 사건이다. 이 시점에서 우리는 문자 그대로 "담그다, 잠기다"라는 뜻의 βαπτίζω(밥티조)와 밀접하게 연관된 "담그다, 염색하다"라는 단어인 βάπτω(밥토)와 의미 일치에 주목할 수 있다. 바울은 "입다"라는 은유의 일부로서 세례를 옷을 염색하는 것과 비슷하게 생각했을 수 있다. 블라이J. Bligh가 말했듯이, "사람이 세례의 물에 담그면 변화된 사람, 즉 이전의 색이 사라지고 그리스도의 색이 드러나는 사람이 된다. 담그기 전의 사람이 유대인이든 이방인이든, 노예든 자유인이든, 남성이든 여성이든 더 이상 중요하지 않다."[148]

이미 살펴본 바와 같이, 믿음과 성령의 정결하게 하시는 역사와는 별개로 세례 자체는 어떤 마술적이고 기계적인 방식으로 이러한 변화에 영향을 미치지 않는다. 세례는 중생에서 개인적으로 일어난 일로 신앙 공동체의 교제 안에서 공동체적으로 실현되는 일이다. 바울이 실제로 말한 것은 이것이다. "여러분이 그리스도 예수께 연합하는 데는 유대인이나 이방인이나, 노예나 자유인이나, 남자나 여자나 아무런 차이가 없다. 여러분은 모두 그리스도 예수께

---

148 참조. Bligh, *Galatians*, 324; B. C. Lategan, "Reconsidering the Origin and Function of Galatians 3:28," *Neot* 46 (2012): 274–86.

가까이 연합하는 데 있어 한 사람과 같다."[149]

여기에 단순한 초교파적인 에큐메니칼 연합이 아닌 참된 교회 연합의 기초가 있다. **한 주님, 한 믿음, 한 세례!** 이러한 연합은 인위적으로 이루어질 수 있는 것이 아니라 오직 교회의 주님이 선물로 주시는 것이며, 주님의 신부가 "티나 주름이나 다른 흠이 없이 거룩하고 흠이 없는"(엡 5:27 NIV) 신부로 드리기를 원하시는 주님의 선물로만 받을 수 있다. 이런 의미에서 모든 참된 그리스도인은 **공동 기도서**에 있는 교회를 위한 기도에 동참할 수 있다.

> 은혜로우신 아버지, 당신의 거룩한 가톨릭 교회를 위해 겸손히 간구하오니 모든 진리로, 모든 진리 안에서 모든 평화로 채워 주소서. 부패한 곳에서는 교회를 정화시켜 주시고, 오류에 빠진 곳에서는 바로잡으시고, 지나치게 고집스러운 곳에서는 고치시고, 잘못된 곳에서는 개혁하시고, 옳은 곳에서는 강화하고 확증하시고, 부족한 곳에서는 공급하시고, 분열되고 찢긴 곳에서는 그 허물을 보충하소서, 오 이스라엘의 거룩하신 이시여. 아멘.[150]

세례받은 신자들의 공동체에 속한 사람들, 그리스도의 색으로 담기고 물들인 사람들은 이전의 자아를 벗어버리고 이제 세상과 근본적으로 다른 관계에 서 있다. 바울이 고린도후서 5장 17절에 "*이전 것은 지나갔으니 보라 새 것이 되었도다!*"라고 말한 것과 같다. 이 구절은 그리스도인 개개인뿐만 아니라 하나님의 부르심을 받은 하나님의 백성인 교회에도 해당하는 말이다. 세례받은 공동체 안에서 근본적으로 새롭고 다른 무언가가 일어나서 "유대인이나 헬라인, 노예나 자유인, 남자나 여자"가 없게 되었다. 어떤 의미에서 이러한 근본적인 인간 구별은 "그리스도 안에 있는" 새로운 관계로 인해 변경되거나 대체되었다. 이것은 논쟁의 여지가 없다. 그러나 어떤 의미에서 이것이 사실인지는 이 구절을 해석하는 사람들 사이에서 큰 논쟁의 대상이 되고 있다.[151]

---

149 Arichea and Nida, *Translators' Handbook*, 85.

150 다음 기도문에서 바꾼 내용이다. W. Laud first published in *A Summarie of Devotion* (1677).

151 표준적인 주석들 외에도, 다음의 전문적인 연구가 주목할 만하다. *Man as Male and Female: A Study in Sexual Relationships from a Theological Point of View* (Grand Rapids: Eerdmans, 1975); R. Jewett, "The Sexual Liberation of the Apostle Paul," *JAAR* 47 (1979): 55–87; K. R. Snodgrass, "Galatians 3:28: Conundrum or Solution?," in *Women, Authority and the Bible*, ed. A. Mickelsen (Downers Grove: InterVarsity, 1986); S. B. Clark, *Man and Woman in Christ: An Examination of the Roles of Men and Women in Light of Scripture and the Social Sciences* (Ann Arbor: Servant, 1980); B. Witherington, "Rite and Rights for Women–Galatians 3:28," *NTS* 27

바울이 이렇게 정확하게 구별하는 범주를 열거한 이유는 무엇인가? 갈라디아서에서 유대인과 이방인 문제가 바울의 주장과 관련이 있음을 쉽게 알 수 있다. 하지만 다른 두 가지는 어떤가? 바울은 "믿음의 메시지에 너무 몰두하여" 그리스도인의 연합 공식을 다른 두 가지 두드러진 구별, 즉 노예 제도와 성별이라는 생물학적 사실로 만든 구별까지 확장한 것인가?[152] 아니면 바울이 갈라디아서의 즉각적인 주장과는 관련이 없음에도 독자들이 친숙한 바울 이전 기독교 고백의 일부이기 때문에 두 번째와 세 번째를 포함시켰는가?[153] 이 두 가지 생각은 거부해야 한다. 왜냐하면 바울은 결코 완곡하게 말하기보다 말을 낭비하지 않았기 때문이다. 이 세 가지 구별이 무엇을 나타내는지 좀 더 자세히 살펴보겠다.

바울이 열거한 세 가지 상반된 요소는 인종, 경제적 능력, 성(性)이라는 인간 존재의 근본적인 분열을 상징한다. 인종, 돈, 성은 인간의 삶에서 원초적인 힘이다. 이들 중 어느 것도 본질적으로 악한 것은 아니며, 오히려 삶 자체를 구성하는 요소이다. 인류의 번식은 남성과 여성의 구별을 기반으로 한다. 노예제도는 하나님의 물질적 축복을 심각하게 왜곡하는 것이지만, 열심히 일하고 현명하게 투자하며 신중하게 계획하는 능력은 모든 경제 질서의 안녕에 필수적이다. 마찬가지로, 인류의 풍부한 문화적, 인종적 다양성은 최고의 음악, 최고의 예술, 최고의 문학에 영감을 주었다. 그러나 이러한 인간 창의성의 각 영역은 죄의 타락으로 인해 타락하고 더럽혀졌다.

국가와 민족은 교만으로, 물질적 축복은 탐욕으로, 성은 정욕으로 타락했다. 이로 인해 바벨탑에서 미국 9.11 테러에 이르기까지 인류 역사를 상징하는 착취와 자기 파괴의 혼란스러운 유형이 생겨났다. 실제로 그리스도 밖에서는 이 세 가지 양극단으로 대표되는 원초적 힘이 우주의 기초적인 영들에 통제되고 조작된다(στοιχεῖα τοῦ κόσμου, 스토이케이아 투 코스무, 개역개정. "초등학문," 갈 4:3, 9). 그러나 예수 그리스도를 믿음으로 하나님의 자녀가 된 모든 사람은 이러한 악한 세력의 노예가 되는 것에서 해방되었다. 이제 새로

(1981): 593–604; W. A. Meeks, "'Since then you would need to go out of the world': Group Boundaries in Pauline Christianity," in *Critical History and Biblical Perspective*, T. J. Ryan, ed. (Villanova, PA: College Theology Society, 1979), 4–29; S. L. Johnson, "Role Distinctions in the Church: Galatians 3:28," in *Recovering Biblical Manhood and Womanhood: A Response to Evangelical Feminism*, J. Piper and W. Grudem, eds. (Wheaton: Crossway, 1991), 154–64. T. George, "A Peace Plan for the Gender Wars," *Christianity Today* 49 (Nov 2005): 50–56.

152 Arichea and Nida, *Translators Handbook*, 85.

153 따라서, Longenecker, *Galatians*, 157.

운 삶의 표준과 유형이 세례받은 공동체를 여전히 세상에 속해 있지만 세상에 속하지 않은 공동체로 구별한다. 이곳에서 우리는 다른 곳과 마찬가지로 성령의 능력을 받아 "서로 짐을 지고 그리스도의 법을 성취"(갈 6:2 ESV)한다. 세례의 경계는 "세상에 다른 것이 존재하는 곳, 유대인과 이방인이 같은 식탁을 공유하고, 노예와 자유 시민이 형제자매로서 동등하게 대우받으며, 여성이 단순히 외형적이고 때로는 양면적인 '평등'보다 더 실질적인 존중을 받는 곳"을 정의한다.[154]

바울의 세 가지 기독교적 평등은 고대 세계에서 일반적으로 받아들였던 특권적 지위와 자기주장적 편견과 뚜렷하게, 그리고 아마도 의도적으로 대조를 이룬다. 예를 들어, 헬레니즘 남성들은 짐승이 아닌 인간으로, 야만인이 아닌 헬라인으로, 노예가 아닌 시민으로, 여성이 아닌 남성으로 태어날 수 있게 해준 신에게 정기적으로 감사를 표했다. 기원후 2세기 중반, 랍비 유다 벤 엘라이가 비슷한 패턴의 "축복문"을 만들었는데, 약간 수정된 형태로 여전히 유대인의 아침 기도에서 찾아볼 수 있다.

> 나를 이방인으로 만들지 않으신 우주의 왕이신 주 우리 하나님이여,
> 찬양을 받으소서!
> 나를 노예로 만들지 않으신 우주의 왕이신 주 우리 하나님이여,
> 찬양을 받으소서!
> 나를 여자로 만들지 않으신 우주의 왕이신 주 우리 하나님이시여,
> 찬양을 받으소서!

유대인 여성들이 주님께 기도하기를 원할 경우, "우주의 왕이신 주 우리 하나님이여, 주의 뜻대로 나를 지으셨으니 찬양을 받으소서"라고 기도하도록 권면을 받았다.[155] 유대 문화와 헬레니즘 문화에서 이러한 인종적, 사회적, 성적 장벽이 얼마나 큰 의미를 지니는지 고려할 때, 이러한 근본적인 인간 차이의 적대적인 분열을 넘어 교회 일치와 영적 평등을 선언한 바울의 글을 읽는 것은 더욱 놀라운 일이 아닐 수 없다.

---

154 Ebeling, *Truth of the Gospel*, 215.

155 참조. *The Authorized Daily Prayer Book of the United Hebrew Congregations of the British Commonwealth of Nations*, trans. S. Singer (London: Eyre & Spottiswoode, 1962), 6–7; Longenecker, *Galatians*, 157; Bligh, *Galatians*, 322–23, Witherington, *Grace*, 271–81; Keener, *Galatians*, 304–18.

추가 주석 5. 바울은 페미니스트였을까?

최근 몇 년 동안 갈라디아서 3장 28절은 페미니즘, 사회적 평등주의, 여성 사역에 대한 상반된 견해가 충돌하는 전쟁터가 되었다. 갈라디아서의 바울은 마치 바울이 다른 서신에서 뺀 것을 서신에 넣은 것처럼 고린도전서 및 목회서신 (목회서신은 여전히 유의미하게 바울의 글 또는 정경으로 간주됨)의 바울과 종 종 대립한다.

바울은 해방주의자 또는 배타적인 국수주의자였는가? 갈라디아서 3장 28절 을 페미니즘 해석학의 표준적 구절(locus classicus, 로쿠스 클라시쿠스)로 여겨 도 되는가? 이러한 질문에 자세히 답하려면 적어도 한 권의 책이 필요하겠지만, 하나님의 말씀을 오늘날 사역과 교회 생활의 시급한 문제와 연관시키는 것을 목표로 하는 주석에서 이러한 질문을 완전히 무시하는 것은 무책임한 일이다.

그리스도인들 사이에 벌어지는 논쟁에 관한 연구에서 내쉬R. H. Nash는 급 진 페미니즘에 대한 논의와 교회 내 여성 지도자에 대한 복음주의 내부 논쟁에 대한 분석을 정확하게 구분한다.[156] 성경의 권위에 헌신하는 복음주의자들에게 여성이 목사나 집사로 봉사해야 하는지에 대한 질문은 "다른 사람들은 다 그렇 게 하지 않느냐?"가 아니라 "성경은 이에 대해 무엇을 말하고 있는가?"로 결정 할 수 있는 문제이다. 성경 무오설을 지지하는 사람들을 포함한 복음주의자들 은 후자의 질문에 대해 분열되어 있으며, 몇 년 전 성경적 평등을 위한 그리스도 인 모임(The Christians for Biblical Equality)과 성경적 남성 및 여성 협의회(The Council on Biblical Manhood and Womanhood)라는 두 그룹이 반대 입장을 홍보 하기 위해 결성되었다. 이 문제가 많은 교회와 교단 내에서 점점 더 분열되면서 양쪽에서 많은 문헌이 만들어졌다.

갈라디아서 3장 28절은 이 논의에 어떻게 맞을까? 이 구절이 문맥에서 벗어 나 현대 사회 평등주의 선언으로 잘못 표현된 폭력성은 바울의 말을 다음과 같이 번역한 최근의 성경 번역에서 볼 수 있다. "이성애자와 동성애자, 성직자와 평 신도, 백인과 다문화는 차이가 없다."[157] 이 악의적인 번역에 따르면, 바울이 다 른 곳에서는 죄악으로 인식했던 것을 수용 가능하고 축복된 것으로 받아들였다!

이런 명백한 왜곡을 제쳐두고, 갈라디아서 3장 28절은 정말로 "그리스도 안 에" 있으면 이 본문에서 언급된 세 가지 구별이 사라진다고 가르치는가? 바울의 글을 더 큰 덩어리로 보면 그렇지 않다는 것이 분명하다. 바울 자신은 그리스도 인이 된 후에도 유대인이라는 정체성을 버리지 않았다. 선교 상황에 따라 더 많 은 복음 증거를 위해 특정 유대인 의식을 기꺼이 따랐지만(참조. 고전 9:19-23;

---

156 R. H. Nash, *Great Divides: Understanding the Controversies That Come between Christians* (Colorado Springs: Navpress, 1993), 39–76.

157 Sister Fran Feder, "Future of the American Church Conference," *First Things* 40 (1994): 58.

행 21:26), 그렇게 함으로써 그리스도인의 자유를 포기한 적은 없었다. 바울은 어디에서도 노예제 폐지를 노골적으로 주장하지 않았다. 오히려 그리스도인 주인과 그리스도인 노예가 그리스도에 대한 상호 믿음과 섬김을 바탕으로 서로 관계를 맺으라고 가르쳤다(참조. 골 3:22-4:1). 예를 들어, 바울은 노예 오네시모에게 주인 빌레몬에게 돌아가라고 권고했고, 빌레몬은 가출한 종을 소유물이 아닌 형제로서, 실제로 바울 자신을 영접하는 것처럼 영접하라고 명령했다(몬 16). 빌레몬에 대한 바울의 가르침에는 분명히 노예 제도 폐지의 씨앗이 담겨 있었다. 바울은 어디에서도 노예 제도를 하나님께서 정하신 제도로 취급하지 않았으며, 적어도 한 번은 노예가 제대로 자유로워질 수 있다고 선언했다(고전 7:21). 우리는 2세기에 노예가 소속된 교회가 그 자유를 샀던 노예들에 대해 알고 있다.

세 번째 구별, 즉 남성과 여성의 구별은 어떤가? 기독교적 사랑과 형제애에 대한 이해가 깊어지면서 노예 제도가 폐지된 것처럼, 이제 가정과 교회 생활에서 남성과 여성의 역할에서 성별에 따른 모든 차별을 없애야 한다는 주장이 자주 제기된다. 그러나 갈라디아서 3장 28절의 처음 두 쌍은 마지막 것과 구별된다는 점에 유의하는 것이 중요하다. 이는 문자적으로 "유대인도 헬라인도 아니요, 노예도 자유인도 아니요, 남자도 여자도 아니요"라고 읽는 문장의 문법 구조에서도 분명하게 드러난다.

현대 페미니스트 신학자들은 갈라디아서 3장 28절의 "남자도 여자도 아니다"라는 공식을 성별 구분과 그것에서 파생되는 남성적, 여성적 인격의 고유한 측면을 없애야 한다는 요구로 해석한 최초의 사람은 아니다. 2세기에 이 주제는 여러 영지주의 문서에서 다루어졌으며 이단 운동의 가르침에서 주요한 특징이 되었다. 예를 들어, 1945년 이집트에서 발견된 영지주의적 예수 말씀 모음집인 도마복음에는 예수와 제자들 사이의 다음과 같은 대화가 기록되어 있다.

> 예수님은 젖을 빨고 있는 아기를 보셨다. 예수님은 제자들에게 "젖을 빨고 있는 이 아기들은 그 왕국에 들어오는 사람들과 같다"라고 말씀하셨다. 제자들은 예수님께 "그러면 우리도 어린아이처럼 그 왕국에 들어갈까요?"라고 물었다. 예수께서 그들에게 말씀하시기를, "둘을 하나로 만들고, 안을 밖과 같이 만들고 밖을 안과 같이 만들고, 위를 아래와 같이 만들고, 남자와 여자를 하나로 만들어 남자가 남자가 아니게 하고 여자가 여자가 되지 않게 할 때 ... 그러면 [그 왕국]에 들어갈 것이다."[158]

이 말씀에서 성별의 제거는 구원의 전제 조건이다. 갈라디아의 선동가들에게 할례가 있었다면, 후대의 영지주의 이단자들에게는 성별 반전이 있었다. 영지주의자들에게 창조와 물질 세계는 본질적으로 악했다. 성별은 이러한 타락의

---

158 *The Nag Hammadi Library*, ed. J. M. Robinson (New York: Harper & Row, 1977), 121. 도마복음의 기원에 대해서는 다음을 참조하라. Hennecke-Schneemelcher, *New Testament Apocrypha*, 1:278–307.

명백한 매개체이기 때문에, 억압하는 "물질의 감옥"에서 해방되기 위해서는 성별을 역전시키거나 무력화시켜야 했다. 물질에 대한 이단들의 폄훼에 맞서 정통 기독교인들은 "전능하사 천지를 만드신 하나님 아버지를 내가 믿사오며"라고 고백했다. 현대의 급진 페미니스트들이 기독교 신앙에 대한 자신들의 수정주의적 공식화를 위한 원천으로 초기 영지주의자들에게로 거슬러 올라간다는 것은 놀라운 일이 아니다.[159]

교회에서 여성 지도자에 대한 타당성은 그 문제를 다루는 구절들을 주의 깊게 해석하여 결정해야 한다. 갈라디아서 3장 28절은 이 논쟁에서 합법적인 증거나 반증으로 사용될 수 없다. 이 주제에 대한 최근의 논의가 바울이 이 구절에서 제시한 놀라운 기쁜 소식을 가린다는 것은 유감스러운 일이다. 그리스도의 몸 안에는 연합이 있으며 예수님을 믿는 믿음을 통해 구원에 이르는 평등함이 있다. 갈라디아 반대자들은 이방인이 그리스도인이 되려면 먼저 유대인이 되어야 하며, 할례가 구원에 필수적이라고 주장했다. 바울은 그리스도의 죽음과 부활을 통해 시작된 에온(αἰών), 즉 "지금 시대"에 새로운 현실이 밝혀졌다는 것을 보여주었다. 바울이 아브라함의 예에서 보여주었듯이 할례는 애초에 아무도 구원하지 못했다. 율법의 가혹한 지도 아래 놓였을 때, 우리는 이 악한 세상을 지배하는 악마의 세력에 휘둘렸다. 그러나 예수 그리스도께서 죽음과 지옥, 무덤의 속박을 깨뜨리셨기 때문에 더 이상 그렇지 않다. 예수님은 승리자이시다! 그분은 하나님의 율법을 완벽하게 성취하셨고 지옥의 모든 무리를 이기고 승리하셨다. 예수님은 세례의 죽음-장사-부활에서 이 승리를 목격한다. 따라서 하나님 앞에 선 우리의 입장에 있어 유대인의 피, 자유로운 출생, 남성의 성별은 아무 의미가 없다. 복음의 부름은 근본적으로 평등주의적이며 완전히 보편적이다. "너희 모든 목마른 자들아 물로 나아오라"(사 55:1). "목마른 자도 올 것이요 또 원하는 자는 값없이 생명수를 받으라"(계 22:17).

바울의 요점은 이것이다. 이 기쁜 소식을 듣고 받아들인 모든 사람은 이제 세례 공동체 안에서 새로운 삶의 방식으로 부름을 받았다. 새 신자의 영혼이 몸에서 찢겨나가지 않은 것처럼 낡은 구별은 더 이상 근절되지 않았다. 우리는 여전히 **더 이상 아닌** 것과 **아직 아닌** 것 사이의 긴장 속에서 살고 있다. 우리는 하나님의 창조 질서가 죄로 인해 끔찍하게 훼손되었음을 인식하면서도 여전히 하나님의 창조 질서의 선함을 긍정한다. 그러나 예수 그리스도 안에서 우리는 어둠에서 놀라운 빛으로 부르심을 받았다. 이것은 그리스도인들이 인종차별, 물질주의,

---

159 예를 들어, 피오렌자E. S. Fiorenza가 "성적 이형성(dimorphism, 역자 주. 성별을 남성과 여성, 두 가지로 제한하는 사상을 가리킨다) 및 엄격하게 정의된 성 역할은 가부장적 문화의 산물이다. 이는 통제와 지배 구조, 즉 남성이 가하는 여성 착취를 유지하고 정당화한다"라는 주장에서 위에서 인용된 도마복음 본문을 어떻게 사용하는지 참조하라(*In Memory of Her*, 212–13). 또한 다음 참조. W. A. Meeks, "The Image of the Androgyne: Some Uses of a Symbol in Earliest Christianity," *History of Religion* 13 (1974): 165–208.

성차별이라는 악마의 세력에서 해방되었음을 의미한다. 이것은 하나님의 성령을 우리 마음속에 보내신 결과로 인한 내적 변화와 해방을 통해 이루어졌다(4:6).

3:29. 이 구절은 3장 6절에서 시작된 논증의 결론이자 다음 구절에서 전 개될 새로운 사고의 흐름을 소개하는 역할을 한다. 여기서도 핵심 어구는 "너희가 그리스도의 것이면"으로, 헬라어로 속격 구조이지만 앞 구절의 "그리 스도 예수 안에서"라는 공식과 의미가 같다. 바울은 여기에서 하나님의 아버 지 됨와 인간의 형제애에 대한 자유주의적 개신교 교리를 가르치지 않았다. 바울은 모든 사람이 본질적으로 하나님의 자녀라고 말하지 않았다. 대신 인류 안의 결정적인 차이, 즉 예수 그리스도를 믿음으로 하나님을 아버지로 아는 사람들과 율법의 저주 아래 있고 세상에 널리 퍼져있는 악마의 세력에 속박되 어 있는 다른 사람들 사이의 차이를 지적했다. 그러나 "그리스도 안에 있다" 는 것은 우리가 "아브라함의 씨"라는 것을 의미한다. 이것은 우리가 남성이 든 여성이든, 노예든 자유인이든, 유대인이든 이방인이든 상관없이 사실이다.

이 장의 앞부분에서 바울은 예수 그리스도만이 아브라함의 참된 씨(단수) 임을 보여주었다(3:16). 그리스도와의 연합을 통해 우리는 이제 이 특권적인 지위를 물려받았다. 이것은 출산을 통해서가 아니라 중생을 통해서, 우리의 선함이 아니라 하나님의 은혜로, 율법의 행위가 아니라 오직 믿음으로 이루 어졌다. 바울은 이제 율법의 저주와 죄의 속박에서 해방된 사람들이 "약속대 로 유업을 이을 자"(3:29)로서 새로운 영지에 들어가는 것이 무엇을 의미하 는지 보여줄 것이다.

2.5.2. 근본적인 변화. 노예 신분에서 아들 신분으로(4:1-7)
2.5.2.1. 우리의 과거 상태(4:1-3)

4:1-2. 이 구절에서 바울은 분명히 유업에서 상속자로 강조점을 전환했다. 지금까지 그는 율법을 교도관과 교사에 비유했다. 이제 율법을 법적으로 미성 년자의 나이가 끝날 때까지 감독하고 견제하는 역할을 하는 "후견인과 청지 기"로 비유한다. 앞서 살펴본 바와 같이 바울은 이 부분에서 유대인과 이방인 모두를 대상으로 언급하고 있다. 그러나 3장에서와 마찬가지로 모세의 율법 에 집착하는 유대인 기독교의 상황이 마음속에 가장 중요했기 때문에 바울은 여기서 종교 혼합주의와 이교 우상 숭배에서 최근에 회심한 이방인 그리스도

인의 입장에서 이전 주장을 되풀이하고 정교화했다.[160]

바울은 후견인의 법적 관행에 근거하여 자신의 비유를 설명했다. 롱네커는 "바울이 그린 그림은 부유하고 지위가 높은 집안의 한 소년이 법적으로 상속자이자 가족 재산의 '젊은 주인'(χύριος, 퀴리오스. 문자 그대로 '주인' 또는 '소유자')이지만 아직 미성년자(νήπιος, 네피오스)이므로 노예(δοῦλος, 둘로스)와 매우 유사한 규칙 아래 사는 모습이다."[161] 바울이 염두에 둔 시나리오의 정확한 법적 배경을 재구성하기는 어렵다. 어떤 학자들은 바울이 아버지가 사망한 고아 상속자가 14세가 될 때까지 **청지기**의 보살핌을 받도록 하고, 그 후 25세가 되어 법적 성년이 될 때까지 **후견인**의 감독을 받는 상황을 생각했다고 주장한다.

바울의 비유를 이러한 법적 맥락에서 찾는 데 반대하는 두 가지 주장이 있다. 첫째, 바울의 예시에는 아버지가 사망했다는 암시가 없다. 바울이 하나님을 대표하는 아버지가 죽었다는 비유를 만들 수 있었다고 상상하는 것은 신빙성의 한계를 넘어선다. 현대 "사신(death of God)" 신학자들의 생각과는 정반대로 말이다. 마찬가지로 중요한 것은 바울의 예에서 상속인이 유산을 상속받는 날짜는 법으로 정해진 연대기적 나이가 아니라 아버지가 미리 정하신 결정에만 의존한다는 것이다. 유산의 "젊은 주인"은 "그 아버지가 정한 때까지" 후견인과 청지기의 지배를 받는다. 바울은 이 단어들로 중요한 신학적 요점을 말한다. 하나님은 구원의 드라마의 주연 배우이다. 하나님만이 그리스도를 보내실 적절한 시기를 결정하셨다(4:4). 마찬가지로 성령을 우리 마음속에 보내실 것을 미리 정하셨다(4:6). 바울은 이방인들이 노예에서 자유로, 종에서 아들의 신분으로 옮겨가는 과정을 설명하면서 그들이 구원의 진리인 하나님을 아는 것뿐만 아니라 선택의 은혜 안에서 구원의 주권적 목적이신 하나

---

160 바울은 연결 표현인 Λέγω δέ, 즉 "내가 말하는 것"(NIV), "이것이 내가 의미하는 것"(NEB), "나는 그것을 의미한다"(ESV), "이제 내가 말하는 것은"(CSB)으로 이 단원을 시작했다. 이 구절들은 바울이 지금까지 전개한 논증을 명확히 하고 확장하기 위한 것이다. 이 구절들은 바울이 "지금까지 자신이 제시한 주장에 완전히 만족하지 않았다"는 것을 암시하지 않는다 (Matera, *Galatians*, 154). 오히려 바울은 이제 유대 역사와 구약의 우선순위 측면에서 설명했던 것과 동일한 구속의 실재를 갈라디아의 이방인 그리스도인들에게 적용한다. 그러나 바울이 말한 내용은 이방인이나 유대인 배경에 관계없이 모든 기독교인에게 적용된다. 이 견해는 라이트풋, 버튼, 베츠, 슐리어 등이 지지한다. 이와 반대되는 입장은 블라이가 강력하게 주장한다(Bligh, *Galatians*, 330–33). 블라이는 전체 구절을 바울이 안디옥에서 유대인 그리스도인들에게 한 담론의 일부로 해석한다.

161 Longenecker, *Galatians*, 162.

님을 아는 것도 중요하다고 말했다(4:9).[162]

이 첫 구절의 법적 배경은 재구성하기 어려울 수 있지만, 바울의 일반적인 의미는 충분히 분명하다. 미성년자는 성년이 되기 전에는 법적 권리가 전혀 없다. 바울이 다른 곳(고전 3:1 NIV)에서 영적 미성숙을 설명하기 위해 사용한 단어 네피오스(νήπιος, 네피오스)는 문자 그대로 "유아"를 의미하지만 여기서는 법적 무능력 및 소유권 박탈 상태를 나타낸다. 바울은 이러한 상태에 있는 것은 노예가 된 것과 다르지 않다고 선언했다. 미성년자 시절에 자녀의 재산을 감독하는 "후견인과 청지기"는 의뢰인의 인생에서 그 기능이 다르지만 3장 24절의 초등교사(παιδαγωγός, 파이다고고스)와 비슷하다. 여기서 언급된 후견인과 청지기는 미성년자의 재산과 재정을 통제하여 모든 독립적인 행동을 박탈하고 실제로는 그의 자유가 노예의 자유로 축소되도록 하는 가혹한 훈육자였다. 이 이미지 자체는 충분히 긍정적이다. 후견인은 다른 사람을 대신하여 필요한 역할을 수행하는 현명하고 신뢰할 수 있는 청지기가 될 수 있다. 그러나 다음 구절에서 바울은 이러한 후견인을 현재의 악한 세상을 지배하는 기초적인 영들(개역개정. 초등학문)과 동일하게 여기면서 더 사악한 그림자가 본문에 드리워진다.

4:3. 이 구절은 (문자적으로) "이와 같이," 혹은 "우리의 경우에도 마찬가지로"(οὕτως καὶ ἡμεῖς, 후토스 카이 헤메이스)라는 부사 표현으로 시작한다. 바울이 이제 아버지가 정한 때까지 유산의 권리가 없는 미성년자에 대한 법적 예화를 갈라디아 그리스도인들에게 적용할 준비가 되었음을 나타낸다. 이 적용은 바울이 앞서 3장 23-25절에서 율법 아래 유대인의 후견인에 대한 논의를 유대인들이 율법에 종노릇했던 것처럼 갈라디아 신자들이 그리스도인이 되기 전에 이교 우상 숭배에 매여있던 경험과 연결한다. 그리스도 밖의 모든 사람이 공통적으로 겪는 이 속박의 급진적 특성을 바울은 이제 타 스토이케이

---

162 Burton, *Galatians*, 213은 바울이 시리아 왕 안티오쿠스 4세(에피파네스)가 셀류커스 왕국을 떠날 때 리시아를 자신의 아들 안티오쿠스 5세의 후견인으로 임명하고 떠났던 일을 기록하고 있는 마카비 1서 3:32-33; 6:17와 마카비 2서 10-14장에서 묘사된 상황을 염두에 두고 있었을 수도 있다고 제안했다. 안티오쿠스 4세가 전사한다면, 리시아는 1546년 헨리 8세의 뒤를 이어 9세에 영국 왕이 된 에드워드 6세에게 서머셋 공작이 그랬던 것처럼 안티오쿠스 5세 기간에 왕국의 보호자이자 총독이 되어야 했다. 갈 4:1-2의 법적인 배경에 대해서는 다음을 참조하라. J. D. Hester, *Paul's Concept of Inheritance: A Contribution to the Understanding of Heilsgeschichte* (Edinburgh: Oliver & Boyd, 1968). 보다 최신 연구는 다음을 참조하라. J. K. Goodrich, "Guardians, Not Taskmasters: The Cultural Resonances of Paul's Metaphor in Galatians 4:1-2," *JSNT* 32 (2010): 251-84.

아 투 코스무(τὰ στοιχεῖα τοῦ κόσμου, 개역개정. "초등학문")라고 부르는 사악한 힘의 연합에 대한 보편적 복종이라는 용어로 표현했다.

타 스토이케이아 투 코스무(τὰ στοιχεῖα τοῦ κόσμου)는 바울 서신에서 네 번, 이 장에서 두 번(4:3, 9), 골로새서 2장에서 두 번(8, 20절) 발견된다. 이 용어에 내재된 모호함은 제안된 다양한 번역에서 볼 수 있다. "우주의 기초적 영들"(RSV), "세상의 기초적인 것들"(NASB), "기본적인 도덕적 원칙의 권위"(필립스 성경), "세상의 기본 원리"(NIV 1984), "세상의 기초적인 원리"(ESV), 또는 단순히 "세상의 요소"(CSB)로 번역된다. 바울 서신에서 이 전문 용어의 의미와 관련하여 세 가지 흐름의 해석이 등장했다.[163]

1. **기본 원리인 요소들.** 어원적으로 타 스토이케이아(어근은 στοῖχος [스토이코스]로 "열, 계급"을 의미하는 군사 용어)는 계열에 함께 속하는 것, 필수 요소, 소대의 병사, 해시계의 각도 또는 알파벳 문자와 같은 기본 구성 요소를 가리킨다. 이 구절에서 바울이 기본적인 철학적 또는 종교적 원리, 즉 "초등"학교에서 배우는 신앙의 ABC를 언급하고 있다는 해석이 있다. 이 해석을 지지하는 학자들(라이트풋Lightfoot, 버튼Burton, 반스트라Bandstra)은 바울이 신자를 아직 성인이 되지 않은 어린아이와 παιδαγωγός(파이다고고스)의 가르침을 받는 미성년자에 비유한 맥락을 지적한다. 이 견해에 따르면 율법은 초보적인 가르침, 즉 첫 번째 원칙에 대한 일종의 교육이었으며, 이제 그리스도의 오심으로 주어진 더 완전한 계시로 대체되었다. 갈라디아 그리스도인들이 유대교의 의식으로 돌아간다는 것은 대학을 졸업한 학생이 유치원 수업을 다시 듣는 것과 같다. 이전 우상 숭배의 속박에서 해방된 후, 갈라디아 그리스도인들은 다시 한번 똑같이 가혹하고 쇠약하게 만드는 또 다른 의식법의 노예가 되었다.

타 스토이케이아는 특정 학문이나 사상 체계의 기본 원리 또는 기초적인 가르침을 가리킬 수 있는 것은 사실이다. 예를 들어, 히브리서 5장 12절에서 흔들리는 신자들을 "하나님의 계시의 기본 원리를 다시 가르쳐 줄 사람"

---

163 갈라디아서와 골로새서에 대한 표준 주석 외에도 다음 연구들이 주목할 만하다. G. Delling, "στοιχεῖον," *TDNT* 7:670–83; D. G. Reid, "Elements/Elemental Spirits of the World," *DPL*, 229–33; A. J. Bandstra, *The Law and the Elements of the World* (Kampen: Kok, 1964); B. Reicke, "The Law and the World according to Paul: Some Thoughts Concerning Gal 4:1–11," *JBL* 70 (1951): 259–76; E. Schweizer, "Slaves of the Elements and Worshippers of Angels: Gal 4:3, 9 and Col 2:8, 18, 20," *JBL* 107 (1988): 455–68; C. E. Arnold, *Powers of Darkness: Principalities and Powers in Paul's Letters* (Downers Grove: InterVarsity, 1992); 또한 다음 참조. Keener, *Galatians*, 325–33; Martyn, *Galatians*, 393–406; Moo, *Galatians*, 257–63.

이 필요한 느린 학습자로 묘사한 구절에서 정확하게 이런 의미로 사용된다. "다시 하나님의 말씀의 초보에 대하여 누구에게서 가르침을 받아야 할 처지이니 단단한 음식은 못 먹고 젖이나 먹어야 할 자가 되었도다"(히 5:12). 램지W. Ramsay는 이 주제를 바탕으로 '세상의 기초로 돌아간다'라는 바울의 말을 앞서 갈라디아 교인들을 "어리석도다," "분별없도다"(3:1)고 묘사한 바울의 말과 연결시켰다. "그러므로 '분별없는 갈라디아 교인들'이라는 표현은 이미 '교육받은 표준에서 토속 종교의 무지와 미신으로 가라앉고 있는 갈라디아 교인들'이라는 더 긴 설명(4:3-11)을 예상하게 만든다."[164]

그러나 이러한 해석에는 몇 가지 문제가 있다. 우선, 이미 살펴본 바와 같이 갈라디아 교인들의 어리석음은 지적 능력이나 학문적 통찰력이 부족해서가 아니라 영적 눈멂으로 비롯되었다. 누군가 갈라디아 교인들을 미혹했다. 둘째, 많은 해석자와 달리 바울은 어디에서도 율법을 점진적으로 전개되는 계시의 초기 발달이 덜 된 단계로 제시하지 않았다. 구속 역사에 대한 이해의 맥락에서 바울은 율법을 훨씬 더 긍정적으로 묘사하기도 하고 훨씬 더 부정적으로 묘사하기도 했다. 율법은 하나님이 주신 규례이자 하나님의 뜻을 반영하는 것으로서 거룩하고 완전하며 영적이다(롬 7:7, 25). 그러나 율법의 주된 기능(루터의 신학적 또는 영적 사용)은 결코 영생을 부여하는 것이 아니며, 심지어 율법의 책임 아래 있는 사람들에게 초보적인 계시를 제공하는 것이 아니다. 이런 의미에서 율법은 (하나님이) 금지하고 정죄하고 죽이기 위한 것이었다. 예수 그리스도께서는 십자가에서 율법의 저주를 자신의 몸으로 짊어지심으로써 참된 신자들을 율법의 지배적인 속박에서 단번에 해방시키셨다. 갈라디아 그리스도인들이 율법의 행위로 되돌아간다는 것은 고도의 지식에서 초보적인 학문으로, 박사 학위에서 ABC로 퇴보하는 것 이상일 뿐 아니라, 과거 이교도 시대의 악마 군주들과 가짜 신들의 우주적 포로로 되돌아가는 것과 다를 바가 없을 것이다.

2. 우주의 물질적 구성 요소들. 타 스토이케이아 투 코스무에 대한 또 다른 중요한 이해는 고대인들이 물리적 세계의 물질적 구성 요소라고 믿었던 네 가지 원소 물질, 즉 흙, 물, 공기, 불과 동일하게 여기는 것이다. 슈바이처E. Schweizer가 지적했듯이, 2천 년 동안 헬라인들의 우주에 대한 이해는 이 네 가지 원소 사이의 "강력한 투쟁"이라는 개념이 지배적이었다.[165] 따라서 예수의

---

164 Ramsay, *Galatians*, 396.

165 Schweizer, "Slaves of the Elements," 456.

탄생 무렵에 글을 쓴 로마 시인 오비디우스Ovid는 우주의 네 가지 기본 구성 요소 사이의 우주적 갈등이 만들어낸 혼란스러운 상황을 묘사했다.

> 물의 무게가 땅의 무게보다 가벼운 것처럼 공기는 불보다 훨씬 무거워 모든 것을 덮었다. 창조주께서는 안개와 구름이 그 자리를 대신하도록 허락하셨지만, 안개와 구름이 세상을 갈기갈기 찢어놓는 것을 막지는 못하신다. 그래서 이 형제들은 서로 치열하게 싸운다.[166]

이러한 원소들 사이의 끊임없는 전쟁은 결국 대홍수나 불타는 화염으로 세상을 멸망시킬 것이라고 믿었다. 신약으로 눈을 돌리면 "하늘이 큰 소리로 떠나가고 물질(στοιχεῖα, 스토이케이아)이 뜨거운 불에 풀어지고 땅과 그 중에 있는 모든 일이 드러나"라는 종말의 "주의 날"에 대한 비슷한 묘사가 나온다(벧후 3:10).

일부 학계에서는 네 가지 원소에 고유한 이름을 부여하고 의인화된 신으로 간주하기도 한다. 헤파이스토스(땅), 헤라(공기), 포세이돈(물), 데메테르(불)가 바로 그것이다. 이러한 원소들 간의 갈등이 야만적인 폭풍과 자연의 폭력적인 변화(우리는 여전히 "원소들에 의해 뒤흔들림"을 말한다)는 물론 지구상의 사람들 사이에 전쟁, 소란, 사회적 격변을 일으킨다는 믿음이 널리 퍼져 있었다. 필론Philo은 유대교 신앙과 헬레니즘 사상을 조화시키기 위해 새해 축제 기간에 유대인 대제사장이 예루살렘 성전에 들어가는 것이 전쟁 요소를 진정시키고 전 세계에 일시적인 평화를 가져오는 효과가 있다고 추측했다.[167] 그러나 골로새서 2장에서 바울은 필론이 유대인 대제사장이 매년 행한 이 의식을 통해 효과가 있다고 믿었던 것을 예수 그리스도께서 십자가에서 죽으심으로 단번에 수행했다고 선언했다. "[그는] 통치자들과 권세들을 무력화하여 드러내어 구경거리로 삼으시고 십자가로 그들을 이기셨느니라. … 너희가 세상의 초등학문에서 그리스도와 함께 죽었거든 어찌하여 세상에 사는 것과 같이 규례에 순종하느냐"(골 2:15, 20).

---

166 Schweizer, "Slaves of the Elements," 456.

167 "대제사장이 조상의 기도와 제사를 드리기 위해 들어갈 때 온 우주, 상속자의 사본인 긴 옷, 물의 석류, 땅의 꽃 다듬기, 불의 주황색이 그와 함께 들어갈 수 있다. … 가슴에 있는 열두 개의 돌은 황도를 따라 세 개씩 네 줄로 배열한 가슴에 있는 열두 돌(στοιχεῖα)이, 만물을 함께 붙들고 관리하는 이성(λόγος)을 위한 이성의 자리(the reason-seat)이다"(Philo, *Vita Moses* 2.125, 133).

그리스도만이 신자들이 세상 요소의 지배에서 벗어나 노예가 되는 힘에 진정한 구원과 자유를 얻게 하실 수 있는 유일한 분이다. 갈라디아서의 **타 스토이케이아 투 코스무**에 대한 언급은 골로새서보다 더 간결하고 비밀스럽다. 그러나 바울이 골로새에서 정죄한 것과 동일한 악마의 세력과 운명론적 힘이 갈라디아의 이교도 종교 문화에도 만연해 있었다고 믿을 만한 충분한 이유가 있다.[168]

3. **영적 능력인 요소들.** "이 세상의 요소들"을 이해하는 세 번째 방법은 방금 전의 해석을 바탕으로 하지만 이러한 영적 힘의 실체를 네 가지 기본 요소에 국한시키지 않는다. 오히려 바울이 다른 곳에서 "이 세상의 신"(고후 4:4)이라고 불렀던 사탄이 이끄는 수많은 영적 존재가 "이 악한 세대"(갈 1:4)에서 현세적 지배를 행사하는 것으로 여긴다. 이 악마의 무리는 신약에서 "정사," "권세," "하나님의 원수," "이 세상의 통치자들"로 다양하게 언급된다(롬 8:38; 고전 2:6, 8; 15:24, 26). 제2성전기 유대교 문헌에서 이러한 악한 영적 세력은 사탄과 함께 반역하여 창세 전에 하늘에서 추방된 타락한 천사들과도 동일하게 여긴다. 악한 영적 세력들은 모든 시대에 하나님의 백성들과 치열한 우주적 갈등을 벌이고 있다. 그들의 목표는 신자들을 그리스도의 사랑에서 분리시키는 것이다. 이를 위해 환난, 고난, 박해, 기근, 헐벗음, 위험, 칼, 파괴, 미움, 죽음을 사용한다.

이 주제는 9절에서 다시 나타나는데, 바울은 종으로 삼는 악한 영들을 갈라디아 교인들이 그리스도를 영접하기 전의 우상 숭배 방식과 연관시킨다. 현재로서는 "세상의 요소"가 하나님과 세상에 대한 바울의 전반적인 이해에 어떻게 부합하는지 주목하는 것이 중요하다. 다음 세 가지 요점은 이 가르침을 더 큰 맥락에 배치하는 데 도움이 될 것이다.

첫째, 우리는 바울이 페르시아의 조로아스터교를 특징짓고 이후에 마니교에서 되살아난 급진적인 형이상학적 이원론의 희생양이 되었다고 상상해서는 안 된다. 영적인 힘도 하나님의 창조에 속한다(롬 8:39). 하나님의 창조 행위와 허용하시는 의지와는 별개로 존재하는 독립적인 어둠의 영역은 존재하지 않는다. 따라서 구약에서와 마찬가지로 신약에서도 하나님은 더 큰 선을 이루기 위해 사탄을 사용할 수 있다(고후 12:7). 종말에 사탄이 다시 "잠깐 놓[이는 것]"(계 20:3) 것처럼, 이 시대에도 사탄의 파괴적인 능력은 하나님의 예정된 목적으로 제한된다. "이 땅에 마귀 들끓어 우리를 삼키려 하나 겁내지 말

---

168 골로새서에 나오는 타 스토이케이아 투 코스무(τὰ στοιχεῖα τοῦ κόσμου)에 대한 논의에 대해서는 다음을 참조하라. Moo, *Colossians*, 187–93; Dunn, *Colossians*, 148–51.

고 섰거라 진리로 이기리로다."[169]

둘째, "세상의 요소들"은 인격을 가진 악마의 명령에 따라 행진하며 그 자체로 어둠과 죽음의 희생 에너지에 전적으로 헌신하는 실제 영적 존재이다. 그러나 이러한 악의적인 피조물이 항상 중세 예술이나 현대 공포 영화에서 그들에게 부여한 형태를 취한다고 상상해서는 안 된다. 악마의 본질은 뒤틀고 왜곡하고 가장하는 것이다. 바울은 사탄이 빛의 천사로 가장할 수 있다는 것을 알고 있었다(고후 11:14). 초기 기독교인들은 조디악으로 대표되는 별들의 신들, 그리스와 로마의 이교도 신들, 그리고 전 세계 모든 고유한 민족의 정치적 운명을 관장한다고 믿었던 국가 및 부족 신들 뒤에 악마의 힘이 있다고 보았다. 앞서 살펴본 바와 같이 갈라디아서 3장 28절의 세 가지 극단은 인간 삶의 차원인 민족성, 성, 물질적 축복을 나타내며, 그 자체로는 선하지만 악마의 공격으로 인해 폭력, 착취, 죽음을 위한 수단으로 변질되어 버렸다. 악마의 형태는 시대에 따라 변할 수 있지만, 오늘날 신자들은 신약 시대와 마찬가지로 "이 어두운 세상을 지배하는 보이지 않는 권세와 악의 본부에서 나오는 영적 대리자"(엡 6:12 필립스 성경)와 싸우는 영적 전쟁에 부름을 받았다.[170]

마지막으로, 예수 그리스도께서 승리의 죽음과 부활을 통해 어둠의 권세를 물리치셨기 때문에 참된 신자들은 더 이상 악한 영들이 행하는 폭압적인 지배를 받지 않지만, 그럼에도 불구하고 이러한 기초적인 영들의 악한 계획에 맞서 평생 지속적으로 투쟁해야 한다. 회심 후에도 그리스도인의 삶은 갈등하는 역사의 지평에서 계속 살아가기 때문이다. 따라서 "능력"은 그리스도인에게 "그의 특정한 운명의 우여곡절, 즉 그의 '환란'과 '고난' 등에서" 임한다(롬 8:35. 참조. 살전 2:18. '사탄이 우리를 막았도다'). ... 또한 사탄은 '시험하는 자'(살전 3:5)로서 우리가 경계해야 할 대상이다(고전 7:5; 고후 2:11)."[171] 갈라디아서는 실제로 영적 전쟁에 관한 책이다. 예수님께서 베드로에게 말씀하신 것을 바울은 갈라디아 교인들에게 선포할 수 있었다. "사탄이 너희를 밀 까부르듯 하려고 요구하였다"(눅 22:31). 그러나 바울은 위협받는 자식을 위해 싸우는 어머니처럼(참조. 4:19), 영적 후손을 대신하여 어둠의 권세와 싸우기

---

169 마르틴 루터, "내 주는 강한 성이요"(A Mighty Fortress Is Our God).

170 현대 생활에서 악마에 대한 통찰력 있는 해석은 다음을 참조하라. A. C. McGill, *Suffering: A Test of Theological Method*. 루터가 이 주제를 어떻게 발전시켰는지에 대해서는 다음을 참조하라. H. A. Oberman, *Luther: Man between God and the Devil* (New Haven: Yale University Press, 1989); T. George, "Where Are the Nail Prints?: The Devil and Dr. Luther," *JETS* 61 (2018): 245–57.

171 R. Bultmann, *Theology of the New Testament*, 1:258.

위해 하나님의 전신 갑옷을 입고 그 명단에 들어갔다.

2.5.2.2. 그리스도의 오심 (4:4-5)

4:4. 4-5절은 이신칭의 교리의 객관적 근거, 즉 기독론적, 구원론적 토대를 제시하기 때문에 서신 전체에서 가장 압축적이고 함축적인 구절 중 하나이다. 많은 학자는 3장 26-28절의 세례 공식과 마찬가지로 바울이 초대 기독교 교회의 예배와 선포에서 가져온 초기 신앙 고백을 약간의 수정을 가하여 재현한 것으로 보고 있다.[172] 이 구절이 성탄절의 전통 예전에 일찍 통합되었다는 것은 이 구절이 기본적인 케리그마 본문으로서도 매력적이라는 것을 말해준다.

이 구절들을 구조적인 측면에서 분석해 보면, 하나의 문학적 단위 안에 네 가지 중심 사상이 결합되어 있음을 알 수 있다. 우선, "때가 차매"라는 시간적 도입부는 이 구절을 아버지가 미리 정하신 때에 미성년 상속인이 완전한 유산을 받는 그림과 연결시켜 준다. 다음으로 예수 그리스도의 사명에 대한 하나님의 지극히 자연스러운 개입에 대한 선언, "하나님이 그 아들을 보내사"가 있다. 이 보냄의 공식 뒤에는 바로 성육신하신 아들의 상태와 지위를 설명하는 두 가지 병렬 분사 구조, 즉 "여자에게서 나게 하시고" "율법 아래에 나게 하셨다"가 이어진다. 마지막으로 5절에는 히나(ἵνα, "~하려 하심이라")로 도입된 두 개의 목적-결과절이 그리스도가 오신 이유와 신자들이 그리스도를 믿는 믿음을 통해 받는 큰 유익을 설명한다(문자 그대로). "율법 아래에 있는 자들을 속량하시고 우리로 아들의 명분을 얻게 하려 하심이라." 이처럼 바울은 놀라운 방식으로 예수 그리스도의 인격과 사역에 초점을 맞췄다. 기독론과 구원론은 결코 분리될 수 없으며, 어느 한쪽이 불충분하면 다른 한쪽도 항상 결핍될 수밖에 없다. 이 구절에서 바울은 복음주의 교리의 두 봉우리를 하나님의 은혜로운 주도권과 하나님의 목적이라는 지배적인 주제 아래 하나로 통합했다.

"때가 차매"(문자적으로 "시간의 충만함이 이르렀을 때", JB[예루살렘 성경]는 "지정된 때")라는 표현은 바울 서신 중에서 여기에서만 나타난다. 바울이 방금 전개한 기다리는 중인 상속자의 비유에서, 아버지가 아들이 상속을

---

172 베츠, 롱네커, 브루스의 주장이다. 반대 견해에 대해서는 헤이즈의 다음 언급을 참조하라. "나는 갈 4:4-5이 사실 바울 이전 전통의 단편이라는 가정에서 이 연구를 시작했는데, 이 연구를 통해 바울 사상의 '알맹이'로 여긴 대부분의 특징들이 다른 방식으로 설명할 수 있는 것으로 드러났기 때문에 이 가정에 대한 확신은 상당히 약해졌다"(*The Faith of Jesus Christ*, 135).

받기 위해 지정한 시간은 하나님께서 아들을 보내시기 위해 정하시고 지정하신 인류 역사의 시간과 일치한다. 기독교의 시간 이해에서 그리스도의 출현은 매우 중요했기 때문에 후대의 신자들은 이 중요한 사건으로 인해 모든 시간을 BC과 AD로 나누었다(CE와 BCE이라는 더욱 세속적인 명칭을 사용하더라도 예수 그리스도의 사건은 여전히 경계선이다). 바울은 다른 곳에서 그리스도인을 "말세를 만난 이들"(고전 10:11)이라고 묘사했다.

시간의 "충만함"이란 무슨 의미인가? 초기 기독교 변증가들은 메시아의 탄생이 상대적 평화와 안정의 시대인 팍스 로마나(로마의 평화) 시대에 일어났다는 사실을 지적했다. 다른 학자들은 공통 언어(코이네 헬라어)의 발달, 유리한 여행 수단, 기독교 메시지의 급속한 확산을 가능하게 한 도시 문명의 출현 등을 지적했다. 또 다른 사람들은 메시아가 나타나기 전에 일어나야 했던 일정한 기간(참조. 단 9:24)의 경과를 지적하기도 했다.[173] 칼뱅은 "하나님의 섭리로 정해진 그 시간은 적절하고 알맞은 때였다고 말하기에 충분하다. ... 그러므로 하나님의 아들이 세상에 계시될 적절한 시기는 오직 하나님만이 판단하고 결정하실 수 있는 것이었다."라고 언급했다.[174]

"하나님이 그 아들을 보내사"라는 표현보다 기독교 복음을 더 간결하게 요약한 표현을 찾기란 쉽지 않다. 이 말에는 신적 의도와 영원한 신성이라는 두 가지 사상이 내포되어 있는데, 이 두 가지 사상은 총체적인 기독론적 확신의 기초가 된다. 예수 그리스도가 인류 역사에 오신 것은 고대 후기에 우연히 일어난 일이 아니다. 성육신은 무수히 많은 구약 예언의 성취일 뿐만 아니라, 천지창조 이전에 삼위일체 하나님의 영원한 작정 안에서 고안된 계획의 정점이었다. 따라서 히브리서는 시편 40편의 말씀을 그리스도의 입술에 새겨 넣는다. "이에 내가 말하기를 하나님이여 보시옵소서 두루마리 책에 나를 가리켜 기록된 것과 같이 하나님의 뜻을 행하러 왔나이다 하였느니라"(히 10:7) "위로부터의 기독론"을 먼저 인정하지 않는 한 "아래로부터의 기독론"은 있을 수 없다.[175]

---

173 Burton, *Galatians*, 216.

174 CTNC 11, 73. 칼뱅은 이렇게 덧붙인다. "만약 어떤 사람이 하나님의 은밀한 목적에 만족하지 않는 사람이 왜 그리스도께서 더 일찍 오시지 않았는지에 대해 감히 이의를 제기한다면, 모든 호기심을 억제해야 한다." 다음의 통찰력 있는 글을 참조하라. T. Still, "'In the Fullness of Time' (Gal. 4:4): Christology and Theology in Galatians," *Galatians and Christian Theology*, 239–48.

175 물론 나는 이 논제가 힉J. Hick에서 판넨베르크W. Pannenberg까지 많은 현대 기독론 모델과 대립한다는 것을 안다. 예수 그리스도의 신적 주도권과 역사적 특수성을 모두 진지하게

그리스도의 선재에 관한 바울의 다른 진술들(참조. 고전 8:6; 10:4; 골 1:15-17; 롬 8:3; 빌 2:5-9)의 맥락에서 볼 때, "하나님이 그 아들을 보내사"라는 고백은 예수 그리스도가 하늘에서 온 영원하고 신성한 하나님의 아들이라는 것을 의미할 수 있을 뿐이다. 이러한 관점은 바울에게 독창적이거나 독특한 것은 아니다. 예수님 자신도 하나님을 "나를 보내신 이"(막 9:37)로 묘사했다.

마찬가지로 무가치한 소작인의 비유(막 12:1-11)에서 예수님은 하나님과 독특하고 비할 데 없는 관계에 서 있는 "사랑하는 아들"로서, 자신을 대신하여 위험한 잘못을 저지르는 분이다. 이 비유에서 근본적인 것은 그리스도가 세상에 오시기 전에 하나님의 영원한 아들이었다는 사실이다. 그리스도는 베들레헴이나 요단강에서, 또는 부활이나 승천에서 하나님의 아들이 되기 시작한 것이 아니다. 그리스도는 영원 전부터 "아버지 품 속에" 계시는 "독생하신 하나님"이시다(요 1:18; 17:1-10). 슈바이처E. Schweizer는 "신약성경에서 '하나님이 아들을 보내셨다'라는 문구를 반복할 때 우리는 하나님에 대해 이야기하는 동시에 세상의 시간과 공간에서 일어난 이야기를 서술하는 것이다. 그것은 나사렛 예수 안에서 이 세상에 살기로 결정하신 살아 계신 하나님의 이야기이다."[176] 하나님은 아들을 갈릴리에서 예루살렘으로, 구유에서 십자가로만 보내신 것이 아니라 하늘에서 땅까지 보내셨다. 이 본문의 모든 함의를 인간의 언어로는 거의 파악할 수 없다. 하나님은 예수님을 보내실 때 대리자나 대역을 보내지 않으셨다. 예수님은 직접 오셨다.

예수 그리스도의 영원한 신성을 담대하게 주장한 바울은 이제 "율법 아래서" "여자에게서 난" 분으로서 그리스도의 참된 인성과 대표적 역할을 확증했다. "여자에게서 난 자"라는 문구는 성경의 다른 곳에서 단순히 인간의 지위를 나타내는 유대인의 일반적인 표현으로 사용되었다(예. 욥 14:1, "여인에게서 태어난 사람은 생애가 짧고 걱정이 가득하며." 참조. 마 11:11). 바울은 여기에서 예수님께서 지상 생애 동안 모든 인간이 공통적으로 겪는 유한성과 두려움, 시련과 유혹을 모두 경험하셨다고 확언하고 있다. 히브리서 4장 15절에 표현된 것처럼 예수님은 우리가 상상할 수 있는 모든 방법으로 시험을 받

받아들이는 성육신 신학을 세우려는 칼 바르트의 노력에 대해서는 다음을 참조하라. B. Marshall, *Christology in Conflict* (Oxford: Basil Blackwell, 1987), 115-43.

176 E. Schweizer, "What do we really mean when we say 'God sent his Son . . .'?," in *Faith and History: Essays in Honor of Paul W. Meyer*, ed. J. T. Carroll, C. H. Cosgrove, and E. E. Johnson (Atlanta: Scholars Press, 1990), 310. 요 1:18의 μονογενὴς θεός에 대한 논란의 여지가 있는 읽기에 대해서는 다음을 참조하라. B. Metzger, *A Textual Commentary*, 198.

으셨지만 죄는 없으셨다.

갈라디아서 4장 4절은 그리스도의 동정녀 잉태에 대한 암묵적인 언급인가? 이 구절은 로마서 1장 3절과 함께 바울이 마태복음과 누가복음에서 분명히 선언한 내용, 즉 예수님이 인간 아버지의 협력 없이 동정녀인 "여자에게서 나셨다"는 것을 알고 가르쳤다는 것을 암시하는 구절로 받아들이고 있다. 반면에 다른 많은 학자는 바울의 글에 동정녀 탄생에 대한 명시적인 언급이 없다는 점을 지적하며 이 초자연주의적 가르침을 경시하거나 부정한다. 예를 들어, 독일의 한 자유주의 침례교 지도자는 자신은 동정녀 탄생에 대해 사도 바울이 한 것과 똑같이 믿는다고 자랑했다.[177]

누가의 여행 동반자였던 바울이 예수님의 동정녀 탄생에 대해 몰랐다는 것은 상상할 수 없는 일이다. 바울이 편지에서 동정녀 탄생에 대해 언급하지 않았다는 사실은 그가 편지를 썼던 기독교 교회들 사이에서 동정녀 탄생을 너무나 보편적으로 받아들였기 때문에 이에 대해 자세히 설명하거나 변호할 필요가 없다고 생각했다는 것을 의미할 수 있다. 메이첸이 지적했듯이, "동정녀 탄생은 바울이 주 예수 그리스도에 대해 가지고 있는 전체 견해에서 가장 심오한 방식으로 암시되는 것 같다."[178]

이 모든 것을 고려할 때, 갈라디아서 4장 4절에서 바울이 가장 강조하는 것은 구세주의 독특한 잉태 방식이 아니라 구세주의 인간 조건에 대한 완전한 참여이다. 예수님의 잉태는 초자연적인 것이었지만, 예수님의 탄생은 고대 팔레스타인의 가난한 농부의 탄생과 마찬가지로 낡은 구유, 더러워진 포대기, 기타 비위생적인 환경 등 지극히 정상적인 것이었다. 교회 역사 후반에 이르러서야 마리아에 대한 지나친 헌신이 마리아의 영원한 동정녀 교리로 이어졌다.[179] 일부 영지주의자는 예수님이 마리아를 **통해서만** 태어났을 뿐 동정녀 마리아**에게서** 태어나지 않았다고 말하기 위해 탄생 이야기를 더욱 "비

---

177 참조. J. Weiss, "Müssen Christen an die Jungfrauengeburt glauben?," *Frankfurter Rundschau*, December 23, 1985.

178 Machen, *Virgin Birth*, 263.

179 이 가르침에 대한 가장 이른 증거는 유아기 내러티브를 가지고 있는 2세기 외경 야고보 원시복음서(The Protoevangelium of James)에서 찾을 수 있다. 이 이야기에서 예수님을 받은 산파는 살로메에게 처녀가 아이를 낳았다고 말했다. 그러자 살로메는 "주 나의 하나님이 살아 계시므로 내가 손가락을 내밀어 그 상태를 시험하지 않으면 처녀가 낳았다는 것을 믿지 않겠다"라고 말했다. 마리아의 처녀성이 온전하다는 것을 확인하자마자, 살로메의 손은 불타 버렸다. 나중에 자신의 불신앙에 대한 용서를 구하고 아기 예수님을 만지기 위해 허리를 굽히자 손이 치유되었다. 참조. Hennecke-Schneemelcher, ed., *New Testament Apocrypha*, 1, 385.

신화화"했다(참조, 바울이 동정녀 마리아를 "ἐκ[에크]"[밖으로]라는 전치사를 사용했음). 이 견해에 따르면 예수님은 물방울이 파이프를 통과하듯 마리아를 통과하여 하늘에서 천상의 몸을 가져오셨다.[180] 또 다른 이단자들인 가현설주의자는 예수님이 인간 몸을 소유했다는 사실을 전면적으로 부인했다. 그는 인간처럼 나타났거나 인간처럼 보였지만 실제로는 유령이었으며, 악한 물질의 영역에 얽매이지 않고 삶을 떠돌아다녔다. 이 모든 미묘한 기독론에 대항하여 바울은 영원하고 신성한 하나님의 아들이 실제로 그리고 참으로 "여자에게서 나셨다"라고 선언했다.

바울은 또한 병행 분사구에서 예수님이 "율법 아래서 나셨다"라고 주장했다. 예수님은 남자이셨을 뿐만 아니라 모든 유대인 남성이 그렇듯이 여덟째 날에 할례를 받은 유대인 남성이었다. 유대인 가정에서 토라를 읽고, 하늘에 계신 아버지께 기도하고, 회당에 참석하며, 그 이전이나 이후 어느 누구도 하지 못했던 율법의 모든 계율과 요구를 충실히 이행하며 자랐다. 어느 정도 예수의 "율법 아래"의 삶은 갈라디아서 4장 1-2절의 상속자와 비슷했다. 예수님에 대해 "만유의 주이시지만 종과 다르지 않으시다"(KJV)는 것은 본질적으로 사실이다. 그러나 후견인과 청지기, 즉 우주의 기초적인 영들에게 종속된 상속자와는 달리 예수님은 항상 완전한 자유와 오직 아버지께만 순종함으로 행하셨다. 예수님은 원소들의 속박에 노예가 되지 않으셨고, 귀신을 쫓아내고, 바람을 잔잔하게 하고, 나병환자를 깨끗하게 하고, 죽은 자를 살리는 등 사역을 통해 원소를 이기고 승리하셨다. 브루스가 지적했듯이, 예수님은 "율법 아래" 계셨지만 죄 아래 있지 않았다(참조. 고후 5:21). 따라서 "예수님 자신은 노예나 보호자, 청지기가 필요없었으며, 백성들도 그들의 봉사를 생략할 수 있는 지점에 이르도록 오셨다."[181]

4:5. 이 구절에서 바울은 기독론에서 구원론으로, 예수 그리스도의 하나님으로서의 위격과 영원한 신성에서 구속과 중생의 구원 사역으로 방향을 전환했다. 하나님의 아들은 (1) 율법 아래 있는 사람들을 구속하고 (2) 우리가 하나님의 아들이 될 수 있도록 하기 위해 인간이 되셨고 율법 아래 놓이셨다. 어

---

180 종교개혁 당시 재등장한 "천상의 육체celestial flesh" 기독론에 대해서는 다음을 참조하라. George, *Theology of the Reformers*, 309-13. 메노 시몬스Menno Simons는 이 이단적 교리를 전했다고 비난받았지만, 그는 자신의 견해와 마르시온 같은 초기 정죄받은 교사들의 견해를 날카롭게 구별했다.

181 Bruce, *Galatians*, 196; Moo, *Galatians*, 263-68; Schreiner, *Galatians*, 269-70.

떤 학자들은 여기에 언급된 그리스도의 사역의 첫 번째 측면인 구속은 유대인에게만 해당되는 것이고 다른 혜택인 입양은 이방인에게만 해당되는 것이라고 생각했다. 그러나 앞서 살펴본 것처럼 유대인과 이방인 모두 저주를 포함한 율법의 속박 아래 있으며, 반대로 그리스도 밖에 있는 유대인은 이교도 과거를 가진 이방인 못지않게 메시아에 대한 개인적인 믿음을 통해서만 하나님의 가족으로 들어올 수 있다. 갈라디아서 3장과 4장의 전체 목적은 우리가 육신이 아닌 믿음으로 의롭다 함을 받는다는 것을 보여주기 위한 것이다.

"속량하시고"는 그리스도께서 십자가에서 자신의 몸으로 짊어지신 율법의 저주에 관한 바울의 이전 진술(3:10-13)을 상기시킨다. 바울이 로마서 8장 3절에서 말한 것처럼, 그리스도께서 성육신하셔서 "죄 있는 육신의 모양"이 되신 목적과 목표는 바로 하나님께서 육신의 죄를 정죄하시고 예수 그리스도 안에서 자신들이 갚아야 할 죄의 빚을 대신할 수 있는 유일하고 충분한 대속을 발견하는 모든 사람을 의인으로 받아들이시기 위해서였다. 데니J. Denney가 표현한 대로,

> 그리스도께서는 순종에 묶인 **사람**이 되셨을 뿐만 아니라. 우리를 위해 **저주**가 되셨다. 그분은 우리의 운명을 자신의 것으로 만드셨다. 그분은 사람으로서의 소명뿐만 아니라 죄인인 우리의 책임도 짊어지셨다. 우리의 구주로서 그분의 사역은 바로 여기에 있으며, 그분의 사랑의 척도, 아니 오히려 광대함을 볼 수 있기 때문이다.[182]

구속이 기본적으로 부정적인 배경, 즉 우리가 율법의 저주**에서**, 죄의 노예 시장**에서**, 적대적인 기본적인 요소적인 영의 손아귀**에서** 구속되는 것을 의미한다면, 바울은 계속해서 그리스도의 희생적인 고난과 죽음의 긍정적인 목적을 보여주었다. 하나님의 아들이 여자에게서 태어나 율법 아래 놓이신 것은 우리를 율법에서 구속하여 "아들의 모든 권리"를 받게 하시기 위해서였다. NIV 1984년판에서 "아들의 완전한 권리"로 번역된 헬라어 단어는 υἱοθεσία (휘오데시아)로, 문자 그대로 "입양"이다(참조 CSB, "아들로서의 입양").

성경 본문에서 이 단어는 바울 특유의 단어이며 몇 가지 다른 의미를 지니고 있다. 에베소서 1장 5절에서 입양은 하나님의 주권적 선택에 뿌리를 두고 있는데, 그 이유는 하나님께서 "그 기쁘신 뜻대로 우리를 예정하사 예수 그리스도로 말미암아 자기의 아들들이 되게" 하셨기 때문이다. 로마서 8장

---

182 J. Denney, *The Death of Christ* (New York: Armstrong, 1903), 156.

23절에서 입양은 우리가 간절히 기다리는 미래의 부활, 즉 "우리 몸의 속량"을 포함한다. 로마서의 다른 곳(9:4-5)에서도 입양은 하나님과 맺는 특별한 관계로 인해 이스라엘 백성들이 받은 축복 목록의 첫머리에 있다. 여기 갈라디아서 4장 5절(참조. 롬 8:15)에서 입양은 거듭남을 통해 아브라함의 약속에 따라 그리스도와 함께 상속자가 된 모든 신자에게 부여된 아들의 현재 상태를 의미한다.

입양은 헬레니즘 세계에서 일반적으로 알려진 법적 절차로, 가장 유명한 예는 율리우스 카이사르가 훗날 로마 황제 아우구스투스로 즉위한 조카 옥타비아누스를 양자로 입양한 사건이다.[183] 로마의 입양 절차는 갈라디아에 있는 이방인 개종자들에게도 분명히 알려져 있었을 것이다. 이방인 개종자들은 우상 숭배자이자 거짓 신을 섬기던 자신의 과거 삶을 고려할 때 하나님의 새로운 가족 구성원으로 선택되고 입양된다는 개념에 공감했을 수 있다.

스콧J. M. Scott은 바울 신학에서 입양에 대한 구약/유대교적 배경을 구체적으로 주장했다. 핵심 본문은 사무엘하 7:14, "나는 그에게 아버지가 되고 그는 내게 아들이 되리니"라는 구절로, 구약의 다른 곳에서도 반복되는 입양 공식으로 간주된다(참조. 출 2:10; 스 2:7; 창 48:5; 호 11:1). 이 견해에 따르면 갈라디아서 4장 1-2절은 아버지가 지정한 성년이 될 때까지 법적 유아기에 있는 로마 상속자의 상황을 반영하는 것이 아니라 출애굽 이전에 속박에서 구출되기를 기다리는 이스라엘 민족의 상황을 반영한다.

> 아브라함의 약속의 상속인인 이스라엘이 아버지가 지정한 시기에 애굽의 노예에서 하나님의 아들로 구속된 것처럼, 신자들도 때가 차면 "세상의 요소들" 아래서 노예로 살다가 하나님의 아들로 양자로 구속되어 아브라함의 약속의 상속자가 된다. ... 다시 말해, 메시아적 하나님의 아들로 세례를 받고 아버지를 향해 "아빠!"라고 부르짖는 신자들은 다윗의 하나님의 입양 약속과 아브라함의 우주적 주권 약속에 그와 함께 참여한다.[184]

바울의 입양 언어의 배경이 로마인이든 유대인이든, 그것은 하나님과 맺

---

183 C. Roebuck, *The World of Ancient Times* (New York: Scribners, 1966), 560–61.

184 J. M. Scott, "Adoption, Sonship," *DPL*, 15–18. 또한 다음 참조. F. Lyall, *Slaves, Citizens, Sons: Legal Metaphors in the Epistles* (Grand Rapids: Zondervan, 1984); W. M. Calder, "Adoption and Inheritance in Galatia, *JTS* 31 (1930): 372–74; J. I. Cook, "The Concept of Adoption in the Theol- ogy of Paul," in *Saved by Hope: Essays in Honor of R. C. Oudersluys*, ed. J. I. Cook (Grand Rapids: Zondervan, 1978), 133–44.

는 관계에서 엄청난 변화를 강력하게 표현하고 있다. 하나님의 은혜로운 주도권을 통해 우리는 노예에서 아들의 신분으로, 죄와 죄가 낳은 멸망의 권세의 속박에서 벗어나 하나님의 자녀의 영광스러운 자유로 인도되었다. 이 급진적인 변화는 이제 내주하시는 영의 관점에서 더 자세히 설명한다.

2.5.2.3. 내주하시는 성령(4:6-7)

4:6. 바울은 이제 기독론과 구원론에서 성령론으로 나아간다. 하나님께서는 자신의 아들을 세상에 보내신 것처럼 아들의 영을 우리 마음에도 보내셨다. 물론 하나님의 구원 성취에 성령이 성부나 성자에게서 떨어져 있었다고 상상해서는 안 된다. 성령은 하나님의 형상대로 인간을 창조하기로 한 결정("우리가 사람을 만들고," 창 1:26)을 포함하여 영원한 작정에 전적으로 참여하셨다. 성령은 태초의 피조물 위에 머물며 우주를 혼돈에서 벗어나게 하셨다(창 1:1-2). 성령은 이스라엘 민족을 인도하셨고 옛 선지자들에게 통찰력을 주셨다. 마찬가지로 성령은 나사렛에서 동정녀 마리아를 덮어 인간 아버지의 대리와는 별개로 메시아를 낳을 수 있게 하셨다. 또한 성령은 세례 받으실 때 그리스도께 보냄을 받으셔서 메시아의 운명을 가시적으로 나타내시고 청각적으로 확증해 주셨다. 예수님의 예언을 성취하기 위해 성령은 오순절에 초대 교회에 보냄을 받으셔서 구속 역사의 새로운 시대를 열었다. 바울이 이 구절에서 언급한 성령의 보냄은 다른 모든 것을 전제하지만, "개인에게 연속적으로 성령이 부여되는 것"을 언급하는 데 있어서는 그 이상으로 나아간다.[185]

아들로 입양되는 것이 성령을 보내심보다 먼저인지 아니면 그 반대인지에 대한 활발한 논쟁이 있었다.[186] 바울은 갈라디아 교인들에게 성령에 대한 첫 경험을 상기시키면서 이 부분(3:1)을 시작한 다음, 갈라디아 교인들의 삶에서 성령의 임재가 그들이 아브라함의 진정한 아들, 약속의 상속자, 하나님에 의해 선택되고 입양되었음을 어떻게 암시하는지를 보여주었다. 그러나 여기서 바울은 인과적 구성을 통해 그 순서를 뒤집은 것 같다. "ὅτι[호티, 왜냐하면. 개역개정은 생략] 너희가 아들이므로 하나님이 성령을 보내셨다." 분명히 성령을 받는 것은 아들 됨을 주신 것에 이은 속편이다. 이 두 가지, 즉 하나님

---

185 Burton, *Galatians*, 223. 플레밍턴W. F. Flemington은 성령의 보내심을 침례의 행위와 연관시켰다. 참조. Flemington, *The New Testament Doctrine of Baptism* (London: Hodder & Stoughton, 1964), 58; G. R. Beasley-Murray, "Baptism in the Epistles of Paul," in *Christian Baptism*, ed. A. Gilmore (London: Lutterworth, 1959), 128–49.

186 이 주제에 대한 광범위한 논의는 다음을 참조하라. Betz, *Galatians*, 209–11; Longenecker, *Galatians*, 173; Bruce, *Galatians*, 198.

의 주권적인 입양과 우리 마음속에서 성령의 중생 사역이 모두 동일한 실재의 한 측면이라는 것을 깨달으면, 이 딜레마는 일부 학자가 생각했던 것보다 덜 문제가 되는 것처럼 보인다. 이 본문에 대한 가장 좋은 주석은 로마서 8장 15-16절에 나오는 바울의 병행 진술이다. "너희는 다시 무서워하는 종의 영을 받지 아니하고 양자(υἱοθεσία, 휘오데시아)의 영을 받았으므로 우리가 아빠 아버지라고 부르짖느니라 성령이 친히 우리의 영과 더불어 우리가 하나님의 자녀인 것을 증언하시나니."

성령은 우리가 입양되었다는 표징이자 서약이므로, 성령이 우리 마음속에 임재하심으로써 하나님이 우리를 반대하는 것이 아니라 우리를 위한 분이며, 참으로 우리의 하늘 아버지이심을 진정으로 확신할 수 있다. 바울이 이 놀라운 확신에 대한 증거로 제시한 것은 성령을 통해 우리가 기적적인 일을 행하거나 황홀한 환상을 보거나 방언을 말하거나 다른 종류의 감각적인 현상을 할 수 있는 능력을 부여받았다는 것이 아니다. 오히려 우리가 입양되었다는 가장 기본적인 첫 번째 징후는 우리가 하나님을 향한 새로운 호칭을 갖는다는 것이다. 성령은 "**아빠**(ἀββά), 아버지"라고 부르짖으며 부르심에 동참하도록 우리를 초대한다.

아빠(ἀββά)라는 단어는 어린 자녀가 아버지에게 인사할 때 사용하는 호칭으로 중동 지역에서 여전히 들을 수 있는 가족적 친밀감을 나타낸다. 아빠(ἀββά)는 아람어 표현으로, 원래 유아가 말하기 시작할 때 첫 음절에서 유래했을 수 있다 (참조. 해당되는 아람어 ʾimmā, "엄마"). 그러나 우리는 이 단어를 단순한 아기의 대화로 여기고 "아빠"로 번역할 때 지나치게 감상적으로 해석한다. 아빠(ἀββά)라는 단어는 미쉬나의 특정 법률 텍스트에서 장성한 자녀가 사망한 아버지의 유산을 청구할 때 사용하는 명칭으로 등장한다.[187] 호칭으로서 아빠 (ἀββά)는 유아기보다는 친밀감과 관련이 있다. 아빠는 마음의 외침이다. 개인적으로 거리를 두고 겸양으로 차분하게 말하는 단어가 아니라 우리가 "부르다" 또는 "부르짖다"(κράζω)라고 부르는 단어이다.

이 단어가 여기에서 그리고 로마서 8장 15절에서 아람어와 헬라어로 모두 사용되었다는 사실은 초기 그리스도교 예배의 이중 언어적 특성을 나타낸다. 교회 역사를 통틀어 다양한 그리스도교 그룹은 특정 언어를 종교적 담론의 공인된 신성한 언어로 정식화하려고 시도해 왔다. 일부 정교회는 헬라어

---

187 Bligh, *Galatians*, 356. 또한 다음 참조. G. Kittel, "ἀββά," *TDNT* 1:5–6; J. Jeremias, *The Prayers of Jesus* (London: SCM, 1967), 11–65; W. Marchel, *Abba, Pe`re! La prie`re du Christ et des chreåtiens* (Rome: Biblical Institute Press, 1971).

를, 전통적인 로마 가톨릭은 라틴어를, 일부 개신교는 킹제임스 성경의 영어를 사용했다. 그러나 예수 그리스도 안에서 더 이상 유대인이나 이방인이 없다는 사실이 히브리어/아람어나 헬라어 사용을 중단해야 한다는 의미는 아니다. 우리 마음속에서 "아빠, 아버지"라고 부르짖는 성령은 오순절 복음이 전세계 여러 언어로 들리게 하셨다. 동일한 성령께서 오늘날에도 세계의 다양한 언어와 방언으로 성경을 번역하는 일에 복을 주신다.

아빠(ἀββά)라는 단어는 입양된 상속자이자 하나님의 아들인 기독교 신자를 하나님의 독생자이신 예수님과 직접 연결시켜 주는데, 이는 예수님께서 아버지께 드리는 기도에서 처음으로 감히 이 가족적 친밀감을 나타내는 용어를 사용하셨기 때문이다(참조. 막 14:36). 예레미아스J. Jeremias가 옳다면, 이 단어는 원래 주기도문의 첫 번째 간구인 "오! 아빠(ἀββά), 하늘에 계신 우리 아빠(ἀββά)"에서도 사용되었다. 이 단어를 천지를 지으신 전능하신 하나님에 대한 호칭으로 사용했을 때의 충격은 예배 인도자가 "우리는 담대히 말하오니"라는 전례적 지시문 *audemus dicere*(우리가 감히 말합니다)으로 주기도문을 시작하는 라틴어 예전의 흔적에서 엿볼 수 있다. 예수님께서 직접 그렇게 하지 말라고 하지 않으셨다면 하나님을 아빠(ἀββά)라고 부르는 것은 모든 예의에 어긋나는 주제넘고 대담한 일이라는 생각에서이다.

초대 교회에서 주기도문을 기도할 때 수반되는 경외감과 거룩한 경이로움은 의심할 여지없이 이 사실과 관련이 있다. 블라이는 목사가 주기도문을 이런 식으로 시작할 때 초기 기독교 회중에 가득했을 분위기를 재구성했다.

> "주님께서 우리에게 허락하신 것을 염두에 두고, 우리는 담대하게 말합니다." "아빠!"(ἀββά) 심호흡을 하며 "나라가 임하시오며, 뜻이 이루어지이다!" 모두가 움찔하는 동안 잠시 멈칫하며 "아버지의 나라가 임하시오며, 아버지의 뜻이 이루어지이다!"라고 말합니다. 이것은 초기 전례에서 절정과 긴장의 순간, 즉 신자가 하나님께서 자신을 거의 공포에 가까운 친밀감으로 이끄신다고 느끼면서 자신의 아들 됨을 경험하는 순간이었을 것이다.[188]

갈라디아의 이방인 신자들이 종교적 미신과 우상 숭배에서 구원받고 예수 그리스도를 믿는 신앙을 통해 하나님의 마음속으로 들어가는 환영받는 길을 발견했을 때 이런 종류의 경건한 황홀경을 경험했을 것이다. 아빠(ἀββά)

---

188 Bligh, *Galatians*, 355. 아빠의 의미에 대해서는 다음을 참조하라. Schreiner, *Galatians*, 271–72; Das, *Galatians*, 413–18.

기도에서 알 수 있듯이 이방인 신자들이 하나님과 맺은 새로운 관계는 성령의 내주를 통해 이루어졌다. 이미 그들은 하나님의 자녀이자 약속의 상속자였다. 이 모든 것은 아들을 보내시고 이제 그 영을 그들의 마음속에 보내신 하나님의 은혜로 일어난 일이었다. 따라서 할례를 받거나 율법의 행위를 지킴으로써 하나님의 은혜를 구할 필요가 없었다. 이방인 신자들은 자신 있게 담대하게 "아빠(ἀββά), 아버지!"라고 부르짖으며 하나님의 보좌 앞으로 나아갈 수 있었다.

4:7. 이 구절은 3장 6절부터 바울이 말한 모든 내용을 요약한 것이다. "그러므로"는 나중에 사도신경의 모델이 된 것과 유사한 삼위일체적 고백의 관점에서 구원의 계획을 설명한 앞 구절과 직접적으로 연결되어 있다. "나는 영원부터 자기 백성을 구속하기 위해 계획하시고 때가 차매 아들을 보내신 하나님 아버지를 믿는다. 나는 완전한 인간이 되시고 본디오 빌라도 아래서 율법의 저주를 받으시고 고난을 받으신 하나님의 아들 예수 그리스도를 믿는다. 나는 죄의 용서와 아버지와의 새로운 관계를 맺게 하시는 성령을 믿는다. '그러므로' 이 모든 것이 사실이기 때문에 당신은 더 이상 노예가 아니라 아들이다. 당신은 더 이상 기초적인 영들(개역개정. 초등학문)에게 복종하지 않는다. 더 이상 유산을 상속받을 권리가 없는 미성년 상속인이 아니다. 더 이상 인종, 계급 또는 역할에 따라 하나님과의 관계가 결정되지 않는다. 더 이상 너희는 파이다고고스(παιδαγωγός)의 가혹한 지도를 받지 않는다. 더 이상 죄의 감옥에 갇혀 있지 않다. 너희는 더 이상 율법의 저주 아래 있지 않다." 아브라함에게 주어지고 그의 예언의 씨인 예수 그리스도를 통해 성취된 약속은 이제 예수 그리스도를 믿는 믿음으로 "아빠!"라고 부르며 아들이 되고 살아 계신 하나님의 상속자가 된 모든 이들에게까지 확장되었다.

2.5.3. 되돌아가는 것의 위험성(4:8-11)

3:6-4:7에서 바울은 믿음으로 의롭게 되는 교리에 대해 치밀하게 짠 세심하게 만들어진 논증을 전개했다. 바울은 아브라함 자손의 참된 정체성에 초점을 맞춘 구속 역사적 분석을 제시했다. 유대인 기독교 선교사들의 거짓 가르침에 포위된 이방인 회중에게 편지를 쓴 바울은 주로 구약성경 창세기에서 하박국까지 본문을 인용하면서 로마의 법률 관행과 헬레니즘 문화(예. 교사, 법적 계승을 기다리는 어린 상속자, 입양)에서 예시를 들어 논증을 전개했다. 서신의 이 시점에서 바울은 성경에 근거한 "증거"인 서신의 논증(*Probatio*) 부분

을 중단하고 갈라디아 교인들에게 개인적으로 직접 말한다.

4장의 나머지 부분은 세 개의 문학적 단위로 나눌 수 있다. 8-11절은 바울이 갈라디아 회심자들에게 이전의 삶의 방식, 하나님의 가족으로 입양됨으로써 회심자들에게 일어난 큰 변화, 그리고 회심자들이 영적 유산을 엉망진창으로 바꾸려고 하는 것에 대한 깊은 우려를 상기시키는 권면의 내용이다. 12-20절은 갈라디아 교인들에 대한 바울의 두려움이라는 주제를 개인적인 변론의 형식으로 확장한다. 바울은 과거 갈라디아 교인들과 함께 누렸던 우정과 사랑의 끈끈한 유대를 회상하며, 갈라디아 교인들에게 자신이 처음 전했던 유일한 복음에 충실할 것을 간청했다. 마지막 부분인 21-31절에는 아들 이스마엘과 이삭을 낳은 하갈과 사라의 비유가 영적 노예와 영적 아들 관계의 대표적인 유형으로 묘사되어 있다.

이 구절 전체에 걸쳐 바울은 갈라디아 교인들에게 간절히 간청하는 마음으로 자신의 영혼을 쏟아붓고 있다. 바울이 호소하는 내용에서 이 사안의 시급성을 엿볼 수 있다. "구하노니. ... 내가 두려워하노라. ... 다시 너희를 위하여 해산하는 수고를 하노니. ... 내가 너희에 대하여 어떻게 해야 할지 알지 못하노라." 3장 1-5절에서와 마찬가지로 바울은 갈라디아 교인들이 자신에게 무슨 일이 일어나고 있는지 살펴보고 첫사랑으로 돌아가도록 하기 위해 일련의 날카로운 질문을 던지는 수사학적 기법인 질문을 던지는 방법(interrogatio)을 다시 사용했다. 바울은 속사포처럼 연속해서 이렇게 물었다. "어떻게 다시 약하고 무가치한 요소로 돌아갈 수 있는가? 여러분은 다시 선동가들에게 노예가 되고 싶은가? 그렇다면 당신의 복은 어디에 있는가? 내가 진실을 말했기 때문에 내가 당신의 적이 되었는가? 율법을 듣지 못했는가?"

바울은 갈라디아 교인들에게 좌절과 분노를 느꼈고, 책망의 어조를 강하고 분명하게 전달한다. 동시에 갈라디아 교인들에 대한 바울의 사랑과 애정은 그 어느 때보다 강렬했다. 바울은 이 구절에서 세 번이나 갈라디아 교인들을 "형제들아"(4:12, 28, 31)라고 불렀고, 한 번은 "나의 자녀들아"(19절)이라고 불렀다. 바울은 갈라디아 교인들을 향한 큰 사랑 때문에 그들에게 그렇게 거칠게 말할 권리가 있었다. 바울의 모든 목적은 배교의 위기에서 갈라디아 교인들을 되찾는 것이었다. 이를 위해 바울은 안락한 의자에 앉아 난해한 철학을 논하는 신학자가 아니라 임박한 위험에서 양떼를 보호하는 것이 최우선 관심사인 목회자의 마음을 가진 복음 전도자로서 글을 썼다.

4:8. 이 구절은 "그러나"라는 강한 부정사 ἀλλά(알라)로 시작되며, 그 뒤

에는 9절에서 이어질 대조를 설정하는 시간 부사 이제는(τότε, 토테)가 이어진다. 바울은 회심 전 갈라디아 신자들의 과거와 하나님의 가족 안에서 입양된 아들로서 현재 지위를 극명하게 구분하고 있었다. 바울은 갈라디아 신자들의 이전 종교적 헌신의 정확한 성격에 대해서는 자세히 설명하지 않았다. 아마도 신자들 중 일부는 남 갈라디아의 헬레니즘 도시에서 번성했던 다양한 신비 종교의 신봉자들이었을 것이다. 다른 이들은 로마 제국의 숭배나 고대 그리스의 이교도 신들에게 헌신했을 수도 있다. 또 다른 사람들은 점성술에 얽힌 전설과 하늘의 움직임이 지상에 있는 인간의 삶을 지배한다고 믿었던 천체, 별의 신을 숭배했을 수도 있다. 루스드라 시 외곽에는 제우스 신전이 있었다. 바울과 바나바가 그 도시에서 앉은뱅이를 고친 후, 제우스의 제사장은 황소와 화환을 성문으로 가져와 "신들이 사람의 형상으로 우리 가운데 내려오셨다"라며 제사를 드리려고 했다. 이에 바울과 바나바는 "이런 헛된 일을 버리고 천지와 바다와 그 가운데 만물을 지으시고 살아 계신 하나님께 돌아오게 함이라"라며 권고했다(행 14:11-15). 갈라디아 남부의 또 다른 도시인 이고니온에서는 어머니 지지메네라고도 불리는 딘디메네 여신의 비문이 발견되었는데, 이 여신은 네 개의 머리와 열 개의 가슴을 가진 여신으로, 에베소 아데미와 비슷한 여신으로 모든 생명의 수유모이며 배우자인 와인의 신 디오니소스와 함께 숭배받았다.[189]

그리스도께 회심한다는 것은 주변 문화의 우상 숭배와 거짓 신들과 완전히 결별하는 것을 의미했다. 예수 그리스도의 중심성과 최종성은 기독교 메시지의 핵심이다. 다원주의와 혼합주의 이데올로기에 매료된 현대 자유주의 개신교는 이 본질적인 복음주의 진리를 잊어버리는 경향이 있다. 일부 사람에게 **전도**는 공손한 자리에서 사용하지 말아야 할 더러운 단어가 되었으며, 더 나쁜 경우 다양한 세계 종교의 일반적인 교제가 궁극적으로 나타나기를 바라며 기독교가 아닌 다른 종교를 믿는 사람들이 자신의 전통에서 최고의 것을 발견하도록 돕는 노력으로 재정의되었다. 안타깝게도 일부 복음주의자조차도 많은 현대 신학의 암묵적 보편주의에 찬성하여 지옥의 교리, 회심의 필요성, 십자가의 설교를 경시하고 있다. 많은 곳에서 "진노한 하나님의 손 안에 있는 죄인"은 분노하신 죄인의 손 안에 있는 줄어버린 하나님으로 대체되었다. 그러나 바울은 이렇게 생각하지 않았다. 나중에 조나단 에드워즈가 쓴 것처럼 예수 그리스도에 대한 개인적인 믿음만이 "하나님이 인류의 비참하고 잔인

---

189 Ramsay, *Galatians*, 219–20.

한 눈멂에 대해 제공하신 유일한 치료법"이라는 것을 알고 있었다. ... 이것은 참 하나님께서는 세상 나라에 자신을 알게 하시고 거짓 신을 숭배하는 일에서 벗어나게 하기 위해 자신의 섭리를 성공적으로 이루신 유일한 수단이다."[190]

갈라디아 신자들의 기독교 이전 종교의 정확한 출처가 무엇이든 바울은 갈라디아 신자들의 이전 이교를 "본질상 신이 아닌 것들," 즉 NEB의 표현대로 "본질상 신이 아닌 존재들"의 노예로 묘사했다. 바울은 이러한 거짓 신들의 지위에 대해 무엇을 말하고 있었을까? 학자들은 바울이 신이 아닌 것들에 대해 "무신론적" 해석을 했는지 아니면 "악마론적" 해석을 했는지에 대해 의견이 분분하다.[191] 바울보다 훨씬 이전에 구약 선지자들은 나무나 놋으로 만든 신상, 눈이 있지만 보지 못하고 귀가 있지만 듣지 못하고 손이 있지만 느끼지 못하는 신들에 대한 우상 숭배를 비난했다(참조. 시 115:4-7). 다른 곳에서도 바울은 우상을 "세상에 아무것도 아닌 것"이라고 묘사할 수 있다. 오직 한 분 하나님, 만물의 근원이 되신 참 하나님, 경쟁을 용납하지 않으시는 "질투하시는" 하나님만이 계신다. 다른 모든 가장된 신들은 단지 "신이라 불리는 것들"일 뿐이다(고전 8:4-6). 2세기 그리스도인들에게 가장 큰 피해를 입힌 혐의 중 하나는 무신론에 대한 것이었다. 당시 그리스도인의 대다수는 그리스-로마 종교의 거짓 신을 거부한 이방인이었다. 이 혐의에 대해 변증가인 순교자 유스티누스는 다음과 같이 선언했다.

우리는 이런 종류의 신에 관한 한 무신론자임을 고백하지만, 모든 불순물이 없는 가장 참되신 하나님, 의와 절제 및 다른 덕들의 아버지이신 하나님에 관해서는 그렇지 않다고 고백한다. 그러나 하나님과 그분에게서 나오셔서 우리에게 이것들을 가르치신 아들과 그분을 따르고 그와 비슷하게 창조된 다른 선한 천

---

190 Jonathan Edwards, "Miscellaneous Discourses," *The Works of Jonathan Edwards* (Carlisle, PA: Banner of Truth, 1984), 2.253. 또한 다음 참조. T. A. Schafer, "Jonathan Edwards and Justification by Faith," *Church History* 20 (1951): 55-67. 복음을 듣지 못한 이들의 운명에 대한 복음주의자들의 다양한 견해에 대해서는 다음을 참조하라. J. Sanders, ed., *No Other Name* (Grand Rapids: Eerdmans, 1992). 1993년 남 침례교 총회는 "유일하고 충분한 구세주 되시는 예수 그리스도의 최종성"에 관한 결의안을 채택했다. 이 성명서는 "그리스도가 세계 종교, 인간의 의식, 혹은 자연적인 과정에서 너무도 분명하여 복음의 직접적인 수단 없이도 그분을 만나 구원을 얻을 수 있다는 잘못된 가르침이나 비기독교 종교와 세계관을 신봉하는 사람들이 개인적인 회개와 유일한 구주이신 예수 그리스도를 믿는 믿음 이외의 다른 수단을 통해 이 구원을 받을 수 있다는 잘못된 가르침"에 반대했다(*SBC Annual*, 1993, 94).

191 베츠는 바울이 인간의 관습으로만 존재하던 신적 존재와 "실재하는"(φύσει) 신적 존재를 구별하는 고대 종교 이론인 유헤메로스설의 영향을 받았을 수 있다는 견해를 말한다 (*Galatians*, 213-15).

사들의 무리, 그리고 우리가 경배하고 숭배하는 예언하시는 성령은 이성과 진리로 그들을 알고 우리가 배운대로 배우고자 하는 모든 사람에게 인색함 없이 선포한다.[192]

그리스도인들은 무신론자라는 이유로, 즉 로마 제국의 거짓 신들, 신이 아닌 것들을 거부하고 숭배하기를 거부했다는 이유로 박해를 받았다. 하지만 그렇다고 해서 바울이나 유스티누스 시대의 그리스도인들이 이러한 거짓 신들이 단지 인간 정신의 투영일 뿐이라고 믿었던 것은 아니다. 분명히 그리스도인들은 거짓 신들을 실존하는 존재, 타락한 천사, 악한 영, 앞서 설명한 타 스토이케이아 투 코스무(τὰ στοιχεῖα τοῦ κόσμου)로 이해했다. 이 기초적인 영들은 다양한 모습으로 지상에 나타나 기적을 일으키고 자연계에 혼란을 일으킬 수 있는 실재하는 존재였다. 악한 영들은 파괴와 죽음으로 불법거래를 일삼았으며 특히 그리스도인들에 대한 박해를 부추기는 데 폭력적이었다.

그러나 예수 그리스도는 십자가에서 이 가짜 신들, 즉 하나님의 섭리 질서의 한계 내에서 여전히 활동적이고 강력하지만 그럼에도 불구하고 "지나가는 이 세상의 외형"(고전 7:31)의 일부인 가짜 신들의 가면을 벗겨주셨다. 유일하신 참 하나님과 비교할 때, 이 악마적 존재들은 "약하고 거지 같은 존재"(갈 4:9 KJV)였다. 이제 금방 목이 잘린 독사처럼, 이 악한 세력은 마지막 죽음의 몸부림을 치며 자신의 손이 닿을 수 있을 만큼 "어리석은"(3:1) 모든 사람을 공격하고 있었다. 바울은 도대체 왜 그런 악한 존재들의 손아귀에서 구출된 사람이 다시 한번 악한 통제권 안으로 들어오려고 하겠는가?"라고 물었다.[193]

4:9. 바울은 하나님을 알지 못하고 사악한 가짜 신들의 노예였던 갈라디아 그리스도인들의 이전 삶을 가장 암울한 용어로 묘사했다. 9절은 갈라디아 교인들이 예수 그리스도께로 회심함으로써 일어난 영광스러운 반전을 묘사한다. "이제는 너희가 하나님을 알 뿐만 아니라 더욱이 하나님이 아신 바 되었거늘." 이교에서 그리스도로의 변화는 지식(γνῶσις, 그노시스)의 관점에서 설명

192 Justin Martyr, *Apology* 1.6. 참조. J. Stevenson, *A New Eusebius* (London: SPCK, 1957), 62–63. 또한 다음 참조. G. H. Williams, "Justin Glimpsed as a Martyr among Roman Contemporaries," in *The Context of Contemporary Theology: Essays in Honor of Paul Lehman*, ed. A. McKelvey and E. D. Willis (Atlanta: John Knox, 1974), 99–126.

193 플루타르크처럼, 바울은 자신의 사상의 전체 틀 안에 무신론적 형태와 악마론적 형태의 유헤메로스설을 모두 결합할 수 있었던 것 같다. 참조. Betz, *Galatians*, 215n22. 바울이 "세상의 요소들"(τὰ στοιχεῖα τοῦ κόσμου)을 가짜(거짓) 신들과 동일하게 여긴다는 것은 다음을 참조하라. H. Koester, "φύσις," *TDNT* 9:272.

된다. 물론 "안다"는 것은 영지주의로 알려진 종교 체계에서 영적 세계와 피조물의 악한 세계 사이의 극명한 대립에 기초를 둔 이원론적 세계관의 지배적인 주제였다.[194] 후대의 영지주의 주석가들은 이 구절을 그리스도께서 인류를 우주 세력의 포로와 속임수에서 구원하기 위해 오셨다는 증거로 포착했다. 영지주의자들에게 예수는 주로 계시자였으며, 구원의 목적은 암호, 마법 공식 및 주문을 통해 전달되는 일종의 난해한 복음인 비밀의 지식(γνῶσις, 그노시스)를 받아들임으로써 이 물질 세계에서 해방되는 것이었다.[195]

그러나 바울이 말한 지식의 종류는 지적 통찰력이나 내부 초심자 그룹에게만 제공되는 특별한 정보가 아니다. 바울이 말하는 "안다"는 것은 일신론에 대한 암묵적인 인정과 기독교 교리에 대한 지적인 동의를 넘어선다. 이러한 종류의 지식은 바울이 갈라디아 교인들 사이에서 일어났다고 묘사한 종류의 변화를 위해 필요하지만 충분하지는 않다. 바울의 지식 개념은 히브리어 동사 יָדַע(야다)와 더 밀접한 관련이 있는데, 이 동사는 구약에서 성관계와 관련된 개인적인 친밀감을 나타내는 데 자주 사용되며, 창세기 4장 1절의 "아담이 아내 하와를 알았더니 하와가 잉태하여 가인을 낳았다"(ESV)와 같은 구절이 대표적이다. 이러한 체험적 강렬함 속에서 하나님을 "안다는 것"은 단순히 마음이나 사고 과정뿐만 아니라 전인적인 자아가 주장되고 변화되는 하나님과 인간의 만남을 의미한다.

하지만 이런 만남은 어떻게 이루어질까? 바울은 이전에는 하나님을 알지 못하던 갈라디아 교인들이 하나님을 알게 되었다고 선언하자마자 즉시 그 말을 뒤집고 "더욱이 하나님이 아신 바 되었거늘"이라고 수사적으로 수정했다.[196] 바울은 기독교의 구원 이해와 영지주의 계시 교리를 분명히 구분하고 있다. 우리가 아버지께 입양된 것이 성령의 임재와 "아빠!"라고 우리가 반응하는 외침에 선행하는 것처럼, 우리가 하나님을 아는 것도 우리에 대한 하나님의 사전 지식을 조건으로 한다. 이 성경적 진리는 1845년 미국 남침례교가 설립된 후 남침례신학교에서 최초로 채택한 신앙 고백서인 『원리 개요(Abstract of Principles)』의 선택에 관한 조항에 분명히 명시되어 있다.

---

194 다음에 인용된 논문과 참고문헌을 참조하라. E. M. Yamauchi, "Gnosis, Gnosticism," *DPL*, 350–54.

195 예를 들어, 다음의 헤라클레온의 갈 4:8-11의 해석을 참조하라. Pagels, *The Gnostic Paul*, 109.

196 "수사학적인 정정"이라는 용어는 루터에게서 나온 것이다(참조. 라틴어. *castigatio rhetorica*). "Lectures on Galatians, 1535," *LW* 26:401.

선택은 하나님께서 어떤 사람들을 영생에 이르게 하기 위해 영원한 생명으로 선택하시는 것인데, 그 선택의 결과는 그들에게 있는 예견된 공로 때문이 아니라 그리스도 안에서 그분의 단순한 자비 때문이며, **그 결과** 그들은 부름을 받고 의롭게 되고 영광을 얻는다(강조 추가).[197]

구원의 신적 주도권을 주장하는 바울의 주장은 도덕주의와 신비주의를 모두 배제한다. 우리는 하나님의 계명을 지킬 수도, 우리를 향한 하나님의 압도하는 은혜와 선하신 은총을 떠나서 순수하게 하나님을 사랑할 수도 없다. "사랑은 여기 있으니 우리가 하나님을 사랑한 것이 아니요 하나님이 우리를 사랑하사 우리 죄를 속하기 위하여 화목제물로 그 아들을 보내셨음이라"(요일 4:10). 인간은 어떤 종교적 기법이나 영적 수행을 통해서도 하나님을 "찾을" 수 없다. 하나님의 놀라운 은혜로 자기 의의 미로에서 길을 잃었던 우리가 진정으로 영원히 "발견"되기 전까지는 우리는 죄의 미로에서 길을 잃은 눈먼 쥐와 같다.[198]

8절을 시작하는 헬라어 "그러나 그때에는"(ἀλλά τότε, 알라 토테)이라는 표현에 이어 9절은 "이제는"으로 시작한다. 바울 이후 이 엄청난 전환의 의미를 바울보다 더 완벽하게 이해한 사람은 아마도 노예 상인이었다가 놀라운 회심으로 유명한 찬송가 "나 같은 죄인 살리신"에 반영한 존 뉴턴이 아니었을까? 스토트는 뉴턴의 이야기를 들려준다.

존 뉴턴은 외동아들이었고 일곱 살 때 어머니를 잃었다. 열한 살의 어린 나이에 바다로 나갔고, 이후 전기 작가 중 한 사람의 말을 빌리자면 "아프리카 노예 무역의 말로 표현할 수 없는 잔혹한 일"에 연루되었다. 뉴턴은 인간의 죄와 타락의 깊이로 파헤쳐 들어갔다. 스물세 살이던 1748년 3월 10일, 엄청난 폭풍우로 배가 좌초될 위기에 처했을 때 뉴턴은 하나님께 자비를 구하며 울부짖었고, 마침내 자비를 얻었다. 뉴턴은 진정으로 회심했고 신성 모독자였던 자신에게 자비를 베푸신 하나님을 잊지 못했다. 그는 자신이 이전에 어떤 사람이었는지, 하나님께서 자신을 위해 어떤 일을 하셨는지 기억하기 위해 부지런히 노력했다. 뉴턴은 기억에 각인시키기 위해 신명기 15장 15절을 굵은 글씨로 써서 서재 벽난로 벽에 붙였다. "너는 애굽 땅에서 종 되었던 것과 네 하나님 여호와께서 너를 속량하셨음을 기억하라."[199]

---

197 "Abstract of Principles," in R. A. Baker, ed., *A Baptist Sourcebook* (Nashville: Broadman, 1966), 138.

198 참조. T. George, *Amazing Grace*.

199 Stott, *Message of Galatians*, 110. 주권적 은혜 교리는 뉴턴을 정적주의와 아무것도 하지 않는 삶으로 이끌기는커녕 노예 상인이었던 그를 교회 역사상 가장 주목할 만한 사역자 중 한

이 모든 일이 하나님의 은혜로 갈라디아 교인들에게 일어났지만, 갈라디아 교인들은 자신들이 구출된 것과 비슷한 속박에 빠질 위험에 처해 있었다. 하지만 어떻게 그럴 수 있을까? 갈라디아 교인들이 실제로 기독교 신앙을 포기한 것인가? 세례 서약을 철회했는가? 더 이상 예수가 약속된 메시아라고 믿지 않았을까? 물론 아니다! 거짓 교사들의 유혹으로 인해 갈라디아 교인들이 직면한 유혹은 예수 그리스도만으로 구원에 충분하다는 것을 의심하는 것이었다. 갈라디아 교인들은 그리스도에 대한 믿음에 할례와 모세 율법의 다른 옛 의식을 더해야 한다는 말을 들었다. 그러나 바울은 그렇게 하는 것은 세상의 기초적인 영들(개역개정. 초등학문)에 대한 이전의 복종에 굴복하는 것과 다르지 않을 것이라고 말했다.

물론 바울을 반대하는 사람들은 그렇게 생각하지 않았다. 반대자들의 목적은 기독교 신앙을 강화하여 유대인의 전통적 의식과 일치하도록 개종자를 끌어들임으로써 기독교 신앙을 개선하는 것이었다. 그러나 바울은 이 점에 대해 단호했다. 예수 그리스도와 할례, 예수 그리스도와 토라(구원의 요건으로 이해됨), 예수 그리스도와 그 밖의 모든 것은 갈라디아 교인들이 구원받은 것과 같은 종류의 혼합주의와 이교도 노예 제도에 해당한다. 롱네커가 말했듯이, "바울에게 ... 그리스도에 대한 전적인 의존에서 멀어지게 하는 것은 선한 의도에서든 타락한 욕망에서든 무엇이든 비기독교적인 것이므로 정죄를 받아야 한다."[200]

바울은 갈라디아 교인들이 실제로 구원을 잃을 수 있다고 말한 것인가? 어떤 학자들은 이 구절을 5장 1절의 "은혜에서 떨어짐"에 관한 유명한 본문

사람으로 이끌었다. "전능하신 주 하나님"에 관한 설교에서 뉴턴은 이렇게 외쳤다. "전능하신 주 하나님, 주의 행하심이 위대하고 기이하십니다! 성도들의 왕이시여! 이분이 바로 우리가 경배하는 하나님이십니다. 전능하신 팔에 기대라고 우리를 초대하시고, 한 치의 오차도 없는 눈으로 우리를 인도하시겠다고 약속하시는 분이 바로 이 분이십니다. ... 그러므로 우리는 의무의 길에서 그분의 부르심을 따라가는 동안 겉으로 보이는 어려움에 관계없이 기쁘게 이 길을 갈 수 있습니다. 왜냐하면 우리의 주인이시며 우리에게 그분의 영광을 우리의 최고 목적으로 삼도록 가르치신 주님이 우리보다 앞서 가실 것이기 때문입니다. 그분의 말씀을 따라 굽은 것은 곧게 되고, 빛은 비춰 어둠을 몰아내고, 산이 가라앉아 평야가 됩니다. 믿음은 행사될 수 있고 행사되어야 하며, 경험은 그의 말씀이 선언하신 것을 확인시켜 주어야 하며, 마음으로 속이며 최고의 재산을 가진 사람은 허망하다는 것을 확인시켜 줄 것입니다. 그러나 그분을 경외하는 이들에게 하신 약속도 마찬가지로 확증될 것입니다. 그들은 모든 상황에서 아들이요 방패요 지극히 큰 상급이신 그분을 만날 것입니다"(*A Burning and a Shining Light: English Spirituality in the Age of Wesley*, ed. D. L. Jeffrey [Grand Rapids: Eerdmans, 1987], 438).

200 Longenecker, *Galatians*, 181.

과 함께 이런 식으로 해석했다. 바울이 "돌아서다"($\dot{\epsilon}\pi\iota\sigma\tau\rho\acute{\epsilon}\phi\omega$, 에피스트레포)
에 사용한 단어는 종교적 회심(참조. 살전 1:9; 행 9:35; 15:19)과 종교적 배
도(참조. 벧후 2:21-22)를 모두 가리키는 전문 용어였다는 점이 중요하다.[201]
그러나 일시적인 배도가 아닌 진정한 배도는 참으로 회심하지 않은 사람만
할 수 있다. 바울이 "형제자매"와 "내 자녀"라고 불렀던 갈라디아 회심자들은
그렇지 않다고 믿을 만한 충분한 이유가 있었다. 동시에 바울은 독자들의 영
적 상태에 대한 완벽한 지식을 가지고 있다고 주장하지 않았다. 따라서 적어
도 갈라디아 개종자들 중 일부가 회개하는 척하고 물로 세례를 받았으며 심
지어 "하나님의 선한 말씀과 내세의 능력"(히 6:5)을 맛보았음에도 불구하고
구원받지 못했을 가능성을 염두에 두어야 했다. 그래야만 바울의 마지막 탄
식, "내가 너희를 위하여 수고한 것이 헛될까 두려워하노라"(갈 4:11)를 이해
할 수 있다.[202]

4:10. 이 구절은 "너희는 특별한 날을 지키고 있다"로 사실 진술(CSB)로
읽거나 "너희는 특별한 날에 주의를 기울이기 시작했는가?"라는 질문으로 읽
을 수 있다. 어느 경우이든 바울은 갈라디아 신자들 사이에 선동가들이 침투

---

201 Longenecker, *Galatians*, 180. 무디는 배교를 자신의 조직 신학의 핵심으로 삼는다. 참조.
Word of Truth (Grand Rapids: Eerdmans, 1981), 348–65. 이 구절과 관련하여 무디는 이렇게
묻는다. "왜 [바울]은 노예에서 아들의 신분이 된 자들이 연약하고 천박한 기초적인 영들에게
돌아갈까 두려워하는가?" 또한 다음 참조. Witherington, *Grace*, 300–303; Keener, *Galatians*,
356–59; Fee, *Galatians*, 157–61. 성도의 견인에 대한 역사적인 침례교의 교리는 1689
년 2차 런던 고백서에 가장 잘 표현되어 있다. "하나님께서 [당신의] 사랑하는 자 안에서
받아들이시고, 그분의 영으로 효과적으로 부르시고 거룩하게 하시고, 그분의 택하신 자의
귀중한 믿음을 주신 자들은 전적으로 최종적으로 은혜의 상태에서 떨어질 수 없다. 하나님의
은사와 부르심은 후회하심이 없다. (그분은 여전히 그들 안에 믿음과 회개와 사랑과 기쁨과
소망과 불멸에 이르게 하는 성령의 모든 은혜를 낳고 기르시나니) 비록 불신앙과 사탄의
유혹으로 말미암아 하나님의 빛과 사랑을 분별할 수 있는 눈이 잠시 흐려지고 그들에게
가려질지라도, 그분은 여전히 동일하시며, 그들은 하나님의 능력으로 구원에 이르기까지
반드시 지켜질 것이며, 거기서 그들은 값으로 산 소유 됨를 누리며 그분의 손바닥에 새겨지고
그들의 이름이 영원부터 생명책에 기록될 것이다"(W. L. Lumpkin, ed., *Baptist Confessions of
Faith* [Valley Forge: Judson, 1959], 272–73.).

202 이 논란의 여지가 있는 문제에 대한 베츠의 통찰력 있는 주해를 참조하라. "바울은 이
시점에서 기독교에서 이교로 돌아가는 것이 실제로 가능하다고 생각하고 있음을 드러낸다.
그러나 이 가능성은 사실상 불가능성하다! 바울이 그리스도인이 된 이후의 종교 생활에 대해
어떻게 말하는지 살펴보는 것은 흥미로운 일이다. 참 하나님에 대한 지식에 도달해서 얻은
깨달음은 쉽게 떨쳐버릴 수 없다. 이교도 신들에 대한 숭배로 돌아간다는 것은 이러한 신들이
'약하고,' '무력하며,' 그들이 말하는 것과 '본질적으로' 다른 지식이 포함될 것이다. 따라서
이교도로 돌아간다는 것은 '옛 노예제도'를 다시 받아들이는 것 이상일 것이다. 그러한
행위는 비이성적이고 부조리한 것이다"(*Galatians*, 216).

했다는 보고를 받은 것에 대해 반응하고 있었을 것이다. 이 구절에 언급된 특별한 절기는 거짓 교사들의 "더 높은 삶" 프로그램의 첫 단계였을 수 있다. 거짓 교사들이 갈라디아 신자들에게 그러한 절기를 지키는 의식에 복종하도록 설득한 후에는 할례의 결정적인 단계를 더 쉽게 부과할 수 있었다. 이러한 해석은 갈라디아서 5장 2절에 갈라디아 교인들이 아직 할례를 받아들이지 않았다는 사실과 함께 현재 시제 동사 παρατηρεῖσθε(파라테레이스데, "너희가 지키고 있다")로 더욱 강화된다.

바울은 네 가지 시간 척도를 연결한다. 각 척도는 유대인 종교 절기 제도의 특정 측면을 가리키는 것 같다. 따라서 날은 매주 안식일을 지키는 것뿐만 아니라 하루 동안만 지키는 다른 절기를, **달**은 민수기 10장 10절에 언급된 초하루 의식을, **절기**는 유월절, 오순절, 초막절(참조. 대하 8:13; 슥 8:19), **년**은 희년, 안식년, 새해 축하 행사를 가리킬 수 있다. 아마도 상호 배타성이 없는 네 가지 용어가 당시 유대인들이 준수했던 모든 종류의 의식 축하 행사와 절기 날짜를 포함한다는 버튼의 주장은 옳을 것이다.[203]

일부 기독교인은 이 구절에서 기독교의 다른 절기뿐만 아니라 크리스마스와 부활절의 연례 기념일을 포함한 모든 특별한 의식이나 정기적인 종교 축제를 일반적으로 금지하는 것을 찾았다. 예를 들어, 청교도들이 미국에 왔을 때 크리스마스를 일 년 중 또 다른 근무일로 간주하여 특별한 방식으로 축하하는 것을 거부했다. 그러나 바울에게 할례가 그 자체로 선하지도 악하지도 않은 것처럼, 특별한 절기와 성절을 지키는 것 역시 의무적이지도 않고 본질적으로 비난받을 만한 것도 아니었다. 로마서 14장 5-6절에서 바울은 "어떤 사람은 이 날을 저 날보다 낫게 여기고 어떤 사람은 모든 날을 같게 여기나니 각각 자기 마음으로 확정할 지니라 날을 중히 여기는 자도 주를 위하여 중히 여기고"라고 말한다.

---

203 Burton, *Galatians*, 234. 물론 "날, 달, 절기, 해"라는 표현은 유대인의 달력 날짜와 이교도 종교적 관습을 동시에 언급하는 일종의 이중적인 의미였을 가능성도 있다. 따라서 바울은 갈라디아 교인들에게 "여러분이 이 선동가들의 미혹에 넘어가면 옛 이교도 아래 있을 때와 마찬가지로 하늘에 있는 신들의 억압에 사로잡힌 것이다"라고 말하고 있었을 것이다. 슈미탈스는 바울은 여기에서 "정통 유대교에서는 널리 퍼져 있지 않았지만, 외경이나 영지주의, 혹은 영지주의적 문헌에서 자주 등장하는 바로 지금 익숙한 목록을 사용하고 있다"라는 견해를 제시했다(*Paul and the Gnostics* [Nashville: Abingdon, 1972], 44–46). 버트람G. Bertram 도 이 신성한 시간과 계절의 목록을 헬레니즘 세계에서 널리 따르던 일반적인 점성술적 미신과 연관시킨다("ἐπιστρέφω," *TDNT*, 7:726). 버트람은 또한 이 암시에서 갈라디아 교인들 중 일부의 특징인 도덕적 배교에 대한 암시를 발견한다(참조. 벧후 2:21 참조). 참조. Martyn, *Galatians*, 414–18; Schreiner, *Galatians*, 275–80; Keener, *Galatians*, 359–64.

바울은 갈라디아 신자들이 특정하게 주기적으로 기념일을 지키는 것이 하나님과 은혜로운 관계를 맺거나 유지하는 것으로 간주되는 종교 체계에 빠지는 것을 염려했다. 이는 교회 역사의 모든 시대에서 신자들에게 반복되는 유혹이다. 중세 시대에 로마 가톨릭 신자들은 연례 고해성사와 부활절 영성체 의식이 교회의 정당한 교인이 되기 위한 최소한의 요건이라고 배웠다. 오늘날 많은 복음주의 교회에서는 활동하지 않는 수천 명의 교인이 성탄절과 부활절에 예배를 드리기 위해 몰려드는데, 이러한 반기마다 실행하는 순례가 주님이 교인들에게 요구하는 전부라고 가정한다. 어떤 맥락에서든, "날, 달, 계절, 년"의 종교는 "때가 차서" 오신 분에 대한 믿음을 통해서만 그 손아귀에서 벗어날 수 있는 약하고 거지 같은 기초적인 영들(개역개정. 초등학문)에게서 결코 해방으로 이끌 수 없다.

4:11. 바울은 갈라디아 교인들에 대한 책망을 당혹스러운 표현으로 마무리한다. 필립스 성경은 "너희를 향한 나의 모든 노력이 헛된 것이 아닌가 하는 생각이 들게 한다!"라고 번역했다. 유진 피터슨의 『메시지 성경』에서는 이렇게 표현한다. "여러분과 함께 있으면서 기울인 나의 모든 수고가 연기처럼 사라질까 두려울 따름입니다!" 분명히 바울은 자신에 대해서 두려워하지 않았다. 여기 투옥되었고, 돌에 맞았으며, 난파되고, 매질을 당하고, 자연에서 일어나는 일로 고통을 겪은 사람이 있었다("일주일 주야를 깊은 바다에서 지냈으며… 주리고 목마르고," 고후 11:23-27), 끊임없이 이동하는 사람에게 공통적인 수많은 위협과 위험은 말할 것도 없다.

갈라디아의 이단적인 침입자들은 다른 거짓 형제들은 말할 것도 없고 유대인, 로마인이 바울에게 뜻하지 않은 일을 할 수 있었을까? 바울은 자신을 두려워하지 않았지만 갈라디아 교인들을 깊이 염려했다. 갈라디아 교인들을 위한 바울의 모든 사역이 정말 아무런 성과가 없었을까? 바울은 정말 갈라디아 교인들에게 자신의 노력을 "낭비"한 것일까? 모든 사역이 정말 "연기"였을까? 이러한 질문들은 주님 안에서 사랑하는 자녀들을 위해 생각하고 기도하는 긴 밤 동안 바울을 괴롭혔을 것이다. 갈라디아 교인들에 대한 바울의 두려움이나 그들이 결국 멸망할지도 모른다는 가혹한 가능성을 가볍게 무시할 수는 없다. 하지만 전체 서신의 더 넓은 맥락에서 볼 때, 이 암울한 표현은 갈라디아 교인들이 지금 당면한 혼란과 위험에서 다시 회복될 수 있다는 바울의 전반적인 확신과 희망에 비추어 볼 수 있다. 다음 구절에서 바울은 "자녀들"을 대신하여 자신의 영혼을 드러내면서 더욱 깊숙이 개인적이고 고통스러운 호소에 들어간다.

2.6. 바울의 개인적인 호소(4:12-20)

12 형제들아 내가 너희와 같이 되었은즉 너희도 나와 같이 되기를 구하노라 너희가 내게 해롭게 하지 아니하였느니라 13 내가 처음에 육체의 약함으로 말미암아 너희에게 복음을 전한 것을 너희가 아는 바라 14 너희를 시험하는 것이 내 육체에 있으되 이것을 너희가 업신여기지도 아니하며 버리지도 아니하고 오직 나를 하나님의 천사와 같이 또는 그리스도 예수와 같이 영접하였도다
15 너희의 복이 지금 어디 있느냐 내가 너희에게 증언하노니 너희가 할 수만 있었더라면 너희의 눈이라도 빼어 나에게 주었으리라 16 그런즉 내가 너희에게 참된 말을 하므로 원수가 되었느냐 17 그들이 너희에 대하여 열심 내는 것은 좋은 뜻이 아니요 오직 너희를 이간시켜 너희로 그들에게 대하여 열심을 내게 하려 함이라 18 좋은 일에 대하여 열심으로 사모함을 받음은 내가 너희를 대하였을 때뿐 아니라 언제든지 좋으니라 19 나의 자녀들아 너희 속에 그리스도의 형상을 이루기까지 다시 너희를 위하여 해산하는 수고를 하노니 20 내가 이제라도 너희와 함께 있어 내 언성을 높이려 함은 너희에 대하여 의혹이 있음이라

갈라디아서의 이 부분은 믿음으로 의롭다 함을 얻는다는 바울의 전반적인 논증에서 개인적인 괄호를 형성하며, 바울은 21-31절에서 성경에서 한 가지 추가적인 증거를 제시하며 다시 시작하고 결론을 맺는다. 수 세기에 걸쳐 주석가들은 이 구절이 문자 그대로 사도의 마음에서 우러나온 것 같은 친밀감에 주목했다. 크리소스토무스는 앞 구절에서 바울이 폭풍우에 휩싸인 제자들에게 손을 내밀었다면, 이제는 폭풍우 한가운데로 자신을 끌어들였다고 관찰했다.[204] 1519년 갈라디아서 주석에서 루터는 "이 말씀에는 바울 자신의 눈물이 숨 쉬고 있다."[205] 1535년 개정한 갈라디아서 주석에서 이 본문을 다시 살펴보면서 루터는 바울의 마음에 더 깊이 침투하고자 노력했다.

이제 바울은 서신의 더 강력한 부분을 완성한 후, 갈라디아 교인들을 너무 가혹하게 다루었다고 느끼기 시작했다. 자신의 가혹함으로 유익보다 해를 끼쳤을지도 모른다는 걱정에 자신의 가혹한 책망은 아버지 같은 진정한 사도적 정신에

---

204 Chrysostom, "Homilies on Galatians," NPNF[1] 13:31.

205 Luther, "Lectures on Galatians, 1519," *LW* 27:299.

서 나온 것이라고 말한다. 바울은 놀랍도록 수사가 풍부해지고 달콤하고 부드러운 말로 넘쳐나기 때문에, 의심할 여지 없이 많은 사람을 불쾌하게 했던 것처럼 날카로운 비난으로 누군가를 불쾌하게 했다면 바울의 언어의 온화함이 상황을 다시 바로잡을 것이다. 또한 주님은 자신의 모범을 통해 목자와 감독이 이리떼(마 7:15)가 아니라 잘못을 저지르고 잘못 인도하는 양들을 향해 아버지와 어머니와 같은 태도를 취해야 하며, 그들의 연약함과 넘어짐을 인내심을 갖고 최대한 온화하게 대해야 한다고 가르치신다.[206]

그러므로 이 구절은 바울의 목회적 마음을 들여다볼 수 있는 창을 제공한다. 비록 바울의 언어가 압축적이고 암시적이지만, 우리는 이 구절에서 바울이 감정에 휩싸여 앞의 교리에 관한 논의와는 완전히 단절된 "불규칙한 생각의 흐름"을 만들어 냈다고 상상해서는 안 된다.[207]

이 개인적인 이야기는 신학적 내용과 목회적 관심사 사이의 불가분의 관계에 대한 가슴 아픈 증거이다. 그 이름에 걸맞은 모든 참된 신학은 목회 신학이다.[208] 편지의 자서전적 부분에서와 마찬가지로, 여기에서도 복음의 진리에 대한 바울의 관심은 한편으로는 자신의 사도적 소명과 다른 한편으로는 "자녀들"에 대한 강렬한 부담과 결부되어 있다.

우리 시대에는 균형 잡힌 목회 사역의 이 두 가지 필수적인 측면이 너무 자주 분리되어 있다. 예를 들어, 목회자가 신학적인 아이디어와 교리적인 내용에 너무 몰두한 나머지 교인들의 상처와 고난에 무감각하고 무관심한 것처럼 보일 수 있다. 그러나 더 자주, 불균형은 다른 방향으로 진행된다. 목회자는 대부분의 시간을 자기 수양과 세속 심리학의 기술을 통해 회중의 필요를 달래려고 노력하는 데 소비한다. 이러한 이분법은 성경적 책임과 개인적 구

---

206 Luther, "Lectures on Galatians, 1535," *LW* 26:413.

207 Schlier, *Der Brief and der Galater*, 208. 버튼은 이 장과 그 주변 문맥 사이의 불연속성에 주목한다. "논쟁을 중단하고 ... 사도는 갈라디아 교인들에게 율법에 대한 자신의 태도를 받아들이라고 간청하면서 호소한다"(*Galatians*, 235). 베츠는 바울의 "마음에서 나오는 주장"을 당시 서신서 문학에서 표준적인 기법이었던 "우정"(περὶ φιλίας) 주장의 예로 해석한다 (*Galatians*, 220–21). "우정에 대한 개인적인 호소는 헬레니즘 양식과 완전히 일치하는데, 이는 무거운 부분과 가벼운 부분 사이의 변화를 요구하고 단순히 추상적이라는 인상을 상쇄하기 위해 감정적이고 개인적인 접근이 필요하다." 롱네커 또한 이 구절의 열정적이고 감정적인 성격을 인정하면서 이 구절이 4:12-6:10의 모든 내용을 포함하는 서신의 권면 부분을 강력하게 소개하는 것으로 간주한다(*Galatians*, 186–88). "여기에서 바울은 주로 과거에 회심자들과 만들었던 관계를 회상하고 회심자의 과거와 현재의 태도를 대조함으로써 편지의 권면 부분을 시작한다." 참조. Schreiner, *Galatians*, 281–91.

208 T. C. Oden, *Pastoral Theology* (San Francisco: Harper & Row, 1983) [= 『목회신학』, 웨슬리르네상스, 2020].

원을 동시에 추구하는 모든 목회 사역에 치명적이다. 갈라디아서에서 바울을 깊이 동요시킨 것은 어떤 사람들이 칭의 교리를 이론적인 차원에서 잘못 해석했다는 것이 아니라, 자신이 사랑하는 모든 남녀가 복음의 진리에서 벗어났기 때문에 영적으로 위험에 처해 있다는 것이었다. 이러한 염려가 무엇보다도 바울로 하여금 "신학적 논증의 고상한 차원"[209]을 떠나 갈라디아 교인들에게 지극히 개인적이고 감정적인 호소를 하게 했다.

2.6.1. 너희를 위한 수고(4:12-16)

4:12. 이 구절은 갈라디아서에서 우리에게 첫 번째 명령을 제시한다. "내가 너희와 같으니 너희도 나와 같으라"(KJV), 또는 "내가 너희와 같이 되었으니 너희도 나와 같이 되라"(CSB)는 것이다. 바울은 편지의 결론으로 갈수록 명령의 분위기를 더 많이 사용한다.[210] 갈라디아서 3장과 4장에서 바울은 기독교 복음의 핵심을 제시했다. 그 다음 갈라디아 독자들이 받은 진리에 따라 행동하기를 기대했다. 첫 번째 명령은 바울이 갈라디아 교인들과 같이 된 것처럼 갈라디아 교인들도 바울과 같이 되어야 한다는 것이다. 바울은 무엇을 의미했을까?

바울을 본받으라(*imitatio Pauli*)는 주제는 사도의 서신에서 어느 정도 빈번하게 반복된다.[211] 예를 들어, 고린도전서 4장 14-16절은 갈라디아서 언어와 비슷하다. 바울은 또한 만 명의 스승이 있지만 주 안에서 아버지는 한 분뿐이라고 말하며 "사랑하는 자녀들"에게 경고했다. 그런 맥락에서 바울은 고린도 교인들에게 합당한 자녀는 경건한 부모를 본받아야 하므로 자신을 본받으라고 촉구했다. 바울은 다른 곳에서도 독자들에게 그리스도를 본받은 것처럼 자신을 본받으라고 권고했다(고전 11:1; 빌 3:17; 살전 1:6).

그러나 갈라디아서 4장 12절에서 바울은 "내가 그리스도와 같이 되었으니 너희는 나와 같이 되라"가 아니라 "내가 **너희와 같이** 되었으니 너희도 나와 같이 되라"는 다소 다른 말을 하고 있다(강조 추가). 아마도 이 구절과 가장 유사한 것은 사도행전 26장 28-29절에서 바울이 아그립바 왕에게 한 말

---

209 Matera, *Galatians*, 162.

210 4장에는 명령형 동사가 4번 더 등장하며, 이 동사들은 모두 구약성경을 인용한다. 사 54:1의 "즐거워하라," "소리질러," "외치라." 그리고 창 21:10을 인용한 4:30의 하갈-사라 비유를 요약하는 구절 "여종과 그 아들을 없애라"(NIV)가 그것이다.

211 다음의 결정적인 연구를 참조하라. W. P. DeBoer, *The Imitation of Paul* (Kampen: Kok, 1962). 또한 다음 참조. Bruce, *Galatians*, 208.

일 것이다. 바울의 간증을 들은 왕은 "네가 적은 말로 나를 권하여 그리스도 인이 되게 하려 하는도다"라고 말했다. 바울은 "말이 적으나 많으나 당신뿐만 아니라 오늘 내 말을 듣는 모든 사람도 다 이렇게 결박된 것 외에는 나와 같이 되기를 하나님께 원하나이다"라고 대답했다. 사실상 바울은 아그립바 왕에게 이렇게 말하고 있었다. "비록 당신이 재판하고 정죄할 수 있는 권세를 가지고 있지만, 결박된 죄수인 저는 당신보다 훨씬 더 나은 사람입니다. 왜 그럴까요? 제 죄를 용서해 주시고 눈을 뜨게 하시고 사탄의 폭정에서 구해주신 영광의 주님을 만났기 때문입니다. 이런 점에서 여러분도 저처럼 되기를 바랍니다." 바울은 갈라디아 교인들에게 이렇게 말했다. "내게 일어난 일을 보라. 나는 한 때 모세 율법의 열렬한 신봉자였고, 그 많은 요구 사항을 여러분보다 더 엄격 하게 준수했다. 그러나 그리스도께서 나를 율법의 속박에서 건져주셨다. 이 제 나는 나를 사랑하사 나를 위해 자신을 버리신 그분을 믿는 믿음 안에서 살 고 있다(갈 2:20). 이제 너희도 나와 같이 예수 그리스도를 믿음으로, 참으로 아브라함과 하나님의 자녀가 된 자의 자유를 누리며 살기를 간절히 바란다."

"내가 너희와 같이 되었은즉"(문자적으로, "왜냐하면 나도 너희와 같기 때문이다")이라는 표현은 바울이 더 많은 복음을 증거하기 위해 신념을 타협 하지 않고, 문화적 수용이라는 측면에서 자신의 선교 전략을 설명한 고린도 전서 9장 19-23절을 떠올리게 한다. 그 자신은 로마의 자유 시민이었지만, "더 많은 사람을 얻기 위해" 정치적 특권을 포기하고 노예로 살았다. 그리고 갈라디아의 이방인 주민들처럼 율법이 없는 사람들에게는 율법이 없는 사람 (anomos)처럼 되어 이방인이었던 사람들을 이스라엘의 복으로 이끔으로 얻 었다.

바울은 오늘날 우리가 상황화라고 부르는 것, 즉 복음이 전달되는 사람들 의 전체 맥락에 맞는 방식으로 복음을 전달해야 하는 필요에 있어 선구자였 다. 복음의 핵심을 문화적 보호막에서 분리하여 복음의 내용을 손상시키지 않 으면서 그리스도의 메시지를 맥락화할 수 있는 한에서, 우리도 바울을 본받는 사람이 되어야 한다. 스토트의 말을 빌리자면, "그리스도를 위해 다른 사람들 을 얻으려고 노력할 때 우리의 목적은 그들을 우리와 같이 만드는 것이지만, 그 목적을 위한 수단은 우리 자신을 그들과 같이 만드는 것이다. 그들이 기독 교적 확신과 경험 안에서 우리와 하나가 되려면 먼저 우리가 기독교적 동정심 안에서 그들과 하나가 되어야 한다."[212]

---

212 Stott, *Message of Galatians*, 113.

바울의 다음 어구 "너희가 내게 해롭게 하지 아니하였느니라"는 다양한 해석을 낳았다. 바울은 단순히 우정이라는 주제를 위선으로 포장하여 독자들에게 아첨을 한 것일까? 아니면 비꼬는 것일까? "당신은 나에게 잘못한 게 없는가? 정말 그런가!"[213] 사실 바울이 자신을 따르는 이들의 변절로 인해 인격적으로 큰 상처를 입었다는 사실을 깨닫지 않고 갈라디아서를 정직하게 읽을 수 있는 방법은 없다. 바울은 자신을 따르는 사람들과 사이가 좋지 않았고 그럴 만한 이유가 있었다. 이 표현이 단순한 수사적 말이 아니라고 가정한다면, 바울이 바나바와 함께 갈라디아에 처음 복음을 전했을 때 받았던 따뜻한 환영을 회고하는 것으로 해석하는 것이 더 나을 것이다. 바울이 다음 두 구절에서 더 자세히 설명하겠지만, 그 당시에는 갈라디아 교인들이 바울에게 잘못한 것이 없었지만, 그 이후 어떻게 행동했는지는 또 다른 이야기이다.

4:13. 이 구절은 바울이 갈라디아를 처음 방문한 계기가 된 알려지지 않은 병에 대한 암시 때문에 바울 신학자들을 매료시켰다. 초대 교회에서 히에로무스는 바울의 고난을 고린도후서 12장 7절의 "육체의 가시"(라틴어. *stimulus carnis*)와 동일하게 여긴 성적 욕망의 유혹이라고 해석했다. 종교개혁 당시 루터는 "육체의 연약함"이 바울이 겪은 박해의 결과로 생긴 고통과 고난에 대한 언급으로 이러한 해석을 완전히 일축했다. "이런 심오한 시련에 시달리는 사람이 성적 욕망에 시달리는 것은 불가능하다."[214] 그러나 최근 몇 년 동안 주석가 대부분은 이 두 가지 전통적인 해석을 모두 버리고 바울이 선교 활동에 영향을 준 실제 신체적 질병을 언급하고 있다는 생각을 지지한다. 이 질병의 정체에 대해 세 가지 주요 이론이 등장했다.

말라리아. 이 이론은 램지W. Ramsay에 의해 발전되었는데, 램지는 바울이 소아시아 남부의 늪지대에 있는 밤빌리아에 처음 들어왔을 때 말라리아에 걸렸을 것이라고 추측했다. 이때 마가 요한이 선교사 생활에 환멸을 느끼고 고향으로 돌아가 바울을 크게 실망시켰다(행 13:13). 바울의 원래 계획은 에베소와 그리스를 향해 서쪽으로 여행하는 것이었지만, 병으로 비시디아 안디옥

---

213 롱네커는 몇 가지 다른 가능한 해석을 나열한다. 너희가 나에게 잘못한 것이 아니라 하나님의 아들 그리스도께 잘못했다(참조. 1:6). 또는 너희가 나에게 잘못한 것이 아니라 너희 자신에게 잘못한 것이다. 심지어 내가 없는 동안 너희가 말하거나 행한 것이 무엇이든, 나는 갈라디아의 그리스도인들 사이에서 일어난 일로 인격적으로 부당한 대우를 받은 적이 없다 (Galatians, 190). 참조. Keener, *Galatians*, 369-71.

214 Luther, "Lectures on Galatians, 1535," *LW* 26:420. 이 본문에 대해서는 다음을 참조하라. T. W. Martin, "Whose Flesh? What Temptation?," *JSNT* 24 (1999): 65–91.

주변의 고지대로 방향을 바꾼 것일 수 있다. 해발 고도가 높은 그곳에서 바울은 회복에 더 적합한 장소를 찾았다. 이 이론에 따르면 바울은 갈라디아에서 처음 설교 사역을 시작했을 때 여전히 끔찍한 열병에 시달리고 있었을지도 모른다.

4:14. 간질. 14절에서 "버리지도 않았다"라고 번역된 동사는 문자 그대로 "뱉어내지 않았다"(ἐκπτύω 에크프튀오)는 뜻이다. 간질을 일으키는 사악한 귀신은 귀신 들린 사람에게 침을 뱉음으로써 쫓아내거나 최소한 억제할 수 있다고 믿었다.[215] 이 구절에서 바울은 갈라디아 교인들이 간질 발작의 불쾌한 광경을 목격했을지라도 예의와 호의로 자신을 받아준 것에 대해 칭찬하고 있다.

안과 질환. 15절에서 바울은 갈라디아 교인들이 기꺼이 자신의 눈을 빼어 자신에게 준 것에 대해 칭찬했다. 이것은 6장 11절에서 바울이 자신의 손으로 "큰 글자"를 쓰는 것에 관한 언급과 함께 많은 학자가 바울의 병이 일종의 심각한 시력 장애라고 믿게 만들었다. 그러나 브루스가 지적했듯이, 여기서 바울의 질병이나 "육체의 가시"가 확인되지 않는다고 가정하면서 "확실한 진단이 있을 수 없다"고 확인한다.[216]

바울의 병이 말라리아, 간질, 안과 질환 또는 다른 것이었든, 이 언급에서 바울의 교회 선교에 대한 하나님의 최우선적인 섭리에 대한 간접적인 증거를 보는 것이 중요하다.[217] 바울은 자신의 병이 갈라디아 선교의 계기가 된 과정을 정확히 말하지 않았지만, 그의 관점에서 볼 때 이것이 단순한 우연이 아니었음을 확신할 수 있다. 아들이 "때가 차매"(4:4) 아버지로부터 온 것처럼, 그리스도의 사도 바울도 하나님의 예정된 지혜와 계획에 따라 갈라디아 사람들에게 보냄을 받았다. 육체의 가시는 "사탄의 사자"를 통해 가한 것이지만, 구속의 목적, 즉 바울이 은혜가 족하다는 것을 깨닫게 하기 위한 것이었다(고후 12:7-10). 하나님께서는 삶의 역경(질병, 박해, 가난, 심지어 자연 재해와 설명할 수 없는 비극)을 자비와 은혜를 나타내시는 기회로, 복음을 전하기 위한

---

215 참조. H. Schlier, "ἐκπτύω" *TDNT* 2:448–49. 헬레니즘 시대에는 침 뱉는 행위가 악마론적 연관성을 가지고 있었지만, 바울 시대에는 일반적으로 단순히 무례한 몸짓으로 여겼기 때문에 "멸시하다"라는 의미가 파생되었다. 갈 4:13-14은 바울의 신체적 질병을 간질로 파악한 사람들이 증거로 자주 인용한다(C. J. Klausner, *From Jesus to Paul* [London: SCM, 1944], 325–30).

216 Bruce, *Galatians*, 209.

217 다음 주해를 참조하라. F. Mussner, *Galaterbrief*, 307. "바울과 같은 사람에게는 복음이 선포될 때 모든 것이 καιρός["적합한 때"]가 되었다."

수단으로 여러 번 사용하셨다.[218]

바울이 겪은 육체적 고통의 성격이 무엇이든, 어떤 종류의 신체적 변형이나 명백히 불쾌한 증상을 초래했으므로 갈라디아 교인들에게는 바울의 상태가 "시험"이었음이 틀림없다. 당시 문화에서 그러한 연약함과 나약함은 신의 불쾌함과 거부의 표시로 여겨지는 것이 일반적이었다. 바울은 신체적 능력, 수사학적 웅변력, 학문적 성취를 자랑하던 강인하고 멋진 "슈퍼 사도들"과 극명한 대조를 이루었을 것이다. 갈라디아 교인들은 신체적 질병을 제외하고는 "그의 실제 존재는 미약하고 그의 말은 경멸 받기 충분하다"(고후 10:10 필립스 성경)는 말을 들었을 때 경멸하면서 거부하고 싶은 유혹을 받았을 것이다. 그러나 다행히도 갈라디아 교인들은 이 유혹에 굴복하지 않았다. 오히려 바울을 "하나님의 천사로서, 그리스도 예수와 같이" 영접했다. 어떤 학자들은 이 표현에서 사도행전 14장 8-18절에서 바울과 바나바가 루스드라 사람들에게 그리스 신 제우스와 헤르메스로 오해를 받았던 사건을 말하는 것으로 보았다. 당시 두 선교사는 옷을 찢으며 "여러분이여 어찌하여 이런 일을 하느냐"라고 외쳤다. 그러나 갈라디아서 4장 14절에서 바울은 갈라디아 교인들이 인간 설교자에게 과장된 헌신을 한 것에 대해 비판하지 않고, 오히려 자신을 주 예수 그리스도의 참된 사도로 인정하고 영접한 것에 대해 칭찬했다.

복음서에서 예수님은 세 번이나 자신을 대신하는 이를 환영하는 사람들은 자신을 환영하는 것이라고 선언하셨다(참조. 마 10:40; 눅 10:16; 요 13:20). 바울은 자신이 아니라 주 그리스도 예수를 대표하여 갈라디아에 왔다. 물론 중요한 것은 메신저가 아니라 메시지였다. 바울은 이미(갈 1:6-9) 자신이나 하늘에서 온 천사라도 예수 그리스도의 유일하신 복음 이외의 다른 복음을 감히 전하려는 자들에게 저주를 선언했다. 갈라디아 교인들은 참된 복음을 들었다. 바울을 마치 하나님의 천사나 그리스도 예수께서 오신 것처럼 환영했다. 바울의 외모와 신체적 부족함에도 불구하고 갈라디아 교인들은 바울을 기쁨으로 영접하고 기꺼이 바울이 전하는 말을 들었다.

---

218 일부 학자들은 εὐηγγελισάμην ὑμῖν τὸ πρότερον을 NIV처럼 "내가 처음 복음을 전했을 때" 또는 CSB의 번역과 같이 "이전에 내가 너희에게 복음을 전했다"라고 표현하기도 했다. 그러나 브루스가 주목한 것처럼 "헬라어에서 πρότερος는 '둘 중 첫 번째'라는 의미를 πρότος에 넘겨주고, 지금은 '이전'을 의미한다(Galatians, 209). 우리가 문자적 번역을 고집하더라도, 이것이 바울과 바나바가 먼저 남 갈라디아의 도시들을 통해 동쪽으로 여행한 다음 같은 지역을 거쳐서 발걸음을 되돌렸다는 사실을 깨닫는다면 서신의 초기 연대를 배제할 수 없다. 서론에서 갈라디아서 저작 시기에 대한 논의를 참조하라.

이 본문을 읽을 때 우리는 마음속에 걸리는 질문이 있다. 무엇이 갈라디아 교인들로 하여금 이 뚱뚱한 대머리에 코가 비뚤어진 사람, 사람들 대부분이 침을 뱉고 싶을 텐트를 치는 설교자에게 그토록 좋은 반응을 보이게 만들었을까? 갈라디아 교인들의 성격을 보면 바울과 같은 인물을 은혜롭게 환대하는 성향을 타고 났다고 생각하게 하는 것은 아무것도 없다. 아니, 성령의 능력으로 십자가를 단순하게 설교한 것이 갈라디아 교인들의 마음을 부드럽게 하고 바울이 선포한 그리스도에 대한 구원의 지식에 이르게 했다. 스펄전은 "우리의 사역과 관련된 성령"에 대해 이야기하면서 다음과 같이 말했다.

> 목회자인 우리에게 성령은 절대적으로 필수적이다. 성령 없이는 우리의 직분은 이름에 불과하다. 우리는 하나님의 모든 자녀에게 속한 것 이상의 성직을 주장하지 않는다. 그러나 우리는 옛날에 하나님의 감동을 받아 말씀을 선포하고, 죄악에 대해 증언하고, 하나님을 변론했던 이들의 후계자들이다. 선지자들의 영이 우리에게 임하지 않는 한, 우리가 입는 외투는 속는 거친 옷에 불과하다. 하나님의 영이 우리에게 머물지 않는다면 우리는 감히 주님의 이름으로 말하니, 정직한 사람들의 사회에서 혐오감을 가지고 쫓겨나야 한다. 우리는 우리 자신을 예수 그리스도의 대변인으로 지상에서 그분의 증거를 계속하도록 임명되었다고 믿는다. 그리스도와 그리스도를 증거하는 일 위에 하나님의 영이 항상 머물러 있으며, 성령이 우리에게 머물지 않는다면, 우리는 분명히 그리스도께서 그랬던 것처럼 세상에 보냄받지 않았다. ... 예수께서 약속하신 성령이 우리에게 없다면, 우리는 예수께서 주신 사명을 수행할 수 없다.[219]

4:15-16. 이 구절들은 바울이 처음 갈라디아 교인들에게 복음을 전할 때와 이 편지를 쓴 상황 사이에 큰 변화가 있었음을 나타낸다. 바울이 묻는다. "그러면 여러분의 축복은 어디에 있는가?" NIV 1984년판이 행복 또는 "기쁨"으로 번역한 헬라어 단어 $\mu\alpha\kappa\alpha\rho\iota\sigma\mu\acute{o}\varsigma$(마카리스모스)는 예수님께서 팔복에서 사용한 주격 형태 단어로 "심령이 가난한 자는 **복이 있나니** ... 온유한 자는 **복이 있나니**, ... 긍휼히 여기는 자는 **복이 있나니**, ... 마음이 청결한 자는 **복이 있나니**" 등에서 사용된 단어이다. 이 단어는 하나님과 올바른 관계에서 비롯되는 행복의 상태를 의미한다. 바울은 고린도 그리스도인들에게 보낸 편지에서 "풍

219 H. Spurgeon, *Lectures to My Students* (Grand Rapids: Associated Publishers, 1962) [= 『목회자 후보생들에게』, CH북스, 2009]. 목회 사역의 모델로서 스펄전에 대해서는 다음을 참조하라. T. Curnow et al., *A Marvelous Ministry* (Ligonier, PA: Soli Deo Gloria, 1993); L. A. Drummond, *Spurgeon: Prince of Preachers*, passim.

성한 연보를 넘치도록" 했던 것과 "넘치는 기쁨"(고후 8:2)에 대해서 말했다.

갈라디아 교인들도 복음과 복음을 전하는 바울에게 이런 식으로 반응했고, 가능하다면 기꺼이 자신의 눈을 이식해 바울에게 사랑의 제물로 바치고 싶었을 것이다. 이 과대 포장에 가까운 이야기가 바울의 눈과 관련된 장애와 관련이 있는지 여부와 관계없이, 갈라디아 교인들이 주님 안에서 아버지에게 느꼈던 극도의 깊은 애정을 분명히 나타낸다. 그러나 처음 느꼈던 기쁨의 열정을 꺾는 일이 일어났다. 이제 갈라디아 교인들은 그리스도 안에서 가장 소중한 친구인 바울이 진리를 계속 말한다는 이유만으로 바울을 "적"으로 여겼다.

"사랑 안에서 진리를 말하는 것"(엡 4:15)은 거짓 가르침에 대한 해독제인 동시에 그리스도의 몸을 세우는 데 합당한 수단이다. 이것은 갈라디아에서 사역을 시작할 때부터 바울이 취한 접근 방식이었으며, 이 편지를 쓴 위기에 대한 바울의 현재 개입을 의미하기도 한다. 바울이 이 단락과 편지 전체에 흩어져 있는 몇 가지 다른 언급(예. 1:11; 5:10; 6:9-10)을 포함하지 않았다면, 우리는 진리에 대한 바울의 열정이 사랑에 대한 헌신을 덮어버렸다고 생각할 수 있다. 그러나 건전한 교리와 거룩한 삶을 분리할 수 없는 것처럼, 사랑의 표현을 희생하면서 복음의 진리를 폄하할 자유도 없다. 갈라디아서에서 바울은 자신이 사랑하는 사람들, 적어도 한때는 자신에게 따뜻한 애정을 느꼈던 사람들의 영혼을 위해 치열한 싸움을 벌이고 있었다.[220]

바울은 갈라디아에 있던 옛 제자들의 충성심이 변하는 것에 대해 깊이 고민했지만, 제자들의 환심을 사거나 인정을 되찾기 위해 메시지를 바꾸지 않았다. 바울은 꾸밈없는 진실을 말함으로써 계속해서 강인한 사랑을 실천했다. 오늘날 복음을 전하는 목회자들은 변덕스러운 갈라디아 교인들을 대하는 바울의 변함없는 태도에서 많은 것을 배울 수 있다. 목회자가 교인들의 애정과 존경을 받는다는 것은 진심으로 바라는 축복이다. 칼뱅이 현명하게 지적했듯이 "목회자가 사랑받지 못한다면 존경받는 것만으로는 충분하지 않다. 둘 다 필요하며, 그렇지 않으면 목회자들의 가르침은 달콤한 맛을 잃어버릴 것이다."[221]

목회자가 어떤 이유로든 교인들과 소원해졌을 때, 바울이 갈라디아 교인

---

220 사도 시대 이후 바울을 반대하는 저서인 베드로의 케리그마의 부분 중 하나는 베드로가 바울을 "그 사람은 나의 원수"(ἐχθρός ἄνθρωπος)라고 말한다고 기록한다. 베츠는 이 진술은 "의심할 여지 없이 바울과 그의 복음에 대한 지식을 반영한다"라고 말한다(*Galatians*, 331n9). "원수 바울"에 대한 논쟁은 원래 갈라디아의 반대자들이 사도에게 붙여줬던 별명에서 유래했을 수 있다.

221 Calvin, *Galatians*, CNTC 11:81.

들에게 했던 것처럼 교인들의 이전 애정과 호의를 되찾기 위해 노력하는 것은 언제나 옳은 일이다. 그러나 목회자는 인기가 아니라 신실하도록 부름받았다는 사실을 기억해야 한다. 때와 장소를 가리지 않고 하나님의 말씀을 전하라는 하늘의 주님의 사명을 받은 목회자는 뜨거운 박수를 받든 문둥병자 취급을 받든 이 거룩한 사명에 실패해서는 안 된다. 하나님의 사람에게는 회중의 의견이나 동료의 박수, 교단 임원 승인보다 무한히 우월한 승인의 장이 있다. 스코틀랜드의 설교자 존 브라운이 말했듯이, "호산나를 외쳤던 군중은 구세주의 찌푸려진 표정 앞에서 양심의 가책이라는 값비싼 대가를 치렀다."[222]

2.6.2. 그들에 대한 바울의 사랑(4:17-20)

4:17-18. 바울은 갈라디아 교인들에 대한 자신의 변함없는 사랑과 고뇌에 찬 염려를 다시 선언하기 전에(19-20절), 갈라디아 교인들과 관계에서 현재의 위기를 초래한 반대자들을 한참 동안 옆으로 흘끗 바라보았다. 바울은 갈라디아서 어디에서도 이 골치 아픈 선동가들의 이름을 거론하지 않았다. "그 사람들"(NIV)은 ζηλοῦσιν(젤루신)의 3인칭 복수형에서 추론한 것이다. 이 동사는 17-18절에 세 번 나온다. 영어 단어 jealous(시기하는)는 같은 단어(후기 라틴어 zelosus를 통해)에서 유래했으며 일반적으로 "경쟁자나 경쟁자의 영향력에 대해 분개하여 시기하거나 의심하다"를 의미한다. 영어에서는 질투라는 단어를 부정적인 의미 외에는 거의 사용하지 않는다. 그러나 구약에서 하나님은 "질투하는 하나님"(출 20:5)으로 묘사되는데, 이는 하나님이 자신에게 속한 것을 지키기 위해 경계하고 간청하신다는 의미이다. 현재 문맥에서 볼 때 바울은 갈라디아 교인들에 대한 "정직한 시기심"(NEB)에 사로잡혀 있었기 때문에 도덕적으로 중립적인 의미로 ζηλοῦσθαι(젤루스다이)를 사용했음이 분명하다. 선동하는 자들의 문제는 갈라디아 교인들에 대한 관심이 아니라 그들의 악한 의도와 이기적인 동기였다("그들 자신의 목적을 위한 것," 필립스 성경. "그러나 불명예스러운 목적을 위한 것," Knox). 따라서 일부 번역가는 이 단어를 구애의 언어로 번역하는 것을 선호했다. "이 사람들이 당신을 얻기 위해 얼마나 열심인지"(Philips), 그들은 "그들은 당신의 호의를 얻으려고 한다"(NAB), 또는 CSB, "그들은 열심히 당신을 얻으려고 한다"이다. 아마도 17-20절에 대한 클라렌스 조던의 구어체 번역이 바울의 진정한 의미를 가장 잘 포착하고 있을 것이다.

---

222 Brown, *Galatians*, 217–18.

여러분, 여러분을 재촉하는 그 사람들은 수준이 높지 않습니다. 그들은 당신이 그들을 위해 서두르도록 당신을 붙잡으려고 합니다. 이제 진심으로 하는 것이라면 가끔씩 누군가를 얻는 것도 괜찮습니다. 나는 그리스도께서 당신들 안에 형상을 이루실 때까지 몇 번이고 고뇌하면서 내 자녀들과 함께 하지 않을 때도 가끔 그렇게 합니다. 나는 지금 당장 당신과 함께하고 목소리 톤을 바꿀 수 있기를 바랍니다. 왜냐하면 당신 때문에 정신을 잃었기 때문입니다(Cotton Patch, 100).

이 침입자들은 갈라디아 교인들에게 아첨하고 이기적인 관심을 보임으로써 무엇을 얻고자 했는가? 바울은 침입자들이 원했던 것이 "너희들을 차단"하고 "너희들을 배제"하는 것이라고 말했다. 하지만 무엇을 배제하는 것일까? 바울은 이 질문의 대답을 열어두었다. 주석가들은 다양한 답을 제공했다. 아마도 거짓 교사들은 갈라디아 신자들이 누리고 있는 새로운 자유와 그리스도인의 자유를 부러워했을 것이다. 거짓 교사들은 다시 무거운 "종의 멍에"(5:1)를 지우고 싶었을 것이다. 비록 그들이 결코 인정하지 않았을지라도, 진짜 목표는 바울의 회중을 그리스도에게서 배제하는 것이었나? 적어도 이것은 거짓 교사들의 간섭으로 인한 최종 결과였다(5:2). 그러나 롱네커의 해석은 이 구절의 전체 흐름을 가장 잘 반영하고 있다.

> 문맥은 전적으로 갈라디아 교인들이 누구를 따르고 교제할 것인지, 바울과 유대주의자들 중 누구를 따르고 교제할 것인지에 관한 것이다. 따라서 유대주의자들이 원하는 배제를 바울의 지도력과 교제("나로부터")에서 배제되는 것으로 해석하는 것이 자연스러워 보이며, 이는 당연히 적어도 바울의 눈에는 그리스도(참조. 5:4)와 그들을 "부르신" 하나님(참조. 1:6)으로부터 배제될 것이다.[223]

"내가 너희를 대하였을 때뿐 아니라"라는 어구는 바울이 처음 제자들이 보인 변덕스러운 애정과 충성심으로 인해 느낀 깊은 상처를 반영한다. 바울은 육체적으로 볼 것이 별로 없었지만, 바울의 실제 존재감과 독특한 성격은 갈라디아 교인들이 바울을 호의적으로 맞이하는 데 기여했을 것이다. 그러나 이제 그 모든 것이 바뀌었다. 갈라디아 그리스도인들은 바울과의 애정에서 멀어지고 자기 과대망상증 운동의 신봉자로 교인들을 끌어들이는 것이 진정한 목표였던 거짓 교사들의 구애와 유혹, 꾀임에 시달리고 있었다. 또 다른 바울

---

223 Longenecker, *Galatians*, 194. 또한 다음 참조. Schreiner, *Galatians*, 288–89; Moo, *Galatians*, 287–89.

의 교회인 에베소 교회와 마찬가지로 갈라디아 그리스도인들도 첫사랑을 버렸다(계 2:4).

4:19. 앞의 두 구절에서 바울은 갈라디아 교인들을 불명예스럽게 구애하여 지금까지 갈라디아 교인들을 타락하게 만든 거짓 교사들을 눈앞에 두고 날카롭고 논쟁적인 어조로 말했다. 그러나 이제 바울이 잘못 인도된 양떼들에게 매우 부드럽게 말을 건네면서 갑자기 분위기가 바뀌었다. "사랑하는 어린 자녀들아!"는 바울이 사용한 헬라어 표현을 가장 잘 번역한 것으로, 어린 아이를 뜻하는 일반 헬라어 τεκνία(테크니아, 참조. 라틴어 *filioli*)의 축소형이다.[224] 애정을 표현하는 용어이지만, τεκνία는 성장과 성숙의 부족, 영적 유아기, 발육부진을 의미하기도 하는데, 바울은 갈라디아 그리스도인들이 온전히 성장하기를 바랐다. 이 언어를 바울이 편지에서 이미 사용한 다른 두 비유와 연결해 볼 수 있다. 거짓 교사들의 미혹에 빠져 바울이 전한 복음에서 멀어진 결과로 갈라디아 교인들은 사실상 다시 한번 교사(παιδαγωγός 파이다고고스)의 가혹한 지도와 자신들을 법적인 종으로 유지시키는 "후견인과 청지기"의 엄격한 감독 아래 놓였다.

바울은 편지 전체에서 갈라디아 교인들에게 유아적인 행동을 넘어서서 예수 그리스도를 믿는 믿음을 통해 하나님의 자녀로서 온전한 유업을 받으라고 권고했다. 현재의 맥락에서 바울은 자신이 갈라디아 교인들의 영적 투쟁에 얼마나 깊이 투자했는지 보여주었다. 바울은 자녀를 위해 출산의 고통을 다시 겪어야 하는 어머니에 비유하여 보여주었다. 이것은 바울의 다른 어떤 글에서도 찾아볼 수 없는 놀라운 은유이다. 데살로니가전서 2장 7절에서도 비슷한 주제가 등장하는데, 바울은 자신을 어린 자녀를 돌보는 유모(τροφός, 트로포스)에 비유했다. 바울은 복음을 전파하여 그리스도 안에서 아들과 딸을 낳는 아버지의 이미지가 더 일반적이다(참조. 고전 4:15, 딤후 1:2, 빌 10). 갈라디아서에서만 바울은 자녀의 안녕을 위해 기꺼이 임신과 출산의 시련을 반복해서 겪는 어머니의 역할로 등장한다. 이 이미지는 갈라디아에서 바울이 영적 후손들의 변절로 인해 겪었던 깊은 개인적 고뇌를 증언한다.

바울은 갈라디아 교인들을 처음 전도하는 과정에서 첫 번째 진통을 견뎌

---

224 약어가 아닌 형태인 τέκνα는 더 나은 증거로 잘 입증되어 있다. 가장 최근의 헬라어 신약 네슬-알란트판에서 선호되는 독법으로 나타난다. 그러나 호격 τεκνία는 구문과 문맥상 애정과 친숙함을 표현하는 데 자주 사용된다. 참조. H. W. Smyth, *Greek Grammar* (Cambridge: Harvard University Press, 1920), 235.

냈다. 나중에 자신의 몸에 여전히 "예수의 흔적"(갈 6:17)을 지니고 있음을 상기시키곤 했는데, 이는 바울이 신실하게 복음을 선포한 결과 겪은 박해의 영구적인 흔적이었다. 그러나 바울이 지금 겪고 있는 진통은 외부의 압력과 공격의 결과가 아니라 갈라디아 개종자들이 복음의 진리에 대해 부주의했기 때문에 바울이 느낀 내면의 고뇌와 분노에서 비롯된 것이다.

"해산의 고통을 겪다"(ὠδίνωεῖν, 오디노에인)라는 동사는 신약에서 단 두 번, 갈라디아서 4장(4:27)에서, 그리고 마지막으로 요한계시록 12장 2절에서 등장한다. 이 개념에 대한 통찰력 있는 주석 연구에서 가벤타B. Gaventa는 "ὠδίνωεῖν은. ... 결코 출산이라는 단순한 사실을 의미하는 것이 아니라 항상 수반되는 고뇌를 의미한다." 가벤타는 갈라디아서 4장 19절과 관련하여 "바울의 고뇌, 수고는 단순히 개인적인 문제나 문학적 표현이 아니라 예수 그리스도 안에서 하나님의 행동이 성취되기를 기다리는 피조 질서 전체의 고뇌를 반영한다"라고 주장한다.[225] 이 해석이 옳다면 갈라디아 교인들에 대한 바울의 고통은 로마서 8장 18-28절에 언급된 종말론적 탄식, 즉 그리스도의 영광의 재림으로 일어날 만물의 완성을 기다리는 깨진 피조물의 탄식의 일부이다. 바울의 탄식은 자신의 사도적 소명에 있어 고유한 것이지만, 복음을 위해 목숨을 걸고 헌신한 순교자와 선교사, 개혁자와 전도자, 목회자와 선지자들의 충실한 증언을 통해 교회 역사 속에서 반복해서 울려 퍼져 왔다. 바울은 골로새서를 쓰면서 그리스도인들의 신성한 사명을 십자가의 신학으로 설명했다.

> 나 자신도 같은 복음의 사역자가 되었으며, 지금 이 순간 복음을 들은 여러분을 대신하여 고난을 받고 있는 것은 사실이지만, 나는 고난에 대해 전혀 유감스럽지 않습니다. 왜냐하면 고난은 그리스도께서 그분의 몸인 교회를 대신하여 당하시는 말할 수 없는 고통의 일부를 내 자신의 고난 속에서 완성할 수 있는 기회를 주기 때문입니다(골 1:23-24, 필립스 성경).

편지에서 늘 그랬듯이 바울은 이제 갑자기 비유를 다시 바꾸어 독자들의 마음에 불협화음을 일으켰을 것이다. 바울은 방금 전까지 자신을 갈라디아 교인들을 만삭까지 품기로 결심한 임산부라고 묘사했다. 바울은 "너희 속에 그리스도의 형상을 이루기까지" 갈라디아 교인들을 위한 수고의 고뇌가 계속되

---

225 B. R. Gaventa, "The Maternity of Paul: An Exegetical Study of Galatians 4:19," in *The Conversation Continues*, 192–94; *Our Mother Saint Paul* (Louisville: Westminster John Knox, 2007). 또한 다음 논의를 참조하라. Matera, *Galatians*, 161–62; Witherington, *Grace*, 303–19.

어야 한다고 말했다. 조금 전까지만 해도 뱃속에서 형성된 것으로 묘사되었던 갈라디아 교인들은 이제 자신들 안에서 태아 상태에 있는 그리스도가 완전히 발달(μορφόω, 모르포오, 태아가 유아로 성장하는 것을 나타내는 의학 용어)하기를 기다려야 하는 임산부로 묘사되었다.[226]

이 구절에서 바울의 언어는 우리의 상상력을 한계까지 확장하지만, 그 의미는 의심할 여지가 없다. 바울은 갈라디아 교인들에 대해 깊은 고뇌를 하고 있었다. 바울은 갈라디아 교인들이 영적으로 유산하지 않기를 바랐지만, 대신 부르심과 선택을 확실히 하기를 원했다. 이것은 오직 갈라디아 교인들의 마음속에 그리스도의 탄생을 통해서만 일어날 수 있다.[227] 브루스는 1672-73년 런던에서 처음 출판된 신자 안에 형성되는 그리스도에 대한 청교도 헨리 스쿠걸의 고전적인 저서인 『인간의 영혼 안에 있는 하나님의 생명』을 언급했다. 이 작품은 위대한 전도자 조지 휫필드에게 결정적인 영향을 미쳤는데, 휫필드는 자신의 일기에 "종교에 대해 아는 사람은 그것이 하나님의 아들 그리스도와 생명있는 연합이 마음속에 형성된다는 것을 안다"라고 썼다.[228]

---

226 NEB는 다른 해석을 가정한다. "나는 너희가 그리스도의 형상을 취할 때까지 다시 너희와 함께 산고를 겪고 있다." 이 번역은 갈라디아 교인들이 아직 태중에 있을 때 그리스도가 형성되고 있었기 때문에 그들이 위로부터 새 생명을 받을 때 바울의 진통이 멈출 것이라는 생각이다. 이 해석은 위에 제시된 것보다 더 매끄럽지만, 바울의 원래 표현이 주는 극적인 효과는 부족하다.

227 신자들의 마음속에 그리스도가 탄생한다는 주제는 교부 신학에서 잘 발전되어 왔다. 참조. H. Rahner, "Die Gottesgeburt. Die Lehre der Kirchenväter von der Geburt Christi im Herzen des Gläubigen," *ZTK* 59 (1935), 335–418. 칼뱅도 이 구절에 대한 주석에서 이 주제를 되풀이했다. "[바울]은 그들의 이전 출생을 소멸시키지 않고 마치 미성숙하고 생성되지 않은 태아처럼 다시 모태에서 양육되어야 한다고 말한다. 그러나 그리스도께서 우리 안에 형성되는 것은 우리가 그리스도 안에서 형성되는 것과 다르지 않다. 우리는 그리스도 안에서 새로운 피조물이 되기 위해 태어났다. 반면에 그리스도는 우리가 당신의 생명을 살 수 있도록 우리 안에 태어나신다. 그리스도의 참된 형상이 거짓 사도들이 전한 미신으로 인해 변형되었기 때문에 바울은 그것이 방해받지 않고 밝게 빛나도록 노력한다"(Calvin, *Galatians*, CNTC 11, 82–83).

228 G. Whitefield, *Journals* (London: Banner of Truth, 1960), 46. 다음에 인용됨. Bruce, *Galatians*, 213. 휫필드는 자신의 회심을 이렇게 묘사했다. "어느날 이례적인 목마름과 입에서 불쾌할 만큼 텁텁함을 느꼈고 그 목마름을 해소하기 위해 여러 가지를 시도해 보았지만 헛수고였음을 깨달았을 때, 예수 그리스도께서 "내가 목마르다"고 부르짖을 때 고난이 거의 끝났다는 생각이 들었다. 나는 침대에 몸을 던져 "목마릅니다"라고 부르짖었다. 얼마 지나지 않아 나는 나를 무겁게 짓누르던 짐에서 해방되었음을 발견했다. 슬픔의 영이 내게서 떠나갔고 내 구주 하나님을 진정으로 기뻐하는 것이 참으로 무엇인지를 깨달았다. 그리고 얼마 동안 내가 어디에 있든 시편을 부르지 않을 수 없었다. 그러나 내 기쁨은 점차 안정되었고 하나님의 축복은 그 이후로 몇 번의 우연하게 중단한 것을 제외하고 내 영혼에 거하고 커져만 갔다. … 이제 하나님의 영이 내 영혼을 사로잡았고 내가 겸손히 소망했던 것과 같이 구속의 날까지 나를 인치셨다"(H. T. Kerr and J. M. Mulder, eds., *Conversions: The Christian Experience*, 66). 또한 다음 참조. T. S. Kidd, *George Whitefield: America's Spiritual Founding Father* (New

4:20. 바울은 갈라디아 교인들이 위기에 처했을 때 함께하고 싶다는 소망을 표현함으로써 이 편지의 마지막 부분을 마무리한다. 서론에서 언급했듯이 갈라디아서가 사도행전 15장에 언급된 예루살렘 회의 전날에 기록되었다면, 바울은 다른 책임을 내려놓고 갈라디아로 즉시 돌아갈 수 없는 충분한 이유가 있었을 것이다. 나중에 갈라디아를 다시 방문했을 때(참조. 행 16:1-6) 갈라디아 교인들의 신앙을 확인하고 자신이 보낸 편지의 효과에 대해 직접 보고를 받을 수 있었을 것이다. 바울은 지금 당장은 직접 갈라디아에 가서 "내 목소리를 [이 편지와] 교환할 수 있기를" 바랐다.[229]

마지막으로 바울은 갈라디아 교인들에 대한 자신의 당혹감을 고백했다. CSB는 바울의 어조에서 격앙된 모습을 포착한다. "나는 너희들에 대해 어떻게 해야 할지 모르겠다." 또는 NEB의 표현대로 "나는 당신에 대해 정신을 차릴 수 없다."[230] 여기서 바울의 진정한 인간성이 분명하게 드러난다. 이 구절은 앞서 바울이 "헛된 수고"(4:11)에 대해 참을 수 없다고 생각했던 것을 반영한다. 바울은 분노하고 당황하고 상심했다. 상황은 절망적이었지만 패배가 예견된 결론은 아니었다. 갈라디아 교인들은 재앙의 위기에서 다시 승리할 수도 있었다. 편지 후반부에 나오는 희망의 빛(5:10)은 "그 큰 능력이 하나님께 있고 우리에게 있지 않다"는 사실에 근거한다. 바울이 나중에 고린도 교인들에게 쓴 글을 갈라디아 교인들에게도 말할 수 있었을 것이다. 우리가 사방으로 환난을 당해도 부서지지 않고, 당황스러운 일을 당하여도 낙심하지 아니하며, 박해를 받아도 버려지지 않고, 심하게 맞아 쓰러져도 멸망하지 않는다. 그러므로 우리는 포기하지 않는다(고후 4:7-9, 16).

이 구절 전체는 목회자 윤리와 목회자와 교인 간의 올바른 관계에 대해 많은 것을 말해준다. 어떤 면에서 "양을 훔치는 것"의 전형적인 사례이다. 선동가들은 사도 바울을 비판하고 공격함으로써 갈라디아 교회에 침투했다. 선동가들은 자신들을 세우기 위해 바울을 무너뜨렸다. 선동가들의 사역 방식은

Haven: Yale University Press, 2016).

229 따라서 Longenecker, *Galatians*, 196. 문맥상 이 해석은 두 가지 다른 해석보다 더 의미가 있다. (1) 바울은 어조를 바꾸어 더 부드러운 어조를 사용하기보다 거친 책망의 언어를 사용하고자 했다. (2) 바울은 "회중을 사로잡은 마법의 매력을 없애기 위해" 평범한 인간의 언어를 하늘의 언어로 바꾸기 원했다(참조. 고전 13:1). 후자의 개념은 슐리어가 제안했다. 참조. Betz, *Galatians*, 236n183; Burton, *Galatians*, 250; Fung, *Galatians*, 203. 다른 학자들은 바울의 목소리가 변한 것에 대해 어조 변화에 대한 언급으로 이해했다. 또한 다음 참조. Keener, *Galatians*, 397–99; Schreiner, *Galatians*, 289–90; Moo, *Galatians*, 288–91.

230 Arichea and Nida, *Translators Handbook*, 107.

그들의 교리가 부패한 만큼이나 변태적이었다. 반면에 바울의 선교 방법론은 복음을 듣지 않은 사람들에게 복음을 전하여 "남의 터 위에 건축하지 않는" (롬 15:20) 것이었다. 오늘날에도 사도 시대 못지않게 거짓 교사들이 다른 사람들의 복음 전파에 편승하여 하나님의 백성을 미혹하고 많은 사람을 타락으로 이끄는 경우가 많다.

바울이 복음보다는 자신을 추종하는 숭배 집단을 만드는 데는 관심이 없었다는 점을 아무리 강조해도 지나치지 않다. 아니, 바울의 가장 큰 관심은 "사랑하는 어린 자녀들" 안에 그리스도가 형성되는 것이었다. 이런 이유만으로 바울은 갈라디아 교인들을 위해 수고했다. 이 문제에 대한 칼뱅의 말은 여전히 유효하다. "목회자들이 선을 행하고자 한다면, 청중 속에 자신을 형성하는 것이 아니라 그리스도를 형성하기 위해 수고해야 한다."[231] 다른 곳에서 선의가 아닌 시기와 경쟁심에서 그리스도가 전파될 때에도 바울은 기뻐할 수 있었다(빌 1:15). 그러나 갈라디아에서 거짓 교사들은 "다른 복음, 하나가 아닌 또 다른 복음이 있다는 것이 아니라 완전히 다른 복음"을 전하고 있었다 (1:6-7). 거짓 교사들은 양을 훔친 죄뿐만 아니라 영혼을 도살한 죄까지 지었다. 그렇기 때문에 바울은 단순히 어깨를 으쓱하고 먼지를 털어내고 더 인정받을 수 있는 다른 장소로 이동할 수 없었다. 영원한 것이 위태로웠기 때문에 바울은 단번에 받은 믿음을 위해 간절히 싸워야 했다. 하나님께서는 오늘날 교회에 바울과 같은 불변성을 소유한 복음의 사역자들, 즉 반대의 첫 소리에도 돌아서서 도망가지 않고 자신의 책임으로 받은 귀한 영혼들 안에 그리스도가 온전히 형성될 때까지 울며 간구하고 기도하며 사랑으로 자신의 입장을 고수하는 하나님의 사역자들을 보내시기를 바란다.

---

231 Calvin, *Galatians*, CNTC 11:83. 이에 대한 전반적 관점에 대해서는 다음을 참조하라. B. J. Lappenga, "Misdirected Emulation and Paradoxical Zeal: Paul's Redefinition of 'the Good' as Object of ζῆλος in Galatians 4:12–20," *JBL* 131 (2012): 775–96.

2.7. 하갈과 사라의 비유(4:21-31)

21 내게 말하라 율법 아래에 있고자 하는 자들아 율법을 듣지 못하였
느냐 22 기록된 바 아브라함에게 두 아들이 있으니 하나는 여종에게서,
하나는 자유 있는 여자에게서 났다 하였으며 23 여종에게서는 육체를
따라 났고 자유 있는 여자에게서는 약속으로 말미암았느니라 24 이것
은 비유니 이 여자들은 두 언약이라 하나는 시내산으로부터 종을 낳은
자니 곧 하갈이라 25 이 하갈은 아라비아에 있는 시내산으로서 지금 있
는 예루살렘과 같은 곳이니 그가 그 자녀들과 더불어 종 노릇 하고 26
오직 위에 있는 예루살렘은 자유자니 곧 우리 어머니라 27 기록된 바
잉태하지 못한 자여 즐거워하라 산고를 모르는 자여 소리 질러 외치
라 이는 홀로 사는 자의 자녀가 남편 있는 자의 자녀보다 많음이라 하
였으니
28 형제들아 너희는 이삭과 같이 약속의 자녀라 29 그러나 그 때에 육
체를 따라 난 자가 성령을 따라 난 자를 박해한 것 같이 이제도 그러하
도다 30 그러나 성경이 무엇을 말하느냐 여종과 그 아들을 내쫓으라 여
종의 아들이 자유 있는 여자의 아들과 더불어 유업을 얻지 못하리라 하
였느니라 31 그런즉 형제들아 우리는 여종의 자녀가 아니요 자유 있는
여자의 자녀니라

바울은 다시 한번 성경 주해로 돌아가 아브라함과 그의 후손에 대한 주제
를 다시 선택하고 독자들이 직면한 위기에 강력하게 적용함으로써 갈라디아
서의 중심적인 신학 부분을 마무리한다. 왜 이 단락은 바울이 3장 마지막 부
분에 극적으로 결론을 내렸던 아브라함 논쟁의 맥락과 멀리 있을까? 버튼이
상상한 것처럼, 바울이 여전히 흔들리는 갈라디아 교인들에게 자신의 생각의
흐름을 더 명확하고 설득력 있게 전달하기 위해 "부수적으로" 추가한 보충적
인 논증일까?[232] 아니면 베츠가 수사학적 분석으로 결론을 내린 바와 같이, 구
약의 친숙한 비유를 통해 "갈라디아 교인들이 스스로 진리를 찾도록" 하기 위
한 사도의 의도적인 전략으로, 전체 논증(*probatio*) 부분(3:1-4:31)에서 가장
강력한 논증일까?[233]

---

232 Burton, *Galatians*, 251.

233 Betz, *Galatians*, 240. 베츠는 바울이 이전에 교훈적인 형태로 제시했던 진리를 독자들에게
더 쉽게 설득하기 위해 그림 언어를 사용했다는 자신의 주장을 뒷받침하는 것으로 보이는

롱네커는 하갈-사라 비유를 4장 12절에서 바울의 첫 번째 명령인 "나와 같이 되라"로 시작하는 마지막 호소 그리고 권면과 함께 배치했다.[234] 이 접근 방식은 또한 이 단락을 바울이 갈라디아 개종자들에게 느꼈던 괴로움과 고통을 보여준 바로 앞 부분과 연결시킨 한센G. W. Hansen의 지지를 받았다. 이 견해에 따르면 4장 12절에서 "형제자매 여러분, 내가 여러분에게 간청합니다"(NIV)로 시작된 호소는 하갈과 사라의 이야기로 이어지며, 4장 30절의 "여종과 그 아들을 내쫓으라," 즉 선동하는 자들과 그들의 거짓 가르침을 너희 가운데서 추방하라는 명령으로 절정에 이른다.[235]

균형 있게 보면 하갈-사라의 예는 믿음으로 의롭게 된다는 바울의 중심 관심사를 마무리하는 성경의 결론적 증거이자 갈라디아서 5장 6절에 이어지는 권면 부분과 연결되는 고리 역할을 하는 것으로 보인다. 마지막 두 장에서 특히 두드러지는 그리스도인의 자유라는 주제는 노예 하갈과 자유 있는 여인 사라의 대조를 통해 예상할 수 있다.

바울이 왜 이 두 여인과 두 아들에게 초점을 맞추어 복잡하게 돌아가면서 자신의 주장을 펼쳤는지는 여전히 의문이다. 이 질문에 대해서 바렛이 그의 연구 "갈라디아서 논쟁에 나타난 아브라함, 사라, 하갈의 알레고리"에서 가장 그럴듯한 대답을 했다.[236] 바렛은 바울이 여기에서 하갈-사라 이야기에 대한

루터를 인용한다. "일반적인 사람들은 우화나 비유에 깊은 감동을 받는다. 그러므로 그리스도 또한 이것들을 자주 사용하셨다. 비유는 일종의 그림 같아서 단순한 사람들에게 눈 앞에 있는 사람들에게 사물을 마치 눈앞에 있는 것처럼 보여주는 그림과 같기 때문에 특히 교육을 받지 못한 사람의 마음에 깊은 영향을 미친다." 구약에 대한 루터의 주해에 대해서는 다음을 참조하라. J. S. Preus, *From Shadow to Promise: Old Testament Interpretation from Augustine to the Young Luther* (Cambridge: Harvard University Press, 1969).

234 Longenecker, *Galatians*, 199. 다음의 중요한 논문을 참조하라. M. B. Cover, "Now and Above; Then and Now (Gal 4:21–31): Platonizing and Apocalyptic Polarities in Paul's Eschatology," *Galatians and Christian Theology*, 220–29.

235 G. W. Hansen, *Abraham and Galatians: Epistolary and Rhetorical Contexts* (Sheffield: JSNT, 1989), 141–54. 또한 다음 참조. Matera, *Galatians*, 172–73. 이 구절에 대한 마틴의 해석은 4:12-20에 있는 개인적인 호소와 직접 연결된다. 바울은 방금 자녀들을 위하여 참아야 하는 산고로 슬퍼했다(4:19). "자녀"(τέκνον)라는 단어는 하갈-사라 비유에서 네 번 나오는데(4:25, 27, 28, 31), 이 단어는 각각 옛 예루살렘의 자녀와 하늘 예루살렘의 자녀로 확인되는 두 어머니의 후손을 묘사하는 데 사용된다. 마틴은 두 그룹이 유대교와 기독교 자체와 동일하게 여기는 것이 아니라 한편으로는 갈라디아 선동가들의 율법을 지켜야 하는 사명을 따르는 사람들과 다른 한편으로는 바울의 할례없는 사도직을 따르는 사람들과 동일하게 여겨야 한다고 주장했다. 다음을 참조하라. J. L. Martyn, "The Covenants of Hagar and Sarah," in *Faith and History: Essays in Honor of Paul W. Meyer*, J. T. Carroll et al., eds. (Atlanta: Scholars Press, 1990), 160–92. 또한 다음 참조. Martyn, *Galatians*, 431–57.

236 C. K. Barrett, *Essays on Paul*, 154–70.

반대자들이 제시한 해석에 응답하고 있다고 가정한다.

아브라함의 두 아들 이스마엘과 이삭의 이야기는 랍비 주석에서 잘 알려진 본문으로, 아브라함의 가족에 육체적으로 속한 사람들만이 하나님께서 아브라함에게 주신 약속의 지분을 가질 수 있다는 반대자들의 주장을 뒷받침하는 데 적합했을 것이다. 좀 더 분명히 말하자면, 이삭의 후손은 유대인이고 이스마엘의 후손은 이방인이었다. 시내산에서 유대인들은 율법에 대한 깨달음을 얻었지만 이방인들은 하나님의 약속과 이스라엘 공동체의 약속에서 소외된 채 죄의 어둠 속에 머물러 있었다. 바렛의 말처럼,

> 육체적으로 이해되는 아브라함의 씨, 합법적인 자녀와 불법적인 자녀로 문제가 되고 있었고 갈라디아 교인들은 합법적인 자녀가 되도록 강력하게 요구받았다. ... 승인된 수단(할례)을 통해 이 공동체[새롭게 된 하나님의 백성, 즉 예루살렘이 본부인 교회]와 연결할 준비가 되어 있시 않은 사람들은 버림받아야 하며, 아브라함과 그의 자손에게 약속된 약속의 상속을 기대할 수 없었다.[237]

예수 그리스도에 대한 단순한 믿음만으로 참된 하나님의 가족에 포함되기에 충분한지 궁금해하기 시작한 갈라디아의 새 신자들에게 이런 주장이 얼마나 큰 비중을 차지했는지 쉽게 알 수 있다. 따라서 바울은 아브라함의 두 아들에 대한 옛 이야기를 바르게 이해한다면 그것이 선동가들의 프로그램을 지지하는 것이 아니라 오직 믿음으로만 의롭게 된다는 자신의 교리를 지지한다는 것을 보여주기 위해 이 이야기를 다시 살펴봐야 했다.

2.7.1. 역사적 배경(4:21-23)

4:21. 바울은 하갈과 사라의 비유를 소개하면서 앞서 4장 9절에서 제기한 것과 비슷한 질문으로 질문을 던졌다. 거기에서 바울은 갈라디아 교인들이 세상의 기초적인 영들(개역개정. 초등학문)에게 다시 노예가 되기를 원하는지 궁금했다. 여기서 바울은 또 다른 종류의 속박, 더 나아가 동일한 속박의 또 다른 형태, 즉 "율법 아래"에서 비롯되는 속박을 고려하고 있다. "율법을 듣지 못하였는가?" 바울이 물었다. CSB는 일반적으로 "듣다"로 번역되는 동사 ἀκούω(아쿠오)를 "인식하다"로 번역하여 무엇이 위태로운지 완전히 이해하고 깨닫는다는 것을 나타낸다. "무슨 일이 벌어지고 있는지 깨닫고 있는가?" 바

---

237 C. K. Barrett, *Essays on Paul*, 154–70.

울이 물었다. "지금 하려는 일에 무엇이 관련되어 있는지 정말로 알고 있는 가? 그렇다면 율법이 말하는 것을 더 주의 깊게 들어보라."

바울은 "율법 아래 있기를 원하는 사람들"에게 자신을 말하면서 글을 쓸 당시에는 완전한 배도가 아직 일어나지 않았다고 지적했다. 사실, 갈라디아 사람들 중 적어도 일부는 유대인 달력의 절기와 축제를 지키기 시작했고, 다른 사람들은 선동가들의 원칙에 따라 할례를 받도록 거의 설득당했다. 잘못된 사상이 갈라디아 교인들의 마음속에 주입되었지만, 아직 반대자들의 거짓 가르침에 완전히 넘어가지 않았다. 갈라디아 신자들이 율법에 대한 거짓 충성에서 벗어나도록 하기 위해 바울은 율법의 진정한 의미를 설명했다.

바울은 한 문장에서 "율법"을 다른 두 의미로 사용한다. "율법 아래"있기를 바라는 사람들을 말할 때, 바울은 분명히 시내산에서 이스라엘 백성들이 받은 모세의 율법과 그에 수반되는 규례 및 규정을 가리켰을 것이다. 하지만 "율법을 듣지 못하느냐?"라는 질문에서 바울은 구약을 언급했다. 바울은 구약성경, 특히 아브라함의 두 아들에 관한 주요 논증을 이끌어낼 오경을 언급했다. 이 진술은 앞서 갈라디아서 2장 19절에서 바울이 "내가 율법으로 말미암아 율법에 대하여 죽었나니 이는 하나님에 대하여 살려 함이라"라고 선언한 것과 유사하다. 갈라디아서에서도 로마서 못지않게 율법은 거룩하고 의로우며 선하다고 강조한다. 율법은 거룩하고 의로우며 완전히 선하신 하나님이 주신 것이기 때문이다. 그러나 율법은 결코 하나님께서 의롭다 함을 얻기 위한 수단으로 의도하신 것이 아니다. 모세의 율법을 올바로 이해하면, 율법은 그 자체를 넘어 아브라함의 언약으로 거슬러 올라가기도 하고 예수 그리스도 안에서 최종적으로 성취된 언약을 향해 나아가기도 한다. 그러나 율법을 명확하게 "듣기" 위해서는 이방인 신학의 렌즈를 통해 거른 전통적인 랍비 주석 이상의 것이 필요했다. 바울은 이제 하갈과 사라의 이야기에 대한 자신의 해석을 제시한다.

4:22-23. 독자들에게 율법을 "들으라"고 권유한 바울은 여기서 "기록된 바"라고 잘 알려진 인용 공식으로 하갈-사라 이야기의 역사적 배경을 소개했다. 바울은 구약의 특정 본문을 인용할 때 이 단어를 자주 사용했다.[238] 그러나 이 경우 바울은 직접 인용하지 않고 아브라함의 두 아들의 탄생에 관한 창세기 내러티브를 간결하게 요약했다. 바울은 창세기 16-17장, 21장에 기록

---

238 참조. E. E. Ellis, *Paul's Use of the Old Testament* (Grand Rapids: Eerdmans, 1957), 48–49. 또한 다음 참조. Ciampa, *Presence and Function*, 156–85.

된 구약 기록을 참고한다. 창세기에 나오는 이 이야기는 극적인 긴장감, 개인적인 비통함, 매혹적인 역사적 묘사를 특징으로 한다. 바울은 이 이야기의 이러한 특징에 집중하기보다는 자신이 설명하고자 하는 비유적 의미와 관련된 세 가지 기본적인 역사적 사실을 제시한다.

사실 아브라함에게는 여덟 아들이 있었는데, 그 중 여섯은 사라가 죽은 후 결혼한 그두라(창 25:1-2) 사이에서 낳은 아들이었다. 바울은 아브라함의 후손에 대해서는 언급하지 않았는데, 이는 아브라함의 현재 목적과 관련이 없기 때문이다. 그러나 바울이 "창세기 내러티브에 대한 역사적으로 정확한 설명"에 관심이 없었다는 것은 아니다.[239] 과거 사건을 다시 이야기할 때 철저하지 않고도 정확할 수 있다. 많은 구약 사건의 사실적 성격과 역사적 근거를 무심코 무시하는 현대의 많은 성경학자와 현대 신학자와는 달리, 바울은 성경이 시공간에서 일어났다고 선언하는 것이 성경 본문이 가리키는 대로 실제로 일어났다고 가정했다.[240] 과거에 일어난 성경의 사건은 원래 배경보다 더 큰 의미를 가질 수 있지만 역사적 사실에 반하는 것은 아니다.

---

239 Betz, *Galatians*, 241-42.

240 핀녹C. H. Pinnock과 같은 예리한 복음주의 신학자도 다음과 같이 썼다. "삼손이나 엘리사 이야기의 역사적 가치를 출애굽과 예수님의 부활과 같은 차원에서 고려해야 한다고 생각하지 않는다. 성경 이야기 전체에 신화적인 요소를 인정하면 자동적으로 기독교 이야기 자체가 신화로 분류되는 것처럼 성경의 중심 주장이 역사적이라고 해서 성경의 유희적 전설의 가능성을 부정할 수 없다. 의심의 여지 없이 복음 이야기가 사실이 되려면 예수님의 부활은 일어나야 했지만 엘리사의 도끼나 롯의 아내의 운명도 마찬가지이다. ... 왜 어떤 사람에게는 이것이 그렇게 민감한 것일까?"(*Tracking the Maze* [San Francisco: Harper & Row, 1990], 161). 나는 모더니즘과 근본주의를 넘어 "포스트모던 정통주의의 한 형태"로 나아가고자 하는 핀녹의 열망에 박수를 보내며, 예수님의 부활에 대한 그의 확고한 확언을 기뻐한다. 그러나 다른 많은 신학자에게는 롯의 아내가 소금 기둥이 된 것보다 예수님이 죽음에서 부활했다는 것은 더 분명하지 않은 것 같다. 그들에게는 어떤 사건도 "복음의 이야기가 사실이기 위해 반드시 일어나야만 하는" 사건은 아니었다. 다음을 참조하라. G. D. Kaufman, *Systematic Theology: A Historicist Perspective* (New York: Scribners, 1968), 411–34. 카우프만은 부활이 그리스도인에게 궁극적인 실재에 대한 통찰력을 제공하는 비할 데 없이 중요한 사건임을 인정한다. 동시에 "부활은 (a) 일련의 환상에 지나지 않으며 (b) 믿음으로 하나님의 행위로 해석되며, 두 차원 모두 제자들의 마음 속에 있었다"(426쪽)라고 주장한다. 우리는 로잔 언약의 다음 조항으로 더욱 안전한 근거 위에 서 있다. "우리는 구약성경과 신약성경 전체가 하나님의 영감, 진실성, 권위를 가지고 있으며, 성경이 확증하는 모든 것에 오류가 없는 유일한 하나님의 말씀이자 신앙과 실천의 유일하고 무오한 규칙임을 확언한다. 우리는 또한 하나님의 구원의 목적을 성취하는 하나님의 말씀의 능력을 확인한다. 성경의 메시지는 모든 남자와 여자에게 전달된다. 그리스도와 성경에 담긴 하나님의 계시는 변할 수 없기 때문이다. 성령은 성경을 통해 오늘날에도 여전히 말씀하신다. 그분은 모든 문화권에서 하나님의 백성이 자신의 눈을 통해 진리를 새롭게 인식하도록 마음을 비추시며, 따라서 온 교회에 하나님의 여러 가지 빛깔의 지혜를 더욱 많이 드러내신다." *The Lausanne Covenant*, accessed March 17, 2020, https://www.lausanne.org/content/ covenant/lausanne-covenant#cov.

물론 바울이 관심을 가졌던 아브라함의 두 아들은 이스마엘과 이삭이었지만, 이 시점에서 두 아들의 이름은 언급되지 않았다.[241] 이스마엘과 이삭은 아브라함에게서 나온 두 계통의 후손을 나타낸다. 창세기 25장 13-18절에 따르면 이스마엘은 열두 아들을 낳았는데, 이들은 "하빌라에서 수르까지," 즉 이집트와 유프라테스 강 사이의 사막 땅을 점령한 아랍 부족의 조상이 되었다.[242] 시간이 지나면서 이스마엘의 후손은 일반적으로 이방인과 동일하게 된 반면 이삭의 아들들은 하나님의 고유한 소유이자 지상 모든 민족보다 소중한 "거룩한 씨"로 여겼다.[243] 훗날 신학자들이 일반 은총이라고 부르는 것을 통해 이스마엘 사람들도 하나님의 자비를 누렸지만, 모세의 율법, 선지자들의 메시지, 메시아의 약속은 유대인에게만 속해 있었다. 시편 기자가 말한다. "[하나님이] 그의 말씀을 야곱에게 보이시며 그의 율례와 규례를 이스라엘에게 보이시는도다 그는 어느 민족에게도 이와 같이 행하지 아니하셨나니"(시 147:19-20).

두 아들과 마찬가지로 그들의 어머니도 이름이 언급되지 않고 지위와 관련하여 묘사된다. 하갈은 아브라함의 집에 소속된 이집트 노예였던 반면, 사라는 아브라함의 합법적인 아내인 자유인이었다. 두 어머니의 신분이 암시하는 자유와 노예의 대조는 바울이 이 장의 마지막 구절에서 이 예화를 적용하는 데 중요한 역할을 한다. 하갈의 육체적 생식력과 대조되는 사라의 자연적 불임은 바울이 나중에 이사야 54장의 예언을 적용하는 데 중요한 주제가 되기도 한다.

두 아들은 어머니가 달랐을 뿐만 아니라 태어나는 방식도 달랐다. 노예 여인의 아들은 "육체의 결과," 즉 정상적인 인간 출산 방법으로 태어났고, 반대로 자유 있는 여인의 아들은 "약속을 통해," 즉 아브라함에게 주신 하나님의 말씀이 직접적으로 성취되어 태어났다. 루터는 여기서 가장 중요한 차이점

---

241 Barrett, "Analogy," 161은 바울이 거짓 선생들이 전한 이야기의 이전 해석에 대한 증거로 네 명의 주요 인물을 언급하지 않고 이 구약의 예를 소개한다는 사실을 고려한다. 마찬가지로 창세기 이야기에서 다소 많은 양의 자료를 요약한 것은 바울이 독자들에게 익숙한 땅을 걷고 있음을 나타낸다.

242 참조. F. F. Bruce, "'Abraham Had Two Sons': A Study in Pauline Hermeneutics," in *New Testament Studies: Essays in Honor of Ray Summers*, ed. H. L. Drumwright and C. Vaughan (Waco: Baylor University Press, 1975), 72.

243 이스마엘의 아들들과 이삭의 아들들의 다양한 운명에 대해서는 희년서 16:17-25에 나와 있다. 엘리엇S. M. Elliott은 아나톨리아의 이교도 종교 맥락에서 사라/하갈 알레고리를 설명한다. 그녀의 다음 연구를 참조하라. "Choose Your Mother, Choose Your Master: Galatians 4:21– 5:1 in the Shadow of the Anatolian Mother of the Gods," *JBL* 118 (1999): 661–83.

으로 이스마엘의 탄생에 하나님의 말씀이 없었다는 점을 정확하게 관찰했다. "하갈이 임신하여 이스마엘을 낳았을 때 이스마엘의 탄생을 예언하는 하나님의 음성이나 말씀은 없었지만 사라의 허락을 받아 아브라함은 창세기가 증언하는 것처럼 사라가 불임인 하갈에게 아내로 준 노예 하갈에게 들어갔다. ... 따라서 이스마엘은 오직 사라 자신의 요청에 따라 말씀에 근거하지 않고 태어났다. 아브라함에게 아들을 낳으라고 명령하거나 약속한 하나님의 말씀은 없었지만, 사라가 '내가 하갈로 말미암아 자식을 얻으리라'라고 말한 것처럼 모든 것이 우연하게 이루어졌다."[244]

이스마엘의 탄생은 하나님께서는 스스로 돕는 자를 도우신다는 철학이 실현된 결과였다. 아브라함과 사라 모두 노년에 자녀가 없었고 그렇게 죽을 것 같았다. 두 사람은 하나님의 약속을 성취하기 위해 "하나님을 돕기로" 결심했다. 그 결과 평생 다툼과 고통의 근원이었던 이스마엘이 태어났다. 14년 후, 하나님의 약속은 마침내 이삭의 탄생으로 성취되었는데, 처음에는 불신앙과 기쁨의 웃음소리가 이삭의 탄생을 맞이했기 때문에 그렇게 불렀다. 이스마엘은 육신을 따르는 아브라함의 대리 아들이었고, 이삭은 약속에 따라 아브라함의 아들이었으며 하나님의 은혜에 대한 산 증인이었다.

2.7.2. 비유적 의미(4:24-27)

4:24. 이제 서신 전체에서 가장 어렵고 논쟁이 되는 단어 하나가 나온다. 바울은 22-23절에서 앞의 역사적 요약으로 "이것은 비유니"라고 선언한다. CSB에서 "비유적으로"(figuratively)라고 번역된 단어는 ἀλληγορέω(알레고레오) 동사의 분사형으로, 문자적으로 "알레고리로 말하다" 또는 "알레고리로 해석하다"를 의미한다. 그렇다면 알레고리란 무엇인가? 알레고리의 어원적 의미는 "다른 것을 말하다"이다. 알레고리 해석은 주어진 이야기나 텍스트에서 숨겨진 의미, 즉 이야기 자체에서 암시하는 역사적 대상과 완전히 분리된 의미를 찾아내는 것이다.[245] 영문학에서 우화의 좋은 예로 존 번연의 "천로역정"을 들 수 있다. 이 유명한 이야기는 번연이 "꿈의 비유"로 자신에게 다가

---

244 Luther, "Lectures on Galatians, 1535," *LW* 26:434–35.

245 다음의 훌륭한 연구를 참조하라. D. S. Dockery, *Biblical Interpretation: Then and Now* (Grand Rapids: Baker, 1992), 27–41, 75–102. 또한 다음에 언급된 논문과 문헌을 참조하라. M. Silva, "Old Testament in Paul," *DPL*, 630–42. 이 본문에 대한 아우구스티누스의 해석을 참조하라. W. E. Helleman, "'Abraham Had Two Sons': Augustine and the Allegory of Sarah and Hagar," *CTJ* 48 (2013): 35–64.

왔다고 말한 기독교 환상으로, 일련의 상징화된 인물, 사건, 장소(변덕쟁이, 믿음[인물], 소망[인물], 거인 절망, 의심의 성, 곤고산, 아름다움의 도시 등)를 통해 기독교적 삶의 다양한 단계를 묘사했다. 알레고리 주해는 헬레니즘 세계에서 흔히 볼 수 있는 문학 분석의 한 형태였다. 구약성경이 디아스포라 유대인 학자들에게 비슷한 방식으로 취급된 것처럼 호메로스의 고대 이야기는 그리스인들이 알레고리화하였으며, 그 중 가장 유명한 인물은 알렉산드리아의 필론이다. 중요한 것은 필론이 사라와 하갈에 대한 알레고리 해석을 발전시켰다는 점이다. 필론에 따르면, 이 두 여인은 정신 발달의 두 단계를 대표하는데, 한 명(사라)은 철학의 높은 지혜에 도달하고 다른 한 명(하갈)은 보다 기초적인 낮은 학문으로 강등된다.[246] 필론의 알레고리적 방법론은 알렉산드리아에 기반을 둔 주석가들이 "기독교화"했는데, 그 중 가장 유명한 사람이 오리게네스이다.[247]

알레고리 해석과 달리 모형론적 주해는 "과거와 현재 또는 미래의 사람과 사건 사이의 대응을 발견하려고 노력한다. . . . [그것은] 이스라엘 역사의 특정 사건들이 하나님의 목적이 충만하게 드러날 미래의 시간을 예표한다는 확신에 기초한다."[248] 다시 말해, "유형"은 한 역사적 사건이 아직 오지 않은 다른 역사적 사건을 예언적으로 예표하는 것이다. 광야에서 모세가 세운 놋뱀과 예수님이 찔린 십자가 사이에는 알레고리적인 것이 아니라 모형론적으로 일치하는 부분이 있다(민 21:8-9; 요 3:14). 초대 교회에서 안디옥 학파와 관련된 성경학자들은 성경 본문의 역사적, 문법적 의미와 양립할 수 없는 과도한 알레고리화를 경계하면서 모형론적 주석을 옹호했다.[249] 안디옥 전통에 속했던 크리소스토무스는 갈라디아서 4장 24절의 바울이 실제로는 모형론적인

---

246 다음을 참조하라. Bruce, *Galatians*, 215. 바울과 필론의 대조는 다음을 참조하라. H. A. Wolfson, *The Philosophy of the Church Fathers* (Cambridge: Harvard University Press, 1955). 또한 다음 참조. H. Chadwick, "St. Paul and Philo of Alexandria," *BJRL* 48 (1965–66): 286–307.

247 예를 들어, 오리게네스의 레위기에 대한 매력적이고 공상적인 알레고리화에 대해서는 다음을 참조하라. G. W. Barkley, "Origen's Homilies on Leviticus: An Annotated Translation," unpublished Ph.D. diss., The Southern Baptist Theological Seminary (1984). 오리게네스 주해의 필론의 배경에 대해서는 다음을 참조하라. J. W. Trigg, *Origen: The Bible and Philosophy in the Third-Century Church* (Atlanta: John Knox, 1983).

248 Dockery, *Biblical Interpretation*, 33.

249 예를 들어 안디옥 학파의 가장 위대한 주석가인 몹수에스티아의 데오도레Theodore of Mopsuestia는 갈 4:21-31이 역사적 사실에 근거한다고 주장했다. 데오도레는 알렉산드리아 학파의 주석가들은 "성경의 모든 역사를 마치 밤에 꾸는 꿈과 다를 바 없는 것처럼 취급하기 때문에 이 점을 간과했다. 그들은 아담은 아담이 아니었고 낙원은 낙원이 아니었으며 뱀은 뱀이 아니었다고 말한다."라고 말한다. 다음에서 인용됨. Bligh, *Galatians*, 393n39.

것을 알레고리로 묘사했다고 믿었다.[250] 분명히 바울은 성경 사건이 증발하는 것이나, 자연스럽고 문자적인 의미에서 발견되는 성경의 기본 의미에서 벗어나는 것을 옹호하지 않았다. 바울이 알레고리라고 불렀던 것은 새 언약의 현실의 관점에서 해석된 구약 역사의 내러티브, 즉 모형론이라고 할 수 있다.[251]

전체 비유는 두 어머니, 두 아들, 두 언약, 두 산(시내산과 시온산, 후자는 이해는 하지만 표현되지 않음), 두 도시(현재의 예루살렘과 하늘의 도시) 등 다섯 쌍으로 이루어진 다섯 세트이다. 두 어머니 하갈과 사라는 두 언약을 상징하는데, 하나는 시내산에서 파생되어 노예가 될 수밖에 없는 자녀를 낳을 수 있는 언약이고, 다른 하나는 죄와 죽음에서 얻은 진정한 자유와 해방을 위한 유일한 기초인 그리스도의 피로 인침받은 은혜의 언약이다.

"언약"이라는 단어는 3장 15-16절에서 바울이 최후의 유언과 유언의 주된 법적 의미로 사용한 것으로 거슬러 올라간다. 물론 여기서 언약은 "인간 삶의 근거와 목적에 대한 하나님의 정의를 담고 있는 신적 제도로 선포한 세계 질서"와 같은 훨씬 더 광범위하고 독특한 신학적인 의미로 나타난다.[252] 이 구절에 대한 가장 좋은 주해는 고린도후서 3장 7-16절에서 옛 모세 언약의 퇴색하는 화려함과 대조되는 새 언약의 영광을 설명하는 바울의 설명이다. 바울의 의미는 분명하다. 모세의 율법을 통해 해방을 얻으려는 사람들은 실망할 수밖에 없었다. 하갈의 자손은 시내산에서 비준된 그 언약의 규정을 지켜서는 결코 사라의 자손이 될 수 없었다. 그리고 이것은 예수를 메시아로 완전히 거부한 믿지 않는 유대인들뿐만 아니라 유대인 "그리스도인"(율법주의자 등)과 율법주의자들을 따르는 이방인들에게도 적용되었다.[253]

---

250 Chrysostom, "Homilies on Galatians," NPNF¹ 13:34. "그는 용법과 달리 모형을 알레고리라 부른다. 그 의미는 다음과 같다. 알레고리라 불릴 때 역사의 표면적인 것을 선언할 뿐 아니라 어느 정도 더 멀리까지도 선언한다."

251 Bruce, *Galatians*, 217. 브루스는 바울의 비모형론적 알레고리의 한 가지 예를 지적한다. 고전 9:8-10에서 바울은 곡식을 밟아 떠는 소에게 망을 씌우지 말라는 오경의 명령을 인용하는데(신 25:4) 이는 복음을 전파하는 자에게 보상을 제공하라는 의미로 해석한다.

252 Betz, *Galatians*, 244; Longenecker, *Galatians*, 211. διαθήκη의 개념에 대해서는 다음을 참조하라. G. Quell and J. Behm, "διατίθημι, διαθήκη," TDNT 2:106–34; W. S. Campbell, "Covenant and New Covenant," DPL, 179–83.

253 틸만은 시내산에서 노예로 자녀를 낳았다는 대한 바울의 언급을 율법 자체에 대한 노예가 아니라 죄에 대한 노예를 말한다고 해석한다. 그러나 우리가 본 것처럼 ὑπὸ νόμον이 된다는 것은 갈라디아서에서 στοιχεῖα τοῦ κόσμου에 대한 종노릇에 해당하는 "율법의 속박에 복종하다"를 의미한다. 그럼에도 불구하고 틸만은 "바울이 무효라고 주장하는 것은 율법의 모든 측면이 아니라 죄의 노예 상태를 영속화하는 능력의 율법"이라는 그의 관찰은 옳다 (*From Plight to Solution*, 84).

4:25. 이 구절에서 바울은 하갈이 아라비아의 시내산을 상징하는 동시에 노예 여인과 이스마엘처럼 노예 상태에서 고통받던 현재의 예루살렘을 상징하는 인물이라고 선언함으로써 비유를 더욱 확장했다. 신뢰할 수 있는 일부 고대 사본은 "하갈"이 생략되어 있다는 점에 유의해야 한다.[254] 이 생략은 NEB 번역에 반영되어 있다. "시내산은 아라비아에 있는 산으로 오늘날의 예루살렘을 상징한다." 시내산과 예루살렘을 직접 연결하는 단순성은 매력적이지만, 결론 절의 "그녀와 그녀의 아이들"에 대한 언급은 하갈을 시내산과 동일하게 이해하는 더 길고 어려운 독해를 받아들여야 한다. 하갈과 이스마엘이 모두 노예였던 것처럼, 예루살렘을 중심으로 한 율법 제도를 준수하는 것에 기초를 두어 하나님과 의롭게 되려고 노력하는 모든 사람도 영적 종의 상태에 있었기 때문에 하갈은 현재의 예루살렘에 해당하는 시내산과 동일하다.

이 경우 바울의 모형론의 실제 의미는 그 뒤에 놓인 역사적 언급보다 더 분명하다. 바울은 어떤 근거로 하갈을 시내산과 동일시할 수 있었으며, 아라비아에 대해 무의미해 보이는 암시를 한 이유는 무엇일까? 바울은 성지 방문자를 위해 지리 수업을 하거나 여행 가이드를 쓰지 않았다. 어떤 학자들은 하갈이라는 이름과 "바위" 또는 "암반"을 의미하는 유사한 셈어 단어의 발음이 비슷하다는 점을 지적하기도 한다. 그러나 바울이 아라비아에 머무는 동안 습득한 특정 지리적 방향을 반영한 것일 가능성이 더 높다(참조. 1:17). 창세기 25장(6, 18절)에 따르면 하갈과 이스마엘은 "동방의 땅," 즉 나중에 아라비아로 알려진 지역으로 추방되었다. 하갈이라는 이름은 다른 구약 본문(참조. 대상 5:10, 19-20; 시 83:6)에서도 사해 남쪽과 아라비아 반도 북쪽의 지리적 위치를 설명하기 위해 등장한다. "하갈"이라는 단어 자체는 오늘날 사우디아라비아의 북서쪽 끝에 위치한 오늘날의 도시 체그라의 이름으로 여전히 보존되어 있다. 고대 전통에 따르면 이 근처 산맥을 모세가 율법을 받은 시내산으로 여겼다고 한다. 바울이 이 지역에 어느 정도 친숙하고 하갈의 추방과 율법 수여를 이 특정 지역과 연관시키는 대중적인 전통을 알고 있었다고 가정할 때, 하갈과 시내산을 동일시하는 데서 어떤 유형학적 일치점을 발견한 것은 놀라운 일이 아니다.[255] 시내산이 이스마엘 족속의 땅인 아라비아에 있다

---

254 참조. Metzger, *Textual Commentary*, 596. 헬라어 신약성경 네슬-알란트 28판은 더 긴 읽기를 선호한다. 펑은 본문 증거를 검토하고 변형된 사본이 제시하는 다양한 해석을 개괄적으로 설명한다(Fung, *Galatians*, 207-9).

255 다음의 논의를 참조하라. D. Lührmann, *Galatians* (Minneapolis: Fortress, 1992), 90–91. 일부 주석가가 지적하는 부차적인 주제는 아라비아가 약속의 땅 밖에 있다는 사실과 관련이 있는데, 이는 율법이 이스라엘 백성이 약속의 땅에 들어가기 전 광야에서 방황하던 시기에

는 점을 강조함으로써 바울은 사라-하갈 비유에 대한 해석에서 곧 있을 극적인 반전에 대비하여 독자들을 준비시키고 있다.

4:26. 바울은 하갈-시내산이 "지금 있는 예루살렘"에 해당한다고 주장하면서 앞 구절을 마무리한다. CSB에서"해당하다"로 번역된 단어는 신약성경 어디에서도 찾아볼 수 없는 용어인 συστοιχέω(쉬스토이케오. 개역개정, "같은 곳이니")이다. 문자적으로 "같은 줄에 서다" 또는 "같은 열에 위치하다"라는 뜻이다.[256] 이 구절 전체에서 바울은 암시적인 대응과 상호 보완적인 대조를 이루는 두 열을 다음과 같이 설정한다.

하 갈	사 라
여종의 아들 이스마엘	자유 있는 여자의 아들 이삭
"육체를 따라" 출생	"약속으로" 출생
옛 언약	새 언약
시내산	(시온산)
지금 있는 예루살렘	위에 있는 예루살렘

갈라디아서의 거짓 교사들이 그랬던 것처럼 애국심이 있는 유대인이라면 두 개의 열로 제시하는 내용이 불쾌했을 것이다. 유대인은 이삭의 아들이고 이방인은 이스마엘의 후손이라는 것을 누구나 알고 있었다. 그러나 바울은 시내산 언약과 예루살렘을 중심으로 한 현재의 종교 제도를 노예 여인의 후손과 연관시켰다. 종교 제도를 따르는 사람들은 "육체를 따라"(NIV, according to the flesh), 즉 율법의 행위를 지켜 하나님 앞에서 의롭다 함을 받으려는 사람들이었다. 반대로 자유 있는 여자의 자녀들은 오직 예수 그리스도를 믿는 믿음으로 구원의 약속을 받아들인 사람들이었다. 그들은 은혜 언약의 자녀들이었다. 바울에게는 할례를 받았든, 유대인 출신이든, 이방인 출신이든 사라

주어졌다는 것을 의미한다.

256 이 단어는 바울이 서신의 앞 부분에 소개한 용어인 τὰ στοιχεῖα τοῦ κόσμου와 관련이 있다. 참조. G. Delling, "συστοιχέω," *TDNT* 7:669; Burton, *Galatians*, 261–62.

의 자손이라는 신분과는 전혀 무관했다. 오순절에 유대인만의 영역에서 시작된 예수 그리스도의 교회가 점점 더 많은 이방인을 포함하면서 바울과 동료들의 노력으로 많은 사람이 그리스도께로 돌아왔다는 사실과 관련하여 거짓 교사들이 제기한 많은 반대는 의심할 여지 없이 이방인들에 대한 반대와 관련된 것이었다. 선동가들은 이런 관점에서 보지 못했을지 모르지만, 할례와 율법 준수를 기독교 신앙의 입문 의식으로 삼으려는 노력은 하나님이 정하신 구속 역사의 흐름을 되돌리려는 헛된 시도에 지나지 않았다.[257]

바울은 "지금 있는 예루살렘"과 "위에 있는 예루살렘"을 대조하면서 시간적 이미지와 공간적 이미지를 혼합했다. 하늘에 있는 예루살렘 또는 새 예루살렘의 개념은 바울의 전체 신학적 전망의 배경을 형성하는 유대교의 종말론적 전통에 깊이 뿌리를 둔다. BC 586년 바벨론이 첫 번째 성전을 파괴한 후, 에스겔 선지자는 새 예루살렘에 있는 웅장한 규모의 새 성전을 보았다(참조. 겔 40-48장). 신약에서도 "신부가 남편을 위하여 단장한 것 같이"(계 21:2) 새 예루살렘이 하나님에게서 하늘에서 내려올 시대를 고대하고 있다. 바울은 지금 있는 예루살렘과 위에 있는 예루살렘을 대조함으로써 그리스도인들이 마지막 날에 들어왔음을 나타낸다. 비록 신자들이 자신들에 대한 타락한 피조물의 "탄식"에 전적으로 참여하지만, 실제로는 영광의 주님을 소망으로 기다리는 또 다른 나라의 시민이다(빌 3:21). 히브리서 저자가 신실한 아브라함에 대해 말했듯이 말이다 "이는 그가 하나님이 계획하시고 지으실 터가 있는 성을 바랐음이라"(히 11:10).

바울은 시온을 "우리 모두의 어머니"라고 부르는 제4에스라서 10장 7절의 말씀에 빗대어 "위에 있는 예루살렘"은 "우리 어머니"라고 말했다.[258] 하늘의 예루살렘은 지상에 있는 현세적 예루살렘이 종인 아내 하갈에 대응하는 것처럼 아브라함의 자유 있는 여자인 아내 사라에 대응한다. 바울이 갈라디아 교회에 이 말씀을 썼을 때 "지금 있는 예루살렘"은 실제로 로마 점령군에 속박되어 있는 노예의 도시였다. 바울이 죽은 지 불과 몇 년 후인 AD 70년, 예

---

257 베츠는 바울의 상응하는 대조에 대한 리츠만H. Lietzmann의 상관관계를 재현한다. (*Galatians*, 245). 참조. H. Lietzmann, *An die Galater* (Tübingen: Mohr, 1971), 253. 이 재구성에 대한 비판은 다음을 참조하라. C. H. Cosgrove, "The Law Has Given Sarah No Children," *NovT* 29 (1987): 219–35; Cousar, *Galatians*, 102–11; Moo, *Galatians*, 296–317.

258 에스라의 환상에서 새 하늘 예루살렘은 슬픔이 하나님이 이루시는 종말론적 구원에 대한 기쁨으로 바뀌는 슬픔에 잠긴 어머니로 비유된다. "내가 보니 그 여자는 더 이상 보이지 않고 성읍이 세워져 있고 큰 터가 있는 곳이 나타났더라(제4에스라서 10:27)"(참조. Thielman, *From Plight to Solution*, 84–86).

루살렘과 성전은 완전히 파괴되고 유대인들은 거의 2천 년 동안 국가 정체성을 박탈당했다. 그러나 바울은 현 시대의 덧없음을 넘어 하나님께서 자신의 백성에게 약속하신 종말론적 쇄신을 바라보았다.

하나님의 새로운 창조의 여명은 이미 시작되었으며, 참된 신자들은 이제 "다가올 시대의 능력"(히 6:5, ESV)에 참여한다. 그리스도의 도래와 그리스도의 영이 오심으로 "마지막 날"이 시작되었다. 그러나 하나님께서 약속하신 미래의 회복을 어떤 가벼운 실현된 종말론으로 축소해서는 안 된다. 하늘에 있는 예루살렘은 여전히 위에 있으며 아직 지상에 내려오지 않았다. 이 세대를 향한 하나님의 계획의 완성을 기도하며 기대할 때에만 우리는 이 "악한 세대"(1:4)에 우리 주변에서 벌어지고 있는 온 우주의 전쟁 최전선에서 설 수 있다. 바울은 자신의 영적 기원을 옛 세상에서 찾는 신자들은 "잘못된 무기로 무장하고 잘못된 전선에서 싸우는 한 무리의 군인과 같다"는 것을 알았기 때문에 갈라디아 성도들에게 진정한 영적 정체성은 아래가 아니라 위에서, 뒤가 아니라 앞에서 찾아야 한다고 상기시켰다.[259]

4:27. 바울은 다시 "기록된 바"라는 표준 공식을 사용하여 이사야 54장 1절에서 인용한 성경 구절을 소개한다. 이 유명한 성경 구절은 예루살렘을 예루살렘 성문에 앉아 있는 과부에 비유한다. 남편은 포로로 끌려갔고 노년에 자신을 돌봐줄 자식도 없어 굵은 베옷과 재로 덮여있다. 이 절망스러운 상황 속에서 하나님의 음성이 들려온다. "잉태하지 못하며 출산하지 못한 너는 노래할지어다 산고를 겪지 못한 너는 외쳐 노래할지어다 이는 홀로 된 여인의 자식이 남편 있는 자의 자식보다 많음이라."

바울은 이 유명한 본문을 갈라디아의 상황에 어떻게 적용했을까? 이 질문에 대해 몇 가지 해석이 제시되었다. (1) 이사야 선지자가 창세기 이야기를 분명하게 언급하지는 않았지만, "잉태하지 못한"은 사라 주제와 연관성을 암시한다. 불임에 자식이 없던 사라가 이삭이 태어났을 때 즐거운 웃음과 기쁨의 함성을 터뜨렸던 것처럼, 그리스도인들도 이삭의 원형이신 메시아 예수를 믿음으로 아브라함의 진정한 자녀가 되었기 때문에 기뻐할 이유가 있다. (2) 바울이 편지를 쓴 그리스도인들의 경험은 이사야가 그린 음침한 이미지, 즉 남편을 잃은 불임 과부, 희망이나 환호를 줄 자손이 없는 것과 일치하는 것처럼 보였다. 그러나 선지자는 애통하지 말고 기뻐하고 슬퍼하지 말고 축하하라고

---

259 J. L. Martyn, "Apocalyptic Antinomies in Paul's Letter to the Galatians," *NTS* 31 (1985): 421.

외쳤다. 약속은 이것이다. 하나님께서 교회를 회복시키실 것이며, 하나님의 역사는 놀랍고 경이로울 것이다. 많은 사람이 이것을 사도 바울의 전 세계 선교 활동을 통해 이방인 신자들이 모이는 것을 말한다고 보았다. 이전에 불임이었던 여인 사라의 자녀, 즉 그리스도인 교회가 이전에 그렇게 생산적이었던 하갈의 자손, 즉 유대교의 자손보다 더 많아질 때가 올 것이다. (3) 앞의 견해에 대한 변형은 기독교와 유대교 사이의 대조가 아니라 이방인에 대한 바울의 선교와 바울과 경쟁하는 사람들의 경쟁 활동 사이에 대조를 둔다.[260] (4) 코스그로브C. H. Cosgrove는 사라에 대한 비유를 더욱 발전시켜서, 모형론적으로 사라가 그녀의 자녀, 즉 아브라함의 진정한 "씨"인 그리스도가 오실 때까지 역사상 불임으로 남아 있었다고 지적하면서 다른 많은 자녀가 태어났다는 점을 지적했다. 따라서,

> 이사야 51장 1절에서 사라로 비유된 예루살렘에 대해 말할 때 그녀의 불임이 종말론적 성취의 때까지 이어지는 것을 암시한다면, **율법은 사라에게 자녀를 주지 않았다**는 의미이다. 이 지점에서 바울은 생명(성령, 약속의 실현, 유업, 아브라함의 축복)은 토라에서 찾을 수 없다는 갈라디아서의 반복적인 강조를 가능한 한 가장 강력한 용어로 다시 강조한다.[261]

바울이 이 구약 본문을 인용할 때 의도한 정확한 뉘앙스가 무엇이든, 메시지의 의미는 분명하다. 불임에서 출산으로, 절망에서 기쁨으로, 황폐에서 축복으로, 이사야가 상상한 위대한 반전은 오직 하나님의 일방적인 개입을 통해서만 이루어질 수 있다. 누가 감히 이 여인처럼 절망적인 상황에 처한 사람에게 노래하고 기뻐하며 기쁨으로 외쳐야 한다고 말할 수 있을까! 이 여인에게 이렇게 말씀하신 분이 주님이라는 사실을 깨닫기 전까지는 그 말씀이 공허하게 들린다. 그녀를 대적하는 많은 사람이 있는데 어떻게 수치심을 두려워하지 않을 수 있었을까? 같은 장의 후반부(사 54:5)에 하나님께서 답을 주신다. "이는 너를 지으신 이가 네 남편이시라 그의 이름은 만군의 여호와이시며 네 구속자는 이스라엘의 거룩한 이시라 그는 온 땅의 하나님이라 일컬음을 받으실 것이라." 다시 한번 바울은 우리의 칭의와 자유, 소망의 기초가 되는 하나님의 은혜로운 주권과 무한한 사랑을 가리키고 있다.

---

260 참조. J. L. Martyn, "A Law-Observant Mission: The Background of Galatians," *MQR* 22 (1983): 221–36.

261 Cosgrove, "The Law Has Given Sarah No Children," 231. 또한 다음 참조. Gorman, *Apostle*, 212–16.

2.7.3 개인적인 적용(4:28-31)

4:28-29. 바울은 자신이 전개해 온 비유를 독자들에게 적용하여 독자들을 다시 "형제들아"라고 부르며 믿음의 가족이라는 공통의 유대감을 나타낸다. 바울은 성경적 논거를 제시했고, 이제 갈라디아 교인들과 관련하여 그 논거를 다시 한번 강조했다. "너희는 이삭과 같이 약속의 자녀라." 갈라디아서에서 이삭의 이름은 여기에서 유일하다. 바울의 비유 앞부분에서 이삭은 자유 있는 여자의 아들이라고 언급되었다(4:22). 여기서 바울은 갈라디아 교인들에게 자신들도 생물학적 혈통이나 인간의 노력으로 된 것이 아니라 "약속으로"(23절) 아브라함의(그리고 하나님의) 가족에서 태어났기 때문에 "너희는 이삭과 같이"(κατὰ Ἰσαὰκ, 카타 이사악, "이삭의 계통을 따라") 라고 말했다. 이방인 그리스도인들은 본질적으로 할례를 통해서만 아브라함의 가족이 될 수 있는 이스마엘 족속이라는 거짓 교사들의 주장에 대해 바울은 이방인 신자들이 받은 구원의 현재적 실체를 강조했다. 너희는 (믿음으로) **이미** 이스마엘이 아니라 이삭과 같다. 아브라함과의 연결은 육체적인 것이 아니라 영적인 것이다. 여러분의 공로는 하나님의 값없는 선물인 구원에 아무런 기여도 하지 않는다.

자신이 발전시킨 모형론 관점에서 편지의 중심 논지를 방금 다시 설명한 바울은 이제 신자들이 이삭과 동일시되는 실제적인 결과를 설명했다. 옛 아브라함의 두 아들과 오늘날의 두 아들 사이에는 부정적인 대응이 있었다. 당시 이스마엘이 이삭을 핍박했던 것처럼 지금도 마찬가지이다. 23절에 나오는 육체와 약속의 양극성은 여기서 육과 영의 이원론으로 바뀌는데, 바울은 갈라디아서 5-6장에서 이 두 가지 상반된 개념을 더 발전시켜 활용한다. 그러나 이 시점에서 바울은 신자 안에서 모순되는 두 가지 원리가 싸우는 것이 아니라 두 유형의 사람들 사이의 외적인 갈등에 관심이 있었다.

학자들 중 대부분은 바울이 이스마엘의 우상 숭배와 사악함, 동생 이삭에 대한 노골적인 적대감을 유대 랍비 전통에 기인한 것으로 생각한다고 여긴다.[262] 이 전통에 대한 유일한 성경적 근거는 창세기 21장 9절에서 사라가 아들 이삭의 젖을 떼는 잔치 기간에 이스마엘이 아들 이삭을 "조롱하는" 모습을 보았다는 말씀에서 비롯되었다. KJV는 이스마엘의 행동을 "사라는 애굽 사람 하갈의 아들이 조롱하는 것을 보았다"라고 번역하여 이스마엘의 행

262 롱네커는 구약 본문에서 발견되는 것보다 이삭과 이스마엘을 더 강하게 대조시킨 유대인 저술가들의 여러 인용문을 모았다. 롱네커의 도움이 되는 주석을 참조하라. "The Hagar-Sarah Story in Jewish Writings and in Paul," in *Galatians*, 200–206. 또한 다음 참조. Moo, *Galatians*, 300–315; Keener, *Galatians*, 430–36.

동을 악하게 묘사한다. 후대 전통은 이스마엘의 행동을 성적 부도덕, 거짓 신 숭배, 가인 아벨의 본을 따르는 동생을 향한 살인 행위였을 것이라고 파악했다.[263] 바울이 이러한 랍비 해석의 영향을 많이 받았겠지만, 이스마엘이 이삭을 학대하는 것과 당시 그리스도인들에게 가한 박해 사이에 상응하는 역사적 동질성을 분명히 인식했다.

그리스도인들에게 핍박을 받거나 순교에 대한 열망을 키우라는 명령은 어디에도 없다. 그러나 복음에 신실한 신자들은 그러한 공격에서 면제될 것이라고 믿을 이유가 없다. 예수님은 33세에 가족과 친구들의 편의시설로 둘러싸인 양로원이 아니라 험한 십자가에서 돌아가셨다. 바울은 로마 제국의 이쪽 끝에서 저쪽 끝까지 쫓기다가 사형 집행인의 칼 앞에서 생을 마감했다. 순교는 사도 시대에나 가능한 일이라고 생각하는 유혹에 빠지지 않도록, 지금도 매년 수천 명의 신자가 예수 그리스도에 대한 헌신 때문에 처형당하고 있다는 사실을 기억하는 것이 좋다.[264] 이 본문에 대한 루터의 말은 핵심을 짚어준다.

> 하나님의 말씀이 나타나자마자 마귀는 분노하고, 분노한 마귀는 모든 힘과 지혜를 동원하여 말씀을 핍박하고 완전히 멸절시킨다. 그러므로 마귀가 끝없는 분파와 범죄, 박해와 살육을 일으키는 것은 거짓의 아비요 살인자(요 8:44)이기 때문에 거짓 선생을 통해 세상에 거짓을 심고 폭군을 통해 사람을 죽이는 것 외에는 다른 것이 될 수 없다. … 누구든지 이스마엘의 핍박을 견디고 싶지 않다면 자신이 그리스도인이라고 주장하지 말라.[265]

4:30. 이 구절에는 바울이 21절부터 사용했던 하갈-사라 비유 전체의 요점이 담겨 있다. 바울은 창세기 이야기(21:10)를 다시 인용하면서 이스마엘에 관한 사라의 말을 갈라디아의 갈등 상황에 적용했다. "여종과 그 아들을 내쫓으라!" 바울은 예전 제자들에게 선동하는 자들의 손아귀에서 벗어나 선동가들을 추방하라고 촉구하고 있었다. 이 구절에 대한 바렛의 분석이 정확하다면, 바울은 반대자들이 이전에 자신에게 내렸던 것과 같은 지시를 하고 있었

---

263 예를 들어 한 전승은 이스마엘이 이삭을 핍박한 것을 가리켜 새를 사냥하는 척하며 "그를 죽이기 위해 화살을 쏘았다"고 해석한다(Longenecker, *Galatians*, 202).

264 참조. D. Barrett and T. Johnson, *Our Globe and How to Reach It* (Birmingham: New Hope, 1990), 62–63. 그리스도인들의 핍박에 대한 최근 연구는 다음을 참조하라. P. Marshall, L. Gilbert, and N. Shea, *Persecuted: The Global Assault on Christians* (Nashville: Thomas Nelson, 2013).

265 Luther, "Lectures on Galatians, 1535," *LW* 26:455, 451.

을 것이다. "내쫓으라!"는 이 엄중한 명령은 기독교 공동체 내에서 용인할 수 있는 다양성의 한계에 대해 질문한다. 고린도 서신을 보면 바울이 교회의 연합을 유지하기 위해 상당한 의견 차이와 심지어 잘못까지도 기꺼이 용인했음을 알 수 있다. 그러나 갈라디아의 거짓 교사들은 그 한계를 넘어섰다. 거짓 교사들에 대한 옹호는 복음 자체에 대한 부정이었다. 이런 종류의 이단이 교회에 침투하면 표면적인 화합을 위해 타협하거나 양보할 수 없다. 따라서 브루스가 말했듯이, "사라의 요구가 역사적 배경에서 어떤 도덕적 또는 법적 문제를 제기했든 간에, 바울의 적용은 기본적인 복음의 진리, 즉 율법의 속박과 복음의 자유는 공존할 수 없다는 진리를 진술한다."[266]

4:31. 이 구절은 하갈과 사라의 비유뿐만 아니라 바울이 3장 1절에서 4장 30절까지 전개한 전체 신학적 논증을 요약하고 결론을 내린다. 28절의 2인칭 복수 **"너희"**에서 1인칭 복수 **"우리"**로 대명사가 바뀐 것은 바울이 다시 "형제들아"라고 부른 갈라디아 교인들과 자신을 동일시하고자 하는 열망을 나타낸다. 이 구절은 갈라디아서 3-4장의 중심 질문인 "아브라함의 참된 가족은 누구인가?"에 대한 답을 제공한다. 갈라디아 교인들은 처음 그리스도께로 회심했을 때 성령이 풍성히 부어졌음에도 불구하고 자신의 영적 정체성에 대해 "미혹"되어 혼란스러웠다(3:1-5). 갈라디아 교인들을 그릇된 길로 인도한 거짓 교사들은 성경을 많이 인용하는 사람들이었기 때문에 바울은 거짓 사도들이 이단적인 견해에 반박하기 위해 성경적으로 논증했다.

먼저 바울은 갈라디아 교인들에게 오직 믿음으로 하나님 앞에서 의롭다고 선언 받은 아브라함을 언급했다(3:6-9). 다음으로 바울은 긴 삽입을 통해 율법의 주된 목적과 진정한 기능을 설명했다(3:10-25). 유대인들에게 참된 것은 이방인들에게도 똑같이 참된 것이었지만, 모세의 언약보다는 기초적인 영

---

266 Bruce, "Abraham Had Two Sons," 79. 롱네커는 이 구절에서 바울의 지시가 "모든 유대인이나 유대교 일반에 대한 편견"은 아니라고 올바르게 지적한다(*Galatians*, 217). 바울은 갈라디아의 그리스도인들에게 믿지 않는 유대인들과 어떻게 관계를 맺어야 하는지에 대해 조언한 것이 아니라, 회중의 영적 진실함과 교리적 순결을 지키라고 권면했다. 교회 역사를 통해서 이와 같은 구절은 문맥에서 벗어나 반유대주의 정서와 유대인 박해의 구실로 사용되는 경우가 너무 자주 있었다. 이런 비극적인 오해는 육신을 따라 동족을 향한 바울 자신의 열렬한 열심에 비추어 볼 때 개탄할 수밖에 없다. "형제 여러분, 이스라엘 백성을 위해 하나님께 드리는 내 마음의 소망과 기도는 그들이 구원받는 것이다"(롬 10:1 NIV 1984). 바울이 말하는 은혜의 의미를 진정으로 이해한 이방인 그리스도인이라면 유대인보다 자신을 자랑하거나 우월감을 느낄 이유가 없을 것이다. 참조. K. Stendahl, "Judaism and Christianity I: Then and Now," in *Meanings*, 213.

들에 대한 속박으로 표현되었다(3:26-4:11). 바울은 갈라디아 교인들에 대한 개인적인 사랑과 친밀감을 바탕으로 갈라디아 교인들에게 구원의 유일한 근거인 하나님의 은혜에 의지하여 "그와 같이 되라"고 간청했다(4:12-20). 마지막으로 바울은 하갈과 사라의 비유를 발전시켰는데, 이 비유는 거짓 교사들이 이미 사용했기 때문에 갈라디아 교인들에게 친숙한 예일 것이다. 바울은 창세기의 이 유명한 구절에서 파생된 상호 보완적인 두 목록을 제시했다. 새 언약인 사라-이삭-시온산-예루살렘은 옛 언약인 하갈-이스마엘-시내산-예루살렘에 반대하여 함께 서 있다. 바울은 이 비유에 대한 전통적인 해석을 뒤집어 이삭의 진정한 후손은 하나님의 변함없는 약속에 근거하여 믿음을 통해 은혜로 의롭게 되는 자들이며, 이스마엘의 후손은 유대교도들처럼 "육신을 따라"(23, 29절 RSV) 스스로 의롭게 되려고 하는 자들이라는 것을 보여준다.

이 두 구원 체계는 양립할 수 없기 때문에 바울은 "여종과 그 아들을 내쫓으라!"라는 명령으로 자신의 전체 신학적 주장을 절정에 이르렀다(30절). 노예와 자유의 개념이 갈라디아 신자들의 언어에 확고하게 자리잡았으므로 바울은 이제 편지의 세 번째 주요 부분으로 넘어가서 하나님께서 의도하신 복음의 목표가 갈라디아 신자들의 성령의 지배를 받는 삶에서 실현되도록 제시할 준비를 마쳤다.

| 단락 개요

3. 윤리. 성령 안에서의 삶 (5:1-6:18)
3.1. 그리스도 안에 있는 자유 (5:1-12)
3.1.1. 자유 안에 굳건히 서라 (5:1)
3.1.2. 은혜에서 떨어짐 (5:2-6)
3.1.3. 할례냐 십자가냐 (5:7-12)

3.2. 육체와 성령 (5:13-26)
3.2.1. 사랑의 법 (5:13-15)
3.2.1.1. 자유로의 부르심 (5:13a)
3.2.1.2. 방종의 유혹 (5:13b)
3.2.1.3. 사랑의 섬김 (5:13c)
3.2.2. 투쟁과 승리 (5:16-18)
3.2.3. 육체의 행위 (5:19-21)
3.2.3.1. 덕과 악덕 (5:19a)
3.2.3.2. 악의 목록 (5:19b-21a)
3.2.3.3. 죄의 최종 목적 (5:21b)
3.2.4. 성령의 열매 (5:22-26)
3.2.4.1. 은혜의 목록 (5:22-26)
3.2.4.2. 죽든지 살든지 (5:24-26)

3.3. 타인을 섬길 자유 (6:1-10)
3.3.1. 서로의 짐을 지라 (6:1-3)
3.3.2. 자기 자신의 짐을 지라 (6:4-5)
3.3.3. 가르치는 자와 나눔 (6:6)
3.3.4. 뿌리는 것과 거두는 것 (6:7-8)
3.3.5. 낙심하지 말라! (6:9-10)

3.4. 사도의 인침 (6:11-17)

3.4.1. 바울의 서명 (6:11)

3.4.2. 십자가를 자랑함 (6:12-16)

3.4.2.1. 마지막 일침 (6:12-13)

3.4.2.2. 십자가와 새 피조물 (6:14-16)

3.4.3. 예수의 흔적 (6:17)

3.5. 축복 기도 (6:18)

3. 윤리. 성령 안에서의 삶 (5:1-6:18)

갈라디아서 주석가들은 역사적으로 갈라디아서가 대략 두 장씩 세 개의 주요 부분으로 구성되어 있다는 것을 일반적으로 인정했다.[1] 갈라디아서의 세 가지 주요 부분은 개인적, 교리적, 권면적, 자서전적, 성경적, 훈계적 또는 더 넓게는 복음의 진리, 약속의 자녀, 성령으로 사는 등 다양한 명칭으로 불려 왔다. 나는 바렛을 따라 단순히 역사, 신학, 윤리학이라고 불렀다.[2] 우리는 갈라디아서 1-2장이 3-4장과 어떻게 연관되어 있는지 분명히 보았다. 바울의 사도적 소명과 교리적 메시지는 갈라디아의 선동가들에게 심각한 공격을 받고 있었다. 따라서 바울은 자신의 신학적 설명의 적절한 토대를 확보하기 위해 올바르게 기록하고 선교 활동과 관련된 역사적 사건을 다시 한번 진술할 필요가 있었다. 그렇다면 갈라디아서의 처음 두 부분과 마지막 5장과 6장 사이에는 어떤 관계가 있을까? 이 질문에 대한 답변으로 제시된 몇 가지 주요 이론을 살펴 보자.[3]

오닐J. C. O'Neill은 전체의 주요 부분(5:13-6:10)이 후대의 편집자가 연결되지 않는 윤리적 지침 모음집을 삽입한 것이라고 주장했다.[4] 디벨리우스는 바울 저작을 부인하지 않으면서도 갈라디아서 5-6장을 서신서의 권면의 한 형태로 간주했는데, "공통된 주소를 가진 일련의 서로 다른, 종종 연결되지 않은 권면"이라고 정의했다.[5] 디벨리우스가 정의한 훈계 장르에는 일반적인

---

1 많은 주석가가 세 번째 부분의 시작을 5:1이 아니라 실제 도덕적 권면이 시작되는 5:13에 두기 때문에 대략적으로 말한다. 따라서 R. N. Longenecker, *Galatians*, 235-37, Fung, *Galatians*, 221-42, 라이트풋, 버튼, 베츠 등은 편지의 마지막 주요 부분이 5:1에서 보다 자연스럽게 시작한다고 주장한다. Keener, *Galatians*, 438-43는 5:1의 결론에서 구분을 둔다.

2 C. K. Barrett, *Freedom and Obligation*, 3.

3 나는 여기에서 바클레이J. M. G. Barclay의 문헌 조사를 따른다. *Obeying the Truth*, 9–26. 또한 다음 참조. Cousar, *Galatians*, 121–25. 또한 다음 참조. Moo, *Galatians*, 316–31도 보라.

4 "나는 이 모음집에서 특별히 바울과 관련된 것을 찾을 수 없으며, 갈라디아 교인들이 직면한 상황과 특별히 관련이 있는 어떤 것도 찾을 수 없다"(J. C. O'Neill, *The Recovery of Paul's Letter to the Galatians* [London: SPCK, 1972], 71). 바클레이가 캐어드G. B. Caird의 다음과 같은 말을 인용한 요점은 다음과 같다. "성경 본문에 수술을 적용하는 것은 외과 의사가 성경 본문을 있는 그대로 이해하지 못했다는 것을 인정하는 경우가 더 많다"(Barclay, *Obeying the Truth*, 10n26에서 인용).

5 참조. M. Dibelius, *Geschichte der urchristlichen Literatur* (Munich: Kaiser, 1975), 140. 바울 서신의 표준적인 특징인 권면에 대해서는 다음을 참조하라. H. D. Betz, *Galatians*, Her (Philadelphia: Fortress, 1979), 253–55; V. P. Furnish, *Theology and Ethics in Paul* (Nashville: Abingdon, 1968) [=『바울의 신학과 윤리』, 알맹e, 2022]에서 특히 2장을 보라. 도티W. G. Doty는 바울의 윤리적 가르침에 관한 자료들은 "항상 실천적인 권면의 목표를 지향한" 유대교 설교 전통의 영향력을 배반한다고 주장했다(*Letters in Primitive Christianity*, 38).

도덕 격언과 전통적인 덕과 악덕의 목록과 함께 특정 철학적 사상에서 파생된 다양한 윤리적 훈계가 포함되었다. 디벨리우스는 전체적으로 갈라디아서 5-6장에 있는 대부분의 자료가 바울이 이 서신을 쓰게 한 위기 상황이나 서신의 중심 부분에서 전개한 신학적 설명과 거의 관련이 없다고 결론지었다.

이 문제에 대한 세 번째 주요 접근 방식은 갈라디아서의 첫 네 장과 마지막 두 장 사이의 내용뿐만 아니라 문체와 어조의 변화를 심각하게 고려한다. 이 명백한 이분법을 설명하기 위해 로프스J. H. Ropes는 갈라디아서에서 바울의 반대에 대한 "두 전선 이론two-front theory"을 개발했다(63쪽 참조). 이 견해에 따르면, 믿음으로 의롭다 함을 얻는다는 갈라디아서 3-4장은 이방인 개종자들에게 모세의 율법을 강요하려는 율법주의자들을 겨냥한 것이다. 그러나 또 다른 반대자들인 영성주의자 또는 방종주의자들은 갈라디아 신자들의 복음적 자유를 악용하여 모든 도덕적 구속을 버리고 완전히 방종하고 방탕한 삶을 살도록 부추겼다. 이러한 위험한 교사들에 대항하기 위해 바울은 편지의 마지막 두 장에 나오는 윤리적 지침을 썼다.[6] 또 다른 새로운 해결책은 슈미탈스W. Schmithals가 제시했는데, 갈라디아의 이단자들이 할례를 행하지만 자유분방한 생활에 전념하는 유대-기독교 영지주의자들의 집단이라고 제안했다(64쪽 참조).[7]

그러나 이러한 이론 중 어느 것도 갈라디아서 5-6장과 서신의 앞부분의 연관성을 적절하게 설명하지 못한다. 갈라디아서의 이 부분에 대한 다음 블라이의 제안은 그다지 설득력이 없다.

> 세 번째 주요 부문에서 바울은 믿음을 수단으로 하는 죄인의 처음 칭의와 최종 칭의에 대한 세례에서 하나님 나라에 대한 들어감으로 관심을 돌린다. 이 마지막 두 장의 메시지는 약속된 유업에 들어가는 것은 믿음에만 의존하는 것이 아니라 믿음 안에서 그리고 믿음을 통해 신자들이 받은 그리스도의 영이 가능하게 하는 행위에 달려 있다는 것이다.[8]

그러나 이것이 바로 바울이 앞의 두 장에서 그토록 열심히 반박했던 교리였다. 바울과 경쟁했던 사람들은 성령이 그리스도인들이 선한 일을 하도록 돕는다는 사실을 부인하지 않았다. 그들의 요점은 그러한 행위, 특히 할례와 유대 율법의 요구 사항들이 단순히 구원에 대하여 그리스도를 믿는 믿음에 필요

---

6 J. H. Ropes, *The Singular Problem of the Epistle to the Galatians*.

7 Schmithals, *Paul and the Gnostics*, 13–64.

8 Bligh, *Galatians*, 411.

한 보충이라는 것이었다. 바울은 어디에서도 "처음" 칭의와 "최종" 칭의를 구별하지 않았다. 이런 종류의 구원론은 아무리 좋은 의도를 가지고 있다 하더라도 필연적으로 펠라기우스주의의 자력 구원 교리를 따르는 경향을 보인다.

바울은 갈라디아서의 마지막 장에서 오직 믿음으로만 의롭다 함을 얻는다는 교리의 함의를 끌어내고, "율법에 대하여 죽은" 신자가 이제 "하나님에 대하여 사는"(2:19) 것이 무엇을 의미하는지 설명한다. 기독교 윤리의 활력을 주는 원리는 그리스도와의 연합과 성령 안에서 사는 삶이다. 믿음으로 의롭다 함을 얻는다는 것은 도덕적으로 메마른 교리가 아니다. 우리는 오직 믿음으로만 의롭다 함을 받지만, 그것은 거룩함으로 이끄는 사랑 안에서 활동하는 믿음이다. 칭의는 그리스도인의 삶의 전제이다. 루터가 잘 말했듯이, "은혜로 의롭다 하심을 받은 우리는 선한 일을 행하며, 그리스도께서 우리 안에서 모든 것을 행하신다."[9]

3.1. 그리스도 안에 있는 자유 (5:1-12)

1 그리스도께서 우리를 자유롭게 하려고 자유를 주셨으니 그러므로 굳건하게 서서 다시는 종의 멍에를 메지 말라 2 보라 나 바울은 너희에게 말하노니 너희가 만일 할례를 받으면 그리스도께서 너희에게 아무 유익이 없으리라 3 내가 할례를 받는 각 사람에게 다시 증언하노니 그는 율법 전체를 행할 의무를 가진 자라 4 율법 안에서 의롭다 함을 얻으려 하는 너희는 그리스도에게서 끊어지고 은혜에서 떨어진 자로다 5 우리가 성령으로 믿음을 따라 의의 소망을 기다리노니 6 그리스도 예수 안에서는 할례나 무할례나 효력이 없으되 사랑으로써 역사하는 믿음뿐이니라
7 너희가 달음질을 잘 하더니 누가 너희를 막아 진리를 순종하지 못하게 하더냐 8 그 권면은 너희를 부르신 이에게서 난 것이 아니니라 9 적은 누룩이 온 덩이에 퍼지느니라 10 나는 너희가 아무 다른 마음을 품지 아니할 줄을 주 안에서 확신하노라 그러나 너희를 요동하게 하는 자는 누구든지 심판을 받으리라 11 형제들아 내가 지금까지 할례를 전한다면 어찌하여 지금까지 박해를 받으리요 그리하였으면 십자가의 걸림돌이 제거되었으리니 12 너희를 어지럽게 하는 자들은 스스로 베어 버리기를 원하노라

---

9 Luther, "Theses Concerning Faith and Law," *LW* 34:111. 이 주제에 대한 탁월한 해설로는 다음을 참조하라. P. Althaus, *The Ethics of Martin Luther* (Philadelphia: Fortress, 1972), 3–24.

3.1.1. 자유 안에 굳건히 서라 (5:1)

5:1. 갈라디아서가 기독교 자유의 대헌장Magna Carta이라면 갈라디아서 5장 1절은 이 서신의 핵심 구절 중 하나로 간주할 만한 이유가 있다. 하갈과 사라의 비유에서 자유와 노예의 언어가 여전히 귓가에 맴도는 가운데, 바울은 갈라디아 성도들에게 "그러므로 그리스도께서 우리를 위해 얻으신 자유 안에 너희 발을 굳게 디디고 다시는 노예의 멍에에 매이지 말라"(필립스 성경)라고 말한다.[10] 이 구절에는 "자유를 위해 그리스도께서 우리를 자유롭게 하셨다"는 주장과 그에 근거한 명령인 "그러므로 굳게 서서 다시는 노예의 멍에를 메지 말라"가 모두 들어 있다.

5장 13절에서 직설법 뒤에 명령법이 놓이는 형식이 반복되는 바울 서신에서 흔히 볼 수 있는 문법적 특징이다. "굳건하게 서라"는 명령은 "그리스도께서 우리를 우리를 자유롭게 하셨다"라는 직설법과 모순되지 않을 뿐만 아니라 실제로는 그 결과이다. 하나님이 어떤 분이시고 예수 그리스도를 믿는 사람들을 위해 무엇을 하셨는지 알기 때문에 그리스도인들은 "그 자신이 되라," 즉 하나님께서 이미 칭의 판결로 선언하고 인치신 것을 인간 존재가 속한 지상 영역에서 보이라는 명령을 받는다. 이 불가분의 관계를 잊거나 경시할 때, 그리스도인이 한편으로는 율법주의에 빠지거나 다른 한편으로는 방종주의에 빠지려는 유혹을 받는데, 그리스도인의 자유에 심각한 위협이 된다.

바울의 지시형/명령형의 구조는 또한 "이 악한 세대"(1:4)가 **더 이상 아니**와 **아직 아니** 사이의 종말론적 긴장 속에서 그리스도인의 삶을 살아야 하는 신자의 구원 역사적 상황과 관련되어 있다. 우리는 바울이 갈라디아서 전체에서 이러한 긴장과 씨름하는 모습을 보았으며, 이러한 긴장은 갈라디아서 5-6장에서 바울의 윤리적 지침을 계속 형성한다. 그룬트만W. Grundmann은 다음과 같이 말했다. "그리스도인은 이중적인 현실의 긴장 속에 서 있다. 기본적으로 죄에서 해방되고 구속되고 하나님과 화해했지만 … 실제로는 죄와 싸우고, 죄의 위협과 공격을 받고 위험에 처해 있다."[11] 칭의의 사실은 그리스도인을 투쟁

---

10 브루스, 펑, 콜, 마틴, 슈라이너 등 많은 주석가는 라이트풋을 따라 5:1을 새로운 자료의 도입부가 아니라 하갈-사라 알레고리에 대한 적절한 결론으로 취급한다. 이 구절은 확실히 앞부분과 쉽게 연결된다. 그러나 롱네커는 ἐλευθερία라는 표제어와 함께 전환 문구나 불변화사가 없는 것은 이 구절이 서신의 새로운 시작을 적절하게 알려주고 있다고 제안한다(*Galatians*, 223–24). 참조. Moo, *Galatians*, 316–26.

11 W. Grundmann, "ἁμαρτάνω," *TDNT* 1:313. 그룬트만은 또한 그리스도 안에서 신자의 지위를 '죄가 없는' 것으로 묘사한다. 그러나 펑이 지적했듯이, 이 말은 그리스도 안에서 신분적 성화에만 적용될 수 있다(*Galatians*, 283n24). 참조. 요일 3:4-6.

의 세계로 밀어 넣는데, 즉 한편으로는 그리스도의 십자가에서 완성된 구속의 위대한 성취와 다른 한편으로는 그리스도의 재림에서 아직 실현되지 않은 하나님의 구원 목적의 완성으로 구속되는 가운데 있는 시간이다. 이 투쟁과 유혹의 현실 세계에서 이 악한 세상의 가짜 신들, 타 스토이케이아 투 코스무(τὰ στοιχεῖα τοῦ κόσμου)는 하나님의 백성을 상대로 전쟁을 벌이며 그들을 "다시"(팔린) 속박의 멍에에 얽매이게 하려고 끊임없이 노력한다.

그러나 기독교 신자들은 성령의 능력으로 마귀 세력의 침입에 맞서 "군건히 설" 수 있다. 그리스도께서 얻으신 자유의 표징은 성령께서 이끄시는 순종과 승리의 명령을 보장한다. 리델보스Herman Ridderbos의 말을 빌리자면, "직설법과 명령법은 한편으로는 수용성에서, 다른 한편으로는 활동에서 모두 신앙의 대상이다. ... 지시어는 '이미'와 '아직'을 나타낸다. 명령법은 마찬가지로 하나뿐만 아니라 다른 하나에도 초점을 맞추고 있다."[12] 바울은 **더 이상 아닌**에 근거하여 신자들에게 모든 것이 그들의 것이며, 그들은 그리스도의 것이고, 그리스도는 하나님의 것이라고 말할 수 있었다(고전 3:22-23). 바울은 갈라디아서 5-6장에서처럼 '아직'에 근거하여 명령하고, 금지하고, 경고하고, 심지어 협박할 수도 있었다. 그러므로 바울의 윤리적 권면의 대상은 최종 칭의가 아니다. 오히려 첫 적용이 이루어지지 않은 것처럼 그리스도인이 은혜 안에서 성장하는 것, 거룩함, 성화, 그리스도 안에 있는 새 생명에 대한 부르심이다.[13]

기독교인의 자유는 소중한 다시 태어날 때 얻은 모든 신자의 권리인데, 칼뱅은 이를 "헤아릴 수 없는 복"이라고 말하며 "우리가 죽기까지 싸워야 할 것"이라고 말했다. "왜냐하면 우리는 지금 벽난로에 대해 말하는 것이 아니라 제단에 대해 말하고 있기 때문이다."[14] 그러나 기독교 어휘에서 이 단어보다 더 많이 오해되거나 남용된 단어는 없다. 바울이 말한 **자유**는 무엇을 의미할까? 첫째, 바울은 정치적 자유를 말하지 않는다. 미국인들이 자연법을 근거로 하나님께서 모든 사람에게 정치적 자유를 포함한 양도할 수 없는 권리를 부여하셨다고 믿는다 해도, 바울은 미국 독립선언서에 명시된 그런 종류의 철학에 대한 근거를 제시하지 않았다. 바울은 심리적 의미의 자유를 더더욱 언급하지 않았다. 현대 사회에서 개발된 특정 치료 기법은 기독교와 양립할 수 있다.

12 Ridderbos, *Paul*, 256–58.

13 Bultmann, *Theology of the New Testament*, 330–52; J. K. Chamblin, "Freedom/Liberty," *DPL*, 313–16; Barrett, *Freedom and Obligation*.

14 Calvin, *Galatians*, CNTC 11:92.

그러나 기독교적 자유는 "개인이 과거의 경험과 관계를 정리함으로써 발견(또는 회복)하는 타고난 자질이나 존재 상태가 아니다. 그것은 성 금요일과 부활절의 결과로 받는 선물이다."[15] 마지막으로, 바울은 믿는 공동체의 경계에서는 신학적 무정부주의를 옹호할 수 있는 권리를 기독교 자유로 이해하지 않았다. 자신들을 위한 교리적 울타리를 세우고 유지하지 못하는 교회, 더 나아가 더 이상 이 일을 할 가치가 없다고 생각하는 교회는 영혼을 잃은 교회이다. 하나님의 전체 경륜을 선포하는 일은 하나님의 계시의 진리를 위협할 수 있는 가르침의 형태를 식별하고 거부하는 일이 포함된다.[16] 우리는 이 울타리를 너무 엄격하게 그리거나 아예 그리지 않음으로써 오류를 범할 수 있다. 한편으로는 율법주의에 빠지고, 다른 한편으로는 상대주의에 빠질 수 있다.

바울에게 그리스도인의 자유는 항상 한편으로는 예수 그리스도와의 관계에, 다른 한편으로는 신앙 공동체와의 관계를 근거한다는 사실을 기억한다면 길을 잃지 않을 것이다. 예수 그리스도 밖에서 인간의 존재는 율법에 대한 속박, 세상을 지배하는 악한 요소에 대한 속박, 죄, 육체, 마귀에 대한 속박으로 특징지어진다. 하나님께서는 이러한 노예 소유자들의 지배를 깨뜨리기 위해 아들을 세상에 보내셨다. 이제 하나님께서는 신자들의 마음속에 성령을 보내셔서 그리스도 안에서 새로운 생명과 해방을 깨닫게 하셨다.

갈라디아 교인들이 처음 하나님의 영을 받았을 때 바울이 고린도후서 3장 17절에서 "주는 영이시니 주의 영이 계신 곳에는 자유가 있느니라"라고 분명히 밝힌 것처럼 자유라는 선물도 함께 받았다. 바울이 "성령의 열매"(5:22-23)에 포함된 다양한 은혜를 나열할 때 자유는 이러한 바람직한 덕목에 포함되지 않았다. 왜냐하면 각각의 덕목에는 이미 자유가 전제되어 있기 때문이다. 따라서 성령의 열매는 자유, 즉 사랑하고, 기쁨을 발산하고, 평화를 드러내고, 인내심을 나타내는 자유이다. 그리스도께서 우리를 자유롭게 하신 이유는 **자유를 위함**이다. 즉, 그리스도인의 자유는 타인을 위한 자유, 즉 신학적 개인주의("나는 내가 선택한 것을 믿을 자유가 있다")나 영적 나르시시즘("나는 무슨 일이 있어도 나 자신이 될 자유가 있다")이 아니라 그리스도의 몸의 맥락에서 서로 사랑하고 섬길 수 있는 자유를 진정한 표현으로 찾는 자유이다.

---

15 Cousar, *Galatians*, 109.

16 참조. T. George, "The Priesthood of All Believers and the Quest for Theological Integrity," in *P. Basden and D. S. Dockery*, eds., The People of God: Essays on the Believers' Church (Nashville: Broadman, 1991), 85–95. 또한 다음 참조. F. Allison, *The Cruelty of Heresy* (New York: Morehouse Publishing, 1994).

갈라디아 교회의 가장 큰 문제 중 하나는 그곳의 신자들이 그리스도께서 주신 자유를 어떻게 사용해야 할지 모른다는 것이었다. 어떤 이들은 자유를 죄악된 본성을 만족시키기 위한 구실로 사용하고 있었다. 다른 이들은 서로의 짐을 지라는 명령을 잊어버린 "고독한 방랑자" 그리스도인이었다. 또 다른 사람들은 불화와 파벌, 뒷담화와 자기 홍보에 빠졌다. 따라서 바울은 마지막 두 장에서 갈라디아 교인들에게 타고난 영적 권리를 성숙하게 사용하도록 촉구하면서, 성령께서 갈라디아 교인들의 마음속에 비추신 그리스도의 사랑, 즉 자유를 최대한으로 표현하는 것이 사랑임을 상기시켰다.

3.1.2. 은혜에서 떨어짐 (5:2-6)

5:2. 몇 구절 앞에 갈라디아 신자들에게 거짓 선생들을 추방하라고 가르친 바울은 이제 이 선동가들이 제기하는 심각한 위협에 대해 지속적으로 심한 말을 퍼붓기 시작한다. 이 구절은 12절에서 바울이 이 말썽꾸러기들이 나가서 스스로 거세되기를 바란다는 표현으로 끝난다. 의심할 여지 없이 이것은 전체 서신에서 가장 강렬한 구절 중 하나이며, 1장 6-9절에서 바울이 서두를 열었을 때와 같은 표현을 반복하고 있다. 바울이 이 부분을 소개하는 방식은 바울이 말하고자 하는 내용의 중요성을 강조한다. "보라! 들으라! 내 말을 주목하라! 나 바울이 너희에게 말한다." 바울은 자신의 개인적인 사도적 권위를 강조하고 있었다. 바울은 갈라디아 교인들에게 극적으로 호소하면서 자신을 걸고 있다. "나 바울은"은 바울과 함께 있는 모든 형제들(1:2)도 아니고, 심지어 "바나바와 함께 하는 나"(바울이 이 글을 쓸 당시에는 안디옥에서의 이탈이 여전히 부끄러운 일이었을지 모른다)도 아닌 나 바울, 나 자신이 여러분에게 이렇게 말하고 있다는 의미이다. 바울은 갈라디아 교인들에게 귀에서 귀마개를 빼고 일어나서 자신이 하려는 말을 잘 들으라고 훈계하고 있다.

이제 갈라디아서에서 처음으로 할례 문제가 갈라디아 교인들과 관련하여 구체적으로 언급한다. 사실 할례는 바울이 경쟁 교사들을 상대로 논쟁을 벌이는 배경 가운데 있다. 2장에서 바울은 갈라디아 교인들에게 예루살렘을 방문했을 때 이방인 디도에게 할례를 받게 하려는 일부 "거짓 형제들"의 노력에 성공적으로 저항했던 일을 상기시켰다. 마찬가지로, "할례파"에 속한 사람들은 바울이 안디옥에서 베드로와 대면한 사건을 일으켰다. 그러나 5장에서만 바울은 갈라디아의 위기와 관련하여 이 문제를 정면으로 다룬다. 이제 우리는 갈라디아 서신을 처음 읽은 독자들에게도 분명한 내용, 즉 갈라디아 선동가들이 회심한 사람들에게 할례를 받으라고 요구하고 있었다는 사실을 확실히 알 수 있다.

사도행전 15장 1-2절에 따르면, 선동가들은 구원을 위해서 그리고 하나님의 백성으로 연합하기 위해서는 할례를 받아들여야 한다고 믿었다. 하지만 갈라디아에 있는 회심한 사람들이 왜 그런 것에 신경을 써야 했을까? 이 질문에 대한 다양한 답이 제시되었다. 어떤 학자들은 할례가 갈라디아 이방인들이 그리스도교 이전에 헬레니즘 신비 종교에 헌신할 때 경험했을 입문 의식과 유사한 일종의 성례전 입문 의식으로 선전되었다고 제안했다. 다른 사람들은 할례가 그리스도인의 삶에서 완전함과 영적 발전의 열쇠를 제공하는 유사 영지주의적인 의미로 갈라디아 교인들에게 제시되었을 수 있다고 제안했다.[17]

바클레이는 할례에 대한 호소를 받아들이려는 갈라디아 교인들의 의지에 관한 또 다른 그럴듯한 이론을 제시했다. 물론 기독교로 개종한 갈라디아 교인들은 이전에 신봉하던 이교도 신 숭배와 모든 관계를 끊었을 것이다. 그러나 기독교로 개종하는 일은 종교의 변화보다 더 많은 것이 수반되었는데, 노크A. D. Nock가 "사교 시설, 클럽 생활, 축제를 잃어버린 것"이라고 특징지은 내용들이다.[18] 그리스도인이 된다는 사실은 비즈니스 관계, 사회적 관계, 시민으로서의 충성심 등 삶의 전체 패턴이 붕괴되는 것을 의미했다. 그리스도인들은 지역 도시의 신에게 경의를 표하지 않기 때문에 종종 무정부주의자로 간주되었다. 율법에 집착하는 반대자들은 이러한 상실과 사회적인 이탈의 상황 속에서 할례의 복음을 제시하였는데, 최소한 이방인 그리스도인들을 회당에 출석하는 이들과 사회적으로는 동등한 위치에 올려놓는 제시였을 것이다. 개종자의 지위를 취함으로써 갈라디아 교인들은 "지역 회당 신자들과 자신을 동일하게 여겨 적어도 사회에서 더 이해하기 쉽고 인정받을 수 있는 위치를 차지하기를 바랄 수 있었다.[19] 이 모든 것 외에도 선동가들은 할례를 주장하는 신학적 근거를 분명히 가지고 있었으며, 바울도 그들의 생각을 다시 언급할 때 호소한 70인역에 근거한 할례에 대한 신학적 근거가 있다.

"너희가 만일 할례를 받으면"이라는 조건절은 바울이 이 말을 썼을 때 갈라디아 교인들이 아직 배도를 향한 치명적인 단계를 밟지 않았음을 나타내

---

17 참조. W. Schmithals, *Paul and the Gnostics*, 38. 또한 다음 참조. N. J. McEleney, "Conversion, Circumcision and the Law," *NTS* 20 (1973–74): 319–41. 바클레이는 바울의 갈라디아 교회의 반대자들이 할례를 요구한 것과 관련하여 많은 제안을 조사했다(*Obeying the Truth*, 45–60).

18 A. D. Nock, *Conversion: The Old and New in Religion from Alexander the Great to Augustine of Hippo* (Oxford: Oxford University Press, 1933), 156.

19 Barclay, *Obeying the Truth*, 60.

는 헬라어 구조를 사용한다. 그러나 그렇게 할 경우 그 결과는 "그리스도께서 너희에게 아무 유익이 없으리라"라는 끔찍한 결과를 초래할 것이라고 바울은 주장했다. 물론 문제는 할례 자체가 아니라 할례가 무엇을 상징하는지가 문제였다. 바울이 6절에서 설명했듯이 할례를 받느냐 안 받느냐는 중요하지 않았다. 바울 자신은 할례를 받은 유대인이었으며, 수술로 할례를 되돌리려는 일부 헬라화된 남성들의 노력을 철저히 거부했다.[20] 한 번은 유대인 선교 활동을 더 원활하게 하기 위해 어머니가 유대인인 디모데에게 할례를 받게 한 적도 있다. 그러나 바울은 할례가 구원을 위해 필요하다는 반대자들의 주장에 선을 그었다.

갈라디아 교인들이 이 이단적인 신학과 거기서 파생된 실천을 받아들인다는 것은 예수 그리스도를 믿는 믿음과 그리스도께서 십자가에서 완성한 사역을 통한 구원을 위한 하나님의 전적인 공급을 거부했음을 의미한다. 이것은 그들이 "다시는"(πάλιν 팔린, 1절) 속박의 옛 멍에를 지고 있다고 가정하는 것과 같다. 갈라디아서 3-4장에서 바울은 모세의 율법에 따른 유대인의 종살이와 세상의 악한 요소에 대한 이방인의 노예살이를 유사하게 묘사했다. 현재 상황에서도 동일한 비유가 여전히 적용된다. 갈라디아 교인들이 할례를 구원의 수단으로 받아들여 유대교로 돌아감으로써 그리스도의 십자가를 거부하는 것은 이교도로 **되돌아가는** 것과 마찬가지이다. 바울에게 예수 그리스도는 전부 아니면 아무것도 아닌 것이었다. 지금 그리스도를 거부하면 심판의 날에 그분은 너희에게 전혀 쓸모가 없을 것(미래 시제)이라고 갈라디아 교인들에게 경고했다.[21]

5:3. 바울은 이제 갈라디아 교인들이 할례를 받아들였을 때의 결과에 대해 방금 전에 했던 말을 확장시켰다. 갈라디아 교인들은 그리스도와 그리스도가 주시는 모든 혜택을 잃게 될 뿐만 아니라 감당할 수 없는 짐을 질 것이다. 유대인의 할례 의식을 받으면 율법의 모든 교훈을 준수해야 하는 더 포괄적인 의무가 따르기 때문이다. 바울은 갈라디아서 3장 10절에서 신명기 27장 26절을 "율법에 기록된 모든 것을 다 행할 수 있는 사람은 아무도 없기 때

---

20 이 관습은 마카비 1서 1:15에서 매우 경멸스럽게 언급된다. 할례는 일반적으로 그리스-로마 세계에서 경멸의 대상으로 여겨졌고, 나중에 하드리아누스 황제가 금지했다. 할례의 의미에 대해서는 다음을 참조하라. Keener, *Galatians*, 445–50.

21 롱네커는 ὠφελήσει가 미래의 종말을 언급하지 않는다는 것을 부인하고 대신 그리스도의 구속 사역에 대한 거부가 암시하는 현재의 소외를 언급한다(*Galatians*, 226). 그러나 베츠(*Galatians*, 258–59)는 여기에서 파루시아와 마지막 심판에 대한 언급이 있다고 본다. 참조. 롬 2:25-27.

문에 율법의 저주가 모든 사람에게 임했다"는 의미로 해석하면서 이와 같은 점을 지적했다.

바울은 갈라디아 교인들에게 그들이 떠내려 가는 입장이 거짓 교사들의 호소로 분명하게 드러나지 않았음을 암시하는 것처럼 보인다. 샌더스의 제안처럼, 바울을 반대하는 사람들이 의도적으로 "점진주의 정책"을 채택했을 수 있다. 이것은 할례를 향한 예비 단계로 유대 절기를 준수할 것을 알려주면서 이 결정적인 행동으로 갈라디아 교인들이 율법을 더욱 철저히 준수하는 일을 시작할 것이라는 생각이다.[22] 반대자들이 갈라디아 교인들에게 할례를 받도록 요구했을지라도 바울은 그러한 행위의 포괄적인 결과를 분명히 설명한다. 편지 후반부(6:13)에 바울은 "할례를 받은 그들이라도 스스로 율법은 지키지 않는다"라고 말하며 그러한 노력이 얼마나 무익한지를 다시 한번 지적한다.[23]

바울은 법정 증인의 언어로 "내가 증거합니다," "내가 증언합니다"라고 경고한다. 바울은 개인적인 경험을 통해 율법이 무엇을 요구하는지, 완전한 순종을 통해 하나님과 화평을 찾는 것이 얼마나 불가능한지 잘 안다. 당시 갈라디아 교인들이 할례와 할례가 의미하는 모든 것을 받아들이는 것은 자유라는 귀중한 선물을 버리고 끊임없는 자기 의의 길로 되돌아가는 것이었다. 거짓 교사들이 갈라디아 사람들에게 할례를 촉구하면서 "바울은 복음의 완전한 요구를 너희에게 설명하지 않았다"라고 주장했을 때, 바울은 "거짓 교사들은 율법의 완전한 요구를 너희에게 설명하지 않았다"라고 대답했다.[24]

---

22 Sanders, *Paul, the Law, and the Jewish People*, 29. 그러나 "바울은 회심자들에게 할례를 받아들이면 결과적으로 매일의 삶에서 새로운 규칙을 따라 살아야 한다는 점을 상기시켜 주었을 것"이라는 결론에 이르지는 않는다. 바울의 요점은 오히려 할례는 율법을 온전히 지키는 것을 수반한다는 것이었는데, 이는 적대자들이 공유하지 않았을 수도 있는 엄격한 견해였음을 인정한다. 참조. Westerholm, *Israel's Law*, 205–9.

23 율법이 요구하는 포괄적인 순종에 대한 바울의 엄격한 이해는 신약의 다른 곳에서도 반영되어 있다(참조. 마 5:17-20; 약 2:10). 샌더스 등이 밝힌 바와 같이, 제2성전기 유대교 랍비들 사이에는 하나님의 율법에 충실하기 위해 613개의 규정과 금지 명령에 대한 완전한 순종이 어느 정도까지 요구되는지에 대한 의견의 일치가 없었다. 그러나 "어떤 랍비도 그 순종이 완전해야 한다는 입장을 취하지 않았다"(Sanders, *Paul, the Law, and the Jewish People*, 28)는 것은 사실이 아니다. 베츠는 "바울 시대에 [최후 심판에서 구원의 소망을 얻기 위해서는 토라 전체의 엄격한 순종이 필요하다는 견해]가 유대교에서 일반적으로 받아들인 견해였다는 데는 의심의 여지가 없다"(*Galatians*, 260)라고 말한다. 우리는 마카비 4서 5:20–21에서 신성 모독자 안티오쿠스에 대한 엘르아살의 말을 인용할 수 있다. "율법을 범하는 것은 작은 일이든 큰 일이든 똑같이 가증한 일이며, 두 경우 모두 똑같이 율법이 멸시받기 때문이다." 다음에 인용된 문헌을 참조하라. Bruce, *Galatians*, 229-31, Longenecker, *Galatians*, 226–27; Keener, *Galatians*, 450–53.

24 Bligh, *Galatians*, 422. 또한 다음 참조. Moo, *Galatians*, 323–25.

5:4. 바울이 이 구절을 기록한 목적은 바울이 선포한 복음적 메시지를 버리고 율법적 순종이라는 다른 복음에 대한 유혹을 받고 있는 갈라디아 교회 성도들에게 경각심을 불러일으키기 위한 것이었다. 바울은 율법으로 의롭게 되려고 하는 모든 사람은 실제로는 (1) 그리스도에게서 멀어지고 (2) 은혜에서 멀어졌다는 점을 지적하는 경고를 반복하고 강화했다. "끊어지고"(καταργεῖν 카타르게인)는 문자 그대로 "끊어지다" 또는 "무력하게 만들다"라는 뜻이다. 바울은 앞서 갈라디아서 3장 17절에서 같은 단어를 사용하여 모세의 율법이 하나님께서 아브라함과 맺은 이전의 언약과 약속을 "폐기하지" 못하고 무효화하지 않았음을 나타냈다. 바울은 하나님께서 세우신 칭의의 방식을 포기하고 더 나아가 율법의 모든 계명을 완벽하게 이행하기 위해 빚진 자가 된 사람들은 "그리스도로부터 단절"(NASB), 즉 그리스도의 활동 영역에서 제거되어 "따라서 그리스도와의 관계가 완전히 단절"되었다고 말했다.[25] 분명히 거짓 선생들과 그 제자들은 할례의 강요가 그리스도에게서 소외됨이라고 한 순간도 믿지 않았다. 오히려 할례가 참된 구원을 소유하는 데 향상된 것, 필요한 필수적인 요소라고 생각했다. 그들이 옹호한 것은 그리스도의 은혜와 행위의 공로를 혼합하는 기독교였다. 그러나 칼뱅이 잘 말했듯이, "그리스도를 반쪽만 가지려는 사람은 전체를 잃는다."[26]

이런 의미에서 그리스도에게서 단절되었다는 것은 "은혜에서 떨어졌다"는 의미이다. 루터는 이 표현을 "더 이상 은혜의 영역에 속하지 않는다"는 의미로 해석하고 다음과 같은 방식으로 그림을 그리듯이 설명한다.

> 배에 탄 사람이 바다에 빠지면 배의 어느 부분에서 떨어지든 익사하듯이, 은혜에서 떨어지는 사람은 멸망할 수밖에 없다. 그러므로 율법으로 의롭게 되고자 하는 욕망은 난파선이며, 영원한 죽음이라는 가장 확실한 위험에 노출되는 것이다. 하나님의 은혜와 은총을 잃어버리고 진노와 다른 모든 악을 스스로 쌓아야 하는 모세의 율법을 지키고 싶어하는 것보다 더 미친 듯이 사악한 것은 무엇인가? 모세의 율법은 간직하고자 하는 것보다 더 미치고 악한 일이 무엇이 있을까? 이 율법을 간직한다는 것은 진노와 모든 악을 여러분이 스스로 반드시 쌓게 만드는데도 말이다. 이제 도덕법을 근거로 의롭다 함을 받으려는 사람들이 은혜

---

25 Fung, *Galatians*, 223. 또한 다음 참조. G. Delling, "καταργέω," *TDNT* 1:452–54. 신약에서 이 단어의 용법은 두 가지 다른 예가 있다. 고전 13:11에서 어린 아이의 일을 버리는 또는 포기하는 예와 눅 13:7의 열매 맺지 못하는 무화과나무에 대해서 "어찌하여 땅만 버리게 하겠느냐"(KJV)라고 말하는 예이다.

26 Calvin, *Galatians*, CNTC 11:93.

에서 멀어지면, 자기 의로움으로 전통과 맹세를 근거로 의롭다 함을 받으려는 사람들은 어디로 떨어질 것인가? 지옥의 가장 낮은 곳으로![27]

이 본문에 대한 아르미니우스주의의 해석과는 달리, 바울은 진정으로 거듭난 신자가 구원을 상실하는 것을 고려하지 않는다. 바울은 은혜의 교리 위에 세워졌지만 파멸로 이어질 수밖에 없는 신학을 위해 그 건전한 교리적 토대를 버릴 위험에 처한 기독교 교회에 편지를 썼다.

5:5. 갈라디아서 5장까지 바울은 갈라디아 교인들이 할례를 받으라는 거짓 교사들의 요구에 복종했을 때 초래할 끔찍한 부정적인 결과에 대해 이야기했다. 그렇게 하면 그리스도는 아무런 가치가 없고, 율법 전체를 순종해야 하는 견딜 수 없는 짐을 지며, 그리스도와 단절되고, 은혜의 영역에서 멀어질 바울은 경고했다. 이제 5절에서 사도는 갑자기 어조를 바꾸어 접속사 γάρ(가르)를 사용하여 기독교 복음의 본질을 간결한 슬로건 또는 베츠가 선호하는 "교리적 약어"로 요약한다.[28] 전체 문장은 문법적으로 느슨하게 맞기 때문에 원활하게 번역하기가 어렵다. 헬라어 원문은 다음과 같다. "우리는 성령으로 말미암아 믿음으로 의의 소망을 간절히 기다린다." 필립스 성경은 이렇게 표현한다. "우리가 그분의 영 안에서 우리가 바라는 의를 기다리는 것은 **믿음으로** 말미암는 것이기 때문이다"(강조 추가). 문장의 시작 부분에 있는 "우리가"(ἡμεῖς 헤메이스)는 의도적으로 강조된 것으로, 이름만 그리스도인인 교묘한 이단자들과는 대조적으로 "참된 그리스도인인 우리"를 의미한다.

"성령으로"와 "믿음을 따라"는 바울이 서신 전체에 걸쳐 강조한 두 가지 주요 내용을 상기시킨다. 성령은 갈라디아서 3장 1-5절에서 바울이 갈라디아 교인들에게 그리스도께로 회심한 것과 그 회심이 갈라디아 교인들의 삶에 가져온 큰 변화를 상기시키는 맥락에서 처음 소개되었다. 갈라디아서 4장 6절에서 바울은 하나님의 자녀들의 마음에 성령을 보내신 것과 구속의 사명을 완수하기 위해 아들을 세상에 보내신 것을 연결했다. 갈라디아서 4장 29절에서 예수 그리스도를 믿는 사람들을 대표하는 이삭은 "성령을 따라 난 자"로 묘사되었다. 이 구절에서 성령에 대한 언급은 바울이 편지의 마지막 두 장에서 그리스도인의 삶을 묘사할 때 성령에게 점점 더 중요한 역할을 부여할 것을 예상하게 한다. 마찬가지로, "믿음을 따라"라는 문구는 칭의를 요약해서 정의하

---

27 Luther, "Lectures on Galatians, 1535," *LW* 27:18.

28 Betz, *Galatians*, 262.

고 있는 2장 15-16절에서 처음 등장한 이후로 바울의 교리 설명의 중심에 가까이 있다. 특히 바울이 아브라함 이야기를 예로 들 때는 하나님께서 "그에게 의로 정하신"(3:6) 족장의 믿음에 초점을 맞추었다. 믿음은 또한 세례와 그와 관련된 교회의 일치(3:26-29)와 직접적으로 연결되어 있다. 갈라디아서 5-6장에서 믿음은 바울이 중요한 것은 "사랑으로써 역사하는 믿음"(5:6)이라고 말할 수 있을 정도로 사랑과 밀접하게 연결되어 있다.

성령과 믿음이라는 익숙한 주제 외에도 5장 5절에서 "의의 소망"(ἐλπίδα δικαιοσύνης 엘피다 디카이오시네스)을 만난다. 바울 사상의 전체 맥락에서 볼 때, 이 표현은 "약간의 종말론적 느낌을 주는" 그 이상을 나타낸다.[29] 우리가 살펴본 바와 같이, 바울 서신에 나오는 교회는 예수님의 사역과 죽음, 부활을 통해 이미 시작된 미래의 현실이 결정한 종말론적 공동체이면서도 영광 가운데 그리스도가 나타나실 때 최종적인 완성을 간절한 기대 속에 기다린다. 갈라디아서에는 부활에 관한 긴 장(참조. 고전 15장)이나 파루시아 (살전 4:13-18)에 대한 자세한 설명이 없지만, 서신 전체는 위에 있는 예루살렘과 하갈-사라 비유(4:25-26)에서 언급된 땅에 있는 예루살렘과 같이 마틴 J. L. Martyn이 "묵시적 반어법"이라고 부르는 것으로 특징지어진다. 이신칭의와 교회가 받은 성령은 모두 종말론적 사건이다. 이방인들에게 복음이 확장되는 것과 그 안에서 바울의 독특한 사명도 마찬가지로 종말론적 현상이다. 그것들은 인간 존재의 낡고 부서진 구조가 무너지고 하나님의 새로운 시대가 도래했음을 알린다. 물론 바울은 "우리가 소망하는 의"(NIV)에 대해 말하면서 칭의를 받거나 그 확신을 얻기 위해 그리스도의 재림을 기다려야 한다고 말하지 않는다. 바울의 칭의 교리의 핵심은 예수 그리스도를 믿는 믿음을 통해 지금 여기에서 신성한 의가 부여된다는 것이다(참조. 롬 3:24; 5:1, 9; 고전 6:11; 갈 2:16; 3:22).[30] "의의 소망"은 대신 "신자의 칭의가 가리키는 소망"을 의미한다.[31]

5:6. 6절에서 바울은 갈라디아 교인들에게 권면을 시작하는 주제를 선택했다. "우리가 그리스도 예수와 연합하면 할례도 무할례도 아무 가치가 없

---

29 Cole, *Galatians*, 142.

30 다음을 참조하라. Fung, *Galatians*, 225; 또한 다음 참조. P. S. Minear, *Christian Hope and the Second Coming* (Philadelphia: Westminster, 1954); K. H. Rengstorf and R. Bultmann, "ἐλπίς," *TDNT* 2:517–35.

31 G. Vos, *The Pauline Eschatology* (Grand Rapids: Eerdmans, 1930), 30 [= 『게하더스 보스의 종말론』, 좋은씨앗, 2015].

다"(GNT). 바울은 6장 15절의 편지 말미에서 이 문장을 거의 그대로 반복한다. 할례를 받았는지에 대한 질문은 그 자체로 아디아포라(*adiaphora*) 문제, 즉 무관한, 그 자체로 어떻게 하든 문제되지 않는 것이 되었다. 옛 제도에서 육체적 할례는 독특한 종교적 의미를 지니고 있었지만, 이제 더 이상 중요하지 않은 영역으로 밀려났다. 새로운 창조세계에서는 "헬라인이나 유대인이나 할례파나 무할례파나 야만인이나 스구디아인이나 종이나 자유인이 차별이 있을 수 없나니 오직 그리스도는 만유시요 만유 안에 계시니라"(골 3:11).

5장 6절과 6장 15절에서 할례 문제에 대한 바울의 상대화와 함께 골로새서 본문은 "유대인도 헬라인도 없는"(갈 3:28) 사회적 영역으로서 세례 공동체에 대한 이전 설명을 떠올리게 한다. 예수 그리스도를 믿는 믿음을 통해 시작된 새로운 인류, 즉 교회에서 이러한 현실과 정체성은 너무 초월적이라서 구원론적 지표로서 가지는 모든 관련성을 상실했다. 따라서 고린도전서 9장 20절에서 바울은 "유대인도 없고 헬라인도 없는"이라고 놀랍게 진술한다. 물론 바울은 유대인이었고, 여덟째 날에 할례를 받았고, 베냐민 지파에 속했다. 바울은 자신의 독특한 민족적 배경을 포기하거나 할례를 받지 않으려 한 적이 없다. 그러나 바울의 진정한 정체성은 유대인이라는 사실이 아니라 "그리스도 안에" 있다는 사실로 정의되었다. 이제 이전의 정체성 표지가 시대착오적인 것이 되었다면, "그리스도 예수 안에 있는" 사람들에게 중요한 것은 "사랑으로 역사하는 믿음"이다.

사랑으로 역사하는 믿음은 다름 아닌 우리가 하나님 앞에서 의롭게 되는 믿음이다. 중세 가톨릭 신학에서는 "사랑으로 형성된 믿음"(*fides caritate formata*)을 통해 의롭게 되는 믿음, 즉 이웃에 대한 사랑과 선의의 행위를 통해 쌓인 믿음이 의롭다 함을 얻는다고 주장했다. 그러나 바울은 우리가 하나님에 대한 사랑이나 이웃에 대한 사랑 등 사랑으로 의롭다 함을 받는다고 말한 적이 없다. 우리는 믿음으로 말미암아 은혜로 의롭게 되며, 그 믿음은 참으로 거룩함에 이르는 사랑 안에서 역사하는 믿음이다. 보른캄은 이 두 단어를 신인협력적 의미로 해석하는 것은 구원에 있어서 하나님의 자유로운 주도권의 은혜를 훼손할 수 있다고 지적했다.

> 우리는 특히 가톨릭 신학에서 (개신교도 예외는 아니지만) 사랑으로 온전해진 믿음만이 칭의에 이르게 한다는 오해의 흐름을 경계해야 한다. 이는 믿음, 사랑, 칭의 사이의 관계를 심각하게 왜곡한다. 바울은 칭의에 대해 말할 때 믿음과 사랑에 대해 말하지 않고 오직 받는 믿음에 대해서만 이야기한다. 그러므로 사랑

은 구원을 받기 위한 추가적인 전제 조건이 아니며 믿음과 필수적인 거래 대상
도 아니며, 오히려 믿음이 사랑에 활력을 불어넣어 준다.[32]

바울은 두 구절 안에 기독교의 기본 덕목인 믿음, 소망, 사랑이라는 세 가
지를 한데 모았다. 이 중 어느 것도 스스로 생성되는 성품이거나 단순한 인간
의 가능성이 아니다. 이 덕목들은 하나님의 영이 자녀의 마음속에 임재하심으
로 삶에서 실현되는 하나님의 선물이다.

3.1.3. 할례냐 십자가냐 (5:7-12)

바울은 1절에서 자유에 대한 분명한 메시지를 전한 후 할례에 대한 요구
에 굴복하는 것의 위험성을 설명한다(2-4절). 그런 다음 바울은 믿음, 성령,
의, 소망, 사랑 등 친숙한 개념들을 한데 모아 서신의 주요 주제를 요약한 기
독교적 대안에 대해 간결하게 설명했다. 이 단락의 마지막 표현인 "사랑을 통
해 역사하는 믿음"은 갈라디아서 5-6장의 나머지 부분에서 사도가 다룰 더욱
완전한 윤리적 논의를 예상하게 한다. 그러나 바울은 서신의 마지막 부분으로
들어가기 전에 다시 한번 갈라디아 교인들에게 자신이 그들과 공유했던 공통
의 역사를 상기시키고 그들이 타락한 길에서 돌아오도록 촉구하기 위해 돌아
선다. 따라서 갈라디아서 5장 7절에서 12절까지는 4장 12절에서 20절까지
의 구조와 비슷하다. 이 구절은 베츠가 "요점을 지적하는 말, 수사학적 질문,
속담 표현, 위협, 아이러니, 그리고 이 모든 것의 절정인 비꼬는 농담이 뒤섞
여 있는 모음"이라고 부른 개인적인 삽입이다.[33] 이 부분에서 우리는 바울이
위로와 분노, 격분과 소망 사이에서 흔들리는 것처럼 격렬하고 상충되는 감정
의 충돌, 급격한 기분 변화를 그대로 느낄 수 있다.

5:7. 바울은 그리스도인의 삶을 자신의 많은 글에서 볼 수 있는 운동 이미
지인 경주에 비유한다(참조. 고전 9:24-27; 빌 3:14; 딤후 4:7). "너희가 잘
달렸다"는 KJV의 표현대로(참조. CSB, "너희가 잘 달리고 있었다") 바울과
바나바가 갈라디아에 복음을 처음 전했을 때 기독교 운동의 순조로운 시작을
가리킨다. 이 이미지는 올림픽 선수가 출발선에서 힘차게 돌진하여 경쟁자들
을 제치고 시합 동안 가속도를 내고 있다가 관중석에서 몰래 경기장에 들어

---

32 G. Bornkamm, *Paul*, 153.

33 Betz, *Galatians*, 264.

와 예상하지 못한 길에서 그 선수를 넘어지게 한 모습을 연상시킨다.[34] "누가 너희를 막았느냐?"는 3장 1절의 "누가 너희를 꾀더냐"와 비슷한 수사적 질문이다. 바울은 여기서 이름과 주소를 묻지 않았으며, 상대방의 정체를 밝히는 데 아무런 관심이 없다. 바울은 혈육의 적들이 어떤 수단을 사용하든 간에 어둠의 왕자가 갈라디아의 상황을 조종하고 있다는 것을 안다. 바울의 "사랑하는 자녀들"은 성령의 능력으로만 성공적으로 저항할 수 있는 초자연적인 적에게 포위당하고 있었다.

갈라디아 교인들의 삶의 경주에 대한 이 악한 간섭의 결과는 갈라디아 교인들이 진리에 계속 순종하지 않았다는 것이다. 바울은 편지의 앞부분에서 "복음의 진리"(2:5, 14)라는 말로 전체 메시지를 요약했다. 이것이 바로 갈라디아 교인들이 거짓 선생들의 불신앙적인 신학에 동조하여 이탈하기 직전에 있었던 바로 그 내용이다. 바울은 여기서 갈라디아 교인들을 재앙의 위기에서 다시 불러낸다.

이 구절에서 세 가지 중요한 적용이 있다. (1) 그리스도인의 삶은 단거리 달리기가 아니라 마라톤이다. 바울은 그렇게 잘 시작한 갈라디아 교인들이 잘 마무리하기 원했다. 목회자는 반드시 올 방해꾼들 때문에 젊은 신자들이 좌절하지 않고 끝까지 완주할 수 있도록 제자로 삼고 양육해야 할 특별한 책임이 있다. (2) 바울은 갈라디아 교인들 중 많은 사람이 자신에게서 빼앗은 자들에게로 충성했고, 겉으로 보기에는 하나님의 뜻과 진리에서 멀어진 것처럼 보였음에도 불구하고 갈라디아 교인들을 포기하지 않았다. 물론 하나님의 전지전능하신 관점에서 볼 때, 진정으로 거듭난 사람은 결코 완전히 또는 최종적으로 믿음에서 벗어날 수 없다(참조. 요 10:28; 엡 1:4-6; 롬 8:29). 그러나 우리의 제한된 관점에서 볼 때, 진정한 그리스도인처럼 보이는 사람들도 복음의 진리를 버리는 경우가 있다(참조. 요일 2:19; 롬 11:22-23). 바울은 갈라디아 교인들이 다시 돌아올 수 있다는 '확신'이 있었기 때문에 그 목적을 위해 열심히 노력했다. 자신이 시작한 경주를 포기하려는 유혹을 받을 수 있는 사

---

34 다음을 참조하라. O. Bauernfeind, "τρέχω, δρόμος, πρόδρομος," *TDNT* 8:226–35. 또한 다음 참조. C. E. DeVries, "Paul's 'Cutting' Remarks about a Race: Galatians 5:1–12," in *Current Issues in Biblical and Patristic Interpretation*, ed. G. F. Hawthorne (Grand Rapids: Eerdmans, 1975), 115–20. 드브리스는 그러한 경주에서 방해가 동료 주자에게 왔을 가능성이 높다고 매우 그럴듯하게 제안한다. 그런 다음 이미지는 바울과 갈라디아 회심자들을 "걸려 넘어지게" 하려는 악의적인 노력을 기울인 경쟁 선교사들에게도 적용될 수 있다. 그러나 이 선동가들의 사악한 활동 너머에는 사탄의 불길한 의도가 있었다. 바울은 다른 곳에서 사탄의 "방해"를 받는다고 말했다(살전 2:18 참조).

람들과 상담하는 모든 복음 사역자들도 그래야 한다. (3) "복음의 진리"는 믿어야 할 것일 뿐만 아니라 순종해야 할 것이기도 하다. 바울이 닦아 놓은 견고한 신학적 기초를 버린 갈라디아 교인들은 곧 온갖 종류의 부도덕과 방탕으로 가득 찬 자신을 발견했다. 사탄은 건전한 교리에 대한 확신을 약화시킴으로써 느슨한 삶으로 갈라디아 교인들을 유혹했다. 신학적 진실함과 영적 활력 사이의 상관관계를 이보다 더 명확하게 볼 수 있는 곳은 없다.

5:8-9. 할례를 전파하는 선동가들이 바울의 회심한 사람들에게 강력한 영향력을 행사한 것은 분명하다. 선동가들은 회심한 사람들을 매혹시켜 결승선을 향한 경주에서 걸려 넘어지게 했다. 선동가들의 성공 비결은 무엇이었을까? 바울은 이 질문에 대해 초기 그리스 문헌 어디에서도 찾아볼 수 없는 독특한 단어인 πεισμονή(페이스모네), 즉 "설득"이라는 용어를 사용하여 대답했다.[35] 율법에 집착하는 선교사들이 갈라디아 교회를 강타한 것이 분명하다. 바울과는 대조적으로, 선동가들은 신체적으로 매력적이고 유창한 말솜씨와 좋은 구경거리를 보여줄 수 있었기 때문에 남 갈라디아 도시의 새로운 기독교 신자들이 은혜의 복음을 버리고 고된 업적과 인간의 공로로 얻는 구원이라는 새로운 신학을 받아들이도록 설득할 수 있었을 것이다. 바울의 방법론은 달랐다. 고린도 교인들에게 설명했듯이, 바울의 메시지는 "설득력 있는 지혜의 말"에 근거하지 않으며, "설득력 있는 지혜의 말"이 특징이 아니다. 오히려 바울은 "약함과 두려움과 심히 떨림으로" 복음을 선포했다(고전 2:1-5).

바울은 이 두 가지 다른 접근 방식에는 단순히 성격이 대조되고 있을 뿐만 아니라 서로 다른 신학이 개입되어 있다고 말한다. 바울은 사람을 기쁘게 하려 한 것이 아니라 하나님을 기쁘시게 하려 했기 때문에 수사학적인 속임수나 죄인을 아첨하는 설득의 기술을 사용하지 않았다. 따라서 누군가가 자신의 메시지에 반응할 때, 바울은 이것이 그의 삶에서 나타난 성령의 진정한 감동임을 확신할 수 있었다.[36] 거짓 교사들의 친절한 설득 뒤에는 물론 거짓 교사들

---

35 참조. R. Bultmann, "πεισμονή," *TDNT* 6:9. 독일어 번역을 참조하라. "Solch Überreden ist nicht von dem, der euch beruft"(그러한 권면은 너희를 부른 사람의 것이 아니다). 버튼은 πεισμονή가 능동적 또는 수동적 의미로 사용될 수 있다고 지적한다(*Galatians*, 283). "수동의 의미는 실제로 설득이 이루어졌다는 생각, 능동적 의미는 노력이라는 개념을 포함한다. 물론 후자이지만, ἐνέκοψεν은 바울의 생각에서 전자의 의미도 있음을 보여준다."

36 안디옥의 이그나티우스Ignatius of Antioch의 언급을 참조하라(Ign. *Rom.* 3:3). "기독교는 설득력이 아니라 위대함의 작품이며, 세상에서 미움을 받을 때 그 위대함이 드러난다"(*The Apostolic Fathers*, 1.229).

중 가장 큰 아첨꾼인 사탄이 있었다. 루터는 마귀를 천 가지로 속이는 사기꾼 (*ein Tausendkünstler*)라고 불렀는데, 마귀는 "가장 확실한 진리라고 천 번이라도 맹세할 만큼 명백하고 부끄러운 거짓말을 마음에 각인시킬 수 있다."[37] 바울은 독자들에게 그러한 설득은 아무리 효과적이라 해도 항상 하나님을 언급할 때 사용한 표현인 "너희를 부르신 이"에게서 온 것이 아니라는 점을 상기시킨다(참조. 1:6).

8절에서 바울은 거짓 선생들의 방법론에 대해 우려했고, 9절에서는 거짓 선생들의 간섭이 가져올 최종 결과를 생각했다. 바울은 제빵 세계의 속담을 인용하여 이렇게 말했다. "반죽 전체가 부풀어 오르는 데는 약간의 효모만 있으면 된다"는 말이 있다(GNT). 이는 "썩은 사과 하나가 통 전체를 망친다"는 영어 격언과 비슷한 상식적인 말이다. 바울의 요점은 분명하다. 반대자들은 기독교의 가르침 체계 전체를 뒤집은 것이 아니라 무해한 할례 의식을 부과하는 등 겉보기에 사소해 보이는 부분만 조정한 것뿐이다. 그러나 신앙의 근본적인 문제에 대한 사소한 일탈조차도 기독교 공동체를 완전히 파멸시킬 수 있다. 독이 강력하다면 약간의 독만으로도 몸 전체를 파괴할 수 있다. 바울의 말에는 모든 교회, 교단, 신학 기관에 대한 경고가 포함되어 있다. 복음을 왜곡하는 일이 그 가운데 생겨났을 때 이를 인식하고 거부하지 않는 신앙 공동체는 자신을 길이요 생명이라고 선언하셨을 뿐 아니라 또한 진리, 아버지께로 이끄는 유일한 진리(요 14:6)라고 선언하신 예수 그리스도의 변화시키는 메시지를 증거할 자격을 상실한 것이다.

바울은 고린도 교인들에게 성적 부도덕을 저지른 완고한 교인을 교제에서 배제하라고 권고하는 본문에서 5장 9절의 속담을 인용한다(고전 5:6). 두 편지에서 이 속담은 도덕적 상대주의나 교리적 다원주의를 구실로 악에 눈짓하거나 악을 포용하는 무방비한 삶이나 훈련되지 않은 교회의 위험에 대해 이야기한다. 썩어가는 부패의 상징으로 누룩이나 효모를 사용하는 것은 아마도 구약에서 유월절 7일 동안 누룩이나 효모를 사용하지 말라는 금령에서 유래했을 것이다(참조. 12:14-20; 신 16:3-8).[38] 바울이 갈라디아서와 고린도전서에서 같은 속담을 사용한 것은 정통과 정통주의의 상호 연관성을 나타난다.

---

37 Luther, "Lectures on Galatians, 1535," *LW* 26:196n15.

38 그러나 예수님은 마 13:31-35에 있는 겨자씨와 누룩의 두 가지 비유에서 누룩을 긍정적인 의미로 사용하셨는데 천국에서 작은 시작에서 큰 일이 일어날 수 있음을 나타내셨다. 참조. J. Jeremias, *The Parables of Jesus* (New York: Scribners, 1963), 147–49 [= 『예수의 비유』, 분도출판사, 1974].

갈라디아 교회에서 복음의 진리에 대한 타협이 방탕한 생활로 이어진 것처럼, 고린도 교회에서도 교회 내에서 공공연한 부도덕을 쉽게 용인한 결과 부활에 관한 심각한 교리적 일탈이 뒤따랐다(참조. 고전 15장). 바울이 갈라디아서의 마지막 부분(5:1-2)에서 갈라디아서 전체에 걸쳐 자신을 사로잡고 있던 중대한 신학적 결함에 대한 강력한 경고로 서신을 시작한 것은 자신이 다루고자 하는 윤리적 위기가 갈라디아 교인들이 이전에 복음의 진리에서 떠난 것과 분리될 수 없음을 알았기 때문이다.

5:10. 9절은 누룩 한 줌으로 완전히 퍼진 한 덩이 빵을 언급하면서 끝난다. 이것은 갈라디아 교회의 상황을 비유한 것으로 희망보다는 불길한 예감의 예시였다. 그런데 갑자기 바울이 갈라디아 교인들이 결국 "다른 마음을 품지 아니할 것"이라는, 즉 그렇게 설득함으로 미리 받은 거짓 가르침과 이단 사상에 궁극적으로 굴복하지 않을 것이라는 확신을 선언하면서 분위기가 갑자기 바뀌었다. 갈라디아 교인들이 이미 거의 배교의 길로 접어든 것처럼 보이는 상황에서 바울은 어떻게 그렇게 확신할 수 있었을까?

이 질문에 대한 답은 "주 안에서"라는 뜻인 ἐν κυρίῳ(엔 퀴리오)에 있다. 이 어구는 바울의 글에서 47번이나 발견된다. 바울은 데살로니가후서 3장 4절에서 주님에 대한 비슷한 확신을 표현하면서 "주께서 너희 마음을 인도하여 하나님의 사랑과 그리스도의 인내에 들어가게 하시기를 원하노라"(살후 3:5)라는 기도를 덧붙였다. 갈라디아 교인들에 대한 바울의 확신은 하나님의 사랑과 예수 그리스도의 신실하심이라는 동일한 현실에 뿌리를 두고 있었으며, 이는 성도들의 인내의 기초가 된다. 바울은 주님께서 갈라디아 교인들 중 적어도 일부를 구원하셨다고 굳게 믿었다. 바울과 바나바는 갈라디아 교인들에게 그리스도의 십자가에 대한 순수한 교리를 전했고, 갈라디아 교인들은 회개하고 믿고 자신들 가운데서 그리스도의 능력이 분명하게 나타나는 것과 함께 성령을 받았다. 이러한 헌신은 갈라디아 남부의 여러 도시에서 세례를 받고 지역 교회가 모이는 경험을 통해 더욱 확고해졌다. 바울은 나중에 빌립보 교인들에 대해 이렇게 말했다. "그들 안에서 선한 일을 시작하신 주님은 재림하시는 그 날에 선한 일이 완성될 때까지 계속 발전시켜 나가실 것이다"(빌 1:6). 따라서 바울이 여기서 자신감을 표현한 것은 단순한 재치나 "전통적인 서신서 문구"[39]가 아니라 은혜의 낙관주의에 의존하는 확고한 주장이었다.

---

39 Betz, *Galatians*, 266.

바울은 상황을 되돌릴 수 있는 능력이 자신이 아닌 주님께 있다고 확신했다. 동시에 바울은 갈라디아 교인들이 아직 할례 요구에 순종하지 않았다는 사실에서 용기를 얻었을 수도 있다. 갈라디아 교회는 혼란에 빠져 있었다. 갈라디아 교인들은 흔들리고 있었고 심지어 반대자들에게 기울어져 있었지만 아직 반대자들의 설득력 있는 호소에 완전히 굴복하지는 않았다. 의심할 여지 없이 바울이 편지를 쓴 주된 목적은 거짓 교사들에게 균형추를 제공하는 것이었다. 바울의 전략은 상황을 진정성 있게 읽었을 뿐만 아니라 목회적으로도 합당한 것이었다. 브라운J. Brown이 현명하게 관찰했듯이, "그리스도인 교사는 항상 '모든 것을 소망하는' 긍휼의 영향력 아래서 행동해야 하며, 영혼이 그의 돌봄에 맡겨진 사람들을 의심할 때 두려움을 드러내면서 희망을 숨겨서는 안 된다."[40]

바울은 참뒤 성도의 견인에 대한 확신을 표명하면서도 갈라디아 교인들을 혼란에 빠뜨린 사람들에 대한 비난을 아끼지 않았다. "그러나 여러분을 걱정하는 사람은 누구든지 언젠가는 심각한 책임을 져야 할 것이다!"(10절 필립스 성경). 이 이름 없는 말썽꾼의 정체에 대해 학자들은 많은 추측을 한다. 바울은 다른 곳에서 자신을 반대하는 사람들을 복수형으로 언급했다(1:7, 5:12). 그럼에도 불구하고 교란의 책임이 있다고 바울이 주로 생각한 주동자가 있었을 것이다. 다른 학자들은 바울이 야고보(2:12의 "야고보에서 온 어떤 이들" 참조. 안디옥에 도착하여 사건을 촉발시킨 사람) 또는 심지어 바울의 주요 경쟁자이자 초대 교회에서 바울의 적으로 부상한 베드로(바우어와 그의 제자들에 따르면)에게 뒤통수를 맞았다고 제안했다.[41] 이 구절의 경고는 1장 7-9절로 거슬러 올라가는데, 이 구절에서 바울은 자신이 하나님의 위임에 따라 선포한 복음과 다른 복음을 감히 전파하는 사람은 자신을 포함해서 누구든지 다른 복음을 전하는 사람들에 대한 혐오감을 드러냈다. 또 다른 비슷한 본문은 고린도후서 11장 15절로, 바울은 자신을 의의 종이라고 속인 거짓 사도들에 대해 "그들의 마지막은 그 행위대로 되리라"라고 선언했다. 앞서 바울은 갈라디아 신자들에게 거짓 선생들을 신자들 가운데서 쫓아내라고 권고했다(4:30, "여종과 그 아들을 내쫓으라"). 여기서 바울은 그리스도께서 재림하실 때, 하나님께서 직접 내리실 마지막 종말론적 심판에 대해 이야기했다. 신약 성경이 이단에 대해 인정하는 유일한 두 가지 제재는 교회의 징계와 하나님의

---

40 Brown, *Galatians*, 274.

41 다음의 광범위한 논의를 참조하라. "St. Paul and the Three," in Lightfoot, *Galatians*, 292–374. 또한 다음 참조. Bligh, *Galatians*, 430–31.

심판이다. 종교적 자유 교리는 치안 판사가 종교적 신념이나 신학적 신념을 이유로 누군가를 처벌할 정당한 권한이 없다고 선언한다.[42]

5:11. 10절에 언급된 혼란의 일부는 반대자들이 갈라디아 교인들을 처음 만났을 때 바울에 대해 유포했던 거짓 비난, 즉 중상모략적인 거짓말에서 비롯된 것이 분명하다. 반대자들은 이방인 신자들에게 할례를 촉구하면서 "바울이 할례를 옹호하는 사람이라는 말을 듣지 못했는가?"라고 속삭인 것 같다. 아마도 반대자들은 바울이 예루살렘 교회 지도자들과 함께 있을 때 자신들에게 적합할 때 할례를 전했지만 이방인 청중에게 말할 때는 자신의 기독교적 내용으로 더 쉽게 설득하기 위해 메시지를 신중하게 다듬었다고 말하고 있었을 것이다. 우리에게는 터무니없는 주장처럼 보이지만, 바울은 분명 악의적인 의도라고 생각했을 것이다. 바울의 삶에서 갈라디아 교인들에게 이 혐의가 적어도 그럴듯하게 보였을 만한 것이 있었을까?

바울은 처음부터 할례 반대 운동을 벌이지 않았다. 바울의 기본 원칙은 그리스도인은 하나님이 부르셨을 때 자신의 상태에 따라 삶을 질서 있게 살아야 한다는 것이었다. "할례자로서 부르심을 받은 자가 있느냐 무할례자가 되지 말며 무할례자로 부르심을 받은 자가 있느냐 할례를 받지 말라 할례 받는 것도 아무 것도 아니요 할례 받지 아니하는 것도 아무 것도 아니로되"(고전 7:18-19)라고 바울은 말한다. 이방인이 하나님의 가족에 속하기 위해 유대인이나 유대인화된 이방인이 될 필요는 없다. 사실, 예루살렘의 반 바울주의 세력 사이에서는 사도가 "이방인 중에 있는 모든 유대인에게 모세를 버리고 자녀에게 할례를 받지 말고 우리의 관습을 따라 살라고 가르쳤다"는 소문이 돌았다. 그러나 야고보와 예루살렘 교회의 장로들이 알고 있듯이 이것은 억지 주장이다(행 21:17-26). 왜냐하면 바울은 이 민족적 의식에 구원의 의미가 없는 한, 예수를 믿는 유대인 신자들이 유아인 아들에게 할례를 행하는 것은 완벽하게 받아들일 수 있는 일이라고 생각했다.

일부 학자는 이 구절에서 갈라디아 남부 도시인 루스드라에서 일어난 바울의 사역 중 또 다른 사건에 대한 은밀한 언급을 발견하기도 했다. 디모데가

---

42 초기 영국 침례교인들은 보편적인 종교적 관용을 옹호했다. 헬위스Thomas Helwys는 "그들을 이단이든, 터키인이든, 유대인이든 무엇이든지 되게 하라. 그들을 벌하는 것은 세상 권세에 속하지 않는다"라고 표현했다(*A Short Declaration of the Mystery of Iniquity* [London: 1612], 69). 다음을 참조하라. T. George, "Between Pacifism and Coercion: The English Baptist Doctrine of Religious Toleration," *MQR* 58 (1984): 30–49; R. L. Wilken, *Liberty in the Things of God* (New Haven: Yale University Press, 2019).

바울과 실라와 함께 선교 여행을 떠났을 때, 바울은 전도 여행에서 유대인 공동체에 더 쉽게 접근할 수 있도록 젊은 친구에게 할례를 받게 했다(행 16:3). 디모데의 어머니는 유대인이었고, 바울은 고린도전서 9장 20절에 "유대인들에게 내가 유대인과 같이 된 것은 유대인들을 얻고자 함이요"라고 명시된 수용 원칙에 따라 이 행위를 정당화했을 것이다.[43]

갈라디아서 5장 11절에 대한 또 다른 해석은 바울이 할례를 행한 혐의를 2장 1-5절의 디도와 관련된 사건과 연결시킨다. 일부 사본은 2장 5절에서 "아니"라는 부정적 부인을 생략하여 바울이 거짓 형제들의 압력에 "잠시 포기"하고 디도에게 할례를 받게 했다는 인상을 남긴다. 거짓 형제들의 압력에 "잠시 동안 굴복하여" 디도에게 할례를 받게 했다는 인상을 남긴다. 그러나 이것은 분명히 등급이 낮은 본문 읽기이며, 학자들 대부분은 결과적인 의미("일부 거짓 형제들 때문에 ... 잠시 양보했다")가 "사도의 주장이 표류하는 것과 그의 기질 모두에 분명히 반대되는 것 같다"라는 메츠거의 견해에 동의한다.[44] 그럼에도 불구하고 이 시점에서 본문 전통의 모호함은 무엇보다도 갈라디아에서 반대자들이 선포한 이 사건에 대한 왜곡된 체계를 반영할 수 있다.

바울은 이 비난에 약간 상처를 입었을 것이다. 그렇지 않았다면 그렇게 갑작스럽게 대응하지 않았을 것이다. "지금까지"(ἔτι 에티)라는 부사는 거짓 교사들의 선전을 재구성하려는 우리의 노력에 유용한 단서를 제공할 수 있다. 바울은 "내가 **지금까지** 할례를 전한다면 어찌하여 **지금까지** 박해를 받으리요"라고 물었다(강조 추가). 바울이 개종하기 전, 핍박받는 사람이 아니라 핍박하는 사람이었을 때, 조상들의 "전통," 즉 엄격한 바리새파 유대교에 이방인 개종자와 부적합한 유대인을 따르도록 하기 위해 광범위한 선교 활동을 벌였을 가능성이 높다.

그 당시 바울(다소의 사울)은 자신의 열심 있는 노력의 필수 요소로서 "할

---

43 폴힐J. Polhill은 디모데의 할례에 대해 다음과 같이 설명한다. "디모데는 유대인으로 간주되었을 것이다. 그러나 그의 아버지는 헬라인이기 때문에 아들에게 할례를 받도록 하지 않았을 것이고, 지역 유대인들도 이 사실을 알고 있었다. 그래서 바울은 디모데에게 할례를 받게 했다. 바울은 가능하면 항상 유대인 회당을 통해 일했다. 측근 중 한 사람이 유대인 혈통인데도 할례를 받지 않았다면 유대인들 사이에서 바울이 효과적으로 활동하는 데 방해가 될 수 있었기 때문이다. 디모데에게 할례를 베푸는 것은 최소한 선교 전략의 문제였다(고전 9:20). 그러나 그것은 그 이상이었을 수도 있다. 바울은 자신의 유대인 유산을 결코 버리지 않았다. 그는 디모데가 자신에게 신실하기를 바랐을 것이다(참조. 롬 3:1f.)"(Acts, 343). 또한 다음 참조. S. J. D. Cohen, "Was Timothy Jewish (Acts 16:1–3)? Patristic Exegesis, Rabbinic Law, and Matrilineal Descent," *JBL* 105 (1986): 251–68. 더 최근 연구는 다음을 참조하라. R. Fellows, "Paul, Timothy, Jerusalem and the Confusion in Galatia," *Biblica* 99 (2018), 544–66.

44 Metzger, *Textual Commentary*, 591.

례를 설교"했을 것이다. 그러한 운동의 한가운데서 다소의 사울과 나사렛 예수는 다메섹으로 향하는 길에서 만난다. 바울이 갈라디아 교인들에게 보낸 편지는 이 사건이 발생한 지 약 20년 후에 썼지만, 당시 바울을 알고 있었던 많은 사람의 마음속에는 바울의 회심 전 활동에 대한 기억이 여전히 남아 있었을 것이다. 그러나 바울은 분명히 하나님의 교회를 핍박하고 그리스도의 십자가를 공공연히 대적했던 비열한 과거를 왜 굳이 들춰내야 하느냐고 말했다. 더욱이, 반대자들의 말대로 기독교로 회심하기 이전에 그랬던 것처럼 여전히 할례를 설교하고 있다면 왜 이리저리 쫓기면서 박해를 받는가?

갈라디아서 후반부(6:12)에서 바울은 거짓 교사들이 할례에 열중하는 이유 중 하나는 할례를 옹호함으로써 박해를 피할 수 있기 때문이라고 말한다. 그러나 바울은 그런 쉬운 길을 택하지 않았다. 바울과 바나바가 갈라디아에 처음 복음을 전했을 때, 회당 지도자들의 손에 박해를 당했다. 십자가를 전하는 것은 유대인들에게 매우 큰 "걸림돌"($\sigma\kappa\acute{\alpha}\nu\delta\alpha\lambda o\nu$ 스칸달론)였고, 그리스도와 할례를 동시에 전파할 수 없었다.[45]

할례 또는 십자가는 이제 바울이 갈라디아서 전체에서 전개하는 일련의 대립들, 즉 그리스도의 복음 대 "다른" 복음, 믿음 대 행위, 은혜 대 공로, 약속 대 율법, 하갈-이스마엘-지금 있는 예루살렘 대 사라-이삭-위에 있는 예루살렘, 성령 대 육체, 자유 대 노예에 속해야 한다. "걸림돌"($\sigma\kappa\acute{\alpha}\nu\delta\alpha\lambda o\nu$ 스칸달론) 문자 그대로 "함정, 당혹감의 원인, 필연적으로 부정적인 반응을 불러일으키는 걸림돌"을 의미한다.

고린도전서 1장 18-31절에서 바울은 유대교 전통과 그리스-로마 문명의 엘리트주의 문화와 관련하여 십자가의 걸림돌에 대한 자신의 이해를 발전시켰다. 바울은 유대인들이 기적의 표적을 요구했다고 말한다. 유대인들은 하나님께서 발표하시는 장엄하고 눈부신 무언가를 보고 싶어 했다.[46] 십자가는 이

---

45 이 점은 바렛이 잘 설명했다. "당신은 십자가와 할례 둘 모두를 설교할 수 없다. 십자가는 사람들이 구원을 얻기 위해 집착하는 모든 의식과 제도의 원수이기 때문이다. 그 안에서 구원을 확보할 수 있다고 생각하기 때문이다. 바울이 반대하는 것은 국가적인 관습이 아니라 안전 보장을 위한 할례다. 그리고 십자가는 모든 안전 보장에 대한 부인이다. 십자가를 지고 그리스도의 발자취를 따르는 사람만이 그분 안에서 칭의를 발견한다. 십자가에 달리신 분은 모든 종류의 인간적인 안전 보장을 포기하셨고, 그분을 따르는 이들도 이를 포기해야 한다. 인간의 자존심에 이것만큼 상처를 주는 것은 없다"(*Freedom and Obligation*, 69). 바울이 최근에야 할례 없는 복음을 받아들였고, 이런 변화를 알지 못했던 반대파들은 자신들이 바울의 선교 사역을 방해하기보다는 지지하고 있다고 생각했다는 하워드G. Howard의 논지는 설득력이 없다(*Crisis in Galatia*, 39–44).

46 이 표적과 기사 신학은 뮤지컬 "지저스 크라이스트 슈퍼스타"에서 헤롯 왕이 예수님께 수영장을 걸어서 건너가 자신을 증명하라고 도전하는 것으로 대표된다.

러한 표적과 이적 신학에 스캔들, 즉 걸림돌이었다. 왜냐하면 십자가는 하나님께서 약하고 비열한 것, 즉 수치스럽고 저주받은 것을 사용하여 하나님의 승리하시는 은혜와 구속의 승리를 보여 주시는 대표적인 예이기 때문이다. 권력을 사랑했던 로마인들과 지적 성취, **파이데이아**(paideia) 즉 교육을 통한 구원에 열광했던 헬라인들에게 십자가는 그다지 부끄러운 것이 아닌 듯 했다. 바울 시대보다 현대 계몽주의 문화에 더 널리 퍼져 있는 이러한 삶의 철학에서 십자가는 어리석은 일이다. 바울은 자신의 메시지를 다듬는 것으로 십자가에 못 박힌 그리스도에 대한 죄책감을 없앨 수 있었지만, 십자가 없는 기독교는 그때나 지금이나 죄와 죽음 앞에서 남자와 여자, 모든 사람을 무력하게 만든다.

5:12. 이 구절은 "현존하는 바울의 모든 진술 중에서 가장 조잡하고 무례한 것"이라고 불리는 내용을 담고 있다.[47] KJV는 "너희를 힘들게 하는 그들은 끊어질 것이다"라고 번역해서 원문의 힘을 표현하기에 부적절하다. "끊어지다"(개역개정, "베어버리기를")는 ἀποκόπτειν(아포코프테인)의 미래 중간태이다. JB 성경은 "당신을 방해하는 사람들에게 칼이 미끄러지는 것을 보고 싶다고 말하라"라고 번역한다. 빈센트M. R. Vincent도 이 구절을 의역하면서 바울의 놀라운 진술의 의미를 잘 포착하고 있다.

> 이 사람들은 할례를 고집함으로써 여러분을 방해하고 있다. 나는 그들이 포피만 절단하는 것이 아니라 이교도 제사장들처럼 할례를 철저히 시행했으면 좋겠다. 아마도 이것이 구원에 훨씬 더 강력한 도움이 될 것이다.[48]

빈센트의 표현에서 이교도 사제에 대한 언급은 어머니 여신(Magna Mater 마그나 마테르)이자 소아시아에서 번성했던 신비주의 숭배의 중심인 키벨레 사제들이 행한 성례를 위한 거세 의식을 가리킨다. 키벨레 사제들의 거세는 키벨레의 배우자 신인 아티스의 죽음과 부활을 재현하는 연례 의식의 일부였다. 매년 봄 축제에서 키벨레 숭배자들은 금식하고 기도하며 아티스의 죽음을 애도했다. 그런 다음 사제들은 스스로를 쇠약하게 만들고 자신의 피를 마신 다음 엄숙한 행렬로 젊은 신 아티스의 형상을 무덤으로 옮겼다.

---

47 Longenecker, *Galatians*, 234.

48 다음에 인용됨. Wuest, *Wuest's Word Studies*, 1:146–47. 빈센트의 해석적인 번역은 몹수에스티아의 데오도르가 앞서 인용한 이 구절을 낮추어 번역했다. "경솔하게 살을 절제하는 것이 좋다고 생각한다면, 성기를 완전히 잘라내어 더 큰 이점을 얻게 하라!" Bligh, *Galatians*, 433n32.

그러나 다음 날이 되자 사람들은 아티스의 부활과 땅의 재생을 축하하는 환희의 함성으로 거리를 울렸다. 사제들은 "신비를 추구하는 이들이여, 용기를 내라"며 "신이 구원을 받았으니 너희에게도 구원이 올 것이다"라고 외쳤다. 축제의 마지막 날, 위대한 어머니의 형상이 그녀를 노스트라 도미나(*nostra domina*), "우리 어머니여!" 라고 환호하는 군중들 사이를 통과하며 의기양양하게 개선행진 가운데 운반되었다.[49]

키벨레 숭배의 주요 중심지 중 하나는 북 갈라디아의 주요 도시인 페시누스에 있었다. 바울 서신 독자 중 일부는 기독교 이전 시대에 키벨레를 숭배했을 수도 있다. 어쨌든 독자들은 바울의 암시를 놓칠 수 없었을 것이다. 할례를 많이 행하는 선동가들은 우상을 숭배하는 종교를 섬기는 이교도 제사장들보다 영적 삶에 대한 더 나은 안내자가 아니었다. 갈라디아서 4장 8-9절에서 바울은 다른 맥락에서 같은 점을 지적했다. 갈라디아의 이방인 신자들은 모세의 율법에 복종함으로써 이전에 숭배했던 영적인 힘과 귀신들에게 다시 속박당할 것이다.

바울의 말은 모세오경의 "고환이 상한 자나 음경이 잘린 자는 여호와의 총회에 들어오지 못하리라"(신 23:1)라는 구절과 관련한 해석도 가능하다. 70인역에서 "주의 총회"(개역개정. "여호와의 총회")을 번역하는 데 사용된 단어는 "주의 교회"라는 의미인 ἐκκλησία κυρίου(에클레시아 퀴리우)이다. 바울은 반대자들이 스스로를 약화시키기를 바라면서 의도적으로 모순된 반전을 엮어낸 것일 수 있다. 거짓 교사들이 갈라디아 신자들에게 참된 교회 또는 하나님의 백성이 되기 위해 스스로 할례를 받으라고 촉구했던 것처럼, 바울은 반대자들에게 신명기 23장 1절에 근거하여 스스로 할례를 받고 교회에서 완전히 배제되기를 제안했을 수 있다. 그러나 교회, 즉 하나님께서 택하신 자들로 구성된 보이지 않는 교회에서 배제된다는 것은 그리스도에게서 배제되고 저주 아래 놓이고 죽임을 당하는 것이었다. 따라서 5장 12절은 가혹하긴 하지만 거짓 복음을 선포하여 교회를 어지럽히는 자들에 대한 바울의 공개적인 혐오를 반복한다(1:6-9).

이런 구절을 읽고 나면 "기독교 사역자가 이런 식으로 말하는 것이 적절한가?"라는 질문을 하지 않을 수 없다. 심지어 램지W. M. Ramsay가 표현한 것처

---

49 W. Durant, *Caesar and Christ*, 523. 또한 다음 참조. Cumont, *Oriental Religions in Roman Paganism* (Chicago: University of Chicago Press, 1911). 다음의 통찰력 있는 논문을 참조하라. J. R. Edwards, "Circumcision, the Mother Goddess, and the Scandal of the Cross," *NovT* 53 (2011): 319–37.

럼 많은 학자는 바울의 언어가 더럽고 공격적이며 "역겹다"고 생각한다.[50] 일부 현대 번역은 그 영향을 완화하려고 시도한다(예. 필립스 성경, "나는 너희 몸을 자르고 싶어하는 사람들이 너희와 완전히 단절되기 바란다!" TLB 성경, "나는 너희가 할례를 받음으로써 스스로를 자르려고 하는 이 교사들이 너희와 단절하고 너희를 내버려두기를 바란다!" Cotton Patch, "나는 당신을 불안하게 하는 사람들이 엄하게 벌을 받으면 좋겠다"). 이 구절을 어떻게 번역하든, 바울이 상대방에게 문자적으로 물리적인 해를 입히는 것을 의미했다고 상상해서는 안 된다. 바울은 육신의 무기가 아니라 "성령의 검 곧 하나님의 말씀"(엡 6:17)으로 싸웠다. 또한 복수는 주님의 것임을 알고 있었으며 10절에서 모든 악인에게 심판의 날이 있을 것이라고 선언했다. 그러나 그 날과 그 심판은 바울이나 다른 지상 교회 지도자들이 아니라 하나님의 손에 달렸다.

우리는 현대 정신분석학의 안경을 끼고 이 구절을 읽고 싶은 유혹을 받는다. 바울은 이 사람들에게 심각하게 공격받았다. 사도성은 부정당했고, 사역은 명예훼손을 당했으며, 교회 현장은 침략당했다. 바울이 폭도들을 향해 분노를 표출하는 것보다 더 자연스러운 일이 어디 있을까? 거세에 대한 이 부적절한 발언은 도움을 요청하는 외침, 상처 입은 곰의 울부짖음, 또는 내면의 두려움과 우울증을 가리기 위해 얼굴을 찡그린 것일지도 모른다. 그러나 이러한 해석은 현대의 감수성에 적합할지라도 완전히 빗나갔다. 갈라디아 교회가 처한 위험은 바울과 그가 받은 부당한 대우에 대해 느꼈을 개인적인 모욕감보다 훨씬 더 큰 것이었다. 위태로운 것은 복음 그 자체였다. 바울은 예수 그리스도에게서, 특히 이방인들에게 복음을 전하라는 사명을 받았다. 이제 그 메시지는 악한 자를 섬기는 교활한 설교자들에게 조직적으로 공격받고 훼손되고 있었다.

이 긴급한 상황에서 바울은 용기를 내어 비난의 말을 내뱉었다. 그 말을 해야만 했고, 덜 책망했다면 비양심적인 타협과 후퇴의 신호가 되었을 것이기 때문에 그렇게 말하는 것이 옳았다. 누구도 가볍게, 부주의하게, 또는 개인적인 분노와 복수의 심정으로 그런 말을 해서는 안 된다. 그러한 발언은 부메랑처럼 그 발언을 한 사람에게 되돌아올 가능성이 높다. 루터는 이 문제에 대해 갈라디아서 5장 12절를 주해하면서 이렇게 말한다.

---

50 Ramsay, *Galatians*, 438.

그리스도인이 저주해도 되는지 의문이 생긴다. 그렇게 하도록 허락되지만, 항상 그렇게 하거나 아무렇게나 저주해서는 안 된다. 그러나 말씀이나 그 가르침이 저주받을 지경에 이르렀을 때, 그리고 결과적으로 하나님 자신이 모독당할 지경에 이르렀을 때, 당신은 문장을 뒤집어 이렇게 말해야 한다. "말씀과 하나님에게 복이 있나이다! 말씀과 하나님을 떠나 있는 것은 사도이든지 하늘의 천사라 할지라도 저주를 받을지어다!"[51]

베드로는 돈으로 영적인 힘을 얻으려는 마술사 시몬에게 이렇게 대답했다. "너와 네 돈은 지옥에나 가라!"(행 8:20, Cotton Patch). 바르트의 말은 분명 옳았다. "우리는 *damnamus*(담나무스, 우리가 저주한다)의 확신이 없다면, *credimus*(크레디무스, 우리가 믿는다)를 생략하고 평소처럼 신학을 하는 것으로 돌아가야 한다."[52]

3.2. 육체와 성령 (5:13-26)

13 형제들아 너희가 자유를 위하여 부르심을 입었으나 그러나 그 자유로 육체의 기회를 삼지 말고 오직 사랑으로 서로 종 노릇 하라 14 온 율법은 네 이웃 사랑하기를 네 자신 같이 하라 하신 한 말씀에서 이루어졌나니 15 만일 서로 물고 먹으면 피차 멸망할까 조심하라
16 내가 이르노니 너희는 성령을 따라 행하라 그리하면 육체의 욕심을 이루지 아니하리라 17 육체의 소욕은 성령을 거스르고 성령은 육체를 거스르나니 이 둘이 서로 대적함으로 너희가 원하는 것을 하지 못하게 하려 함이니라 18 너희가 만일 성령의 인도하시는 바가 되면 율법 아래에 있지 아니하리라
19 육체의 일은 분명하니 곧 음행과 더러운 것과 호색과 20 우상 숭배와 주술과 원수 맺는 것과 분쟁과 시기와 분냄과 당 짓는 것과 분열함과 이단과 21 투기와 술 취함과 방탕함과 또 그와 같은 것들이라 전에 너희에게 경계한 것 같이 경계하노니 이런 일을 하는 자들은 하나님의 나라를 유업으로 받지 못할 것이요
22 오직 성령의 열매는 사랑과 희락과 화평과 오래 참음과 자비와 양선

---

51 Luther, "Lectures on Galatians, 1535," *LW* 27:45.

52 Barth, *Church Dogmatics*, I/1.630.

과 충성과 23 온유와 절제니 이같은 것을 금지할 법이 없느니라 24 그리스도 예수의 사람들은 육체와 함께 그 정욕과 탐심을 십자가에 못 박았느니라 25 만일 우리가 성령으로 살면 또한 성령으로 행할지니 26 헛된 영광을 구하여 서로 노엽게 하거나 서로 투기하지 말지니라

교리적 기초를 확고히 다지고 말썽꾼들의 악의적인 책략이 마침내 드러나자 바울은 이제 육체와 성령(5:13-26), 다른 사람을 섬기는 자유(6:1-10)라는 두 가지 제목으로 분류되는 구체적인 윤리적 권면으로 관심을 돌린다. 갈라디아서는 윤리적 교훈과 실제적인 그리스도인의 삶에 대한 지침이 뒷받침되는 전형적인 바울의 신학적, 교리적 설명 방식을 따르고 있다는 점에서 독특한 편지가 아니다(참조. 롬 12-15장, 빌 4장, 골 3-4장, 엡 4-6장).

일반적으로 이러한 교훈적 가르침에는 가정 규범(갈라디아서에는 없는 특징)과 표준화된 덕과 악덕 목록과 같은 전통적인 자료가 많이 포함되어 있기 때문에 많은 학자는 이러한 교훈적 가르침을 바울 서신의 중심 신학적 관심사에 대한 일종의 형식적인 부록으로 여겼다. 따라서 디벨리우스M. Dibelius는 바울 서신의 교훈적인 자료에 대해 다음과 같이 말했다.

사도의 윤리에 대한 이론적 기초와는 아무런 관련이 없으며, 그에게 특별한 다른 사상과는 거의 관련이 없다. ... 특히 그들은 편지의 상황과 즉각적인 관련이 부족하다. 규범과 지시는 특별한 교회와 구체적인 사례를 위해 공식화된 것이 아니라 초기 기독교 국가의 일반적인 요구 사항을 위해 공식화되었다. 그 중요성은 사실적인 것이 아니라 실제적인 것이며, 순간적인 필요성이 아니라 보편적인 원리이다.[53]

갈라디아서를 비롯한 바울 서신에서 발견되는 많은 권면 자료는 결코 바울만의 독특하거나 특이한 것이 아니다. 유사한 가르침이 다른 신약성경(예. 야고보서, 베드로전서)뿐만 아니라 클레멘트 1서, 디다케, 헤르마스의 목자 등 사도 이후 문헌에서도 찾아볼 수 있다. 그런 의미에서 우리는 특별히 "바울 윤리학"이 아니라 바울의 관점에서 제시된 기독교 윤리의 패턴이 있다는

---

53 M. Dibelius, *From Tradition to Gospel* (New York: Scribners, 1934), 238–39. 디벨리우스는 또한 바울 서신의 윤리적 부분이 바울의 설교에서 비롯되었다고 가정한다. "바울은 선교 사역 자체에서 그런 형태의 방향으로 회심자들에게 새로운 그리스도인의 삶의 근본을 각인시키는 데 익숙했다."

데 동의할 수 있다. 그럼에도 불구하고 바울은 디벨리우스의 "보편적 원리"에 대해 전혀 알지 못했다. 바울에게 은혜의 복음과 그 복음에서 흘러나오는 성령 안에 사는 삶은 항상 상황에 따라 정의되었다. 기독교 신앙 자체가 일반적이지 않고 개별적이기 때문에 하나님의 말씀은 자유와 속박, 구원과 저주, 현재의 악한 시대와 다가오는 하나님 나라 사이의 긴장에 사로잡혀 삶과 죽음의 문제로 고군분투하는 실제 남자와 여자, 즉 모든 사람에게 전하는 말씀으로 다가오기 때문이다.

지금까지 갈라디아서에서 바울은 이신칭의의 교리를 불확실한 용어로 설명하지 않았다. 그리스도의 십자가 죽음으로 보장된 구속을 통해 신자들은 율법에서 해방되었고 하나님 앞에서 율법과는 별개로 의인으로 받아들여졌다. 사실, 율법은 구원 역사에서 없어서는 안 될 역할을 했다. 우리를 그리스도께로 향하게 하는 것은 우리의 교사($\pi\alpha\iota\delta\alpha\gamma\omega\gamma\acute{o}\varsigma$ 파이다고고스)였다. 그러나 우리는 하나님의 아들과 딸로서 온전한 유업을 받았기 때문에 **더 이상** 그 보호 아래 있지 **않다**. 우리는 하갈의 자손이 아니라 사라의 자손이며 종의 아들 이스마엘의 자손이 아니라 약속의 자손 이삭의 자손이다.

그러한 교리가 어떻게 쉽게 오해받고 재앙적인 목적에 쉽게 악용될 수 있는지 이해하는 것은 어렵지 않다. 갈라디아의 회중은 사실 두 가지 독특한 유혹에 직면해 있었다. 갈라디아에서 회심한 사람들 대부분은 이전에 우상 숭배와 신비종교를 신봉했던 이방인이었다. 회심한 사람들이 그리스도께 나아옴으로써 그러한 "노예상태"에서 짜릿한 자유를 얻었지만 선동가들이 악용하고 싶어한 도덕적 불안도 낳았다. 선동가들의 메시지는 율법주의 중 하나였다. 구원을 받으려면 할례를 받아야 한다. 예수님은 새로운 모세이시다. 율법의 행위는 유대인에게 구속력이 있는 것처럼 이방인에게도 구속력이 있다.

그러나 갈라디아 교인들은 또한 똑같이 위험한 또 다른 유혹, 즉 방종주의에 직면했다. 이것은 율법으로부터 자유가 모든 도덕적 구속으로부터 해방을 의미한다고 주장하는 극단적 형태의 반율법주의적 가르침이었다. 바울은 로마서 6장 1-2절에서 이런 종류의 왜곡된 신학에 대해 쓰고 거부했다. "그런즉 우리가 무슨 말을 하리요 은혜를 더하게 하려고 죄에 거하겠느냐 그럴 수 없느니라!" 방종주의 논리는 구원의 메시지를 값싼 은혜로 축소시킨 많은 사람에게 호소력이 있었다. 방종주의자들은 이런 식으로 논쟁을 벌였을 것이다. "도덕적 규칙과 지침 또는 심지어 십계명에 대해 걱정할 이유가 무엇인가? 우리는 죄 짓는 것을 좋아한다. 하나님은 용서하기를 좋아하신다. 하나님께 은혜를 베풀 수 있는 더 많은 기회를 드리기 위해 우리의 타고난 욕망에 빠지지 않겠는가?" 우리는 그리스도인의 삶에 대한 이러한 왜곡된 이해가 고린도 교회에 만연해 있음을 안다. 그것은 갈라디아의 변덕스러운 신자들에게도 있었던 것 같다. 갈라디아서 2장 17절의 질문은 비록 안디옥 이야기의 맥락에서 나온 것이지만 갈라디아에서 반대자들이 속삭였을 수도 있다. "만일 우리가 그리스도 안에서 의롭게 되려 하다가 죄인으로 드러나면 그리스도께서 죄를 짓게 하는 자냐 결코 그럴 수 없느니라!" 바울의 단호한 "결코 그럴 수 없느니라!"는 자신의 칭의론에서 나온 이러한 추론이 얼마나 터무니없다고 여겼는지 보여준다. 그럼에도 불구하고 문제는 실제적인 문제였으며, 바울은 방종주의에서 그리스도인의 자유를 남용하고 율법주의에서 억압하는 것에 대응할 필요가 있음을 깨달았다.

3.2.1. 사랑의 법(5:13-15)
3.2.1.1. 자유로의 부르심(5:13a)

5:13a. 13절은 바울이 앞 두 장에서 설명한 자유의 신학과 그 이후의 주요 관심사인 의무의 윤리에서 중요한 전환점이 되는 구절이다. 이 구절을 자유에 대한 부르심, 방종의 유혹, 사랑의 섬김, 세 부분으로 자연스럽게 구분하여 분석할 것이다.

접속사 γάρ(가르)는 13절에서 바울이 앞 구절에서 거짓 교사들을 향해 이별을 고하는 장면과 연결된다. 그 선동가들은 스스로를 베었을지 모르지만, 너희(강조 대명사)는 나의 "형제자매"이다. 이 애정 어린 말은 바울이 불과 몇 구절 앞에 갈라디아 교인들 사이에서 복음의 최종적인 승리에 대해 표현한 자신감을 이어받는다. 그 자신감의 이유는 다음 구절에 자세히 설명된다. "형제들아 너희가 자유를 위하여 부르심을 입었다."

바울은 서신에서 갈라디아 교인들의 부르심에 대해 여러 번 말했다(1:6; 5:8). 바울은 자신이 신실한 복음 전파를 통해 갈라디아 교인들에게 외적인 부르심을 전하도록 신실하게 택함받은 인간적 도구였음에도 불구하고 자신을 갈라디아 교인들을 부른 자로 생각하지 않았다(참조. 3:1-3). 갈라디아 교인들을 부르신 분은 하나님이시다. 그러므로 자유로 부르심을 받은 것은 어떤 자연적 권리의 결과나 해방을 위한 인간적 운동의 산물이 아니다. 그리스도인은 하나님의 부르심을 받고 하나님의 사랑과 선택을 받았기 때문에 자유롭다. 즉, 그리스도인이 하나님을 사랑하기 전에 하나님께서 그를 사랑하신 것처럼, 그리스도인이 하나님을 알기 전에 하나님께서 아신다(4:9; 요일 4:10). 따라서 바울은

"나의 나 된 것은 하나님의 은혜로 된 것이니"(고전 15:10)라고 말할 수 있었다.

"그러나 너희는 자유를 위하여 부르심을 받았다!" 이 구절에서 바울이 자유를 선언한 것은 앞서 1절에서 "그리스도께서 우리를 자유롭게 하려고 자유를 주셨으니"라고 말한 것을 상기시킨다. 5장 1절에서 그리스도 안의 자유는 율법주의로 회귀해야 한다는 위협을 받았기 때문에 사도는 다시 노예의 멍에를 메지 말라고 경고했다. 그러나 5장 13절에서는 하나님의 은혜를 가정함으로 도덕적 혼란을 초래하는 방종적인 삶을 통해서 그리스도인의 자유가 훼손될 위험에 처해 있다. 따라서 바울의 지시 뒤에는 또 다른 명령이 뒤따라야 하는데, 이번에는 부정적인 명령이다.

3.2.1.2. 방종의 유혹 (5:13b)

5:13b. "오직 자유를 육체를 위한 기회로 삼지 말라"(RSV). 갈라디아서에서 처음으로 우리는 그리스도께서 자신의 백성을 자유하게 하신 자유가 끔찍하게 왜곡되고 오용될 수 있다는 징후를 발견할 수 있다. 자유는 모든 도덕적 구속을 벗어던지고 육체의 정욕을 탐닉하는 구실이나 기회(헬라어 ἀφορμή 아포르메, "발판" 또는 "활동의 기반")가 될 수 있다. 이런 일이 발생하면 자유가 타락하고 방종으로 바뀐다. 그 결과는 두려운 망상이며, 율법주의에 빠지는 것만큼이나 영적으로 마비시키는 "마술"이다. 브라운의 비유는 지나치게 극단적이지 않다. "너덜너덜해진 옷을 위엄이 흐르는 옷으로 착각하고, 보석이 박힌 황금 팔찌로 착각한 미친 사람은 육신의 방종을 기독교의 자유로 착각한 사람만큼 큰 잘못을 저지르지 않았다."[54]

바울 서신에서 "육체"(σάρξ, 사르크스)라는 단어는 문맥에 따라 다양한 의미를 지닌 복잡한 용어이다.[55] 갈라디아서의 다른 곳에서 바울은 "육체"라는 단어

---

54 Brown, *Galatians*, 286. 기독교 역사를 통틀어 율법폐기론은 율법주의만큼이나 복음적인 기독교에 지속적인 위협이 되었다. 종교개혁 시기에 칼뱅은 『자유주의자들에 대하여』 (1545)라는 제목의 논문을 통해 당대에 이 이단적 가르침의 구체적인 형태를 설명했다. "그들은 그리스도인의 자유를 예외 없이 합법적인 모든 것을 포함하도록 확장한다. 사실 인간은 짐승으로 변했는데 왜 감각적인 애정을 따르는 것이 허용되지 않아야 하는가? 우리는 다른 짐승들은 억제하거나 쇠사슬로 묶거나 입 다물게 하지만 말이다! 그러나 이러한 가식은 인간에게 완전한 자유를 주므로 아무것도 그를 방해하거나 즐거운 시간을 보내는 것을 방해할 수 없다. ... 이 미치광이들은 아무런 구별도 없이 모든 율법을 폐지하고, 우리가 율법에서 해방되었으므로 더 이상 율법을 지킬 필요가 없다고 말한다"(John Calvin, *Treatises against the Anabaptists and against the Libertines*, ed. B. W. Farley [Grand Rapids: Baker, 1982], 271).

55 에릭슨R. J. Erickson은 바울이 사용하는 이 용어에서 육체, 인간의 몸, 인간 또는 인류, 도덕적으로 중립적인 영역, 도덕적으로 부정적인 영역, 반역적인 인간 본성 등 여섯 가지 의미를 인정한다("Flesh," *DPL*, 303-6). 다음 논의는 여전히 도움이 된다. Bultmann, *Theology*

를 물질적 차원의 인간 생명, 즉 우리의 육체를 말한다. 또는 영적이거나 신적인 것과는 대조적으로 단지 인간적인 것을 가리킬 때 사용했다(2:20; 4:29). 그러나 갈라디아서 5-6장 전체에서 **육체**는 확실히 부정적인 의미를 지닌 윤리적 용어로 사용된다. **육체**는 인간의 교만과 자기 의지의 중심인 타락한 인간 본성을 가리킨다. 육체는 방종과 자기 주장의 장이며, "궁극적인 죄는 창조주의 선물이 아니라 자신의 힘으로 생명을 얻고, 하나님이 아닌 자기 자신을 의지하여 살아간다는 잘못된 가정이 드러나는 장소"이다.[56] 따라서 바울이 곧 설명할 "육체의 일"(5:19-21)은 육체적 생명과 관련하여 가장 충격적으로 드러나는 것처럼 보이지만, 우리는 "육체"라는 용어를 인간의 육체에 제한할 수 없다. 지금 삶에서 신자가 ἐν σαρκί(엔 사르키, "육체 안에서." 참조. CSB 번역, "몸 안에서," 2:20) 있는 것은 하나님의 의도이지만 κατὰ σάρκα(카타 사르카, "육체를 따라." 참조. CSB 번역, "순전히 인간적인 방식으로," 고후 1:17, "세상적인 관점에서," 고후 5:16) 있는 것은 하나님의 의도가 아니다. 육체를 따라 산다는 것은 육체를 표준으로 삼는 것, 즉 "지상의 것을 사용하고 자신의 힘과 성취를 통해 생명을 얻을 수 있다고 자신을 신뢰하는 것"이다.[57] 바울은 갈라디아 교인들에게 자유를 면허로 바꾸거나 육체적 욕망을 채우는 기회로 삼아서는 안 된다고 경고했다.

3.2.1.3. 사랑의 섬김 (5:13c)

5:13c. 자유의 목적을 왜곡하지 말라는 바울의 경고는 한편으로는 갈라디아서에서 하나님의 부르심에 대한 언급으로, 다른 한편으로는 방종에 대한 긍정적인 대안에 대한 언급, "그 대신 사랑으로 서로를 섬기게 하십시오"(GNT)로 묶여 있다. 바렛이 올바르게 관찰했듯이, "육체의 반대는 사랑이다. ... 자아와 그 소망, 심지어 진정한 필요까지도 이웃에게 돌리고 이웃의 필요를 위해 자원을 사용하는 사랑이다."[58] 그리스도인의 자유는 사랑의 자유이며 따라서 섬김의 자유이다.

---

of the New Testament, 1:232–46. 또한 다음 참조. K. G. Kuhn, "New Light on Temptation, Sin and Flesh in the New Testament," in *The Scrolls and the New Testament, ed. K. Stendahl* (New York: Harper, 1957), 94–113.

56 Bultmann, *Theology of the New Testament*, 1:232.

57 Bultmann, *Theology of the New Testament*, 1:232. ἐν σαρκί/κατὰ σάρκα 구분에 대한 비판은 다음을 참조하라. Barclay, *Obeying the Truth*, 191–202; R. Jewett, *Paul's Anthropological Terms: A Study of Their Use in Conflict Settings* (Leiden: Brill, 1971).

58 Barrett, *Freedom and Obligation*, 72–73. 최근의 연구는 다음을 참조하라. Barclay, *Paul and the Gift*, 423–31.

바울은 갈라디아서에서 자유와 사랑이라는 개념을 소개했지만, 여기서 처음으로 이 두 개념을 하나로 통합했다. 그리고 놀랍게도 자유와 사랑을 연결하는 것은 앞서 바울이 그리스도께서 우리를 해방시켜 주셨다고 말한 바로 그 노예 상태이다. "섬기다"(개역개정. "종 노릇 하라")는 "노예"를 뜻하는 일반적인 헬라어 명사 δοῦλος(둘로스)를 뜻하는 헬라어 동사 δουλεύετε(둘류에테)를 적절하게 번역하지 못한다. 바울은 사랑을 통해 서로가 서로의 종이 되어야 한다고 말했다. 따라서 자유와 노예는 단순히 상호 배타적인 용어가 아니라 서로 가장 밀접한 관계에 있으며, 대상과 목표, 즉 우리가 '무엇에(to) 노예가 되는가'와 '무엇을 위해(for) 자유로운가'의 관점에서만 적절히 정의할 수 있다.

이신칭의의 영광스러운 기쁜 소식은 그리스도께서 우리를 율법의 종노릇과 우주의 악의 세력의 포로에서 건져내셨다는 것이다. 그러나 우리가 받은 자유는 사일러스 마너(조지 엘리엇의 소설 『사일러스 마너』의 주인공)가 금화를 닦듯이 보존하고, 애지중지 여기고, 어루만져야 하는 그런 것이 아니다. 진정한 자유는 사랑의 노예가 될 때에만 실현된다. 그러므로 서로 섬김에 대한 바울의 훈계는 자유를 제한하는 것이 아니라 오히려 자유를 실현하는 수단이다. 루터보다 그리스도인 자유의 역설을 더 간결하게 표현한 사람은 없다. "그리스도인은 모든 면에서 자유롭고 독립적이며, 누구에게도 종노릇하지 않는 종이다. 그리스도인은 모든 면에서 순종하는 종이며, 모든 사람에 대한 의무가 있는 종이다."[59]

사랑의 노예가 되는 자유는 그 어느 곳보다도 예수 그리스도의 수난과 죽음에서 잘 드러난다. 바울은 이미 2장 20절에서 이 복음의 핵심 사실을 언급하면서 "나를 사랑하사 나를 위하여 자기 자신을 버리신 하나님의 아들"을 이야기했다. 바울의 서신 어디에도 십자가에 못 박히신 예수님에 대한 자세한 설명은 없었지만, 이는 바울의 설교에서 반복되는 주제였다(참조. 고전 2:2; 갈 3:1). 그리스도의 자기 희생적인 사랑의 모범은 바울의 그리스도인 생활

---

59 G. Ebeling, *Luther: An Introduction to His Thought* (Philadelphia: Fortress, 1972), 212. 루터는 살아있는 믿음은 사랑의 행위와 이웃에 대한 봉사에서 드러난다고 주장했다. 그러한 선행을 자유롭게 행하는 것은 이신칭의의 결과이다. 믿음으로 하나님과 올바른 관계를 맺은 신자는 더 이상 율법의 강압이나 하나님 앞에서 자신의 지위를 높이기 위한 수단으로 다른 사람을 섬겨야 한다는 자기 중심적인 욕구에 사로잡혀 애쓰지 않는다. 고전 13장 설교에서 루터는 이렇게 주장했다. "사람은 경건하고 의롭게 되기까지 사랑하지 않는다. 사랑이 우리를 경건하게 만드는 것이 아니라 경건한 사랑이 되었을 때 그 결과이다. 믿음과 성령과 칭의는 단순한 장식과 보충이 아니라 그 효과와 열매로서 사랑을 가지고 있다(다음에 인용됨. G. W. Forell, *Faith Active in Love* [Minneapolis: Augsburg, 1954], 84n27).

윤리에서 가장 중요한 것이었다. 바울은 빌립보 교인들에게 편지하면서(2:5 KJV), "너희 안에 이 마음을 품으라 곧 그리스도 예수 안에 있는 마음이니"라고 썼다. 예수님은 영원 전부터 아버지와 동등하셨지만, 자신을 낮추고 노예(δοῦλος)가 되어서 십자가에서 죽으심으로써 자유롭게 낮아지기를 선택하셨다. 바울에게 참된 자유와 참된 신학은 십자가에 못 박히신 그리스도에게 중심을 두었다. 바울은 그리스도인의 삶을 묘사할 때 이 사실을 놓치지 않는다. 이 사실은 편지 마지막에 그리스도인의 자랑을 위한 유일한 정당한 근거로 다시 등장한다(6:14).

5:14. 갈라디아서에서 지금까지 바울은 율법에 대해 결정적으로 부정적인 용어를 사용했다. 모든 인간은 율법의 저주 아래 있으며, 율법이 가져오는 영원한 저주의 형벌을 받아 마땅하다. 신자들은 그리스도께서 그들을 율법의 가혹한 지배에서 "구속"하셨기 때문에 더 이상 율법 아래 있지 않다. 믿음으로 의롭게 된 모든 사람은 시내산과 땅에 있는 예루살렘 중심의 자기 구원 종교 체계를 원망하는 하갈의 혈통이 아니라 사라의 영적 자녀이자 위에 있는 예루살렘의 시민으로서 "율법에 대해 죽었다"고 할 수 있다. 그리스도께서는 우리를 그 "노예의 멍에"에서 해방시켜 주셨다. 갈라디아의 이방인 그리스도인들은 모세의 율법에 얽매여 다시 한번 이전에 섬기던 기초적인 영들의 손아귀에 놀아나는 병정이 되지 않기 위해 할례를 받도록 허락한 것이 결코 아니었다.

이 모든 것을 말하고 바울은 어떻게 율법을 그렇게 긍정적인 맥락에서 말할 수 있었으며 기독교 윤리에 대한 자신의 제안을 뒷받침하기 위해 율법을 말할 수 있었을까? ("은혜에서 떨어지는" 시도인) 율법의 행위를 행함으로써 하나님 앞에서 의롭다 함을 얻을 수 없다는 것을 그렇게 확실하게 보여준 바울은 왜 자신이 한 말을 뒤집어 그리스도인이 그리스도의 율법을 성취하는 것을 말하는가? 이것은 율법주의가 뒷문으로 기어 들어오는 또 다른 방법인가? 바울이 한 손으로 아낌없이 베풀었던 것을 다른 손으로 빼앗은 것일까?

이 딜레마를 해결하기 위해 다양한 시도가 이루어졌는데, 그 중 하나는 바울이 율법과 관련하여 편지마다, 심지어 한 서신에서조차 일관성이 없는 사상가였다는 제안이다.[60] 또 다른 제안은 휘브너가 제시했는데, 바울이 레위기 19장 18절의 이웃을 사랑하라는 계명에서 요약한 모세 율법 전체가 그리스

---

60 이 견해에 대한 가장 주목할 만한 주창자는 레이제넨H. Räisänen이다. 특히 그의 책과 논문을 참조하라. *Paul and the Law*, 199; "Galatians 2:16 and Paul's Break with Judaism," 548–50. 또한 다음 참조. F. Thielman, *From Plight to Solution*, 50–54.

도인에게 유익한 "온 율법"과 동일하지 않다고 주장한다.[61] 즉, 갈라디아서 5장 14절에서 바울은 갈라디아의 반대자들에 반대해서 논쟁을 위한 계략으로 반어적 의미에서 "온 율법"을 사용했다고 주장한다. 샌더스는 또한 갈라디아서 1-4장에서 율법에 대한 바울의 부정적인 진술과 5장 6절에서 율법에 대한 바울의 더욱 긍정적인 적용을 연관시키는 틀을 제시했다. 샌더스에 따르면 갈라디아서 초반에 바울은 율법이 하나님 앞에서 의로운 지위를 얻기 위한 수단, 즉 "들어가기 위한 수단"이라는 것을 부정했다. "들어가기"는 전적으로 은혜, 즉 이신칭의의 문제였다. 그러나 "머무르기"는 율법에 대한 순종에 기초했기 때문에 그리스도인이 율법 전체를 성취하는 것이 의무라는 5장 14절의 바울의 진술은 2단계 구원론을 가진 "언약적 율법주의"을 수용했음을 반영한다.[62] 샌더스가 믿음만으로 "들어가기"와 믿음과 행위로 "안에 머무르기"를 구분한 것은 후기 로마 가톨릭에서 첫 칭의와 최종 칭의를 구분한 것과 놀랍도록 유사하다. 그러나 이러한 입장의 채택은 처음부터 마지막까지 은혜의 승리에 대한 확신을 부인하고 스스로 반(半)유대주의자의 자세를 취했음을 의미할 것이다.

이 구절 전체에 걸친 바울의 윤리적 주장은 그리스도의 오심으로 인해 하나님의 도덕법이 폐지된 것이 아니라 여전히 그리스도인의 행위와 은혜 안에서 성장을 위한 하나님의 기준으로 남아 있다는 전제에 기초한다. 실제로 신자는 바울이 같은 맥락에서 반복하는 것처럼(5:18) 더 이상 "율법 아래"에 있지 않으며, 오히려 신자는 성령의 능력으로 율법을 성취하기 위해 율법의 속박에서 해방된다. 하나님의 도덕법은 하나님의 거룩한 성품과 뜻을 외적으로 표현한 것에 지나지 않는다. 따라서 하나님의 도덕법은 모세의 언약보다 앞선다. 로마서 2장 15절에서 바울이 모세의 율법에 대해 들어본 적이 없는 이교도 이방인들에 대해 율법의 요구 사항이 그들의 마음과 양심에 기록되어 있다고 말했을 때, 창조 자체의 구조, 특히 모든 인간이 하나님의 형상대로 창조되었기 때문에 가지고 있는 하나님 의식에 존재하는 도덕법이 나타난 것을 말한다. 따라서 가인은 하나님께서 십계명에서 "살인하지 말라"고 말씀하시기 훨씬 전에 살인을 저질렀고 그 죄에 대한 책임을 져야 했다. 십계명은 하나님의

---

61 H. Hübner, *Law in Paul's Thought*, 37. 휘브너의 견해에 대한 더 자세한 해설은 그의 글을 참조하라. "Das ganze und das eine Gesetz, zum Problem Paulus und die Stoa," *Kerygma und Dogma* 22 (1976): 250-76.

62 E. P. Sanders, *Paul, the Law, and the Jewish People*, 93-114. 또한 다음에 있는 논의를 참조하라. Longenecker, *Galatians*, 242.

도덕법을 구체화하여 이스라엘 백성과 맺은 하나님의 언약의 중심에 놓았다.

하지만 바울은 십계명에 율법 전체가 요약되어 있다고 말하지 않고 한 말씀(λόγος, 로고스)에 요약되어 있다고 말했다. "네 이웃 사랑하기를 네 자신같이 하라." 바울이 여기서 율법과 선지자를 요약하면서 레위기 19장 18절의 같은 구절을 인용한 예수님의 말씀을 반복하고 있는 것은 의심할 여지가 없다(마 5:43; 22:34-40). 여기뿐만 아니라 로마서 13장 8-10절에서도 바울은 예수님이 언급하신 율법의 첫 번째 위대한 요약인 "네 마음을 다하여 주 너의 하나님을 사랑하라"라는 말씀을 생략했다. 그러나 바울이 수직적인 것을 배제하고 그리스도인의 삶의 수평적인 차원을 강조하거나 "위에서 오는 윤리"가 아닌 "아래에서 오는 윤리"를 만들고 있다고 상상해서는 안 된다.

바울은 왜 이타적인 이웃 사랑을 온 율법의 완성이라고 말할까? 이웃 사랑이 하나님에 대한 예배와 숭배보다 우월하기 때문이 아니라 오히려 그 증거이기 때문이다. 칼뱅이 올바르게 지적했듯이, "하나님은 눈에 보이지 않지만 형제들 안에서 우리에게 자신을 나타내시고 형제들의 인격 안에서 자신에게 마땅히 해야 할 것을 요구하신다. 인간에 대한 사랑은 오직 하나님에 대한 두려움과 사랑에서 비롯된다."[63] 따라서 "네 이웃을 네 몸과 같이 사랑하라"라는 계명은 그 기본 전제인 십계명의 첫 번째 계명을 포함하여 다른 모든 계명을 요약한다. 모세 율법의 의식적, 시민적 측면은 오늘날 그리스도인들에게 더 이상 구속력이 없지만, 십계명으로 표현되는 도덕적 율법은 하나님의 은혜로 하나님의 백성에 연합한 신약 신자에게는 참으로 관련이 있다. 이 신자는 자신이 받은 새로운 본성에 따라 하나님의 율법을 기뻐하며, 따라서 구약 성도의 외침, "내가 주의 율법을 어찌 그리 사랑하는지요! 나는 그것을 온종일 묵상합니다"(시 119:97 KJV)에 열렬히 동참한다.[64]

바울은 율법주의에 빠지지 않고 갈라디아 신자들에게 사랑으로 힘을 얻고 거룩함에 이르는 믿음을 나타내라고 권면한다. 믿음으로 의롭다 함을 받은 갈라디아 신자들은 더 이상 율법에 속박되지 않지만, 도덕적 율법이 무효화되지 않았다. 이웃을 사랑하라는 훈계로 요약되는 십계명은 여전히 유효하다. 그렇다면 예수님이 죽으신 금요일과 부활절의 이쪽에 서 있는 신자들과 옛 경

---

63 Calvin, *Galatians*, CNTC 11:101.

64 신자의 삶에서 율법의 역할은 신학적 윤리학에서 가장 골치 아픈 문제 중 하나로 남아 있다. 이 주제를 정리하는 데 가장 도움이 되는 글은 다음과 같다. J. Murray, *Principles of Conduct*, 특히, 181–201; E. Kevan, *Moral Law* (Phillipsburg, NJ: Presbyterian & Reformed, 1991). 최근 연구로는 다음을 참조하라. R. Hays, "Christology and Ethics in Galatians," *CBQ* 49 (1987): 268–90.

륜 아래 살던 사람들 사이에는 차이는 없는가? 도덕법과 관련하여 구원의 역사적 구분 한 쪽에 서 있는 신자에게는 다음과 같은 차이점을 발견할 수 있다.

1. 모세 시대에 살았던 구약 성도들에게 도덕법은 의식과 제사의 틀 안에 내재되어 있었으며, 이 모든 것은 그리스도께서 시작하신 새 언약의 이미지와 그림자에 불과했다.[65] 구약과 신약의 차이는 밤의 시간과 새 날의 새벽의 차이이다(참조. 벧후 1:19). 선지자들조차도 자신들이 말한 것들을 항상 이해하지 못했으며, 모호하고 그림자 같은 모형에 대한 확증만 가지고 믿음을 지탱했다. 이제 우리는 구약의 어떤 성도도 보지 못한 예수님께서 산상수훈에서 설명하신 하나님의 도덕법의 완전하고 분명한 의미를 알 수 있다.

2. 바울은 예수님께서 "네 이웃을 네 몸과 같이 사랑하라"라는 모세오경의 명령을 인용해서 하신 말씀을 인용했다. 랍비 전통에서도 이 구약의 말씀은 율법 전체를 요약하는 기본 원칙으로 해석되었지만, 그 특징적인 형태는 랍비 힐렐의 "소극적 황금율"에 기인한 것이었다. "너에게 해가 되는 것은 네 이웃에게도 하지 말라, 이것이 토라 전체이고 나머지는 그 해설이다. 가서 배워라."[66] 물론 예수님은 이 원칙을 긍정적이고 훨씬 더 어려운 형태로 재구성하셨다. 그 차이점은 무엇인가? 황금률의 부정적인 형태에서는 우리에게 해가 되는 일, 즉 이웃에게 하지 말아야 할 일부터 시작한다. 그러나 바울이 따르는 예수님의 황금률은 우리도 이웃도 전혀 권리가 없는 하나님 앞에서 시작한다. 그러므로 은혜의 자유 안에서 우리는 우리 개인의 성향이나 이웃의 죄와 탐욕의 관점에서가 아니라 자신을 거부한 사람들을 위해서도 자신을 내어주신 그리스도의 방식으로 다른 사람들을 보고 관계를 맺을 수 있다. 로이드 존스는 이웃을 섬기면서 사랑의 법을 성취하는 것이 무엇을 의미하는지를 탁월하게 설명했다.

　　이제 우리는 그들을 바라볼 때, 더 이상 우리의 권리를 빼앗으려 하거나 돈, 지위, 명성을 위한 경쟁에서 우리를 이기려는 증오스러운 사람들이 아니라, 우

---

65 이 점에 대한 칼뱅의 글을 참조하라. "아니면, 이렇게 이해해 보라. 주님의 구약성경은 어둡고 비효율적인 의식 준수로 둘러싸여 유대인들에게 전달된 언약이었다. 그것은 확실하고 실제적인 확증 위에 놓일 때까지 해결되지 않고 남아 있었기 때문에 일시적이었다. 그것은 그리스도의 보혈로 거룩하게 되고 세워진 후에야 새롭고 영원한 것이 되었다"(*Institutes* 2. 11.4).

66 참조. D. Daube, *The New Testament and Rabbinic Judaism* (London: Athlone, 1956), 65-72. 중요한 점은 이 부정적인 형태의 황금률은 사도 이후 문서인 디다케(1:2)에도 다시 등장한다는 점이다. "무엇이든지 남에게 대접을 받고자 하지 않는 것은 남에게도 대접하지 말라"(*Apostolic Fathers* 1:309).

리 자신과 마찬가지로 죄와 사탄의 희생자, "이 세상 신"에게 속은 자로, 하나님의 진노를 받아 지옥에 갇힌 동료 피조물로 본다. 우리는 그들에 대해 완전히 새로운 관점을 가지고 있다. 우리는 그들을 우리 자신과 똑같은 존재로 보고 있으며, 둘 다 끔찍한 곤경에 처해 있다. 우리는 아무것도 할 수 없지만, 우리 둘은 함께 그리스도께 달려가 그분의 놀라운 은혜를 누려야 한다. 우리는 은혜를 함께 누리기 시작하고 은혜를 함께 나누고 싶어한다. 은혜가 작동하는 방식이 이러하다. 이것이 다른 사람이 우리에게 해 주기를 바라는 대로 우리가 다른 사람에게 해 줄 수 있는 유일한 방법이다. 우리가 자아의 속박에서 해방되어 이웃을 내 몸처럼 진정으로 사랑할 때, 우리는 "하나님 자녀의 영광스러운 자유"를 누리기 시작한다.[67]

마찬가지로 이웃의 정체성에 대한 질문도 예수님의 선한 사마리아인 비유에 비추어 볼 때 근본적으로 다른 형태를 취한다. 더 이상 우리의 이웃을 동료 유대인, 동료 침례교인, 동료 미국인, 내가 속한 부서의 가족, 내 인종 또는 나와 정치적으로 동의하는 사람들로만 정의할 수 없다. 우리의 이웃에는 사랑이 없는 사람, 가장 작은 사람, 가능성이 희박한 사람도 포함한다. 실제로 그리븐H. Greeven이 잘 말했듯이, "이웃이 누구인지 미리 말할 수는 없다. 오직 삶의 과정만이 이를 충분히 분명하게 해줄 것이다. 이웃을 정의할 수 없으며 단지 이웃이 될 수 있을 뿐이다."[68]

3. 그리스도인은 사랑의 은사를 통해 율법을 성취할 수 있는데, 이는 바울이 갈라디아서 4장에서 앞서 설명한 두 가지 보냄, 즉 하나님께서 아들을 세상에 보내시고 성령을 신자들의 마음속에 보내신 결과이다. 웨스터홀름은 바울이 그리스도인이 율법을 "행한다"(ποιεῖν 포이에인)라고 주장한 적이 없으며, 오히려 율법을 "성취한다"(πληροῦν 플레룬)라고 말한다고 지적했다. 예를 들어, 5장 3절에서 바울은 "율법 아래" 있는 사람들이 율법의 모든 교훈에 순종해야 할 의무가 있다고 말한 반면에, 5장 14절에서는 율법 전체가 사랑하라는 계명에서 성취된다고 또는 요약된다고 말했다.

다시 말해, 율법을 "행하는 것"은 "율법 아래" 있는 이들에게 요구되는 것이었고, 율법을 "성취하는 것"은 바울에게 다른 용어로 진술된 규범을 그리스도인이 산 결과였다.[69] 이것은 그리스도인의 율법 성취가 하나님의 계명을

---

67 D. M. Lloyd-Jones, *Studies in the Sermon on the Mount* (Grand Rapids: Eerdmans, 1991), 2:214–15.

68 H. Greeven, "πλησίον," *TDNT* 6.316–18.

69 S. Westerholm, "On Fulfilling the Whole Law (Gal 5:14)," *Svensk Exegetisk Arsbok* 51–52

지키는 데 작용한다는 사실을 모호하게 하지 않는 한 유용한 구별이다. 예수 님께서 제자들에게 "너희가 나를 사랑하면 내 계명을 지킬 것이다"(요 14:15 RSV)라고 말씀하신 것처럼 말이다. 그리고 다시 "너희가 내 계명을 지키면 내가 아버지의 계명을 지키고 그분의 사랑 안에 거하는 것같이 너희도 내 사 랑 안에 거하리라"(요 15:10 RSV)라고 말씀하셨다.

"계명을 지키는 것"은 전형적인 요한의 표현 방식이다(참조. 요 14:21; 요 일 3:21-24; 5:3). 계명을 지키는 것은 율법의 행위를 준수함으로써 하나님 께 인정을 받으려는 사람의 노예적인 순종을 의미하지 않는다. 오히려 율법의 저주에서 해방되고 성령의 능력을 받아 이전에 자신을 정죄하고 유죄 판결을 내렸던 것을 성취하는 자유롭고 즐거운 순종이다. 스코틀랜드의 설교자 랄프 어스킨Ralph Erskine은 "율법과 복음에 관한 신자의 원칙"이라는 설교에서 율법 에서 해방된 복음적 자유와 율법에 대한 그리스도인의 순종을 모두 확언했다.

> 율법은 요즘 유행하는 가정교사,
> 복음의 은혜를 가르치는 교사이다.
> 율법에 대한 복음은
> 의를 위한 완전한 마침과 다름없다.
> 한때 하나님의 불 같은 율법이
> 나를 복음의 길로 쫓았다.
> 그 다음 거룩한 율법으로
> 가장 친절하게 복음의 은혜가 이끌 것이다.
> 가장 완전한 율법은 여전히 남아 있다.
> 모든 의무를 온전히 포함한 채로,
> 복음은 그 완전함을 말한다.
> 그러므로 그것이 무엇을 추구하든지 주라.
> 율법은 엄격한 주인이었다.
> 짚은 주지 않고 벽돌을 요구하던
> 그러나 복음의 혀로 노래할 때,
> 그것은 나에게 날라고 명령하고 날개를 주는도다.[70]

(1986–87): 235. 또한 다음 논문을 참조하라. Westerholm, "Letter and Spirit: The Foundation of Pauline Ethics," *NTS* 30 (1984): 229–48. 바울이 "행함"과 "성취"를 주의깊게 구분했다는 생각은 이전에 Betz, *Galatians*, 274–76가 제안했고, 이후에는 Longenecker, *Galatians*, 242–44 도 이를 지지했다. 이 구성에 대한 비판은 다음을 참조하라. Thielman, *From Plight to Solution*, 51–53.

70 Kevan, *Moral Law*, 74–75.

5:15. 이 구절은 갈라디아 교회를 들여다보는 창이다. 바울이 방금 권했던 이타적인 사랑의 법과는 대조적으로, 갈라디아 교인들은 치열한 내부 투쟁을 벌였고, 그 결과 신앙 공동체가 해체될 수도 있었다. 바울이 그들의 거룩하지 않은 야만적인 전쟁을 묘사하기 위해 사용한 세 가지 동사(물다, 먹다, 멸망하다)는 모두 헬레니즘 헬라어에서 치명적인 투쟁을 벌이는 야생동물을 제시하는 관용어이다.[71] NEB 번역은 "하지만 서로 이빨과 손톱을 드러내며 계속 싸운다면 결국 서로 파멸할 수밖에 없다"라고 여자들의 싸움을 암시한다.

바울은 거짓 교사들의 교리를 둘러싸고 심각한 신학적 갈등을 겪고 있는 교회들에 편지를 썼던 것이 분명하다. 이 교회들 중 일부는 나중에 고린도 교회가 그랬던 것처럼 바울파, 야고보파, 베드로파로 나뉘었을 가능성이 있다. 그것이 사실이라면, 편지 전체에 걸쳐 복음의 진리를 위해 열정적이고 분개하며 주장했던 바울이 여기서 자신의 분파 그룹의 승리를 홍보하지 않았다는 점에 주목할 가치가 있다. 바울은 갈라디아의 모든 신자에게 목회자로서 계속되는 분쟁과 상호 파멸에 대해 경고했다. 그러나 선동가들의 침입은 이미 그리스도인들 사이에 존재하고 있던 근본적인 갈등을 악화시켰을 가능성이 더 크다. 바울이 곧 열거할 육체의 일들, 그중에서도 불화와 파벌은 바울이 한탄한 분열된 교제와 깨진 연합을 낳았다.[72]

3.2.2. 투쟁과 승리 (5:16-18)

5:16. 갈라디아 교회들이 서로에 대한 시끄러운 공격으로 인해 파멸과 멸망에 이를 수 있다는 생각에 몸서리쳤던 바울은 이제 이 심각한 딜레마에 대해 하나님께서 정하신 해결책을 설명하려고 한다. "그러므로 내가 말하노니" 또는 "이것이 나의 충고이다"(필립스 성경)는 바울이 새로운 내용을 소개할 때나 독자들에게 자신이 말하고자 하는 중요한 요점을 알리기 위해 사용하는 일반적인 공식이다. 5장 1절에서 바울이 자유를 선언하면서 율법주의(5:2-12)와 방종주의(13-15절)에 반대하는 논지를 전개한 것처럼, 바울은 16절에서 바울은 6장 10절까지 자신이 말할 모든 내용을 지배할 일반 원칙을 제시한다.

---

71 Burton, *Galatians*, 297.

72 이러한 다툼의 원인으로 펑은 "바울이 갈라디아 교회 이단과 관련된 분쟁과 논쟁을 '서로 싸우는 것'으로 비난하는 것은 바로 이 편지(특히 3장과 4장, 참조 1:8f.)에서 바울 자신이 유대주의자들과 신학적인 논쟁을 벌이고 있기 때문이라고 생각하기 어렵다"(*Galatians*, 247n27)라고 관찰했다.

　　모든 그리스도인이 직면하는 갈등에 대한 바울의 진단은 "성령을 따라 걸으라"라는 명령과 "육체의 정욕을 이루지 않을 것이다"(KJV)는 약속으로 시작된다. 이 명령과 약속은 모두 바울이 13절에서 "형제들아 너희가 자유를 위하여 부르심을 입었으니"라고 말한 것을 조건으로 한다. 갈라디아서에서 "자유"라는 단어가 다시 반복되지 않지만, 바울은 이 개념을 결코 버리지 않았다. 그러나 그리스도 안에서 우리가 부르심을 받은 자유는 항상 공격을 받는다. 그것은 율법주의로 전복되거나 반율법주의로 소멸될 수 있다. 참된 그리스도인의 자유는 이웃에 대한 사랑의 섬김과 하나님의 율법의 즐거운 성취로 표현함으로써 이러한 위험한 극단을 피할 수 있다.

　　그러나 신자는 이런 종류의 승리하는 그리스도인 생활을 위한 자원을 어디서 얻을 수 있을까? 현대 종교 교육학은 승리하는 성격, 타고난 능력, 신학 교육의 고급 학위, 고상한 그리스도인의 삶에 대한 특별 세미나, 사회 활동, 영적 심리 치료 등 많은 해답을 제시한다. 바울의 대답은 성령이다. 우리를 죄에서 자유하게 하시고 중생으로 새 생명을 주신 하나님의 영만이 우리가 그분 안에서 행함으로써 성화의 능력을 경험할 때 우리를 진정으로 자유롭게 해줄 수 있다.

　　갈라디아서 5장에서 바울은 성령의 지배를 받는 신자의 삶을 묘사하기 위해 네 가지 동사를 사용했는데, 이 동사들은 모두 거의 동일한 의미이다. 성령을 따라 행하다(16절), 성령의 인도하심을 받다(18절), 성령으로 살다(25a절), 성령과 보조를 맞추다(개역개정, "성령으로 행할지니." 25b절). 이 동사들은 각각 역동적으로 상호 작용하는 관계, 방향, 목적을 암시한다. 현재 명령형 "걸으라"(περιπατεῖτε 페리파테이테. 개역개정, "행하라")는 또한 현재 진행 중인 활동을 나타낸다. 바울은 앞서 갈라디아 교인들에게 그리스도와 그리스도의 십자가에 대한 메시지의 선포를 듣고 성령을 받은 것을 상기시켰다(3:1-3). 여기서 바울은 그때 시작했던 그 걸음을 계속하라고 권면하고 있다. 갈라디아 교인들이 계속 성령 안에서 행한다면 거짓 선생들의 육체적 호소, 방종주의적 성향, 교회를 쇠약하게 만드는 분쟁으로 멈추지 않을 것이다. 갈라디아서에서 "걷다"가 이런 의미로 사용된 곳은 이 구절이 유일하지만, 이 단어는 바울이 일상적인 행동이나 생활 방식을 가리키는 일반적인 정의이다. 더 넓은 의미에서 이 헬라어 단어는 일반적인 의미의 "걷다"뿐만 아니라 "누군가를 따라 걷거나 특정 방향으로 걷다"를 의미하기도 한다. 예를 들어, 아리스토텔레스의 제자들은 철학자가 가르침을 전할 때 이리저리 따라다니는 습관 때문에 페리파토스 학파(소요학파)라고 불렸다. 바울의 글에서 성령 안에서 걷거나 성령의 인도를 받는다는 것은 성령이 가시는 곳으로 가고, 성령의 음성

을 듣고, 성령의 뜻을 분별하고, 성령의 인도하심을 따르는 것을 의미한다.[73]

5:17. 이 구절에서 바울은 세상 전반에 만연한 윤리적 이원론을 가능한 한 가장 극명한 용어로 설명했으며, 현실 세계에서 살아가야 하는 신자라면 누구도 예외일 수 없다. 갈라디아서에서 우리는 영과 육의 명백한 대조를 두 번이나 마주쳤다. 갈라디아서 3장 3절에서 바울은 성령으로 시작한 갈라디아 교인들이 어떻게 육신을 통해 하나님의 일에서 완전함이 올 수 있다고 생각할 수 있는지 물었는데, 이는 할례의 강요와 그에 들어있는 율법의 행위에 대한 명백한 언급이다. 다시 갈라디아서 4장 29절에서 이스마엘과 이삭의 탄생은 성령, 즉 하나님이 약속하고 시작하신 것과는 대조적으로 육체, 즉 인간의 묵인과 자기 의지에 기인한다는 점에서 극명하게 대조된다. 여기 5장 17절에서 육체와 성령은 신자의 삶 안에서 치명적인 갈등에 갇힌 두 개의 전쟁 세력으로 묘사된다. 13절에서 보았듯이 바울의 언어에서 "육체"는 인간의 물질적 또는 육체적 차원으로 축소될 수 없다. 그것은 육체뿐만 아니라 마음, 의지, 감정을 포함하는 훨씬 더 포괄적인 용어이다. 쥬윗에 따르면, 육체는 바울이 최종적으로 신뢰하는 하나님을 제외한 모든 것을 가리키는 용어였다.[74]

최근 주석가들 중 대부분과 다르게 더욱 고전적인 해설(루터와 칼뱅뿐만 아니라 라이트풋 등)에 따르면, 바울이 여기서 언급한 육체와 성령의 갈등을 로마서 7장 7절에서 25절까지 묘사된 유사한 긴장의 관점에서 해석하는 것이 가장 좋다.[75] 논의의 대부분은 이 구절의 마지막 구절인 "원하는 것을 하지

---

73 RSV는 16절의 두 번째 부분을 "육체의 소욕을 충족시키지 말라"라고 또 다른 명령으로 잘못 번역하고 있다. 그러나 버튼이 관찰했듯이 이중 부정을 가진 부정과 가정법은 약속과 확신의 어조를 표현한다(*Galatians*, 299). 갈라디아 교인들이 성령의 인도를 받으면 "육체의 정욕을 결코 만족시키지 않을 것"이라고 강력하게 주장하고 있었다(Moffatt). 참조. *Arichea and Nida, Translator's Handbook*, 134.

74 Jewett, *Paul's Anthropological Terms*, 103. 케제만은 바울 신학에서 σάρξ의 독특한 의미를 다른 사고 유형과 대조해서 설명했다. "그리스어에서 육체는 사람이 소유할 수는 있지만 사람 자체는 아닌 실체이다. 구약과 포로기 이전의 유대교에서 육체는 멸망하는 피조물을 의미하지만, 그 자체로 하나님의 영에 반대하고 세상의 지배를 위해 투쟁하는 적대적이고 활동적인 힘은 아니다. 그러나 우리는 이런 극단화를 갈 5:16이하에서 만나고, 그것은 바울의 인간론 전체를 결정한다"(*Perspectives on Paul* [Philadelphia: Fortress, 1971], 26).

75 다음의 논의를 참조하라. Betz, *Galatians*, 279–81; Burton, *Galatians*, 300–302; Fung, *Galatians*, 248–51. 에벨링은 갈 5:16-18이 "롬 7:15-23과 비교하기 위해 외치고 있다"라고 인정한다. 후자에 대해서 현대 주석가들은 거의 한 목소리로 바울이 그리스도 이전의 인간에 대해 이야기하고 있다는 데 의견이 일치한다. 그러나 여기에서 바울이 그리스도인을 염두에 두고 있다는 것은 분명하다. ... 나는 여기 갈 5장에서 보편적 인간론의 요소가 있는 것처럼 롬 7장에서도 소위 그리스도인으로 보는 해석이라고 말할 수 있다고 결코 제안하지 않을

못하게"를 어떻게 해석하는지에 달려 있다. 문제의 욕망은 성령과 싸우는 육체의 정욕인가, 아니면 반대로 육체와 충돌하는 하나님을 향한 거룩하고 순결한 갈망인가? 전자라면 바울은 이렇게 말했을 것이다. 성령은 육체를 대적하기 때문에 당신이 정말로 성령 안에서 걷고 있다면 육체의 욕망을 만족시키기 위해 당신이 하고 싶은 일을 자유롭게 할 수 없다. 클라렌스 조던은 이 해석을 잘 파악한다. "그렇기 때문에 여러분은 마음대로 행할 수 없다"(Cotton Patch, 102). 그러나 더 자연스러운 해석은 "너희가 원하는 것"(KJV)을 하나님께서 중생한 신자들에게 주신 거룩한 갈망과 애정으로 해석하는 것이다.

우리가 현세에 머무는 동안에는 이 구절에서 바울이 묘사한 영적 갈등을 벗어나거나 초월할 수 없다. 어떤 영적 기술이나 두 번째 성령 세례도 신자를 더 이상 이 싸움을 벌이지 않아도 되는 더 높은 차원의 그리스도인 생활로 이끌 수 없다. 초대 교회에서 강인하고 엄격한 규율주의자였던 히에로니무스는 도시의 음침한 유혹에서 멀리 떨어져 지냈지만, 그 유혹에서 전혀 벗어나지 못했다는 것을 알았다. 그가 고백했듯이,

> 수도사에게 끔찍한 거주 장소를 제공하는 태양의 열기로 타 들어가는 고독한 버려진 땅, 사막에 거주할 때, 나는 얼마나 자주 로마의 쾌락 한가운데에 있기를 바랐던가! 지옥에 대한 두려움 때문에 그런 지옥에 자신을 정죄하고 전갈과 야생동물밖에 없는 나는 종종 소녀들과 춤을 추고 있다고 생각했다. 단식으로 얼굴은 창백했지만 마음은 얼어붙은 몸속에서 정열적인 욕망으로 불타오르고 있었고, 남자로서 육체는 이미 죽었지만 성욕의 불이 타오르고 있었다.[76]

성적 유혹뿐만 아니라 (다른 것에서도) 육체와 성령 사이의 갈등은 강렬하고 가차없다. 그리스도인의 삶에서 가장 큰 위험 중 하나는 자기 만족, 이것은 스스로를 불굴의 사람으로 생각하여 육체의 유혹에 넘어가지 않을 것이라고 착각하는 유혹이다. 그러나 바울의 말은 믿음의 공동체 전체를 대상으로 한다. 어떤 그리스도인도 바울의 경고에 귀를 기울일 필요가 없을 정도로 영적으로 강하거나 성숙한 사람은 없다. 그렇다고 너무 약하거나 흔들려서 성령의 능력으로 육체의 폭정에서 자유로울 수 없는 사람도 없다. 베츠가 말했듯이, "육의 세력과 성령의 세력 사이의 싸움에서 교착 상태는 없지만 성령이

것이다"(*Truth of the Gospel*, 255). 롬 7장에 대한 다른 해석에 대해서는 다음을 참조하라. Thielman, *Romans*, 356-70.

76 Luther, "Lectures on Galatians, 1535," *LW* 27:68-69.

주도권을 잡고 압도하여 악을 물리친다."[77]

5:18. 육체의 일을 열거하기 전에 바울은 방금 말한 것을 조건문으로 되풀이하면서 편지 전체에서 씨름했던 핵심 신학적 문제인 "너희가 만일 성령의 인도하시는 바가 되면 율법 아래에 있지 아니하리라"를 다시 한번 상기시켰다. 바울은 여전히 반대자들을 주시하고 있었으며, 자신의 윤리적 가르침이 단지 물타기식 율법주의에 불과하다고 말하는 구실을 주고 싶지 않았다. 성령안에서 사는 삶은 율법 "아래"의 존재와 화해할 수 없는 갈등 관계에 놓여 있다. 도덕법이 폐지되었다거나 십계명이 구식이 되었다는 것은 아니다. 오히려 신자들은 이제 성령의 소유로 율법에서 해방되었기 때문에 율법의 진정한 의도를 성취할 수 있는 힘을 얻었다. 바울은 이후에 로마서 8장 3-4절에서 같은 생각을 표현했다. "하나님께서 육체로 연약하여 율법이 할 수 없는 일을 하셨다. 곧 자기 아들을 죄 있는 육체의 모양으로 보내어 그 육체에서 죄를 정죄하셨다. 이것은 육체를 따라 행하지 않고 성령을 따라 행하는 우리 안에서 율법의 정당한 요구가 성취되도록 **하기 위해서이다.**"(RSV, 강조 추가).

3.2.3. 육체의 행위 (5:19-21)
3.2.3.1. 덕과 악덕 (5:19a)
5:19a. 5장 19절에서 26절까지 바울은 윤리적 특징의 두 가지 구별되는 목록을 통해 육체와 성령의 대조를 더욱 발전시켰는데, 첫 번째는 바울이 "육체의 일"이라고 묘사한 악한 행위들이고, 두 번째는 "성령의 열매"라고 집합적으로 묘사된 다소 짧은 특징들이다. 이 두 가지 목록은 갈라디아 교인들이 그리스도인의 자유를 육체의 방종을 위한 근거로 삼아서는 안 된다는 바울의 이전 훈계(13절)와 성령의 인도하심을 따라 행하며 사랑으로 서로 섬기라는 바울의 권면(16, 18절)을 구체적으로 표현한 것이다. 바울은 두 가지 목록의 결론에서 두 가지 상응하는 결론을 덧붙였다. 첫째, 예수 그리스도께 속한다는 것은 육체를 십자가에 못 박는 것을 포함한다는 서술(참조. 2:20)과 둘째, 성령으로 산다는 것은 그리스도께서 우리를 자유롭게 하신 자유가 방종주의의 구실이 되거나 율법주의로 후퇴하지 않도록 성령과 보조를 맞추는 것을 의미한다는 점을 상기시켜 준다.

---

77 Betz, *Galatians*, 281. 또한 다음 참조. Das, *Galatians*, 563–67.

5장의 마지막 구절은 갈라디아에 있는 그리스도인들 사이에서 벌어진 격렬한 갈등과 내분을 떠올리게 한다. 바울은 교만과 시기, 악의적인 도발을 중단할 것을 촉구했다. 따라서 바울은 육체의 일과 성령의 열매를 묘사하고 대조하면서 일반적인 윤리 이론을 설명하지 않고 갈라디아 교회의 실제적인 그리스도인 생활과 관련된 구체적인 문제를 다룬다.

갈라디아서 주석가들 대부분은 두 가지 죄악과 거룩한 특징에 대한 바울의 목록이 세네카, 키케로, 에픽테투스와 같은 도덕 철학자들과 알렉산드리아의 필론와 같은 헬레니즘 유대 사상가들의 저술에서 자주 발견되는 유사한 덕과 악덕 목록과 거의 일치한다고 지적했다. 덕과 악덕 목록은 당시 도덕 문헌에서 흔히 볼 수 있는 특징이었으며, 바울의 목록에 있는 일부 항목은 비기독교 사상가들이 바람직한 성품과 혐오스러운 성품을 체계적으로 나열한 것과 중복되는 것이 확실하다. 예를 들어 아리스토텔레스는 영혼의 덕목에 정의, 용기, 자제력, 관대함을 포함시켰다.[78] 아리스토텔레스는 『니코마코스 윤리학』에서 덕을 두 극단 사이의 평균 또는 중간을 지키는 것으로 정의했는데, 어느 쪽이든 악덕으로 간주했다. 갈라디아서 5-6장에서 바울이 한편으로는 율법주의와 다른 한편으로는 방종주의의 극단 사이에서 일종의 매개체로서 그리스도인의 자유를 제시했다는 사실은 바울이 그리스-로마 및 헬레니즘 유대 세계의 윤리적 가르침에서 공통적으로 나타나는 덕과 악덕의 표준 목록에서 선과 죄의 목록을 도출했다는 추가적인 증거로 인정받는다.

그러나 형식과 문체가 유사함에도 불구하고 바울의 소위 악덕과 덕에 대한 이중 목록은 동시대 사람들이 더 넓은 사상 체계에서 일반적으로 재현하는 것과는 뚜렷한 대조를 이룬다. 에벨링이 지적했듯이 바울은 "인격과 행위의 심리적 도식에는 맞지 않지만 삶의 모든 부분을 채우며 빛을 발하는 인간의 행동"을 전체적으로 설명했다.[79] 바울에게 윤리는 인류학의 한 분야로 환원될 수 없었다. 아리스토텔레스의 "영혼의 덕"이라는 개념은 바울의 틀에서 완전히 이질적이었다. 바울에게 육체와 성령은 두 가지 힘, 두 가지 존재 양식이었으며, 모든 그리스도인의 전쟁터에서 갈등을 빚었다. 우리는 바울의 육체와 성령의 대조를 더 넓은 우주적 맥락에 놓기 전까지는 이 악한 세상에서 예수 그리스도의 교회를 특징짓는 종말론적 긴장감이나 모든 신자를 사로잡는 성장과 쇠퇴, 승리와 패배 사이의 투쟁을 제대로 이해하지 못했다.

---

78 Aristotle, *Rhetoric* 1.6.1362b. 다음에 인용됨. Longenecker, *Galatians*, 249.

79 Ebeling, *Truth of the Gospel*, 256.

바울이 이 두 가지 대조 목록에서 나열한 열다섯 가지 항목 각각을 간략히 살펴보기 전에, 두 목록의 구성 방식에서 세 가지 중요한 차이점을 알아두는 것이 좋다. 첫째, 바울은 육체의 일에 반대되는 성령의 일과 대조하지 않는다. 육체의 "일"은 타락한 인간이 자아 실현을 위해 고안하고, 속이고, 제조("자신의 손으로 만들었다"는 의미에서)하는 노력의 산물이다. 바벨탑에서 현대 전체주의에 이르기까지, 아론의 금송아지에서 현대의 돈, 섹스, 권력에 이르기까지, 육체의 **행위**들은 비참함, 폭력, 죽음으로 인간의 풍경을 뒤덮어 왔다. 그러나 바울은 성령이 이끄는 삶의 양식을 설명하기 위해 의도적으로 기술의 언어에서 자연의 언어, 즉 성령의 **열매**로 전환했다. 사과, 오렌지, 복숭아를 재배하는 사람들은 악천후나 치명적인 해충에서 과수원을 보호하려고 아무리 노력해도 결국 과일나무가 생산한 제품은 인간의 독창성이나 농업 기술의 결과가 아니라 선물이라는 것을 안다. 마찬가지로 성령이 신자들의 삶에 미치는 영향, 즉 바울이 두 번째로 열거한 바람직한 특성은 성령의 내주하심과 역동적인 현실이 가져오는 영적 변화의 결과이다(참조. 롬 12:1-2).

둘째, 두 목록의 구성 방식에는 명백하고 중요한 차이가 있다. 바울의 가증한 죄 목록은 의도적으로 "육체의 일"(들)이라는 복수로 정의된다(개역개정은 단수로 번역). 그러나 성령의 열매는 두드러지게 단수이다. 성령의 열매는 (1) 사랑, 희락, 화평, (2) 오래 참음, 자비, 양선, (3) 충성, 온유, 절제의 세 가지 균형 잡힌 세 쌍둥이로 잘 구성된 9가지 기독교의 은혜로 나타난다. 이와 대조적으로, 육체의 일은 바울의 펜 끝에서 볼 때 내재된 일관성이나 논리적 순서가 없이 무작위로 나열된 용어들로 뒤죽박죽이다. 베츠가 지적했듯이, "이 용어들의 혼란스러워 보이는 배열은 악의 혼란스러운 본질을 반영한다. 이 혼란은 '성령의 열매'의 하나 됨과 질서정연한 배열(22-23절)과 대조되어야 한다."[80]

게다가 바울이 악의 목록에 포함시킨 열다섯 가지 항목은 결코 모든 것을 나열하려는 의도가 아니었다. 바울은 나열의 마지막에 "또 그와 같은 것들이라"를 덧붙인다. 마치 바울이 이렇게 말하는 것 같다. "나는 이대로 영원히 계속할 수 있다! 악의 원리가 인간의 왜곡, 타락, 적대감, 과잉, 집착 등에서 나타나는 방법은 무수히 많기 때문에 누구도 육체의 모든 일을 열거할 수 없다!" 오직 하나님 자신만이 이러한 악의 순환을 결정적으로 종식시킬 수 있으며, 이는 다가올 심판에서 반드시 그렇게 하실 것이다(21절). 따라서 육체

---

80 Betz, *Galatians*, 283. 이 전체적인 조망과 그것이 어떻게 바울의 사상 구조와 어울리는지에 대해서는 다음을 참조하라. Jean-Nöel Aletti, "Paul's Exhortations in Galatians 5:16–25F from the Apostle's Techniques to His Theology," *Galatians and Christian Theology*, 318–34.

의 행위의 다원성과 상호 불가분성은 성령의 열매의 단일성과 유기적 조화와 뚜렷한 대조를 이룬다.

마지막으로, 육체의 일은 필연적으로 율법의 행위에 대한 바울의 초기 논쟁을 상기시킨다. 율법은 여기에 열거된 행위로 대표되는 부도덕하고 우상 숭배적이며 무절제한 삶의 방식을 분명히 정죄하고 있음에도 불구하고, 바울뿐만 아니라 거짓 교사들도 이 모든 것을 공식적으로 거부했을 것이다. 그러나 "육체를 따라"(κατὰ σάρκα, 카타 사르카) 산다는 것은 하나님의 도덕적 율법에 대한 반율법주의적 냉담함이나 그 율법 자체를 목적으로 하는 명목론적 왜곡을 통해 이런 종류의 가증스러운 타락과 결점이 자신의 삶에 뿌리내리도록 초대하는 것이다. 따라서 성령의 열매의 구성 요소에 관한 바울의 결론적인 언급인 "그런 것들에 반대하는 율법이 없다"(23절 NIV)는 단순히 "수사적 효과를 위해 주어진 과소 표현"이 아니다.[81] 오히려 이것은 바울이 나중에 로마서 8장 1절에서 "그러므로 이제 그리스도 예수 안에 있는 사람 곧 육신을 따라 행하지 아니하고 성령을 따라 행하는 사람에게는 결코 정죄함이 없다"(KJV)라고 말한 것을 다른 방식으로 표현한 것이다. 은혜로 구속받은 사람만이 성령의 열매를 맺을 수 있으며, 하나님의 율법은 그들을 정죄하지 않지만 그리스도께서 재림하셨을 때 책임에서 벗어나게 하지는 않을 것이다. 육체의 일로 삶을 낭비하는 사람들과는 대조적이다. "이런 일을 하는 자들은 하나님의 나라를 유업으로 받지 못할 것이요"(21절).

3.2.3.2. 악의 목록(5:19b-21a)

5:19b-21a. 바울의 악의 목록에 있는 열다섯 가지 항목에 대한 우리의 분석은 이러한 죄악을 (1) 관능적 정욕, (2) 영적인 일에 대한 불법적으로 다루는 것, (3) 형제 사랑을 위반하는 것, (4) 절제 없는 과욕의 네 가지로 나눈 라이트풋이 처음 제안한 전통적인 분류와 일치한다.[82] 부도덕, 우상 숭배, 적대,

---

81 Longenecker, *Galatians*, 263.

82 Lightfoot, *Galatians*, 210. 우리는 세 번째 종류의 죄가 특히 "켈트족 사람들의 흥분하는 기질"에 유혹적일 것이라는 라이트풋의 언급과 향연과 술 취함에 대해 언급하면서 "갈리아계 혈통으로 이러한 과욕에 너무 쉽게 빠지는 민족에게 부적절하지 않다"라는 그의 말을 무시할 수 있다. 이후의 주석가들은 바울의 악행 목록을 라이트풋이 네 가지로 나눈 것을 따르는 경향이 있다. 참조. Burton, *Galatians*, 304–10; Fung, *Galatians*, 253–61; Matera, *Galatians*, 208-9. 또한 C. G. Kruse, "Virtues and Vices," *DPL*, 962–63; E. Schweizer, "Traditional Ethical Patterns in the Pauline and Post-Pauline Letters and their Development," in *Text and Interpretation*, ed. E. Best and R. McL. Wilson (Cambridge: Cambridge University Press, 1979), 195–209. 최근 연구로는 다음을 참조하라. Keener, *Galatians*, 491–515; Schreiner, *Galatians*, 342–48.

절제 없는 죄에 대한 바울의 폭로를 간략히 살펴보자.

1. 부도덕한 죄들

음행(πορνεία 포르네이아).

바울의 죄 목록에서 처음 세 가지 행위는 방종적인 성관계와 관련이 있다. 이는 바울이 다른 글에서도 악한 죄악을 나열하는 전형적인 특징이다(참조. 고전 6:9, 6:18, 엡 5:5, 살전 4:3). 이는 마음에서 나와 온 사람을 더럽히는 부정한 행위라고 예수님 자신이 분류한 것과 일치한다. 예수님의 목록에서 악한 생각과 성적 부도덕은 도둑질, 살인, 간음, 탐욕, 악의, 속임수, 음란, 시기, 비방, 오만, 어리석음보다 우선한다(막 7:20-22). 왜 이렇게 성적 부도덕을 우선으로 할까? 이 죄들이 다른 죄들보다 본질적으로 더 가증한 죄이기 때문이 아니라, 다른 모든 죄들과 마찬가지로 하나님의 규범에 대한 자기 중심성과 반항을 더 극명하게 보여주기 때문이다. 신자들이 성적인 비행에 휘말리는("적발"되든 안 되든) 것은 그들의 삶 속에 임재하셔서 그들의 몸을 주님의 성전으로 만드신 성령님을 깊이 슬프게 한다(참조. 고전 6:18-20). 포르네이아(πορνεία 포르네이아)라는 단어는 원래 "매춘"(참조. 매춘부가 노예 시장에서 자주 매매되었기 때문에 "노예를 팔다"라는 동사 πέρνημι(페르네미)에서 "매춘부"를 뜻하는 그리스어 πόρνη 포르네가 나옴)을 의미했지만, 바울 시대에는 성적 부도덕 또는 부정이라는 더 일반적인 의미였다. 간음과 근친상간을 포함한 모든 불법적인 성관계를 의미하지만, KJV에서 포르네이아는 항상 "간음"(fornication)으로 번역된다(참조. 고전 5:1). 성적 부도덕 행위는 종종 사랑이라는 이름으로 행하지만, 실제로는 성령의 가장 중요한 열매인 사랑에 정반대되는 행위이다.

더러운 것(ἀκαθαρσία 아카다르시아). 이 단어는 말 그대로 "부정함"을 의미하며 의학적 의미와 의식적 의미를 모두 가진다. 오늘날에도 의사들은 상처에 약을 바르기 전에 상처를 깨끗이 씻어야 한다고 말한다. 모세 율법에 따르면 의식적 불결함은 장애가 제거될 때까지 성전 예배 의식에 참여하는 것을 금지했다. 예를 들어 나병 환자들은 누군가 다가올 때마다 "부정하다!"라고 외쳤다. 예수님은 나병환자를 고치거나 "깨끗하게" 하신 후에도 구약의 규례에 따라 정결 의식을 마치도록 요구하셨다(참조. 마 8:1-4). 그러므로 부정함은 성적인 죄의 더럽힘과 그로 인한 하나님과 분리를 말한다.[83] 그러한 죄

---

83 바울이 전형적인 방식으로 Πορνεία δὲ καὶ ἀκαθαρσία πᾶσα을 부정함과 성적 부도덕을 연결시킨 엡 5:3을 참조하라. 참조. F. Hauck, "ἀκάθαρτος, ἀκαθαρσία," *TDNT* 3:427–29.

에 대한 해결책은 고백과 회개이다. 우리가 죄를 자백하고 회개하면, 그리스도께서는 모든 불의를 용서하시고 정결하게($\kappa\alpha\theta\alpha\rho i\sigma\eta$ 카다리세) 하실 미쁘시고 의로우시다는 하나님의 말씀의 약속이 있다(요일 1:9).

호색($\dot\alpha\sigma\dot\epsilon\lambda\gamma\epsilon\iota\alpha$ 아셀게이아). 바클레이는 이 특별한 악덕을 "죄에 대한 사랑이 너무 무모하고 대담해서 하나님이나 사람이 자신의 행동에 대해 어떻게 생각하는지 신경 쓰지 않는 것"이라고 정의한다.[84] 예레미야 선지자는 당시 이스라엘 자손의 무절제한 음란함에 대해 말하면서 다음과 같이 물었다. "그들이 가증한 일을 행할 때에 부끄러워하였느냐 아니라 조금도 부끄러워하지 않을 뿐 아니라 얼굴도 붉어지지 않았느니라"(렘 6:15). 방탕은 한계를 완전히 상실하고 절제, 품위, 자존심이 결여된 상태를 말한다. 바울은 갈라디아 교인들 모두가 그런 극단적인 방탕에 대해 죄가 있다고 말한 것이 아니라, 성적 순결의 기준을 느슨하게 무시하고 결국 갈라디아 교인들을 구덩이로 이끌 자유분방한 생활 방식에 대해 경고했다.[85]

2. 우상 숭배의 죄들

우상 숭배 ($\epsilon i\delta\omega\lambda o\lambda\alpha\tau\rho i\alpha$ 에이돌롤라트리아). 바울은 부정한 행위에서 이교도의 거짓 신을 숭배하는 것과 관련된 두 가지 항목을 고려하기 위해 이동한다. 우상 숭배라는 단어는 고전 저술가들의 문헌에서는 발견되지 않지만 신약의 독특한 기독교 어휘이다. 고대 바알의 다산 숭배에서 고린도 아프로디테 신전의 성매매에 이르기까지 거짓 신에게 바치는 경의에는 종종 수치스러운 성적인 전시가 수반되었다. 선물로서의 성을 남용하는 것은 필연적으로 피조물을 창조주의 수준으로 끌어올리는 결과를 초래한다. 우리 시대에는 우상

---

84 W. Barclay, *Flesh and Spirit: An Examination of Galatians 5:19–23* (London: SCM, 1962), 31.

85 롱네커는 요세푸스의 『유대전쟁사』에서 $\dot\alpha\sigma\dot\epsilon\lambda\gamma\epsilon\iota\alpha$가 사용된 세 가지 예를 언급한다. 한 번은 마리암이 다른 남자 앞에서 무모하게 "자신을 드러내어" 헤롯이 살인적인 질투로 부추켰다는 거짓 고발을 보도할 때(*J.W.* 1.439), 한 번은 "여인의 음란함"에서 자신들을 지키는 에세네파의 금욕주의를 묘사하면서(*J.W.* 2.121), 그리고 한 번은 예루살렘 포위 공격의 마지막 날에 도시 내에 열심당 군인들이 술에 취해 여인들의 복장을 하고 여자들처럼 행동하면서 "지나친 음란함으로 불법적인 쾌락을 추구했고 도시 안에 있는 매춘굴에서 뒹굴면서 자신들의 더러운 행실로 이 끝에서 저 끝까지 더럽힌"(*J.W.* 4.562; Longenecker, *Galatians*, 254–55) 행동을 묘사할 때 사용된다. 신약 다른 곳(참조. 엡 4:19)에서 $\dot\alpha\sigma\dot\epsilon\lambda\gamma\epsilon\iota\alpha$는 악을 완전히 버린다는 보다 일반적인 의미를 전달한다. 그러나 이 문맥에서 $\pi o\rho\nu\epsilon i\alpha$과 $\dot\alpha\kappa\alpha\theta\alpha\rho\sigma i\alpha$을 묶음으로써, 바울은 그 의미를 가장 심한 형태의 불법적인 성행위로 제한한 것 같다. 바울은 고후 12:21에 동일한 세 단어를 병렬해서 사용하는데, 고린도 교인들 중 많은 사람들이 "이전에 죄를 지었고 그들이 탐닉했던 불결함과 성적인 죄와 방탕을 회개하지 않은 것"(NIV)에 슬픔을 표현했다. 참조. O. Bauernfeind, "$\dot\alpha\sigma\dot\epsilon\lambda\gamma\epsilon\iota\alpha$" *TDNT* 1:490.

숭배의 형태가 바뀌었지만, 현실은 바울 시대와 마찬가지로 지금도 만연해 있다. 클라렌스 조던이 이 용어를 "숭배 기기"로 번역한 것은 스마트폰, 스트리밍, 드론의 시대에 특히 적절하다!

주술(φαρμαχεία 파르마케이아). 이 단어의 어원은 문자 그대로 "약"을 뜻하는 파르마콘(φάρμαχον)으로, 여기서 영어 단어 "약국"(pharmacy)이 파생되었다. 고전 그리스어에서 파르마케이아(φαρμαχεία)는 의학적 목적이든 더 사악한 목적(예. 중독)이든 약물을 사용하는 것을 의미했다. 그러나 신약에서는 갈라디아서와 요한계시록에서 두 번(계 9:21; 18:23) 등장하는데 항상 주술과 연관되어 있다. 영어 번역에서는 일반적으로 파르마케이아를 "마술"(KJV, NIV) 또는 "마법"(CSB, ESV, RSV, NEB)으로 번역한다. 이 단어들은 흑마술과 악마적인 통제라는 개념을 정확하게 전달하지만 약물 사용의 더욱 기본적인 의미를 놓친다. 신약 시대에 파르마케이아는 실제로 낙태를 포함한 다양한 목적으로 신비로운 속성을 가진 약물을 사용하는 것을 의미했다. 누난 J. T. Noonan은 "바울이 여기서 사용한 용어를 낙태로 제한할 수는 없지만, 바울이 선택한 용어는 낙태시키는 약물의 사용을 포함하기에 충분히 포괄적이다."[86] 초대 교회에서는 종종 신생아를 가혹한 환경에 노출시켜 발생하는 영아 살해와 약물 사용으로 발생하는 낙태 모두 살인 행위로 간주되었다. 두 가지 모두 "네 이웃을 네 몸과 같이 사랑하라"라는 예수님의 명령을 명백히 위반하는 행위이다.

3. 적개심의 죄들

원수 맺는 것(ἔχθραι, 에크드라이).

이것은 바울이 언급하는 여덟 개의 명사 중 첫 번째 명사이며, 모두 대인 관계의 붕괴를 나타낸다. 증오 또는 적대감(참조. "다툼," NEB)은 사랑과 반

---

86 J. T. Noonan Jr., "An Almost Absolute Value in History," in *The Morality of Abortion: Legal and Historical Perspectives* (Cambridge: Harvard University Press, 1970), 9. φαρμαχεία가 낙태를 유도하는 약을 의미하는 일반적인 용어였다는 것은 여러 번 다른 초기 기독교 저술에 반복해서 나타나는 것으로 알 수 있다. 디다케는 그리스도인들이 순종해야 할 다음과 같은 부정적인 명령 목록이 포함되어 있다. "살인하지 말라. 간음하지 말라. 소년을 타락시키지 말라. 음행하지 말라. 도둑질하지 말라. 마술을 행하지 말라. 의술(φαρμαχεία)을 시행하지 말라. 낙태(φθορά)해서 아이를 죽이지 말라. 태어난 것은 죽이지 말라. 네 이웃의 아내를 탐하지 말라"(Did. 2.2). 다음을 더 참조하라. T. George, "Southern Baptist Heritage of Life" (Nashville: Christian Life Commission of the SBC, 1993). 복음주의자와 가톨릭이 함께하는 생명 존중 성명서를 참조하라. "That They May Have Life (2006)" in *Evangelicals and Catholics Together at Twenty*, 85–103.

대되는 개념이다. 로마서 8장 7절에서 바울은 하나님에 대한 죄악된 마음의
적대감을 설명하기 위해 같은 단어를 사용한다. 그러나 여기서는 그 파괴적인
힘이 인간 관계의 영역에서 발휘된다. 바울은 이 증오심이 공동체 생활을 무
너뜨리는 구체적인 형태를 다음과 같이 열거한다.

이것은 바울이 언급할 여덟 가지 명사 중 첫 번째인데, 그 여덟 가지 모두
는 사람 간의 관계의 붕괴를 의미한다. 원수 맺는 것 혹은 원한(참고로, NEB
는 "다툼"으로 번역한다)은 사랑과 정반대이다. 로마서 8장 7절에서 바울은
이것과 동일한 단어를 하나님을 향해 죄악된 마음이 가진 적대감을 묘사하는
데 사용한다. 그러나 여기에서 하나님을 향한 적대감이 가진 파괴력은 인간
관계의 지평에서 발휘된다. 이 증오가 공동체 생활을 무너뜨릴 수 있는 구체
적인 형태를 바울은 다음과 같은 단어들로 열거한다.

분쟁(ἔρις, 에리스). 신약에서 이 단어는 바울이 많은 회중을 괴롭히는 분
쟁과 불화를 묘사하기 위해 아홉 번이나 사용한 독특한 단어이다. NEB에서
"다투는 성질"로 번역된 이 단어는 그리스도인 형제자매들 사이에서 일어나
는 많은 다툼과 악의의 근원을 가리킨다. 바울은 심지어 "투기와 분쟁으로" 그
리스도를 전파하는 사람들을 알았다(빌 1:15). 이것은 주님께서 합당하지 않
은 동기와 이기적인 수단까지도 가장 큰 선을 이루기 위해 사용하실 수 있음
을 보여준다. 그러나 복음을 전하는 사역자들이 성령 안에서 행하지 않고 사
소한 다툼과 교만에 사로잡히면 그리스도의 몸은 얼마나 큰 피해를 입을까!

시기(ζῆλος 젤로스). 우리가 보았듯이 시기는 성경에서 하나님 자신을 묘사
하는 좋은 의미로 사용될 수 있다. 그러나 여기서는 부정적인 의미로 사용된
다. 시기하는 사람은 다른 사람이 가진 것을 원하는 사람이다. 시기심 많은 목
사는 이웃 목사의 번영하는 교회 현장을 부러운 눈으로 바라본다. 시기는 종
종 괴로움으로 이어지고 때로는 요셉의 형들이 분노하여 요셉을 붙잡아 노예
로 팔았을 때처럼 폭력으로 분출되기도 한다(참조. 창 37:12-36). 모든 시기
의 감정의 근저에는 자신의 삶을 하나님의 선물로 받아들이지 않는, 하나님에
대한 배은망덕한 기본 자세가 있다. 다른 사람이 가진 것을 시기하는 것은 감
사하지 않는 반역과 악의로 자신의 선물을 하나님 앞에 도로 던지는 것이다.

분냄(θυμοί, 뒤모이). 이 단어는 문맥에 따라 다양한 의미를 지닌 단어이다.
예를 들어, 요한계시록에서는 같은 단어가 하나님의 진노(계 14:10; 19:15)
와 사탄의 분노(12:12)를 모두 지칭하는 데 사용된다. 갈라디아서에서는 격
렬한 분노나 적대적인 감정이 폭발하는 것을 뜻함. 이러한 통제할 수 없는 언
어적 폭력의 표출을 "아일랜드인의 성질"의 산물이나 "욱하고 화를 내는" 자

연스러운 성향의 산물이라고 변명해서는 안 된다. 이러한 분노의 표출은 그리스도인에게 어울리지 않는 행동의 한 형태이다. 분노는 우리를 하나님과 하나님의 영의 인도하심에서 멀어지게 하고 육체의 일에 더욱 얽매이게 한다.

당 짓는 것 (ἐριθεῖαι 에리데이아이). 이 용어는 고대 그리스의 정치 문화에서 유래한 것으로, "공직을 구하는 일" 또는 "공직을 위한 유세운동"을 의미한다.[87] 많은 경건한 남성과 여성이 정치 생활에서 그리스도인으로서 소명을 실천하도록 부름을 받았지만, 정치가 다른 사람을 위한 봉사보다는 자기 승진이나 자기 봉사를 추구하는 사람들을 끌어들이는 것 또한 사실이다. 이러한 "정치적인 동물"에게 성공의 사다리를 오르거나 개인적 이익을 위해 과정을 조작하는 것은 모두 자기 추구적인 생활 방식의 일부이다. 이러한 특성은 세속 정치에서도 충분히 나쁜 것이지만, 특히 섬김을 받으러 온 것이 아니라 섬기러 오시고 자기 목숨을 많은 사람의 대속물로 주러 오신 주님이자 구세주를 따라야 할 신앙 공동체를 타락시킨다.

분열함(διχοστασίαι 디코스타시아이). 바울은 로마서 16장 17절에서 같은 단어를 한 번 더 사용한다. "형제들아 내가 너희를 권하노니 너희가 배운 교훈을 거슬러 분쟁을 일으키거나 거치게 하는 자들을 살피고 그들에게서 떠나라." 앞의 단어와 마찬가지로 "분열함"은 교회 내에서 분파 정신이나 배타적인 엘리트를 양성하는 것을 암시하는 정치적 색채를 띤다. 이런 일이 일어날 때마다 그리스도의 몸의 연합과 교제가 깨진다. 바울이 갈라디아서에서 경고했던 뒷담화, 비방, 상호 파멸은 곧 하나님의 백성의 삶과 증거에 해를 끼치는 것으로 드러난다(5:15).

이단(αἱρέσεις, 하이레세이스). 이 단어 역시 고린도 교회의 여러 분파에 대해 말한 고린도전서 11장 19절에서 단 한 번 나온다. 이 단어의 기본 의미는 "선택하다"라는 동사에서 파생되었다(이 단어에서 신앙 규칙에 어긋나는 고의적으로 선택된 교리를 뜻하는 영어 단어 **이단[heresy]**이 유래했다). 이 구절은 많은 교회에서 명백하게 드러나는 분열적인 경향이 사랑, 용서, 관용의 왕도 대신 이기적인 교만, 시기, 다툼의 길을 걷는 의도적인 선택의 결과임을 상기시켜 준다.[88]

투기(φθόνοι, 프도노이). 이 단어는 앞에 나온 시기의 특성과 비슷한 의미를 가지는 고전적인 단어이지만, ζῆλος(젤로스)는 단수형이고 φθόνοι(프도노

---

87 아리스토텔레스, 정치학 5.2.9.

88 참조. H. Schlier, "αἵρεσις," *TDNT* 1:180–83.

이)는 복수형으로 부러워하는 욕망의 다양한 표현을 암시한다. 이 단어는 항상 부정적인 의미로 사용된다. 성령에 대해 충격적으로 동일한 단어가 사용된 야고보서 4장 5절은 예외적이다. "너희는 우리 안에 거하는 성령이 시기하기를 사모한다고 성경이 헛되이 말한다고 생각하느냐?"(KJV). 리빙 바이블(The Living Bible)은 이 대목에서 "아니면 하나님께서 우리 안에 두신 성령께서 부드러운 질투심으로 우리를 지켜보신다는 성경 말씀이 무엇을 의미한다고 생각하는가?"라고 훨씬 더 가깝게 표현한다. 그러나 갈라디아서 5장 21절에서 바울이 염두에 둔 것은 신자 안에 내주하여 보호하시는 성령의 부드러운 질투가 아니다. 오히려 갈라디아 교인들의 서로에 대한 악의와 악의에서 비롯된 악한 행동과 용납할 수 없는 경쟁심이 질투의 원인이다.[89]

4. 무절제의 죄들

술 취함($\mu\acute{\epsilon}\theta\alpha\iota$, 메다이).

이제 바울이 육체의 일 목록에 포함시킨 네 번째 죄악된 행위 그룹에 대해 알아보자. 성령이 인도하는 생활 방식에는 술 취함이 들어설 자리가 없다. 알코올 남용은 로마 제국 도시 생활의 일반적인 특징이었지만 바울은 그리스도께 속한 사람들에게는 더 높은 수준의 행동 표준을 기대했다. 바울은 나중에 에베소 교인들에게도 같은 맥락에서 편지를 썼다. "술 취하지 말라 이는 방탕한 것이니 오직 성령으로 충만함을 받으라"(엡 5:18).[90] 바울은 일반적인 알코올 남용 외에도 포도주의 신 디오니소스를 숭배하는 신비 종교에서 행하는 제의적 음주도 염두에 두고 있었을 것이다. 고린도에서 주의 만찬에 참여하기 전에 술에 취하는 습관이 있던 사람들 중 일부는 이 이교도 의식의 영향을 받았을 수 있다(참조. 고전 11:21). 갈라디아의 이방인 신자들은 그리스도인이 되기 전에 디오니소스 축제에 중독되었을 수 있다. 이방인 신자들 중 일부가 이제 방종주의자들의 설득을 받아 그리스도인의 자유를 도덕적 면허로 바꾸었다면, 이런 종류의 행동이 성령 안에서 새로운 삶에 얼마나 해로운지 깨닫지 못한 채 이전의 술 취하는 습관으로 돌아갔을 수도 있다. 어쨌든 바울은 과도한 음주를 진정한 그리스도인의 헌신과 양립할 수 없는 것으로 묘사했다.

---

89 "투기" 뒤에 KJV는 또 다른 육체의 일, "살인"을 포함하는데 이 지점에서 $\phi\theta\acute{o}\nu o\iota$ $\phi\acute{o}\nu o\iota$를 읽는 광범위한 증인들이 대표하는 강한 본문 전통을 반영한다. 메쯔거는 롬 1:29를 기억하고 있던 필사자들이 $\phi\acute{o}\nu o\iota$를 삽입했을 것이라고 추측한다. 참조. Metzger, *Textual Commentary*, 597-98.

90 참조. M. Barth, *Ephesians 4–6* (New York: Doubleday, 1974), 580–82.

방탕함(χῶμοι, 코모이). 이 단어는 "술잔치"(revellings, KJV), "주연"(orgies, ESV, NIV), "난잡한 파티"(wild parties, TLB), "야단법석"(horsing around, Cotton Patch) 등 다양하게 번역된다. 이 단어는 신약에서 세 번 등장한다(이 곳과 롬 13:13, 벧전 4:3). 각각의 경우 술 취함과 관련된 죄와 관련이 있다. 신약 시대에도 우리 시대와 마찬가지로 알코올 남용은 부부 불륜, 자녀 및 배우자 학대, 가정 생활이 무너지는 일, 사회의 도덕적 혼란에 기여했다. 바울은 이 구절을 통해 우리를 타락의 구렁텅이의 열다섯 단계 아래로 인도했다. 바울은 우리에게 육체의 추악한 현실을 보여주었다. 마지막에 "또 그와 같은 것들"이라고 덧붙인 것을 통해 알 수 있듯이 이 내용을 더 길게 말할 수 있었다. 오직 성령의 변화시키는 능력으로 역사하는 하나님의 은혜의 개입만이 그러한 사랑 없는 삶의 올무에서 사람을 구할 수 있다.

3.2.3.3. 죄의 최종 목적 (5:21b)

5:21b. 이제 바울은 방금 갈라디아 교인들에게 육체의 일에 관해 말한 내용이 이전에 갈라디아 교인들에게 준 경고의 반복이기 때문에 놀랄 일이 아니었다는 사실을 알려준다. 편지의 첫 부분에서 갈라디아서 5장의 권면에 대한 수수께끼 같은 암시를 찾거나, 억지스럽게 더 이상 존재하지 않는 바울과 갈라디아 교인들 사이의 이전 서신을 예상하지 않는 한, "전에 너희에게 경계한 것 같이 경계하노니"라는 표현을 이해할 수 있는 유일한 방법은 바울이 이전에 갈라디아 교인들에게 했던 경고의 반복으로 이해하는 것이다.[91] 바울이 이 구절에서 반복한 경고는 갈라디아에서 처음 복음을 전할 때 들었을 것이므로, 바울은 여기서 독자들이 잊거나 무시하고 싶은 유혹을 받았던 이전 가르침을 상기시키고 있었을 것이다.

이 구절에서 바울은 예수 그리스도께서 영광 가운데 개인적으로 눈에 보이게 재림하실 것을 고대했다. 이것은 그리스도인의 복된 소망이지만, 예수님께서 산 자와 죽은 자를 심판하기 위해 다시 오실 것이기 때문에 그리스도 밖에 있는 사람들에게는 큰 전조가 되는 사건이기도 하다(행 10:42). 바울은 악의 목록을 모두 나열하지는 않았지만, "그런 식으로 행동하는"(NEB) 사람들, 즉 부도덕하고 우상 숭배적이며 부정하고 불의하며 불의하고 무절제한 행위를 습관적으로 하는 사람들은 하나님 나라의 복에서 배제될 것이라고 말했다. 이는 단순한 협박이 아니라 하나님의 영감을 받은 예수 그리스도의 사도

---

91 Cole, *Galatians*, 164.

가 전하는 엄숙한 경고이다.

그러나 바울 자신도 갈라디아서 1-4장에 쓴 내용을 잊어버리지 않았을까? 그는 이제 우리가 율법의 행위와는 별도로 오직 믿음으로만 의롭다 함을 받는다고 가르치는 것을 그만두었는가? 이 구절의 어떤 부분도 기독교 신앙의 이 기본 교리에 대한 타협의 힌트를 조금도 암시하지 않는다. 콜R. A. Cole이 정확하게 지적했듯이,

> 바울의 요점은 **그러한 일을 하는 사람들은** 자신을 변화시키는 믿음의 선물이 없는 것으로 보인다는 사실이다. … [그리스도인은] 과거에 익숙했을지라도 이 모든 "어둠의 일들"과 분명하게 단절함으로써 "의롭게 하는 믿음"의 실체와 그 안에 있는 "그리스도 안에 있는 새 생명"의 실체를 보여준다.[92]

육체의 일의 노예가 된 사람은 스스로 하나님 나라의 상속자가 아님을 나타내며, 예수님께서 말씀하신 대로 회개하고 악한 길에서 돌이키지 않으면 모두 마찬가지로 멸망할 것이다.

그러나 육체에 대한 완전한 승리를 거두었으므로 더 이상 육체와 싸워서는 안 된다고 서서 자랑할 수 있는 그리스도인이 있을까? 그런 사람은 분명히 자신을 생각보다 더 높게 생각하는 죄를 범할 것이다. 바울은 고군분투하는 그리스도인들에게 절망을 심어주기 위해 경고하지 않았다. 오히려 우리가 죄의 가증스러운 성격을 보고 성령의 인도를 받아 회개하고 육체를 죽이기를 원했다. 이 구절에 대한 칼뱅의 주석은 바울의 복음주의적 의도를 잘 표현하고 있다.

> 이 죄들 중 하나 또는 다른 죄 아래에서 수고하지 않는 사람이 누구인가? 나는 '바울이 죄를 지은 모든 사람이 하나님의 왕국에서 제외될 것이라고 위협하는 것이 아니라, 회개하지 않는 모든 사람이 하나님의 왕국에서 제외될 것이라고 위협한다'라고 대답한다. 성도들 자신은 무거운 짐을 지고 있지만 그들은 돌아간다. 성도들은 항복하지 않기 때문에 이 목록에 포함되지 않는다. 하나님의 심판에 대한 모든 위협은 우리를 회개하도록 부르며, 하나님께서는 항상 용서를 준비해 두셨지만, 우리가 계속 고집을 부린다면 그것은 우리에게 불리한 증언이 될 것이다.[93]

---

92 Cole, *Galatians*, 164.

93 Calvin, *Galatians*, CNTC 11:104–5.

3.2.4. 성령의 열매 (5:22-26)
3.2.4.1. 은혜의 목록 (5:22-26)

5:22-23. 바울은 열 다섯 가지 구체적인 악행, 즉 열다섯 가지를 표현하는 한 단어, 육체의 행위를 나열한 후, 바울은 이와 반대되는 성령의 지배를 받는 삶의 은혜를 고려하기 시작한다. 악의 목록에 있는 죄악된 행위의 목록은 무질서하고 혼란스럽고 불완전하며, 죄 자체의 무작위적이고 강박적인 성격을 보여준다. 이와는 대조적으로, 은혜의 목록에 포함된 성격의 특징들은 성령으로 충만하고 거룩함의 아름다움으로 살아가는 삶의 목적이 있는 설계와 균형에 부합하는 아름다운 조화와 균형, 대칭으로 나타난다. 바울은 기독교 덕목의 전체 목록을 제공하려고 시도하지 않지만, 이 아홉 가지 은혜를 질서있고 완성된 느낌을 주는 세 묶음으로 분류한다.

> 사랑, 희락, 화평
> 오래 참음, 자비, 양선
> 충성, 온유, 절제

이 세 묶음의 의미에 대해서는 다양한 해석이 있다. 물론 3은 신성한 삼위일체의 수이며, 이 경우 성부, 성자, 성령 사이에 영원부터 존재한 완전한 일치와 사랑의 상호성을 의미한다. 라이트풋은 아홉 가지 은혜를 다음과 같이 분류했다. 처음 세 가지는 그리스도인의 마음의 습관으로 구성되며, 두 번째는 사회적 관계와 이웃에 대한 관심을 반영하고, 세 번째는 그리스도인의 행동을 인도하는 원칙을 나타낸다. 좀 더 간단하게 설명하자면, 스토트는 이 목록을 하나님과 다른 사람, 그리고 자신에 대한 신자의 태도를 나타내는 9가지 기독교적 은혜의 집합체라고 설명했다.[94] 성령을 따라 행하는 사람들에게서 나타나는 윤리적 성품에 대한 이 설명을 분석하는 데 도움이 되는 방법이지만, 이러한 분류 중 어느 하나도 지나치게 강조해서는 안 된다. 아홉 가지 성품은 각각 서로 영향을 주고받으며 신자의 삶에서 성화의 과정을 풍요롭게 하고 강화한다.

열매 맺음의 개념은 구약뿐만 아니라 바울의 다른 저술에서도 잘 드러난다. 예를 들어 이스라엘은 자주 주님의 "포도원"으로 언급된다(참조. 사 5:2-

---

94 Lightfoot, *Galatians*, 212; Stott, *Message of Galatians*, 148; Keener, *Galatians*, 515–27; Moo, *Galatians*, 363–69; Schreiner, *Galatians*, 348–50. 또한 다음에 인용된 탁월한 논문과 문헌을 참조하라. D. S. Dockery, "Fruit of the Spirit," *DPL*, 316–19.

4; 호 14:6). 마찬가지로 여호와의 율법을 즐거워하며 그 길로 행하는 사람은 "철을 따라 열매를 맺는 시냇가에 심은 나무"(시 1:3)에 비유된다. 앞서 살펴본 것처럼 바울은 의도적으로 성령의 열매(단수)와 육체의 행위(복수)를 대조했다. 전자는 하나님께서 인간의 삶을 초자연적으로 재구성하고 변화시키신 결과인 반면, 후자는 옛 죄의 본성에서 인위적으로 만들어낸 것이다. 다시한번 말하지만, 우리는 이 구절을 우화적으로 읽으면서 퍼킨스처럼 지나치게 해석하고 분석하기보다는 편안히 앉아 이 이미지의 아름다움을 묵상하는 것이 좋다. "교회는 하나님의 동산이고, 교사는 심고 가꾸는 자이며, 신자는 의의 나무이지만 하나님의 영은 그 나무의 수액과 생명이며, 선행과 미덕은 그들이 맺는 열매라는 것 등 많은 것을 의미한다."[95] 그러므로 여기에 성령으로 충만한 삶의 증거가 있다.

사랑(ἀγάπη, 아가페). "사랑"은 바울의 언어에서 가장 자주 사용되는 단어 중 하나로, 명사 ἀγάπη(아가페)는 75회, 동사 ἀγαπάω(아가파오)는 "사랑을 나타내다"라는 뜻으로 34회나 등장한다. 그리스도인의 삶의 아홉 가지 은혜 목록에서 사랑이 첫 번째를 차지한다는 것은 의미심장하다. 바울은 사랑 뒤에 마침표를 찍고 편지의 결론으로 넘어갔을지도 모른다. 왜냐하면 사랑은 이 목록에서 단순히 "동등한 것 중 첫 번째"가 아니라 다른 모든 은혜가 흘러나오는 원천이자 샘이기 때문이다.[96] 사랑은 신자의 삶에서 성령의 열매이기 전에 선택, 창조, 성육신, 속죄의 근본적인 성품이자 동기를 부여하는 힘이기 때문이다. 루이스가 잘 표현했듯이,

> 아무것도 필요하지 않으신 하나님은 거룩하고 불필요한 피조물을 사랑하고 온전하게 하기 위해 그들을 사랑하여 존재하게 하셨다. 그분은 이미 예견된 우주를 창조하셨고, 아니 "보고 계신"이라고 해야 할까? 하나님에게는 시제가 없다. 십자가 주위를 윙윙거리는 파리 떼, 울퉁불퉁한 말뚝에 눌려 벗겨진 등, 중추 신경을 관통하는 못, 몸이 처질 때마다 반복되는 질식, 숨이 막힐 때마다 반복되는 허리와 팔의 고문, ... 이것이 모든 사랑을 만드신, 사랑 자체이신 분을 보여주는 그림이다.[97]

---

95 Perkins, *Galatians*, 391. 그러나 퍼킨스가 중생의 선행 은혜 없이는 참된 덕이나 선한 애정이 없다고 정확하게 지적한다. "이방인의 덕은 아무리 훌륭해 보였어도 덕의 그림자에 불과했으며, 겉사람을 억제하는 데만 도움이 되었을 뿐 그 이상은 아니다."

96 따라서 루터는 이렇게 말했다. "사랑만 언급하는 것으로 충분했을 것이다. 왜냐하면 이것은 모든 성령의 열매로 확장되기 때문이다"("Lectures on Galatians, 1535," *LW* 27:93). 다음 참조. R. Mohrlang, "Love," *DPL*, 575–78; E. Stauffer, "ἀγαπάω," *TDNT* 1:21–55; C. Spicq, *Agapē in the New Testament* (London: Herder, 1965).

97 C. S. Lewis, *The Four Loves* (New York: Harcourt, Brace & World, 1960), 176 [= 『네 가지

그리스도인의 삶의 특징인 사랑은 우리를 향한 하나님의 헤아릴 수 없는 사랑과 무한한 긍휼에서 비롯된다. 이것은 바울이 갈라디아서에서 말했고 앞으로도 말할 모든 내용의 기초이다. "이제 내가 사는 것은 나를 사랑하사 나를 위하여 자기 자신을 버리신 하나님의 아들을 믿는 믿음 안에서 사는 것이라"(2:20). 우리 삶을 변화시키고 거룩하게 하시는 성령의 사역의 결과는 바로 이것, 즉 하나님께서 우리를 사랑하시는 그 사랑으로 서로를 사랑할 수 있게 되는 것이다. 바울은 고린도전서 13장에서 이러한 사랑을 "자기 유익을 구하지 않는 사랑"이라고 표현했다.

바울 서신에서 신자의 하나님 사랑을 명시적으로 언급한 것은 단 두 번뿐이지만(롬 8:28, 살후 3:5), 헌신과 예배, 봉사에 대한 부르심에 대해 말한 모든 내용은 그러한 사랑이 위를 향하는 이동을 전제한다. 그러나 바울이 갈라디아서에서 강조한 것은 다른 곳과 마찬가지로 동료 인류에 대한 그리스도인의 사랑이다. 이웃 사랑의 지평은 결코 동료 신자들에게만 제한되지 않는다. 그리스도인들이 사랑 안에서 함께 사는 법을 배우는 것은 매우 중요하다. 그리스도인들이 이 사실을 잊어버리면 두 가지 끔찍한 결과가 뒤따른다. 고린도에서 일어난 것처럼 성령의 은사가 성령의 열매와 악의적인 경쟁 관계에 놓이면서 교회의 예배가 방해받고, 불신자들이 그리스도의 몸 안에서 명백한 사랑의 결핍에 걸려 넘어지면서 교회의 증거가 손상된다.[98]

희락(χαρά, 카라). 바울은 기쁨의 신적 기원을 반복해서 강조하면서 신자들이 "주 안에서"(빌 3:1, 4:4) 기뻐하고, "하나님 안에서"(롬 5:11) 즐거워하며, "하나님의 나라는 먹는 것과 마시는 것이 아니요 오직 성령 안에 있는 의와 평강과 희락"임을 깨닫도록 격려했다(롬 14:17).[99] 희락(χα-)의 헬라어 어근은 "은혜"를 뜻하는 χάρις(카리스)와 같은 어근이다. 분명히 이 두 개념 사이에는 밀접한 연관성이 있다. "바울이 그랬던 것처럼 하나님의 은혜를 경험한 사람들은 믿음에 굳게 서서(고후 1:24) 모든 근심과 두려움에서 완전히 자유로운 상태에서 그리스도인의 삶을 기쁨의 축제(고전 5:8)로 계속 축하할 수 있다는 것을 안다."[100] 기쁨은 바울이 성령의 열매 목록에 나열하지 않은 단어인 소망과도 밀접한 관련이 있다. 소망은 세속적인 행복과 구별되는 그리스도

사랑』, 홍성사, 2019].

98 참조. K. S. Hemphill, *You Are Gifted: Your Spiritual Gifts and the Kingdom of God* (Nashville: B&H, 2009).

99 참조. W. G. Morrice, "Joy," *DPL*, 511–12; H. Conzelmann, "χαίρω," *TDNT* 9:359–72.

100 Morrice, "Joy," 512.

인의 기쁨의 요소이다. 아리스토텔레스의 인간 본성에 대한 형태론에서 **희락**은 "쾌락(포만)과 고통(괴로움) 사이의 이상적인 평균을 찾는 것으로 정의되었다. 이런 의미에서 기쁨은 쾌적한 환경에 달려 있다." 그러나 그리스도인의 기쁨은 고난 가운데서 살아난다. 그리스도인의 기쁨은 죄와 어둠의 세력에 대한 하나님의 궁극적인 승리에 대한 축하와 기대, 즉 "그 앞에 놓인 기쁨을 위하여 ... 십자가를 참으사"(히 12:2 NIV) 이제 능력과 큰 영광으로 오실 아버지 우편에 오르신 예수 그리스도의 죽음과 부활에서 이미 실현된 승리로 특징지어진다. 신자의 기쁨의 외침은 "**마라나타!**"이다. "주여, 속히 오시옵소서!"

화평(εἰρήνη, 에이레네). 참된 기쁨을 불쾌한 상황이 없는 것으로 가늠할 수 없는 것처럼, 폭력, 전쟁, 분쟁의 중단으로 평화를 정의할 수 없다. 히브리어 샬롬의 개념은 이보다 훨씬 더 긍정적인 개념으로, 하나님과의 올바른 관계와 동료 인간과 이루는 사랑의 조화를 모두 포함하는 온전함과 안녕의 상태를 의미다. 바울은 믿음으로 의롭게 된 결과인 "하나님과의 평화"와 인간의 이해를 초월하는 "하나님의 평화"에 대해 모두 말했다(롬 5:1; 빌 4:7). 그리스도인은 믿음의 가족 내에서뿐만 아니라 더 넓은 인류 공동체 전체에서 화평을 이루는 자로 부름받았다. 바울은 신자들에게 평화와 서로 세우는 일을 하기 위해 모든 노력을 다하라고 권고했다(롬 15:19). 2000년도 『침례교 신앙과 메시지』에는 평화 유지뿐 아니라 평화를 만드는 것이 모든 신자의 책임이라는 것을 말하는 "평화와 전쟁"에 관한 기사가 포함되어 있다.

> 의의 원칙에 따라 모든 사람과 평화를 추구하는 것은 그리스도인의 의무이다. 그리스도의 영과 가르침에 따라 그리스도인들은 전쟁을 종식시키기 위해 모든 힘을 다해야 한다. 전쟁 정신에 대한 참된 치료법은 우리 주님의 복음이다. 세상의 가장 큰 필요는 인간과 국가의 모든 문제에서 주님의 가르침을 받아들이고 그분의 사랑의 법을 실천하는 것이다.[101]

어떤 사람들은 바울의 사랑-기쁨-평화의 세 주제가 초기 기독교인들 사이에서 믿음, 소망, 사랑에 버금가는 친숙한 표어였다고 말하기도 한다. 분명 이 세 가지 은혜는 그리스도인의 존재 전체를 포괄한다. "이야기는 이야기 위에 이야기로 쌓여간다. 사랑은 기초이고, 기쁨은 상부 구조이며, 평화는 모든 것의 면류관이다."[102]

---

101 R. A. Baker, *A Baptist Source Book* (Nashville: Broadman, 1966), 210.

102 Lightfoot, *Galatians*, 212

오래 참음(μακροθυμία, 마크로뒤미아). 오래 참음이란 "모든 것에서 선한 부분을 찾고 쉽게 화를 내지 않는" 마음의 성품을 말한다.[103] 인내란 다른 사람을 참는 것이 쉬운 일이 아닐 때에도 참을 수 있는 능력이다.[104] 물론 이런 의미에서 오래 참음은 반항하는 피조물들을 "오래 참으시는" 하나님의 특성이기도 하다. 하나님은 완고한 불신앙과 반복되는 거절에도 불구하고 여전히 자기 백성을 향해 "에브라임이여 내가 어찌 너를 놓겠느냐 이스라엘이여 내가 어찌 너를 버리겠느냐"(호 11:8)라고 말씀하신다. 바울의 요점은 분명하다. 하나님께서 우리를 그토록 오래 참으셨다면, 우리도 서로의 관계에서 이와 같은 은혜를 나타내야 하지 않을까? 이러한 특성은 모든 신자의 삶을 특징 짓는 것이지만, 하나님의 말씀을 가르치고 전파하도록 부름받은 사람들에게는 특별한 의미가 있다. 바울은 디모데에게 "너는 말씀을 전파하라 때를 얻든지 못 얻든지 항상 힘쓰라 범사에 오래 참음과 가르침으로 경책하며 경계하며 권하라"(딤후 4:2)고 지시했다.

자비(χρηστότης, 크레스토테스). 인내와 마찬가지로 자비는 하나님의 백성 안에서 성령으로 재현되기를 의도하신 하나님의 성품이다. 하나님은 죄인들을 구원으로 인도하실 때 인자하심(자비)과 용납하심을 베푸신다(롬 2:4). 자비는 감정이 아니며, 바울은 신자들에게 하나님의 인자하심(자비)과 준엄하심을 모두 지키라고 권고했다(롬 11:22). 바울은 그리스도인들에게 "서로 친절하고 불쌍히 여기며" 자비로 자신을 단장하라고 자주 호소했다(엡 4:32; 골 3:12). 서로 물고 뜯고 잡아먹는 갈라디아 사람들 사이에서 이러한 기독교적 은혜는 어디에서 볼 수 있을까?

양선(ἀγαθωσύνη, 아가도쉬네). "양선"은 신약성경에서 바울 서신에만 네 번 나타나는 드문 단어이다. 이 단어는 다른 사람에 대한 자비와 관대함의 의미를 전달한다. 그러한 관대함이 요구되지 않을 때도 오 리를 더 가는 것이다. 우리는 때때로 "선한 마음에서 우러나오는" 행위에 대해 말하기도 하는데, 목록의 아홉 가지와 마찬가지로 초자연적인 역동성이 없이 발전된 자연적인 자질이나 성격 특성이 아니다. 성령으로 신자 안에서 생성되는 윤리적 특성을 다룬다.

충성(πίστις, 피스티스). 충성은 신약에서 몇 가지 다른 의미를 지니고 있는데, 그 중 세 가지가 갈라디아서에 표현된다. 첫째, 기독교 메시지의 기본

---

103 Calvin, *Galatians*, CNTC 11:105.

104 Cole, *Galatians*, 167.

내용, 즉 성도들에게 한 번 전달된 믿음을 의미한다. 바울은 갈라디아서 1장 23절에서 극적인 회심 후 자신에 대한 소문이 퍼진 것에 대해 이야기하면서 이런 의미의 πίστις(피스티스)를 사용했다. "우리를 박해하던 자가 전에 멸하려던 그 믿음을 지금 전한다." 일반적으로 πίστις(피스티스)는 복음의 메시지를 받아들이고 그리스도를 구세주와 주님으로 영접하는 것을 의미한다. 바울은 갈라디아서 전체에서 이러한 의미의 믿음으로 의롭게 되는 것에 대해 반복해서 이야기했다. 성령의 열매의 한 측면으로서 πίστις(피스티스)는 신실함, 즉 다른 사람과 거래하는 가운데 진실하고 신뢰할 수 있으며 믿을 수 있는 자질이라는 또 다른 의미를 가진다. 바울은 디모데에게 교회 지도자를 임명하는 것과 관련하여 이 단어를 형용사 형태로 사용했다. "네가 많은 증인 중에서 내게 들은 것을 신실한 사람들에게 맡기라! 그들은 다른 사람들도 가르칠 수 있을 것이다"(딤후 2:2 KJV). 하나님의 백성의 지도자로 부름받은 사람들에게는 그때나 지금이나 신실함이 현세적 성공이나 교회적 인정, 대중의 찬사보다 훨씬 더 탐나는 사역의 표지가 되어야 한다. 8년 동안 인도에서 봉사했지만 눈에 띄는 성과를 거두지 못한 윌리엄 캐리는 친구인 존 윌리엄스에게 "우리가 끝까지 신실할 수 있도록 기도해 주십시오."라는 편지를 보냈다.[105]

온유(πραΰτης, 프라위테스). 이 단어는 다른 사람에 대한 진정한 겸손과 배려로 나타나는 하나님에 대한 복종과 가르침의 정신을 의미한다. 영어 단어 "온유함"("gentleness")이 비굴한 나약함이나 적극적이지 않은 활력 부족이라는 대중적인 의미인 것은 유감스럽다. 성령의 열매를 표현하는 온유함은 절제된 힘, 사랑의 섬김과 존중하는 행동으로 발휘되는 힘이다. 이런 의미에서 온유한 사람은 다른 사람을 밀어붙이거나 부하 직원이나 동료에게 자신의 뜻을 오만하게 강요하지 않는다. 그러나 온유함이 단호한 행동과 확고한 신념과 양립할 수 없는 것은 아니다. 아버지의 집을 고집스럽게 더럽힌 상인들을 채찍으로 성전에서 쫓아낸 것은 결국 "겸손하고 온유한 예수님"이었다.

절제(ἐγκράτεια, 엥크라테이아). 이 단어는 자신의 욕망과 열정을 다스리는 것을 의미한다. 고린도전서 7장 9절에서 바울은 성적 충동과 욕망의 통제와 관련된 맥락에서 이 표현을 사용했다. 기독교 미덕으로서 절제를 성적인 문제에만 국한할 수는 없지만, 그 개념이 분명히 포함된다. 그리스도인의 삶에 대한 바울의 운동 이미지는 이 단어를 해석하는 데 도움이 된다. 고린도전서 9장 24-27절에서 바울은 그리스도인을 육상 선수나 권투 선수로서 경쟁

---

105 T. George, *Faithful Witness: The Life and Mission of William Carey* (Birmingham: New Hope, 1991), 154.

하기 위해 엄격한 훈련을 받아야 하는 운동선수에 비유했다. 절제가 없는 그리스도인은 코스의 한 쪽에서 다른 쪽까지 방향 없이 달리는 경주자나 허공을 치기만 할 뿐 타격을 가하지 못하는 권투 선수와 같다고 암시한다. 대조적으로 바울은 "내가 내 몸을 쳐 복종하게 함은 내가 남에게 전파한 후에 자신이 도리어 버림을 당할까 두려워함이로다"라고 말했다. 바울의 목록에서 절제가 가장 마지막에 등장하는 것은 절제가 앞의 덕목들을 요약한 것으로 그 중요성을 나타내는 것일 수 있다. 또한 갈라디아서의 상황과도 특히 관련이 있을 것이다. 통제 불능에 빠진 반율법주의자들은 하나님의 도덕법에 대한 새로운 존중으로 강화된 자제력을 위한 훈련이 절실히 필요했다.

3.2.4.2. 죽든지 살든지 (5:24-26)

5:24. 이 구절과 뒤 이은 구절은 바울의 두 가지 악덕과 덕 목록에 대한 이중 결론을 내리고 있다. 그리스도인의 삶이 육체와 성령 사이의 끊임없는 줄다리기라면, 신자들은 영적으로 빈약한 존재로서 영원한 패배와 최소한의 성장에 머물러 있는 것은 아닌가? 이 구절에서 바울은 그리스도인의 승리의 길을 제시함으로써 육체를 다루는 데 성령으로 충족된다는 것을 주장했다. 바울이 여기서 설명한 성화의 길은 매일 육신에 대해 죽는 것과 성령의 새 생명을 통해 은혜 안에서 지속적으로 성장하는 생명화의 이중적 과정이다.

많은 주석가는 이 구절을 그리스도와 함께 십자가에 못 박히고 믿음으로 말미암아 살아났다는 바울의 이전 간증과 관련하여 해석한다(2:20). 이 두 구절의 언어는 놀랍도록 유사하지만 의미에는 눈에 띄는 차이가 있다. 갈라디아서 2장 20절에서 동사는 **"내가 그리스도와 함께 십자가에 못 박혔나니"**라는 수동태이다. 이것은 과거의 행위, 이미 이루어진 일(*a fait accompli*), 다른 사람이 그리스도인에게 그리고 그리스도인을 위해 행한 일을 의미한다. 우리는 그리스도께서 십자가에서 우리를 대신하여 죽으셨고 그 근거로 믿음으로 하나님께 의롭다 함을 받았다는 점에서 그리스도와 함께 십자가에 못 박혔다. 그러나 5장 24절에서는 수동태가 능동태로 바뀌었다. 여기서 육체의 십자가는 우리에게 일어난 일이 아니라 우리가 행한 일로 묘사된다. 신자들 스스로가 이 십자가의 주체가 된다. 바울은 기도, 금식, 회개, 절제의 훈련을 통해 매일 육체를 죽이는 과정을 묘사한다.

기독교 제자도의 기본 요구는 매일 자기 십자가를 지고 그리스도를 따르는 것이다(눅 9:23). 바울은 이 비유를 더 확장하여 "우리는 십자가를 지고 걸어가야 할 뿐만 아니라 실제로 그 십자가가 집행되는 것을 보아야 한다."[106] 자기 십자가를 지는 일은 천국의 이쪽에서 죽을 몸으로 살아야 하고 과도한 욕망에 묶여 있기 때문에 지속적이고 평생에 걸친 과정이다. 브라운은 모든 죄의 정욕과 욕망과 함께 육체를 계속 죽이는 일을 이렇게 설명한다. "십자가에 못 박음은 ... 갑자기 죽음을 낳는 것이 아니라 점진적으로 죽음을 낳았다. ... 참 그리스도인은 이 땅에 있는 동안 그것(즉, 육체)을 완전히 파괴하는 데 성공하지 못하지만, 십자가에 육체를 고정시키고 생명이 끝날 때까지 그것을 지키기로 결심한다."[107] 이 구절은 그리스도인의 삶에서 영적 승리에 이르는 지름길이 없음을 말해준다. 어떤 두 번째 축복이나 재헌신, 영적 지름길도 일관되고 순종적이며 경계하는 세상과 육체의 죽음을 포기하는 것을 대신할 수 없다. 루터의 **95개 논제** 중 첫 번째와 마지막 두 개 논제는 우리에게 이 사실이 얼마나 중요한지 잘 보여준다.

1. 우리 주님이시자 스승이신 예수 그리스도께서 "회개하라"(마 4:17)고 말씀하셨을 때, 신자들의 삶 전체가 회개의 삶이 되기를 원하셨다.
94. 그리스도인들은 형벌과 죽음과 지옥을 통해 그리스도를 부지런히 따르도록 권면받아야 한다.
95. 따라서 평안이라는 거짓된 안전보다는 많은 환난을 통해 천국에 들어갈 것을 확신해야 한다(행 14:22).[108]

5:25. 이 구절에서 바울은 이 장의 서두에서 보았던 직설법/명령법 구조를 반복한다. "우리는 성령으로 산다"라는 성취된 사실과 "성령과 보조를 맞추자"(개역개정. 성령으로 행할지니)라는 순종에 대한 권면이다. 앞과 마찬가

---

106 J. Stott, *Message of Galatians*, 150. 뤼어만Lührmann은 이 구절에서 언급된 육체를 십자가에 못 박는 것과 2:19-20에서 바울이 율법에 대해 죽었다고 언급한 것 사이에 유사점을 찾아낸다. "이 구절은 2:20에서 율법을 통한 자아를 십자가에 못 박는 것을 다시 언급한다. 그러므로 롬 7장(바울이 갈라디아서보다 율법을 더 긍정적으로 묘사하는 것)의 맥락에서 바울이 율법을 육체, 욕망, 죄와 연결시키는 것은 논리적일 뿐이다. 6:14에서 그는 개인적인 첨언에서 이 연관성을 다시 한번 세상의 십자가로 요약한다"(*Galatians*, 112–13).

107 Brown, *Galatians*, 309.

108 Luther, "Ninety-five Theses or Disputation on the Power and Efficacy of Indulgences," *LW* 31:25, 33. ἐσταύρωσαν은 현재에 대한 지속적인 결과와 함의를 지닌 과거의 사건을 가리키는 점에서 "십자가에 못 박았다"는 완료의 의미로 번역하는 것이 정확하다. 성화는 중생과 동시에 시작되지만 그리스도인의 삶 전체 과정에서 계속된다. 칼뱅의 말을 빌리자면, "우리가 그리스도 안에 거하려면 회개 자체를 위해 노력하고, 평생 회개에 자신을 바쳐야 하며, 끝까지 회개를 추구해야 한다"(*Institutes* 3.3.20).

지로, 이 명령은 우리가 성령으로 살기 때문에, 즉 바울이 다른 곳에서 말한 것처럼 "너희 안에 계신 그리스도, 곧 영광의 소망"(골 1:27)이 있기 때문에 직설법에 의존하고 호소한다. 믿음으로 그리스도의 몸에 접붙임을 받은 우리는 성령 안에서 행하고, 성령의 인도를 받으며, 매일매일 성령과 보조를 맞춰야 한다. "보조를 맞추다"로 번역된 동사는 "일렬로 서다," "줄을 맞춰 서다"를 의미하는 군사 용어이다.[109] 헬레니즘 철학에서 이 단어는 "누군가의 철학적 원칙을 따르다"라는 의미로 사용되었다. 그러므로 이 단어는 제자도의 기본 개념인 성령의 인도하심에 따라 그리스도께 순종하는 것을 암시한다. 우리가 육체의 옛 존재를 죽이는 것처럼, 우리의 태도, 행동, 생활 방식에서도 성령과 보조를 맞추면서 신앙의 삶으로 나아간다.

5:26. 이 구절은 그리스도인의 삶에 대한 바울의 권면과 갈라디아 교회의 구체적인 상황을 연결하는 중요한 전환 구절이다. 문법적으로 이 구절은 신자의 삶에서 성령의 역사에 관한 바울의 권면에 부정적으로 대응하는 구절로서 앞의 구절과 연결된다. "또한 성령으로 행할지니 헛된 영광을 구하[지 말라]." 이 구절은 바울이 15절에서 언급했던 혼란스러운 상황을 상기시키며, 갈라디아서 6장 1절부터 10절까지의 가르침, 즉 열매로 판단할 때 성령이 아니라 육체의 영역에 속하는 갈라디아 교인들의 구체적인 태도와 행동을 다룰 것이다.

존 스토트가 지적했듯이, "이 구절은 다른 사람에 대한 우리의 행동이 우리 자신에 대한 우리의 생각으로 결정된다는 것을 보여주기 때문에 매우 교훈적인 구절이다."[110] 헬라어 형용사 κενόδοξος(케노독소스)는 "자만하는"이라는 뜻으로, 교만하고 거만하고 자랑스러워하며 "실제로 가치가 없는 것에 가치를 두거나," "헛된 것에 영광을 돌리는" 태도를 가리킨다.[111] "헛된 영광을 바라지 말자"라는 KJV 번역은 갈라디아서 교인들 중 일부가 대중의 찬사와 다른 사람들의 높은 존경을 구하는 데 몰두했음을 암시한다. 그러한 태도는 영의 삶이 아니라 육의 세계에 속하는 것이다. 어쨌든 각광을 받으려는 이러한 욕망은 갈라디아 교회들의 교제에 비참한 결과를 가져왔는데, 그들은 서로를 자극하고 시기하기 시작했다. 아마도 갈라디아 교인들 중 한 분파는 최근에 모세의 율법에 복종하고 "진정한 아브라함의 아들"로서 갖는 새로운 지위를

---

109 Betz, *Galatians*, 294, n. 13; Longenecker, *Galatians*, 265–66; Keener, *Galatians*, 525–27.

110 Stott, *Message of Galatians*, 156.

111 Burton, *Galatians*, 324.

자랑했을 것이다. 또 다른 분파인 방종주의자들도 도덕법의 모든 구속에서 새로 찾은 자유를 과시하면서 바울과 반대자들 사이에 벌어진 신학 논쟁을 더욱 격화시켰을 수 있다.

이 구절의 또 다른 의미는 오늘날 우리에게도 특별히 관련이 있다. 갈라디아서는 특정 지역 내의 여러 교회에 보내는 순회 서신으로 기록되었다. 바울이 26절에서 비난한 도발과 시기 중 일부는 지역 교회뿐만 아니라 그 교회들 사이에서도 일어났을 수 있다. 오늘날 목회자, 교회, 신학교, 교단들 사이에는 얼마나 많은 교만으로 가득 찬 영광과 악의적인 경쟁이 있지 않은가? 특히 성격, 스타일, 사회적 지위와 같은 사소하고 비본질적인 문제에 관한 것일지라도 우리는 자신의 탁월함을 자랑하기를 얼마나 좋아하는지 모른다. 이 모든 것이 우리의 증거를 무디게 하고, 잃어버린 자들을 굳게 하며, 성령님을 슬프게 하는 것은 아닌지! 하나님께서 우리 모두를 그러한 허영심에서 건져내시고 오직 우리 주 예수 그리스도의 십자가로만 영광을 돌리게 하시기를 바란다(6:14).

3.3. 타인을 섬길 자유 (6:1-10)

1 형제들아 사람이 만일 무슨 범죄한 일이 드러나거든 신령한 너희는 온유한 심령으로 그러한 자를 바로잡고 너 자신을 살펴보아 너도 시험을 받을까 두려워하라 2 너희가 짐을 서로 지라 그리하여 그리스도의 법을 성취하라 3 만일 누가 아무 것도 되지 못하고 된 줄로 생각하면 스스로 속임이라 4 각각 자기의 일을 살피라 그리하면 자랑할 것이 자기에게는 있어도 남에게는 있지 아니하리니 5 각각 자기의 짐을 질 것이라
6 가르침을 받는 자는 말씀을 가르치는 자와 모든 좋은 것을 함께 하라 7 스스로 속이지 말라 하나님은 업신여김을 받지 아니하시나니 사람이 무엇으로 심든지 그대로 거두리라 8 자기의 육체를 위하여 심는 자는 육체로부터 썩어질 것을 거두고 성령을 위하여 심는 자는 성령으로부터 영생을 거두리라 9 우리가 선을 행하되 낙심하지 말지니 포기하지 아니하면 때가 이르매 거두리라 10 그러므로 우리는 기회 있는 대로 모든 이에게 착한 일을 하되 더욱 믿음의 가정들에게 할지니라

지금까지 바울은 도덕적 권면에서 기독교 윤리의 사례를 인간 행동에 대한 일반적인 이론이 아니라 신자 개인의 삶과 신자가 속한 신앙 공동체의 삶에서 복음적 자유의 원리가 전개되는 것으로 제시했다. 바울은 "그리스도께서 우리를 자유롭게 하려고 자유를 [주셨으니]"는 그리스도인의 자유에 대한 첫 논제 진술에 이어, 자유라는 놀라운 선물이 어떻게 정반대의 두 극단에서 타락할 수 있는지, 그리고 분명히 타락해 왔음을 보여주었다.

5장 2-12절에서 바울은 율법주의의 오류로 인한 그리스도인의 삶에 대한 위험을 검토했다. 바울은 선동가들의 영향력을 분명한 용어로 비난하고 정상적인 그리스도인의 삶을 갈라디아서 1장 4절에서 명확하게 제시한 칭의 교리를 전제로 하는 두 가지 용어, 즉 "진리에 순종하는 것"과 "사랑으로 표현하는 믿음"(NIV 1984판)으로 요약했다. 그런 다음 5장 13-15절에서 방종주의 또는 율법폐기주의로 알려진 은혜에 대한 정반대의, 그러나 똑같이 파괴적인 왜곡을 다루기 위해 전환했다. 이 오류는 신자들이 하나님의 은혜를 전제하고 그리스도 안에서 누리는 자유를 방종, 부도덕, 하나님의 도덕법 무시를 위한 구실로 오용할 때 발생한다. 악의적인 남용에 대한 해독제는 이웃에 대한 사랑의 섬김의 법칙이다.

5장의 나머지 부분은 육체의 행위에 대한 바울의 설명과 그에 상응하는 성령의 열매에 대한 정교한 설명이 중심을 이룬다. 신자들은 성령을 따라 행하고, 성령의 인도를 받고, 성령과 보조를 맞추고, 성령 안에서 살도록 권면받는다. 그렇게 하는 것은 사랑의 계명을 성취하고 육체의 정욕과 욕망을 억제하는 것이다. 따라서 이 악한 세상에서 사는 그리스도인의 삶은 필연적으로 갈등과 긴장의 연속이지만, 이것이 반드시 패배를 의미하는 것은 아니다. 하나님의 은혜로 모든 신자는 노예와 소외의 영역에서 자유와 아들의 자리로 옮겨졌다.

그러나 "그리스도의 이러한 유익들"이라는 당연하게 받아들여야 할 은사가 아니라, 매일의 순종과 시험의 영역에서 소유하고 증명해야 할 현실이다. 이러한 이유로 바울은 이제 6장 1-10절에서 앞 구절에서 설명한 원리를 갈라디아 교회들의 삶의 구체적인 사례에 적용하기 위해 전환했다.[112]

---

112 갈라디아서의 큰 맥락에서 이 단락의 형태, 구조, 기능에 관해 다양한 이론이 제시되었다. 베츠는 5:25-6:10를 "냉소적인 스토아주의 디아트리베 전통의 격언시"로서 바울의 능력을 입증하는 문장, 개인 의견 또는 격언의 모음으로 본다(*Galatians*, 291-93). 브린스미드 B. H. Brinsmead는 갈 6장에 있는 윤리적 지침을 갈라디아 교회에 있던 반대파들의 윤리적 가르침과 전통에 대한 구체적인 반박으로 간주한다. 참조. B. H. Brinsmead, *Galatians as Dialogical Response to Opponents* (Chico, CA: Scholars, 1982). 바클레이는 브린스미드의

3.3.1. 서로의 짐을 지라(6:1-3)

6:1. 이 구절은 초대 교회의 삶에서 회중 권징의 성격을 이해하는 데 매우 중요한 구절이다. 바울은 갈라디아 교인들에게 자신이 부를 때 가장 선호하는 단어인 "형제들아"(ἀδελφοί, 아델포이)로 돌아와서 새로운 주제를 논의할 뿐만 아니라 독자들을 향한 애정 어린 관심을 재차 표시했다. 바울은 그들이 "다른 마음을 품지 아니할 것"(5:10)이라는, 즉 그들이 결국 참된 신자들이기 때문에 복음의 진리에서 완전히 또는 마침내 떠나지 않을 것이라는 앞서 다룬 확신에 찬 표현을 다시 한번 강조한다.

바울이 다음에 언급한 "사람이 만일 무슨 범죄한 일이 드러나거든"(CSB, "사람이 범죄에 사로잡히면")의 정확한 의미에 대해 많은 추측이 제기되고 있다. 흔히 "잡히다"(개역개정. "드러나거든")로 번역되는 "추월당하다"라는 단어(NIV, ESV)는 문자적으로 "감지하다, 추월당하다, 놀라다"라는 뜻이다.[113] 이 문맥에서 이 단어는 수동태로 나타나기 때문에, 누군가 갑자기 불미스러운 상황이나 가혹한 행위에 휘말리거나 발견되었다는 놀라움의 개념을 내포하고 있을 수 있다. 이 특정한 범죄가 무엇인지 알 수 없으며, 바울이 여기서 주목한 실제 "사례 연구"인지 아니면 갈라디아 교인들 사이에서 어느 정도 빈번하게 발생하고 있는 심각한 도덕적 결함에 대처하기 위한 일반적인 지침을 제공한 것인지 확신할 수 없다. 분명히 바울은 방금 육체의 일로 열거한 것과 같은 구체적인 잘못이 갈라디아 교인들과 하나님과 맺은 관계와 서로의 교제

서신서 "거울 읽기" 기법을 비판했는데, 대신 이 부분에 있는 논리적 순서는 책임과 책무라는 주제, 즉, 서로에 대한 갈라디아 교인들의 공동 책임과 하나님 앞에서 가지는 개인의 책무로 결정된 것으로 보았다(*Obeying the Truth*, 146–77). 모든 학자들은 갈라디아서의 부분에 있는 바울의 교훈적 자료와 유대 문헌과 헬레니즘 철학 문헌에 나오는 일반적인 격언적 형식으로 된 윤리적 진술 사이에 유사성을 인정한다. 이 자료에서 구체적으로 바울과 관련된 것을 발견하지 못한 오닐J. C. O'Neill은 사도 시대 이후의 저자가 이 전체 부분을 갈라디아서에 삽입했고, 따라서 전통적인 자료가 바울의 갈라디아서에 통합되었으며, 이 이론에 따르자면 아마도 4장 끝부분에서 끝이 난다고 제안했다. 참조. J. C. O'Neill, *Recovery of Paul's Letter*. 롱네커는 이 모든 재구성을 검토한 후 다음과 같이 결론을 내린다. 이 새로운 서신서의 하위 항목에서 바울은 "갈라디아 교회 안에 있는 개인과 공동체의 책임 모두와 관련된 일련의 권면을 한다. 그 권면은 어느 정도는 일반적인 용어로, 그들이 염두에 두고 있는 구체적인 상황에 대한 세부 사항 없이 표현된다. 비록 바울은 자신이 말한 상황을 알고 있다고 생각했고, 더 나아가 회심자들도 안다고 믿었다고 가정해야 한다. ... 우리는 이 부분을 바울이 앞서 5:1-26에서 준 권면의 부록으로만 취급해서는 안 되며, 당대의 윤리적 지혜를 위해 그 이전의 말씀에 단순히 덧붙인 것으로 여겨서는 안 된다." 참조. Keener, *Galatians*, 534–70; Moo, *Galatians*, 370–90.

113 G. Delling, "προλαμβάνω," *TDNT* 4:14–15. 이 범죄의 심각한 성격과 그것을 처리하기 위한 권징절차의 필요성에 대한 바울의 묘사를 고려할 때, 문제의 죄가 단순히 "형제가 '알지 못하는 사이에' 배신당할 잘못"이었기 때문에 고의적으로 잘못한 것이 아닐 가능성이 높다.

를 방해하고 있는 실제 상황에 대응하고 있었다.[114] 그러한 상황에서 신자들은 어떻게 해야 하는가?

바울은 "신령한 너희," 즉 πνευματικοί(프뉴마티코이)에게 조언을 전한다. 이 "신령한 너희"가 누구인지에 대해서는 학계에서 많은 논쟁이 있다. 특히 슈미탈스Schmithals는 이 단어를 근거로 바울이 갈라디아 교인들 사이에서 파괴적인 활동을 벌여 편지를 쓴 원인을 제공했던 초기 영지주의자들을 언급하고 있다고 주장했다.[115] 후대의 영지주의자들이 스스로를 지칭하는 용어로 πνευματικοί(프뉴마티코이)를 사용하긴 했지만, 바울이 여기서 그런 자의식적인 이단 그룹을 언급하고 있다고 믿을 이유는 없다. 갈라디아서 문맥에서 바울이 이 용어를 사용한 데서 모순과 풍자를 발견한 사람들이 또 다른 그럴듯한 해석을 내놓았다. 오만과 자만, 이기적인 야망에 사로잡힌 분열된 기독교인 집단의 모습을 떠올리면, 우리는 "거룩한 김 집사"와 "경건한 이 집사"가 스스로 도덕적 감시자로서 행하는 간부가 되어서 덜 "진보적인" 형제자매들 위에 독선적으로 군림하고 있었다는 것을 상상할 수 있다. 이 해석을 받아들인다면 바울은 사실상 이렇게 말했을 것이다. "스스로를 '영적'이라고 생각하는 여러분, 내 말을 들어보십시오. 여러분은 마치 성령을 삼킨 것처럼 이야기하고 있습니다! 여러분이 그렇게 '영적'이라면, 타락한 형제자매들에게 책임감 있고 사랑스럽게 행동함으로써 여러분의 영성을 보이십시오."[116]

그러나 바울이 고린도전서 2장 15절에서 3장 4절에서 사용한 것과 같은 종류의 긍정적인 의미로 "신령한 자"를 이해하는 것이 가장 좋다. 바울은 고린도에 있는 "영적인" 신자들을 "육신에 속한" 세상적인 생각을 가진 σαρκικοί(사르키코이), 즉 영적으로 성숙하지 않기 때문에 고기 대신 젖을 먹어야 하는 사람들과 대조했다. 말하자면, 육신에 속한 자들은 그리스도의 마음이나 다른 사람을 향한 봉사보다는 지위와 자기 만족에 더 관심이 많은 아기 그리스도인들이었다.[117]

---

114 이 구절에서 죄를 가리키는 단어는 παράπτωμα, "허물"인데 이는 바울 서신에서 자주 발견되는 용어이다(참조. 롬 4:25; 5:15-18; 고후 5:19). 참조. W. Michaelis, "παραπίπτω, παράπτωμα, περπίπτω," *TDNT* 6:170-73. 또한 다음 참조. L. Morris, "Sin, Guilt," *DPL*, 877-81.

115 참조. W. Schmithals, *Paul and the Gnostics*, 46-51. 페이젤스E. Pagels는 후기 영지주의자들이 실제로 어떻게 갈 6:1을 해석했는지를 설명한다. "바울은 특별히 죄와 필요에 사로잡힌 심령들을 회복시키라고 영매들에게 명령한다(6:1-2). 그렇게 함으로써 영지주의자들이 인정한 유일한 법 '사랑의 법'(5:14)인 '그리스도의 법을 성취'한다"(*Gnostic Paul*, 111).

116 다음은 이런 모순적인 해석을 선호한다. Schlier, *Der Breif an der Galater*, 270; Cole, *Galatians*, 172. 또한 다음 참조. Schreiner, *Galatians*, 357-58.

117 참조. C. H. Talbert, *Reading Corinthians* (New York: Crossroad, 1989), 4-11. 또한 다음

그러므로 갈라디아서 6장 1절에서 "신령한 너희"는 성령 안에서 행하고 성령의 인도를 받으며 성령과 보조를 맞추는 그리스도인들과 동일하다. 초기 감리교회의 일부 교적부에는 구도자, 구원받은 자, 성화된 자 등 예배에 참석한 사람들을 나열하는 세 개의 열이 있었다. 바울은 여기서 그리스도의 몸을 2계층 또는 3계층으로 나누지 않는다. 그러나 신자들도 죄를 짓고 타락할 수 있다는 사실을 인정하고 있다. 모든 죄는 하나님 앞에서 혐오스러운 것이며 전염병처럼 저항해야 하지만, 특정 범죄는 특히 교회의 교제에 해를 끼치므로 기독교 권징의 규율에 따라 처리해야 한다. 영적인 마음을 가진 사람들, 즉 삶에서 성령의 열매를 증거하는 사람들은 그러한 잘못에 빠진 사람들과 회복과 화해를 추구하는 데 앞장서야 할 특별한 책임이 있다.

하지만 어떻게 해야 할까? 잘못에 빠진 형제자매를 부드럽게 회복시켜야 한다. "회복하다"(개역개정. "바로 잡다")을 뜻하는 단어는 καταρτίζω(카타르티조)로, 문자 그대로 "정리하다," "이전 상태로 회복하다"라는 뜻이다. 다른 곳(참조. 마 4:21; 막 1:19)에서도 같은 단어가 어망을 수선하거나 정비하는 데 사용되었다. 또한 고대 그리스의 의학 어휘의 일부로 "골절되거나 탈구된 뼈를 고정하다"라는 의미로 사용되었다. 고린도전서 1장 10절에서 바울은 분쟁에 휩싸인 고린도 신자들에게 불화를 버리고 생각과 목적이 일치하도록 "회복"하라고 권고하는 윤리적 의미로 같은 단어를 사용한다.

갈라디아서에서 바울은 교회 권징의 구체적인 절차를 설명하지 않지만, 마태복음 18장 15-17절에서 예수님이 제시하신 절차를 알고 전제하고 있었을 것이다.[118] 일대일로 만나 개인적인 훈계로 시작하여 두세 명이 참여하는 소그룹 토론으로 이동하고 회중 전체가 모이는 일("교회에 말하라")로 절정에 이르고 필요한 경우 공식 출교, 즉 주의 만찬의 교제에서 탈퇴하고 교회 치리회 참여에서 제명하는 여러 단계로 구성된다. 바울의 관점에서 볼 때 이러한 징계 절차의 목적은 항상 치료였으며, "육체를 멸하여 주 예수의 날에 그의 영이 구원을 얻게 하려고"(고전 5:5 KJV) 사탄에게 넘겨야 했던 고린도의 부도덕한 형제의 극단적인 사례에서도 결코 징벌의 목적이 아니었다.

참조. B. Pearson, *The Pneumatikos-Psychikos Terminology in 1 Corinthians* (Missoula: Scholars Press, 1973).

118 다드는 바울이 복음서에 포함된 예수님 말씀의 전통에 접근할 수 있었으며, 잘못을 범한 형제를 권징하라는 것에 그리스도의 명령이 이 문제에 대한 바울 자신의 권면의 "견고하고 역사적이며 창조적인 핵심 부분"을 구성했을 것이라고 설득력 있게 주장했다. 다음을 참조하라. C. H. Dodd, "Ennomos Christou," in *More New Testament Studies* (Grand Rapids: Eerdmans, 1968), 148.

그러나 분명히 바울은 갈라디아 교인들 사이에서 문제가 그 정도까지 악화되지 않기를 바랐다. 이러한 이유로 신령한 사람들에게 죄를 짓는 형제를 회복시켜야 할 책임이 있음을 상기시켰을 뿐만 아니라, 어떻게 해야 하는지에 대해서도 자세히 가르친다. 이 섬세한 사역은 "온유한 심령"으로 행해야 한다. "온유한 심령"이라는 어구에 대한 일부 해석과는 달리, 바울은 여기서 범죄를 간과하거나 범죄자의 어떤 참회 행위도 배제하는 종류의 관용을 요구하지 않는다.[119] 그러나 회복하는 일이 독선적인 우월감의 암시 없이 민감하고 배려하는 마음으로 이루어져야 한다고 말한다.

온유함은 성령의 열매 중 하나이며, 거칠고 트집잡는 정신과 공존할 수 없다. 또한, 회복하려는 사람이 같은 유혹에 빠지지 않도록 경계를 늦추지 않고 자기 점검을 하는 것은 전제 조건이다. 바울이 나중에 고린도 교인들에게 쓴 "누구든지 자기가 서 있다고 생각하는 사람은 넘어지지 않도록 조심하라"(고전 10:12 RSV)는 말이 여기에도 적용된다. 따라서 바울은 갈라디아 신자들의 느슨한 생활과 부도덕한 행동에 대해 깊은 슬픔을 느꼈지만, 동시에 교회의 권징을 바로잡는 과정에서 사랑의 법과 성령의 열매에 위배되는 자만심에서 벗어나기를 염려했다.[120] 회복은 맞닥뜨리는 일 없이 이루어질 수 없으며, 이를 위해서는 단호한 말과 엄한 책망이 필요할 수 있다. 그러나 (특히) 이런 경우에는 타락한 형제를 바른 길로 돌아오게 해야 하는 목회자에게 루터가 한 충고에 귀를 기울여야 한다. "그에게 달려가 손을 내밀어 그를 다시 일으켜 세우고, 달콤한 말로 위로하고, 어머니의 품으로 안아주라."[121]

오늘날 복음주의 교회에서 교회 권징이 실행 가능한 관심사로 거의 제기되지 않는 것은 그리스도의 몸에 닥친 영적 무감각의 징조이다. 역사적으로 권징은 자유 교회(The Free Church) 전통에서 두 가지 기능을 수행했다. 권징은 실족한 형제자매를 가능한 한 완전한 교제로 회복시키는 것을 목표로 했으며, 교회와 주변 문화 사이의 경계를 명확하게 표시했다. 이 두 가지 방식으로 권징은 세상 속에서 교회의 증거의 순수성을 보존하는 데 도움이 되었다. 이러한 역사적 징계의 상실은 오늘날 교회 생활의 많은 부분에 만연한 영성의 위기를 초래했다. 편협한 판단주의에 빠지지 않고 교회 생활에서 책임감의 구

---

119 따라서 Betz, *Galatians*, 297–98. 크리소스토무스의 견해를 따른다.

120 이 구절에 대한 롱네커의 주해를 참조하라. "바울은 항상 어떤 형태로든 죄에 반대했지만, 그에게 교만, 냉담함, 자만 또한 죄였으며, 사실 명백한 도덕적 결함보다 신자 공동체와 복음 메시지에 훨씬 더 해로운 경우가 많았다"(*Galatians*, 274). 또한 다음 참조. Moo, *Galatians*, 371–83.

121 Luther, "Lectures on Galatians, 1535," *LW* 27:110–11.

조를 회복할 수 있을까? 하나님의 남자와 여자를 구별해야 하는 개인적 거룩함의 기준은 무엇인가? 우리의 공동체적 결정에 윤리적 함의는 무엇인가? 청교도 리처드 로저스의 말을 빌리자면, "우리의 삶과 마음을 선하게 유지하기 위해"[122] 진지한 그리스도인들이 개인적인 노력과 자기 성찰의 방식을 회복할 때까지 우리는 이러한 질문에 대한 답을 찾지 못할 것이다. 우리 개인의 삶에서 이러한 일이 일어날 때, 우리는 공동체적 권징의 성경적 실천을 회복하고 하나님 중심의 예배와 말씀 설교와 함께 진정한 가시적 교회의 필수적인 표지로 인식할 준비가 된 것이다.

6:2-3. 예수 그리스도의 교회는 적십자사 같은 자선 단체나 로터리(Rotary)나 키와니스(Kiwanis) 같은 시민 클럽이 아니다. 오히려 거듭난 형제자매들이 성령을 통해 초자연적으로 서로 교제하며 상호 교양과 사랑의 공동 교제를 나누는 가족이다. 이러한 맥락에서 바울은 독자들에게 서로의 짐을 지고 그리스도의 법을 성취하라고 권고했다. 이 맥락에서 앞의 구절을 다시 말하며 영적으로 성숙한 사람이 죄에 빠진 사람들을 함께 짊어지고 회복하도록 돕는다는 생각을 전달한다. 그러나 짐을 지는 것은 그 한 가지 상황에만 제한될 수 없다. "짐"(βάρος, 바로스)이라는 단어는 문자 그대로 "무거운 짐이나 돌"을 의미하며, 누군가가 장거리로 운반해야 하는 것을 의미한다. 예수님께서 포도원의 일꾼들에 대해 "하루의 일과 타는 듯한 더위의 짐을 지고" 말씀하신 마태복음 20장 12절(개역개정. "종일 수고하여 더위를 견딘")에서처럼, 비유적으로는 견디기 힘든 억압적인 시련이나 고난을 의미한다. 옛 영어 단어인 토트(tote)는 우리 언어에서 이러한 개념을 전달한다. 토트(tote)는 단순히 물건을 집었다가 다시 내려놓는 것이 아니다. 오히려 무거운 짐을 팔이나 등에 짊어지고 먼 거리, 아마도 수 마일을 옮기거나 운반한다는 의미이다. 서로의 짐을 지라는 바울의 명령에서 실제적인 그리스도인의 삶에 대한 네 가지 중요한 진리를 얻을 수 있다.

짐의 실재. 모든 그리스도인은 짐을 지고 있다. 우리의 짐은 크기와 모양이 다를 수 있으며, 우리 삶의 섭리적인 질서에 따라 종류도 다양하다. 어떤 사람들에게는 유혹의 짐과 여기 1절에서처럼 도덕적 타락의 결과일 수 있다. 다른 사람들에게는 육체적 질병, 정신적 장애, 가족 위기, 실직, 악마의 억압

---

122 *Two Elizabethan Puritan Diaries*, ed. M. M. Knappan (Chicago: University of Chicago Press, 1933), 72. 교회 권징에 대해서는 다음을 참조하라. J. S. Hammett, *Biblical Foundations for Baptist Churches*, 2nd ed. (Grand Rapids: Kregel Academic, 2019).

또는 기타 여러 가지가 될 수 있지만, 어떤 그리스도인도 짐에서 면제되는 사람은 없다. 피조물 자체는 깨져 신음하고 있으며, 신자들은 영광으로 다시 오실 구세주를 기다리며 함께 신음한다(롬 8:18-28). 쉬운 믿음과 빠른 회복을 강조하는 번영의 복음은 "아들이시면서도 받으신 고난으로 순종함을 배우신"(히 5:8) 그리스도의 영보다는 이 시대의 정신에 더 부합한다.

자족의 신화. 우리 모두는 짐을 가지고 있으며, 하나님은 우리가 형제자매로부터 고립되어 혼자서 짐을 지는 것을 의도하지 않으신다. 고대 스토아 철학에서는 행복한 삶의 목표는 쾌락과 고통에 대한 냉담함, 그리고 다른 사람에게 의존하지 않고 삶의 가혹한 요소에 용감하게 맞설 수 있는 자족 능력인 무정념(*apatheia*)이라고 가르쳤다. 로마의 철학자 세네카는 "잘 정돈된 정신의 일차적인 표징은 한 곳에 머무르며 자기 자신의 공동체와 함께할 수 있는 능력이다"라고 말했다.[123] 그러나 스토아적 평정심과 기독교적 용기에는 큰 차이가 있다. 자족의 신화는 용기의 표시가 아니라 오히려 교만의 표시이다. 3절에 나오는 바울의 격언은 자아에 대한 이러한 왜곡된 이해를 겨냥한 것이다. "어떤 사람이 자신이 '중요한 사람'이라고 생각한다면, 자신을 속이는 것이다. 바로 그 생각이 자신이 아무 것도 아니라는 것을 증명하기 때문이다"(필립스 성경). 이러한 자만심에 사로잡힌 태도는 관계에서 두 가지 근본적인 실패로 이어진다. 하나는 다른 사람의 짐을 지는 것을 거부하는 것인데, 이는 "자신이 중요하다고 생각하는" 사람에게는 너무 사소하고 비하하는 일이기 때문이다. 다른 하나는 다른 사람이 자신의 짐을 지는 것을 허용하지 않는 것인데, 이는 약함과 필요를 인정하는 것이기 때문이다. 그러나 이런 식으로 사는 것은 "어떤 사람도 그 자체로 완전한 섬은 아니기 때문에"[124] 자기 기만의 기술을 연습하는 것이다.

---

123 Seneca, *Epistulae Morales*, 2. 다음에 인용됨. W. Durant, *Caesar and Christ*, 306.

124 John Donne, "No Man Is an Island." 대부분 학자들은 6:3을 바울이 기독교 윤리에 대한 호소를 뒷받침하기 위해 제시한, 그리스-로마의 전통적인 격언으로 인정한다. 따라서 Longenecker, *Galatians*, 276. 그러나 바렛은 바울이 δοκεῖν 동사를 사용한 것에서 베드로, 야고보, 요한을 "유력하다는 이들," 그리고 "기둥 같이 여기는 [이들]"(2:6,9)이라고 언급한 것과 연관성을 발견했다. 따라서 바울은 서신서 끝부분에 갈라디아 반대자들이 주장했던 예루살렘 지도자에 대한 마지막 일침을 가했을 것이다. 물론 바울이 이 구절에서 말한 내용은 예루살렘 교회 지도자들에게도 적용될 수 있다. 그러나 바울이 이 일반적인 기독교 행동 원칙을 설명하면서 특정 집단을 지목했다는 것은 증거를 확대하는 것이다. 참조. Barrett, *Freedom and Obligation*, 80–82. "속이다, 기만하다"는 뜻의 φρεναπάτᾳ는 동족 명사 φρεναπάτης가 될 1:10에 나오지만, 신약에서 한 번 나오는 단어(*hapax legomenon*)이다. 참조. Burton, *Galatians*, 331–32.

상호적인 관계로 명령. 모든 그리스도인은 짐을 지고 있고 아무도 혼자서 짐을 지기에 충분하지 않기 때문에, 하나님께서는 그리스도의 몸을 단련하셔서 그 지체들이 서로에게 제사장이 되어 서로의 짐을 지고 그리스도의 법을 완수하게 하셨다. 그리스도인의 상호성에 대한 바울의 가장 광범위한 설명은 고린도전서 12장에 나오는 그리스도의 몸에 대한 이야기에서 찾아볼 수 있다. 경쟁 분파와 이기적인 지도자들로 분열된 교제의 맥락에서 바울은 하나님께서 회중의 지체들을 상호적인 관계로 이끄셨다고 선언하면서 "몸 가운데서 분쟁이 없고 오직 여러 지체가 서로 같이 돌보게 하셨느니라 만일 한 지체가 고통을 받으면 모든 지체가 함께 고통을 받고 한 지체가 영광을 얻으면 모든 지체가 함께 즐거워하라"(고전 12:25-26)라고 말했다. 루터는 그리스도인은 형제자매의 짐을 지기 위해 "어깨가 넓고 뼈가 튼튼해야 한다"라고 말했다.[125] 서로의 짐을 지라는 명령은 그리스도께서 우리를 돌보시므로 우리의 모든 염려를 그리스도께 맡기라는 신약의 다른 명령과 결코 상충되지 않는다(벧전 5:7). 사도 바울은 짐에 대해 많은 것을 안다. 어떤 때 외부의 싸움과 내부의 두려움으로 매 순간 고통으로 심히 눌린 적도 있었다. 이 위기의 순간에 바울은 이후에 "그러나 낙심한 자들을 위로하시는 하나님이 디도가 옴으로 우리를 위로하셨으니"(고후 7:5-6)라고 고백했다. 스토트는 이 본문에 대해 이렇게 말한다.

> 하나님의 위로가 개인 기도와 주님을 기다림을 통해 바울에게 주어진 것이 아니라 친구와의 동행과 친구가 가져온 기쁜 소식을 통해서 주어졌다. 서로의 짐을 지는 인간의 우정은 하나님의 백성을 향한 하나님의 목적의 일부이다. 그러므로 우리는 짐을 혼자 짊어지지 말고 함께 짊어질 수 있는 그리스도인 친구를 찾아야 한다.[126]

서로의 짐을 지는 의무는 명령법 동사를 사용한다. 선택이 아니라 명령이다. 현대 침례교회에서 많이 간과되는 특징 중 하나는 책임에 대한 공동체적

---

125 Luther, "Lectures on Galatians, 1535," *LW* 27:113.

126 Stott, *Message of Galatians*, 158. 다시 말하지만, 바울이 빌립보 교인들에게 재정적인 선물을 보내준 것에 대해 표현한 감사는 얼마나 자주 사도적 수고가 하나님의 백성들의 사랑의 기도와 협력적인 지지를 통해 증진되었는지 보여준다. "그러나 내 환난을 함께 나눈 것은 잘한 일이다. ... 이제 나는 에바브로디도에게서 너희가 보내준 선물을 받았으니 충분히 공급받았다. 그것들은 하나님을 기쁘시게 하는 향기로운 제물이며, 하나님이 받으실 만한 제사이다."(빌 4:14, 18 NIV).

헌신의 표현인 회중 언약이다. 회중 언약은 모든 회원에게 부여된 윤리적 기준과 의무를 명시한다. 역사적으로 침례교회의 언약은 공적 예배, 개인적 헌신, 회중 규율뿐만 아니라 각 교인이 다른 교인을 돌보고 목회하는 태도를 장려했다. 이러한 맥락에서 갈라디아서 6장 2절은 역사적인 문서에서 자주 의역되었다. 1790년 11월 4일, 버킹엄셔에서 열린 한 영국 침례교회 모임에서는 회중 언약의 일부로 다음과 같은 내용을 명시하며 합의했다.

> 그리스도인 교제의 유대로 연결된 사람들에게 사랑으로 행한다. 그 결과로 우리는 서로를 위해 많이 기도할 것이다. 기회가 있을 때 우리는 종교적 목적을 위해 함께 교제할 것이다. 섭리의 선한 일과 관련하여 일부 형제보다 인생에서 더 편안한 처지에 있는 우리들은 능력이 있고 기회가 있을 때 그들의 필요를 위해 실행할 것이다. 우리는 서로의 짐을 지고, 몸과 마음이 고통받는 사람들을 동정하며, 시련을 당하는 형제들의 사정을 아는 한 동정하고, 기회를 볼 때 서로 조언하고 주의하며 격려할 것이다. 우리는 서로를 영원히 돌볼 것이다. 우리는 서로 상처를 주거나 받지 않도록 노력할 것이다. 그리하여 우리는 그리스도의 율법을 성취하는 것을 연구할 것이다. ... 우리는 이러한 것들과 하나님의 말씀으로 명령을 받은 다른 모든 것을 하나님의 은혜의 힘으로 지키고 실천할 것을 약속한다. 그러나 영적으로 선한 일에 우리 자신이 부족함을 알기에, 주님 안에서 의뿐만 아니라 능력도 있음을 기뻐하면서 연약한 자에게 능력을 주시는 분을 바라본다. 오 주님! 우리를 붙드소서! 그러면 우리는 안전할 것이다! 아멘![127]

그리스도의 법으로 살아가기. 바울은 서로의 짐을 진다면 그리스도의 법을 성취할 수 있다고 말한다. 고린도전서 9장 21절에는 "내가 하나님께는 율법 없는 자가 아니요 도리어 그리스도의 율법(ἔννομος Χριστοῦ, 엔노모스 크리스투)아래에 있는 자이나"라는 비슷한 구절이 있지만, 바울은 다른 곳에서 "그리스도의 법"(νόμος Χριστοῦ, 노모스 크리스투)이라는 표현을 사용하지 않는다. 갈라디아서 전반부에서 바울은 율법과 행위에 반대되는 그리스도와 은혜를 자주 묘사하면서, 칭의는 모세 율법이 요구하는 것을 준수함으로써 결코 얻을 수 없으며, 결코 누구도 그 모든 것을 완벽하게 행할 수 없다는 것을 보여준다. 오직 십자가에서 속죄의 죽음으로 율법의 저주를 짊어지시고 이제 믿는 모든 사람에게 구원을 값없이 주시는 예수 그리스도를 믿음으로만 얻

---

127 "The Church Covenant of the Particular Baptist Church, meeting in the Horse Fair, Stony Stratford, Bucks," *The Baptist Quarterly* 3 (1926): 41–44. 다음에 다시 출판됨. C. W. DeWeese, *Baptist Church Covenants* (Nashville: Broadman, 1990), 129–30.

을 수 있음을 단적으로 보여준다. 이것이 복음의 핵심이며, 바울은 여기서 이 근본적인 교리적 약속에서 후퇴하거나 회피하지 않는다. 그러나 바울이 이미 갈라디아서 5-6장에서 보여 주었듯이 모세 율법의 시민적, 의식적 측면은 그리스도께서 오심으로 쓸모없게 되었지만 하나님의 도덕법은 결코 폐기되거나 무효화되지 않았다. 십계명으로 요약되고 예수님께서 제자들에게 주신 "새 계명"(요 13:34; 15:12; 요일 3:23)에 요약된 하나님의 도덕법은 의롭게 된 신자의 삶에서 계속해서 중요한 역할을 한다. 요컨대, 바울에게 "그리스도의 율법"은 "예수님의 성품과 행위로 확인되고 성령의 능력으로 그의 백성 안에서 재생산된 예수님의 윤리적 가르침의 전체 전통"이다(참조, 롬 8:2).[128]

3.3.2. 자기 자신의 짐을 지라(6:4-5)

6:4. 이 구절과 그 뒤 이은 구절은 하나님 앞에서 그리스도인이 점검하고 살펴야 할 두 가지 다양한 측면을 제시하기 때문에 함께 읽어야 한다. 첫째는 바울이 모든 신자에게 현세를 사는 그리스도인의 삶에 대해 명령한 진지한 자기 시험이다. 둘째는 모든 신자가 심판대 앞에 나타나 자기 삶의 청지기 직분에 대해 설명할 때 그리스도께서 드러내실 평가이다. "살피다"라는 단어는 δοκιμαζέτω(도키마조)로, 금의 순도를 결정하기 위해 불로 시험하는 데 사용되는 단어이다. 이 구절은 기독교 영성에 중요한 의미를 담고 있으며, 우리 각자의 삶에서 이 구절의 메시지에 귀를 기울이는 것이 좋다.

첫째, 내성(introspection, 內省)과 자기 성찰(self-examination)에는 큰 차이가 있다. 전자는 역사적인 기독교의 경건한 삶의 고전적인 본보기보다는 동양의 신비주의 유형과 더 많은 공통점을 가진 일종의 자기애적이고 (명상을 위한) 영적인 배꼽 응시하기로 쉽게 변질될 수 있다. 진정한 자기 성찰은 단순히 정기적으로 자신의 영적 맥박을 재는 것이 아니라 자신의 생각, 태도, 행동을 성경에 계시된 하나님의 뜻과 그리스도의 마음에 복종시키는 것이다. 무언가를 "살피는" 또는 "증명하는" 것은 조사 대상의 품질이나 순도를 정확하게 측

---

128 Bruce, *Galatians*, 261. 존 웨슬리가 관찰했듯이, 칭의에 관한 한 율법은 참으로 회심한 이를 위해 그 역할을 했다. "그러나 또 다른 의미에서 우리는 이 율법으로 끝내지 않았다. 첫째, 우리의 마음과 삶 속에 여전히 남아있는 죄를 깨닫게 하여 그리스도와 가까이 지내게 함으로써 그분의 보혈로 매 순간 우리를 깨끗하게 하고, 둘째, 우리의 머리에서 그분의 살아 있는 지체들에게 힘을 주어 그분께서 그분의 율법이 명령하는 것을 행할 수 있게 하는 데 여전히 말할 수 없는 도움을 주기 때문이다. 셋째, 율법이 명령하고 우리가 아직 얻지 못한 것, 즉 우리가 그분의 약속의 충만함을 실제로 소유할 때까지 은혜 위에 은혜를 받는 것에 대한 우리의 소망을 확인시켜 준다"(*Christian Theology*, 176; 다음에 인용됨. E. F. Kevan, *The Law of God in Christian Experience*, 71).

정할 수 있는 외부 표준이나 기준이 있다는 것을 전제로 한다. 바울이 방금 찬양한 그리스도의 법보다 더 높은 또는 더 나은 기준은 이 중요한 활동에 대해 찾을 수 없다. 물론 그렇다고 해서 자기 성찰의 과정에서 동료 신자들의 도움을 구하지 말아야 한다는 뜻은 아니다. 서로의 짐을 지는 데 있어 중요한 부분은 서로에게 영적인 인도와 우정을 제공하고, 우리 삶에서 하나님의 높은 부르심에 대해 서로 책임을 지는 것이다.

자기 성찰의 두 번째 차원은 그리스도인의 삶에서 경쟁과 자랑과 관련이 있다. 갈라디아 교회가 고린도 교회와 비슷했고, 차이만이 아니라 유사점도 있다면, 우리는 갈라디아 교회에 영적 은사가 넘쳐났다고 생각할 수 있다. 우리는 갈라디아 교회 가운데 기적이 나타났다는 것을 안다(3:5). 갈라디아 교회도 방언을 하고, 병자를 고치고, 귀신을 쫓아내고, 환상과 계시를 받았을까? 아마도 고린도 교인들처럼 갈라디아 교인들은 그러한 은사를 교회를 세우는 데 사용하지 않고 오히려 자신을 아첨하는 데 사용했으며, 그러한 첨단의 성령주의에 부족한 다른 사람들을 비판할 때까지 더 높은 영적 상태를 추구했다. 갈라디아 교인들은 사랑으로 서로를 섬기는 대신 교만으로 부풀어 올라 영적인 문제에서 자신의 고귀한 지위를 자랑했다. 갈라디아 교인들은 작은 그룹을 만들어 "우리 중 하나가 아닌" 다른 회원들에 대해 속삭였다. 교회 모임에서 영적 수학 능력 시험 점수를 비교하고 그에 미치지 못하는 사람들을 따돌렸다. 이런 파괴적인 태도를 바로잡기 위해 바울은 "각각 자기의 일을 살피라!"라고 직설적으로 말했다. 하나님께서는 다른 사람에게 주신 은사에 대해 책임을 묻지 않으실 것이다. 김 목사님이나 이 집사님과 자신을 비교하지 말라. 하나님께서는 여러분이 당신의 거룩한 말씀이 펼쳐진 페이지 앞에 자신의 삶을 가져가기를 원하신다. 작년 이맘때보다 더 사랑하고 인내하는가? 여러분의 온유함과 절제, 양선과 충성을 어떻게 측정하는가? 이런 식으로 정직하게 자신의 삶을 하나님 앞에 가져오는 사람은 "다른 사람과 자신을 비교"하는 데 관심을 갖지 않을 것이다. 이런 종류의 정직한 성찰은 경쟁이 아닌 고백에서, 자랑이 아닌 겸손에서 나올 것이다.

6:5. 언뜻 보기에 바울은 짧은 세 구절에서 자기 모순에 빠져 있는 것이 분명하다. 6장 2절에서 갈라디아 교인들에게 "짐을 서로 지라"고 지시했다. 이제 6장 5절에서 각자가 "자기의 짐을 질 것이라"라고 말한다. 이 명백한 불일치는 바울이 서로 다른 두 가지 상황을 언급하기 위해 두 가지 다른 단어를 사용했다는 사실을 깨달으면 쉽게 해결된다. 2절에서 "짐"으로 번역된 단어(βάρη, 바레)는 앞서 살펴본 바와 같이 무거운 짐, 즉 장거리 운반이 예상되는 무거운 무

게를 의미한다. 그러나 5절의 "짐"은 다른 곳에서 배의 화물(참조. 행 27:10), 군인의 배낭 또는 순례자의 배낭을 지칭하는 데 사용되는 φορτίον(포르티온)이다.[129] 스토트는 갈라디아서 6장에서 두 "짐"의 차이를 정확하게 묘사한다.

> 따라서 우리는 혼자 짊어지기에는 너무 무거운 서로의 "짐"을 지고 가야 하지만, 우리가 나눌 수 없는 짐이 하나 있는데, 그것은 모든 사람이 혼자 짊어질 수 있을 만큼 가벼운 짐이기 때문에 나눌 필요가 없는 짐이며, 심판의 날에 하나님에 대한 우리의 책임이다. 그 날에는 당신도 내 짐을 지고 나도 네 짐을 지고 갈 수 없다.[130]

이 주석에서 우리는 갈라디아서가 종말론적 이미지나 마지막 일에 대한 광범위한 담화로 가득 차 있지는 않지만, 그럼에도 불구하고 강력한 종말론적 지향성을 전제하고 있음을 여러 차례 말했다. 5절에서 바울은 미래형 동사(βαστάσει, 바스타세이)를 사용하여 개인이 이 세상에서 자신의 짐을 지거나 책임을 지는 것뿐만 아니라 모든 그리스도인이 그리스도의 심판대 앞에서 해야 할 미래의 계산을 더 구체적으로 생각하고 있음을 나타낸다.

고린도전서 3장 10-15절은 그리스도의 재림이 신자들을 위한 특별한 심판을 가져올 것이라고 가르친다. 이 그리스도의 심판대의 목적은 누군가의 구원이나 저주를 결정하는 것이 아니다. 그 문제는 이 위대한 사건이 일어나기 전에 이미 해결될 것이다. 이 기회에 교회의 주인이신 주님은 모든 그리스도인이 구원의 순간부터 생명이 다할 때까지 구원의 선물로 무엇을 했는지 검토하실 것이다. 우리가 조잡한 재료로 우리의 삶과 사역을 구축했다면, 이것이 드러날 것이며, 영원한 구원의 상실은 아니지만 "상실을 경험"할 것이다. 반면에 우리의 삶의 사역이 예수 그리스도의 견고한 기초 위에 세워졌다면, 우리 앞에 온 모든 성도의 상급과 함께 구세주의 발 앞에 던질 수 있는 "의의 면류관"이라는 상급을 받을 것이다(딤후 4:8). 그 시험의 날에 모든 신자는 자신의 짐을 지고 가야 한다.[131]

---

129 모팻(Moffatt)은 이 구절을 "모든 사람은 자기 자신의 책임이라는 짐을 져야 한다"라고 번역한다. 버튼은 이 두 단어 사이에 뚜렷한 구분을 할 수 없다고 정확히 지적한다(*Galatians*, 334). 그러나 갈라디아서 6장의 문맥은 바울이 두 가지 다른 의미를 염두에 두고 있었음을 명확하게 보여준다. 참조. Schreiner, *Galatians*, 362; Moo, *Galatians*, 381–82.

130 Stott, *Message of Galatians*, 159–60. 콜은 바울이 여기에서 거짓 교사들을 마지막으로 한 번 더 쳐다보면서 거짓 교사들에게 다가오는 심판의 날에 하나님 앞에 자신들이 서는 것보다 "두피를 세는 것"에 더 관심을 가져야 한다는 것을 상기시켜 주고 있다고 제안했다(*Galatians*, 175).

131 베츠는 "미래 시제는 종말론적이 아니라 ... 무시간적이다"라고 주장했다(*Galatians*, 304).

3.3.3. 가르치는 자와 나눔(6:6)

6:6. 이 구절은 주석가들 대부분이 "독립적인 조언"으로 여기면서 의아해하는 구절이다.[132] 앞뒤 구절과 명확한 연결이 없다. 바울은 헬레니즘과 유대 문헌에서 다양한 유사점을 가진 잘 알려진 격언을 다시 한번 적용하는 것 같다. 그러나 예수님은 "일꾼이 자기의 먹을 것 받는 것이 마땅함이라"(마 10:10)라고 말씀하셨고, 바울은 이 말씀의 의미를 끌어낸 것으로 보인다. 바울은 교회로부터 정기적인 사례를 받지 않았고(빌립보 교인들로부터 감사한 마음으로 개인적으로 돈을 선물받기는 했지만), 오히려 가죽 장인으로서 기술을 활용해 텐트를 만들어 팔아 생계를 유지했다. 그러나 바울은 이 점에서 다른 사람들의 본보기로 제시하지 않았다. 오히려 자신이 설립한 교회에 목회자와 교사들을 물질적으로 지원하도록 끊임없이 격려했다(참조. 고전 9장; 고후 11:7-11; 살전 2:7-10). 어떤 학자의 말처럼 바울은 "신사답게 돈 이야기하는 것을 꺼려했다."[133] 그럼에도 불구하고 재정적 청지기가 그리스도와 그리스도의 교회를 신실하게 섬기는 데 없어서는 안 될 요소임을 충분히 인식했다. 바울은 신자들에게 예루살렘의 가난한 성도들을 위한 특별 헌금과 그들 가운데 있는 경건한 교사들의 생계 유지를 위해 정기적으로, 관대하게, 기쁨으로 헌금하라고 거듭 권고했다.[134]

그러나 종말론적 추론은 슐리어, 머스너, 브루스 등이 지지한다. 브루스는 이렇게 말한다. "'그리스도의 날'에 바울은 자신의 업적을 베드로의 업적과 어떻게 비교되는지 묻지 않을 것이다. 그의 자랑(καύχημα, 카우케마)은 자신의 사역을 통해 그리스도를 얻게 된 사람들의 자질이 될 것이다(빌 2:16). 그 법정에서 '우리 각 사람이 하나님 앞에 자기 일을 직고할 것이다'(참조. 롬 14:1. 고후 5:10)"(*Galatians*, 263). 갈 6:4-5의 자기 성찰 주제는 고전 11:27-32의 동일한 주제와 비교해야 한다. 후자의 구절에서 바울은 고린도 교인들에게 주의 만찬에 참여하기 위한 전제 조건으로 스스로를 점검하라고 권면한다. 주님의 식탁에서 부주의하게 생활하고 아무렇게나 행동한 결과, 일부가 즉각적으로 죽는 하나님의 선제적 심판을 받을 것이 분명하다. 이런 맥락에서 바울은 "우리가 미리 우리 자신을 면밀히 살피면 [이] 하나님의 심판을 피할 수 있을 것이다"(11:31, 필립스 성경)라고 말한다. 같은 맥락에서 바울은 갈라디아 교인들에게 하나님 앞에서 자신들의 삶과 사역을 진지하게 조사하고 자기 점검을 하면 그리스도의 심판대 앞에서 부끄러움과 당혹감을 느끼지 않을 것이며 책임 전가도 없을 것이라고 암시한다. 보상의 정도가 천년 왕국 기간에만 해당되는지 아니면 천국 그 자체에 해당되는지에 대한 질문은 다음을 참조하라. 참조. H. Hunt, *Redeemed!: Eschatological Redemption in the Kingdom of God* (Nashville: B&H, 1993), 358–60. 참조. Martyn, *Galatians*, 550.

132 Fung, *Galatians*.

133 Bligh, *Galatians*, 483.

134 스트렐런J. G. Strelan은 이 구절의 짐을 진다는 전체 주제를 바울이 갈라디아 교인들에게 예루살렘 그리스도인들을 위한 자신의 모금 활동을 후원해달라는 호소의 측면에서 해석했다. 참조. J. G. Strelan "Burden-Bearing and the Law of Christ: A Re-examination of Galatians

이 구절은 "가르치는 자"와 "가르침을 받는 자"(κατηχούμενος, 카테쿠메노스) 사이의 관계에 대해 말하는데, 이 단어에서 "교리문답 수강자, 세례준비자"(catechumen)이라는 단어가 유래되었다. 우리는 2, 3세기 초대 교회의 역사를 통해 잘 발달된 교리 교육 시스템이 교회 생활의 표준으로 자리 잡았으며, (종종 주교들의 반대를 받기도 했던) 교사들이 기독교 교리 형성에 중요한 역할을 했다는 사실을 알고 있다. 예를 들어 오리게네스는 알렉산드리아에 있는 교리학교의 교사로 교회 생활을 시작했다. 이러한 후대의 구조를 사도 시대로 거슬러 올라가서 읽어서는 안 되지만, 갈라디아서 6장 6절이 "모든 종류의 유급으로 돈을 받고 기독교 사역을 하는 것에 대한 최초의 언급일 수 있다"라는 바렛의 말은 옳을 것이다.[135]

바울이 갈라디아 교회들에게 이 특별한 가르침을 전할 필요가 있다고 느낀 이유를 추측해보는 것은 흥미롭다. 우리는 이 지역에서 복음화의 초기 물결이 일기 시작한 후 바울과 바나바가 모든 교회에 장로를 임명했으며, 그중 일부는 아마도 이 새로 태어난 교회의 첫 번째 목회자이자 교사로 정해졌을 것이다. 선동가들은 침입자들에 맞서 복음의 진리를 수호할 능력이 바울보다 훨씬 떨어지는 이 사람들의 사역을 공격했을 수 있다. 결국 갈라디아 교인들 중 많은 사람이 반대자들이 발전시킨 새로운 신학에 열광하여 교회 지도자들의 물질적 지원을 철회했을 수도 있다. 어쨌든 바울은 여기서 서로 짐을 지라는 명령의 더 넓은 맥락에서 관대한 재정 지원을 통해 신실한 복음 사역을 유지하는 것이 중요하다는 것을 상기시켜 주었다. 물론 그러한 교사들은 "말씀을 가르침"을 제공함으로써 지원을 받을 만한 가치가 있는지 스스로 증명해야 한다. 바울은 단순히 "설교자 사례비 지급"이라는 원칙을 지키는 데만 관심을 두지 않았다. 바울의 부담은 복음의 진전을 위한 것이었으며, 이를 달성하기 위해 하나님께서 정하신 수단은 그리스도의 신실한 종들이 하나님의 말씀을 꾸준히 선포하는 것임을 알았다.

이 구절이 오늘날 우리에게 시사하는 바가 있을까? 모든 면에서 많은 것을 시사한다! 첫째, 목회자의 **주된** 책임은 하나님의 말씀을 가르치고 전파하는 것이다. 사역의 다른 모든 측면은 아무리 합당하더라도 이 근본적인 임무

6:2," *JBL* 94 (1975): 266–76. 모금 활동에 대한 전반적인 질문에 대해서는 다음을 참조하라. Nickle, *The Collection*; D. Georgi, *Die Geschichte der Kollekte des Paulus für Jerusalem*. 또한 다음을 참조하라. L. W. Hurtado, "The Jerusalem Collection and the Book of Galatians," *JSNT* 5 (1979): 46–62.

135 Barrett, *Freedom and Obligation*, 82.

에 종속되어야 한다. 왜냐하면 하나님께서 "믿는 자들을 구원하기 위해 설교하는 미련한 것"(고전 1:21 KJV)을 선택하셨기 때문이다. 둘째, 하나님의 말씀으로 가르침을 전하는 사람과 그 말씀을 듣고 받아들이는 사람 사이에는 특별한 관계가 있다. 일꾼은 여전히 일할 가치가 있으며, 신실한 목회자는 당연한 것으로 여겨서는 안 되며, 오히려 주님의 특별한 은사로서 아낌없는 지원을 받을 만한 가치가 있는 것으로 인식되어야 한다. 마지막으로, 성도들에게 이러한 지지를 받을 때 목회자는 두 가지 유혹을 경계해야 한다. 한편으로는 물질적으로 풍성한 축복을 받은 목회자는 사역의 기본 목적을 잊고 "모든 악의 뿌리인 돈을 사랑하는 것"(딤전 6:10 KJV)에 유혹받을 수 있다. 반면에 목회자는 편안한 생활에 너무 익숙해져서 언젠가 그리스도 앞에 서서 자신이 부름받은 사역과 설교할 특권을 받은 메시지에 대해 설명해야 한다는 사실을 잊고 단순한 고용인처럼 행동할 수도 있다.[136]

3.3.4. 뿌리는 것과 거두는 것 (6:7-8)

6:7-8. 6장 1-6절에서 바울은 앞서 5장 13-26절에서 설명한 그리스도인의 자유의 두 측면을 설명하기 위해 구체적인 지침들을 제시했다. 이제 이러한 구체적인 예를 분명히 염두에 두고, 육체의 행위와 성령의 열매 사이의 대립으로 대표되는 더 넓은 주제로 돌아간다. 7절과 8절은 다시 구약과 철학적 지혜의 세계에서 끌어온 일반적인 원리이다. 그러나 바울은 임박한 종말론적 심판을 바라보며 구체적으로 기독교적 맥락에서 이 원칙들을 적용한다. 9절과 10절은 개인적인 책임과 상호 책임이라는 주제를 요약한 두 가지 추가 호소를 통해 편지 본론 부분을 마무리한다.

7절에는 헬라어 본문에서 스타카토와 같은 방식으로 차례로 제시된 세 가

---

136 가르침을 받는 사람들이 가르치는 자들과 나누어야 할 "모든 좋은 것"에 물질적 혜택뿐 아니라 영적인 복도 포함하는지에 대한 상당한 논의가 있다. 주석가 대부분은 예루살렘 성경 (JB) 번역에 나오는 해석을 따른다. "가르침을 받는 사람은 항상 자신을 가르치는 사람을 위해 무언가를 바쳐야 한다." 이것은 바울이 여기에서 의미하는 내용인 것 같지만, 말씀 사역자를 물질적으로 후원하라는 명령이 영적인 복, 특히 성령의 열매와 관련된 복을 더 폭넓게 나누는 것을 배제하지는 않는다. 퍼킨스(1602년 사망)는 갈라디아 교회들이 특히 목회자들을 돌보는 데 소홀했기 때문에 바울이 이 교훈을 추가했다고 주장했는데, 이러한 상황은 엘리자베스 시대 후기에도 반복되는 것을 보았다. "한 조각의 빵이나 옷 한 벌을 위해서도 기쁘게 섬길 수 있는 궁핍하고 가난한 방랑하는 레위인이 너무 많다는 것은 종교를 유지하기 위한 사람들의 헌신이 매우 적다는 의미심장한 증거이다. 특히 사역의 유익을 위해서 무언가를 베푸는 데는 그렇게 엄격하고 인색하면서도 사냥개와 매를 키우는 일에 그리고 더 나쁜 일, 즉 놀이꾼, 어릿광대, 바보와 같은 이들을 유지하는 데는 매우 사치스럽고 헤프게 돈을 쓴다"(*Galatians*, 479).

지 격언적인 서술이 포함되어 있다. "스스로 속이지 말라. ... 하나님은 업신여김을 받지 아니하시나니. ... 사람이 무엇으로 심든지 그대로 거두리라." 앞서 바울은 갈라디아 교인들을 사악한 사기꾼에게 "미혹된" "분별 없는" 그리스도인이라고 말했다. 이제 바울은 갈라디아 교인들에게 그런 위험한 방식으로 미혹되지 말라고 부정적인 명령으로 가르친다. 이 표현은 바울이 고린도전서에서 두 번이나 사용한 강력한 표현으로, 두 경우 모두 부도덕한 행동의 결과에 대한 엄중한 경고의 서두로 사용되었다. 고린도전서 6장 9절에서 바울은 우상 숭배, 간음, 동성애와 같은 죄를 하나님 나라와 양립할 수 있게 만드는 일종의 상황 윤리에 대해 경고했다. 고린도전서 15장 33절에서도 바울은 세상적인 삶에 대해 경고했다. 그는 "동무들은 선한 행실을 더럽히나니"라고 말하면서 죄악의 소굴에 빠져 있으면서도 세상에서 자신을 보호할 수 있다고 착각하지 말라고 말했다.

갈라디아서 6장 7절에서 갈라디아 교인들이 빠졌거나 빠질 위험에 처한 미혹은 더욱 심각하다. 바울은 실수하지 말라고 간청한다. 하나님은 조롱을 당하지 않으시기 때문이다. 클라렌스 조던의 표현을 빌리자면, "그 누구도 당신의 눈을 가리지 못하게 하라. 하나님께 코를 들이밀 수 없다!"(Cotton Patch, 103). 헬라어 동사 μυκτηρίζω(뮈크테리조, 개역개정 "업신여김을 받다")는 70인역에 잘 나와 있지만 신약에서는 찾을 수 없다. 말 그대로 "조롱이나 경멸하여 콧대를 세우다"라는 뜻이다. 구약에서 이 단어는 주로 하나님의 선지자들을 조롱하는 데 사용되었으며, 하나님 자신을 신성 모독하는 데 사용된 경우는 단 한 번뿐이다. 에스겔 8장 17절에서 주님은 선지자에게 여러 질문을 하셨다. "인자야 네가 보았느냐 유다 족속이 여기에서 행한 가증한 일을 적다 하겠느냐 그들이 그 땅을 폭행으로 채우고 또 다시 내 노여움을 일으키며 심지어 나뭇가지를 그 코에 두었느니라." 이스라엘 자손은 이 더러운 몸짓으로 전능하신 분을 경멸하고 천지를 창조하신 분을 조롱하고 있었다. 그러나 그러한 오만과 모독의 반대편에서 전세가 역전되었고 하나님은 갑자기 신성한 조롱자로 나타나셨다. "하늘에 계신 이가 웃으심이여 주께서 그들을 비웃으시리로다. ... 너희가 재앙을 만날 때에 내가 웃을 것이며 너희에게 두려움이 임할 때에 내가 비웃으리라 너희의 두려움이 광풍 같이 임하겠고 너희의 재앙이 폭풍 같이 이르겠고 너희에게 근심과 슬픔이 임하리니"(시 2:4; 잠 1:26-27).

바울의 요점은 동일하다. 하나님은 조롱당하실 **수 없다**! 언젠가는 "사람이 무엇으로 심든지 그대로 거[둘]" 것이기 때문에 언젠가는 결산의 날이 올 것이다. 봄에 땅에 심은 작물은 필연적으로 가을의 수확으로 싹을 틔울 것이기 때문에 하나님을 이길 수는 없다. 이것은 상식적이며 데모스테네스가 "씨를 뿌린 자는 자라는 것에 책임이 있다"라고 말한 것처럼 다양한 고대 작가의 글에서 신중한 격언이었다. 호세아 선지자는 "그들이 바람을 심고 광풍을 거둘 것이라"(호 8:7)라고 말했다.[137]

8절에서 바울은 하나님을 속일 수 없다는 것과 심고 거두는 지울 수 없는 법칙에 대한 일반적인 진술에서 육체와 성령 사이의 이전의 대조와 관련해 이러한 진리를 갈라디아 상황에 적용했다. 바울은 완벽하게 균형 잡힌 구조로 "육체에 심는 자는 육체로부터 썩어질 것을 거두고 성령에 심는 자는 성령으로부터 영원한 생명을 거두리라"(KJV)라고 주장한다. 여기서 우리는 바울이 5장 19-23절에 열거한 두 가지 덕과 악행의 최종 결과에 대한 시나리오를 영원의 캔버스에 그려놓은 것을 볼 수 있다. 우리가 계속해서 육체의 일에 탐닉하여 타락의 구덩이로 점점 더 깊이 빠져든다면, 우리가 받을 수확, 즉 타락을 확신할 수 있다.

"파괴," "상함," "부패"를 뜻하는 φθορά(프도라)는 부패 과정에서 썩어가는 시체의 개념을 전달한다. 앞서 육체의 일들에 대한 논의에서 살펴보았듯이 윤리적 원칙으로서 σάρξ(사르크스)는 인간의 육체적 또는 물질적 측면보다 훨씬 더 많은 것을 포함한다. 그럼에도 불구하고 죄의 결과는 질병, 부패, 죽음으로 인한 인간의 육체가 황폐해지는 것보다 더 생생하게 드러나는 곳은 없다. 버튼이 올바르게 관찰했듯이, "바울은 여기서 삶의 물질적이고 육체적인 측면에 자신을 헌신하는 것은 예수를 죽은 자 가운데서 살리신 분의 영이 내주하시는 부활에 대한 기독교적 소망으로 구제되지 않는 육체적 죽음을 가져온다고 확언한다."[138] 그러나 우리는 완전한 부패와 황폐함에 대한 이 생생한 묘사 때문에 육체에 씨를 뿌리는 사람들의 최종 운명이 멸망이나 존재가 없는 것이라고 생각하도록 잘못 이끌면 안 된다. 지옥은 마지막이면서도 영원하다. 요한계시록 21장 8절에서 불타는 유황 못에 들어갈 사람들의 명단은 갈라디아서 5장에서 바울이 분류한 악의 범주인 비겁한 자, 믿지 않는 자, 사악한 자, 살인자, 음행하는 자, 주술을 행하는 자, 우상 숭배자, 모든 거짓말쟁이와 놀랍도록 유사하다. 하나님과의 영원히 분리되는 것을 제외하고 지옥의 가장 끔찍한 점은 지옥에 가는 사람들을 고칠 수 없다는 사실이다. "불의한 자는 **그대로** 불의할 것이요 더러운 자는 **그대로** 더러울 것이다"(계 22:11 KJV;

---

137 다음에 인용됨. Burton, *Galatians*, 341.

138 Burton, *Galatians*, 342.

강조 추가). 이것이 둘째 사망의 "부패"이다.

바울은 흑백 분필화가처럼 현실의 어두운 면, 즉 심판의 확실성, 멸망과 죽음의 수확, 육신에 씨를 뿌렸을 때 피할 수 없는 영원한 결과 등 현실의 어두운 면을 생생하게 그린다. 그러나 회개하지 않는 죄인의 운명이 끔찍한 것만큼이나 성령으로 심는 자의 운명은 영광스러울 것이다. 육체의 행위가 부패와 사망을 초래한다면, 성령의 열매는 영생의 수확을 가져온다. 신학적인 주제로서의 "영생"은 요한의 서신과 더 일반적으로 연관되어 있지만, 바울 서신에서도 여러 전략적 지점에 등장한다(참조. 롬 2:7; 5:21; 6:22-23; 딤전 1:16; 딛 1:3; 3:7).

물론 영생은 단순하게 영원히 지속되는 생명이 아니다. 오히려 하나님 자신의 생명, 즉 성부, 성자, 성령의 생명이 구주를 믿는 믿음을 통해 하나님의 자녀들에게 은혜롭게 부여된 것이다. 영생은 그리스도를 구세주와 주님으로 진정으로 믿는 모든 사람의 현재 소유이다(요 3:36; 11:25-26). 그러나 바울은 여기서 그리스도의 재림과 죽은 자의 부활을 통해 이룰 구원의 최종 완성을 염두에 두고 있다. 바울은 "우리가 우리의 것을 다 버리고 주를 따랐나이다"라는 베드로의 불평에 예수님께서 "내가 진실로 너희에게 이르노니 하나님의 나라를 위하여 집이나 아내나 형제나 부모나 자녀를 버린 자는 현세에 여러 배를 받고 내세에 영생을 받지 못할 자가 없느니라"(눅 18:28-30)라고 대답하셨을 때와 같은 의미로 "영생"을 사용한다. 천상의 도시의 불빛이 순례자 여행의 최종 목표를 향해 번연의 크리스천을 소환한 것처럼 다가올 시대의 찬란함과 하늘의 영광이 우리를 앞으로 나아가도록 손짓한다. 『기독교 강요』에서 칼뱅은 "내세에 대한 묵상"에 한 장 전체를 할애했다. 칼뱅은 다음과 같은 말로 그 논의를 마무리한다. "신자들의 눈이 부활의 능력으로 향한다면, 신자들의 마음속에 있는 그리스도의 십자가는 마침내 마귀와 육체와 죄와 악한 사람들을 이길 것이다."[139]

3.3.5. 낙심하지 말라! (6:9-10)

6:9. 바울은 여전히 씨 뿌리는 시기와 추수하는 시기의 농사 이미지를 사용하면서 독자들에게 적절한 때에 하나님께서 약속을 이루시고 당신의 선하시고 기뻐하시는 뜻을 따라 만물을 완성하실 것을 알고 믿음으로 인내하라

---

139 Calvin, *Institutes* 3.9.6.

고 권면했다.

갈라디아서 5-6장에서 바울은 갈라디아의 그리스도인들에게 선동하는 자를 추방하고, 이웃을 내 몸과 같이 사랑하고, 삶에서 성령의 열매를 나타내어 성령과 보조를 맞추고, 타락한 자를 회복시켜 교회의 징계를 실행하고, 서로의 짐을 지고, 그리스도의 심판대에 비추어 자신을 돌아보고, 신앙을 가르치는 사람들에게 물질적으로 지원하라는 여러 가지 구체적인 일을 하도록 지시한다. 이 구절에서 바울은 이러한 모든 의무를 "선을 행함"이라는 일반적인 범주 아래 요약한다.[140] 이런 의미에서 선을 행하는 것은 그리스도의 율법을 성취하는 것과 같다. 바울은 왜 갈라디아 신자들에게 기독교 신앙의 평범한 의무를 실천하도록 계속 상기시켜야 한다고 생각했을까? 칼뱅은 이 질문에 대한 몇 가지 답을 제시한다.

> 이 교훈은 특별히 필요한데, 우리는 원래 사랑의 의무에 게으르고, 많은 작은 걸림돌이 심지어 성품이 좋은 사람도 방해하고 미루게 하기 때문이다. 우리는 무가치하고 감사할 줄 모르는 사람들을 많이 만난다. 궁핍한 수많은 사람들이 우리를 압도하고, 우리는 사방에서 돈을 지불하느라 지쳐간다. 우리의 온기는 다른 사람들의 차가움으로 약해진다. 마지막으로, 온 세상은 우리를 올바른 길에서 멀어지게 하는 방해물로 가득 차 있다. 그러므로 바울은 우리의 노력을 잘 확인하여 우리가 지쳐서 쓰러지지 않도록 한다.[141]

갈라디아 교인들에게 전하는 바울의 메시지는 "그만두지 말라!"이다. 한편으로는 율법주의의 유혹과 다른 한편으로는 방종주의의 유혹에 직면한 갈라디아의 회심한 많은 사람들은 낙심하기 시작했다. 성령의 삶을 잘 시작했던 회심한 사람들은 첫사랑을 잃고 증거와 섬김에서 사소한 다툼과 탐욕스러운 자기 염려로 돌변할 위험에 처해 있었다. 이렇게 지치고 영적으로 지친 그리스도인들에게 바울은 이렇게 호소했다. "선을 행하되 낙심하지 말라."

9절의 마지막 부분에서 바울은 이 긴급한 일깨움에 동기를 부여하는 한 마디를 덧붙인다. "포기하지 아니하면 때가 이르매 거두리라." "때가 이르매"는 단어는 καιρός(카이로스)로, 바울이 4장 4절에서 하나님이 아들을 세상에 보내신 적절한 순간, 충만한 시간을 묘사하기 위해 사용한 것과 같은 단어이

---

140 그래서 베츠는 이렇게 말한다. "이 문구 τὸ καλὸν ποιεῖν ('선을 행하라')는 그리스도인이 해야 할 모든 것을 포함한다. 따라서 그것은 '성령의 열매'(5:22-23)와 '성령을 따르는 것'(5:25; 참조. 5:16)과 동일한 개념이다(*Galatians*, 309). 참조. Moo, *Galatians*, 387-88.

141 Calvin, *Galatians*, CNTC 11:114.

다. 디모데전서 6장 15절에서도 같은 표현으로 하나님께서 "기약이 이르면" 가져오실 그리스도의 재림 또는 παρουσία(파루시아)를 묘사한다. 이 대목에서 바울이 영적 삶을 씨를 뿌리고 거두는 과정으로 비유한 것이 무너진다. 농부가 봄에 농작물을 심을 때 수확 시기를 합리적으로 정확하게 계산할 수 있다. 물론 날씨 변화, 파괴적인 곤충 떼 등과 같은 고려해야 할 변수가 항상 존재한다. 하지만 현명한 농부는 농부 연감이나 더욱 과학적인 농업 기술의 도움을 받아 파종 시기와 수확의 예상 일정에 의존할 수 있다. 영적인 삶은 그렇지 않다. 그리스도인 사역에서 가장 큰 좌절감 중 하나이자 "선을 행하되 낙심하는" 주된 원인은 주님의 일에 신실하게 수고하고도 영적 결과를 계산할 수 없다는 것이다. 이러한 이유로 우리는 흔히 "가시적 결과"라고 부르는 것에 너무 많은 비중을 두지 않도록 주의해야 한다. 우리는 주권자이시며 그 말씀이 헛되지 않으리라고 약속하신 하나님을 섬긴다. 궁극적인 수확은 보장되어 있지만, 그것은 "때가 이르면," 즉 하나님이 정하신 좋은 때에만 올 것이다.

윌리엄 캐리는 예수 그리스도의 이름을 들어본 적 없는 사람들에게 복음을 전해야 한다는 부담감을 안고 1793년 인도에 도착했다. 캐리는 7년 동안 매주, 매달 충실하게 복음을 전했지만 단 한 명의 인도 원주민도 그리스도께 돌아오지 않았다. 수년간 고난과 의심이 쌓이는 가운데 캐리는 종종 용기를 잃었지만 결코 패배하지 않았다. 캐리는 영국에 있는 자매들에게 이렇게 편지를 썼다.

> 나는 농부가 농작물에 대해 느끼는 것처럼 느낍니다. 때때로 나는 씨앗이 싹이 트고 있다고 생각하고 소망을 가집니다. 약간의 돌풍이 다 쓸어버리면 모든 것이 사라지고 희망은 구름처럼 사라집니다. 또는 옥수수가 조금이라도 돋아나면 잡초로 뒤덮이거나 태양에 말라서 금방 죽어 버리기도 합니다. 그러나 나는 여전히 하나님을 소망하며 그분의 힘으로 나아가 그분의 의, 그분의 유일하신 의를 선포할 것입니다.[142]

1800년 12월 28일, 윌리엄 캐리는 갠지스 강에서 첫 힌두교 개종자인 크리슈나 팔이라는 목수에게 세례를 베풀었다. 이 사람이 이교도의 손아귀에서 복음의 영광스러운 진리 안으로 극적으로 구출되는 것을 목격한 윌리엄 워드는 그의 일기에 이렇게 기록했다. "돌과 진흙의 신들아, 삼위 하나님의 이름

---

142 George, *Faithful Witness*, 116.

으로 너희를 그의 발에서 먼지처럼 털어냈을 때 너희는 떨지 않았느냐?"[143] 이 것은 하나님께서 인도 세람포어 선교회에서 캐리와 동료들에게 허락하신 엄 청난 영혼 추수의 시작이었다. 여기서 바울이 "때가 이르매" 거둘 추수에 대 해 언급한 것은 이 세상에 적절히 적용될 수 있지만, 더 큰 성취는 그리스도의 재림 때의 종말론적 완성을 가리킨다.[144] 바울은 모든 사람이 하나님이 보시 는 대로 자신을 볼 날, 즉 하나님의 완전한 사랑과 완전한 공의가 하늘과 땅, 땅 아래까지 널리 퍼질 때가 다가온다는 사실을 놓칠 수 없었다. 현재 인류 역 사의 흐름이 아무리 모호하고, 시간 속에서 하나님의 섭리의 신비로운 역사가 아무리 눈에 보이지 않는다고 해도, 그리스도인들은 모든 무릎을 꿇고 모든 입으로 예수 그리스도를 주님으로 시인하여 하나님 아버지께 영광을 돌리는 그날을 고대한다. 이것이 신자의 복된 소망이며 오늘날 교회에서 기독교 윤리 와 기독교 선교를 위한 가장 큰 원동력이다.[145]

6:10. 이 구절을 여는 추론을 나타내는 불변화사 ἄρα(아라, "그러면")와 전 환을 나타내는 불변화사 οὖν(운, "그러므로")은 바울이 이제 막 편지에서 제 시했던 윤리적 권고의 결론을 내리려 하고 있음을 나타낸다(개역개정은 "그 러므로"로 번역). 이 구절과 아직 오지 않은 종말론적 수확에 관한 바울의 앞 선 언급 사이에는 직접적인 논리적 연관성이 있다. καιρός(카이로스)는 두 구 절 모두에 사용되었으며, 이 두 구절의 연결은 다음과 같이 이해할 수 있다. 추수할 때가 "때가 이르면" 오듯이, 지금 우리는 육신이 아닌 성령에게 심을 수 있는 현재의 "기회"를 잘 활용해야 한다. 바울의 말을 마치 다음과 같이 윤 리적 삶에 대한 불충분한 접근 방식을 지지하는 것으로 이해해서는 안 된다.

---

143 George, *Faithful Witness*, 132.

144 롱네커가 θερίσομεν의 미래 시제에 대해 언급한 것을 참조하라. "그것은 미래가 있는 약속이지만, 그 때가 이 세상의 실존적인 미래일지, 아니면 다른 세상의 종말론적 미래가 될 것인지, 또는 둘 다일 것인지에 대해서는 구체적이지 않다"(*Galatians*, 282).

145 이번 세기 초에 니버H. R. Niebuhr는 "십자가 없는 그리스도의 사역을 통해 죄 없는 인간을 심판 없는 하나님 나라로 인도하는 진노하지 않으시는 하나님"을 길들인 신학의 만연에 대해 경고했다. The Kingdom of God in America (New York: Harper & Row, 1959), 193. 이런 종류의 약화된 종말론은 헤블웨이트B. Hebblethwaite의 최후 심판에 대한 재진술에서 볼 수 있다. "우리는 하나님이나 그리스도를 심판자로 묘사하는 것이 좋다. 치료자, 치유자, 참을성 있는 연인, 상담자 등 다양한 대안적 모델이 하나님의 심판의 주된 관심사, 즉 피조물이 과거에 무엇을 했거나 무엇을 만들었는지 간에 온전함이 회복되고 하나님의 사랑의 승리를 이끌어내는 데 더 적합해 보인다. 이전에 하나님이 무슨 일을 하셨고 또 창조하셨는지 관계없이 말이다"(*The Christian Hope* [Grand Rapids: Eerdmans, 1984], 215). 이런 관점은 업신여김을 당하지 않으시는 하나님에 대한 바울의 견해와 상충된다.

"우리는 때때로 다른 사람들에게 선을 행합시다." 아니다. 바울이 이 구절에서 말한 καιρός(카이로스)는 하나님의 섭리적인 질서를 통해 모든 거듭난 신자에게 부여된 독특한 섬김의 시대, 그리스도의 율법을 성취할 수 있는 하나님께서 주신 기회를 의미한다. 바울은 여기서 인간 삶의 한계를 증거했다. 그리스도인의 자유는 기회의 순간에 섬김의 자유를 누리는 것이다. 모든 사람의 인생은 하나님께서 정하신 종말을 향해 달려간다(히 9:27). 추수의 시간은 하나님의 달력에 돌이킬 수 없이 정해져 있다. 이것이 사실이기 때문에, 결론적으로 우리에게 기회가 있을 때(참조. "기회가 주어지는 대로", NEB) 하나님께서 우리에게 주신 사역을 신실하게 성취하자.

바울이 이 구절에서 요약한 것처럼 기독교 윤리에는 두 가지 초점이 있다. 하나는 "모든 이에게 착한 일을 하되"라는 보편적이고 모든 것을 포용하는 것이며, 다른 하나는 "더욱 믿음의 가정들에게 할지니라"라는 특수하고 구체적인 것이다. 바울의 보편주의적 호소는 모든 사람이 하나님의 형상대로 창조되었기 때문에 하나님이 보시기에 무한히 소중하다는 사실에 근거한다. 그리스도인들이 성경 계시의 이 기본 사실을 잊어버릴 때마다 아담과 하와에서부터 오늘날까지 인류 공동체를 병들게 한 인종 차별, 성 차별, 민족주의, 계급주의, 기타 수많은 편견으로 점철된 맹목적인 죄의 희생양이 될 수밖에 없었다.[146]

신자는 그리스도인이든 아니든 모든 사람에게 선을 행해야 할 의무가 있다. 그러나 이러한 제한 없는 윤리적 명령 외에도 그리스도인에게는 특히 믿음의 가족에 속한 사람들에게 선을 행해야 할 특별한 의무가 더 있다. 루터와 칼뱅은 히에로니무스를 따라 이 구절과 앞서 6절에서 바울이 교회 목회자들을 자유롭게 후원하라는 권면이 연결되어 있다고 보았다.[147] 다른 사람들은 "더욱"(μάλιστα, 말리스타)라는 부사를 예루살렘의 가난한 성도들을 위한 바울의 연보 모금에 대한 우회적인 언급으로 해석했다.[148] 바울이 사용한 언어는 이러한 해석을 허용할 수 있지만 모든 그리스도인이 그리스도 안에서 가난한 형제자매들의 고통을 덜어 주어야 하는 특별한 책임을 지적했을 가능성이 더

---

146 이 구절에 대한 베츠의 언급을 참조하라. "하나님 앞에서는 편애가 없기 때문에 그리스도인의 동료에 대한 태도에도 편애가 있을 수 없다"(*Galatians*, 311).

147 Luther, "Lectures on Galatians, 1535," *LW* 27:128–29; Calvin, *Galatians*, CNTC 11:114.

148 갈 6:6-10과 예루살렘 모금 사이의 연결은 라이트풋이 가장 먼저 제안했다. Lightfoot, *Galatians*, 55; H. Lietzmann, *An die Galater*, 39–42. 이 논지는 다음에 더 정교해졌다. W. Hurtado, "The Jerusalem Collection and the Book of Galatians," *JSNT* 5 (1979): 46–62. 이 견해에 대한 철저한 비판은 다음을 참조하라. Bruce, *Galatians*, 265–66.

크다. 이것은 단순히 "자선은 가족에서 시작된다"라는 일반적인 격언을 인정하는 것이 아니라 신앙의 가정에 속한 모든 사람 사이에 맺은 초자연적인 유대를 긍정한다. 이 구절에 대해 주해하면서 브라운은 이 중요한 원리에 대해 다음과 같은 해석을 제시한다.

모든 가난하고 고통받는 사람은 나에게 동정을 요구하고, 내가 여유가 있다면 적극적인 노력과 재정적인 구제를 요구할 권리가 있다. 가난한 그리스도인은 내 감정, 수고, 재산에 대해 훨씬 더 강력한 청구권을 가진다. 그는 구주의 보혈과 사랑에 저와 똑같이 관심이 있는 나의 형제이다. 나는 그와 천국에서 영원히 함께할 것을 기대한다. 그는 보이지 않는 내 구주의 대리인이며, 그분은 불쌍한 이웃에게 행한 모든 일을 자신에게 행한 것으로 여긴다. 그리스도인이 그리스도인에게 불친절하게 대하는 것은 잘못된 것일 뿐만 아니라 괴물 같은 일이다.[149]

3.4. 사도의 인침 (6:11-17)

11 내 손으로 너희에게 이렇게 큰 글자로 쓴 것을 보라 12 무릇 육체의 모양을 내려 하는 자들이 억지로 너희에게 할례를 받게 함은 그들이 그리스도의 십자가로 말미암아 박해를 면하려 함뿐이라 13 할례를 받은 그들이라도 스스로 율법은 지키지 아니하고 너희에게 할례를 받게 하려 하는 것은 그들이 너희의 육체로 자랑하려 함이라 14 그러나 내게는 우리 주 예수 그리스도의 십자가 외에 결코 자랑할 것이 없으니 그리스도로 말미암아 세상이 나를 대하여 십자가에 못 박히고 내가 또한 세상을 대하여 그러하니라 15 할례나 무할례가 아무 것도 아니로되 오직 새로 지으심을 받는 것만이 중요하니라 16 무릇 이 규례를 행하는 자에게와 하나님의 이스라엘에게 평강과 긍휼이 있을지어다
17 이 후로는 누구든지 나를 괴롭게 하지 말라 내가 내 몸에 예수의 흔적을 지니고 있노라

바울이 갈라디아 사람들에게 보낸 편지의 서명 또는 마지막 단락에 이르렀다. 이 서신의 서두가 감사 부분이 없고 즉각적인 논증으로 시작한다는 점

---

149 Brown, *Galatians*, 348.

에서 일반적인 바울 서신의 방식과 달랐던 것처럼, 이 마무리하는 서명도 몇 가지 점에서 바울의 일반적인 서신과 다르다. 우선, 이 서신은 바울이 서신 전체에서 추구했던 주요 주제를 요약한 내용이 포함되어 있어 다른 서신보다 길다. 이 마지막 인사에는 바울이나 다른 사람의 인사가 없으며, 1장 2절의 이름 없는 "함께 있는 모든 형제"조차도 다시 등장하지 않는다. 바울은 송영의 고백을 하거나, 갈라디아 교인들을 곧 만나고 싶다는 소망을 되풀이하거나, 자신을 대신해 기도를 부탁하지도 않는다.

많은 주석가는 바울과 갈라디아 교인들 사이의 긴장된 관계와 서먹한 감정이 서신 전체의 어조를 특징짓는다고 지적한다.[150] 그러나 이 점을 지나치게 강조해서는 안 된다. 편지의 마지막 단어인 "아멘" 앞에 나오는 "형제들아"는 바울이 편지 본문 전체에서 독자들에게 가장 선호하는 호칭인 "형제들아"라는 호격 ἀδελφοί(아델포이)이다. 마찬가지로, 16절의 "평강의 축복 선언"과 18절의 보다 전형적인 "은혜의 축복 선언"은 편지를 마무리하는 단순한 문체적 장치로 읽혀서는 안 된다. 이 두 단어는 사도 바울이 이 짧지만 강력한 편지에서 그토록 용감하게 전하고자 했던 복음의 본질을 장엄한 두 단어로 요약한 사도 바울의 마음과 영혼을 표현한다.

따라서 바울은 개인적인 인사와 친밀한 내용이 부족함에도 불구하고 갈라디아 교인들에게 이 편지를 쓴 주된 이유, 즉 배교의 위기에서 예수 그리스도와 복음에 대한 온전한 믿음을 되찾게 하려는 목적을 놓치지 않는다. 이를 위해 라이트풋은 이 편지의 주요 주제를 "간결하고 간절하며 단절된 문장"이라고 불렀다.[151]

이 구절에는 역사, 신학, 윤리가 바울이 앞의 모든 내용에서 말하고자 했던 핵심 사항을 설득력 있게 요약하여 엮어 놓는다. 바울이 이 서신에 서명할 때 사용한 큰 글씨와 17절의 거의 냉소적인 경고에는 개인적이고 자서전적이며 역사적인 차원이 담겨 있다. "누구든지 나를 괴롭게 하지 말라." 십자가와 할례의 대립은 또한 바울과 반대자들 사이의 큰 투쟁을 떠올리게 한다. 바울이 갈라디아 교인들에게 처음 설교할 때 십자가에 못 박히신 그리스도를 내세웠던 것처럼(참조. 갈 3:1-3), 이 편지의 마지막 결론에서도 십자가가 여전히 중심을 이룬다. 여기서 십자가는 하나님의 아들이 타락한 죄인들을 율법의 저주에서 구속하기 위해 고난을 당하신 장소일 뿐만 아니라 신자와 세상,

150 따라서 Longenecker, *Galatians*, 288–89.

151 Lightfoot, *Galatians*, 220.

즉 육체의 영역, 패배의 영역, 마침내 죽음의 영역으로 이해되는 세상을 구분하는 경계선이기도 하다.

바울의 칭의론 전체가 이 문맥에서 "자랑하다"라는 단어를 사용한 방식에 반영된다(13-14절). 용서와 새 생명의 측면에서 허용되는 유일한 자랑은 자아의 자율성을 그리스도의 주되심에 굴복시킨 의롭게 된 죄인의 자랑, 즉 구속을 찬송하는 자랑뿐이다. "빈손 들고 앞에 가 십자가를 붙든다." 서신 본문에서 역사와 신학은 거부할 수 없는 복음적 논리로 윤리의 주제, 즉 성령의 충만과 통제를 받는 삶에 뿌리를 둔 자유와 의무의 윤리를 이끌어 간다. 15절의 "새로 지으심"과 16절의 "규례"는 갈라디아서 5장 6절에서 바울의 관심을 끌었던 윤리적 권고, 즉 직설법에 근거한 명령법을 상기시켜 준다. 에라스무스는 이 마지막 단락에서 바울이 "순수한 불꽃"에 대해 이야기했다고 말한 적이 있다.[152] 그 강렬한 불꽃에 비추어볼 때, 우리는 예수 그리스도의 삶과 죽음과 부활에 참여하는 것을 바울과 공유하는 "형제들"에게 은혜와 진리, 자유와 신앙의 메시지가 다시 한번 강조되는 것을 볼 수 있다.

3.4.1. 바울의 서명 (6:11)

6:11. NEB는 이 구절을 이렇게 번역한다. "이 큰 글자들이 보이는가? 나는 지금 내 손으로 너희에게 편지를 쓰고 있다"라고 번역한다. 헬레니즘 시대 편지 작성의 일반적인 관습은 비서나 대필자(amanuensis)가 편지의 본문을 작성하고 발신자는 편지의 내용을 증명하고 독자에게 자신의 전폭적인 지지를 보장하기 위해 서명과 몇 마디의 축사를 덧붙인다. 오늘날에도 변호사나 법률 비서가 의뢰인의 서명이 필요한 공식 문서를 작성할 때 거의 동일한 관행을 따른다. 다른 바울 서신에서 알 수 있듯이 바울은 자신의 편지를 대필자에게 구두로 받아 적게 한 다음 서신 마지막에 자신의 손으로 직접 추신과 서명을 추가했다(참조. 고전 16:21; 고후 10:1; 살후 3:17; 골 4:18). 따라서 주석가 대부분은 갈라디아서 6장 11절이 바울이 비서의 손에서 펜을 빼앗아 어떤 이유에서인지 비정상적으로 큰 글자를 사용하여 자신의 필체로 편지를 마무리한 곳이라고 믿는다.[153]

---

152 Barrett, *Freedom and Obligation*, 84.

153 참조. Longenecker, *Galatians*, lix-lxi; Fung, *Galatians*, 300–302; W. P. Doty, *Letters in Primitive Christianity*, 40–41. 바울이 대필자(amanuensis)를 사용했다는 강력한 내적 증거에도 불구하고, 우리는 이 조력자들에게 바울 서신에서 발견되는 내용들을 실제로 작성할 그렇게 큰 자유와 여유가 주어졌다고 상상해서는 안 된다. 바울이 비서에게 한 단어 한 단어 구술했을 가능성이 훨씬 더 크다. 마지막 바울의 서명은 앞서 말한 내용이 바울이 독자들에게 전하려고

요한 크리소스토무스로 거슬러 올라가는 일부 주석가는 동사의 부정과거 시제 ἔγραψα(에그랍사, "내가 썼다")를 근거로 바울이 갈라디아 교인들에게 보낸 편지 전체를 자신의 손으로 비정상적으로 큰 글자로 썼다고 말하려고 했다고 주장했다.[154] 그러나 이 동사는 "내가 쓰듯이"(CSB) 또는 "내가 지금 쓰고 있다"(참조. ESV, RSV, NASB)로 번역되어야 하는 서신의 부정과거(참조. 고전 5:11; 빌 19, 21)로 읽는 것이 더 낫다. 따라서 서신의 친필 부분에는 서신 전체가 아닌 6장 11-18절이 포함될 것이다.[155] 바울이 갈라디아서 대부분을 실제로 쓰기 위해 비서를 고용했다고 가정하면, 그 사람이 누구였는지 알 수 없다. 바울은 편지의 주요 부분을 기록할 때 여행 동반자나 조수를 자주 사용했다. 바울이 편지의 인사말에 포함시킨 실라와 디모데(살후 1:1; 빌 1:1; 몬 1), 소스데네(고전 1:1 참조), 더디오(참조. 롬 16:22) 또는 로마에서 마지막 투옥 기간 동안 바울의 신실한 동반자로 남았던 사랑하는 누가(참조. 딤후 4:11)일 가능성이 높다. 갈라디아서의 대필자는 바울이 1장 2절에서 언급했던 이름 없는 형제들 중 한 명이 합리적인 추측이다.

그런데 왜 바울은 작은 필기체 문자가 아닌 헬라어 대문자로 그렇게 큰 글자를 썼을까?[156] 이 질문에 많은 추측이 있다. 바울의 시력이 좋지 않았기 때

했던 내용과 일치한다는 것을 확인하는 "사도의 직인"이었다. 바울 서신의 이러한 특징에 대한 두 가지 다른 평가는 다음을 참조하라. G. H. Bahr, "The Subscriptions in the Pauline Letters," *JBL* 87 (1968): 27–41; R. N. Longenecker, "Ancient Amanuenses and the Pauline Epistles," in *New Dimensions in New Testament Study*, ed. R. N. Longenecker and M. C. Tenney (Grand Rapids: Zondervan, 1974), 281–97.

154 이 가설에 대한 버튼의 언급은 반박하기 어렵다. "사도가 처음부터 직접 펜을 사용해서 눈에 띄게 큰 필적으로 글을 쓰려고 생각했고, 편지의 모든 내용에서 이 긴장되고 어려운 강조 방법을 계속 유지하다가 마지막에 가서 주의를 환기시켰을 가능성은, 특히 여러 사람에게 쓰였고 소리내어 읽히기 위한 편지의 경우, 현실적으로 불가능에 가까울 정도로 크다(*Galatians*, 349).

155 반대 견해에 대해서는 다음을 참조하라. Bligh, *Galatians*, 489. 다음을 인용함. Chrysostom (*PG* 61.678A). 칼뱅은 이 해석을 흥미롭게 비튼다. "갈라디아 교인들에게 자신의 염려를 더 충분히 설득시키고 동시에 더 주의 깊게 읽게 하기 위해 바울은 이 긴 편지가 자신의 손으로 썼다고 언급한다. 바울이 갈라디아 교인들을 위해 수고한 것이 많을수록 갈라디아 교인들이 이 편지를 함부로 읽지 않고 가장 세심한 주의를 기울여 읽도록 하는 힘이 강해진다"(*Galatians*, 115).

156 어떤 학자들은 "큰 글자"를 바울의 독특한 필체보다는 서신의 길이에 대한 언급으로 해석했다. 따라서 Luther, "Lectures on Galatians, 1535," *LW* 27:129–30. 그러나 바울은 항상 ἐπιστολή라는 단어를 서신의 의미로 "편지"에 사용했다(고전 5:9; 16:3; 고후 3:1; 살후 2:5). γράμματα가 때때로 "서신"를 의미할 때도 있지만(행 28:21), 바울은 일관되게 이 용어를 손으로 썼다는 의미에서 개별적인 알파벳 글자를 가리킬 때 사용했다. 참조. F. Stagg, "Freedom and Moral Responsibility," *RevExp* 69 (1972): 492–93.

문에(참조. 4:15) 이렇게 특이한 방식으로 글을 써야 했을까? 아니면 혹독한 박해로 인해 바울의 손이 뒤틀리거나 결함이 있었을까?[157] 바울은 단순히 전문 서기관으로서가 아니라 또는 많은 독자가 종교적 교사에게 기대하는 정밀한 필력을 기르기보다는 가죽을 깎고 천막을 만드는 데 더 익숙한 일꾼으로서 글을 썼다는 사실을 반영한 것일까? "큰 글자"는 바울이 헬라어 문장의 복잡한 흐름보다 모국어의 큰 셈족 문자에 더 익숙한 "히브리인 중에 히브리인"이었음을 의미할까? 이 내용들이 흥미롭지만, 확실하게 말할 수 없다. 라이트풋의 말처럼 "필체의 대담함이 사도의 신념의 힘에 대한 대답일 가능성이 더 높다. 글자의 크기는 그 자체만으로도 독자들의 시선을 사로잡을 것이다."[158] 따라서 바울은 편지가 진짜임을 인증하고 "자신이 말한 것 그대로"라는 것을 증명하는 일 외에도 편지의 중심 메시지와 편지에 자신이 개인으로 투자한 노력을 강조하고 또 강조하려고 했다.[159]

3.4.2. 십자가를 자랑함(6:12-16)
3.4.2.1. 마지막 일침(6:12-13)

6:12-13. 바울은 갈라디아서 전체에 걸쳐 유대인이 되는 것이 구원에 필수적이라고 가르침으로써 최근 회심한 사람들에게 큰 혼란을 심어준 거짓 교사들을 상대로 꾸준한 운동을 벌였다. 5장 2-4절에서 알 수 있듯이, 선동가들의 주요 논점은 고대 할례 의식과 관련되어 있다. 선동가들은 이방인 신자들이 하나님의 언약 백성에 속하기 위한 필수 전제 조건으로 할례에 복종해야 한다고 주장했다. 바울이 앞에서 말했고 이 마지막 구절(6:15)에서 다시 반복하듯이, 이 논쟁의 쟁점은 할례 그 자체가 아니라 거짓 교사들이 이 의식에 부여한 구원론적 의미였다. 바울은 이 논쟁을 다시 한번 되짚으며 갈라디아 교인들에게 할례를 받도록 강요하는 선동가들을 향해 마지막 맹공을 퍼붓는다.

이 두 구절에서 바울은 반대자들을 향해 위험한 교리적 일탈뿐만 아니라

---

157 터너N. Turner는 바울이 밤빌리아의 버가에서 실제 십자가에 못 박혀서 손에 영구적인 상처를 입었다고 추측했다. 참조. N. Turner, *Grammatical Insights in the New Testament* (Edinburgh: T&T Clark, 1965), 94 [= 『신약 헬라어의 문법적 통찰』, 감은사, 2019]. 다음 학자는 이 견해를 반박했다. Bruce, *Galatians*, 268; Longenecker, *Galatians*, 290.

158 Lightfoot, *Galatians*, 221.

159 버튼은 "글자의 크기는 현대 책에서 굵은 글씨체나 원고의 두 줄로 밑줄을 긋는 것과 같은 효과가 있을 것이며, 사도 자신이 주의를 환기시켰기 때문에 회중에게 편지를 읽는 한 사람뿐 아니라 듣는 회중에게도 깊은 이상을 주었을 것"이라고 지적한다(*Galatians*, 348).

파렴치하고 합당하지 않은 동기를 가지고 있다고 비난하면서 이중적인 혐의를 제기한다. 왜 반대자들은 이방인 개종자들이 할례를 받도록 그토록 강력하게 (물론 물리적인 힘으로 된 것이 아니라 바울의 사역을 폄하하고 예루살렘의 사도들에게 불법적으로 호소하는 등의 교묘한 수법으로) "강요"하려고 했을까? 바울은 이 질문에 대해 그들의 기본 동기는 영적 자기 과시라고 주장하며 "육체의 모양을 내려 하고," "너희에게 할례를 받게 하려 하는 것은 그들이 너희의 육체로 자랑하려 함이라"라고 대답한다.

반대자들은 그들 나름대로 공격적인 전도 활동을 벌이고 있던 유대인 기독교 선교사들임이 분명하다. 반대자들이 예루살렘의 "어머니 교회," 특히 바울이 성인이 되어 예루살렘으로 돌아왔을 때 바울을 곤경에 빠뜨렸던 바로 그 그룹, 즉 그 안에 있는 극단주의자들과 밀접한 관계를 맺고 있었다고 상상하는 것은 무리가 아니다(참조. 행 21-22장). 이들은 예루살렘 공의회에서 그리스도인이 되고자 하는 이방인에 대한 정책을 채택할 것을 (실패했지만) 주장했다. "너희가 모세의 법대로 할례를 받지 아니하면 능히 구원을 받지 못하리라"(행 15:1). 바울과 동료들의 사역을 통해 많은 이방인이 교회로 들어오는 것에 놀랐던 많은 유대인 그리스도인은 이러한 견해를 깊이 그리고 진지하게 가지고 있었다. 바울은 반대자들 사이에 진실한 신념의 요소가 있다는 사실을 부인하지 않았지만, 그 이면에는 더 사악하고 이기적인 동기가 있다고 주장했다. 반대자들은 얼마나 많은 이방인 그리스도인을 유대교로 개종시켰는지 자랑하고 뽐내고 싶어했다.

CSB에서 "육체적으로 좋은 인상을 남기다"로 번역된 단어는 εὐπροσωπέω (유프로소페오)로, 신약의 다른 곳에서는 찾아볼 수 없고 최근에 발견된 파피루스에서만 나온 용어이다.[160] 반대자들은 "세상에 좋은 모습을 보이기를 원했다"(필립스 성경). "바울의 요점은 유대인들이 '교회 통계'를 원한다는 것이었다. 한 해에 할례를 많이 받았다는 것은 분명 자랑할 만한 일이었다."[161] 예루살렘으로 돌아갔을 때, 반대자들은 선교사 모임에서 일어서서 멀리까지 여행했고 자신들의 노력을 보여줄 껍질(할례의 증거. 역자 주)이 많다고 선언하고 싶어했다.

구약성경에 나오는 끔찍한 이야기는 거짓 선생의 활동에 대한 비유를 제공한다. 사무엘상 18장에 보면 다윗이 결혼하기를 원했던 사울의 딸 미갈 때

---

160 참조. E. Lohse, "εὐπροσωπέω, προσωπολημψία," *TDNT* 6:779.

161 Cole, *Galatians*, 181.

문에 사울과 다윗이 협상하는 장면이 나온다. 사울이 이 결혼 지참금을 위해 제안한 "값"는 "블레셋 사람 포피 백 개"였다. 그래서 "다윗이 일어나서 그의 부하들과 함께 가서 블레셋 사람 이백 명을 죽이고 그들의 포피를 가져다가 수대로 왕께 드려 왕의 사위가 되고자 하니 사울이 그의 딸 미갈을 다윗에게 아내로 주었다"(삼상 18:27). 비유적으로 말하면, 반대자들은 다윗과 그의 군인들이 옛날에 했던 것과 같은 일을 했다. 유대인 기독교 기관의 대표로서 자신의 성공과 독창성을 나타내는 표시로 이방인의 "포피"를 제시하는 것이었다.

이 구절은 오늘날 기독교 사역자들에게 얼마나 큰 경고가 되는지, 우리의 메시지가 건전해야 할 뿐만 아니라 우리의 동기가 순수해야 한다는 도전이 된다. 얼마나 많은 지역교회의 월요일 아침 목회자 모임이 우리 자신의 교회 통계를 선전하고 자랑하는 자리로 변질되어 선하신 주님께 경의를 표하지만 우리 자신이 조명을 받고 싶어하지 않는가? 아직 그리스도의 형상을 완벽하게 따르지 않은 모든 신자, 즉 하늘의 이쪽에서 살고 사역하는 모든 그리스도인에게는 교만의 불씨가 타오르기 때문에 누구도 이 유혹에서 완전히 벗어날 수 없다. 교만의 독에 대한 유일한 해독제는 매일 정욕과 욕망에 사로잡힌 육체를 자기 십자가에 못 박는 것이다(참조. 5:24).

바울은 유대인 그리스도인 반대자들이 갈라디아의 이방인 기독교인들에게 할례를 받으라고 주장한 또 다른 동기를 제시한다. 반대자들이 할례를 받도록 주장한 이유가 그들이 할례를 받은 이유가 "그리스도의 십자가로 말미암아 박해를 면하려 함"이라고 말이다. 갈라디아의 이방인 신자들이 할례를 받으면 어떻게 순회 선교사들이 핍박을 받지 않을 수 있었을까? 가장 자연스러운 해석은 바울이 단순히 자신의 핍박 경험을 선동가들에게 적용하고 있었다고 가정하는 것이다. 다시 말해, 바울은 "물론 나도 은혜로만 구원을 얻는다는 메시지와 타협하지 않았다면 핍박을 피할 수 있었을 것이다"라고 사실상 말하고 있었다. 거짓 교사들은 이방인 신자들의 할례를 주장함으로써 지역 회당 지도자들에게 유리한 입장에 설 수 있었다. 거짓 교사들은 단순히 이스라엘 민족을 위해 더 많은 유대인 개종자를 모집함으로써 예수 그리스도만을 통한 구원을 강조하는 십자가의 걸림돌을 어느 정도 완화할 수 있었다.

"박해받다"라는 동사 διώκω(디오코)는 바울이 5장 11절의 수사학적 질문에서 "내가 지금까지 할례를 전한다면 어찌하여 지금까지 박해를 받으리요?"라는 문장에서 사용한 동사이다. 그러나 쥬윗은 "선동가와 갈라디아 회중"이라는 제목의 중요한 글에서 6:12에서 박해를 피하라는 바울의 암시에 대해 더욱 구체적인 역사적 맥락을 제시했다. 그는 "유대의 유대인 그리스도인들은 열심당의 압력에 자극을 받아 40년대 후반과 50년대 초반에 동료 그리스도 인들에 대한 명목상 운동을 벌였고 그들의 목표는 자신들이 불법적인 이방인 들과 교제하고 있다는 의심을 피하는 것이었다"라고 주장했다.[162] 그러나 배 신자 선교사 바울이 회심시킨 자들에게 할례를 행함으로써, 유대인 그리스도 인들은 예수를 메시아로 믿는 것이 모세의 율법이나 유대 민족의 신성한 의식 을 위반하지 않는다는 것을 고국의 광적인 열심당에게 보여줄 수 있었다. 이 이론은 예루살렘의 그리스도교 공동체와 적대적인 유대 지도자 사이에 긴장 이 고조되었고, 결국 AD 62년 야고보의 순교로 갈등이 고조되었다는 점에서 역사적으로 타당성이 있다. 그러나 다른 학자들은 유대인 기독교 선교사들이 멀리 떨어진 유대에서 열심당원들의 박해를 피하기 위해 이방인 개종자들에 게 할례를 주기 위해 수백 마일을 여행할 동기가 있었는지 궁금해했다.[163] 바 울이 염두에 둔 정확한 역사적 근거가 무엇이든, 예수 그리스도를 신실히 따 르고 그리스도의 복음을 흔들림 없이 선포하는 것은 박해를 불러온다는 신학 적 의미는 분명하다. 갈라디아 그리스도인들은 자신들의 경험을 통해 이 사실 을 알고 있었다(참조. 3:4). 바울은 반대자들의 동기를 이용해서 갈라디아 그 리스도인들이 이미 그리스도를 이유로 얼마나 많은 고난을 받았는지 상기시 키고 제자도를 굳건히 지키도록 독려했다.

3.4.2.2. 십자가와 새 피조물 (6:14-16)

6:14. 자신의 업적을 자랑하고 뽐내며 특히 이방인 신자들을 할례의 요구 조건으로 끌어들이는 데 성공한 것을 자랑스러워했던 거짓 교사들과 대조적 으로, 바울은 가능한 한 가장 강력한 용어인 "하나님이 금지하신다"(KJV)로 자신의 자랑의 유일한 근거와 대상은 주 예수 그리스도의 십자가라고 선언했 다. 바울은 신약의 다른 어떤 필자보다 자랑에 대한 주제를 더 많이 발전시켰 는데, 그 이유는 자신이 전달한 자기 확신에 찬 주장이 하나님의 은혜가 요구 하는 겸손과 수용의 태도와 뚜렷한 대조를 이루었기 때문이다. 따라서 로마서 3장 21-27절에서 바울은 율법과 구별되는 하나님의 의에 대해 설명한 직후 에 "그런즉 자랑할 데가 어디냐?"라고 질문했다. 바울의 대답은 독단적이고 단호했다. "있을 수가 없느니라." 무한히 놀라운 하나님의 은혜를 마주할 때

---

162 Jewett, "The Agitators," 205.

163 다음 논의를 참조하라. Matera, *Galatians*, 230–31; Bruce, *Galatians*, 269.

자기 영광, 영적 자존심을 내세우려는 생각은 사라진다.

그러나 바울이 그리스도인의 자랑의 가능성을 완전히 부인했다고 말하는 것은 정확하지 않다. 갈라디아 교인들에게 허용되었을 뿐만 아니라 바람직하고 본받을 만한 것으로 여겨지는 일종의 자랑이 있었다. 그것은 십자가를 자랑하거나 바울이 다른 곳에서 말했듯이 "자랑하는 자는 주 안에서 자랑하라"(고전 1:31; 고후 10:17)는 것이었다. 헬라 철학과 헬레니즘 문화의 공통된 인류학적 가정은 현대의 자존감 숭배와 다르지 않게 모든 형태의 자기주장을 우수성, 힘, 덕('남자다움' 또는 '가치'를 뜻하는 라틴어 비르투스[*virtus*]에서 유래)의 증표로 매우 중요하게 여겼다. 신체적 능력(이교도였던 아버지 파트리시우스가 공중목욕탕에서 잘 생긴 사춘기 아들을 자랑하곤 했다는 아우구스티누스의 회상 참조), 군사적 업적, 웅변 능력, 지적 통찰력, 정치력, 금전적 성공, 사회적 지위 등 이 모든 것이 자랑스럽고 영광스러운 것이었다.

그러나 바울은 자신의 자랑의 근거로 지극히 천하고 경멸스럽고 무가치한 것, 즉 그리스도의 십자가를 선택했다. 2천 년 동안 십자가는 기독교 성상(iconography)과 상징에서 매우 다양하고 아름답게 표현되어 왔기 때문에 십자가에 못 박힌 구원자에 대한 사도적 선포를 맞이했을 때 느꼈던 공포와 충격을 이해하는 것은 거의 불가능하다. 클라렌스 조던의 의역은 조금 도움이 된다. "하나님은 내가 우리 주 예수 그리스도의 린치를 제외하고는 어떤 것에 대해서도 자부심을 갖는 것을 금하신다"(Cotton Patch). 사실 라틴어 십자가(*crux*)는 예의 바른 로마인이라면 공공장소에서 입에 올릴 수 없을 정도로 잔인한 표현으로 여겨졌다. 이 어려움을 피하기 위해 로마인들은 "그를 불운한 나무에 매달아라"(*arbori infelici suspendito*)라는 완곡한 표현을 만들어냈다.[164] 그러나 세상이 정중한 자리에서 속삭이기에는 너무 부끄러운, 사회의 찌꺼기들을 잔인하게 처형하는 데 사용되는 혐오스러운 대상이라고 여기는 것을 바울은 환희의 적절한 근거라고 선언했다. 그는 십자가를, 십자가만으로 살아서나 죽어서나 영원토록 자신의 자랑으로 삼을 것이다.[165]

---

164 Bruce, *Galatians*, 271, 다음을 인용. Cicero, *Pro Rabirio Perduellionis Reo*, 13.

165 바울의 자랑이라는 주제에 대해서는 다음을 참조하라. R. Bultmann, "καυχάομαι," *TDNT* 3:645–54. 특별히 다음 참조. S. Gathercole, *Where Is Boasting?* 헬레니즘 문화에서 십자가에 대한 혐오와 공포는 다음을 참조하라. M. Hengel, *Crucifixion in the Ancient World and the Folly of the Message of the Cross* (London: SCM, 1977) [= 『십자가 처형』, 감은사, 2020].

거짓 반석이 모두 사라지고,
모든 거짓 피난처가 바람에 날아가도,
십자가는 홀로 우리의 자랑으로 남으리라.
하나님의 의가 거기 있으니.[166]

갈라디아서에서 바울이 맞닥뜨린 거짓 교사들은 오늘날 많은 현대 신학자와는 달리 십자가를 매우 당혹스러운 문제로 여겼다. 거짓 교사들은 메시아가 실제로 로마의 십자가에 못 박혔다는 사실을 부정할 수 없었다. 누구도 숨기려 하기에는 너무 명백하고 공개적인 사건이었기 때문이다. 그러나 십자가를 부정할 수 없다면 십자가를 강조하지 않을 것이다. 거짓 교사들은 죄 많은 인간들이 자신의 구원에 한 몫을 담당했다고 오만하게 주장함으로 속죄의 완전한 의미를 숨길 것이다. 그들의 주장은 다음과 같이 전개되었을 것이다. "물론 예수님은 십자가에서 죽으셨고 그것은 하나님의 사랑을 보여주는 훌륭한 예다. 그러나 여러분이 구원을 받고 진정한 이스라엘에 속하려면 단순히 과거 사건에 의존하는 것 이상의 무언가를 해야 한다. 예수님은 메시아이셨고 우리를 위해 많은 일을 하셨다. 하지만 이제 예수님이 시작한 일을 완성하는 것은 여러분에게 달려 있다."

14절 후반부에서 바울은 그리스도의 십자가를 통해 세상이 자신에게, 그리고 자신이 세상에 십자가에 못 박혔다고 선언함으로써 그리스도의 십자가에 대한 이해를 더욱 발전시킨다. 실제로 이 본문에서는 십자가에 못 박힌 그리스도, 십자가에 못 박힌 세상, 십자가에 못 박힌 그리스도인이라는 세 가지 십자가를 고려해야 한다.[167] 예루살렘 성문 밖에서 예수님께 일어난 일은 물론 구속사의 결정적이고 지배적인 사건이다. 그러나 그리스도가 죽으신 날 우주, 즉 피조 세계에도 어떤 일이 일어났다. 죄의 무게에 짓눌려 금이 가고 신음하는 피조물 자체는 아직 그리스도의 십자가를 근거로 구속받지 않았다. 예수님이 죽으셨을 때 땅이 흔들리고 태양이 빛을 발하지 않았으며 무덤은 요동쳤다. 이 사건들에서 하나님은 사탄과 그의 화려함에 대해 지구의 임대 기간이 곧 만료된다는 것을 알려 주셨다. 마귀는 여전히 "이 우주의 신"이지만 마귀의 왕국은 파멸을 맞이했다. 예수님은 **크리스토스 판토크라토르**(*Christos Pantokrator*), **전능하신** 그리스도이시다!

---

166 "글래사이트 찬송가," 다음에 인용됨. Brown, *Galatians*, 370.

167 다음의 흥미로운 연구를 참조하라. P. S. Minear, "The Crucified World: The Enigma of Galatians 6:14," in *Theologia Crucis–Signum Crucis* (Tübingen: Mohr, 1979), 395–407.

예수님의 죽음이 지닌 우주론적 의미는 모든 신자에게 윤리적 함의를 지니고 있다. 십자가에서 단번에 승리하신 예수님과 동일시로 신자들에게 세상이 십자가에 못 박힐 뿐만 아니라, 지속적인 죄 죽임과 자기 부인의 과정을 통해 신자들도 세상과 함께 십자가에 못 박힌다. 물론 여기서 말하는 "세상"은 시간과 공간의 물리적 세계가 아니라(일종의 교조적 이원론에 빠지지 않도록), 기본 가치와 방향이 하나님께 멀어진 세상 체계를 의미한다. 그러므로 세상에 십자가에 못 박힌다는 것은 빛 가운데서 걷고, 성령의 열매를 맺고, 그리스도께서 우리를 자유롭게 하신 자유 안에서 산다는 것을 의미한다.

6:15. 그런 다음 바울은 14절의 원리를 갈라디아 교인들에게 편지를 쓴 구체적인 상황에 적용한다. 이 구절은 앞서 5장 6절에서 바울이 할례나 무할례는 아무런 가치가 없으며 오직 "사랑으로 표현하는 믿음"(NIV)만이 가치가 있다고 선언한 구절과 비슷하다. 여기서 할례/무할례의 무의미함은 그리스도의 십자가를 통해 이루어진 믿음의 삶, 즉 "새로운 피조물"에 대한 더욱 포괄적인 표현과 대조된다. 필립스 성경은 이 마지막 구절을 "중생의 능력"으로 번역하는데, 여기서 중생이라는 사실이 바울의 의미에 필수적이다. 그러나 "새로운 창조물"에는 그리스도인의 삶이 영적으로 시작되는 것 이상의 의미가 포함된다. 고린도후서 5장 17절에서 바울은 이 개념을 더욱 완전한 용어로 표현했다. "그런즉 누구든지 그리스도 안에 있으면 새로운 피조물이라 이전 것은 지나갔으니 보라 새 것이 되었도다!" 그러므로 새로운 피조물에는 회개와 믿음으로 이끄는 성령의 중생 역사, 매일 죄 죽임과 살림의 과정, 지속적인 거룩의 성장으로 궁극적으로 그리스도의 형상을 닮아가는 회심의 전체 과정이 포함된다. 새로운 창조는 신자의 삶에서 성령의 초자연적인 사역을 통해 이루어지는 새로운 욕구, 정서, 습관의 체계를 가진 새로운 본성을 의미한다. 어떤 영적 훈련도, 더 깊은 삶에 대한 12단계 프로그램도, "더 나은 그리스도인이 되는 방법" 세미나도 이런 종류의 변화를 가져올 수 없다. 바울이 강조한 것은 새로운 일을 행하시는 하나님의 일하심이다. 이것은 사랑으로 역사하는 믿음이 성령으로 충만한 삶에서 절정에 이르는 거룩함으로 이끄는 결과이다. 바울은 서신 전체에서 그랬던 것처럼 이 마지막 대목에서도 여러 관점에서 발전시켜온 중심 논지를 되풀이한다. 즉, 아무도 외적인 의식이나 어떤 종류의 인간적인 노력을 근거하지 않고 오직 신자가 신뢰해야 할 대상이자 죄 용서를 받은 모든 사람을 해방시키고 그들에게 능력을 주시는 분인 예수 그리스도의 십자가와 부활에 나타난 하나님의 일방적인 일하심을 통해서만 하나님

께 의롭다 여김을 받을 수 있다는 것이다. 다시 말해, 믿음으로 말미암는 칭의
는 법적인 허구가 아니라 새로운 창조세계에서 나타나는 살아있는 현실이다.

6:16. 바울은 편지 마지막에 조건적 축도를 덧붙였다. "무릇 이 규례를 행
하는 자에게와 하나님의 이스라엘에게 평강과 긍휼이 있을지어다" 여기에는
빌립보서의 결론, "그리스도 예수 안에 있는 성도에게 각각 문안하라"처럼 관
대한 마음이 담겨 있지 않다. 바울이 고린도 교인들과 데살로니가 교인들에게
지시한 것처럼 거룩한 입맞춤의 내용도 없다. 이것은 형식적이고 제한적인 축
도로, 의심할 여지 없이 바울의 규례을 따르는 특정 그룹을 분명히 대상으로
했다. 규례을 뜻하는 헬라어 κανών(카논)은 문자 그대로 "지팡이" 또는 "자"를
의미하며, 나중에 "정경" 또는 "신앙의 규칙"이라는 기술적인 의미로 사용되
었다. 학자들 대부분은 바울이 여기서 "새로운 창조"라는 일반적인 범주 아래
앞 구절에서 방금 요약한 이신칭의의 원리를 언급하고 있다고 생각한다. 따라
서 바울은 갈라디아 교인들 가운데 바울이 원래 전했던 복음의 진리에 신실하
게 남아 있는 교인들에게 하나님의 평강와 긍휼을 기원한다. 서신 말미에 나
오는 이 조건부 축복은 서신의 시작에서 조건부 저주(1:6-9)와는 뚜렷한 대
조를 이룬다. 이 조건부 축복은 "편지를 읽은 후에도 바울의 규례를 따르지 않
고 결과적으로 저주 아래 떨어질 사람들에 대한 위협을 가한다."[168] 바울은 자
신이 심각한 신학적 문제로 격렬한 갈등에 휩싸인 교회들에 편지를 쓰고 있다
는 것을 잘 알고 있었다. 바울은 표면적인 화합을 위해 어려움을 부드럽게 처
리하기보다는 그 반대로 자신과 반대자들 사이의 첨예한 차이를 강조하고 갈
라디아 교인들이 선택을 하도록 강요했다. 그 선택의 한쪽에는 사도적 저주가
있었고, 다른 한쪽에는 사도적 축복이 있었다.

바울이 하나님의 긍휼을 구한 "하나님의 이스라엘"은 누구였을까? 이 표
현은 신약에서만 발견되며 바울 학자들을 상당히 당혹스럽게 만들었다. 주석
가 대부분은 이 표현을 기독교 교회에 대한 일반적인 호칭으로 해석하고 싶
어한다. 이렇게 읽으면 "하나님의 이스라엘"은 "이 규례를 따르는 모든 사람
들"(NIV)과 동격이 된다. CSB는 이것이 사실이라고 가정하고 καί(카이, "그
리고." 개역개정, "무릇")를 "심지어"로 번역한다. 이 서신 전체에서 살펴본 바
와 같이 바울은 아브라함의 참 자녀를 단순히 야곱의 열두 아들의 육체적 후
손과 동일시하면 안 된다고 설득력 있게 주장했다. 바울이 다른 곳에서 말했

---

168 Betz, *Galatians*, 321.

듯이, "이스라엘에게서 난 그들이 다 이스라엘이 아니[기 때문이다]"(롬 9:6). 또한 "유대인도 이방인도," "할례도 무할례도" 아무것도 아닌 "새 창조 [새로 지으심을 받는 것]"로 역할, 인종, 계급에 대한 세상의 구분은 초월되었다. 하나님께서는 전 세계 모든 민족을 위한 하나의 구원 계획을 가지고 계시며, 그 계획에는 죄의 형벌을 짊어지고 십자가에서 대속의 죽음을 통해 율법의 저주를 참으신 약속의 메시아 예수 그리스도를 믿는 개인적인 신뢰의 행위가 포함된다. 예수님은 아브라함의 진정한 씨이며, 예수님을 믿는 믿음으로 하나님께 속한 모든 사람은 약속의 자녀이다. 이 모든 것을 고려할 때, 특히 성 금요일과 부활절의 이편에 서서 옛 시대에서만 예언되었던 것을 복음적으로 명확하게 볼 수 있는 지금, 왜 우리는 이스라엘과 교회를 단순히 동일시할 수 없는가? 종종 대체주의라고 불리는 이 해석의 매력에도 불구하고 "하나님의 이스라엘"의 정체성에 대한 가장 주석적으로 만족스러운 해결책이 아닐 수 있는 몇 가지 이유가 있다.

첫째, 이 구절의 문법 구조가 완전히 명확하지는 않지만, 아마도 바울이 여기에 적용했을 수 있는 초기 형태의 헤브라이즘을 반영하는 것으로 보이지만, 불변화사 καί(카이)를 앞 구절과의 집중적 연결(CSB, "심지어")로 번역하기보다는 완전한 연결 의미("그리고" 또는 "또한")를 부여하는 것이 가장 좋은 것 같다. 리처드슨은 다음과 같은 번역을 제안했다. 이 번역이 바울의 의도를 더 잘 표현하는 것 같다. "하나님께서 이 규례를 따라 행하는 모든 사람에게 평화를 주시고, 당신의 신실한 백성 이스라엘에게도 긍휼을 베푸시기를 바란다."[169] 둘째, 바울이 단순히 이방인 신자들을 이스라엘 백성과 동일시하려는 의도였다면, 믿음으로 의롭게 된다는 논증을 길게 전개하는 본론이 아니라 편지의 마지막 부분에서 이렇게 결정적으로 동일시하는 것은 이상하다. 더 놀라운 것은 바울이 로마서 9-11장에서 구원 역사에서 이스라엘의 역할에 대해 설명할 때 이 강력한 표현을 사용하지 않았다는 점이다. 데이비스W. D. Davies 가 관찰했듯이, "이 제안이 옳다면 바울이 '이스라엘'을 광범위하게 다룬 로마서 9-11장에서 이 제안에 대한 지지를 기대했을 것이다."[170] 셋째, 신약의 다른 곳(벧전 2:9-10)에서는 기독교 교회를 택하신 족속, 왕 같은 제사장 나

---

169 P. Richardson, *Israel and the Apostolic Church* (Cambridge: Cambridge University Press, 1969), 84. 리처드슨의 번역에 대한 논의는 다음을 참조하라. Betz, *Galatians*, 322–23; Longenecker, *Galatians*, 296, 99. 또한 다음 참조. Martyn, *Galatians*, 574–77.

170 W. D. Davies, "Paul and the People of Israel," *NTS* 24 (1977): 10–11n2. 또한 다음 참조. S. Eastman, "Israel and the Mercy of God," *NTS* 56 (2020): 367–95.

라, 거룩한 나라, 하나님께 속한 백성이라고 언급하고 있지만, 순교자 유스티누스가 이 용어를 처음 사용한 AD 160년경까지 초기 기독교 문헌 어디에서도 교회를 "새 이스라엘"이라고 명시적으로 밝힌 것은 없다.[171]

그러므로 "하나님의 이스라엘"은 회심한 이방인(접붙임을 받은 돌 감람나무)과 완전한 유대인(하나님께서 아직 구속하실 원 가지)을 모두 포함하여 메시아를 통해 긍휼을 얻을 하나님의 백성 전체를 종말론적으로 지칭하는 것으로 보는 것이 가장 좋다. 하나님의 신비한 섭리 안에서 이스라엘 민족이 일시적으로 마음이 굳어짐으로 이방인 복음화의 문이 열렸다. 바울 자신은 구속의 역사에서 현재까지 계속되고 있는 이 위대한 선교 운동의 선구자였다. 그러나 "이방인의 충만한 수"가 들어올 때, 선택받은 유대 민족의 남은 자들도 예수를 메시아로 고백하여 "온 이스라엘이 구원을 받[을 것이다]"(롬 11:25-26). 그동안 하나님께서는 옛 민족을 버리지 않으시고 종말론적 세계 질서의 맥락에서 그들을 계속 다루고 계신다. 실제로 세계 역사에서 가장 놀라운 사실 중 하나는 유대 민족의 생존이다. 하만에서 히틀러, 헤즈볼라에 이르기까지 수많은 대량 학살 시도를 견뎌낸 집단이나 국가는 없다. 캠벨W. S. Campbell이 적절하게 지적했듯이, "역사적 하나님의 백성인 유대 민족이 기독교와 함께 계속 존재해야 한다는 것은 단지 역사의 우연이라고 생각하는 것은 순진한 생각일 것이다."[172] 이 고난의 역사 속에서도 예수를 메시아로 받아들이고 영광 중에 다시 오실 예수님을 고대하는 유대인의 남은 자들이 항상 존재했다. 바울이 "유대인에게 먼저" 복음을 전했던 것처럼 오늘날 그리스도인들도 하나님께서 여전히 회개하고 메시아를 믿는 사람들을 믿음으로 부르시는 유대인들에게 예수 그리스도의 기쁜 소식을 전할 특별한 근거를 가지고 있다.

3.4.3. 예수의 흔적 (6:17)

6:17. 흔적을 뜻하는 헬라어 단어는 $\sigma\tau\acute{\iota}\gamma\mu\alpha\tau\alpha$(스티그마타)이다. 어떤 사람들은 이 단어를 바울이 실제로 손과 발, 옆구리에 예수의 수난과 죽음의 흔적을 새겼다는 의미로 해석하기도 한다. 이 현상에 대한 가장 유명한 역사적 사례는 1224년 9월 17일 아시시의 프란체스코로, 생의 마지막 순간에 그리스

---

171 참조. W. S. Campbell, "Israel," DPL, 441.

172 Campbell, "Israel," *DPL*, 446. 다음을 참조하라. G. R. McDermott, ed., *The New Christian Zionism* (Downers Grove: IVP Academic, 2016); McDermott, *Israel Matters* (Grand Rapids: Brazos, 2017).

도의 수난의 상처가 초자연적으로 몸에 새겨졌다고 믿었다.[173] 이러한 성흔에 대한 주장은 수세기에 걸쳐 모두 300여 건이 넘게 제기되었다. 이러한 기록을 실제 사건에 대한 진실한 보고로 보든, 신경병적 출혈의 증거로 보든, 아니면 루터의 표현대로 "순수한 허구이며 농담"으로 보든, 바울이 갈라디아 교인들에게 보낸 편지 마지막에 이 단어를 사용한 것과는 거의 상관이 없다.[174]

바울이 자신의 몸에 예수의 죽음을 지니고 다니며(참조. 고후 4:10) 주님의 흔적을 항상 지니고 다닌다고 말했을 때, 복음에 대한 확고한 증거로 인해 사도로서 사역을 하는 동안 받은 실제 박해의 상처와 육체적 고통의 흔적을 언급하고 있다. 여러 주석가가 지적했듯이, 바울이 루스드라 도시에서 처음 설교하는 동안 당했던 잔인한 돌팔매질의 영향에 대한 은밀한 언급일 수도 있다(참조. 행 14:19-20). 이 경우 바울이 편지를 쓰고 있던 갈라디아 교인들 중 적어도 일부는 바울이 이 구절에서 언급한 "흔적"에 대해 직접 알 만한 충분한 이유가 있었을 것이다.

바울이 편지 마지막에 흔적을 자신이 쓴 모든 글에 대한 일종의 절정으로 결론지으며 언급했는가? 적어도 두 가지 이유 때문이다. 첫째, 고대 세계의 노예들은 신분증으로 주인의 휘장을 달고 다니는 경우가 많았기 때문에 독자들은 즉시 육체의 표식을 노예와 동일시했을 것이다. 또한 신비 종교의 일부 신봉자는 특정 제의나 신에 대한 헌신과 충성을 표시하는 방법으로 몸에 문신을 새겼다. 따라서 사실상 바울은 이렇게 말했을 것이다. 보라, 나도 낙인이 찍혔다! 나는 신실한 나의 구주 예수 그리스도의 노예이다. 여러분이 직접 찾아보고 싶다면 여기 내 육체에 각인된 그분의 휘장이 있다. 나는 유리할 때만 그리스도인이 아니라 주님의 고난의 교제와 부활의 능력으로 주님을 안 사람이다.

흔적에 대한 바울의 언급은 거짓 교사들과 그들이 좋아하는 육체의 "자랑"에 대해 격렬하게 반대했던 것을 떠올리게 한다. 바울은 이미 주 예수 그리스도의 십자가만을 자랑하겠다고 말했다(14절). 반면에 반대자들은 자신

---

173 보나벤투라에 따르면 프란시스는 장기간의 금식과 그리스도의 십자가에 못 박히심에 대한 환상을 본 후 성흔을 받았다고 한다. "환상이 사라졌을 때, 그의 심장은 간절함으로 불타오르고 그의 몸에는 기적 같은 형상이 각인되었다. 십자가에 못 박히신 분의 환상에서 보았던 것처럼 그의 손과 발에 못 자국이 나타나기 시작했다. 그의 손과 발은 못으로 가운데가 뚫린 것처럼 보였고, 못의 머리는 그의 손바닥과 발등 위에, 못의 뾰족한 부분은 반대편으로 튀어 나와 있는 듯했다. 못 머리는 검고 둥글었지만 뾰족한 부분은 길고 망치로 맞은 것처럼 뒤로 구부러져 주변 살 위로 튀어 올라 있었다. 그의 오른쪽 옆구리는 마치 창에 찔린 듯했고 종종 피가 나는 선명한 흉터로 표시되어 그의 수도복과 바지를 더럽혔다"(*Saint Francis of Assisi: Omnibus of Sources*, ed. M. A. Habig [Chicago: Franciscan Herald Press, 1983], 731).

174 참조. Stott, *Message of Galatians*, 181–82; Luther, "Lectures on Galatians, 1535," *LW* 27:142.

들이 자랑하고 자랑하는 독특한 흔적, 즉 할례의 표식을 가지고 있었다. 거짓 교사들의 전체 신학 체계는 자신의 육체적 할례뿐만 아니라 이방인 신자들이 이 종교 의식을 구원의 수단으로 받아들이고 진정한 하나님의 백성과 동일시하도록 설득하는 능력과 관련이 있었다. 바울은 "십자가의 신학"과 그리스도인으로서 자신이 겪은 고난에서 드러난 십자가의 능력을 가리킴으로 이러한 종류의 "영광의 신학"에 경종을 울렸다. 바울은 갈라디아 교인들에게 "누구든지 나를 괴롭게 하지 말라"고 말했다. 즉, 바울 자신의 사도적 수고는 다메섹 도상에서뿐만 아니라 고난과 환난을 통해서도 이미 그리스도로 검증되었으므로 자신을 괴롭히거나 자신의 사역을 훼손하려는 시도를 중단하라는 것이다. 이런 의미에서 흔적은 참된 교리와 신앙에 대한 인침이자 확실한 증거이다.

마지막으로, 예수의 흔적은 바울이 편지의 핵심에서 언급했던 기독교 세례의 사실을 상기시킨다(3:26-28). 바울의 고난은 사도적 사명에 고유한 것이었기 때문에 우리는 바울의 고난을 복제할 수도 없고 복제하려고 해서도 안 된다. 그러나 "그리스도와 합하기 위하여" 세례를 받은 모든 신자는 부활의 승리에 못지않게 고난의 교제(κοινωνία 코이노니아)에서 예수님과 동일시된다. 세례는 세상과 단절하는 것, 즉 사탄의 영역에서 그리스도의 소유로 들어가는 통로를 상징한다. 본회퍼가 표현했듯이,

> 세례받은 그리스도인은 더 이상 세상에 속하지 않으며 더 이상 세상의 노예가 아니다. 그는 오직 그리스도에게만 속해 있으며 세상과의 관계는 그리스도를 통해 중재된다. ... 옛사람과 그의 죄는 심판을 받고 정죄를 받지만, 이 심판에서 세상과 죄에 대해 죽은 새사람이 일어난다. 따라서 이 죽음은 분노한 창조주가 마침내 자신의 피조물과 진노를 거부하는 행위가 아니라 그리스도의 죽음으로 우리를 위해 승리한 은혜로운 죽음, 즉 창조주가 피조물을 은혜롭게 받아들이는 것이다. 그것은 그리스도의 십자가의 능력과 교제 안에 있는 죽음이다. 그리스도의 소유가 된 사람은 반드시 그리스도의 십자가에 복종하고 그와 함께 고난받고 죽어야 한다. ... 그것은 은혜로 가득한 죽음이다. 우리가 부름받은 십자가는 그리스도께서 단번에 죽으신 그 죽음의 능력 안에서 날마다 죽는 것이다. 이런 식으로 세례는 그리스도의 십자가에 참여하는 것을 의미한다.[175]

---

175 D. Bonhoeffer, *The Cost of Discipleship* (New York: Macmillan, 1968), 257–58 [= 『나를 따르라』, 복있는사람, 2016].

3.5 축복 기도(6:18)

18 형제들아 우리 주 예수 그리스도의 은혜가 너희 심령에 있을지어다 아멘

6:18. 바울은 이미 16절에서 평화의 축복 기도를 했다. 여기서 두 번째 축복 기도로 편지를 마무리했는데, 이 축복 기도는 주 예수 그리스도의 은혜가 갈라디아 교인들과 함께하기를 기도하는 것으로, 다시 형제자매라고 부르는 갈라디아 교인들을 위한 기도이다. 바울은 관례적인 은혜의 인사말(1:3)로 편지를 시작했고, 이 마지막 공식으로 다시 한번 편지를 마무리하면서 서신 전체에 걸쳐 자신의 주된 관심사였던 중심 주제를 지적한다. 이것은 격동적인 서신에 대한 적절한 결론이다. 마치 바울이 갈라디아 교인들에게 이렇게 말하는 것 같다. "사랑하는 형제자매 여러분, 이렇게 편지를 쓰면서 저는 모든 것을 걸었습니다. 이제 여러분은 제 마음의 짐을 정확히 알 것입니다. 저는 편지를 시작할 때와 마찬가지로 우리 주 예수 그리스도의 놀랍고 놀라운 은혜를 여러분에게 칭찬하면서 편지를 마무리하겠습니다. 이제 제가 할 일은 그리스도께서 여러분 가운데서 저의 수고를 확인하시고, 여러분을 복음의 진리로 회복시켜 주시고, 영생에 이르는 인내의 은사를 주시도록 진심으로 기도하는 것뿐입니다. 그렇게 되기를 바랍니다. 아멘!"

| 참 고 문 헌 |

책

Arichea, D. C., and E. A. Nida. *A Translator's Handbook on Paul's Letter to the Galatians*. London: UBS, 1976.

Arnold, C. E. *Powers of Darkness: Principalities and Powers in Paul's Letters*. Downers Grove: InterVarsity, 1992.

Barclay, J. M. G. *Obeying the Truth: A Study of Paul's Ethics in Galatians*. Edinburgh: T&T Clark, 1988.

―――. *Paul and the Gift*. Grand Rapids: Eerdmans, 2015.

―――. *Pauline Churches and Diaspora Jews*. Grand Rapids: Eerdmans, 2011.

Barrett, C. K. *Freedom and Obligation*. Philadelphia: Westminster, 1985.

―――. *Paul: An Introduction to His Thought*. Louisville: Westminster John Knox, 1994.

Beker, J. C. *Paul the Apostle*. Philadelphia: Fortress, 1980.

―――. *Paul's Apocalyptic Gospel: The Coming Triumph of God*. Philadelphia: Fortress, 1982.

Betz, H. D. *Galatians*. Her. Philadelphia: Fortress, 1979.

Bird, M. F., and P. Sprinkle. *The Faith of Jesus Christ: Exegetical, Biblical, and Theological Studies*. Peabody, MA: Hendrickson, 2009.

Bornkamm, G. *Paul*. New York: Harper & Row, 1971.

Bray, G. Galatians, *Ephesians*. RCS. Downers Grove: IVP Academic, 2011.

Brown, J. *An Exposition of the Epistle to the Galatians*. Marshallton, DE: Sovereign Grace, 1970.

Bruce, F. F. *The Epistle to the Galatians*. NIGTC. Grand Rapids: Eerdmans, 1982.

Burton, E. deW. *A Critical and Exegetical Commentary on the Epistle to the Galatians*. ICC. Edinburgh: T&T Clark, 1921.

―――. *Spirit, Soul and Flesh*. Chicago: University of Chicago Press, 1918.

Calvin, J. *The Epistles of Paul the Apostle to the Galatians, Ephesians, Philippians, and Colossians*. Trans. T. H. L. Parker. CNTC. Vol. 11. Grand Rapids: Eerdmans, 1965.

―――. *Institutes of the Christian Religion*. Edited by John T. McNeill. Translated by Ford Lewis Battles. 2 vols. Philadelphia: Westminster Press, 1960.

Campbell, D. A. *The Deliverance of God: An Apocalyptic Rereading of Justification in Paul*. Grand Rapids: Eerdmans, 2009.

Carson, D. A., P. T. O'Brien, and M. A. Seifrid. *Justification and Variegated Nomism*. 2 vols. (Tübingen: Mohr Siebeck, 2004).

Chantry, W. J. *God's Righteous Kingdom: The Law's Connection with the Gospel*. Edinburgh: Banner of Truth, 1980.

Chester, P. *Reading Paul with the Reformers: Reconciling Old and New Perspectives*. Grand Rapids: Eerdmans, 2017.

Ciampa, R. E. *The Presence and Function of Scripture in Galatians 1 and 2*. Tübingen: Mohr Siebeck, 1998.

Cole, R. A. *The Epistle of Paul to the Galatians*. Grand Rapids: Eerdmans, 1965. Cosgrove, C. H. The Cross and the Spirit: A Study in the Argument and Theology of Galatians. Macon, GA: Mercer University Press, 1989.

Cousar, C. B. *Galatians*. Interpretation. Atlanta: John Knox, 1982.

Das, A. A. *Galatians*. Concordia Commentary. St. Louis: Concordia, 2014.

———. *Paul and the Stories of Israel: Grand Thematic Narratives in Galatians*. Minneapolis: Fortress Press, 2016.

———. *Paul, the Law, and the Covenant*. Grand Rapids: Baker Academic, 2001.

DeBoer, W. P. *The Imitation of Paul*. Kampen: Kok, 1962.

deSilva, D. A. *Galatians*. NICNT. Grand Rapids: Eerdmans, 2018.

———. *Global Readings: A Sri Lankan Commentary on Paul's Letter to the Galatians*. Eugene, OR: Cascade, 2011.

Duncan, G. S. *The Epistle of Paul to the Galatians*. MNTC. London: Hodder & Stoughton, 1934.

Dunn, J. D. G. *The Epistle to the Galatians*. Peabody, MA: Hendrickson, 1993.

———. *The Theology of Paul the Apostle*. Grand Rapids: Eerdmans, 1998.

Eastman, S. *Recovering Paul's Mother Tongue: Language and Theology in Galatians*. Grand Rapids: Eerdmans, 2007.

Ebeling, G. *The Truth of the Gospel: An Exposition of Galatians*. Philadelphia: Fortress, 1984.

Edwards, M. J. *Galatians, Ephesians, Philippians*. ACCS. Downers Grove: IVP Academic, 2006.

Elliot, M. W., et al. *Galatians and Christian Theology: Justification, the Gospel, and Ethics in Paul's Letter*. Grand Rapids: Baker Academic, 2014.

Elliott, S. M. *Cutting Too Close for Comfort: Paul's Letter to the Galatians in Its Anatolian Cultic Context*. New York: T&T Clark, 2003.

Ellis, E. E. *Paul's Use of the Old Testament*. Edinburgh: Oliver & Boyd, 1957.

Fee, G. D. *Galatians*. Pentecostal Commentary Series. Dorset, UK: Deo Publishing, 2007.

———. *God's Empowering Presence: The Holy Spirit in the Letters of Paul*. Peabody, MA: Hendrickson, 1994.

Fung, R. Y. *The Epistle to the Galatians*. NICNT. Grand Rapids: Eerdmans, 1988.

Gathercole, S. J. *Defending Substitution: An Essay on Atonement in Paul*. Grand Rapids: Baker Academic, 2015.

———. *Where Is Boasting? Early Jewish Soteriology and Paul's Response in Romans 1–5*. Grand Rapids: Eerdmans, 2002.

Gaventa, B. R. *Our Mother Saint Paul*. Louisville: Westminster John Knox, 2007

Gorman, M. J. *Apostle of the Crucified Lord: A Theological Introduction to Paul and His*

Letters. Grand Rapids: Eerdmans, 2004.

————. *Inhabiting the Cruciform God: Kenosis, Justification, and Theosis in Paul's Narrative Soteriology*. Grand Rapids: Eerdmans, 2009.

Guthrie, D. *Galatians*. NCB. Grand Rapids: Eerdmans, 1973.

Hansen, G. W. *Abraham in Galatians: Epistolary and Rhetorical Contexts*. Sheffield: JSOT, 1989.

————. *Galatians*. Downers Grove: InterVarsity, 1994.

Hardin, J. K. *Galatians and the Imperial Cult: A Critical Analysis of the First-Century Social Context of Paul's Letter*. Tübingen: Mohr Siebeck, 2008.

Hawthorne, G. F., et al. *Dictionary of Paul and His Letters*. Downers Grove: InterVarsity, 1993.

Hays, R. B. *Echoes of Scriptures in the Letters of Paul*. New Haven: Yale University Press, 1989.

————. *The Faith of Jesus Christ: An Investigation of the Narrative Substructure of Galatians 3:1–4:11*. SBLDS 56. Chico, CA: Scholars Press, 1983.

Hemer, C. J. *The Book of Acts in the Setting of the Hellenistic History*. Tübingen: Mohr, 1989.

Hengel, M. *Crucifixion in the Ancient World and the Folly of the Message of the Cross*. London: SCM, 1977.

————. *The Pre-Christian Paul*. London: SCM, 1991.

Howard, G. *Paul: Crisis in Galatia*. Cambridge: Cambridge University Press, 1979.

Jewett, R. *Paul's Anthropological Terms: A Study of Their Use in Conflict Settings*. Leiden: Brill, 1971.

Kevan, E. F. *The Law of God and Christian Experience*. London: Pickering & Inglis, 1955.

————. *Moral Law*. Phillipsburg, NJ: Presbyterian & Reformed, 1991.

Kittel, Gerhard, and Gerhard Friedrich, eds. *Theological Dictionary of the New Testament*. Translated by Geoffrey W. Bromiley. 10 vols. Grand Rapids: Eerdmans, 1964–1976.

Lightfoot, J. B. *Saint Paul's Epistle to the Galatians*. London: Macmillan, 1986.

Longenecker, R. Galatians. WBC. Dallas: Word, 1990.

————. *Paul: Apostle of Liberty*. New York: Harper & Row, 1964.

————. *The Road from Damascus: The Impact of Paul's Conversion on His Life, Thought, and Ministry*. Grand Rapids: Eerdmans, 1997.

Lührmann, D. *Galatians*. Minneapolis: Fortress, 1992.

Lull, D. J. *The Spirit in Galatia: Paul's Interpretation of the Promise of Divine Power*. SBLDS 49. Chico, CA: Scholars Press, 1980.

Luther, M. *Luther's Works*, vols. 26 and 27. St. Louis: Concordia, 1963–64.

Lyall, F. *Slaves, Citizens, Sons: Legal Metaphors in the Epistles*. Grand Rapids: Zondervan, 1984.

Machen, J. G. *Machen's Notes on Galatians*. Phillipsburg, NJ: Presbyterian & Reformed, 1977.

Martin, B. L. *Christ and the Law in Paul*. Leiden: Brill, 1989.

Martyn, J. L. *Galatians: A New Translation with Introduction and Commentary*. AB 33A. New York: Doubleday, 1997.

Matera, F. *Galatians*. Sacra Pagina. Collegeville: Liturgical, 1993.

McKnight, S. *Galatians*. Grand Rapids: Zondervan, 1995.

Moo, D. *Galatians*. BECNT. Grand Rapids: Baker Academic, 2013.

Morris, L. *The Apostolic Preaching of the Cross*. Grand Rapids: Eerdmans, 1965.

———. *Galatians: Paul's Charter of Freedom*. Downers Grove: InterVarsity, 1996.

Munck, J. *Paul and the Salvation of Mankind*. Richmond: John Knox, 1959.

Murray, J. *Principles of Conduct*. Grand Rapids: Eerdmans, 1957.

Nanos, M. D. *Paul within Judaism: Restoring the First-Century Context to the Apostle*. Minneapolis: Fortress, 2015.

Novenson, M. V. *Christ among the Messiahs: Christ Language in Paul and Messiah Language in Ancient Judaism*. Oxford: Oxford University Press, 2012.

Perkins, W. *A Commentary on Galatians*. New York: Pilgrim, 1989.

Polhill, J. *Paul and His Letters*. Nashville: B&H, 1999.

Ramsay, W. M. *The Cities of St. Paul: Their Influence on His Life and Thought*. Grand Rapids: Baker, 1960.

———. *A Historical Commentary on Saint Paul's Commentary to the Galatians*. Grand Rapids: Baker, 1965.

———. *St. Paul the Traveler and Roman Citizen*. London: Hodder & Stoughton, 1897.

Richardson, P. *Israel and the Apostolic Church*. Cambridge: Cambridge University Press, 1969.

Riches, J. *Galatians through the Centuries*. Malden, MA: Wiley-Blackwell, 2013.

Rosner, B. *Paul and the Law: Keeping God's Commandments*. Downers Grove: IVP Academic, 2013.

Sanders, E. P. *Paul and Palestinian Judaism*. Philadelphia: Fortress, 1977.

———. *Paul, the Law, and the Jewish People*. Philadelphia: Fortress, 1983.

Schlier, H. *Der Brief an der Galater*. KEK 7. 10th ed. Göttingen: Vandenhoeck & Ruprecht, 1949.

Schreiner, T. R. *Galatians*. ZECNT. Grand Rapids: Zondervan, 2010.

———. *Interpreting the Pauline Epistles*. Grand Rapids: Baker, 1990.

———. *The Law and Its Fulfillment*. Grand Rapids: Baker, 1993.

Seifrid, M. *Justification by Faith: The Origin and Development of a Central Pauline Theme*. Leiden: Brill, 1992.

Stendahl, K. *Paul among Jews and Gentiles, and Other Essays*. Philadelphia: Fortress, 1976.

Stott, J. R. W. *The Cross of Christ*. Downers Grove: InterVarsity, 1986.

———. *The Message of Galatians: Only One Way*. Downers Grove: InterVarsity, 1968.

Strickland, W. G., ed. *The Law, the Gospel, and the Modern Christian: Five Views*. Grand Rapids: Zondervan, 1993.

Stuhlmacher, P. *Gerechtigkeit Gottes bei Paulus*. Göttingen: Vandenhoeck & Ruprecht, 1966.

———. *Revisiting Paul's Doctrine of Justification: A Challenge to the New Perspective*. Downers Grove: InterVarsity, 2001.

Thielman, F. S. *From Plight to Solution*. Leiden: Brill, 1989.

———. *Paul and the Law: A Contextual Approach*. Downers Grove: InterVarsity, 1994.

Westerholm, S. *The Blackwell Companion to Paul*. Malden, MA: Blackwell, 2011.

———. *Israel's Law and the Church's Faith: Paul and His Recent Interpreters*. Grand Rapids: Eerdmans, 1988.

———. *Justification Reconsidered: Rethinking a Pauline Theme*. Grand Rapids: Eerdmans, 2013.

———. *Perspectives Old and New on Paul: The "Lutheran" Paul and His Critics*. Grand Rapids: Eerdmans, 2004.

Williams, S. K. *Galatians*. Nashville: Abingdon, 1997.

Witherington, B., III. *Grace in Galatia: A Commentary on St. Paul's Letter to the Galatians*. Grand Rapids: Eerdmans, 1998.

Wright, N. T. *The Climax of the Covenant: Christ and the Law in Pauline Theology*. Minneapolis: Fortress, 1991.

소논문

Artinian, R. G. "Luther after Stendahl/Sanders Revolution: A Responsive Evaluation of Luther's View of First-Century Judaism in His 1535 Commentary on Galatians." *TrinJ* 27 (2006): 77–99.

Balch, D. "Paul's Portrait of Christ Crucified (Gal. 3:1) in Light of Paintings and Sculptures of Suffering and Death in Pompeiian and Roman Houses." In *Early Christian Families in Context: An Interdisciplinary Dialogue*. Grand Rapids: Eerdmans, 2003.

Bammel, E. "Gottes Diathēke (Gal 3:15–17) und das jüdische Rechtsdenken." *NTS* 6 (1959–60): 313–19.

Banks, R. "The Eschatological Role of Law in Pre- and Post-Christian Jewish Thought." In *Reconciliation and Hope: New Testament Essays on Atonement and Eschatology*. Grand Rapids: Eerdmans, 1974.

Bauckham, R. "Barnabas in Galatians." *JSNT* 2 (1979): 61–70.

Belleville, L. L. "'Under Law': Structural Analysis and Pauline Concept of Law in

Galatians 3:21–4:11." *JSNT* 26 (1986): 53–78.

Berzon, T. "'O, Foolish Galatians': Imagining Pauline Community in Late Antiquity." *CH* 85 (2016): 435–67.

Braxton, B. "Galatians." In *True to Our Native Land: An African American New Testament Commentary*. Minneapolis: Fortress, 2007.

Bridge, E. "Christians and Jews in Antioch." In *Into All the World: Emergent Christianity in Its Jewish and Greco-Roman Context*. Grand Rapids: Eerdmans, 2017.

Bruce, F. F. "Abraham Had Two Sons': A Study in Pauline Hermeneutics." In *New Testament Studies: Essays in Honor of Ray Summers*. Waco: Baylor University Press, 1975.

———. "The Conference in Jerusalem—Galatians 2:1–10." In *God Who Is Rich in Mercy*. Homebush West, NSW: Anzea, 1986.

———. "The Curse of the Law." In *Paul and Paulinism: Essays in Honor of C. K. Barrett*. London: SPCK, 1982.

———. "One in Christ Jesus: Thoughts on Galatians." *JCBRF* 122 (1990): 7–10.

Campbell, D. A. "Galatians 5.11: Evidence of an Early Law-Observant Mission by Paul?" *NTS* 57 (2011): 325:47.

Caneday, A. "'Redeemed from the Curse of the Law': The Use of Deut. 21:22–23 in Gal. 3:13." *TrinJ* 10 (1989): 185–209.

Carson, D. A. "Mirror-Reading with Paul and Against Paul: Galatians 2:11–14 as a Test Case." In *Studies in the Pauline Epistles: Essays in Honor of Douglas J. Moo*. Grand Rapids: Zondervan, 2014.

Cavallin, H. C. C. "'The Righteous Shall Live by Faith': A Decisive Argument for the Traditional Interpretation." *ST* 32 (1978): 33–43.

Chester, S. "It Is No Longer I Who Live: Justification by Faith and Participation in Christ in Martin Luther's Exegesis of Galatians." *NTS* 55 (2009): 315–37.

Collins, C. J. "Galatians 3:16: What Kind of Exegete Was Paul?" *TynBul* 54 (2003): 75–86.

Cook, J. I. "The Concept of Adoption in the Theology of Paul." In *Saved by Hope: Essays in Honor of R. C. Oudersluys*. Grand Rapids: Zondervan, 1978.

Cosgrove, C. H. "The Law Has Given Sarah No Children (Gal. 4:21–30)." *NovT* 29 (1987): 219–35.

Cranfield, C. E. B. "St. Paul and the Law." *SJT* 17 (1964): 43–68.

Das, A. A. "Beyond Covenantal Nomism: Paul, Judaism, and Perfect Obedience." *ConcJ* 27 (2001): 234–57.

Davies, W. D. "Paul and the People of Israel." *NTS* 24 (1977): 4–39.

Davis, A. "Allegorically Speaking in Galatians 4:21–5:1." *BBR* 14 (2004): 161–74.

DeVries, C. E. "Paul's 'Cutting' Remarks about a Race: Galatians 5:1–12." In *Current Issues in Biblical and Patristic Interpretation*. Grand Rapids: Eerdmans, 1975.

Di Mattei, S. "Paul's Allegory of the Two Covenants (Gal. 4:21–31) in Light of First

Century Hellenistic Rhetoric and Jewish Hermeneutics." *NTS* 52 (2006): 102–22.

Dodd, B. J. "Christ's Slave, People Pleasers and Galatians 1.10." *NTS* 42 (1996): 90–104.

Donfried, K. P. "Paul and the Revisionists: Did Luther Really Get It All Wrong." *Dial* 46 (2007): 31–40.

Draper, J. A. "The Two Ways and Eschatological Hope: A Contested Terrain in Galatians 5 and the Didache." *Neot* 45 (2012): 221–51.

Dunn, J. D. G. "The New Perspective on Paul." *BJRL* 65 (1983): 95–122.

———. "The Relationship between Paul and Jerusalem according to Galatians 1 and 2." *NTS* 28 (1981–82): 461–78.

———. "Works of the Law and Curse of the Law." *NTS* 31 (1984–85): 523–42.

Dupont, J. "The Conversion of Paul and Its Influence on His Understanding of Salvation by Faith." In *Apostolic History and the Gospel: Biblical and Historical Essays Presented to F. F. Bruce on His Sixtieth Birthday*. Edited by Ralph P. Martin and W. Ward Gasque. Grand Rapids: Eerdmans, 1970.

Eastman, S. "Israel and the Mercy of God: A Re-reading of Galatians 6:16 and Romans 9–11." *NTS* 56 (2010): 367–95.

Edwards, J. R. "Galatians 5:12, Circumcision, the Mother Goddess, and the Scandal of the Cross." *NovT* 53 (2011): 319–37.

Elliott, S. M. "Choose Your Mother, Choose Your Master: Galatians 4:21–5:1 in the Shadow of the Anatolian Mother of the Gods." *JBL* 118 (1999): 671–76.

Ellis, E. E. "Paul and His Opponents: Trends in the Research." Pages 264–73 in *Christianity, Judaism, and Other Greco-Roman Cults*, Part 1. Edited by J. Neusner. Leiden: Brill, 1975.

Fuller, D. P. "Paul and 'the Works of the Law,'" *WTJ* 38 (1975–76): 28–42.

Gaventa, B. R. "The Maternity of Paul: An Exegetical Study of Galatians 4:19." In *The Conversation Continues: Studies in Paul and John in Honor of J. Louis Martyn*. Nashville: Abingdon, 1990.

Goodrich, J. K. "Guardians, Not Taskmasters: The Cultural Resonances of Paul's Metaphor in Galatians 4:1–2." *JSNT* 32 (2010)" 251–84.

Grindheim, S. "Not Salvation History, but Salvation Territory: The Main Subject Matter of Galatians." *NTS* 59 (2013): 91–108.

Gundry, R. H. "Grace, Works, and Staying Saved in Paul." *Bib* 66 (1985): 1–38.

Harrill, J. A. "Coming of Age and Putting on Christ: The toga virilis Ceremony, Its Paranesis, and Paul's Interpretation of Baptism in Galatians." *NovT* 44 (2002): 252–77.

Hays, R. B. "Christology and Ethics in Galatians: The Law of Christ." *CBQ* 49 (1987): 268–90.

———. "Galatians." In *Second Corinthians-Philemon*. NIB 11. Nashville: Abingdon, 2000.

Hemer, C. J. "Acts and Galatians Reconsidered." *Themelios* 2 (1976–77): 81–88.

Hester, J. D. "The Rhetorical Structure of Galatians 1:11–2:14." *JBL* 103 (1984): 223–33.

Hunn, D. "Pleasing God or Pleasing People? Defending the Gospel in Galatians 1–2." *Bib* 91 (2010): 23–33.

Jones, P. R. "Exegesis of Galatians 3 and 4." *RevExp* 69 (1972).

Kaiser, W. C., Jr. "Leviticus 18:5 and Paul: 'Do This and You Shall Live' (Eternally?)." *JETS* 14 (1971): 19–28.

Keener, C. S. "A Comparison of the Fruit of the Spirit in Galatians 5:22–23 with Ancient Thought on Ethics and Emotion." In *The Language and Literature of the New Testament: Essays in Honor of Stanley E. Porter's 60th Birthday*. Leiden: Brill, 2016.

Lategan, B. C. "Paul's Use of History in Galatians: Some Remarks on His Style of Theological Argumentation." *Neot* 36 (2002): 121–30.

———. "Reconsidering the Origin and Function of Galatians 3:28." *Neot* 46 (2012): 274–86.

Longenecker, R. N. "The Pedagogical Nature of the Law in Galatians 3:19–4:7." *JETS* 25 (1982): 53–61.

———. "'Until Christ Is Formed in You': Suprahuman Forces and Moral Character in Galatians." *CBQ* 61 (1999): 92–108.

Lull, D. J. "'The Law Was Our Pedagogue': A Study in Galatians 3:19–25." *JBL* 105 (1986): 481–98.

MacGorman, J. W. "Problem Passages in Galatians." *SWJT* 15 (1972): 35–51.

Martin, T. W. "The Voice of Emotion: Paul's Pathetic Persuasion (Gal. 4:12–20)." In *Paul and Pathos*. Atlanta: Society of Biblical Literature, 2001.

———. "Whose Flesh? What Temptation? (Galatians 4:13–14)." *JSNT* 74 (1999): 65–91.

Martyn, J. L. "Apocalyptic Antinomies in Paul's Letter to the Galatians." *NTS* 31 (1985).

———. "The Apocalyptic Gospel in Galatians." *Int* 54 (2000): 246–66.

———. "A Law-Observant Mission: The Background of Galatians." *MQR* 22 (1983): 221–36.

Minear, P. S. "The Crucified World: The Enigma of Galatians 6:14." In *Theologia Crucis–Signum Crucis*. Tübingen: Mohr, 1979.

Moo, D. J. "'Law,' 'Works of the Law,' and Legalism in Paul." *WTJ* 45 (1983): 73–100.

Muir, S. "Vivid Imagery in Galatians 3:1: Roman Rhetoric, Street Announcing, Graffiti, and Crucifixion." *BTB* 44 (2014): 76–86.

O'Brien, K. S. "The Curse of the Law (Galatians 3.13): Crucifixion, Persecution, and Deuteronomy 21.22–23." *JSNT* 29 (2006): 55–76.

Polhill, J. "Galatia Revisited: The Life-Setting of the Epistle." *RevExp* 69 (1972): 437–48.

Reicke, B. "The Law and the World according to Paul: Some Thoughts concerning Gal 4:1–11." *JBL* 70 (1951): 259–76.

Schreiner, T. R. "Is Perfect Obedience to the Law Possible? A Re-examination of Galatians 3:10." *JETS* 27 (1984): 151–60.

———. "Paul and Perfect Obedience to the Law: An Evaluation of the View of E. P. Sanders." *WTJ* 47 (1985): 245–78.

Seifrid, M. A. "Paul, Luther, and Justification in Gal. 2:15–21." *WTJ* 65 (2003): 215–30.

Shauf, S. "Galatians 2.20 in Context." *NTS* 52 (2006): 86–101.

Still, T. D. "'Once upon a Time': Galatians as an Apocalyptic Story." *JSPL* 2 (2012): 133–41.

Warfield, B. B. "The New Testament Terminology of 'Redemption.'" Pages 327–72 in *Biblical Doctrines*. New York: Oxford University Press, 1929, 327–72.

Westerholm, S. "Letter and Spirit: The Foundation of Pauline Ethics." *NTS* 30 (1984): 229–48.

Wilcox, M. "The Promise of the 'Seed' in the New Testament and the Targumim." *JSNT* 5 (1979): 2–20.

Williams, S. K. "The Hearing of Faith: ΑΚΟΗ ΠΙΣΤΕΩΣ." *NTS* 35 (1989): 82–93.

———. "Justification and the Spirit in Galatians." *JSNT* 29 (1987): 91–100.

Wright, N. T. "Justification: The Biblical Basis and Its Relevance for Contemporary Evangelicalism." In *The Great Acquittal: Justification by Faith and Current Christian Thought*. London: Collins.

Young, N. H. "PAIDAGOGOS: The Social Setting of a Pauline Metaphor." *NovT* 29 (1987): 150–76.

———. "Who's Cursed–and Why? (Galatians 3:10–14)." *JBL* 117 (1998): 79–92.

CSC 갈라디아서

2023년 6월 1일 초판 1쇄

지은이   티모시 조지
옮긴이   노승환
펴낸이   김명일
디자인   정보람
교 정   김지환, 박이삭

펴낸곳   깃드는 숲
주 소   부산시 북구 낙동대로 1762번길 60 1204호
이메일   hoop1225@gmail.com

ISBN 979-11-970918-4-1

값 38,000원